그림으로 더 쉽게 익히는 C 언어!

KB164832

01 · 프로그램과 C 언어

03 · 자료형

04 · 상수와 변수

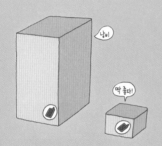

05 · 함수

06 · 표준 출력 함수

10 · 시프트 연산자와 비트 연산자

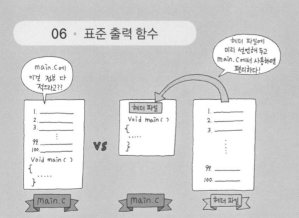

12 · 배열과 문자열

13 · 포인터

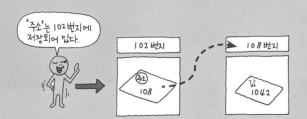

14 · 표준 입력 함수

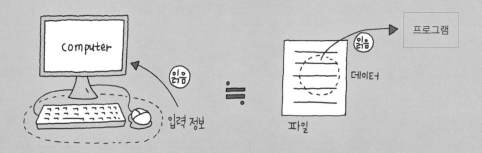

16 · 메모리 할당

17 · 다차원 포인터

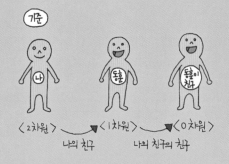

세상의 속도를
따라잡고 싶다면

Do
it!

실무 20년, 현업 프로그래머가 초보자를 위해 엮었다!

C 언어 입문

120개 예제 | 270개 그림으로 배우는 C 프로그래밍 기본!

동영상 강의
& 질의 응답
제공!

마이크로소프트 Visual C++ MVP

김성엽 지음

이지스 퍼블리싱

세상의 속도를 따라잡고 싶다면 **Do it!**
변화의 속도를 즐기게 될 것입니다.

Do
it!

Do it!
C 언어 입문

초판 발행 • 2017년 1월 10일
초판 16쇄 • 2024년 9월 3일

지은이 • 김성엽
펴낸이 • 이지연
펴낸곳 • 이지스퍼블리싱(주)
출판사 등록번호 • 제313-2010-123호
주소 • 서울특별시 마포구 잔다리로 109 이지스빌딩 3층(우편번호 04003)
대표 전화 • 02-325-1722 / **팩스** • 02-326-1723
홈페이지 • www.easyspub.co.kr / **페이스북** • www.facebook.com/easyspub
Do it! **스터디룸 카페** • cafe.naver.com/doitstudyroom / **인스타그램** • instagram.com/easyspub_it

총괄 • 최윤미 | **기획 및 책임편집** • 홍연의, 유신미 | **기획편집 2팀** • 한승우, 신지윤, 이소연
교정교열 • 박명희 | **표지 및 본문 디자인** • 트인글터 | **인쇄** • 보광문화사
마케팅 • 권정하 | **독자지원** • 박애림, 오경신 | **영업 및 교재 문의** • 이주동, 김요한(support@easyspub.co.kr)

ISBN 979-11-87370-70-3 13000
가격 25,000원

인생에는 단 두 가지 법칙만 존재한다.

첫째, 절대로 포기하지 말 것.
둘째, 첫 번째 법칙을 절대로 잊지 말 것.

There are 2 rules in life:
Number 1, Never quit.
Number 2, Never forget rule number 1.

듀크 엘링턴
Duke Ellington

왜 그런지 알고 첫걸음을 떼면 더 빠르게 간다
C 언어의 기초부터 고급까지 탄탄하게 쌓으세요!

이제는 비전공자라도 프로그래밍 언어 하나쯤은 배워야 하는 시대가 왔습니다. 그런데 프로그래밍 언어가 정말 많기 때문에 초보자들은 어떤 언어로 시작해야 할지 고민할 수밖에 없습니다.

프로그래밍, 왜 C 언어로 시작해야 할까요?

잘 알려진 프로그래밍 언어 중에는 이 책에서 다루는 C 언어뿐만 아니라 C++도 있고 조금 더 쉬운 C#이나 자바(Java), 이보다 좀 더 쉬운 파이썬과 같은 언어도 있습니다. 그러면 사용하기 쉬운 언어로 프로그래밍을 시작하는 것이 과연 좋은 선택일까요? 제 생각은 조금 다릅니다. 쉽다는 것은 대부분의 기능을 미리 구현해 놓았다는 뜻인데, 이렇게 되면 프로그램을 구성하는 많은 부분을 프로그래머가 제대로 이해하지 못한 채 결과 중심의 작업을 할 수밖에 없습니다. 프로그래밍의 기초 원리를 이해하지 못해 실력 있는 프로그래머가 될 기회를 놓치는 것이지요.

필자가 20년 동안 현장에서 느낀 점은 '운영체제를 고려할 정도의 프로그램을 많이 만들어 볼수록 개발 능력이 탄탄해진다'는 것입니다. C 언어로 프로그래밍을 하면 실행 환경의 제약이 적고 운영체제가 제공하는 기능을 폭넓게 다뤄볼 수 있습니다. 그렇기 때문에 윈도우 환경에서 돌아가는 프로그램뿐만 아니라, 스마트폰의 모바일 앱이나 웹 환경에서 동작하는 앱을 만들고 싶은 사람까지도 C 언어로 프로그래밍을 시작하는 것이 좋다고 이야기하는 것입니다.

배경 지식부터 개념을 차곡차곡 쌓으며 C 언어에 익숙해지세요!

C 언어는 어렵지 않습니다. 다만 익숙하지 않은 표현 때문에 어렵게 느껴질 뿐입니다. 익숙하지 않은 프로그래밍 개념을 머릿속에 구체화하려면 배경 지식이 반드시 필요합니다.

따라서 이 책은 C 언어에 익숙해지도록 문법의 원리를 배경 지식부터 물 흐르듯 이해할 수 있게 구성했습니다. 책을 읽다 처음 보는 용어가 나와서 다시 앞으로 가는 일이 생기지 않도록 신경 썼고, 점진적인 반복 학습이 가능하도록 목차를 배치했습니다. 이렇게 배경 지식을 바탕으로 집을 짓듯이 C 언어 개념을 차곡차곡 쌓다 보면 실제로 키보드를 잡고 코딩을 시작했을 때 기초가 부족해서 무너질 일은 없습니다.

초보자이면서 C 언어에 빨리 익숙해지고 싶다면 이 책의 처음부터 끝까지 한 번 빠르게 보고 두 번째부터 정독할 것을 권합니다. 책을 두 번째 볼 때는 연습 문제까지 풀면서 내 것으로 만드세요.

C 언어 문법! '왜' 쓰는지 알아야 '잘' 쓸 수 있습니다.

C 언어 문법을 다 배우고도 코드 한 줄조차 작성하지 못하는 사람들이 많습니다. 이 문법이 도대체 왜 사용되어야 하는지 또는 이 문법이 왜 만들어졌는지 이해하지 못하고 사용 방법만 익혔기 때문입니다. 그래서 이 책은 C 언어의 문법 요소들이 '왜' 그렇게 만들어졌는지 그 원리를 쉽게 설명하려고 노력하였습니다. 특히 컴퓨터 내부 구조와 밀접한 연관이 있는 부분들을 이해하기 쉽도록 다양한 도해와 삽화를 사용했습니다.

문법의 존재 이유나 원리를 이해하면 프로그래밍 언어를 더욱 정확하게 사용할 수 있는 힘이 생깁니다. 그리고 이 경험을 바탕으로 나중에 다른 언어를 더욱 빠르고 쉽게 배울 수 있습니다.

코딩 면접! '진짜 현장'에서 쓰는 문법으로 시작해야 손가락과 입이 움직입니다!

최근 프로그래머 면접에서도 C 언어로 코딩 시험을 보는 일이 점차 늘어나고 있습니다. 그런데 C 언어의 문법 중에는 정말 문법적으로만 의미가 있거나 실효성이 떨어지는 문법들도 있어서, 모든 것을 공부하려면 시간이 오래 걸릴 수밖에 없습니다.

이 책은 자주 쓰지 않는 문법들에 대한 설명을 최대한 줄여 여러분의 시간을 낭비하지 않도록 구성했습니다. 대신 실제 현장에서 많이 사용하는 문법들의 필요성에 대해 자세히 설명합니다. 또한 책 곳곳에 필자가 실무 경험을 통해 얻은 노하우와 초보 프로그래머를 위한 조언을 담아냈습니다. 이 책으로 C 언어를 시작한 사람이라면 면접에서 자신 있게 손가락과 입을 움직일 수 있을 것입니다.

감사의 뜻을 전하며

오랜 시간 저와 함께한 C 언어에 대해서 하고 싶은 말이 참 많았습니다. 그래서 편집진과 의견 조율이 되지 않아 책이 나오기까지 참 힘든 시기가 많았습니다. 하지만 저자의 욕심을 내세우기보다는 실용적인 책이 되도록 노력했습니다. 독자를 위해 늦은 시간까지 초보자의 눈높이에서 의견을 제시하며 토론해 준 홍연의 편집자님의 도움으로 책이 완성되었습니다. 감사드립니다. 그리고 처음부터 리뷰에 참여했던 박진희 님, 마재승 님이 있어서 집필을 시작할 수 있었고, 베타 테스트를 도와준 이경직 님, 민지연 님, 전호영 님, 이민호 님, 양준호 님, 김원석 님, 이가송 님 덕분에 책의 완성도가 한층 올라갔습니다. 감사드립니다. 마지막으로 마무리를 위해서 여섯 번이나 책을 읽으며 도와준 김보라 님에게도 감사의 인사를 전합니다. 마지막으로 옆에서 책 쓰는 것을 도와주고 힘들 때마다 항상 곁에서 함께해준 연진이에게 이 책을 바칩니다.

김성엽 드림
tipsware@naver.com

뿌리가 깊으면 더 높은 곳으로 뻗어갑니다.
C 언어의 첫 단추를 제대로 꿸 수 있는 책

8년간 수많은 입문자들을 직접 가르친 경험이 그대로 녹아 있는 책!

프로그래밍에 처음으로 입문하려는 사람들에게 가장 중요한 것은 역시나 잘 쓰인 책 한 권이다. 입문서를 통해 단번에 전문 프로그래머가 되기는 불가능하다. 그런데도 입문서가 중요한 이유는 프로그래밍이 무엇이며, 무엇을 더 공부해야 할지를 깨닫게 해주는 책이어야 하기 때문이다.

이 책은 저자의 친절함을 온전히 느낄 수 있는 책이다. 아마도 수년간 진행한 무료 교육을 통해 수많은 입문자들을 직접 가르쳐 본 경험이 밑거름이 되었으리라 생각한다. 단순히 C 언어 문법과 사용 방법만을 나열한 것이 아니라 그간의 경험을 기반으로 **직관적으로 이해할 수 있는 부분은 빠르게 정리하고, 개념적으로 난해하거나 입문자들이 어려워하는 부분은 자세하고 반복적으로 설명**하고 있다. 컴퓨터의 기본 동작 원리를 꺼내어 설명하기도 하고, 자료구조 서적에서 다룰 법한 내용을 가져와 그 활용 예를 설명하기도 한다. 포인터와 같은 핵심 개념은 결국 메모리의 동작 원리를 설명하는 것이 가장 효과적인 방법이라는 것을 너무나도 잘 알고 있기 때문이리라.

프로그래밍을 어려워하는 초보자를 위한 책을 만들고 싶었다는 저자의 바람과 의지가 이 한 권의 책에 온전히 담겨 있다. 이 책으로 C 언어를 배우기 시작한다면, 최소한 개발자 입문의 첫 단추는 제대로 끼워 맞춘 것이라 생각해도 좋다.

- 마이크로소프트, 수석 에반젤리스트 김명신

프로그래밍 기초 원리를 자연스럽게 터득할 수 있는 든든한 입문서!

고급 프로그래밍 언어와 다양한 개발 도구들이 쏟아져 나오고 코드 몇 줄 작성만으로도 그럴듯한 결과물을 만들어 낼 수 있는 요즘은 개발자들에게 축복의 시대라고 여겨질 만합니다. 하지만 한편으로 이러한 시대의 흐름이 개발자의 뿌리가 되는 프로그래밍 기초 원리에 대한 이해 없이 잔가지만 무성한 개발자들을 만들어 내지 않을까 하는 우려도 생깁니다. 뿌리 없는 나무가 더 높은 곳으로 뻗어 나갈 수 없듯이 프로그래밍 기초 원리의 이해 없이는 절대로 좋은 개발자가 될 수 없겠지요.

이 책은 **"왜?"라는 질문을 끊임없이 던지며 프로그래밍 기초 원리를 자연스럽게 터득할 수 있도록 도와주는 책**입니다. 이와 더불어 저자의 오랜 실무 개발 및 강의 경험을 토대로 크고 작은 팁들이 책 내용 곳곳에 녹아 있어 독자의 흥미를 유발합니다. 저는 이 책이 프로그램 개발의 첫걸음을 내딛는 초보 개발자들에게 든든한 뿌리가 되어주고, 좋은 개발자로 성장할 수 있도록 이끌어 줄 것이라 믿어 의심치 않습니다.

- 마이크로소프트 Visual C++ MVP 김경진

이제 막 프로그래밍을 시작하는 사람들의 10년 후까지 생각하고 만든 책!

C 언어는 IoT(사물 인터넷)의 등장과 더불어 임베디드 시스템을 설계하는 작업에서도 사용되어 그 중요성이 커지고 있다. 이러한 시대의 흐름에 발맞추어 이 책은 C 언어에서 사용하는 문법이 왜 필요하고 어떤 원리로 만들어졌는지를 설명하고 있다. 이러한 접근 방법은 프로그래밍 언어를 학습하는 초보자들에게 **C 언어뿐만 아니라 컴퓨터 시스템과 언어의 관계를 이해할 수 있게 함은 물론, 이후 몇 년에 걸쳐 고급 프로그래머로 성장하는 과정의 토대**가 될 것이다. 저자가 다년간의 개발과 교육 경험을 바탕으로 집필한 이 책이 수많은 독자들에게 유익한 C 언어 입문서가 되길 바란다.

— 울산대학교 IT융합학부 **구자록** 교수

20년 경력 현업 프로그래머의 깊이와 생생한 현장 경험이 담겨 있다!

중학교 1학년 시절 C 언어로 처음 "Hello, World"를 출력했을 때의 신기함은 아직도 잊지 못한다. 하지만 기쁨도 잠시, 배열과 포인터가 등장하면서 벽에 부딪히고 말았다. 그 당시 중학생이었던 나에게 프로그래밍 언어를 책으로만 익힌다는 것은 참 쉽지 않은 일이었다. 이런 경험을 나만 겪었다고 생각하지 않는다. C 언어를 공부하기 위해 책을 펼친 여러분도 벽에 부딪히는 순간이 올 수 있다.

이 책은 **저자의 강의 경험과 실무 경험을 담아 상세하고 친절**하게 기술했다. 특히 C 언어를 배우는 사람들이 어려워하는 배열과 포인터 개념을 이해하기 쉽게 실례를 들어가며 알려준다. 부디 이 책이 프로그래머의 길을 걷고자 희망하는 이들에게 도움이 되었으면 하는 마음이 간절하며, 그동안 여름·겨울 때마다 한 번도 쉬지 않고 대학생들에게 C, C++, MFC 강의를 해 온 저자의 노고에 찬사를 보낸다.

— 마이크로소프트 Visual C++ MVP **옥찬호**

이 책을 미리 읽어본 학생들의 한마디!

이 책은 C 언어를 통해 자연스럽게 컴퓨터적 사고를 갖출 수 있도록 도와준다는 점에서 문과생인 저에게도 프로그램 개발의 진입 장벽을 낮춰주었습니다. 프로그래밍을 시작하고 싶은데 갈피를 잡기 어려운 문과생들에게도 이 책을 추천합니다.

— 경영학과 **최정연**

홀로 C 언어를 배우며 어려워하던 저에게 한줄기 빛같이 다가온 책입니다. 다양한 예제와 친절한 설명으로 C 언어가 무엇인지, C 언어 문법을 어떻게 적용해야 하는지 명확하고 깔끔하게 가르쳐 줍니다. C 언어 시작이 어려운 분들께 이 책을 추천합니다!

— 전자공학과 **마재승**

수년 동안 지식 나눔 강의를 한 저자의 경험이 담겨 있는 책입니다. 특히 C 언어에 갓 입문한 학생들이 공통적으로 힘들어하는 문법에 대해 여러 가지 비유를 들어 이해하기 쉽게 설명되어 있습니다. 그리고 저자에게 직접 강의를 듣는 듯 한 설명이 인상적이었습니다!

— 전자통신공학과 **민지연**

두뇌에 차곡차곡 쌓이는 C 언어!
책만 읽어도 체계적인 학습이 가능하도록 만들었습니다!

1단계 - '코딩해 보세요' 코너로 실습하기!

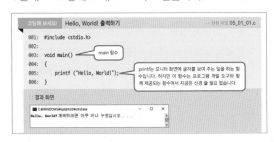

책 이론 설명을 읽고 중간중간 나오는 '코딩해 보세요' 코너를 모두 직접 입력하며 실습해 보세요. 눈으로만 봤을 때는 이해가 되지 않던 부분도 예제를 직접 실행해 보면 훨씬 기억에 잘 남습니다.

2단계 - '1분 퀴즈' 풀며 한 번 더 기억하기!

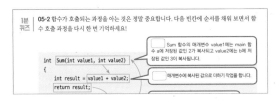

1분 퀴즈는 대부분 아주 쉬운 문제입니다. 방금 전에 배운 내용을 잊지 않도록 1분 퀴즈를 풀며 복습하세요.

3단계 - '김성엽의 프로그래밍 노트' 읽으며 레벨 업하기!

저자가 20년 동안 현장에서 활동하며 학생들에게 필요하다고 생각했던 지식을 알려주는 코너입니다. 초보자에게는 어렵게 느껴질 수도 있습니다. 하지만 장기적으로 실력 있는 프로그래머가 되고 싶다면 반드시 알아야 할 고품격 노하우가 담겨있습니다.

4단계 - '연습 문제' 풀고 저자와 선배들의 피드백 받기!

하나의 장이 끝날 때마다 제공하는 연습 문제도 꼭 풀고 넘어가면 좋습니다. 둘째 마당 연습 문제는 여러분의 답안을 저자 커뮤니티(cafe.naver.com/tipscommunity)의 'Do it! 코딩 토론방'에 올리면 저자와 커뮤니티 운영진이 코드 리뷰를 남겨드립니다.

동영상 강의 – 저자 직강 무료 강의로 이해력 쏙쏙!

이 책은 독자 여러분의 학습을 돕기 위해 저자 직강 동영상 강의를 무료로 제공합니다. 이지스퍼블리싱의 유튜브 채널(youtube.com/easyspub → 재생 목록 → Do it! C 언어 입문)이나 저자의 카페(cafe.naver.com/twlab)에 있는 무료 강좌 안내를 확인하세요!

저자 카페   이지스퍼블리싱 유튜브

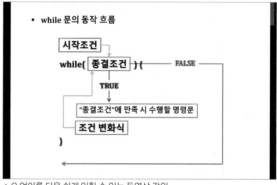

▲ C 언어를 더욱 쉽게 익힐 수 있는 동영상 강의

모르는 문제나 활용 연습문제 정답이 궁금할 때!

책에 대해 궁금한 점이 있으면 저자의 온라인 커뮤니티(cafe.naver.com/tipscommunity)의 '질문 및 답변' 게시판을 이용하세요. 그리고 이곳에서 활용 연습문제 정답도 확인하고, 직접 만든 활용 연습문제 코드도 리뷰 받을 수 있어요.

예제 소스 파일 및 1분 퀴즈 답안 다운로드

이 책의 모든 예제 파일과 '1분 퀴즈' 코너의 답안은 이지스 퍼블리싱 홈페이지(www.easyspub.co.kr)의 [자료실] 메뉴에서 다운로드할 수 있습니다.

C 언어 독학 진도표

이 책은 31일간 매일 1~2시간씩 꾸준히 학습할 수 있도록 설계했습니다. 진도표에 여러분이 공부할 날짜를 기록하며 계획을 세워 보세요. 만약 둘째 마당을 시작하는 것이 어렵다면 첫째 마당의 03장부터 다시 한 번 빠르게 볼 것을 권합니다.

강의용 진도표는 이지스퍼블리싱 홈페이지에서 요청하세요!

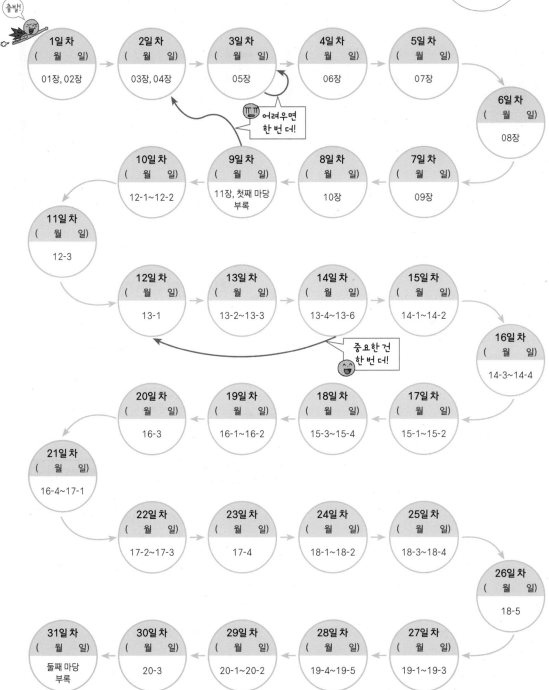

첫째
마당

—

C 언어
기본 문법

01 • 프로그램과 C 언어   16
01-1 프로그래밍 기초   17
01-2 C 언어 소개   19
01-3 전자계산기 원리와 프로그래밍 개념   21
01-4 C 언어 서술 형식   24
01-5 C 프로그램 실행 파일   28

02 • C 언어로 만드는 첫 번째 프로그램   32
02-1 C 언어 개발 환경 구축하기   33
02-2 비주얼 스튜디오 프로젝트 만들기   37
02-3 내가 만든 첫 번째 프로그램   41

03 • 자료형   46
03-1 컴퓨터의 자료 기억 방식   47
03-2 문자를 숫자로 표현하는 약속, 아스키코드   51
03-3 자료형의 종류   54

04 • 상수와 변수   65
04-1 항상 같은 수, 상수   66
04-2 데이터 저장 공간, 변수   72
04-3 2진수를 16진수로 변환하는 방법   80

05 • 함수   84
05-1 C 언어와 함수   85
05-2 함수 정의하고 호출하기   89
05-3 main 함수 정리하기   99
05-4 함수 원형 선언하기   101

06 • 표준 출력 함수   105
06-1 라이브러리   106
06-2 라이브러리 사용 설명서, 헤더 파일   111
06-3 전처리기   114
06-4 C 표준 라이브러리와 표준 출력 함수   119
06-5 문자열 출력 함수 printf   124

07 • 연산자   140
07-1 기본 연산자   141
07-2 연산자 우선순위와 연산 방향   148

08 • 조건문   151
08-1 제어문   152
08-2 if 조건문   153

08-3 if ~ else ~ 조건문　　159
08-4 중첩된 if 조건문　　166
08-5 switch 조건문　　172

09 • 반복문　　178
09-1 반복문의 기본 구조와 for 반복문　　179
09-2 while 반복문　　184
09-3 반복문 구성 방법　　188
09-4 중첩 반복문　　195
09-5 break와 continue 제어문　　198

10 • 시프트 연산자와 비트 연산자　　203
10-1 비트 단위 연산과 비트 패턴　　204
10-2 시프트 연산자　　207
10-3 비트 연산자　　211

11 • 지역 변수와 전역 변수　　226
11-1 함수 안에서만 사용하는 지역 변수　　227
11-2 프로그램 전체에서 사용하는 전역 변수　　230
11-3 extern 키워드　　233
11-4 static 키워드　　235

현장 밀착 취재 주니어 프로그래머 딱지 떼는 다섯 가지 팁!　　239

12 • 배열과 문자열　　252
12-1 배열　　253
12-2 문자열　　263
12-3 2차원 배열　　272

13 • 포인터　　289
13-1 운영체제의 메모리 관리 방식　　290
13-2 포인터　　303
13-3 포인터와 const 키워드　　319
13-4 포인터 변수의 주소 연산　　323
13-5 포인터와 대상의 크기　　326
13-6 void *형 포인터　　328

14 • 표준 입력 함수　　334
14-1 표준 입력 함수　　335
14-2 문자와 문자열 입력 함수　　338

둘째
마당

C 언어
완성하기

14-3 문자열을 정수로 변환하기   348
14-4 표준 입력 함수 scanf   356

15 • 배열과 포인터   368
15-1 배열과 포인터 표기법   369
15-2 배열 시작 주소   373
15-3 배열을 사용하는 포인터   376
15-4 배열과 포인터의 합체   379

16 • 메모리 할당   384
16-1 프로세스와 메모리 할당   385
16-2 지역 변수와 스택   390
16-3 동적 메모리 할당 및 해제   406
16-4 동적 메모리 사용하기   414

17 • 다차원 포인터   422
17-1 다차원 포인터 개념   423
17-2 2차원 포인터   427
17-3 2차원 포인터와 함수의 매개변수   436
17-4 2차원 포인터와 2차원 배열   441

18 • 구조체와 연결 리스트   455
18-1 typedef 문법   456
18-2 데이터를 그룹으로 묶는 구조체   460
18-3 배열과 구조체   470
18-4 구조체로 만든 자료형의 크기   477
18-5 구조체를 활용한 연결 리스트   482

19 • 파일 입출력   497
19-1 표준 입출력 라이브러리   498
19-2 텍스트 파일과 바이너리 파일   499
19-3 파일 열기와 닫기   503
19-4 텍스트 파일에 데이터 읽고 쓰기   509
19-5 바이너리 파일에 데이터 읽고 쓰기   516

20 • 함수 포인터   525
20-1 함수 포인터   526
20-2 함수 그룹   529
20-3 콜백 함수   532

현장 밀착 취재 주니어 프로그래머 딱지 떼는 일곱 가지 팁!   541

C 언어 기본 문법

1970년대 개발된 C 언어는 출시된 지 40년이 넘었습니다. 그동안 C 언어와 경쟁했던 많은 언어가 사라졌지만, C 언어는 아직도 다양한 분야에서 사용되고 있습니다. C 언어의 문법은 프로그래머의 의도나 목적에 따라 쉽게 확장할 수 있기 때문입니다. 시스템 프로그램인 운영체제부터 일반 응용 프로그램까지 모두 C 언어를 사용하여 개발할 수 있습니다. 실제로 지금 우리가 사용하고 있는 운영체제나 프로그램 개발 도구도 대부분 C 언어로 만들어졌습니다.

첫째 마당에서 배울 문법은 C 언어의 기본 표현법입니다. 프로그래밍에 대한 사전 지식이 전혀 없어도 어렵지 않게 배울 수 있습니다. 혹시라도 C 언어가 어렵게 느껴진다면 첫째 마당의 끝까지 빠르게 공부한 후 한 번 더 복습하고 둘째 마당으로 넘어가십시오.

01 프로그램과 C 언어

02 C 언어로 만드는 첫 번째 프로그램

03 자료형

04 상수와 변수

05 함수

06 표준 출력 함수

07 연산자

08 조건문

09 반복문

10 시프트 연산자와 비트 연산자

11 지역 변수와 전역 변수

현장 밀착 취재 주니어 프로그래머 딱지 떼는 다섯 가지 팁!

프로그램과 C 언어

01장에서는 C 언어와 프로그래밍의 기초를 설명하겠습니다. 프로그램 용어는 자신이 찾고자 하는 도움말의 키워드가 될 수 있기 때문에 그 의미를 분명하게 알고 넘어가는 것이 좋습니다. 그리고 프로그래밍 언어의 일반적인 문법 구조를 전자계산기로 설명하고, C 언어는 이 문법 구조를 어떻게 서술하는지 알아보겠습니다. 마지막으로 C 언어로 작성한 명령문들이 실행 가능한 파일이 되는 원리를 알아보겠습니다.

01-1 프로그래밍 기초
01-2 C 언어 소개
01-3 전자계산기 원리와 프로그래밍 개념
01-4 C 언어 서술 형식
01-5 C 프로그램 실행 파일

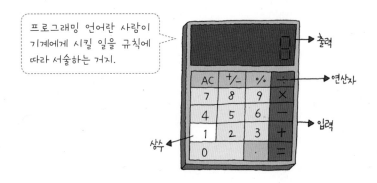

01-1 프로그래밍 기초

프로그램이란?

프로그램이란 용어를 처음 듣는 분은 없을 것입니다. 여러분이 자주 접하는 TV 방송에서도 '주말 편성 프로그램'이라고 이야기하듯이 프로그램이라는 용어는 여러 분야에서 사용합니다. 프로그램이란 보통 어떤 작업이 나열된 계획표 또는 순서표를 뜻합니다. 컴퓨터에서의 프로그램도 마찬가지입니다. 프로그램은 컴퓨터에게 작업할 일을 순서대로 알려주기 위해 만든 파일이라 할 수 있습니다.

프로그램은 보통 확장자가 .exe인 파일을 의미합니다. 이 파일을 실행

"어떤 목적을 이룰 수 있도록 프로그래밍 언어로 진행 순서를 기술한 것을 프로그램이라고 한다."

파일이라고 하며, 컴퓨터가 작업할 내용을 컴퓨터가 이해할 수 있는 언어(기계어)로 만들어졌습니다.

프로그래밍 언어란?

우리나라 TV 방송 프로그램은 우리나라 사람들이 봐야 하기 때문에 우리말로 제작합니다. 중국 TV의 프로그램은 당연히 중국어로 제작해야 중국 사람들이 알아들을 수 있겠지요. 컴퓨터도 마찬가지입니다.

"컴퓨터는 2진 숫자(0과 1)로 이루어진 기계어를 사용한다."

컴퓨터 프로그램은 컴퓨터

가 이해할 수 있는 언어인 기계어로 작성해야 합니다. 하지만 프로그램을 작성하는 주체가 사람이기 때문에 사람이 2진 숫자로 되어 있는 기계어로 프로그램을 작성하는 것은 너무 어렵습니다.

ⓒ 기계어는 2진 숫자(0과 1)로 이루어져 있으며, 컴퓨터의 CPU가 직접 사용할 수 있는 형태의 명령문입니다.

예를 들어 중국어를 모르는 한국 사람에게 중국 TV 방송 프로그램을 만들라는 것과 같은 일입니다. 이럴 때 어떻게 하면 될까요? 한국 방송용 프로그램을 일단 우리말로 만들고, 중국어로 번역하여 중국용 프로그램으로 바꾸면 됩니다.

컴퓨터 프로그램도 마찬가지입니다. 사람들이 사용하기 편한 언어로 작성한 작업 내용을 기계어로 번역할 수 있도록 번역합니다. 이 번역기를 컴파일러(Compiler)라고 합니다. 결국 프로그래밍 언어란 사람에게 친숙한 표현법을 사용하여 프로그래밍할 수 있도록 만든 언어이

며, 이 언어로 작성한 프로그램을 기계어로 번역하는 것이 컴파일러의 역할입니다. 따라서 프로그래밍 언어는 컴파일러와 약속한 표현을 사용해야 합니다. 만약 이 약속을 지키지 않으면 컴파일러는 기계어 번역에 실패하겠죠.

그런데 프로그래밍 언어마다 이 약속이 다릅니다. 컴퓨터 프로그램은 용도에 따라 최적화된 표현으로 작성해야 필요한 기능을 원활하게 수행하기 때문입니다. 예를 들어 수학 수식을 다루는 프로그램을 만드는 데 사용하는 언어는 수식을 편리하게 적을 수 있는 표현법을 가지고 있어야 합니다. 운영체제를 만드는 데 사용하는 언어는 하드웨어 자원을 직접 제어할 수 있는 표현법을 가지고 있어야 하겠죠. 그래서 각 상황에 맞게 특화된 프로그래밍 언어가 만들어지기 시작했으며, 그중 하나가 C 언어입니다.

개발자가 이해할 수 있는 언어로 만든 프로그램을 컴파일러가 번역하여 컴퓨터에게 알려 줍니다.

01-2 C 언어 소개

C 언어가 만들어진 과정과 특징을 알면 C 언어의 문법 구조를 이해하는 데 도움이 됩니다. C 언어의 문법을 배우기 전에 C 언어의 역사와 특징에 대해 간단히 알아보겠습니다.

C 언어의 탄생

1960년대 개발되었던 운영체제들은 하드웨어 종속적인 언어를 사용하여 개발되었습니다. 따라서 하드웨어가 바뀌면 운영체제의 많은 부분을 다시 개발해야 했죠. 벨 연구소의 데니스 리치(Dennis Ritchie)와 켄 톰슨(Ken Thompson)은 이런 불편함을 없애고자 하드웨어가 변경되어도 프로그램을 다시 작성하지 않아도 되는 운영체제를 만들기 위해 노력합니다. 1970년에 켄 톰슨이 B 언어를 만들었지만, 이 언어도 하드웨어로부터 독립된 운영체제를 만드는 데 적합하지 않았습니다. 이에 1972년, 켄 톰슨은 데니스 리치와 함께 새로운 언어를 개발하는데 이것이 바로 C 언어입니다.

> *"C 언어는 유닉스 운영체제를 만드는 데 사용한 프로그래밍 언어이다."*

C 언어는 하드웨어의 세밀한 부분까지 제어할 수 있습니다. 그리고 특정 하드웨어를 직접 표현하지 않도록 문법을 구성하였기 때문에 하드웨어에 독립된 형태로 프로그램을 개발할 수 있습니다. 데니스 리치와 켄 톰슨은 C 언어를 90% 이상 사용하여 유닉스(UNIX)라는 운영체제를 만들었고, 유닉스는 다양한 하드웨어에서 동작할 수 있는 운영체제로 자리 잡게 됩니다.

C 언어의 특징 4가지

C 언어 4가지 특징인 구조화된 언어, 이식성, 확장성, 생산성에 대해 알아보겠습니다.

C 언어는 구조화된 언어이다

C 언어 이전의 프로그래밍 언어들은 작업 단위가 구분되지 않고 단순히 나열된 형식이었습니다. 자신이 이전에 작성한 프로그램과 비슷한 기능의 새로운 프로그램을 만들 때에도 기존에 작업한 내용을 재사용하기 힘들었고, 그래서 프로그램의 유지 보수가 어려웠습니다.

하지만 C 언어는 일정한 단위로 명령들을 그룹으로 묶는 방법을 제공합니다. C 언어로 만든 프로그램은 작업 단위가 명확하게 구분되어 유지 보수가 편리하고, 기존 프로그램에서 자신이 원하는 작업을 분리하기도 쉬워서 새로운 프로그램을 개발할 때 재사용하기에도 좋습니다.

C 언어는 이식성이 높다

C 언어의 이식성(Portability)이 높다는 말은 C 언어로 만든 프로그램을 거의 수정하지 않고 다른 하드웨어 또는 운영체제로 가져갔을 때도 잘 동작한다는 뜻입니다. 이를 위해 하드웨어에 종속적일 수 있는 부분은 C 언어에서 분리해 런타임 라이브러리(Runtime Library)라는 개념으로 제공합니다. 그리고 이렇게 외부에서 구현한 것을 C 언어가 가져다 사용할 수 있게 만들었습니다. 이 런타임 라이브러리는 각 하드웨어 또는 운영체제별로 만들어졌기 때문에 사용자가 작성한 C 언어 프로그램에는 영향을 미치지 않습니다. 즉 하드웨어에 변화가 생기더라도 C 언어 문법이 영향을 받지 않도록 C 언어를 디자인한 것입니다.

C 언어는 확장성이 좋고, 표현법이 다양해서 자기만의 표현법을 개발할 수 있다

C 언어는 사용할 확률이 높은 문법만 최소한으로 유지하고 사용 빈도가 낮은 문법은 사용자들이 스스로 구현하기 때문에 언어의 기능을 확장할 수 있습니다. 따라서 C 언어는 다른 언어에 비해 표현법이 더 많고, 개발자가 개발 상황에 따라 선택할 수 있는 문법 구조나 표현법이 다양하여 자율성이 높습니다. 그래서 상대적으로 더 어렵게 느껴질 수 있습니다. 하지만 반대로 다양한 표현법을 익히고 나면 다른 언어에서 사용할 수 없는 강력한 표현을 사용할 수 있습니다.

C 언어는 생산성이 높다

일부 초보 프로그래머들은 다른 고급 언어에 비해 C 언어의 생산성이 떨어진다고 말합니다. 초보자 입장에서 봤을 때 제품을 쉽게 개발할 수 있는 언어가 생산성이 높다고 판단할 수 있을 테니까요. 하지만 이는 생산성에 대해 오해하고 있는 것입니다. 생산성의 높고 낮음은 단순히 제품 개발 시간만 계산하여 따질 것이 아니라, 제품을 완성한 후 고객이 만족하고 문제가 없는 상태가 되었을 때까지의 시간도 계산에 넣어야 합니다.

C 언어를 사용하는 프로그래머들은 스스로 개발 인프라(명령 그룹, 함수 등)를 구축하기 때문에 경력이 쌓일수록 인프라가 다양해져서 프로그램 개발 속도가 빨라집니다. 그뿐만 아니라 사용자의 여러 가지 요구에 대해 스스로 대처할 수 있어서 프로그램의 완성도와 만족도가 더 높을 수밖에 없습니다.

ⓒ 인프라는 인프라스트럭처(Infrastructure)의 줄임말로 생산의 기반을 형성하는 시설이나 구조를 뜻합니다. 여기에서는 프로그래머가 개발을 하며 쌓아온 생산 기반이라고 생각하면 됩니다.

01-3 전자계산기 원리와 프로그래밍 개념

컴퓨터를 대상으로 프로그래밍을 하기 때문에 모든 프로그래밍 언어가 가지는 요소들은 대부분 비슷할 수밖에 없습니다. 그래서 한 가지 프로그래밍 언어를 배우고 익숙해지면 다른 프로그래밍 언어는 쉽게 배울 수 있습니다.

"모든 프로그래밍 언어는 비슷한 요소를 가지고 있다."

그러면 C 언어가 제공하는 문법을 살펴보기 전에, 프로그래밍 문법 전반의 공통 사항을 살펴볼까요? 우리 주변에서 흔히 볼 수 있는 전자계산기 원리와 프로그래밍 개념을 비교해 보겠습니다. 여기에서는 프로그래밍 언어의 구성을 전반적으로 살펴보는 것일 뿐 하나하나 깊게 들어가지는 않을 것입니다.

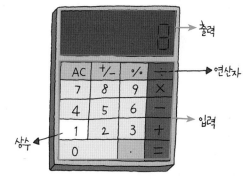

프로그래밍 개념과 전자계산기 원리는 유사합니다.

입력 버튼

계산기에 숫자 입력 버튼이 없다면 무용지물이겠죠? 입력을 받아야 사용자가 원하는 것을 계산기가 처리해 줄 수 있을 테니까요. 마찬가지로 대부분의 프로그래밍 언어는 입력문을 가지고 있습니다. 예를 들어 컴퓨터에서는 키보드나 마우스가 입력 장치에 해당합니다. C 언어는 오른쪽과 같이 표준 입력 및 콘솔 입력 방식으로 이 두 장치를 제어합니다.

```
scanf, getc, getch, gets, …
```

LCD 출력

계산기에 숫자를 보여 주는 LCD 화면이 없다면 당황스럽겠죠? 사용자가 계산한 값을 확인할 방법이 없으니까요. 마찬가지로 대부분의 프로그래밍 언어는 출력문을 가지고 있습니다. 컴퓨터는 주로 모니터를 통해 정보를 출력하며, C 언어는 표준 출력·콘솔 출력이라는 두 가지 형태의 출력 방식이 있습니다.

```
printf, putc, puts, …
```

상수

계산기 입력 버튼을 보면 입력할 숫자나 기호가 적혀 있습니다. 입력 데이터의 종류를 표시한 것이죠. 이것은 버튼에 적혀 있는 대상만 입력을 받겠다는 뜻입니다. 일반 계산기의 버튼은 숫자와 기호로 되어 있고 공학용 계산기는 문자도 포함하고 있습니다.

이렇게 한정된 입력 대상을 상수라고 합니다. 프로그래밍 언어에서는 숫자 상수, 문자 상수, 문자열 상수로 나누어 표현합니다.

```
1, 2, 3, 'a', 'b', "abc", …
```

연산자

계산기는 사용자가 입력한 숫자를 연산하는 기기입니다. 당연히 덧셈, 뺄셈, 나눗셈과 같은 연산 기능이 있습니다. 마찬가지로 컴퓨터도 연산 기능이 있습니다. 모든 프로그래밍 언어는 연산 기능을 수행할 수 있는 연산자를 가지고 있습니다.

```
+, -, *, /, %, …
```

😊 프로그래밍 언어에서 곱셈 기호는 X 대신 *를 사용합니다.

변수

연산을 하기 위해서는 한 개 이상의 숫자와 연산자가 필요합니다. 그리고 연산을 하면 연산 결과가 생깁니다. 계산기나 컴퓨터는 이런 연산 과정에서 사용자가 입력한 값을 기억하고 연산 결과로 나온 값도 기억해야 하기 때문에 기억 공간이 필요합니다. 이 기억 공간을 변수라고 합니다.

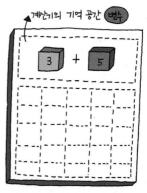

전자계산기에 들어 있는 메모리 칩은 프로그램의 변수와 비슷합니다.

```
int sum;, double money;, char type; …
```

조건문

계산기는 사용자가 어떤 연산(+, −, *, /) 버튼을 눌렀는지에 따라 결과가 다르게 나옵니다. 이처럼 사용자가 어떤 연산자를 선택하는지에 따라 다른 작업을 수행하도록 표현하는 문법을 프로그래밍 언어에서는 조건문이라고 합니다.

조건문을 사용하면 조건에 따라 다른 작업을 수행하도록 프로그램을 만들 수 있습니다.

```
if, switch, …
```

반복문

10 + 5 + 22 + 30 + …처럼 숫자를 여러 번 반복해서 더해야 할 때가 있죠. 그런데 10 + 5를 한 이후에 다시 계산을 하기 위해 계산기를 껐다 켜야 한다면 매우 불편할 것입니다. 그래서 계산기는 계산 작업을 반복해서 수행하도록 만들어졌습니다. 프로그래밍 언어도 사용자가 원하는 작업을 반복해서 수행할 수 있도록 반복문을 제공합니다.

```
for, while, do ~ while, …
```

알아두면 좋아요! 고급스러운 언어, 저급한 언어?

프로그래밍 언어에서 고급과 저급이라는 수식어는 좋고 나쁨을 의미하는 것이 아닙니다. 언어가 자연어(사람이 사용하는 언어)와 비슷한지 또는 기계어와 비슷한지를 나타내는 표현입니다. 프로그래밍 언어의 표현법이 사람들이 쓰는 언어와 비슷할수록 고급(High-level) 언어이고 컴퓨터의 기계어와 비슷할수록 저급(Low-level) 언어입니다. 예를 들어 고급 언어를 대표하는 것으로 Java나 C#과 같은 프로그래밍 언어가 있고, 저급 언어를 대표하는 것은 기계어나 어셈블리어가 있습니다. C 언어는 고급 언어이지만, 양쪽의 특성을 모두 가지고 있기 때문에 중간(Middle-level) 언어로도 볼 수 있습니다.

01-4 C 언어 서술 형식

사람이 잘 이해할 수 있는 프로그래밍 언어로 작성한 프로그램이라도 컴파일러가 이해할 수 있는 컴퓨터를 위한 기계어로 번역할 수 있습니다. 따라서 사용자는 번역기가 제공하는 프로그래밍 언어의 문법에 맞게 프로그램을 작성해야 합니다.

프로그래밍 언어가 요구하는 문법을 나열하는 것을 서술(Statement) 형식이라고 합니다. C 언어도 몇 가지 서술 형식을 가지고 있습니다. 지금은 소스 코드를 봐도 무슨 말인지 잘 모를 테니, 이런 것이 있구나 정도로 훑어 보고 넘어가세요.

C 언어의 기본 서술 형식

C 언어가 문장을 서술하는 기본 형식은 단일 서술문과 복합 서술문입니다.

단일 서술문

단일 서술문(Single Statement)은 논리적인 최소 명령 실행 단위입니다. 즉 한 개의 서술문 단위로 작업이 진행됩니다. C 언어는 ;(세미콜론)으로 문장을 구분하기 때문에 한 줄에 여러 개의 서술문을 쓸 수도 있습니다. 예를 들어 아래와 같은 표현법은 모두 가능하며 총 4가지의 단일 서술문을 사용한 것입니다.

😊 C 언어에서 문장을 마무리할 때 반드시 ;(세미콜론)을 사용해야 합니다. ;을 사용하지 않으면 프로그램이 제대로 실행되지 않고 오류가 발생할 수도 있습니다.

```
a = a + 30;
```
— 한 줄로 이루어진 단일 서술문

```
a = a
    + 30;
```
— 두 줄로 이루어진 단일 서술문

```
a = a + 30;  b = b + 50;
```
— 한 줄에 두 개의 단일 서술문을 사용합니다.

복합 서술문

복합 서술문(Compound Statement)은 여러 단일 서술문을 { } 중괄호를 사용해 하나로 묶은 형태입니다. 중괄호 안의 단일 서술문이 모두 수행되면 이 복합 서술문이 수행된 것으로 처리됩니다. 예를 들어 오른쪽과

```
{
    a = a + 30;
    b = b + 50;
}
```

같이 적으면 단일 서술문 2개를 사용한 것이 아니라 복합 서술문 1개를 사용한 것입니다.

복합 서술문은 { } 중괄호를 사용하기 때문에 자신의 영역이 구분됩니다. 따라서 ;(세미콜론)을 사용할 필요가 없습니다. 하지만 다음과 같이 }(닫는 중괄호) 뒤에 ;(세미콜론)을 사용해도 오류가 나지 않는데, 이것은 복합 서술문을 사용한 후 의미 없이 단일 서술문 1개를 적은 것으로 간주되기 때문에 정상적인 사용 방법은 아닙니다.

```
{
    a = a + 30;
} ;        의미 없는 단일 서술문
```

역할에 따른 서술 형식

다음은 서술문의 종류입니다. 서술문은 둘째 마당에서 자세히 설명하므로 무슨 말인지 잘 이해되지 않더라도 여기에서는 구경하듯 훑어 보세요.

수식 서술문

수식 서술문(Expression Statement)은 계산 수식을 표현한 단일 서술문입니다. 앞에서 단일 서술문 설명을 위해 예로 든 내용도 수식 서술문에 해당합니다. 두 값의 평균을 내는 수식을 구성해 보면 오른쪽과 같습니다.

```
average = (a + b) / 2;
```

☺ 프로그래밍에서 나눗셈 기호는 ÷ 대신 /를 사용합니다.

조건 서술문

조건 서술문(Selection Statement)은 조건을 만족하면 지정한 서술문을 수행하도록 작성한 서술문입니다. 어떤 값이 5보다 크면 해당 값을 0으로 변경하는 조건문을 구성해 보면 오른쪽과 같습니다.

```
if(a > 5) a = 0;
```

반복 서술문

반복 서술문(Iteration Statement)은 단일 서술문 또는 복합 서술문을 반복해서 수행하도록 작성한 서술문입니다. 이 소스 코드는 0에서 4까지 더하는 기능을 반복문을 사용해 구성한 것입니다.

```
int sum = 0, i;
for(i = 0; i < 5; i++) sum = sum + i;
```

라벨 서술문

라벨 서술문(Labeled Statement)은 소스 파일의 특정 위치에 라벨을 지정하고 goto문을 사용해 그 위치로 이동할 수 있도록 작성한 서술문입니다. C 언어가 만들어진 초창기에 기존 프로그래밍 언어를 사용하던 프로그래머들이 쉽게 C 언어로 유입될 수 있도록 제공한 서술문입니다. 그러나 원칙 없이 프로그래머가 원하는 위치로 실행 지점을 이동하는 것은 구조화된 언어인 C 언어의 소스 코드 구성을 파괴할 수 있는 문법이기 때문에 되도록 사용하지 않는 것이 좋습니다.

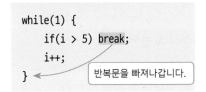

분기 서술문

분기 서술문(Jump Statement)은 자신이 소속된 서술문을 벗어나거나 흐름을 바꾸어 놓을 때 사용합니다. break, continue와 같은 문법들이 분기 서술문에 해당하는데 return문, goto문처럼 실행 흐름을 마음대로 조정(서술문의 범위를 마음대로 벗어날 수 있음)하는 것이 아니라 특정 조건 서술문이나 반복 서술문 안에서만 적용되기 때문에 잘 활용하는 것이 좋습니다.

```
while(1) {
    if(i > 5) break;
    i++;
}
```
반복문을 빠져나갑니다.

주석문

프로그래밍을 하다 보면 상황을 설명하거나 작업 내용을 기억하기 위해 소스 파일에 메모를 남겨야 하는 경우가 있습니다. 이럴 때 주석문(Comment)을 사용하면 됩니다.

주석문은 /* 기호로 시작해서 */ 기호로 끝나고, 여러 줄에 걸쳐서 사용할 수 있습니다. 또 이 기호가 표시된 부분은 컴파일러가 번역을 하지 않으므로 어떤 내용을 적어도 상관없습니다. 다음과 같이 소스 코드에 주석문을 적절히 사용하면 코드의 가독성이 좋아집니다.

```
/* a, b의 평균값을 계산하여 average에 저장함 */      아래 코드가 무슨 뜻인지 설명하는 주석문
average = (a + b) / 2;
```

주석문을 사용할 때 주의할 점

주석문은 중첩해서 사용하면 안 됩니다. /* 기호로 시작하면 */ 기호가 나올 때까지 모든 내용이 무시되기 때문에 /* 기호가 나오고 /* 기호를 또 사용하면 두 번째 사용한 /* 기호는 무시됩니다. 그리고 첫 번째 */ 기호가 끝난 다음부터 두 번째 나오는 */ 기호 사이에 사용한 모든 내용이 오류 처리됩니다. 다음 예제를 보면 쉽게 이해될 것입니다.

예약어

프로그래밍 언어의 문법에 사용되는 단어들을 예약어(Reserved Word)라고 합니다. 예약어는 의미나 역할이 정해져 있기 때문에 그 뜻을 바꾸거나 다른 용도로 사용할 수 없습니다. 예를 들어 조건문이 if라는 단어로 시작하는데 이때 if를 예약어라고 합니다. 예약어는 컴파일러와 약속된 단어이기 때문에 이름 짓는 문법(변수 이름, 함수 이름, 구조체 이름)에서 이 단어를 사용하면 오류가 발생합니다.

> **1분 퀴즈**
>
> **01-1** 앞에서 배운 예제들을 보면서 다음 빈칸에 {, }, ;, /*, */ 중 하나를 골라 보세요. 이 소스 코드는 여러분이 C 언어로 프로그래밍할 때 항상 만나게 될 예제의 기본적인 형식입니다.

```
#include <stdio.h>

void main(void)
{
    ⬛¹        a와 b의 값을 더해서 sum에 저장함 */
    int a = 1, b = 2, sum;
    sum = a + b ⬛²
⬛³
```

정답 1. /* 2. ; 3. }

01-5 C 프로그램 실행 파일

프로그램 실행 파일은 다음과 같은 과정으로 만들어지며 개발자는 보통 소스 파일을 구성하는 작업까지 합니다. 그다음 소스 파일을 번역해서 실행 파일을 만드는 것은 개발 도구가 알아서 처리합니다. 실행 파일로 번역하는 과정에서 단계별로 오류가 발견되면 오류 메시지를 출력하고 대상 파일을 만들지 않습니다. 즉 소스 파일의 번역(컴파일)에 실패하면 목적 파일이 만들어지지 않습니다. 그리고 컴파일과 링크를 순차적으로 수행하는 것을 '빌드'라고 부릅니다.

프로그램 생성 과정

소스 파일(*.c)

소스 파일(Source File)은 프로그래머가 만들고 싶은 프로그램을 C 언어 문법을 사용해서 작성한 파일을 말합니다. 소스 파일을 원시 파일이라고 부르기도 하지만 이 책에서는 소스 파일이란 용어를 사용하겠습니다. 소스 파일은 텍스트 형식의 파일이며 파일 확장자는 .c를 사용합니다. 꼭 .c로 해야 하는 것은 아니지만 많은 개발자들이 C 언어 소스 파일을 구별할 때 .c 확장자를 사용하기 때문에 지켜 주는 것이 좋습니다(C++는 .cpp, Java는 .java, C#은 .cs라는 파일 확장자를 사용합니다).

목적 파일(*.obj)

목적 파일(Object File)은 컴파일러(번역기)가 소스 파일을 번역(컴파일)하면 만들어지는 파일입니다. 컴파일러가 실행 파일 만드는 시간을 줄이기 위해 만드는 파일이기도 합니다. 목적 파일은 컴파일러가 만들어 주기 때문에 사용자가 직접 만들 필요는 없습니다. 그런데 단순하게 생각해 보면 소스 파일을 번역하여 바로 실행 파일을 만들어도 될 텐데 왜 중간에 목적 파일을 두었을까요?

소스 파일을 번역해서 바로 실행 파일을 만들면, 소스 파일의 일부만 바뀌어도 소스 파일 전체를 다시 번역해서 실행 파일을 만들어야 하기 때문에 비효율적입니다. 그리고 이 비효율성은 소스 파일의 내용이 많아질수록 더 심해집니다. 그래서 내용이 많은 소스 파일에서 비슷한 작업들을 모아서 여러 개의 파일로 나누고 각각의 파일을 컴파일하는 방식을 사용합니다. 여기에서 소스 파일을 나누는 것은 C 언어의 작업이 아니라 개발자가 판단하여 진행하는 일입니다. 경험 많은 개발자일수록 큰 프로그램을 기능별로 적절하게 나누어 컴파일합니다.

소스 파일을 나누는 이유

소스 파일 하나를 컴파일하는 것과 소스 파일을 여러 개로 나누어 컴파일하는 것은 어떤 차이가 있을까요? C 언어 컴파일러는 컴파일을 할 때 먼저 소스 파일의

"컴파일러는 변경된 소스 파일만 컴파일하여 목적 파일을 만든다."

내용이 변경되었는지 체크한 후 변경되었으면 다시 컴파일하여 목적 파일을 만들고, 변경되지 않았다면 이전에 만든 목적 파일을 재사용합니다.

따라서 소스 파일이 여러 개로 나누어져 있을 때 소스 파일의 일부가 바뀌었다면, 변경된 소스 파일만 컴파일되어 새로운 목적 파일이 만들어지고 나머지 소스 파일들은 이전에 만들었던 목적 파일을 그대로 재사용하기 때문에 컴파일 시간이 줄어드는 효과가 있습니다.

프로그램을 하나 만들면 보통 수백 번 또는 수천 번 컴파일하는 경우도 많습니다. 따라서 목적 파일 개념이 없었다면 프로그램 개발 시간이 많이 늘어났을 겁니다.

목적 파일의 역할

실행 파일(*.exe)

실행 파일(Executable File)은 컴퓨터에서 실행할 수 있는 파일을 말합니다. 하나 이상의 목적 파일을 연결자(Linker)가 연결(Link)해서 실행 파일을 만듭니다. 이렇게 만들어진 실행 파일은 기계어로 나열된 프로그램 파일로서 더 이상의 컴파일 작업 없이 컴퓨터에서 바로 실행할 수 있습니다. 실행 파일의 확장자나 형식은 운영체제마다 다릅니다.

1분 퀴즈 | **01-2** 우리는 지금까지 실행 파일을 만드는 과정을 살펴보았습니다. 잘 기억하고 있는지 다음 빈칸을 채우며 확인해 보세요.

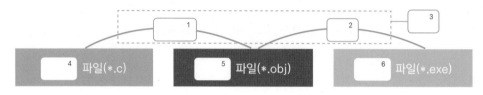

정답 1. 원시파일 2. 컴파일 3. 링크 4. 소스 5. 목적 6. 실행

{✎} **김성엽의 프로그래밍 노트** **본격적으로 C 프로그래밍을 시작하기 전에**

프로그램을 많이 만드는 것보다 잘 만드는 것이 더 중요합니다. 프로그램을 쉽게 빨리 만드는 방법에만 초점을 맞추다 보면 프로그램의 질이 떨어지는 경우가 많습니다. 프로그래밍 언어가 쉬우면 쉽고 간단하게 프로그램을 만들 수 있어 편리하겠지만, 프로그램을 쉽게 만드는 데만 초점을 두면 프로그래밍 기초 지식을 쌓기 어렵고 실무에서 복잡한 프로그램을 개발해야 할 때 응용 지식이 부족해서 당황하게 됩니다.

개발자들을 봤을 때 프로그래밍 언어를 처음 접하거나 C 언어가 아닌 다른 언어를 공부했던 사람들보다 C 언어를 배운 사람들이 자바(Java)도 쉽고 빠르게 배웁니다. 재미있는 사실은 계속 자바로 개발한 사람보다 C 언어를 익히고 자바로 전향한 개발자들이 프로그래밍을 더 잘하고 생산성도 높은 경우가 많다는 것입니다. 따라서 자바 개발자를 꿈꾸는 분들도 C 언어를 먼저 배워 보십시오. 프로그램을 바라보는 시각이 달라집니다.

또한 C 언어가 어렵다고 해도 문법은 하루 만에도 배울 수 있습니다. 하지만 문법을 다 배워도 프로그램을 만들기는 어려울 것입니다. 그 이유는 프로그램을 만드는 방법을 배우지 못했기 때문입니다. C 언어는 그저 프로그램을 만드는 표현 도구일 뿐입니다. 프로그래밍을 잘하기 위해서는 프로그램을 잘 만드는 방법을 배우고 프로그램에 대한 자신의 생각을 키우는 것이 중요합니다.

Q1 C 언어로 작성한 소스 파일을 기계어로 번역하는 번역기를 컴   라고 합니다.

Q2 C 언어는 다양한 하드웨어와 운영체제에서 잘 동작하는 이   이 높은 언어입니다.

Q3 목   은 소스 파일을 컴파일해서 만들며, 컴파일러가 실행 파일 만드는 시간을 줄이기 위해 만드는 파일입니다.

Q4 복합 서술문은 한 개 이상의 서술문을 묶어서 표현하기 때문에 중   를 사용합니다.

Q5 소스에 메모를 남기고 싶다면 주   을 사용하면 됩니다.

Q6 예   는 프로그래밍 언어에서 특별한 역할이 정해진 단어입니다.

01장 풀이 562쪽

C 언어로 만드는 첫 번째 프로그램

이 장에서는 아주 단순한 형태의 C 언어 프로그램 예제를 만들어 보며 C 언어로 프로그래밍하는 것의 감을 잡아 보려고 합니다. 또 예제를 컴파일한 후 실행 파일을 만들어 실제로 실행해 볼 수 있도록 개발 환경 구축 방법을 설명하겠습니다.

02-1 C 언어 개발 환경 구축하기
02-2 비주얼 스튜디오 프로젝트 만들기
02-3 내가 만든 첫 번째 프로그램

02-1 C 언어 개발 환경 구축하기

C 언어 소스 파일을 컴파일하고 실행하기 위해서는 먼저 개발 환경을 구축해야 합니다. 이 책에서는 개인이 무료로 사용할 수 있는 비주얼 스튜디오 커뮤니티(Visual Studio Community) 버전을 기준으로 개발 환경을 구축해 보겠습니다.

커뮤니티(Community) 버전은 프로페셔널(Professional) 버전과 기능이 크게 다르지 않아 프로그램을 개발하는 데 전혀 부족함이 없습니다. 책에 나온 예제는 모두 비주얼 스튜디오 커뮤니티로 작성하여 실행해 볼 수 있으니 설치 과정과 예제 소스 작성 부분을 꼼꼼히 익혀 두세요.

> ⊙ 비주얼 스튜디오는 꾸준히 업데이트되므로 책의 진행 화면과 조금 다를 수 있습니다. 저자의 블로그(blog.naver.com/tipsware/ 221636023581)에서 업데이트된 내용을 확인하세요!

1. 비주얼 스튜디오 커뮤니티 설치하기

비주얼 스튜디오를 설치하는 데에는 한 시간 이상 걸릴 수 있으니 시간 여유를 가지고 설치를 시작하세요. 먼저 비주얼 스튜디오 다운로드 페이지(visualstudio.microsoft.com/ko/ downloads/)에 접속하세요. C 언어를 사용할 목적이라면 비주얼 스튜디오의 일부 기능만 사용하게 됩니다. 따라서 용량이 큰 ISO 파일(CD 이미지)을 받아서 설치하는 것보다, 다음과 같이 웹 설치 관리자를 받아서 설치하는 것이 좋습니다. 웹 설치 관리자를 받으려면 다음 화면에서 'Visual Studio Community'의 [무료 다운로드]를 클릭하여 Vs_community_KOR.exe 파일을 실행합니다.

> ⊙ 파일 이름은 다를 수 있습니다(예: vs_ community_1320343007.1560493681. exe).

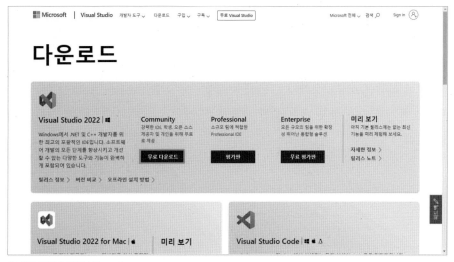

웹 설치 관리자 다운로드

2. 다음과 같은 대화 상자가 나오기 전에 나오는 메시지 창(개인정보처리방침)에서는 [계속(C)] 버튼을 클릭해서 진행합니다. 대화 상자가 나오면 설치 유형을 'C++를 사용한 데스크톱 개발'로 선택합니다.

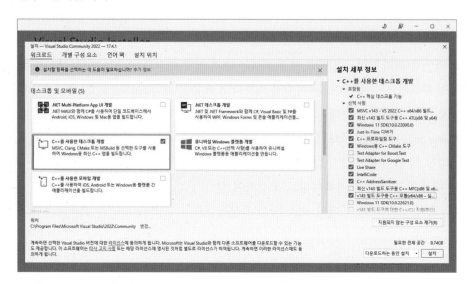

비주얼 스튜디오에서 C 언어로 프로그램을 개발할 때 Visual C++ 컴파일러를 사용합니다. Visual C++에서는 C 언어와 C++를 구분해서 생각하지 않고, C 언어를 C++에 포함된 개념으로 설치 파일을 만들어 놓았습니다. 즉, 'C 언어로만 개발하고 싶다'와 같은 개념이 아닌 것이죠. 그래서 C++ 개발 도구를 설치하면 자연스럽게 C 언어 개발 도구도 함께 설치됩니다.

3. 대화 상자를 보면 어떤 항목들이 설치될 것인지 알려주는 '설치 세부 정보'가 있습니다. 이 정보는 단순히 설치될 항목만 보여주는 것이 아니고 추가로 설치할 항목도 선택할 수 있습니다.

오른쪽 이미지처럼 세 항목을 추가로 체크합니다. 이 항목들까지 설치해야 비주얼 스튜디오에서 C 언어용 개발 도구들이 제대로 설치됩니다. 항목 체크가 끝나면 설치 버튼을 클릭합니다.

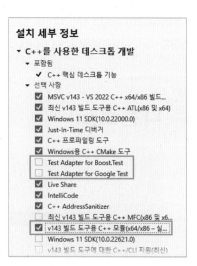

4. Visual Studio 실행하기

설치가 완료되면 다음과 같은 화면이 뜹니다. [실행] 버튼을 클릭해서 비주얼 스튜디오를 실행합시다.

![Visual Studio Installer 화면]

5. 비주얼 스튜디오를 처음 실행할 때 로그인 창이 나옵니다. 실습할 때 꼭 로그인을 할 필요는 없으니 여기에서는 [나중에 로그인]을 누르겠습니다. 개발 설정은 'Visual C++'를 선택하세요.

로그인 화면

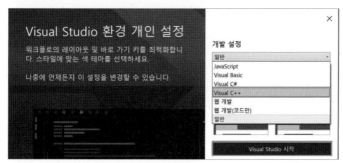

개발 설정 화면

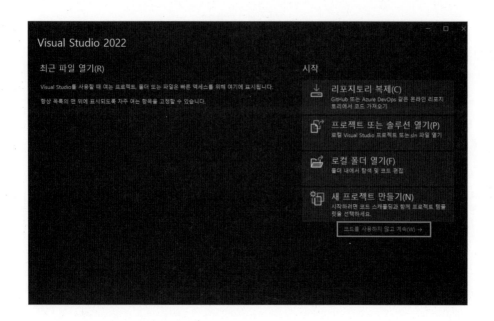

6. 드디어 비주얼 스튜디오가 실행되었습니다!

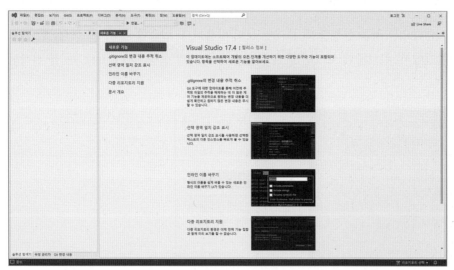

비주얼 스튜디오가 실행된 화면

◎ 솔루션 탐색기가 보이지 않는다면 위쪽 메뉴에서 [보기 → 솔루션 탐색기]를 선택하세요.

02-2 비주얼 스튜디오 프로젝트 만들기

이제부터 비주얼 스튜디오로 C 언어를 이용해 첫 번째 프로젝트를 만들어 봅시다.

1. 첫 번째 프로젝트 만들기

비주얼 스튜디오의 위쪽 메뉴에서 [파일 → 새로 만들기 → 프로젝트]를 선택합니다.

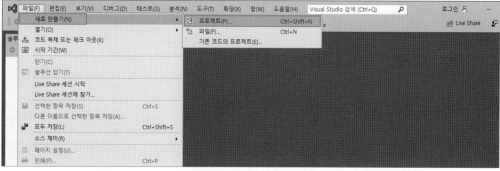

비주얼 스튜디오 첫 화면에서 [프로젝트] 선택하기

2. 다음 그림과 같이 다양한 프로젝트를 만들 수 있는 대화 상자가 나타납니다. 이 대화 상자에서 'Windows 데스크톱 마법사'를 선택하고 [다음(N)] 버튼을 누릅니다.

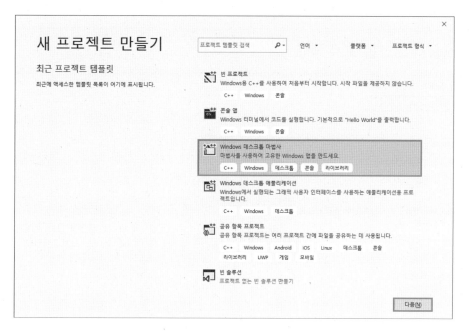

3. '프로젝트 이름' 항목에 자신이 사용할 프로젝트 이름을 입력하고 '위치' 항목에 자신의 프로젝트가 위치할 디렉토리 경로를 입력합니다. 그리고 [만들기(C)] 버튼을 누릅니다.

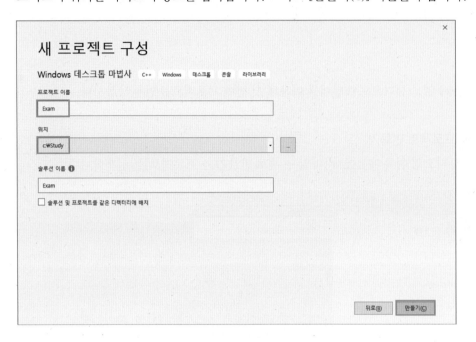

4. Windows 데스크톱 프로젝트 창이 나타납니다. 이 창이 나오면 '애플리케이션 종류'에서는 '콘솔 애플리케이션(.exe)'를 선택합니다. 그리고 '추가 옵션'에서 '빈 프로젝트'에 체크합니다. 선택을 끝냈으면 [확인] 버튼을 눌러 프로젝트를 만듭니다.

◎ '빈 프로젝트' 옵션을 선택하면 프로젝트가 비어 있는 상태로 만들어집니다.

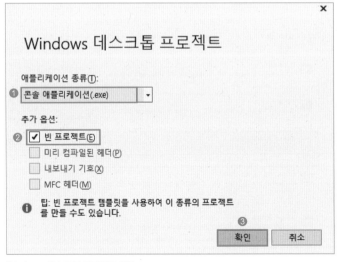

Windows 데스크톱 프로젝트 화면

◎ 콘솔 애플리케이션은 사용자의 입력을 받아서 출력을 콘솔(명령 프롬프트)로 보내는 프로그램입니다. .exe 파일로 컴파일됩니다.

5. 정상적으로 프로젝트가 만들어졌다면 다음 그림처럼 솔루션 탐색기에 프로젝트가 표시됩니다. '빈 프로젝트'를 선택했기 때문에 프로젝트가 비어 있는 상태로 만들어집니다.

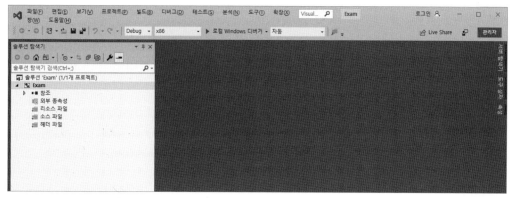

프로젝트가 만들어진 후의 화면

◎ 솔루션 탐색기가 보이지 않는다면 위쪽 메뉴에서 [보기 → 솔루션 탐색기]를 선택하세요.

6. 소스 파일 만들기

예제를 작성하기 위해 비어 있는 프로젝트에 소스 파일을 추가합니다. 다음 그림처럼 솔루션 탐색기의 '소스 파일' 항목에서 마우스 오른쪽 버튼을 클릭합니다. 그러면 팝업 메뉴가 나타나는데 [추가 → 새 항목]을 선택하면 소스 파일을 추가할 수 있습니다.

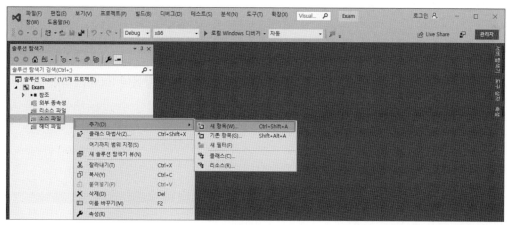

프로젝트에 추가할 소스 파일 만들기

◎ 이 책에서 제공하는 예제 소스 파일을 사용하려면 [기존 항목]을 선택하고 해당 파일을 프로젝트에 추가하면 됩니다.

7. '새 항목 추가' 대화 상자가 나오면 'Visual C++' 항목을 선택하고 'C++ 파일(.cpp)'을 선택합니다. 그런데 .cpp는 C++ 파일의 확장자입니다. 우리는 C 언어를 사용할 것이기 때문에 컴파일러가 C 언어 문법을 적용해서 컴파일하도록 확장자를 .c로 입력합니다. 여기에서는 'Exam.c'라고 입력했습니다.

◎ 프로젝트 이름과 파일 이름은 꼭 Exam으로 하지 않아도 됩니다. 여러분이 원하는 이름으로 자유롭게 작성하세요.

◎ 확장자에 따라 C 또는 C++로 컴파일하는 방식은 프로젝트 설정에서 수정할 수 있습니다.

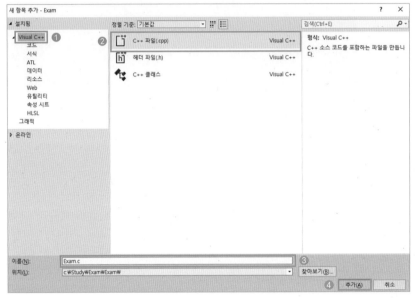

프로젝트에 추가할 소스 파일 설정하기

8. 소스 파일이 정상적으로 추가되면 다음 그림처럼 [소스 파일] 항목에 Exam.c라는 파일이 추가됩니다. 이 파일을 마우스로 더블 클릭하면 소스 코드를 편집할 수 있는 탭이 열리는데 여기에 소스 코드를 입력하면 됩니다.

프로젝트에 소스 파일이 추가된 화면

02-3 내가 만든 첫 번째 프로그램

비주얼 스튜디오를 설치하고 프로젝트까지 만들어 보았나요? 그러면 이제 코드를 작성하고 직접 실행해 봅시다. 이론적인 설명보다 하나의 예제를 직접 입력해 보고 실체를 만들어 보면 이해하는 데 더 도움이 됩니다. C 언어를 사용하여 화면에 "Hello~ world!!"라는 문구를 출력하는 프로그램을 만들어 보겠습니다.

1. 예제 코드 작성하기

"Hello~ world!!"라는 문구를 출력하는 프로그램을 만들기 위해 소스 파일 편집 창(Exam.c 탭)에 예제 코드를 작성해 봅시다.

```
/* 첫 번째 프로그램 */
#include <stdio.h>
void main(void)
{
    printf("Hello~ world!!");
}
```

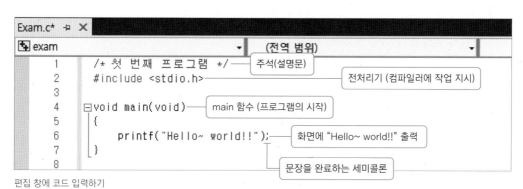

편집 창에 코드 입력하기

아직 구체적인 C 언어 문법을 배우지 않았기 때문에 위 코드를 정확하게 이해하기는 힘들 것입니다. 둘째 마당에서 자세하게 설명하므로 여기에서는 잘 모르겠더라도 걱정하지 말고 넘어가세요.

◎ 코드 줄 번호는 상단 메뉴에서 [도구 → 옵션]을 클릭하고 [텍스트 편집기 → 모든 언어 → 일반]의 '줄 번호'를 체크하면 볼 수 있습니다.

◎ ⊟ 표시를 클릭하면 해당 범위의 코드를 접어둘 수 있습니다.

#include ⟨stdio.h⟩

C 언어에서는 #으로 시작하는 문장을 전처리기라고 부릅니다. 전처리기(Preprocessor)는 '미리, 사전'에 처리한다는 뜻입니다. 여기에서는 컴파일러에게 이 예제 소스 코드를 번역하기 위해 stdio.h 파일을 먼저 참조하라고 개발자가 지시하는 것입니다. stdio.h 파일을 참조하라고 지시한 이유는 main 함수에서 사용한 printf 함수를 사용하기 위한 정보가 stdio.h 파일에 기록되어 있기 때문입니다.

main

C 언어는 명령들을 일정한 작업 단위로 묶어서 코드를 작성하기 위해 함수(Function)라는 문법을 제공합니다. C 언어 프로그램은 사용자가 만든 함수의 집합체로 구성되는데, 프로그램의 시작을 나타내려면 main 함수를 반드시 정의해야 합니다. main 함수를 만들지 않거나(시작점이 존재하지 않음), main 함수를 2개 이상 선언(어떤 곳이 시작점인지 판단할 수 없음)하면 링크할 때 오류가 납니다.

함수는 서술문의 그룹으로 구성되기 때문에 복합 서술문처럼 { }(중괄호)를 사용해서 자신의 영역을 표현합니다.

void

'정해지지 않았다'는 의미의 예약어(Reserved Word)입니다. 정해지지 않았으므로 '없다'라는 의미로도 많이 사용됩니다. 위 소스 코드에서 main 앞에 있는 void는 '함수의 수행 결과 값이 정해지지 않았다'라는 뜻이고 main 뒤 ( ) 괄호 안에 있는 void는 'main 함수로 전달되는 정보가 정해지지 않았다'라는 뜻입니다.

printf("Hello~ world!!");

printf는 C 언어의 표준 출력 함수로, 모니터 등의 콘솔(Console) 화면에 'Hello~ world!!'라고 출력합니다. 이때 문장 끝에 ;(세미콜론)을 반드시 입력해야 오류가 나지 않습니다.

> ❗ **알아두면 좋아요!** 비주얼 스튜디오에 코드 자동 완성 기능이 있어요!
>
> 앞에서 코드를 입력할 때, 여러분이 입력하려는 코드가 바로 아래에 먼저 뜨는 것을 보았나요? 비주얼 스튜디오는 사용자가 입력할 코드를 미리 보여 주어 더 편리하게 프로그래밍할 수 있도록 도와줍니다.
>
>

2. 예제 컴파일 및 링크하기

입력한 예제 소스 코드가 정상으로 동작하는지 확인하려면, 소스 파일을 컴파일한후 링크 작업을 수행하여 실행 파일을 만들어야 합니다. 비주얼 스튜디오에서는 [빌드 → 솔루션 빌드] 메뉴를사용하면 컴파일과 링크를함께 수행할 수 있습니다.

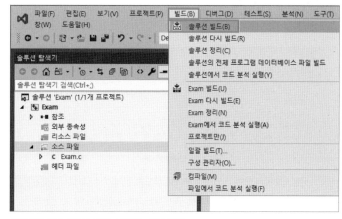

컴파일과 링크 작업을 함께 수행하는 빌드 명령

3. 빌드에 성공하면 비주얼 스튜디오 아래쪽에 다음 그림처럼 표시됩니다. 이 프로젝트의 이름이 Exam이기 때문에 다음과 같은 화면이 나왔다면 성공적으로 Exam.exe 실행 파일이 만들어졌을 것입니다.

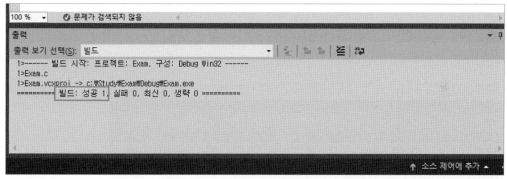

빌드 결과 화면

4. 예제 프로그램 실행하기

예제 프로그램을 실행하려면 다음 그림처럼 [디버그 →디버그하지 않고 시작] 메뉴를 선택합니다. 단축키는Ctrl + F5 입니다. 이 단축키는 자주 쓰게 될 테니 외워두는 게 좋습니다.

ⓒ 디버그란 프로그래밍할 때 오류를 찾아 수정하는 작업입니다. 여기에서는 오류를 찾는 과정 없이 프로그램을 바로 실행할 것이므로 [디버그하지 않고 시작]을 선택합니다.

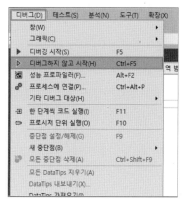

예제 프로그램 실행 방법

아래쪽의 출력 창을 자세히 읽어 보면 소스 파일 중 어느 줄에서 어떤 오류가 발생했는지를 알려 줍니다.

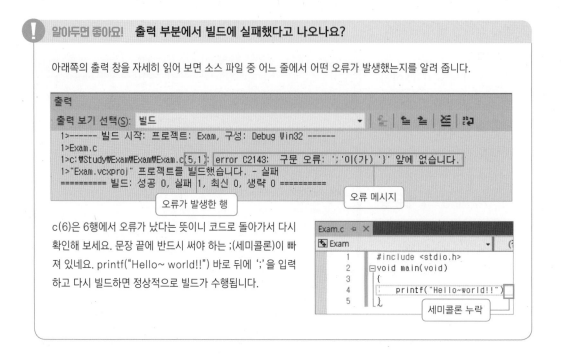

오류가 발생한 행

오류 메시지

c(6)은 6행에서 오류가 났다는 뜻이니 코드로 돌아가서 다시 확인해 보세요. 문장 끝에 반드시 써야 하는 ;(세미콜론)이 빠져 있네요. printf("Hello~ world!!") 바로 뒤에 ';'을 입력하고 다시 빌드하면 정상적으로 빌드가 수행됩니다.

세미콜론 누락

5. 오류 없이 정상적으로 실행되었다면 다음과 같은 출력 결과가 나타납니다. 이 창은 실행 결과를 간단히 볼 수 있는 콘솔 창으로 아무 키나 누르면 사라집니다.

◎ 이 화면을 콘솔 창이라고 부릅니다. 프로그램 실행 결과를 출력할 수 있고, 프로그램에 따라 여러분이 원하는 값을 입력할 수도 있습니다.

예제 프로그램 실행 결과

Q1 #으로 시작하며 프로그래머가 컴파일러에 지시하는 문법을 전   라고 합니다.

Q2 C 언어 프로그램을 구성하는 함수 중에서 시작을 의미하는 함수는 m   함수입니다.

Q3 v   는 '정해지지 않았다' 라는 의미를 가진 예약어입니다.

Q4 두 번째 C 언어 프로그램을 만들어 보세요. 비주얼 스튜디오 2019를 이용해 "Hello~ world!!" 라는 문장 대신 여러분의 이름을 출력해 보세요.

02장 풀이
562쪽

자료형

노트에 글을 쓴다면 저장 단위는 페이지가 될 것이고, 물을 여러 잔의 컵에 붓는다면 저장 단위는 컵이 될 것입니다. 그런데 컴퓨터의 자료 저장 단위는 무엇일까요? 또 개발자는 데이터(정보)를 어떻게 컴퓨터에 저장할까요? 이 장에서는 데이터를 저장하는 형태인 자료형을 이해하고, 여러 자료형을 정의하는 방법을 알아보겠습니다.

03-1 컴퓨터의 자료 기억 방식
03-2 문자를 숫자로 표현하는 약속, 아스키코드
03-3 자료형의 종류

03-1 컴퓨터의 자료 기억 방식

데이터(정보)를 저장하는 공간, 메모리

컴퓨터는 어떻게 자료(Data)를 기억할까요? 컴퓨터는 주기억 장치로 램(RAM, Random Access Memory)을 사용하기 때문에 보통 메모리라고 하면 램을 의미합니다. 메모리는 1바이트(Byte) 단위로 주소가 매겨져 있으며 운영체제마다 주소를 관리하는 방법이 조금씩 다릅니다.

예를 들어 32비트(Bit) 기반의 윈도우(Windows) 운영체제에서는 0번지에서 시작하여 4,294,967,295번지까지 사용할 수 있습니다. 2^{32}개의 번지가 있는 것이죠.

> ◎ 이 책에서는 Windows 운영체제를 부를 때 윈도우즈라 부르지 않고 통용되는 용어인 윈도우를 사용합니다

하지만 주소가 1바이트 단위로 부여돼 있다고 해서 데이터가 꼭 1바이트 단위로 저장되어야 하는 것은 아닙니다. 1바이트 단위는 운영체제가 메모리를 관리하는 단위이고, 컴퓨터는 이보다 더 작은 비트 단위로 정보를 저장하거나 읽을 수 있습니다.

1비트는 0 또는 1을 저장할 수 있는 공간이다

메모리의 최소 저장 단위는 비트(Bit)입니다. 1비트는 0, 1 중에서 한 개를 저장할 수 있는 크기입니다. 1비트가 두 개 모여서 만들어진 2비트는 각 비트에 0, 1 중 한 개를 저장할 수 있으니 00, 01, 10, 11의 조합 중 한 가지 형태를 저장할 수 있습니다. 그런데 이 표현은 각 비트가 0, 1로 표현되기 때문에 2진수의 표현 방법과 같습니다. 00, 01, 10, 11 값을 10진수로 바꿔보면 0, 1, 2, 3에 해당합니다. 1비트가 세 개 모여서 만들어진 3비트는 000, 001, 010, 011, 100, 101, 110, 111의 조합 중 한 가지 형태를 저장할 수 있으며 이 값들을 10진수로 바꿔 보면 0, 1, 2, 3, 4, 5, 6, 7입니다.

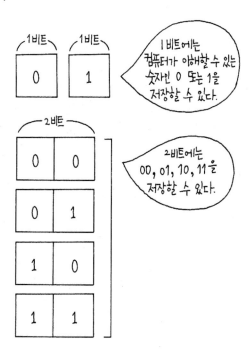

저장 단위가 1비트 증가할 때마다 저장 단위는 2배로 늘어난다

1비트는 숫자 2개(0~1) 중 하나, 2비트는 숫자 4개(0~3) 중 하나, 3비트는 숫자 8개(0~7) 중 하나를 저장할 수 있는 크기입니다. 즉 1비트 증가할 때마다 저장 단위가 2의 배수만큼 늘어납니다.

비트가 8개 모이면 새로운 단위를 사용하며 이것을 바이트(Byte)라고 합니다. 1바이트는 비트 8개로 이루어지기 때문에 숫자 256개의(0~255) 중 하나를 저장할 수 있는 크기입니다.

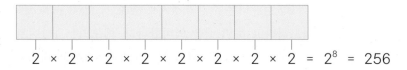

$$2 \times 2 \times 2 \times 2 \times 2 \times 2 \times 2 \times 2 = 2^8 = 256$$

! 알아두면 좋아요! 메모리 단위를 더 자세하게 알아볼까요?

메모리 단위를 작은 것에서 큰 순서로 정리해 보면 다음과 같습니다. 2^{10}인 1,024바이트는 1KB이고, 2^{20}은 1MB입니다. 단위를 환산할 때는 1,000 단위로 단위가 올라간다고 생각하면 어림으로 계산하기 편합니다. 1MB가 천 개 있으면 1GB가 되는 거죠. 정확히 말하면 1,024개이지만요.

1,024Byte = 1KB(킬로바이트, Kilo Byte)
1,024KB = 1MB(메가바이트, Mega Byte)
1,024MB = 1GB(기가바이트, Giga Byte)
1,024GB = 1TB(테라바이트, Tera Byte)
1,024TB = 1PB(페타바이트, Peta Byte)
1,024PB = 1EB(엑사바이트, Exa Byte)

부호 비트를 사용하여 양수와 음수를 구별한다

지금까지 이야기한 숫자들은 모두 양수입니다. 그런데 숫자는 음수도 있기 때문에 데이터에 음수가 들어 있다면 메모리에 데이터를 저장할 때 조금 다른 표현을 사용해야 합니다. 1바이트를 기준으로 살펴보면 다음 그림처럼 비트 8개에 모두 숫자를 저장하는 것이 아니라 비트 1개에는 음수 또는 양수인지의 상태를 저장하고 나머지 비트 7개에는 숫자를 저장합니다. 여기에서 양수와 음수를 구별하는 비트를 부호 비트라고 합니다.

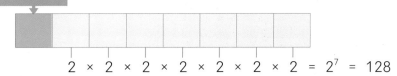

$$2 \times 2 \times 2 \times 2 \times 2 \times 2 \times 2 = 2^7 = 128$$

부호를 표현하는 데 1비트를 사용했기 때문에 나머지 7비트에만 데이터를 저장합니다. 7비트는 양수일 때 숫자 128개(0~127) 중 하나, 그리고 음수일 때 숫자 128개(-128~-1) 중 하나를 저장할 수 있는 크기입니다. 즉 -128~127 사이의 숫자 중 하나를 저장합니다.

수학에서는 정수를 음수, 0, 양수로 구분하지만 이렇게 구분하면 상태를 세 가지로 나누어 저장해야 하기 때문에 하나의 비트에 저장할 수 없습니다. 따라서 0을 양수에 포함시킵니다. 그래서 음수일 때는 1을, 0이나 양수일 때는 0을 부호 비트에 저장하는 것입니다.

부호를 고려하는 1바이트에서 각 비트의 값이 0 1 1 1 1 1 1 1이라면 양수 최댓값을 의미하기 때문에 숫자 값은 127입니다. 또 1바이트의 각 비트 값이 1 0 0 0 0 0 0 0이라면 음수 최솟값을 의미하기 때문에 숫자 값은 -128입니다. 마찬가지로 각 비트 값이 1 1 1 1 1 1 1 1이라면 숫자 값은 음수 최댓값인 -1이 되는 것입니다.

1분 퀴즈 03-1 다음 크기의 저장 공간들을 비트 단위로 환산하면 어떻게 될까요? 그리고 각 저장 공간에는 몇 개의 숫자를 저장할 수 있을까요? 빈칸을 채워 보세요. 단 부호 비트를 사용하지 않는다고 가정합니다.

저장 공간 크기	비트 단위 환산	저장할 수 있는 숫자의 개수
1바이트	[1] 비트	256개
2바이트	16비트	[2] 개
4바이트	[3] 비트	4,294,967,296개(= 2^{32} 개)

정답 1. 8 2. 65,536(2^{16}) 3. 32

데이터를 저장할 때 메모리를 절약하려면?

사람은 대부분의 정보를 문자로 표현하고 기록합니다. 하지만 컴퓨터의 CPU는 모든 데이터를 숫자로 인지하고 처리하기 때문에 문자도 숫자로 변경해주어야 합니다. 데이터를 숫자로 변경해서 사용하면 일반적으로 유효 범위를 가지게 됩니다. 예를 들어 사람의 나이는 0부터

150 사이에 속하므로 이 유효 범위가 나이 데이터를 저장하는 단위가 됩니다. 컴퓨터 메모리를 기준으로 1바이트는 0에서 255 사이의 값을 저장할 수 있기 때문에 1바이트 메모리 공간에 나이 데이터를 저장하면 된다는 결론이 나옵니다.

이렇게 데이터의 유효 범위를 예상하고 적합한 크기를 결정하는 것은 메모리에 데이터를 저장하는 데 필요한 가장 기본적인 작업이며, 프로그래머가 되기 위한 첫걸음입니다.

{✏️} **김성엽의 프로그래밍 노트** **요즘도 메모리를 절약하는 게 중요한가요?**

요즘 IT 환경은 메모리가 대용량인 경우가 많아 메모리를 절약하기 위한 과정을 대수롭지 않게 생각하거나 귀찮다고 그냥 큰 메모리에 저장해 버리는 개발자들이 있습니다. 이런 행위는 휴대폰을 냉장고 상자에 넣어 보관하는 것과 마찬가지입니다. 이 휴대폰을 다른 곳으로 보내려면 상자에 넣어 보내야 하는데, 상자가 크기 때문에 분명 비용이 많이 들 것입니다. 더구나 요즘은 빅데이터를 처리하는 시대입니다. 예전보다 더 대량의 데이터를 저장하고 다루고 있죠. 하나하나 보면 작을지 모르지만 데이터가 모이면 이 공간은 엄청난 낭비가 될 수 있습니다. 이렇게 데이터를 비효율적으로 메모리에 보관하면 데이터를 전송하는 데 시간이 오래 걸릴뿐더러 비용도 많이 들게 됩니다.

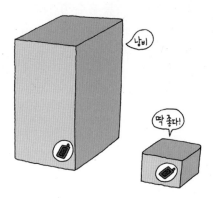

작은 휴대폰을 냉장고 크기 상자에 넣어 보관하는 것은 공간을 낭비하는 일입니다.

03-2 문자를 숫자로 표현하는 약속, 아스키코드

앞에서 컴퓨터에 우리가 사용하는 데이터를 저장하려면 일단 문자를 숫자화시켜야 한다고 했습니다. 그러면 컴퓨터와 같은 기기들이 어떤 규칙으로 문자를 숫자로 변경하는지 알아볼까요?

아스키(ASCII)코드란?

분리되어 있는 두 장치가 통신을 할 때, a라는 문자를 전송하는 방법은 크게 두 가지가 있습니다. 하나는 팩스(Fax)처럼 a라는 문자의 모양을 그대로 스캔(Scan)하여 전송하는 방법이고 또 다른 방법은 두 장치가 97을 a라고 미리 약속하고 97이 전송되면 a가 전송되었다고 처리하는 것입니다.

효율성이라는 면에서 볼 때, a 문자의 모양 그대로 스캔해서 전송하는 것은 이미지 크기에 따라 전송할 데이터의 크기도 달라지고 해당 이미지를 구성하는 점(Pixel)들의 최소 수만큼은 전송해야 하기 때문에 데이터가 커질 수밖에 없습니다. 하지만 문자를 숫자로 약속해서 전송하면 전송 크기도 일정해질 뿐만 아니라 문자 한 개를 전송하는 데 1바이트 또는 2바이트로도 가능하기 때문에 효율적입니다. 따라서 컴퓨터에는 대부분 문자를 숫자로 변환해서 전송하는 방법을 사용합니다. 하지만 이러한 변환 장치를 개발한 회사들이 여러 곳이어서 약속한 정보가 서로 달라 문자를 제대로 전송할 수 없다는 문제점이 있습니다. 예를 들어 K 회사는 a 문자를 70으로 정의하고 S 회사는 a를 97로 정의한다면 두 회사는 서로 문자를 주고받을 수 없을 것입니다.

이러한 이유로 문자를 숫자로 표현하기 위한 표준

> *"아스키는 컴퓨터에서 문자를 숫자로 표현하기 위한 약속이다."*

이 필요했습니다. 이 필요성 때문에 나온 여러 가지 표준이 있는데 그중 개인용 컴퓨터에서 많이 사용하는 표준이 아스키(ASCII, American Standard Code for Information Interchange)입니다. 아스키는 1967년에 표준으로 제정되어 1986년에 마지막으로 개정되었습니다. 아스키는 초창기에 7비트 방식으로 인코딩(Encoding)되었기 때문에 다음 표처럼 출력 불가능한 제어 문자 33개(0~32번)와 공백을 비롯한 출력 가능한 문자 95개로 이루어져 있습니다. 따라서 총 128개(8비트 중 7 비트만 사용)의 코드로 구성됩니다.

> ☺ 인코딩이란 데이터를 약속한 형태의 숫자로 변경하는 것을 말합니다. 7비트 방식으로 인코딩되었다는 것은 7비트 크기의 숫자로 변경되었다는 뜻입니다.

10진수	16진수	문자	10진수	16진수	문자	10진수	16진수	문자	10진수	16진수	문자
0	0	Null	33	21	!	66	42	B	99	63	c
1	1	☺ Start Of Heading	34	22	"	67	43	C	100	64	d
2	2	☻ Start Of Text	35	23	#	68	44	D	101	65	e
3	3	♥ End Of Text	36	24	$	69	45	E	102	66	f
4	4	♦ End Of Transmit	37	25	%	70	46	F	103	67	g
5	5	♣ Enquiry	38	26	&	71	47	G	104	68	h
6	6	♠ Acknowledge	39	27	'	72	48	H	105	69	i
7	7	• Audible Bell (Beep)	40	28	(	73	49	I	106	6A	j
8	8	◘ Back-Space	41	29	)	74	4A	J	107	6B	k
9	9	○ Horizontal Tab	42	2A	*	75	4B	K	108	6C	l
10	A	◙ Line Feed	43	2B	+	76	4C	L	109	6D	m
11	B	♂ Vertical Tab	44	2C	,	77	4D	M	110	6E	n
12	C	♀ Form Feed	45	2D	-	78	4E	N	111	6F	o
13	D	♪ Carriage Return	46	2E	.	79	4F	O	112	70	p
14	E	♫ Shift Out	47	2F	/	80	50	P	113	71	q
15	F	☼ Shift In	48	30	0	81	51	Q	114	72	r
16	10	► Data Link Escape	49	31	1	82	52	R	115	73	s
17	11	◄ Device Control 1	50	32	2	83	53	S	116	74	t
18	12	↕ Device Control 2	51	33	3	84	54	T	117	75	u
19	13	‼ Device Control 3	52	34	4	85	55	U	118	76	v
20	14	¶ Device Control 4	53	35	5	86	56	V	119	77	w
21	15	§ Neg. Ack	54	36	6	87	57	W	120	78	x
22	16	▬ Synchronous Idle	55	37	7	88	58	X	121	79	y
23	17	↨ End Tras. Block	56	38	8	89	59	Y	122	7A	z
24	18	↑ Cancel	57	39	9	90	5A	Z	123	7B	{
25	19	↓ End of Medium	58	3A	:	91	5B	[	124	7C		
26	1A	→ Substitution	59	3B	;	92	5C	₩	125	7D	}
27	1B	← Escape	60	3C	<	93	5D	]	126	7E	~
28	1C	∟ File Separator	61	3D	=	94	5E	^	127	7F	△
29	1D	↔ Group Separator	62	3E	>	95	5F	_			
30	1E	▲ Record Separator	63	3F	?	96	60	`			
31	1F	▼ Unit Separator	64	40	@	97	61	a			
32	20	Space Bar	65	41	A	98	62	b			

초창기 128개이던 아스키(ASCII) 값

하지만 컴퓨터가 발전하여 좀 더 다양한 표현이 필요해짐에 따라 8비트 인코딩을 사용하도록 확장되었습니다. 그래서 기존 128개이던 아스키 값이 다음과 같이 256개로 확장되었습니다. 확장된 128개의 문자는 주로 그래픽이나 선 그리기에 관련된 것들입니다.

10진수	16진수	문자	10진수	16진수	문자	10진수	16진수	문자	10진수	16진수	문자
128	80	Ç	160	A0	á	192	C0	└	224	E0	α
129	81	ü	161	A1	í	193	C1	┴	225	E1	β
130	82	é	162	A2	ó	194	C2	┬	226	E2	Γ
131	83	â	163	A3	ú	195	C3	├	227	E3	π
132	84	ä	164	A4	ñ	196	C4	─	228	E4	Σ
133	85	à	165	A5	Ñ	197	C5	┼	229	E5	σ
134	86	å	166	A6	ª	198	C6	╞	230	E6	µ
135	87	ç	167	A7	º	199	C7	╟	231	E7	τ
136	88	ê	168	A8	¿	200	C8	╚	232	E8	Φ
137	89	ë	169	A9	⌐	201	C9	╔	233	E9	Θ
138	8A	è	170	AA	¬	202	CA	╩	234	EA	Ω
139	8B	ï	171	AB	½	203	CB	╦	235	EB	δ
140	8C	î	172	AC	¼	204	CC	╠	236	EC	∞
141	8D	ì	173	AD	¡	205	CD	═	237	ED	φ
142	8E	Ä	174	AE	«	206	CE	╬	238	EE	ε
143	8F	Å	175	AF	»	207	CF	╧	239	EF	∩
144	90	É	176	B0	░	208	D0	╨	240	F0	≡
145	91	æ	177	B1	▒	209	D1	╤	241	F1	±
146	92	Æ	178	B2	▓	210	D2	╥	242	F2	≥
147	93	ô	179	B3	│	211	D3	╙	243	F3	≤
148	94	ö	180	B4	┤	212	D4	╘	244	F4	⌠
149	95	ò	181	B5	╡	213	D5	╒	245	F5	⌡
150	96	û	182	B6	╢	214	D6	╓	246	F6	÷
151	97	ù	183	B7	╖	215	D7	╫	247	F7	≈
152	98	ÿ	184	B8	╕	216	D8	╪	248	F8	°
153	99	Ö	185	B9	╣	217	D9	┘	249	F9	·
154	9A	Ü	186	BA	║	218	DA	┌	250	FA	·
155	9B	¢	187	BB	╗	219	DB	█	251	FB	√
156	9C	£	188	BC	╝	220	DC	▄	252	FC	ⁿ
157	9D	¥	189	BD	╜	221	DD	▌	253	FD	²
158	9E	Pts	190	BE	╛	222	DE	▐	254	FE	■
159	9F	ƒ	191	BF	┐	223	DF	▀	255	FF	NBSP

확장된 128개의 아스키(ASCII) 값

위의 아스키 표를 보면 알 수 있듯이, 총 256개의 숫자로 문자를 표현

"문자의 아스키 값은 부호 없는 1바이트에 저장된다."

하기 때문에 0~255 범위를 가지며 이 범위는 부호를 고려하지 않는 1바이트 메모리에 저장할 수 있습니다. 따라서 컴퓨터에서 문자가 아스키로 표현되었다면 1바이트 메모리에 저장하는 것이 가장 효율적입니다. 1바이트보다 큰 메모리에 저장할 필요가 없는 것이죠.

03-3 자료형의 종류

자료형은 왜 필요할까?

두루마리 휴지를 보면 일정한 간격으로 뜯을 수 있게 표시가 되어 있습니다. 그런데 그 표시대로 한 칸씩만 뜯어서 사용하는 사람은 거의 없을 것입니다. 보통은 자신이 필요한 만큼 한 번에 3~4칸씩 뜯어서 사용하죠.

컴퓨터 메모리도 1바이트(Byte) 단위로 주소가 부여돼 있다고 해서 데이터를 저장하거나 읽을 때 1바이트 단위로만 사용해야 하는 것은 아닙니다. 자신이 사용할 데이터의 크기에 맞게 메모리(저장 공간)를 할당해서 사용하면 됩니다. 그래서 메모리를 사용할 때 몇 바이트의 메모리를 사용할 것인지를 명시해야 하는데, 이것을 데이터 타입(Data Type) 또는 자료형이라고 합니다.

> ⓒ 이 책에서는 '자료형'이라고 통일하여 부르겠습니다.

> ⓒ '메모리를 할당 받는다'라고 할 때 '할당한다'는 말은 일정한 크기의 메모리 공간을 '나누어 받는다'는 말입니다. 메모리 공간에서 프로그래머가 원하는 만큼의 크기(1byte, 2bytes, …)를 배정해 주는 것을 '메모리를 할당한다'라고 합니다. 나중에 자세히 공부하니 뜻만 알고 넘어가세요.

개발자가 1바이트 메모리를 사용하고 싶을 때 컴퓨터에게 어떻게 알려줘야 할까

"메모리를 사용하는 단위를 자료형이라고 한다."

요? 2바이트, 3바이트, 4바이트… 등을 사용하고 싶을 때도 컴퓨터에게 이를 알려 줄 문법이 필요하겠지요. C 언어는 사용 빈도가 높은 자료형을 예약어로 제공(Built-in Data Type)하고, 나머지는 사용자가 만들어서 사용할 수 있는 문법(User-defined Data Type)을 제공합니다.

데이터를 메모리에 저장하는 작업은 정해 놓은 단위로만 가능합니다. 그러면 C 언어 문법에서 메모리를 확보하는 방법을 설명하겠습니다.

정수를 표현하는 자료형

C 언어 프로그램에서 정수 값을 메모리에 저장하기 위해 사용하는 자료형을 메모리 크기별로 알아보겠습니다. C 언어는 정수 값을 저장하는 데 세 가지 자료형, 즉 1바이트, 2바이트, 4바이트 크기의 자료형을 제공합니다.

signed char: 부호가 있는 1바이트 저장 공간

signed char는 1바이트(8비트) 크기의 자료형입니다. 하지만 부호 있는 데이터를 처리하기 때문에 첫 1비트는 부호 비트로 사용하고 나머지 7비트에만 숫자를 저장합니다. 부호 비트가 0이면 양수를 의미하고 총 128개의 숫자(0~127) 중 하나를 저장할 수 있습니다. 부호 비트가 1이면 음수를 의미하고 128개의 숫자(-128~-1) 중 하나를 저장할 수 있습니다. 따라서 signed char 자료형은 -128~127의 숫자 중 하나를 저장할 수 있는 크기입니다.

☺ char는 문자를 뜻하는 character의 약자입니다. char형 변수에는 문자도 대입하지만 작은 숫자를 저장하는 자료형으로도 사용합니다.

예를 들어 현재 온도를 저장해야 한다면 우리나라 기온이 아무리 추워도 영하 128℃보다 낮아지지 않고 아무리 더워도 영상 127℃를 넘지 않을 것이기 때문에, signed char 자료형을 사용하면 충분히 저장할 수 있습니다. 이 자료형을 사용하여 온도 값을 저장하는 방법은 다음과 같습니다.

```
signed char temperature;
temperature = -2;    /* 영하 2℃를 temperature 변수에 저장함 */
```

☺ 변수는 데이터를 저장할 공간을 뜻합니다. 04장에서 자세히 살펴봅니다.

temperature 변수는 자료형이 signed char이므로 1바이트의 메모리 공간을 사용합니다.

unsigned char: 부호가 없는 1바이트 저장 공간

unsigned char는 부호 비트 없이 1바이트(8비트) 전체를 숫자 저장 공간으로 사용하기 때문에 256개의 숫자(0~255) 중 하나를 저장할 수 있는 크기입니다.

예를 들어 사람의 나이를 저장하고 싶다면 1살에서 150살 사이의 유효 범위를 예상할 수 있겠죠. 이 범위는 unsigned char 자료형을 사용하면 충분히 저장할 수 있습니다. 이 자료형을 사용하여 사람의 나이 값을 저장하는 방법은 다음과 같습니다.

```
unsigned char age;
age = 52;   /* 나이 52살을 age 변수에 저장함 */
```

자료형으로 unsigned char를 사용했으므로 age 변수에는 255살까지 저장할 수 있습니다.

signed short int: 부호가 있는 2바이트 저장 공간

signed short int는 2바이트(16비트) 크기의 자료형입니다. 하지만 부호 있는 데이터를 처리하기 때문에 첫 1비트는 부호 비트로 사용하고 나머지 15비트에만 숫자를 저장합니다. 따라서 부호 비트가 0이면 양수를 의미하고 2^{15}인 32,768개의 숫자(0~32,767) 중 하나를 저장할 수 있습니다. 부호 비트가 1이면 음수를 의미하고 32,768개

☺ int는 정수를 뜻하는 integer의 약자입니다.

의 숫자(−32,768~−1) 중 하나를 저장할 수 있지요. 전체로 보면 −32,768~32,767의 숫자 중 하나를 저장할 수 있는 크기입니다.

예를 들어 오늘을 기준으로 며칠이 지났는지 아니면 며칠이 남았는지 D-day를 저장하고 싶다고 가정해 봅시다. 기준값이 되는 오늘을 0이라고 한다면 −5는 5일 전이라는 뜻이고 7은 7일 후라는 뜻이 되겠죠. 이 범위는 음수 영역을 가지고 있기 때문에 singed 형식을 사용하여 변수를 정의해야 합니다. 그리고 앞뒤로 10년 정도를 표시하고 싶다면 3,650일 전부터 3,650일 후까지 저장할 수 있는 signed short int 자료형을 사용하면 충분할 것입니다. 이 자료형을 사용하여 D-day 값을 저장하는 방법은 다음과 같습니다.

```
signed short int dday;
dday = -20;       /* D-Day가 20일 남았다고 dday라는 변수에 저장함 */
```

자료형으로 signed short int를 사용했으므로 변수 dday에는 -32,768~32,767의 정수 값을 저장할 수 있습니다.

unsigned short int: 부호가 없는 2바이트 저장 공간

예를 들어 10시간 이내의 값을 초 단위로 저장해야 한다면 1시간이 3,600초이기 때문에 유효 범위가 0~36,000이 됩니다. 이 범위는 signed short int 자료형의 양수 영역을 벗어납니다. 이럴 때 부호가 없는 unsigned short int 자료형을 사용하면 충분히 저장할 수 있습니다. unsigned short int는 2바이트(16비트) 전체를 숫자 저장 공간으로 사용하기 때문에 65,536개의 숫자(0~65,535) 중 하나를 저장할 수 있습니다.

이 자료형을 사용하면 다음과 같이 10시간 이내의 초 값을 저장할 수 있습니다.

```
unsigned short int seconds;
seconds = 35000;     /* 3만 5000초를 seconds 변수에 저장함 */
```

자료형으로 unsigned short int를 사용했으므로 seconds 변수에는 0~65,535의 정수 값을 저장할 수 있습니다.

signed long int: 부호가 있는 4바이트 저장 공간

signed long int는 4바이트(32비트) 크기이지만 부호 있는 데이터를 처리하기 때문에 첫 1비트만 부호 비트로 사용하고 나머지 31비트에는 숫자를 저장합니다. 그래서 부호 비트가 0이면 양수인 2,147,483,648개의 숫자(0~2,147,483,647) 중 하나를 저장할 수 있고, 부호 비트가 1이면 음수인 2,147,483,648개의 숫자(−2,147,483,648~−1) 중 하나를 저장할 수 있습니다. 전체로 보면 −2,147,483,648~2,147,483,647의 숫자 중 하나를 저장할 수 있는 크기입니다. 예를 들어 자신의 재정 상태를 기록해 놓는 변수를 만들고 싶다면 signed short int 자료형이나 unsigned short int 자료형으로는 범위가 부족할 것입니다. 그리고 수입보다 지출이 많다면 음수가 될 수도 있겠죠? 따라서 부호를 처리할 수 있는 signed 형식을 사용해야 하며, 큰 부자가 아니라면 20억 원 정도까지 저장할 수 있는 signed long int 자료형이면 충분할 것입니다. 이 자료형을 사용하여 재정 상태 값을 저장하는 방법은 다음과 같습니다.

```
signed long int money;
money = 7000000;        /* 700만 원을 money 변수에 저장함 */
```

자료형으로 signed long int를 사용했으므로 money 변수에는 -2,147,483,648~2,147,483,647의 정수 값을 저장할 수 있습니다.

unsigned long int: 부호가 없는 4바이트 저장 공간

unsigned long int는 4바이트(32비트) 전체를 숫자 저장 공간으로 사용하기 때문에 2^{32}인 4,294,967,296개의 숫자(0~4,294,967,295) 중 하나를 저장할 수 있는 크기입니다.

예를 들어 1970년 1월 1일부터 현재 시간까지 흘러간 시간을 초 단위로 환산해서 저장해야 한다고 가정합시다. 이 값은 오늘(2016년 1월 18일)을 기준으로 1,453,100,624초를 넘어섰습니다. 만약 이 값을 signed long int 자료형에 저장한다면 2038년 1월 18일에 2,147,483,647초를 넘어서기 때문에 이 프로그램은 2038년 이후에는 문제가 발생할 수 있습니다. 그런데 unsigned long int 자료형에 이 값을 저장하면 4,294,967,295초가 되는 시점이 2106년이기 때문에 유효 기간이 훨씬 늘어나게 됩니다. 따라서 이 자료형을 사용하면 흘러간 시간의 초 값을 저장할 수 있습니다.

```
unsigned long int time_seconds;
/* 1970년 1월 1일부터 현재까지 흐른 시간을 초 단위로 환산한 값을 time_seconds 변수에 저장함 */
time_seconds = 1453100624;
```

자료형으로 unsigned long int를 사용했으므로 time_seconds 변수에는 0~4,294,967,295의 정수 값을 저장할 수 있습니다.

지금까지 살펴본 정수 형식의 자료형을 정리해 보면, char 자료형과 int 자료형이 있습니다. 이것을 부호의 존재 여부에 따라 나눌 수 있고(signed/unsigned), int의 경우에는 조금 더 작은 메모리라는 뜻의 short 키워드 또는 조금 더 큰 메모리라는 뜻의 long 키워드를 붙여서 다양하게 표현할 수 있습니다.

정수 형식의 자료형

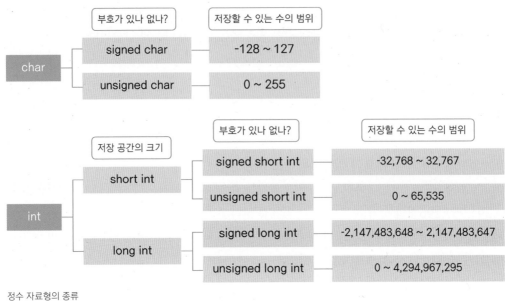

정수 자료형의 종류

{✎} **김성엽의 프로그래밍 노트** char 자료형에 꼭 문자를 저장해야 하는 것은 아니에요!

다른 프로그래밍 언어에서는 1바이트 자료형을 의미하는 예약어로 BYTE를 사용하는 경우가 많은데, C 언어는 왜 1바이트의 데이터를 저장할 때 char(character의 축약형)를 예약어로 사용할까요? 문자를 의미하는 char를 예약어로 사용하는 이유는 컴퓨터의 문자는 아스키(ASCII) 값으로 표현되는데 이 값의 범위가 1바이트 메모리 저장 공간의 크기와 일치하기 때문입니다. 문자를 저장하기에 가장 적합한 크기가 1바이트라는 것을 강조하기 위한 것이죠. 예를 들어 A를 char형으로 저장해도 컴파일러는 아스키코드 값인 65라는 수로 바꾸어 인식합니다. 문자를 표현할 수 있는 아스키코드가 0부터 255까지 총 256개의 값을 가지고 있으니 unsigned char로 충분히 저장할 수 있는 겁니다. 이렇게 예약어를 정해 둠으로써 초보 프로그래머들도 문자를 저장할 때 별다른 고민 없이 가장 효율적인 크기인 char를 선택하게 됩니다. 하지만 이런 선택이 char에는 꼭 문자만 저장해야 한다는 오해를 하게 만들기도 합니다. 즉 char는 1바이트 크기의 자료형이기 때문에 -128~127 또는 0~255 범위의 작은 숫자도 얼마든지 저장할 수 있습니다. 그런데 초보 프로그래머들이 char 자료형에는 아스키 값만 저장할 수 있다고 생각해서 작은 숫자 값까지도 int에 저장해 메모리 공간을 낭비하곤 합니다. 예를 들어 사람의 나이는 -1살, -32살처럼 음수가 나올 수 없고 최대 255살도 넘을 수 없기 때문에, 정수 자료형인 short int(-32,768~32,767) 대신에 unsigned char(0~255)로도 충분히 저장할 수 있습니다.

정수 자료형은 주로 생략한 형태를 쓴다

C 언어의 매력적인 부분 중 하나가 예약어를 적을 때 짐작할 수 있는 부분은 최대한 생략할 수 있다는 것입니다. 실제 프로그래밍을 할 때는 위에서 배운 자료형대로 signed char, unsigned long int처럼 전체 예약어를 다 적지 않고 생략된 예약어를 사용합니다.

보통 서로 반대되는 의미의 예약어는 한쪽을 생략하더라도 구별하는 데는 문제가 없습니다. 예를 들어 signed char와 unsigned char에서 signed와 unsigned는 서로 반대의 뜻을 가지고 있기 때문에 signed를 생략하고 char와 unsigned char로 사용해도 둘을 구별하는 데 전혀 문제가 없습니다. 따라서 소스 코드에 char라고만 적혀 있다면 char 앞에 signed 예약어가 생략된 것이라고 판단하면 됩니다.

> signed char ➡ char라고 써도 됨

int 자료형의 경우 크기가 2바이트(16비트)인 short int형과 4바이트(32비트)인 long int형으로 다시 나누어집니다. 이렇게 단 두 가지 형태밖에 없기 때문에 short와 long 중에 하나를 생략해도 둘을 구별할 수 있습니다. unsigned와 signed 중 하나를 생략해도 이해할 수 있는 것과 마찬가지이죠.

이 책은 32비트 운영체제를 기준으로 설명하기 때문에 32비트인 long int형이 기본 단위가 됩니다. 그래서 long int에서 long을 생략하고 int라고만 써도 됩니다. 또 short나 long은 반드시 int 앞에만 붙는 예약어이기 때문에 뒤에 오는 int를 생략하더라도 int인 줄 알 수 있습니다.

이 내용을 기준으로 32비트 운영체제에서 생략 가능한 형태를 정리해 보면 다음과 같습니다.

> ⓒ 16비트 운영체제에서는 short int형이 기본 단위가 되기 때문에 short를 생략할 수 있습니다. 요즘은 16비트 운영체제를 거의 찾아볼 수 없기 때문에 short 생략형은 다루지 않겠습니다.

> ⓒ 64비트 크기의 정수 자료형으로 __int64와 long long int도 있습니다. 이 자료형은 컴파일러 종류나 버전에 따라 제공될 수도, 제공되지 않을 수도 있습니다.

원래 형태	생략한 형태	가장 자주 쓰는 형태
signed short int	short int (부호를 생략) signed short (int를 생략) short (부호와 int를 모두 생략)	short
unsigned short int	unsigned short (int를 생략)	unsigned short
signed long int	long int (부호를 생략) signed long (int를 생략) signed int (기본 단위 long을 생략) long (부호와 int를 생략) int (부호와 기본 단위 long을 생략)	int
unsigned long int	unsigned int (기본 단위 long을 생략) unsigned long (int를 생략)	unsigned int

ⓒ short는 2바이트, int는 4바이트(32비트 운영체제 기준)

03-2 다음 정수 자료형을 올바르게 설명한 문장을 찾아 연결해 보세요. 32비트 운영체제를 기준으로 합니다.

① signed char   •   •   ⓐ 부호가 있는 4바이트 저장 공간

② unsigned short   •   •   ⓑ 부호가 있는 1바이트 저장 공간

③ int   •   •   ⓒ 부호가 없는 2바이트 저장 공간

정답 ①-ⓑ, ②-ⓒ, ③-ⓐ

> **❗ 알아두면 좋아요! 64비트로 데이터를 표현해야 할까요?**
>
> 최근 64비트 운영체제들이 많이 보급되면서 64비트 프로그램을 개발하는 경우가 있기는 합니다. 하지만 64비트라는 데이터 크기가 현실적으로 봤을 때는 너무 큰 크기라서 아직까지도 많은 프로그래머들은 데이터를 64비트로 표현하는 것에 대해 공감하지 못하고 있습니다. 가능하긴 하지만 그렇게까지 만들 필요가 없다는 표현이 적절하겠네요. 그래서 64비트 운영체제에서 동작하는 프로그램 중에 32비트 프로그램이 아직 많이 있고, 비주얼 스튜디오(Visual Studio) 2019로 프로그램을 개발하면 기본적으로 32비트 응용 프로그램이 되기 때문에 이 책에서도 32비트를 기준으로 설명하겠습니다.

실수를 표현하는 자료형

실수를 표현하는 부동소수점 방식에는 float와 double이 있습니다.

컴퓨터에서 실수를 표현하는 방식, 부동소수점

부동소수점(Floating-point) 표현 방식이란 실수를 표현할 때 소수점의 위치를 고정하지 않고 소수점의 위치를 나타내는 수를 따로 적는 방식입니다. 부동소수점 표현 방식에 따라 실수 값을 메모리에 저장하면 CPU가 하드웨어적으로 연산해 주기 때문에 프로그래머가 신경 쓸 필요는 없습니다. 따라서 실수의 연산은 우리가 수학에서 배운 것처럼 연산이 된다는 정도만 이해하고 넘어가도 됩니다.

☺ 실수 형식은 복잡한 연산 과정을 거치기 때문에 정수에 비해 처리 속도가 많이 떨어집니다.

실수를 312.567이라고도 적기도 하지만 유효 숫자와 자릿수를 좀 더 쉽게 확인할 수 있도록 3.12567×10^2이라고 적기도 합니다. 후자와 같이 적게 되면 저장해야 할 정보가 정확하게 둘로 나뉘어져 편리합니다. 부동소수점 표현에서는 3.12567×10^2과 같은 형식으로 실수를 저장하며 3.12567 부분을 가수

부, 10^2에서 2를 지수부라고 합니다. C 언어에서는 이 표현을 3.12567E2라고 적습니다. 즉 E2는 10^2을 의미합니다.

"C 언어는 실수를 저장하기 위해 4바이트와 8바이트 자료형을 제공한다."

프로그래밍 언어에서 사용하는 실수는 IEEE 754 규약에 정의된 부동소수점 표현입니다. C 언어에서는 32비트(4바이트) 크기의 부동소수점 표현(Single Precision)을 사용하는 float 자료형과 64비트(8바이트) 크기의 부동소수점 표현(Double Precision)을 사용하는 double 자료형을 제공합니다.

실수 자료형	크기	저장할 수 있는 값의 범위
float	4바이트	1.2E-38~3.4E38
double	8바이트	2.2E-308~1.8E308

32비트 부동소수점 표현: float

이 자료형은 메모리 공간을 가수부와 지수부로 나누어 실수 형태의 값을 저장하며 그 형식은 다음과 같습니다. 저장할 수 있는 값의 범위는 1.2E-38 ~3.4E38입니다.

◎ 1.2E-38은 2^{-126} 값을 반올림한 값이고, 3.4E38은 2^{128} 값을 반올림한 값입니다.

$$2^{128} = 3.4028236692093846346337460743117e+38$$
$$2^{-126} = 1.1754943508222875079687365372222e-38$$

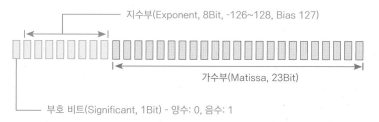

IEEE 754 규약에 정의된 float형의 부동소수점 표현

지수부의 범위는 왜 2^{-126}부터 시작할까요? 32비트를 기준으로 할 때, 모든 지수 비트가 0인 -127은 2^{-127} 값이 그대로 사용되지 않습니다. 2^{-127}은 오류나 특정한 상황을 표시하는 값으로만 사용됩니다. 반면에 모든 지수 비트가 1인 128의 경우에는 특정한 상황을 표시하기도 하지만 2^{128} 값 그대로를 의미하기도 합니다. 따라서 float형의 범위가 1.2E-38~3.4E38이 되는 것입니다.

예를 들어 수학의 원주율(pi) 값을 저장하고 싶다면 다음과 같이 사용하면 됩니다.

```
float pi;
pi = 3.14;
```

▶ C 언어 소스에 '3.14'라고 적으면 기본적으로 double 값으로 인식하기 때문에 컴파일했을 때 경고가 나올 수 있습니다. 이것을 해결하는 방법은 뒤에서 알아볼 것입니다.

32비트 기반인 float는 저장 범위는 int와 같지만 정수부와 소수부를 모두 저장해야 하기 때문에 소수점 이하 숫자가 6자리밖에 안 됩니다. 그래서 그 범위를 넘어가면 제대로 된 숫자를 기억하지 못합니다. 예를 들어 다음과 같이 원주율 값을 좀 더 자세하게 대입해 보겠습니다.

```
float pi;
pi = 3.141592654;
```

이렇게 소수점 이하에 6개보다 많은 숫자를 쓰고 pi 변수에 저장한 후 출력해 보면, 다음과 같이 6자리를 넘는 숫자부터는 잘못된 값을 출력합니다.

```
출력값: 3.141592741
```

따라서 소수점 이하 숫자를 6자리 이상 사용하려면 64비트 기반의 double 자료형을 사용해야 합니다.

64비트 부동소수점 표현: double

이 자료형도 메모리 공간을 가수부와 지수부로 나누어 실수 형태의 값을 저장하며 그 형식은
다음과 같습니다. 값의 저장 범위는 2.2E-308~1.8E308입니다.

$$2^{1024} = 1.7976931348623159077293051 90789e+308$$
$$2^{-1022} = 2.22507385850720138309023271 73324e-308$$

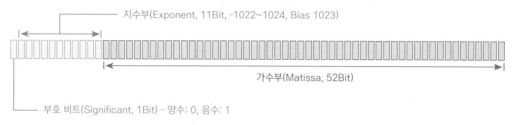

지수부(Exponent, 11Bit, -1022~1024, Bias 1023)

가수부(Matissa, 52Bit)

부호 비트(Significant, 1Bit) - 양수: 0, 음수: 1

IEEE 754 규약에 정의된 double형 부동소수점 표현

이 자료형은 64비트를 기반으로 하기 때문에 소수점 이하 14자리까지 안전하게 저장할 수 있
습니다. 따라서 위에서 float 자료형을 사용하여 원주율 값을 출력했을 때 발생하는 문제는 자
료형을 double로 변경하면 해결할 수 있습니다. 다음과 같이 자료형 double인 변수 pi에 저
장된 값을 출력해 보면 소수점 이하 14자리까지 정확하게 출력됩니다.

```
double pi;
pi = 3.141592654;
출력값: 3.14159265400000
```

{✎} **김성엽의 프로그래밍 노트** 실수는 어떻게 메모리에 저장될까요?

앞에서 float와 double에 실수가 저장되는 형식에 대해서 그림으로 보여드렸습니다. 그런데 앞에서
본 형태처럼 저장하는 건 컴퓨터가 알아서 해주기 때문에, 어떤 방식으로 저장되는지 입문자인 여러분
이 굳이 알 필요는 없습니다. 만약 공부하고 싶다면 아래 링크를 참조하십시오.

```
http://tipssoft.com/bulletin/board.php?bo_table=FAQ&wr_id=177
```

연습문제

Q1 운영체제는 메모리에 바 ＿＿＿＿＿＿＿ 단위로 주소를 부여해 관리합니다.

Q2 컴퓨터에서 문자를 숫자로 바꾸어 저장하는 표준 형식을 아 ＿＿＿＿＿＿＿ 라고 합니다.

Q3 컴퓨터에서 문자 하나는 ＿＿＿＿＿＿＿ 바이트면 충분히 저장할 수 있습니다.

Q4 C 언어에서 메모리를 예약하기(할당 받기) 위해 사용하는 예약어를 자 ＿＿＿＿＿＿＿ 이라고 합니다.

Q5 부호가 있음을 의미하는 예약어는 s ＿＿＿＿＿＿＿ 입니다.

Q6 -32,768에서 32,767 사이의 숫자를 저장할 수 있는 메모리를 할당 받는 데 사용하는 예약어는 s ＿＿＿＿＿＿＿ 입니다.

Q7 문자 하나를 저장하기 위해 C 언어에서 사용하는 예약어는 c ＿＿＿＿＿＿＿ 입니다.

Q8 32비트 운영체제에서 long 예약어를 생략하지 않고 모두 다 적으면 s ＿＿＿＿＿＿＿ 입니다.

Q9 double 예약어를 사용하면 ＿＿＿＿＿＿＿ 바이트 부동소수점 표현을 사용할 수 있습니다.

Q10 3.12567×10^2 형식의 실수 표현에서 3.12567 부분을 가 ＿＿＿＿＿＿＿ 부라고 하고 10^2에서 2를 지 ＿＿＿＿＿＿＿ 부라고 합니다.

03장 풀이
562쪽

상수와 변수

이 장에서는 숫자나 문자를 C 언어 문법에서 어떤 형식으로 표현하는지 살펴보고, 이런 값을 저장하기 위해 메모리를 할당 받는 방법에 대해 설명합니다. 앞에서 설명한 자료형과 메모리 저장 방식을 실제로 적용해 보면서 숫자로 표현된 데이터를 어떻게 효율적으로 관리할 수 있는지 알아보겠습니다.

04-1 항상 같은 수, 상수
04-2 데이터 저장 공간, 변수
04-3 2진수를 16진수로 변환하는 방법

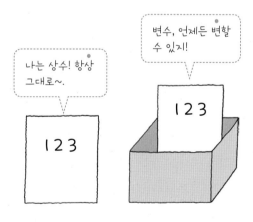

04-1 항상 같은 수, 상수

상수(Constant)는 프로그램을 실행
할 때 한 번 값이 결정되면 프로그램

"상수는 항상 같은 수! 변하지 않는 숫자를 의미한다."

이 끝날 때까지 다른 값으로 바뀌지 않는 정보를 말합니다. 보통 상수는 숫자형, 문자형, 문자
열형으로 구분할 수 있습니다.

숫자형 상수

숫자형 상수(Numeric Constant)는 프로그램에서 가장 기본적인 형태의 상수이며 정수형 상수
(Integer Constant)와 실수형 상수(Floating-point constant)로 나뉩니다.

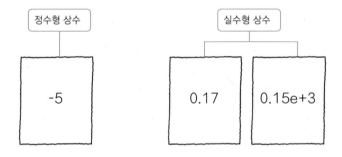

다음 표에서 왼쪽처럼 적으면 정수형 상수로 인식되고, 오른쪽처럼 .(소수점)과 소수부를 적으
면 실수형 상수로 인식됩니다.

-5, 0, 1, 2

-5.1, 0.17, 225.1892

실수형 상수는 다음과 같이 가수부와 지수부 형식으로도 표현할 수 있습니다.

0.15e+3, 1.52e-5, 5.1e+0

위의 표현 중 0.15e+3은 e+3이 10^3을 의미하기 때문에 0.15×1000=150을 표현한 것입
니다.

C 언어 프로그램에서 숫자형 상수는 다음과 같이 쓰입니다.

```
unsigned int num = 4500;  /* 정수형 상수 4500을 부호가 없는 int 자료형 num 변수에 저장함 */
float a = 0.17;           /* 실수형 상수 0.17을 float 자료형 a 변수에 저장함 */
```

정수형 상수의 다양한 진법 표현

위에서 열거한 정수형 상수는 모두 10진수 형식인데, C 언어에서는 10진수 형식뿐만 아니라 8진수나 16진수 형식으로도 표현할 수 있습니다.

☺ 우리가 보통 이야기하는 정수는 10진 정수를 줄여서 쓰는 말입니다. 정확하게 말하자면 8진수, 16진수도 모두 정수입니다.

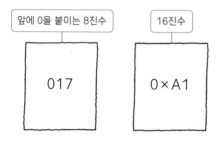

앞에 0을 붙이는 8진수 : 017

16진수 : 0×A1

8진수

10진수 형식의 숫자와 구별하기 위해 8진수 형식의 숫자를 적을 때는 다음과 같이 숫자 앞에 0을 붙여서 적습니다. 이때 0은 영문자 O가 아니라 숫자 0입니다.

```
012, 050, 075
```

8진수 형식의 숫자를 사용할 때 주의해야 할 점은 8진수는 각 자리마다 0~7의 숫자로 구성돼야 하는데 실수로 091, 082와 같이 8진수로 표현할 수 없는 형식의 숫자를 사용하면 다음과 같은 오류가 발생한다는 것입니다.

```
error C2041: illegal digit '9' for base '8'   ➡ 091의 경우 발생하는 오류 메시지
error C2041: illegal digit '8' for base '8'   ➡ 082의 경우 발생하는 오류 메시지
```

16진수

16진수 형식으로 표현할 때는 다음과 같이 숫자 앞에 0x 또는 0X를 붙여서 적습니다. 여기에서도 0은 영문자 O가 아니라 숫자 0입니다. 실수로 숫자 앞에 영문자 o를 붙여 오류가 나는 경우가 많으니 주의하세요.

```
0x25, 0X51, 0xFC, 0XD5, 0xaf, 0xa1
```

16진수는 각 자리마다 0~9, A~F로 이루어진 총 16개의 숫자와 문자를 사용합니다. 16진수 A는 10진수 10, B는 11, C는 12, D는 13, E는 14, F는 15를 의미합니다. 즉 16진수는 0, 1, 2, 3, 4, 5, 6, 7, 8, 9, A, B, C, D, E, F를 이용해 숫자를 표현합니다. 예를 들어 C 언어에서 10, 010, 0x10이라고 상수를 적었다면 각각 10진수 값 10, 8, 16을 뜻하는 것입니다.

> ☺ 16진수 값을 10진수 값으로 바꾸는 수학적인 방법은 이 책에서 다루지 않습니다. C 언어의 특정 기능을 사용하면 손쉽게 바꾸어 확인할 수 있기 때문인데, 이 내용은 06장에서 다룹니다.

! 알아두면 좋아요! 10진수, 8진수, 16진수 비교표

평소에 10진수는 자주 쓰지만 8진수와 16진수를 자주 쓸 일은 없습니다. 하지만 C 언어로 프로그래밍할 때는 16진수를 굉장히 자주 쓰게 됩니다. 자세한 내용은 이후에 차차 배울 테지만, 10진수를 8진수와 16진수와 비교하는 표를 먼저 살펴보세요.

10진수	1	2	3	4	5	6	7	8	9	10	11	12	13	14	15
8진수	1	2	3	4	5	6	7	10	11	12	13	14	15	16	17
16진수	1	2	3	4	5	6	7	8	9	A	B	C	D	E	F

1분 퀴즈 | **04-1** 다음을 10진수로 바꿔 보세요.

16진수	0x10 → [1]	0xB → [2]
8진수	010 → [3]	011 → [4]

힌트 중학교 수학 생각나지요? 자릿수와 밑의 수를 생각하면 됩니다. 8진수 01234를 10진수로 바꾸는 방법은 $1 \times 8^3 + 2 \times 8^2 + 3 \times 8 + 4$이고, 16진수 0x1234를 10진수로 바꾸면 $1 \times 16^3 + 2 \times 16^2 + 3 \times 16 + 4$를 계산하면 되겠죠?

정답 1. 16 2. 11 3. 8 4. 9

문자형 상수

프로그램에서 문자를 표시할 때 사용하는 문자형 상수(Character Constant)는 작은따옴표(')를 사용하여 표현하며 영문자(Alphabet), 숫자형 문자(Digit), 특수 문자(Special Character)로 구분됩니다.

😊 컴퓨터에서는 문자도 숫자로 변환되어 저장됩니다. 이 내용이 잘 기억나지 않는다면 '03-2 아스키코드'를 다시 살펴보세요.

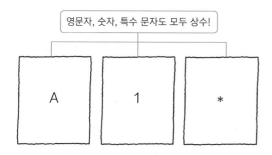

영문자는 소문자(a~z), 대문자(A~Z)를 뜻하며 다음과 같이 작은따옴표를 붙여 사용합니다.

```
'a',  'f',  'D',  'K' …
```

숫자형 문자는 0~9의 숫자를 뜻하며 다음과 같이 사용합니다.

```
'2',  '5',  '7' …
```

😊 char ch='2';와 char ch=2;의 차이를 확인해 보세요. '2'는 문자형 상수이고 따옴표가 없는 2는 정수형 상수입니다.

특수 문자는 *, -, +, =, ?, !와 같은 문자들로 다음과 같이 작은따옴표를 붙여 사용합니다.

```
'*',  '-',  '+' …
```

C 언어 프로그램에서 문자형 상수는 다음과 같이 쓰입니다.

```
char key = 'A';          /* A의 아스키 값 65를 변수 key에 저장함 */
char next = 'A' + 1;     /* A의 아스키 값에 1을 더한 66(B의 아스키 값)을 변수 next에 저장함 */
```

char next = 'B';와 실행 결과는 같습니다.

컴퓨터 내부에서는 모든 데이터를 숫자로 저장합니다. 그래서 우리가 사용하는 문자들도 약속된 숫자로 번역해서 사용해야 하는데 이 약속이 아스키코드 표에 정의되어 있습니다. 예를 들어 a라는 문자를 사용하고 싶으면 C 언어 프로그램에서는 소문자 a의 아스키 값인 97을 사용해야 이해한다는 뜻입니다. 하지만 "Hello"라고 쓰면 쉬운 것을 아스키값 72, 101, 108, 108, 111 이렇게 써야 한다면 정말 불편하겠죠. 그래서 C 언어에서는 프로그래머가 ASCII 표를 외우지 않고도 좀 더 보기 편하게 문자 값을 사용할 수 있도록 문자형 상수를 제공합니다. 따라서 프로그래머가 'a'라는 문자형 상수를 사용하면 컴파일러가 소스 코드를 기계어로 번역할 때 97이라는 아스키 값으로 변경해서 사용하게 됩니다.

{✎} **김성엽의 프로그래밍 노트** **문자 '3'을 '03'으로 적으면 어떻게 될까?**

정상적인 경우라면 문자형 상수는 문자 하나를 ' '(작은따옴표)로 둘러싸 표시하지만, 실수 또는 고의로 '03'과 같이 적더라도 기계어로 번역할 때 오류가 발생하지 않고 두 개의 문자형 상수 값이 연속으로 반영됩니다. 즉 '0'의 아스키 값은 48이고 '3'의 아스키 값은 51이기 때문에 문자형 상수 값을 저장하는 메모리의 크기가 1바이트라면 앞쪽 값을 버리고 뒤쪽 값 '3'에 해당하는 51이 저장됩니다. 그리고 메모리가 2바이트라면 '0'의 아스키 값 48이 첫 번째 바이트에 저장되고 '3'의 아스키 값 51이 두 번째 바이트에 저장됩니다.

문자열형 상수

문자열형 상수(Character-string Constant)는 프로그램에서 문자열(한 개 이상의 문자)을 표시할 때 사용하며 " "(큰따옴표)로 묶어서 표현합니다. 문자열은 문자들로 이루어진 집합체이며 문자형 상수에서 사용하는 문자들을 모두 사용할 수 있습니다. 사용 방법은 다음과 같습니다.

```
"Hello~!", "www.tipssoft.com", "즐거운 하루"
```

일반적으로 문자 하나는 1바이트를 차지하기 때문에 "Hello~"라고 적으면 문자 6개이므로 6바이트를 차지할 것이라고 생각하기 쉽습니다. 하지만 실제로는 7바이트를 차지하게 됩니다. 왜냐하면 문자열은 자신의 끝을 표시하기 위해 마지막 자리에 '비어 있다'를 의미하는 0 값이 추가되기 때문입니다. 즉 "Hello~"라고 적으면 실제 메모리는 다음과 같이 구성됩니다.

◎ 영어 문자 하나는 1바이트를 차지하지만 한글은 문자 하나당 2바이트를 차지합니다.

◎ 여기에서 0은 숫자 0을 의미하는 것이 아니라 특별한 뜻을 담고 있습니다. 자세한 내용은 12장에서 확인할 수 있습니다.

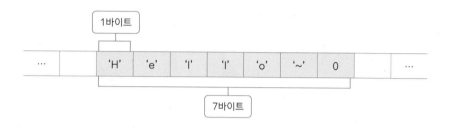

04-2 데이터 저장 공간, 변수

변수(Variable)는 변하는 값이며, 프로그래밍에서는 두 가지 의미를 가집니다. 첫 번째는 프로그램이 실행되는 동안 지속적으로 값이 바뀌는 정보를 말합니다. 두 번째는 사용자로부터 데이터를 받거나 처리하려면 저장할 공간이 필요한데, 이러한 저장 공간을 뜻합니다.

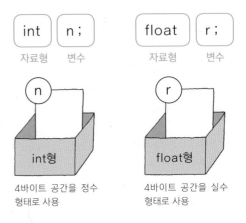

변수 이름

메모리는 1바이트 단위로 부여된 주

"변수 이름은 데이터가 저장되는 공간(메모리)을 가리키는 별명이다."

소(Address)로 구분되기 때문에 자신에게 할당된 메모리 공간을 사용하려면 해당 메모리의 시작 주소를 기억해야 합니다. 하지만 프로그래머가 숫자로 구성된 이 주소를 일일이 기억하면서 프로그래밍을 하기는 어렵습니다. 따라서 해당 주소에 이름을 붙여 사용하는데 이 이름이 바로 변수 이름입니다.

```
int n;   /* 4바이트 메모리 공간을 주소 대신 n이라는 변수 이름으로 사용함 */
```

프로그램 소스에 사용한 변수 이름은 컴파일러가 소스 코드를 기계어로 번역하는 과정에서 실제 메모리상의 주소로 변경됩니다. 따라서 프로그램에서 변수 이름을 사용하는 것은 실제로 그 변수 값이 저장될 메모리 주소를 사용하는 것과 같은 의미입니다.

변수 ——컴파일(번역)——→ 메모리 주소

변수 이름을 정할 때 기억해야 할 것

변수 이름은 영문자 a~z, A~Z, 숫자 0~9 그리고 _(밑줄)을 조합하여 구성할 수 있습니다. 하지만 모두 숫자로 구성하거나 숫자로 시작하는 문자열은 변수 이름으로 사용할 수 없습니다.

```
name, test, _test, Date, TIME_to, Data_7, …      ➡ 올바른 사용(O)
1000, 7_data, …                                   ➡ 잘못된 사용(X)
```

그리고 변수 이름은 공백을 포함할 수 없기 때문에 다음과 같이 사용할 수 없습니다.

```
name√1(x), first√data(x)
```

또한 변수 이름은 대·소문자를 구별하기 때문에 다음과 같이 사용한 4개의 변수는 서로 다른 변수 이름으로 처리됩니다.

```
name, Name, NAME, naMe
```

그리고 C 언어의 예약어는 변수 이름으로 사용할 수 없습니다. 예를 들어 char, int, …와 같이 문법적으로 이미 정의되어 사용하는 이름을 변수 이름으로 사용하면 오류로 처리됩니다. 변수 이름의 길이는 컴파일러에 따라 달라지며 Visual C++의 경우에는 255자까지 가능합니다.

{🖉} **김성엽의 프로그래밍 노트** **표기법은 이름을 지을 때 사용하는 규칙입니다**

표기법(Notation)은 프로그램에서 변수 또는 함수의 이름을 정할 때 사용하는 일정한 규칙입니다. 이 규칙은 문법적으로 정해진 것이 아니기 때문에 개인 또는 단체가 정하기 나름입니다. 좋은 표기법을 사용하면 소스 코드를 보기 편해져서 이해하는 데에 도움을 줄 수 있습니다. 잘 알려진 표기법에는 '카멜 표기법'과 '헝가리언 표기법'이 있습니다.

name과 같이 한 개의 단어로 변수를 선언하는 경우는 상관없지만, my name과 같이 두 개 이상의 단어를 조합하여 변수 이름을 구성하는 경우에 myname으로 적으면 단어를 구별하기 어려워서 변수 이름이 나타내려는 의미를 이해하기 어렵습니다. 따라서 많은 프로그래머들은 다음 두 가지 방법 중 하나를 사용합니다.

😊 변수 이름은 공백을 포함할 수 없기 때문에 my name은 오류로 처리됩니다.

```
my_name, myName
```

카멜 표기법

myName과 같이 사용하는 형식을 카멜 표기법(Camel Notation)이라고 합니다. myName은 연결되는 단어의 시작 문자를 대문자로 쓰기 때문에 낙타의 혹처럼 보인다고 해서 카멜 표기법이라고 합니다.

헝가리언 표기법

과거에는 개발 도구(코드 편집기)가 좋지 못하여 자신이 선언한 변수들의 자료형을 확인하기 불편했습니다. 그래서 다음과 같이 변수 이름을 정할 때 자료형이나 변수의 특성을 알 수 있는 접두어를 붙이기도 했는데 이런 표기법을 헝가리언 표기법(Hungarian Notation)이라고 합니다.

```
c_key,  l_data, n_input
```

변수 이름 앞에 c가 붙으면 char형, l이 붙으면 long형, n이 붙으면 int형이라고 미리 약속해서 사용하는 것입니다. 이렇게 사용하면 해당 변수를 사용할 때 변수 이름만 보고도 변수의 자료형을 쉽게 판단할 수 있기 때문에 복잡한 프로그램을 작성할 때 발생하는 작은 실수들을 줄일 수 있습니다.

최근에 나오는 개발 도구는 이런 실수를 보정해주기도 하고 쉽게 변수 선언부를 참조할 수 있어서 의미가 다소 약해졌다고 할 수 있습니다. 하지만 이런 기능을 제공하지 않는 일반 편집기에서 소스 코드를 볼 수도 있고 프린터로 출력해서 소스 코드를 볼 수도 있기 때문에 여전히 헝가리언 표기법을 사용하고 있습니다.

프로그래머가 소스 코드를 볼 때 코딩 스타일이 자신과 맞지 않는다면 스트레스를 많이 받게 되는데 그 스트레스 요소 중 하나가 표기법입니다. 그래서 팀 작업을 하는 곳에서는 대부분 자신들만의 표기법을 정해서 사용하고 있습니다.

ⓒ 팀에서 약속한 표기법이 꼭 카멜 표기법이나 헝가리언 표기법일 필요는 없습니다.

변수 선언하기

프로그램에서 정보를 저장하기 위해 메모리 공간을 확보하는 과정을

"변수를 선언하는 것은 저장 공간을 할당하는 것이다."

'변수를 선언한다'라고 하며, 변수의 크기가 항상 1바이트일 수는 없기 때문에 자신이 사용할 메모리 크기에 적합한 자료형을 지정하여 다음과 같이 선언합니다.

부호 있는 정수를 저장할 4바이트 메모리를 사용하겠다는 뜻입니다.

할당된 메모리 공간의 이름을 num으로 붙이겠다는 뜻입니다.

signed int   num   ;

자료형   변수 이름   구분자

signed int는 자료형이고 '부호를 고려하는 4바이트'를 의미하기 때문에 이 명령문으로 할당되는 메모리 공간은 4바이트가 됩니다. 그리고 이렇게 할당된 메모리 공간은 num이라는 변수 이름으로 지정했기 때문에, 해당 메모리 공간에 정보를 저장하거나 저장된 정보를 읽을 때는 num이라는 변수 이름을 사용하면 됩니다.

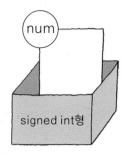

변수 선언 문장의 끝에 있는 ;(세미콜론)은 구분자(Separator)로서 C 언어에서 명령과 명령을 구분하는 데 사용합니다. 구분자를 사용하면 한 개의 명령이 끝났음을 뜻합니다.

그리고 같은 자료형으로 여러 개의 변수를 선언할 때는 다음처럼 일일이 ,(쉼표)를 사용하여 한 줄로 선언해도 됩니다.

```
int data1;
int data2;
int data3;
```
⇒
```
int data1, data2, data3;
```

변수 초기화하기

식당에 가면 물을 마실 수 있도록 컵을 제공합니다. 하지만 이 컵은 식당을 찾는 모든 사람들이 사용할 수 있기 때문에 사용하기 전에 다른 사람이 사용했던 컵인지 확인하고 사용해야 합니다. 자신이 사용하려고 잡은 컵에 물이 들어 있다면 이 물을 비우고 씻어서 컵을 사용할 것입니다. 이처럼 다른 사람이 사용했던 컵을 자신이 사용하기 위해서 깨끗하게 만드는 작업이 바로 지금 배울 초기화입니다.

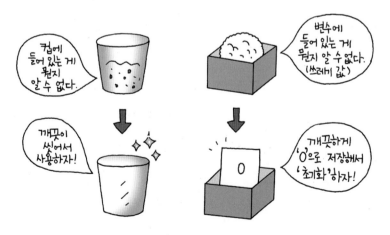

변수를 사용하기 전 초깃값을 저장해서 깨끗하게 만드는 것을 '초기화'라고 합니다.

컴퓨터 메모리는 각종 프로그램에 의해 공유되는 자원입니다. 따라서 특정 프로그램이 특정 메모리를 지정해서 사용하는 것이 아니라, 프로그램이 실행될 때 운영체제에 의해 사용할 수 있는 적당한 공간에 할당되는 방식입니다. 따라서 자신이 사용한 메모리는 이전에 어떤 프로그램이 사용했는지 알 수 없고 그 메모리에 어떤 값이 들어 있는지도 알 수 없습니다. 이것은 이전에 이 메모리를 사용한 프로그램이 사용 후에 메모리를 깨끗하게 청소하지 않고 끝내 버리기 때문입니다.

이렇게 정리되지 않은 메모리에 들어 있는 값을 쓰 *"변수를 선언하면서 초깃값을 대입하는 것을 초기화라고 한다."* 레기 값이라고 부르고, 이 값 대신에 자신이 사용하고 싶은 값을 메모리에 저장하는 행위를 '초기화'라고 합니다. 다음과 같이 변수를 선언하면 4바이트 공간의 메모리를 할당 받는데, 이 메모리는 다른 프로그램이 이전에 사용했던 메모리이기 때문에 어떤 값이 저장되어 있는지는 알 수 없습니다.

```
int value;   /* 4바이트 크기의 value 변수에 어떤 값이 저장되어 있는지 알 수 없음 */
```

따라서 변수를 선언한 직후 쓰레기 값이 아닌 특정한 값을 갖도록 명령하는 것을 '변수를 초기화한다'고 하며 다음과 같이 사용합니다.

```
int value = 0;   /* 4바이트 크기의 value 변수에 정수형 상수 값 0을 넣어 초기화함 */
```

이렇게 선언하면 부호를 고려하는 4바이트 크기의 메모리가 할당되며 그 이름은 value이고 해당 메모리에 정수 값 0을 넣어 초기화하겠다는 뜻입니다.

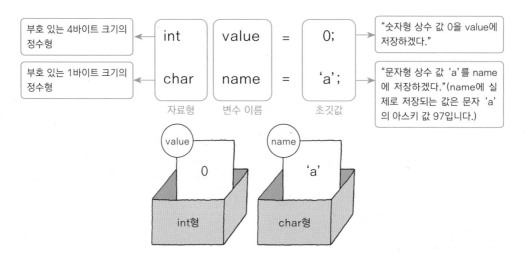

1분 퀴즈 | **04-2** 다음 중 변수를 잘못 선언한 형식을 모두 찾아보세요. (각 선언은 단일 명령문이고 같이 선언된 변수가 없다고 가정합니다.)

> 1. short signed_number;
>
> 2. int char = 5;
>
> 3. double real num = 2.3;
>
> 4. long 77_value;
>
> 5. char data = a;

정답 2. 키워드는 변수 이름으로 사용할 수 없음 3. 변수 이름에는 공백이 없어야 함 4. 변수 이름은 숫자로 시작할 수 없음 5. 문자 a를 초깃값으로 사용하려고 따옴표 없이 'a'를 쓰면 a가 이미 정의되고 저장되어 있어야 함

02장에서 첫 번째 프로그램을 만들며 무작정 "Hello, World!"를 화면에 띄워 본 것을 기억하고 있나요? 아직 자세한 내용을 배우진 못했지만 변수를 선언하는 방법까지는 배웠으니 직접 따라서 소스 코드를 입력해 볼 수는 있겠지요.

다음은 int형 변수 money를 선언하고 변수에 저장된 값을 출력해 보는 예제입니다.

ⓒ 이 책에서 제공하는 예제 소스 파일을 사용하려면 '솔루션 탐색기'의 '소스 파일'에서 오른쪽 마우스를 클릭하고 [추가 → 기존 항목]을 선택해 불러오면 됩니다.

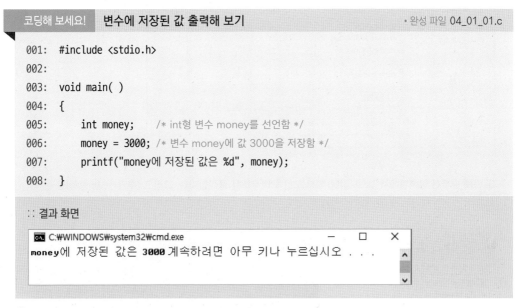

코딩해 보세요! **변수에 저장된 값 출력해 보기** • 완성 파일 04_01_01.c

```
001:  #include <stdio.h>
002:
003:  void main( )
004:  {
005:      int money;       /* int형 변수 money를 선언함 */
006:      money = 3000;  /* 변수 money에 값 3000을 저장함 */
007:      printf("money에 저장된 값은 %d", money);
008:  }
```

:: 결과 화면

```
C:\WINDOWS\system32\cmd.exe                    —    □    ✕
money에 저장된 값은 3000 계속하려면 아무 키나 누르십시오 . . .
```

ⓒ %d는 정수를 출력할 때 사용하는 키워드입니다. 이렇게 출력을 위해 사용하는 여러 키워드들은 06장에서 배웁니다.

위 소스 코드를 비주얼 스튜디오에서 작성하는 방법이 기억나지 않나요? 다시 한 번 살펴보면서 손가락 운동을 시작해 봅시다!

1. [파일 → 새로 만들기 → 프로젝트]를 선택하고 [Visual C++ → Win32 → Win32 콘솔 응용 프로그램]을 선택합니다. 이름 부분에 여러분이 원하는 프로젝트 이름을 입력하고 [확인] 버튼을 누르세요.

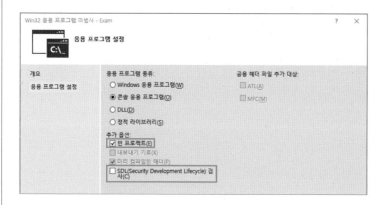

2. [확인] 버튼을 누르면 Win32 응용 프로그램 마법사가 시작됩니다. [다음]을 누르고 응용 프로그램 설정에서 '콘솔 응용 프로그램'을 선택하세요. 추가 옵션에서 '빈 프로젝트'에 체크하고 'SDL(Security Development LifeCycle) 검사' 항목의 체크를 해제하는 것도 잊지 마세요.

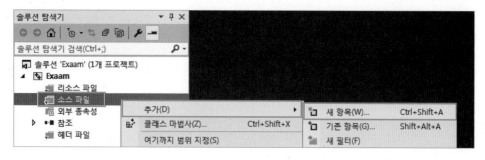

3. 왼쪽 솔루션 탐색기에서 '소스 파일'에서 오른쪽 마우스를 클릭합니다. 그리고 [추가 → 새 항목]을 선택합니다.

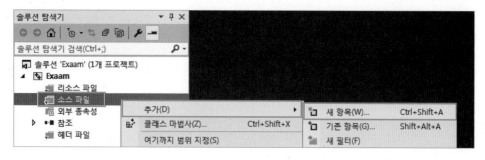

☺ 이 책에서 제공하는 예제 소스 파일을 사용하려면 [기존 항목]을 선택하고 해당 파일을 프로젝트에 추가하면 됩니다.

4. 새 항목 추가 창이 뜨면 파일의 이름을 04_01_01.c로 작성한 후 [추가] 버튼을 누릅니다.

5. 비주얼 스튜디오의 소스 코드 작성 창에 앞에서 본 코드(04_01_01.c)를 따라 입력해 보세요.

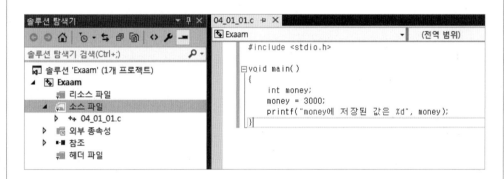

6. 소스 코드를 다 작성했다면 [빌드 → 솔루션 빌드]를 클릭해 빌드합니다. 그 후 [디버그 → 디버그하지 않고 시작]을 선택하여 프로그램을 실행합니다. 프로그램을 실행하면 다음과 같은 콘솔 화면에 실행 결과가 출력됩니다!

04-3 2진수를 16진수로 변환하는 방법

비트 단위 연산에 유용한 16진수

메모리가 1비트 증가할 때마다 저장할 수 있는 수의 크기는 2배 늘어납니다. 1비트는 2가지 숫자(0~1) 중 하나, 2비트는 4가지 숫자(0~3) 중 하나, 3비트는 8가지 숫자(0~7) 중 하나, 4비트는 16가지 숫자(0~15) 중 하나를 저장할 수 있습니다.

16진수 한 자릿수에는 16개의 숫자(0~9, A~F) 중 하나를 저장할 수 있습니다. 따라서 16진수를 저

"16진수 한자릿수는 4비트를 의미한다."

장할 때 각 자릿수마다 4비트씩 늘어난다고 보면 됩니다. 4비트로 된 메모리에 저장된 비트 패턴과 16진수 한 자릿수 값을 비교해 보면 다음과 같습니다.

10진수	0	1	2	3	4	5	6	7	8	9
16진수	0	1	2	3	4	5	6	7	8	9
2진수	0000	0001	0010	0011	0100	0101	0110	0111	1000	1001

10진수	10	11	12	13	14	15
16진수	A	B	C	D	E	F
2진수	1010	1011	1100	1101	1110	1111

그런데 변환표에는 16진수 13이나 BC처럼 생긴 형태는 찾을 수가 없네요. 16진수 13과 16진수 BC는 2진수로 어떻게 표현할 수 있을까요? 16진수 한 자릿수는 4비트를 의미하기 때문에 13의 1과 3이 각각 4비트씩 총 8비트로 표현합니다. 마찬가지로 BC는 B와 C가 각각 4비트씩 총 8비트로 표현되겠지요. 다음 그림을 보면 이해하기 더욱 쉽습니다.

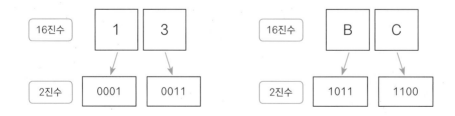

4비트 패턴과 16진수를
연결한 표를 보면 알 수

"2진수와 16진수는 4비트 단위로 나누어서 쉽게 변환할 수 있다."

있듯이 4비트로 표현한 값이 2진수 형태이기 때문에 16개 값만 기억한다면 16진수를 2진수로 변환하거나 2진수를 16진수로 변환하는 것이 매우 쉬워집니다. 만약 위 표를 암기하는 것이 어렵다면 다음과 같이 4가지 값만 기억하고 조금 응용해서 변환할 수도 있습니다.

```
0001 : 1     0010 : 2     0100 : 4     1000 : 8
```

예를 들어 16진수 형식으로 적은 0xC 값은 10진수 12를
의미하고 12는 4+8과 같은 값이기 때문에 0100+1000

ⓒ C 언어에서 16진수를 사용할 때는 반드시 앞에 0x를 붙여야 합니다.

값과 같습니다. 따라서 1100이 되며, 16진수 C 값과 일치하는 것을 알 수 있습니다. 위 4가지 값은 1이 저장된 비트 위치가 각기 다르기 때문에 쉽게 합산할 수 있으며 암산 또한 어렵지 않으니, 몇 번 연습해서 자연스럽게 사용하기 바랍니다.

C 언어는 8진법, 10진법 그리고 16진법은 사
용할 수 있어도 2진법 표현은 제공하지 않아서

"C 언어는 2진법 표현을 제공하지 않는다."

비트별로 값을 표현하는 형식을 사용할 수가 없습니다. 하지만 컴퓨터 메모리에 저장된 메모리 패턴은 2진수 표현과 같습니다. 또한 비트 단위로 값
을 사용할 수 있는 기술을 제공하기 때문에 2진법으로
숫자를 변경해야 하는 경우가 많으니 진법 변환을 잘 연
습해두기 바랍니다.

ⓒ 10진법은 2진법으로 변환하기가 좀 더 어렵기 때문에 비트 단위로 처리하는 연산은 대부분 16진법을 사용합니다.

1분 퀴즈 | **04-3** 16진법과 2진법을 자유자재로 다뤄야 이후에 배울 내용이 훨씬 쉬워집니다. 다음 문제들을 풀어 보며 진법 변환을 연습해 보세요.

16진수	2진수
0x7D	[1]
[2]	1111 1111
[3]	0000 0000 1000 1110
0xA	[4]
0x1C6A	[5]

정답 1. 0111 1101 2. 0xFF 3. 0x008E 4. 1010 5. 0001 1100 0110 1010

16진수 표기에 따른 메모리 계산

결국 C 언어에서 0x2E라고 표기된 16진수 값을 메모리에 저장하기 위해서는 최소한 1바이트(0010 1110)가 필요합니다. 16진수를 0xA처럼 한 자릿수만 적더라도 대입 연산자(=)는 최소 1바이트 단위로 값을 읽고 쓰기 때문에, 표기된 숫자는 4비트만 사용하지 못하고 0x0A 값(0000 1010)으로 저장됩니다. 마찬가지로 다음 코드처럼 0xA를 2바이트 변수인 data에 저장하려면 0x000A 값(0000 0000 0000 1010)으로 저장됩니다.

```
short int data = 0xA; /* short int가 2바이트 메모리를 차지하기 때문에 0x000A라고 적은 것과 같음 */
```

Q1 상　　　　　　　　　는 변하지 않는 숫자를 의미합니다.

Q2 0.15e+3이라고 표기된 실수 값은 정수로 표시해 보면 1　　　　　　　입니다.

Q3 8진수로 표현된 012 값을 10진수로 적으면 1　　　　　　　입니다.

Q4 10진수 12를 16진수로 적으면 0x　　　　　　　입니다.

Q5 문자형 상수는 영문자, 숫자형 문자, 특　　　　　　　로 구분됩니다.

Q6 문자열형 상수로 적은 "test"는　　　　　　　바이트 메모리를 차지합니다.

Q7 변　　　　　　　는 데이터를 저장하기 위한 메모리 공간을 의미합니다.

Q8 short int data;라고 선언하면　　　　　　　바이트의 메모리 공간을 할당 받아 이름을 data라고 붙여 사용하겠다는 뜻입니다.

Q9 0101 0111 비트 패턴을 16진법으로 적으면 0x　　　　　　　입니다.

04장 풀이
562쪽

함수

컴퓨터를 사용할 때 관련 있는 파일들을 모아 관리할 수 있도록 폴더(Folder 또는 Directory)를 사용하죠. 파일이 여기저기 흩어져 있으면 관리하기 어려운 것처럼, 프로그램의 명령문을 아무렇게나 나열해서 사용하다 보면 관리하는 데 문제가 생기게 마련입니다. 이 장에서는 프로그램의 명령문을 하나로 묶어서 사용하는 함수에 대해 알아봅니다. 함수의 의미와 역할에 대해 먼저 설명하고, 함수를 만들어서 사용하는 방법도 소개하겠습니다.

05-1 C 언어와 함수

05-2 함수 정의하고 호출하기

05-3 main 함수 정리하기

05-4 함수 원형 선언하기

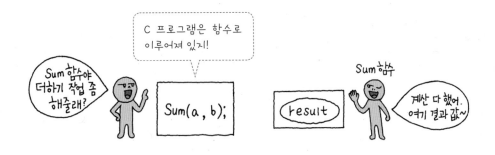

05-1 C 언어와 함수

작업 단위로 명령을 표현하는 방법

컴퓨터의 CPU는 단순화된 명령을 한 번에 하나씩 처리하도록 설계되어 있습니다. 따라서 프로그래밍 언어도 복잡한 표현법보다는 간단한 표현법을 나열하여 상황을 표현합니다. 예를 들어 '컵을 이용해서 물을 마신다'라는 표현을 프로그래밍 언어가 요구하는 형식으로 나열해 보면 다음과 같습니다.

컵을 이용해서 물을 마시는 과정을 순서대로 나열한 경우

각각은 하나의 행위로도 의미가 있지만 '물 마시기'라는 목적을 달성하기 위해 연속으로 이루어지는 행위이기도 합니다. 그뿐만 아니라 일상 생활에서 자주 일어나는 행위이기도 합니다. 그렇기 때문에 물을 마시고 싶을 때마다 매번 저렇게 나열한다는 것은 프로그래밍 언어 입장에서 볼 때 여간 번거로운 작업이 아닐 것입니다. 그런데 이 연속적인 행위들을 새로운 작업 단위인 '물 마시기'로 묶어 정의해 놓는다면 어떨까요? 필요할 때마다 구체적인 행위들을 하나하나 나열하는 대신 '물 마시기'로 한 번에 표현해주면 되기 때문에 훨씬 효율적일 것입니다.

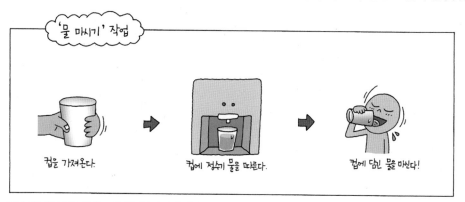

컵을 이용해서 물을 마시는 과정을 '물 마시기' 작업으로 묶어서 표현한 경우

또 프로그래머가 소스 코드를 작성할 때 어떤 작업 단위 없이 단순 명령문만 주욱 나열한다면 작업하는 그 순간에는 해당 부분만 고민하기 때문에 상관이 없습니다. 하지만 일정 시간이 지나 문제가 발생하는 부분을 찾거나 기능을 개선하기 위해 소스 코드를 다시 보게 되면 내용을 파악하기 어려워서 작업의 효율성이 떨어지게 됩니다.

함수란?

C 언어 프로그램도 특별한 단위
나 구분 없이 명령문들을 주욱 나
열해서 작성하는 것보다 어떤 작

"정해진 단위 작업을 수행하도록 여러 개의
명령문들을 하나의 그룹으로 묶은 것을 함수라고 한다."

업을 수행하는 일련의 명령문들을 한데 묶어서 그룹으로 만들어 두는 게 좋습니다. 작업별 그룹으로 나누어 작성한 소스 코드는 관리하기도 편할뿐더러 다른 프로그래머가 보거나 나중에라도 코드의 내용을 쉽게 이해할 수 있습니다. 그래서 C 언어는 소스 코드를 그룹화할 수 있도록 함수(Function)라는 문법을 제공합니다. 앞에서 살펴본 '물 마시기' 작업을 간단한 함수 형태로 표현하면 어떻게 되는지 살펴볼까요?

```
물 마시기(정수기)
{
    컵을 가져온다;
    컵에 정수기 물을 따른다;
    컵에 담긴 물을 마신다;
}
```

물론 위 형태가 함수의 구성 요소를 완벽하게 갖춘 것은 아닙니다. 하지만 작업 이름인 '물 마시기'를 처음에 두고, 작업 내용을 중괄호 { }를 이용해 묶는 것은 이후에 제대로 배울 함수 형태와 유사합니다.

C 언어는 소스 코드를 함수 단위로 나누어서 작성하는 것을 권장하기 때문에, 잘 작성한 C 언어 프로그램은 수많은 함수들로 이루어진 함수의 집합체라고 할 수 있습니다.

특별한 기능을 가진 main 함수

우리는 02장에서 이미 함수를 만들어 보았습니다. 기억을 되살리기 위해 비주얼 스튜디오를 켜고 다음과 같은 소스를 입력한 후 컴파일해 봅시다.

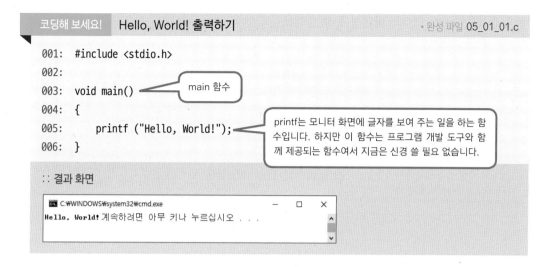

Hello, World! 출력하기　　　　　　　　　　　　　　　• 완성 파일 05_01_01.c

```
001: #include <stdio.h>
002:
003: void main()          main 함수
004: {
005:     printf ("Hello, World!");
006: }
```

printf는 모니터 화면에 글자를 보여 주는 일을 하는 함수입니다. 하지만 이 함수는 프로그램 개발 도구와 함께 제공되는 함수여서 지금은 신경 쓸 필요 없습니다.

:: 결과 화면

C:\WINDOWS\system32\cmd.exe

Hello, World! 계속하려면 아무 키나 누르십시오 . . .

여기서 사용한 함수는 main 함수입니다. C 언어로 작성한 프로그램은 함수들의 집합체이고 그 함수들끼리 서

◎ main 함수에 대한 좀 더 구체적인 내용은 05-3에서 다룹니다.

로 불러서 사용하는 형태로 진행됩니다. 그렇기 때문에 소스 코드를 번역하는 컴파일러 입장에서는 어떤 함수가 최초로 시작되는 함수인지를 알아야 제대로 된 번역을 할 수 있습니다. 그래서 C 언어는 main이라는 이름의 함수를 '프로그램 시작 함수'로 정해 놓았습니다. 즉 main 함수는 '컴파일러에게 프로그램이 시작한다'고 알려 주는 특별한 함수라고 생각하면 됩니다.

물 마시기 함수와 main 함수로 간단한 함수 형태 살펴보기

main 함수의 중괄호 { } 안에 printf("Hello, World!");라고 적혀 있는 것은 무엇일까요? 앞에서 보았던 물 마시기 함수와 비교하면서 살펴봅시다.

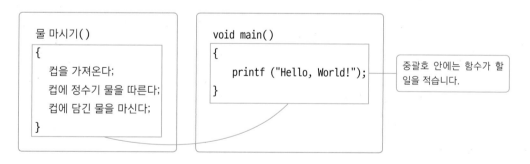

물 마시기 함수에서 중괄호 { } 안에 적혀 있는 명령문들은 이 함수가 작업할 내용들을 묶어 놓은 것이었습니다. main 함수와 물 마시기 함수가 완벽하게 같은 형태는 아니지만, 중괄호 { } 안에 적혀 있는 printf("Hello, World!") 명령문이 main 함수가 작업할 내용이라는 것은 예상할

수 있겠지요? main 함수의 형태를 통해 살펴보는 간단한 함수의 형태는 다음과 같습니다.

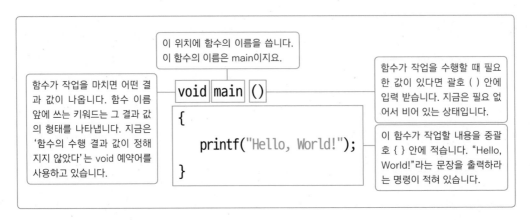

C 언어 프로그램은 함수의 집합체이다

C 언어의 소스 파일에는 꼭 하나 이상의 함수가 있습니다. 파일에는 함수가 여러 개 있는 게 보통이기 때문에 소스 코드를 번역하는 컴파일러 입장에서는 어떤 함수가 최초로 시작되는 함수인지를 알아야 제대로 된 번역을 할 수 있습니다. 그래서 앞에서 보았던 main이라는 이름의 함수를 프로그램 시작 함수로 정해 놓은 것입니다. C 언어로 작성한 프로그램은 함수들의 집합체이고 그 함수들끼리 서로 불러서 사용하는 형태로 진행됩니다.

C 언어로 만든 프로그램의 구조를 단순화해 우리말로 도해화해 보겠습니다. 이 구조에서는 main 함수가 더한 결과 값을 보여 주는 일을 하고, 더하는 작업은 Sum이라는 이름의 함수로 만든다고 가정해 보겠습니다. 이 도해는 우리가 앞으로 만들 C 언어 프로그램을 아주 단순하게 표현한 것입니다. 그리고 도해에 붙어 있는 번호는 이 프로그램이 실행되는 순서라고 생각하면 됩니다. 여기에서는 C 프로그램이 함수의 집합체이며, 함수들끼리 서로 불러서 사용할 수 있다는 정도만 기억하면 됩니다.

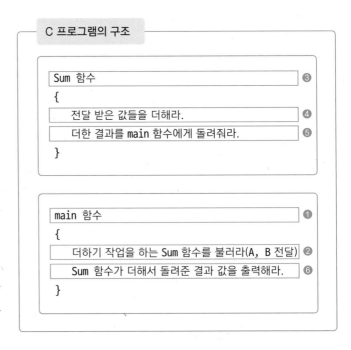

05-2 함수 정의하고 호출하기

함수의 구성 요소를 더 자세히 살펴보기 위해 지금부터 '더하기 작업'을 하는 함수를 만들어 보겠습니다. 두 정수를 더하는 함수는 어떤 구조로 만들어야 할까요? 오른쪽 그림을 봅시다.

더하기 함수는 두 개의 정수 값을 받아 더한 후 결과 값을 출력하는 작업을 합니다.

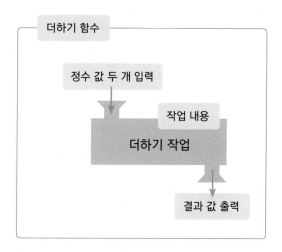

함수 정의하기

바로 위의 도해를 함수 문법에 맞추어 표시해 보면 다음과 같습니다. 아래 함수의 이름은 Sum이며 int형 정수 값 두 개를 입력 받아서 int형 결과 값을 반환하는 함수입니다. 여기에서 함수 이름, 변수 이름은 모두 프로그래머가 임의로 지은 이름이고 나머지는 예약어입니다. 이렇게 코드를 써서 함수를 실제로 구현하는 행위를 '함수를 정의한다'라고 합니다.

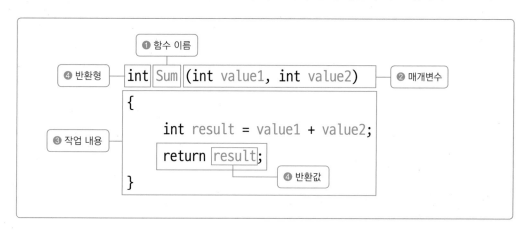

위 함수의 구성 요소들을 앞에서 본 함수 그림 형태로 다시 한 번 살펴보면 다음과 같습니다.

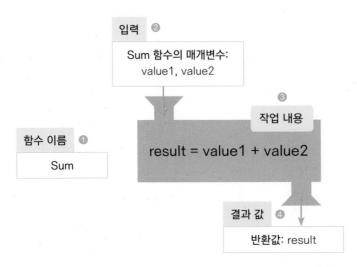

⊙ 결과 값은 연산의 최종 값을 의미하고, 반환값(리턴 값)은 연산의 결과 값을 호출한 쪽에 다시 전달할 때 사용하는 용어입니다.

❶ **함수 이름**: 함수가 하는 일을 짐작하기 쉽게 짓는 것이 좋습니다.

❷ **매개변수**: 함수가 작업을 수행할 때 필요한 데이터가 있다면 변수 단위로 명시합니다.

❸ **작업 내용**: 함수가 작업할 내용을 중괄호 { } 안에 명령문으로 나열합니다.

❹ **반환값**: 함수가 작업한 결과 값을 반환해야 할 때 사용합니다(선택 사항).

함수 호출하기

앞에서 말했듯이 C 언어 프로그램은 함수의 집합체이기 때문에 함수가 다른 함수를 불러서 사용하는 구조로 되어 있습니다. 이와 같이 함수가 다른 함수를 사용하는 것을 '함수를 호출한다'고 이야기합니다. 즉 C 언어 프로그램은 함수가 다른 함수를 호출하면서 프로그램이 진행됩니다. 함수를 호출하는 함수를 호출자(Caller)라고 부르고 호출되는 함수를 피호출자(Callee)라고 합니다.

예를 들어 다음 예제에서 두 수의 합을 구하기 위해 main 함수가 Sum 함수를 호출하였다면 main 함수는 Sum 함수를 부르는 함수이기 때문에 호출자가 되고 Sum 함수는 main 함수에게 불려지는 함수이기 때문에 피호출자가 됩니다.

```c
int Sum(int value1, int value2)
{
    return value1 + value2;
}
```
── 피호출자(불리는 함수)

```c
void main()
{
    int value = Sum(2, 3);
}
```
── 호출자(부르는 함수)

함수 호출 과정 살펴보기

그렇다면 main 함수는 Sum 함수를 어떻게 불러서 사용하는 걸까요? 함수가 어떤 과정을 거쳐 호출되는지 알아야 이후에 코드를 작성할 때도 어려움이 없습니다. 다음 코드를 봅시다.

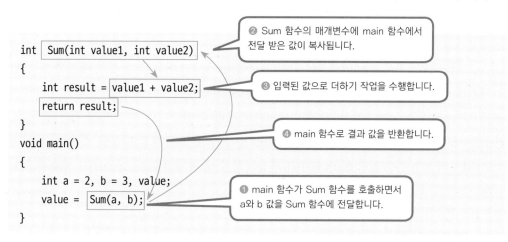

main 함수가 a 값 2와 b 값 3을 더하기 위해 Sum 함수를 호출합니다. a와 b 값은 Sum 함수의 매개변수를 통해 전달합니다. 호출받은 Sum 함수의 매개변수인 value1에는 a의 값인 2가 복사되고, value2에는 b의 값인 3이 복사됩니다. 이 두 값으로 Sum 함수는 더하기 작업을 하는 것이죠. Sum 함수에서 더하기 작업을 마치면 main 함수에게 결과 값을 반환해 주어야겠지요? 그래야 main 함수가 Sum 함수를 부른 의미가 있을 테니까요. 이렇게 Sum 함수에서 돌려주는 결과 값을 main 함수에서 돌려받은 반환값이라고도 부릅니다.

위 순서를 그림으로 다시 한 번 정리해 볼까요?

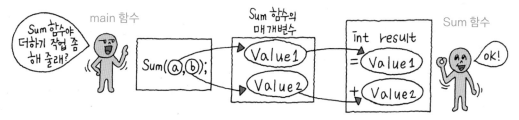

호출자 main 함수가 피호출자인 Sum 함수를 호출합니다.

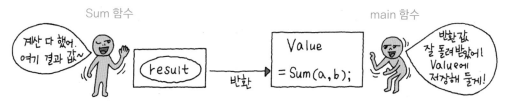

피호출자인 Sum 함수는 결과 값을 호출자인 main 함수에게 반환합니다.

함수의 매개변수 자세히 살펴보기

프로그램에서 사용하는 데이터는 필요할 때만 존재해야 효율적이므로 함수에서 필요할 때 만들었다가 함수가 끝날 때 함께 사라지도록 만드는 게 보통입니다. 그래서 어떤 함수가 가지고 있던 데이터를 다른 함수에 전달하려면 다소 복잡한 표현법을 사용해야 합니다.

앞 예제에서 main 함수는 a, b에 저장된 값을 더하기 위해 Sum 함수를 호출하도록 구성했습니다. 그런데 함수 안에서 선언한 변수들은 해당 함수에서만 사용할 수 있기 때문에 Sum 함수 내부에 선언된 value1, value2, result 변수는 Sum 함수에서만 사용할 수 있고, main 함수 내부에 선언된 a, b 변수는 main 함수에서만 사용할 수 있습니다. 만약 Sum 함수에서 a, b 변수를 사용하면 오류가 발생합니다. 즉 Sum 함수가 a, b를 직접 사용할 수 없기 때문에 main 함수의 a, b 변수 값을 Sum 함수가 사용하기 위해 매개변수(Parameter)가 필요한 것입니다.

```c
int Sum( int value1 , int value2 )
{
    int result = value1 + value2;
    return result;
}

void main()
{
    int a = 2, b = 3;
    Sum( a , b );
}
```

> main 함수는 매개변수를 통해서 값을 전달하고, Sum 함수는 값을 전달 받습니다.

매개변수는 호출자(main)에서 전달하는 값을 피호출자(Sum)에서 전달 받는 역할을 하는 변수를 의미하며 Sum 함수의 value1과 value2가 여기에 해당합니다. 이때 main에서 전달한 순서대로 Sum 함수의 매개변수가 값을 전달 받기 때문에 순서나 개수를 잘 맞추어야 합니다.

그러면 지금까지 계속 봐 온 더하기 함수를 우리가 직접 만들어 볼까요? 비주얼 스튜디오를 켜고 다음 코드를 따라 입력해 보세요. 빌드 메뉴에서 컴파일한 후 Ctrl + F5 를 눌러 콘솔 창으로 확인해 보세요. 결과 화면처럼 나왔나요?

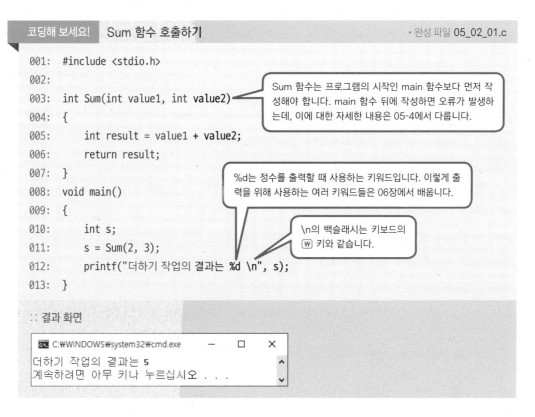

프로그램의 시작점인 main 함수에서 더하기 작업을 하는 Sum 함수를 호출했습니다. 그리고 Sum 함수의 매개변수로 2와 3을 전달했습니다. 숫자를 전달 받은 Sum 함수는 더하기 작업을 수행하고 결과 값을 main 함수에게 반환합니다. 반환값을 출력해 보면 위 결과 화면처럼 5가 나옵니다.

1분 퀴즈 | 05-1 Sum 함수의 매개변수를 4, 5로 바꾸어 결과를 확인해 보세요.

정답 이지스퍼블리싱 홈페이지 자료실 참고

그런데 모든 함수가 매개변수를 가지는 것은 아닙니다. 특별히 호출자로부터 넘겨받을 정보가 없다면 ( ) 안을 비워 두거나 ( ) 안에 'void'라고 적어 인자가 없음을 명시하면 됩니다.

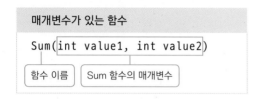

매개변수가 있는 함수	매개변수가 없는 함수	
Sum(int value1, int value2) 함수 이름　　Sum 함수의 매개변수	Sum()	Sum(void)

함수의 반환값 자세히 살펴보기

반환값이란?

Sum 함수가 수행한 결과 값을 호출자로 넘겨주면 Sum 함수의 역할은 끝이 납니다. 함수에서 return이라는 예약어를 사용하면 함수는 그 위치에서 종결되며, return 뒤에 명시된 result 변수 값이 Sum 함수의 반환값(Return Value)이 됩니다. 그리고 함수가 값을 반환한다는 뜻은 호출자의 어떤 변수에 값을 대입한다는 뜻이기도 합니다. 따라서 변수를 선언할 때처럼 함수 이름 앞에 함수의 반환값에 대한 자료형을 명시해야 합니다. 다음 예제에서 정의된 Sum 함수는 int형인 result 값을 반환할 것이기 때문에 반환형인 int를 Sum 앞에 명시했습니다.

```
int Sum(int value1, int value2)
{
    int result = value1 + value2;
    return result;         Sum 함수는 int형으로 결과 값을 반환
}                          합니다.

void main()
{
    int a = 2, b = 3, value;
    value = Sum(a, b);     Sum 함수의 반환값을 int형 변수
}                          value에 저장합니다.
```

위 예제에서는 main 함수의 a, b 값이 Sum 함수의 value1, value2로 전달되어 합해진 후 result 변수에 저장됩니다. 그리고 result 변수 값이 return문에 의해 이 함수의 반환값으로 처리되기 때문에 Sum 함수는 5라는 결과 값을 int 형식 으로 반환하게 됩니다. main 함수는 Sum 함수의 반환값 을 value로 받기 때문에 value에는 5가 저장됩니다.

ⓒ 함수를 적을 때 함수 이름 앞에 자료형이 없는 경우는 int 자료형이 생략된 것입니다.

모든 함수가 반환값을 가지는 것은 아닙니다. 예를 들어 둘째 마당에서 배울 포인터나 배열 문법은 문법 자체에 값을 반환하는 기능을 가지고 있습니다. 그래서 return을 사용하여 결과 값을 반환할 필요가 없습니다. 반환할 값이 없으면 다음 예제처럼 함수 이름 앞에 void를 적고 return을 사용하지 않으면 됩니다.

```
void ZeroData(int *p)
{
    *p = 0;
}
```
전달된 주소에 가서 0을 대입합니다
(의미적으로 0이 반환된 것).

◎ *p는 '포인터'라는 문법입니다. '포인터'를 배우면 변수의 이름이 아닌 주소를 가져와 사용합니다. 13장에서 살펴 봅니다.

void 형식으로 정의한 함수의 return 뒤에 반환값을 적으면 오류로 처리됩니다.

```
void Test(int value1, int value2)
{
    int result = value1 + value2;
    return result;    /* 오류 발생!! */
}
```

return의 또 다른 역할

앞에서 void 형식으로 정의한 함수의 return 뒤에 반환값을 적으면 오류가 발생한다고 했습니다. 그런데 return문은 값을 반환하는 기능 외에도 함수를 종료하는 기능도 가지고 있습니다. 따라서 단순히 함수를 종결할 목적으로 return을 사용할 때는 다음처럼 return 뒤에 반환값을 적지 않아도 오류가 발생하지 않습니다.

"return은 함수를 종결하는 역할도 한다."

```
void Test(int value1, int value2)
{
    int a = 5;
    return;        /* Test 함수가 정상적으로 종료됨 */
    a = a + 1;     /* 오류는 아니지만 함수가 이미 종료되었기 때문에 실행되지 않음 */
}
```

또 다음과 같이 return문을 두 번 적으면 오류가 발생하지는 않지만 두 번째 return문은 실행되지 않습니다.

```
int Sum(int value1, int value2)
{
    int result1 = value1 + value2, result2 = value1 - value2;
    return result1;    /* result1에 있는 값이 반환되고 함수가 종결됨 */
    return result2;    /* 함수가 이미 종료되었기 때문에 실행되지 않음 */
}
```

1분 퀴즈 | **05-2** 함수가 호출되는 과정을 아는 것은 정말 중요합니다. 다음 빈칸에 순서를 채워 보면서 함수 호출 과정을 다시 한 번 기억하세요!

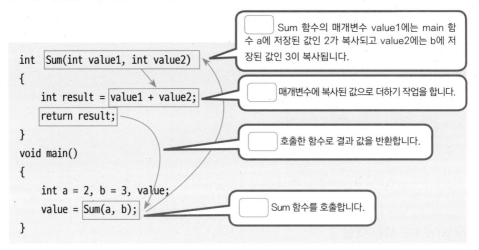

정답 왼쪽에서부터 2, 3, 4, 1

함수 이름을 짓는 방법

C 언어로 작성한 소스 코드는 '함수의 집합체'입니다. 따라서 이 함수들은 서로를 구별하고 사용할 수 있는 기준이 필요한데 그것이 함수 이름(Function Name)입니다. 우리가 폴더를 만들면 해당 폴더에 이름을 지어 주듯이 코드를 그룹으로 묶어서 함수를 만들었다면 그 함수를 사용할 수 있도록 함수 이름을 지어야 합니다.

함수 이름을 짓는 법은 변수 이름 짓는 법과 똑같습니다. 함수 이름 역시 영문자(a~z, A~Z), 숫자(0~9) 그리고 밑줄(_)을 조합하여 구성할 수 있습니다. 하지만 이름 전체를 숫자로 구성하거나 숫자로 시작하는 이름은 오류가 발생하기 때문에 함수 이름으로 사용할 수 없습니다.

```
data, Data, April_4, big3, c_Plus_pluS, __T_T_L, a234567890    ➡ 올바른 사용(O)
1004, 7_days                                                    ➡ 잘못된 사용(X)
```

또 함수 이름도 변수 이름처럼 공백을 포함할 수 없습니다. 함수 이름에 공백을 포함하면 컴파일러가 하나의 함수 이름으로 인식하지 못하기 때문에 오류가 발생합니다.

```
seven √ days
dry √ 8          공백을 포함하고 있으므로 오류가 발생합니다.
```

함수 이름도 대·소문자를 구별하기 때문에 다음과 같이 함수를 정의한다면 서로 다른 네 가지 함수 이름을 짓는 셈이 됩니다.

```
data,  Data,  DATA,  DaTa
```

C 언어의 예약어는 함수 이름으로 사용할 수 없습니다. 예를 들어 void, return, char, int, … 와 같이 C 언어 문법에서 이미 정의해 사용하는 예약어를 함수 이름으로 사용하면 오류로 처리됩니다.

1분 퀴즈 | **05-3** 다음 중 함수 이름으로 사용할 때 오류가 발생하지 않는 함수 이름은 무엇일까요?

```
① Hello world    ② 31_select    ③ char    ④ _swap    ⑤ 2016Calendar
```

④ 정답

함수 이름으로 사용할 수 있는 길이는 컴파일러에 따라 다르며 Visual C++에서는 255자가 넘어가면 다음과 같은 경고 메시지를 보여 줍니다.

☺ Visual C++는 통합 개발 환경인 비주얼 스튜디오에 포함된 컴파일러입니다.

```
"Identifier was truncated to '255' characters in the debug information"
```

이 경고는 함수 이름에서 255자를 초과하는 부분은 디버그 정보를 구성할 때에 잃어버린다는 뜻입니다. 그러므로 함수 이름은 255자를 넘지 않게 정하는 것이 안전합니다.

프로그래밍을 하다 보면 종종 오류가 발생합니다. 이때 겪는 오류는 크게 두 가지인데 구문 오류(Syntax Error)
와 의미상 오류(Semantic Error)가 있습니다.

구문 오류는 정말 간단합니다. 프로그래밍 언어가 제공하는 규칙을 제대로 지키지 않았을 때 발생하지요. 예를 들
어 괄호가 빠지거나 세미콜론이 빠진 경우, 의도하지 않은 빈칸이 들어간 경우입니다. 이런 경우에는 컴파일하기
전에 비주얼 스튜디오에서 오류가 난 부분을 빨간 줄로 표시해 주거나, 컴파일할 때 컴파일러가 체크해 알려주기
때문에 찾기 쉽습니다.

반면에 의미상 오류는 '깡통이 맛있다'와 같은 문장처럼 문법적으로는 맞지만 의미적으로는 틀릴 때 발생합니다.
이런 오류는 정말 찾기 어렵습니다. 기계어로 번역할 때는 오류 없이 잘 번역되지만 프로그램을 실행하면 오류가
나서 중단돼 버리기 때문입니다. 이러한 상황을 프로그래밍에서 '버그가 발생했다'고 합니다. 프로그램에 버그가
발생하면 문법적으로는 문제가 없기 때문에 컴파일러가 오류 사항을 체크해주지 않습니다. 따라서 프로그래머가
일일이 소스를 보면서 왜 잘못된 결과가 나오는지 체크해야 하는데, 이렇게 버그를 해결하기 위해 작업하는 행위를
디버깅(Debugging)이라고 합니다.

마지막으로 한 프로그램에서 이름이 같은 함수가 두 개 이상 존재하는 경우에도 오류로 처리
됩니다. 함수를 호출할 때 함수 이름을 사용하는데, 똑같은 이름을 가진 함수가 두 개 있다면
컴파일러는 어떤 함수를 호출해야 할지 알 수 없기 때문입니다.

05-3 main 함수 정리하기

한 개의 프로그램에서 main 함수는 반
드시 한 개만 있어야 합니다. main 함

"C 언어 프로그램은 main 함수가 시작 시점이다."

수가 없거나 두 개 이상 존재하면 번역할 때 오류가 발생합니다. main 함수는 반환형이나 매
개변수를 사용자가 별도로 정할 수 없습니다. 그 대신 다음과 같이 몇 가지 정해진 형식을 사
용할 수 있도록 되어 있습니다.

main 함수의 반환값

사용자가 직접 프로그램을 실행시키는 경우도 있지만 특정 프로그램이 다른 프로그램을 실
행시키는 경우도 있습니다. 만약 A라는 프로그램이 B라는 프로그램을 실행시켰다고 생각해
봅시다. A 프로그램 입장에서는 자신이 실행시킨 B 프로그램이 정상적으로 작업을 완료했는
지, 어떤 상태로 종료했는지 등을 확인해야 할 때가 있습니다. 이때 B 프로그램이 A 프로그램
에게 자신의 상태 값을 알려 주는 방법이 여러 가지 있는데, 그중 하나가 main 함수의 반환값
입니다.

int형으로 반환하기

프로그램의 상태를 알려주기 위해 main 함수의 반환값
으로 int형을 사용합니다. 다음 예시처럼 return 1;이라
고 적어 주면 프로그램이 정상적으로 작업을 끝내고 종
료되었다는 것을 뜻합니다. 그리고 정상적으로 종료된
상태를 반환해 주는 것이죠.

ⓒ main 함수의 반환값은 사실 사용하는 사
람 마음이라서 0, 1뿐만 아니라 어떤 값을 사
용해도 상관없습니다. 다만 예시에서 return
1;이라고 적은 것은 1이 참을 의미하므로 프
로그램이 성공적으로 실행되었다는 것을 보여
주기 위함입니다.

반환이 필요한 경우: int형 사용

```
int main()
{
    return 1;   /* 값 1을 반환함 */
}
```

void형으로 반환하기

하지만 main 함수가 반환을 꼭 해야 하는 것은 아닙
니다. 자신의 프로그램에 특별히 반환할 내용이 없
다면 다음과 같이 void를 사용하면 됩니다.

반환이 필요 없는 경우 - void형 사용

```
void main()
{
    /* 반환값 없음 */
}
```

main 함수의 매개변수

우리는 지금까지 비주얼 스튜디오에서 프로그램을 실행
했습니다. 그런데 C 프로그램은 명령 프롬프트로도 실행
할 수 있습니다. 이 책에서 명령 프롬프트를 사용해 프로
그램을 실행하는 경우는 거의 없지만 한 번 살펴보고 넘

◎ 명령 프롬프트란 운영체제의 내부 명령을
텍스트 기반으로 한 줄씩 입력 받아서 수행하
는 명령 해석기 프로그램입니다. 명령 프롬프
트 창을 열려면 컴퓨터의 [실행]에서 'cmd' 라
고 입력하거나, 프로그램 목록에서 직접 선택
하면 됩니다.

어가겠습니다. 명령 프롬프트로 프로그램을 실행할 때, 다음 이미지의 text.exe, red, green,
blue와 같이 실행 인자(Argument)를 적을 수 있습니다. 실행 인자는 공백으로 구분합니다.

◎ 실행 인자는 프로그램이 시작할 때 넘겨
받는 정보를 말합니다. 실행 인자 또한 프로
그램 입장에서는 변수로 받기 때문에 main
함수의 매개변수가 받습니다.

main 함수의 매개변수

이 실행 인자들은 해당 프로그램의 main 함수의 매개변수로 전달됩니다. 다음과 같이 main
함수를 구성하면 이 값들을 받을 수 있습니다.

```
void main(int argc, char *argv[])
{
    /* argc에는 실행 인자의 개수, argv에는 실행 인자인
       test.exe, red, green, blue가 들어감 */
}
```

◎ *argv[ ]는 포인터형 배열인데, 이것은 뒤
에서 포인터와 배열을 배워야 이해할 수 있습
니다. 간단히 설명하자면 포인터가 n개 있다는
것을 의미하는 문법입니다.

위 예제처럼 프로그램을 실행시켰다면 실행 파일 이름도 실행 인자에 포함되기 때문에 argc
에는 실행 인자의 개수인 4가 들어가게 됩니다. argv[0]에는 실행 파일 경로(Path)인 "C:\tips
ware\test.exe", argv[1]에는 "red", argv[2]에는 "green" 그리고 argv[3]에는 "blue"가
문자열 형태로 저장됩니다. 사용자가 실행 인자를 사용하든 사용하지 않든 프로그램에서 실
행 인자를 받을 필요가 없다면 매개변수 없이 main( )이라고 명시하거나, void를 사용하여
main(void)와 같이 매개변수가 없음을 확실히 명시하면 됩니다.

05-4 함수 원형 선언하기

함수를 호출할 때 기억해야 할 것

컴파일러는 C 언어 소스 코드를 기계어로 번역할 때, 코드의 위쪽에서 아래쪽으로 내용을 읽으며 번역합니다. 따라서 아래 표의 왼쪽 코드처럼 피호출자(Sum)가 호출자(main)의 위쪽에 있는 경우에는 번역에 문제가 생기지 않습니다. 왜냐하면 컴파일러가 main에서 Sum 함수를 호출하는 명령을 기계어로 번역할 때 Sum이 어떤 형태의 매개변수를 원하는지, 작업 후에 결과 값을 어떻게 반환하는지를 이미 읽어서 알고 있기 때문입니다.

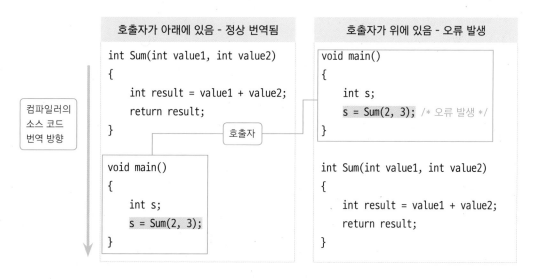

하지만 오른쪽 코드처럼 호출자가 피호출자보다 위에 놓이는 경우에는 오류가 발생합니다. 왜냐하면 main 함수에서 Sum 함수를 호출하는 명령을 번역하는 시점에 아직 컴파일러는 Sum 함수를 본 적이 없어서 호출 작업과 관련된 코드를 구성할 수 없기 때문입니다.

함수 원형이란?

프로그래밍을 하다 보면 두 함수가 서로를 호출하는 경우도 생깁니다. 따라서 피호출자가 항상 호출자의 위쪽에 놓일 수는 없습니다. 이런 경우에 함수 원형(Function Prototype)을 사용해서 해결합니다.

함수의 원형은 함수가 호출될 때 필요한 정보인 함수 이름, 매개변수, 반환 자료형을 포함하는 표현식입니다. 다음과 같이 함수의 원형을 사용하면 피호출자가 아래에 있더라도 컴파일러가 번역할 때 오류가 발생하지 않습니다.

```
int Sum(int value1, int value2);    /* 함수 원형 선언 */

void main()
{
    int s;
    s = Sum(2, 3);
}
int Sum(int value1, int value2)
{
    int result = value1 + value2;
    return result;
}
```

함수 원형을 미리 선언해 두면 이 프로그램의 소스 파일 어딘가에 해당 형식을 가진 함수가 존재한다는 것을 컴파일러가 인지하게 됩니다. 따라서 컴파일러는 함수의 원형을 참조하여 main 함수에서 Sum 함수를 호출하는 구조를 만들 수 있습니다.

> **알아두면 좋아요!** **함수 원형을 선언할 때 매개변수 이름을 생략할 수 있어요.**
>
> 함수의 호출 구조를 만들 때 매개변수 정보는 개수나 자료형만 사용하기 때문에 함수 원형을 적을 때 오른쪽처럼 매개변수 이름을 생략해도 됩니다.
> ```
> int Sum(int, int);
> ```
> 하지만 매개변수 이름을 생략하면 프로그래머가 원형만 보고 어떤 의미의 변수가 전달되는지 짐작할 수 없을 것입니다. 그러므로 오류가 발생하지 않는다고 해도 매개변수 이름은 생략하지 않는 것이 좋습니다. 그래야 다른 프로그래머가 소스 코드를 볼 때 쉽게 이해할 수 있을 테니까요.

프로그래밍할 때 함수를 '정의'하는 것과 '선언'하는 것을 헷갈리는 분들이 많습니다. 함수를 정의한다는 것은 함수를 구현하는 행위를 의미합니다. 실제로 함수를 만드는 것이죠. 반면에 함수를 선언한다는 뜻은 좀 더 명확하게 이야기하면 '함수의 원형을 선언한다'는 뜻과 같습니다. 프로그래밍하면서 용어를 헷갈리지 않도록 항상 주의하세요!

05-4 다음은 바로 앞에서 배운 함수 호출 예제들입니다. 이 중 함수를 호출할 때 오류가 발생하는 코드는 무엇일까요? 오류가 발생한다면 그 이유는 무엇일까요?

①	②	③
```int Sum(int value1, int value2) { int result = value1 + value2; return result; } void main() { int s; s = Sum(2, 3); }```	```void main() { int s; s = Sum(2, 3); } int Sum(int value1, int value2) { int result = value1 + value2; return result;```	```int Sum(int value1, int value2); void main() { int s; s = Sum(2, 3); } int Sum(int value1, int value2) { int result = value1 + value2; return result; }```

정답 ② 호출자가 피호출자보다 위에 있기 때문에 컴파일러가 Sum 함수의 존재를 알 수 없음.

Q1 함수는 함수 이름, 매 [   ], 반환형, 반환값, 작업 내용으로 구성됩니다.

Q2 다음 중 함수의 이름으로 적합하지 않은 것은? 빈 칸 안에 O, X로 표기하세요.

Test12 [   ]   12Test [   ]   Test 12 [   ]   Test12Test [   ]

Q3 함수를 호출하는 함수를 호 [   ] 라고 부르고, 호출되는 함수를
피 [   ] 라고 합니다.

Q4 함수의 반환형이 없으면 i [   ] 가 생략된 것입니다.

Q5 함수의 반환값이 필요 없으면 v [   ] 를(을) 사용하면 됩니다.

Q6 함수가 자신의 결과 값을 반환하고 싶을 때는 r [   ] 을 사용합니다.

05장 풀이
562쪽

표준 출력 함수

05장에서 함수를 직접 만들어 보았죠? 이번에는 시스템이 제공하는 함수들을 살펴보겠습니다. 이런 함수를 표준 함수라고 하며 이 함수들은 변경될 가능성이 없기 때문에 소스 파일이 아닌 라이브러리 파일로 제공합니다. 이 라이브러리를 표준 라이브러리(Standard Library)라고 하는데, 여기에는 매우 많은 함수들이 들어 있습니다. 여기에서는 화면 출력과 관련된 함수들을 먼저 살펴보겠습니다.

06-1 라이브러리
06-2 라이브러리 사용 설명서, 헤더 파일
06-3 전처리기
06-4 표준 라이브러리와 표준 출력 함수
06-5 문자열 출력 함수 printf

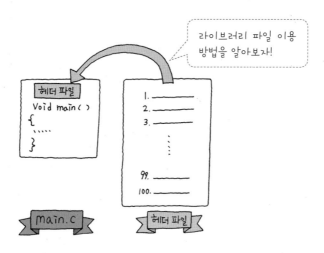

06-1 라이브러리

라이브러리란 무엇일까?

C 언어 프로그램은 함수 단위로 구성되는데, 이렇게 만들어진 함수들 중에는 내용이 거의 변경되지 않는 함수들도 있습니다. 이런 함수들까지 소스 파일에 포함되어 있다면 소스 코드가 길어져서 보기 힘들뿐더러 컴파일 시간도 오래 걸릴 것입니다.

C 언어에서는 좀 더 효과적으로 함수를 관리할 수 있도록 라이브러리(Library) 기술을 제공합니다. 지속적으로 업데이트가 필요한 함수들만 소스 파일에 유지하고 나머지 함수들은 라이브러리 파일에 넣어서 관리할 수 있도록 만든 것이죠. 그러면 프로그래밍에서 라이브러리라는 개념이 왜 필요한지 원리적인 부분을 먼저 살펴보겠습니다.

라이브러리 파일(*.lib)이 등장한 이유

목적 파일(Object File)은 소스 파일을 컴파일해서 만들어지고, 소스 코드가 변경되지 않았다면 컴파일 과정 없이 전에 만들어 놓은 목적 파일을 그대로 사용해서 실행 파일이 만들어집니다.

ⓒ '목적 파일'이 무엇인지 기억나지 않는다면 01-5를 참고하세요.

예를 들어 test.exe 프로그램이 test1.c, test2.c, test3.c 소스 파일로 구성되어 있고 test2.c 파일만 변경된 경우에는 test2.c 파일만 컴파일하여 test2.obj 목적 파일을 새로 만듭니다. 그리고 변경되지 않은 test1.c와 test3.c 파일은 기존에 만들어 놓은 test1.obj와 test3.obj 목적 파일을 그대로 사용하여 test.exe 실행 파일을 만듭니다.

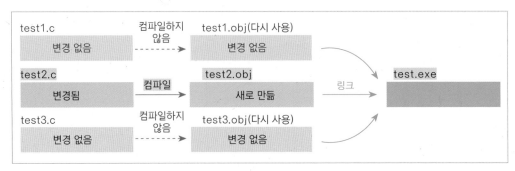

변경된 소스 파일만 다시 컴파일해서 목적 파일을 새로 만듭니다.

하지만 프로그래밍을 하다 보면 '소스 전체 저장' 또는 '소스 전체 컴파일' 기능을 사용하는 경우가 있습니다. 이 경우에 프로그래머가 소스 코드를 변경하지 않았어도 소스 파일 전체가 다시 컴파일될 것입니다. 만일 작업하는 소스 파일 개수가 많다면 작업의 효율성이 떨어지겠죠.
따라서 자신이 작업하는 소스 파일 목록 중에서 변경 가능성이 없는 파일들을 다른 곳에 보관
해 두고, 소스 파일 대신 목적 파일을 소스 목록에 포함시켜 작업하면 효율성을 높일 수 있습
니다. 예를 들어 다음 그림에 있는 test3.c의 소스 코드가 변경될 가능성이 없다면 프로그래머
가 직접 소스 파일 목록에서 test3.c를 제외하고 test3.obj 목적 파일을 넣어서 사용한다는 뜻
입니다. test3.c 대신에 test3.obj를 사용하면 '소스 전체 저장' 또는 '소스 전체 컴파일' 같은
기능을 사용하더라도 test3.obj는 소스 파일이 아니기 때문에 컴파일되지 않고 링크할 때만
사용됩니다.

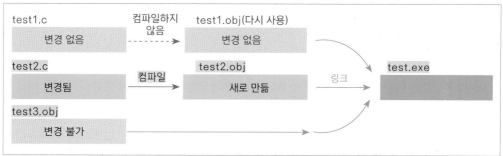

소스 파일 목록에 목적 파일을 넣어 사용하면 컴파일할 필요가 없어 효율적입니다.

그런데 목적 파일에는 치명적인 단점이 있습니다. 목적 파일에 포함되어 있는 함수의 내용이
실제 사용 여부와 상관없이 모두 실행 파일에 포함된다는 점입니다. 예를 들어 test3.c 파일에
함수가 10개 있다면 이 소스 파일을 컴파일해서 만들어진 test3.obj 파일에도 함수 10개의 기
계어 코드가 있을 것입니다. 프로그래머가 test3.obj에 있는 함수 코드 10개 중 1개만 사용하
더라도 실행 파일(test.exe)이 만들어질 때는 test3.obj에 있는 함수 10개의 내용이 모두 포함
됩니다. 상당히 비효율적이죠. 그래서 C 언어는 이를 개선하기 위해 '라이브러리' 개념을 제
공합니다.

라이브러리 파일은 '실제 사용하는 내용'만 실행 파일에 포함한다

라이브러리 파일(*.lib)은 자신이 가지고 있는 함수들 중에서 실제로 다른 소스 파일에서 사용
한 함수의 기계어만 분리할 수 있도록 목적 파일을 재구성한 것입니다. 그래서 보통 라이브러
리 파일은 목적 파일을 변환해서 만들어집니다.

이렇게 만들어진 라이브러리 파일을 프로그래머가 목적 파일 대신에 소스 목록에 넣어 두면
링크할 때 실제로 사용되는 함수들만 실행 파일에 포함시킵니다. 즉 라이브러리 파일에 10개
의 함수 코드가 있어도 프로그램에서 그중 1개만 사용한다면 해당 함수의 코드만 실행 파일
에 포함됩니다. 다음 그림을 보면 무슨 뜻인지 이해가 될 것입니다.

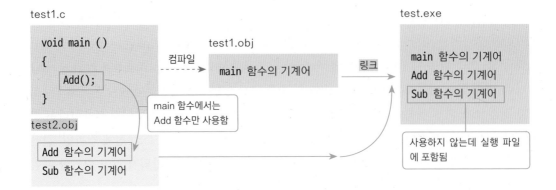

위 그림은 목적 파일 test2.obj를 사용하는 경우입니다. test2.obj 파일에 Add와 Sub 함수의 기계어가 들어 있습니다. 만약 test1.c 소스 파일의 main 함수가 test2.obj 파일의 Add 함수만 호출해서 사용한다면 Sub 함수는 실행 파일에 굳이 포함될 필요가 없겠죠? 하지만 목적 파일에 포함되어 있는 함수들은 실제 사용 여부와 상관없이 모두 실행 파일에 포함되어 버립니다.

하지만 아래 그림처럼 test2.obj 목적 파일을 test2.lib 라이브러리 파일로 변환해서 사용하면 실제로 사용하는 Add 함수의 기계어 코드만 실행 파일에 포함됩니다. 따라서 훨씬 효율적으로 프로그램을 실행할 수 있습니다.

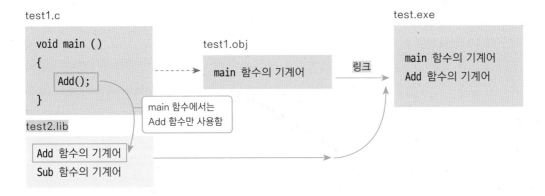

소스 파일? 목적 파일? 라이브러리 파일?

프로그램을 만들 때 프로젝트에서 소스 파일을 사용할지, 목적 파일을 사용할지, 라이브러리 파일을 사용할지는 전적으로 프로그래머가 선택할 사항입니다. 하지만 이렇게 라이브러리 파일로 변환해서 이것저것 교체하는 작업은 초보 프로그래머인 여러분에게는 아직 필요하지 않습니다. 우리는 지금까지 실습해온 것처럼 프로젝트를 만들고, 소스 파일을 만들어 빌드하는 정도로 대부분의 프로그램을 완성할 수 있습니다.

사실 우리가 지금까지 배운 라이브러리 파일을 만드는 방법에 대한 원리적인 내용은 모두 예전 방식입니다. 옛날 버전의 Visual C++ 개발 도구에서는 MakeLib.exe이라는 프로그램을 제공하여 이 프로그램에 목적 파일을 입력하면 라이브러리 파일을 만들어주기도 했습니다. 일반 프로그래머가 이런 방식으로 라이브러리를 만드는 일은 크게 불편하지 않았지만, 라이브러리를 많이 개발하는 프로그래머 입장에서는 오히려 번거롭고 불편했습니다.

예전에 라이브러리 파일을 만들던 방식

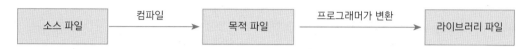

그래서 요즘에는 Visual C++에서 프로젝트를 만들 때 라이브러리 파일을 만들 수 있는 형식을 제공합니다. 이 형식을 선택하면 프로그래머가 라이브러리를 직접 개발할 수 있습니다.

{✎} **김성엽의 프로그래밍 노트** **라이브러리 파일의 또 다른 장점**

목적 파일과 라이브러리 파일은 이미 컴파일된 파일이기 때문에 기계어로 변환된 상태라 소스 코드를 볼 수 없습니다. 따라서 자신이 만든 소스 코드를 다른 사람에게 공개하지 않고 함수들을 사용할 수 있게 하는 좋은 기술이기도 합니다. 다음 소스 코드를 봅시다.

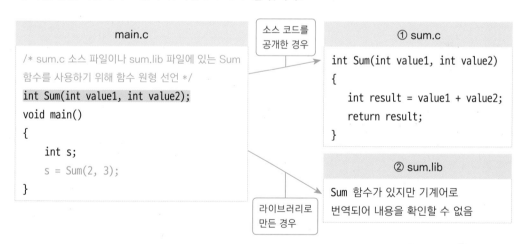

예를 들어 ①번처럼 프로그램 소스 파일을 구성하고 이 소스 코드를 다른 사람에게 준다면 Sum 함수의 소스 코드가 그대로 공개되어 버립니다. Sum 함수를 상대방에게 공개하지 않으려면, sum.c를 목적 파일(sum.obj)로 만들거나 라이브러리 파일(sum.lib)로 만든 후에 sum.c 대신 사용하면 됩니다. 그래서 ②번처럼 소스 코드를 구성하면 main.c에서 Sum 함수를 사용하면서도 소스 코드는 공개되지 않는 장점이 있습니다.

라이브러리 파일은 어디에 사용할까?

자동차에서 타이어는 자동차의 일부이지만 분리할 수 있는 요소입니다. 이렇게 타이어를 분리할 수 있도록 만든 이유는 타이어를 교체하여 사용해야 할 때가 있기 때문입니다. 예를 들어 일반 타이어는 눈이 쌓인 도로에서 위험하기 때문에 스노 타이어로 교체해서 사용하면 더 안전합니다. 이처럼 자동차라는 시스템은 주위 환경에 영향을 받는 요소들을 분리해서 교체 가능하도록 만들었습니다.

C 언어도 자동차 시스템처럼 상황에 따라 자신에게 영향을 줄 수 있는 요소들을 분리해서 교체할 수 있도록 함수라는 개념을 제공하고 있습니다. 프로그램에서 사용할 함수는 라이브러리 형태로 제공 받을 수 있으므로 C 언어 문법 자체를 변경하지 않고도 타이어를 교체하듯이 라이브러리를 교체하여 기능을 확장하거나 변경할 수 있습니다.

06-2 라이브러리 사용 설명서, 헤더 파일

헤더 파일은 왜 필요할까?

덧셈, 뺄셈, 곱셈, 나눗셈 함수를 Add, Sub, Mul, Div라는 이름으로 만들었다고 가정하겠습니다. 그런데 이렇게 만든 함수들은 앞으로 변경할 가능성도 없어서 동료들에게 MyMath.lib 라이브러리 파일로 만들어 제공했습니다.

하지만 이렇게 라이브러리 파일만 주면 동료들은 해당 파일에 포함된 함수를 사용할 수 없습니다. 다음처럼 함수들을 호출할 때 오류가 발생하기 때문입니다.

main.c 소스 파일	MyMath.lib 라이브러리 파일
```c\nvoid main()\n{\n int result1, result2, result3, result4;\n result1 = Add(2, 3); /* 오류 발생 */\n result2 = Sub(2, 3); /* 오류 발생 */\n result3 = Mul(2, 3); /* 오류 발생 */\n result4 = Div(2, 3); /* 오류 발생 */\n}\n```	Add, Sub, Mul, Div 함수가 있지만 기계어로 번역되어 내용을 확인할 수 없음

도대체 왜 오류가 발생하는 걸까요? 그 이유는 C 언어가 서로 다른 소스(목적 파일, 라이브러리 파일) 파일에 있는 함수를 참조하려면 함수 원형을 알아야 컴파일할 수 있기 때문입니다. 따라서 이 네 가지 함수를 사용하기 위해서는 사용하기 전에 각각의 함수 원형을 먼저 선언해주어야 합니다.

ⓒ 함수 원형은 함수가 호출될 때 필요한 정보인 함수 이름, 매개변수, 반환 자료형을 포함하는 표현식입니다.

main.c 소스 파일	MyMath.lib 라이브러리 파일
```c\n/* MyMath.lib 파일에 있는 함수를 사용하기 위해 각\n 함수 원형을 선언함 */\nint Add(int value1, int value2);\nint Sub(int value1, int value2);\nint Mul(int value1, int value2);\nint Div(int value1, int value2);\n```	Add, Sub, Mul, Div 함수가 있지만 기계어로 번역되어 내용을 확인할 수 없음

```
void main()
{
    int result1, result2, result3, result4;
    result1 = Add(2, 3);
    result2 = Sub(2, 3);
    result3 = Mul(2, 3);
    result4 = Div(2, 3);
}
```

main.c에서 라이브러리 파일에 있는 함수를 사용하려면, 사용할 함수의 원형을 일일이 선언해야 하는 불편함이 있습니다. 위 소스 코드에서는 MyMath.lib 파일에 함수가 4개밖에 없기 때문에 함수 원형도 4개만 선언하면 되지만, 만약 사용할 함수가 100개라면 함수 원형도 100개나 선언해야 합니다. 프로그래밍할 때 매번 이렇게 수많은 함수 원형을 선언해야 한다면 정말 불편하겠죠. 그래서 함수 원형들을 특정 파일에 미리 선언해 두고 사용하는데, 이것을 헤더 파일(Header File, *.h)이라고 합니다. 우리가 앞에서 여러 번 봤던 #include ⟨stdio.h⟩의 stdio.h도 헤더 파일입니다.

ⓒ 헤더 파일은 항상 .h 확장자로 끝납니다.

헤더 파일의 형태

헤더 파일의 개념이 잘 이해되지 않는다면 이렇게 생각해 봅시다. 라이브러리를 구성하는 소스 코드는 설계도이고 라이브러리 파일은 해당 설계도로 만든 제품과 같습니다. 제품을 만든 사람은 설계도 자체를 사용자에게 주지는 않지만, 제품을 올바르게 사용할 수 있도록 사용 설명서를 제공합니다. 라이브러리의 설명서란 바로 함수 원형을 미리 선언해 둔 헤더 파일입니다. 이 헤더 파일인 MyMath.h에 함수 원형을 적어서 MyMath.lib와 함께 제공하면 됩니다.

main.c 소스 파일	MyMath.h 헤더 파일

```
void main()
{
    int result1, result2, result3, result4;
    result1 = Add(2, 3);  /* 오류 발생 */
    result2 = Sub(2, 3);  /* 오류 발생 */
    result3 = Mul(2, 3);  /* 오류 발생 */
    result4 = Div(2, 3);  /* 오류 발생 */
}
```

```
/* MyMath.lib 파일에 있는 함수를 사용할 수 있도록
각 함수 원형을 선언함 */
int Add(int value1, int value2);
int Sub(int value1, int value2);
int Mul(int value1, int value2);
int Div(int value1, int value2);
```

MyMath.lib 라이브러리 파일

Add, Sub, Mul, Div 함수가 있지만 기계어로 번역되어 내용을 확인할 수 없음

그런데 함수 원형이 MyMath.h 헤더 파일에 선언되어 있기는 하지만 main.c 소스 파일에는 사용할 함수 원형이 선언되어 있지 않아 오류가 발생합니다. 이 오류를 해결하려면 main.c 소스 파일에서 각 함수를 사용하기 전에 컴파일러에 MyMath.h 헤더 파일을 먼저 읽도록 지시해야 합니다. 그래야 컴파일러가 함수 원형을 미리 알아서 해당 함수가 나왔을 때 오류로 처리하지 않을 것입니다.

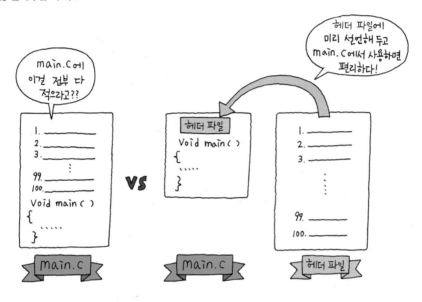

그런데 어떻게 해야 main 함수에서 헤더 파일을 참조할 수 있을까요? 헤더 파일을 컴파일러에서 읽도록 지시하는 방법은 바로 이어서 나오는 06-3의 전처리기 부분에서 설명합니다.

◎ 헤더 파일에 함수 원형만 선언되는 것은 아닙니다. 앞으로 배우게 될 여러 가지 문법도 헤더 파일에 들어 있습니다.

06-3 전처리기

프로그래머가 원하는 사항을 컴파일러에 직접 지시하는 문법을 전처리기(Preprocessor)라고 합니다. 전처리기 문법은 # 기호로 시작하며 기계어로 번역되는 명령문이 아니기 때문에 문법 끝에 ;(세미콜론)을 사용하지 않습니다. 컴파일러에 지시할 수 있는 사항은 굉장히 다양하기 때문에 전처리기 역시 종류가 다양하고 기능도 세분화되어 있습니다. 이 책에서는 여러 전처리기 중 가장 자주 쓰이는 두 가지 문법을 설명하겠습니다.

#include 전처리기

#include 전처리기는 컴파일러에 자신이 명시한 파일을 읽도록 지시합니다. 대부분 헤더 파일(*.h)을 읽을 때 사용하며 #include "읽을 파일 이름"으로 표기합니다. include란 단어가 '포함하다'라는 뜻인 것처럼, 소스 파일에 헤더 파일을 포함하여 컴파일한다고 생각하면 쉽겠죠.

파일 이름을 " "로 명시하면 컴파일러는 작업 경로(소스 파일이 있는 폴더의 경로)에서 해당 파일을 찾습니다. 따라서 읽고자 하는 헤더 파일은 소스 파일과 같은 작업 경로에 함께 있어야 합니다. 만약 헤더 파일이 작업 경로에 없다면 해당 경로를 직접 명시해주어야 합니다.

예를 들어 같은 작업 경로에 헤더 파일인 MyMath.h이 있다면 다음과 같이 단순하게 쓰면 됩니다.

```
#include "MyMath.h"
```

하지만 이 파일이 작업 경로에 없고 C:\download 경로에 있다면 다음과 같이 전체 경로를 모두 써줘야 합니다.

```
#include "C:\download\MyMath.h"
```

06-2에서 오류가 났던 main.c 파일을 include 전처리기를 사용하여 제대로 바꾸어 보겠습니다.

다음 예시에서 컴파일러는 main.c 파일을 번역하면서 #include 전처리기를 만나게 되어 헤더 파일인 MyMath.h 파일을 읽고 Add, Sub, Mul, Div 함수의 원형을 파악합니다. 그 결과로 main.c 파일에 각 함수의 원형이 없어도 정상적으로 컴파일됩니다.

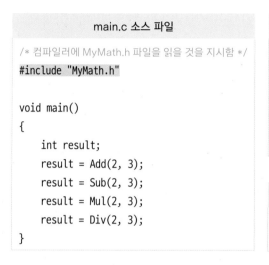

main.c 소스 파일

```c
/* 컴파일러에 MyMath.h 파일을 읽을 것을 지시함 */
#include "MyMath.h"

void main()
{
    int result;
    result = Add(2, 3);
    result = Sub(2, 3);
    result = Mul(2, 3);
    result = Div(2, 3);
}
```

MyMath.h 헤더 파일

```c
/* MyMath.lib 파일에 있는 함수를 사용할 수 있도록
각 함수 원형을 선언함 */
int Add(int value1, int value2);
int Sub(int value1, int value2);
int Mul(int value1, int value2);
int Div(int value1, int value2);
```

MyMath.lib 라이브러리 파일

Add, Sub, Mul, Div 함수가 있지만 기계어로 번역되어 내용을 확인할 수 없음

#include를 사용하는 두 가지 방식

컴파일러를 만드는 회사에서 프로그래머들의 편의를 위해 다양한 함수들을 라이브러리 파일과 헤더 파일 형태로 제공하고 있습니다. 예를 들어 비주얼 스튜디오를 설치하면 다음 그림과 같이 헤더 파일이 C:\Program Files (x86)\Windows Kits\10\Include 폴더에 설치되며 라이브러리 파일은 C:\Program Files (x86)\Windows Kits\10\Lib 폴더에 설치됩니다.

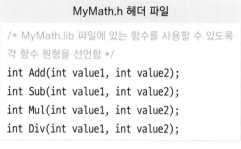

경로는 비주얼 스튜디오 2019를 기준으로 합니다. 독자가 설치한 시점에 따라 다를 수 있습니다.

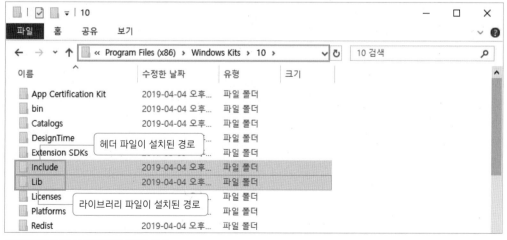

헤더 파일과 라이브러리 파일이 설치된 경로

[제어판 → 시스템 → 고급 시스템 설정] 항목을 선택하면 시스템 속성 대화 상자가 출력됩니다. 이 대화 상자에서 [고급] 탭을 선택하고 [환경 변수] 버튼을 누르면 현재 운영체제에 등록된 환경 변수가 나오는데, '시스템 변수' 목록 중에 VSSDK140install(또는 VS140COMNTOOLS) 변수에 비주얼 스튜디오가 설치된 경로가 저장되어 있습니다.

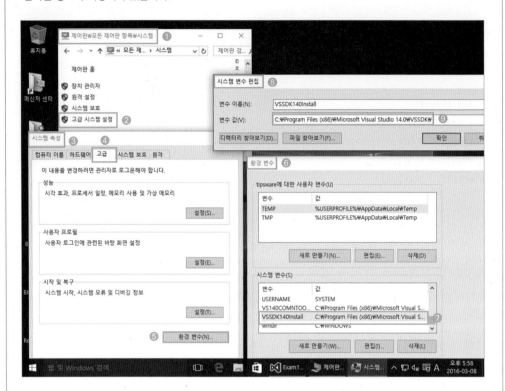

비주얼 스튜디오는 이 환경 변수 값을 참조하여 필요한 파일들에 접근하기 때문에 이 경로 이름을 변경하거나 삭제하면 안 됩니다. 이 정보를 이용하여 비주얼 스튜디오의 '사용자 속성' 창에서 포함 디렉터리와 라이브러리 디렉터리를 좀 더 세부적으로 편집할 수도 있지만, 초보자라면 초기 설정을 그대로 유지하는 것이 좋습니다.

이처럼 비주얼 스튜디오가 제공하는 헤더 파일과 라이브러리의 경로는 컴파일러가 이미 알고 있습니다. 따라서 stdio.h 같은 헤더 파일은 현재 작업 경로에 없더라도 다음과 같이 사용할 수 있습니다. 이렇게 컴파일러가 경로를 알고 있는 경우는 특별한 사용법이기 때문에 " "(큰따옴표) 대신에 〈 〉(꺾쇠괄호)를 사용합니다.

```
#include <stdio.h>
```

물론 #include "C:\Program Files (x86)\Microsoft Visual Studio 14.0\VC\include\stdio.h"처럼 stdio.h 파일의 전체 경로를 사용해도 되고, 전체 경로가 아닌 "stdio.h"만 사용해도 정상적으로 컴파일됩니다. 이것은 컴파일러가 먼저 현재 자신이 작업하는 경로에서 해당 파일을 찾고, 만약 파일이 현재 작업 경로에 없으면 비주얼 스튜디오가 설치한 헤더 파일 경로에서 파일을 찾기 때문입니다. 따라서 #include "stdio.h"라고 사용해도 컴파일러가 정상적으로 파일을 찾아서 읽을 수는 있습니다. 하지만 프로그래머들은 관습적으로 " "는 사용자가 만든 헤더 파일이라고 생각하고, 〈 〉는 비주얼 스튜디오가 제공하는 헤더 파일이라고 생각하기 때문에 가능하면 〈 〉를 사용하는 것이 좋습니다.

#include 〈헤더 파일 이름〉	비주얼 스튜디오에서 제공하는 헤더 파일을 포함할 때
#include "헤더 파일 이름"	프로그래머가 정의해 사용하는 헤더 파일을 포함할 때

#define 전처리기

#define 전처리기는 상수나 명령문을 치환하는 문법입니다.

#define 문법으로 상수 치환하기

다음 예시에서 #define 문법을 적용하면 컴파일러는 소스 파일에서 MAX_COUNT라는 단어가 나올 때마다 모두 3으로 바꾸어서 번역합니다.

ⓖ #define으로 치환하는 이름은 변수와 구별하기 위해서 모두 대문자로 적는 것이 좋습니다.

다음과 같이 선언하고 코드를 작성하면 data 변수에는 3이 대입됩니다.

```
#define MAX_COUNT 3        /* 3이라는 상수를 MAX_COUNT로 치환 */
int data = MAX_COUNT;
```

만일 소스 코드에 3이라는 상수를 그냥 적는다면 이 3이라는 숫자가 무엇을 의미하는지 알기 어렵겠죠. 그런데 3 대신에 MAX_COUNT라고 적으면, 이 숫자가 최댓값을 의미한다는 것을 어느 정도 예상할 수 있습니다. 따라서 의미 전달이 훨씬 잘 되고, 소스 코드를 이해하는 데 더 좋습니다.

또 다른 예를 들어 볼까요? 학교에서 전교생의 출석을 관리하는 프로그램을 만든다고 생각해 봅시다. 이때 전교생의 숫자를 450이라고 직접 쓰는 것보다 TOTAL_STUDENT라는 단어로 치환해서 사용한다면 의미가 훨씬 잘 전달되겠죠? TOTAL_STUDENT라고 적으면 전체 학생을 의미한다는 것을 어느 정도 예상할 수 있으니까요.

그리고 소스 코드에서 전교생 숫자인 450이라는 값을 여러 번 사용한 경우에 전학생이 한 명 왔다면 450이라고 쓴 부분을 하나하나 찾아서 모두 451로 변경해주어야 합니다. 하지만 450 대신 TOTAL_STUDENT를 사용했다면 상황은 훨씬 쉬워집니다. #define TOTAL_STUDENT 450에서 450을 451로 수정해 주면 소스 코드 안의 모든 450을 451로 수정한 것과 같습니다. 따라서 프로그램의 소스 코드 관리를 좀 더 편하게 하려면 의미 있는 상수들을 #define을 사용하여 최대한 치환해 주는 것이 좋습니다.

#define 문법으로 명령 치환하기

#define은 상수뿐만 아니라 명령도 치환할 수 있습니다. 수학에서는 곱셈 기호로 ×를 사용하지만 C 언어에서는 *를 사용합니다. 따라서 a * a는 a의 제곱을 의미합니다.

다음 코드에서 #define은 명령 치환 형식으로 사용되었으며 POW_VALUE에 3이 들어가면 3*3으로 치환되어 data 변수에는 9가 대입됩니다.

```
#define POW_VALUE(a) (a * a) ─ 명령
int data = POW_VALUE(3);        /* int data = (3 * 3);으로 번역됨 */
```

이렇게 명령을 치환해서 사용하는 것이 함수를 호출하는 것과 유사하기 때문에 POW_VALUE를 매크로 함수라고 이야기합니다. 여기서 매크로라는 용어는 '자주 사용하는 명령을 묶어서 하나의 명령으로 사용한다'는 뜻입니다.

06-4 C 표준 라이브러리와 표준 출력 함수

C 언어로 만든 프로그램을 차에 비유하면, 운영체제 즉 개발 환경은 도로에 비유할 수 있습니다. 한 번 생산된 자동차는 어떤 도로에서도 같은 형태로 달리죠. 도로가 바뀔 때마다 차의 형태를 바꿔야 한다면 정말 번거로울 것입니다. 마찬가지로 프로그램 개발 환경이 바뀌었다고 해서 프로그래머가 일일이 코드를 변경하는 것은 어렵습니다. 그래서 C 언어는 상황에 따른 변화에 대처할 수 있도록 C 표준 라이브러리(C Standard Library)를 제공합니다. 표준 라이브러리를 이용하면 서로 다른 환경의 운영체제에서 문법을 변화시키지 않고도 잘 동작하는 프로그램을 만들 수 있습니다. 그러면 표준 라이브러리에 대해 좀 더 자세하게 알아보겠습니다.

표준 라이브러리는 왜 필요할까?

사람들은 보통 운영체제라고 하면 윈도우(Windows)를 떠올립니다. 하지만 현재 사용되는 운영체제의 종류는 매우 다양합니다. 운영체제는 기술적 기반이 비슷한 것도 있지만 완전히 다른 것도 많습니다. 기술적 기반이 다르다는 것은 컴퓨터 하드웨어를 관리하고 제어하는 방식이 다르다는 뜻이기 때문에 똑같은 기능을 구현하더라도 기계어 코드가 다를 수밖에 없습니다.

◎ 현재 사용되는 운영체제는 윈도우 외에도 맥 OS, 리눅스(Linux), 유닉스(Unix) 등 다양합니다.

예를 들어 윈도우 운영체제와 리눅스(LINUX) 운영체제는 기술적 기반이 많이 다르기 때문에 화면에 문자 A를 출력하는 과정과 방법이 다를 수밖에 없습니다. 그런데 문자를 출력하는 기능을 C 언어가 고정된 하나의 문법으로 제공한다면, 기존 운영체제가 문자 출력 방식을 변경하거나 새로운 운영체제가 등장했을 때 그 변화된 환경을 수용하기 위해 C 언어 문법까지 변경해야 하는 문제가 발생합니다. 즉 C 언어를 기계어로 번역하는 컴파일러의 소스 코드를 수정해야 한다는 뜻입니다. 매번 개발 환경에 변화가 생길 때마다 C 언어 문법을 수정하고 컴파일러를 다시 만든다는 것은 매우 부담스러운 일이기 때문에, C 언어는 문자를 출력하는 것과 같이 시스템에 영향을 받는 요소들은 고정된 문법으로 제공하지 않습니다.

C 언어가 고정된 문법으로 문자 출력 기능을 제공하지 않는다고 해서 문자를 아예 출력하지 못하는 것은 아닙니다. 지금가지 우리가 코딩해 본 예제만 생각해 보아도 충분히 알 수 있지요. C 언어는 자신의 기능을 확장하기 위해 함수라는 개념을 제공하기 때문에 해당 시스템에 맞

는 문자 출력 함수를 만들어서 사용하면 됩니다. 하지만 이런 기능들을 구현하는 것은 시스템 자체에 대한 이해도뿐만 아니라 기술적인 난이도가 높아서 일반 프로그래머들에게는 어려운 작업입니다.

그래서 C 언어 컴파일러를 만든 회사들은 프로그래머들을 위해 운영체제별로 다양한 기능을 구현한 함수를 만들어서 제공하는데, 이들을 C 언어 표준 함수(C Standard Function)라고 합니다. 예를 들어 문자 출력 기능은 C 언어의 표준 함수 중 '표준 출력 함수'에 포함되어 있습니다. 이 함수들은 소스 코드를 변경할 필요가 없기 때문에 라이브러리 형식으로 제공되는데, 이 라이브러리가 바로 'C 표준 라이브러리'입니다.

C 표준 라이브러리를 이용하면 서로 다른 운영체제에서도 문법을 바꾸지 않고 잘 동작하는 프로그램을 만들 수 있습니다.

이렇게 운영체제에 영향을 받는 기능들을 표준 라이브러리를 이용해서 프로그래밍했다면 운영체제가 바뀌어도 소스 코드를 변경할 필요 없이 해당 운영체제에서 컴파일만 다시 한 후 실행할 수 있습니다.

표준 출력 함수 살펴 보기

컴퓨터를 사용해서 프로그램을 개발하는 프로그래머에게 출력의 대상은 주로 모니터(콘솔 화면)입니다. 하지만 출력을 꼭 모니터로 해야 하는 것은 아닙니다. 스피커로 소리를 내는 것도, 프린터로 인쇄하는 것도 출력입니다. 즉 시스템에 따라 출력 장치가 여러 가지인 경우도 있고 출력의 기준(모니터, 스피커 등)이 다른 장치도 있습니다.

표준 출력이란 해당 시스템이 가장 기본으로 사용
하는 출력 방식을 말합니다. 우리가 컴퓨터를 사용
"컴퓨터의 표준 출력은 '모니터'이다."
할 때 모니터에 출력된 것을 눈으로 보고, 스피커로 출력된 것을 귀로 들으며, 또 프린터의 종이에 출력된 것을 눈으로 보겠지요. 따라서 프로그래머가 프로그램을 만들 때 해당 시스템에

서 표준인 출력 방식 중 하나를 선택하여 원하는 정보를 전달할 수 있습니다. 즉 프로그래머가 사용하는 함수는 같더라도 출력되는 대상은 다를 수 있다는 뜻입니다.

C 언어에는 표준 출력과 관련된 함수들이 많지만, 이 책에서는 자주 사용하는 몇 가지 함수에 대해서만 설명하겠습니다. 이 표준 출력 함수들은 stdio.h(Standard Input Output Header) 파일에 정의되어 있습니다.

> ⓒ 이 헤더 파일을 사용하려면 앞에서 배운 #include 전처리기로 stdio.h 파일을 참조해야 한다는 것을 잊지 마세요!

단일 문자 출력 함수 putchar, putc

단일 문자를 출력하는 함수로 '놓다'라는 의미의 'put'과 문자를 의미하는 character의 'char'를 합친 putchar가 있습니다. 이 함수는 하나의 매개변수를 가지는데 이 매개변수에 출력할 문자의 아스키(ASCII) 값을 명시하면 됩니다. 예를 들어 A라는 문자를 출력하고 싶은 경우 A 문자의 아스키값이 65이기 때문에 다음과 같이 코드를 구성합니다.

```
putchar(65); /* 아스키 값 65에 해당하는 문자 A가 출력됨 */
```

하지만 프로그래머가 아스키 값을 모두 외우는 것은 불가능합니다. 또 문자를 출력할 때마다 아스키 표에서 값을 찾는 것도 불편한 일이죠. 그래서 프로그래머가 출력하고 싶은 문자를 putchar 함수에 ' '(작은따옴표)를 사용해 문자 상수로 지정하면, 컴파일러가 번역할 때 알아서 해당 문자의 아스키 값으로 변환해 줍니다.

```
putchar('A'); /* 문자 A가 출력됨 */
```

putchar 함수가 성공적으로 문자를 출력하면 출력된 문자의 아스키 값을 반환하고, 오류가 발생하여 출력에 실패하면 EOF(End Of File, -1) 값을 반환합니다.

putchar 함수의 원형이 선언되어 있는 stdio.h 헤더 파일을 열어서 코드를 살펴보면 다음과 같은 #define 전처리기 문장이 있습니다.

```
#define putchar(c) putc((c), stdout)
```

#define 전처리기는 치환하는 문법이기 때문에 putchar('A');는 다음처럼 번역됩니다.

```
putc('A', stdout);
```

결국 putchar 함수는 putc 함수를 호출하도록 작성된 매크로(Macro) 함수입니다. putc는 여러 가지 형식을 출력할 수 있는 함수인데, 표준 출력용으로 사용할 때는 두 번째 매개변수에 표준 출력을 의미하는 stdout 값을 함께 사용해야 합니다. 매번 stdout을 사용하려면 번거롭기 때문에, 좀 더 편하게 사용할 수 있도록 매크로 함수인 putchar를 만들어 놓은 것입니다.

표준 출력 함수인 putchar 함수를 사용하여 "Hi~"라는 문구를 화면에 출력하려면 다음과 같이 코드를 작성하면 됩니다.

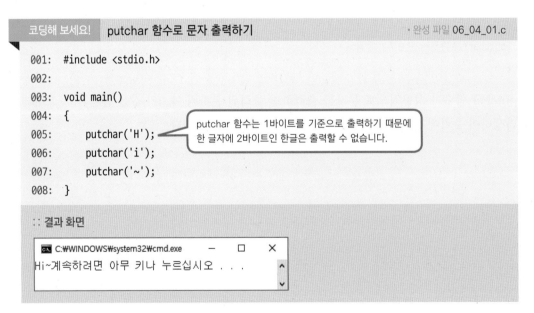

코딩해 보세요! **putchar 함수로 문자 출력하기** · 완성 파일 06_04_01.c

```
001:  #include <stdio.h>
002:
003:  void main()
004:  {
005:      putchar('H');
006:      putchar('i');
007:      putchar('~');
008:  }
```

> putchar 함수는 1바이트를 기준으로 출력하기 때문에 한 글자에 2바이트인 한글은 출력할 수 없습니다.

:: 결과 화면

```
C:\WINDOWS\system32\cmd.exe      —    □    ×
Hi~계속하려면 아무 키나 누르십시오 . . .
```

문자열 출력 함수 puts

putc 함수처럼 '놓다'라는 의미의 'put'과 문자열을 의미하는 string의 's'를 합친 puts 함수가 있습니다. 표준 출력 함수인 puts 함수를 사용하여 "Hi~"라는 문구를 화면에 출력하려면 다음과 같이 코드를 작성합니다. puts 함수의 매개변수는 큰따옴표를 사용해 출력할 대상을 전달합니다.

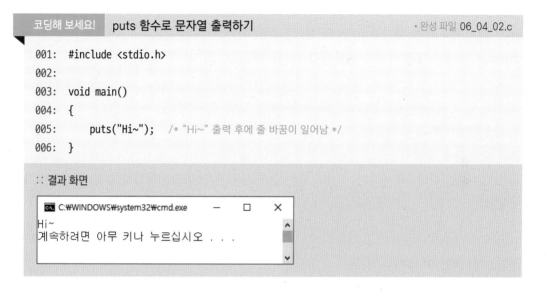

```
001:  #include <stdio.h>
002:
003:  void main()
004:  {
005:      puts("Hi~");    /* "Hi~" 출력 후에 줄 바꿈이 일어남 */
006:  }
```

이 함수는 한 개의 매개변수를 가지는데, 이 매개변수에 출력하려는 '문자열 상수' 또는 '문자열이 저장되어 있는 메모리의 시작 주소'를 명시하면 됩니다. 그리고 이 함수는 줄 바꿈 기능을 포함하고 있기 때문에 매개변수에 명시한 문자열을 출력하고 나면 자동으로 캐럿(Caret)이 다음 줄로 이동합니다.

◎ 캐럿은 '_' 문자로 깜빡거리면서 키보드 입력 위치를 표시해 주는 역할을 합니다. 보통 마우스 위치를 표시하는 것을 커서라고 하기 때문에 이와 구별해서 사용하는 것이 좋습니다.

1분 퀴즈 06-1 puts 함수를 사용해서 여러분의 이름을 출력해 보세요.

정답 이지스퍼블리싱을 검색하면 블로그에서 정답 확인

06-5 문자열 출력 함수 printf

이제 표준 출력 함수 중에서 가장 많이 사용하는 printf 함수를 알아보겠습니다. 이 함수의 이름은 '출력하다'라는 의미의 print와 형식을 의미하는 'format'의 첫 자 f를 합쳐서 만들어졌습니다. 우리는 이 함수는 벌써 사용해 본 적이 있습니다. "Hello World!"를 출력하기 위해 'printf("Hello World!");'라고 사용했던 바로 그 함수입니다.

😊 printf 함수가 printf("Hello World!")로 사용될 때는 puts 함수와 비슷하다고 생각할 수 있지만, 같은 문자열을 입력했을 때 puts는 줄 바꿈이 일어나고 printf는 줄 바꿈이 일어나지 않습니다.

표준 출력 함수 중에서 printf 함수를 가장 많이 사용하는 이유는 형식화된 문자열을 출력할 수 있기 때문입니다. 즉 변수가 가지고 있는 값을 사용자가 지정한 형태로 출력하는 것이 가능합니다.

printf 함수를 사용하는 방법

printf 함수에서 문자열을 명시할 때 % 서식 지정 키워드를 사용합니다. 그 뒤에 자신이 출력할 변수 값을 어떤 형식으로 출력할 것인지를 명시하면 되는데, 자주 사용하는 키워드의 종류는 다음과 같습니다.

"printf는 변수 값을 일정한 형식으로 출력하는 함수이다."

키워드	%d	%f	%c	%s
출력 형식	정수(10진수)	실수	문자	문자열

다음 예제처럼 data라는 정수형 변수의 값을 printf 함수를 이용해 출력할 수 있습니다. 이때 %d 키워드를 사용하면 5라는 정수(10진수) 형태로 출력됩니다.

😊 printf 함수에서 " "(큰따옴표) 안에 문자열을 써서 출력할 수도 있지요. 그런데 이것은 이미 정해진 문자열을 보여주고 싶은 경우에 사용합니다. 사용자가 프로그램 실행 중에 입력문을 통해서 입력하는 문자열은 정해진 내용이 아니기 때문에 %s 키워드를 사용해서 표시합니다.

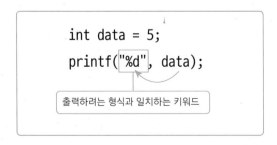

```
int data = 5;
printf("%d", data);
```
출력하려는 형식과 일치하는 키워드

물론 두 개 이상의 변수 값을 출력할 수도 있습니다. 3과 5를 이어서 표현하려면 다음과 같이 %d를 두 번 써야 합니다.

```
int data1 = 3;
int data2 = 5;
printf("%d %d", data1, data2);

출력 결과:  3 5
```

ⓒ %d 키워드를 띄어쓰지 않고 "%d%d"라고 쓰면 '3 5'가 아닌 '35'로 붙어서 출력되니 띄어쓰기에 유의하세요.

다음 예제에서 step과 value라는 정수형 변수가 있고, 이 변수들이 가지고 있는 값을 3 * 5 = 15와 같은 형태로 출력하려고 합니다. printf 함수의 첫 번째 매개변수인 문자열에서 사용한 % 키워드들은 두 번째, 세 번째 매개변수들과 짝을 이루어서 출력됩니다.

```
int step = 5;
int value = 3 * step;
/* 첫 번째 %d는 step과 짝이 되고 두 번째 %d는 value와 짝을 이룸 */
printf("3 * %d = %d", step, value);

출력 결과:  3 * 5 = 15
```

자신이 출력하고 싶은 변수는 printf 함수의 두 번째 매개변수부터 원하는 개수만큼 ,(쉼표)로 구분하여 사용하고, 출력하고 싶은 변수의 개수만큼 % 키워드를 사용하여 출력 형태를 짝지어주면 됩니다. 다만 % 키워드의 개수와 매개변수의 개수가 일치하지 않으면 원하는 변수의 값이 출력되지 않거나 이상한 값이 출력될 수 있으니 주의하세요(프로그램 오류로 비정상 종료될 수도 있습니다).

1분 퀴즈 06-2 "너는 생일이 언제니?" "나의 생일은 12월 3일입니다."라고 출력하려면 어떻게 코드를 작성해야 할까요? 다음 빈칸을 채워 보세요!

```
int month = 12, day = 3;
printf("너는 생일이 언제니?");
printf("나의 생일은    1  월 %d일입니다.", month,    2    );
```

정답 1. %d 2. day

% 키워드 중심의 출력 특성 확인하기

%c는 변수가 가지고 있는 값을 아스키 표에 대응하는 문자로 출력한다

%c 키워드는 %d 키워드 다음으로 많이 쓰입니다. %c를 사용하면 뒤에 짝을 이루는 값을 아
스키 코드 값으로 대치하여 해당 문자를 출력합니다.

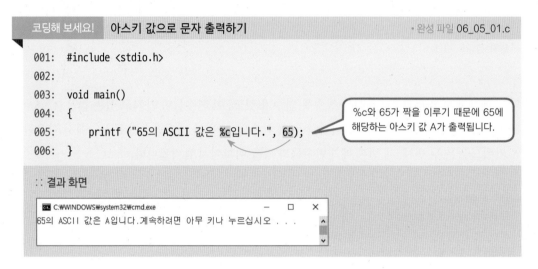

코딩해 보세요! **아스키 값으로 문자 출력하기** · 완성 파일 06_05_01.c

```
001:  #include <stdio.h>
002:
003:  void main()
004:  {
005:      printf ("65의 ASCII 값은 %c입니다.", 65);
006:  }
```

> %c와 65가 짝을 이루기 때문에 65에 해당하는 아스키 값 A가 출력됩니다.

:: 결과 화면

```
C:\WINDOWS\system32\cmd.exe                    —   □   ×
65의 ASCII 값은 A입니다.계속하려면 아무 키나 누르십시오 . . .
```

%와 함께 사용하는 키워드는 변수의 자료형과 일치하지 않아도 됩니다. data 변수를 char 자
료형으로 선언했다고해서 꼭 %c만 쓸 수 있는 것은 아니라는 뜻입니다. 다음 예제를 봅시다.

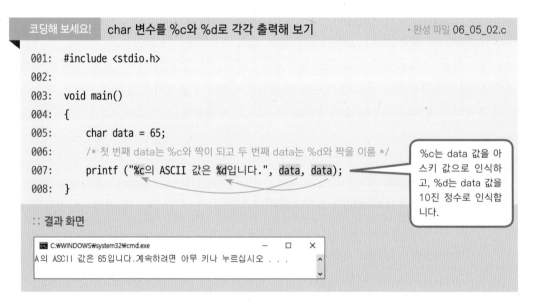

코딩해 보세요! **char 변수를 %c와 %d로 각각 출력해 보기** · 완성 파일 06_05_02.c

```
001:  #include <stdio.h>
002:
003:  void main()
004:  {
005:      char data = 65;
006:      /* 첫 번째 data는 %c와 짝이 되고 두 번째 data는 %d와 짝을 이룸 */
007:      printf ("%c의 ASCII 값은 %d입니다.", data, data);
008:  }
```

> %c는 data 값을 아
스키 값으로 인식하
고, %d는 data 값을
10진 정수로 인식합
니다.

:: 결과 화면

```
C:\WINDOWS\system32\cmd.exe                    —   □   ×
A의 ASCII 값은 65입니다.계속하려면 아무 키나 누르십시오 . . .
```

data 변수가 가지고 있는 65라는 값을 %c로 출력하라고 지시하면 컴파일러는 65를 아스키 값으로 간주하여 아스키 표에서 65에 대응하는 문자 'A'를 화면에 출력합니다. 그리고 %d로 출력하라고 지시하면 65를 10진 정수로 간주하여 숫자 '65'를 화면에 출력합니다.

실수와 정수는 숫자를 표현하는 방식이 다르다

%f 키워드는 다음 예제와 같이 변수 값을 실수 형식으로 출력할 때 사용합니다.

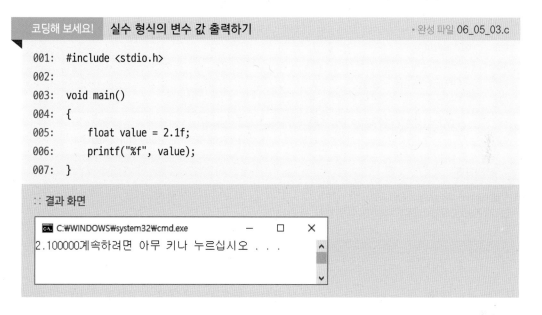

코딩해 보세요! **실수 형식의 변수 값 출력하기** • 완성 파일 06_05_03.c

```
001: #include <stdio.h>
002:
003: void main()
004: {
005:     float value = 2.1f;
006:     printf("%f", value);
007: }
```

:: 결과 화면

```
C:\WINDOWS\system32\cmd.exe          —    □    ×
2.100000계속하려면 아무 키나 누르십시오 . . .
```

! 알아두면 좋아요! **2.1f에서 f는 무엇인가요?**

C 언어는 실수형인 상수를 적으면 기본적으로 double 자료형으로 처리합니다. 따라서 다음과 같이 float 자료형으로 변수를 선언하고 실수 형식의 상수를 적으면 8바이트 크기의 double 값이 4바이트 크기의 float 공간에 저장되기 때문에 데이터가 손실될 수 있다는 경고가 발생합니다.

```
float value = 2.1;    /* 2.1은 double 형식으로 처리되기 때문에 경고 발생함 */
```

그래서 C 언어에서 float 형식의 실수 상수를 사용하고 싶다면 끝에 f를 함께 적어주어야 합니다.

```
float value = 2.1f;    /* 2.1f는 float 형식으로 정상적으로 처리됨 */
```

그런데 실수와 정수가 숫자를 표현하는 방식이 다르기 때문에, 키워드를 선택할 때 항상 주의해야 합니다. 03장에서 설명했듯이 실수 값은 부동소수점 표현 방식으로 비트 값이 결정되기 때문에, 일반 정수의 비트 값과 차이가 있습니다. 따라서 실수 값을 %d 또는 %c로 출력하거나 정수 값을 %f로 출력하면 정상적인 결과 값을 얻을 수 없습니다.

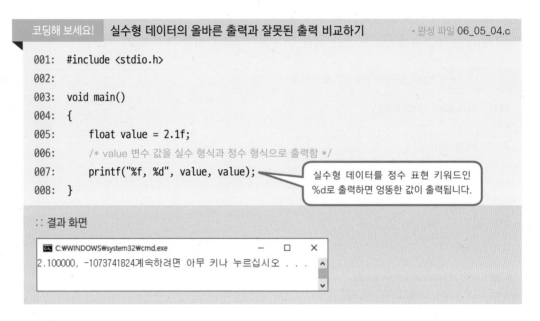

실수를 표현하는 키워드인 %f로 실수를 출력하면 기본적으로 소수점 6자리까지 값을 출력해 줍니다. 그래서 2.1f 값을 %f로 출력하면 2.100000이 출력됩니다.

그러나 만약 2.1f 값을 정수 값으로 출력하고 싶어서 정수를 표현하는 키워드인 %d로 출력하면 실수가 정수로 보정되지 않고 엉뚱한 숫자인 −1073741824가 출력됩니다.

😊 여기서 −1073741824 값은 오류를 표시하는 0xC0000000이며 printf 함수가 실수형 변수를 %d로 출력하는 것을 잘못 사용했다는 뜻입니다. 즉 printf 함수로 값을 출력했는데 자신이 원하는 값이 아니라 −1073741824(%d), C0000000(%x), 3221225472(%u)라고 출력된다면 출력 옵션을 잘못 지정해서 printf 함수가 오류 값을 출력한 것이라고 생각하면 됩니다.

%u는 변수 값을 부호를 고려하지 않는 10진 정수 형태로 출력한다

C 언어 프로그램에서 다루는 자료형의 종류는 부호를 고려하는 것(signed)과 고려하지 않는 것(unsigned)으로 나뉘어 있습니다. 그래서 출력해서 확인하는 정수 값도 부호를 고려하는 10진 정수 %d와 부호를 고려하지 않는 10진 정수 %u로 나뉘어 있죠. 그런데 사실 이 키워드들은 자료형과는 무관하게 사용할 수 있습니다.

즉 자료형이 무엇이든 간에 그 변수가 가지고 있는 값을 출력할 때 부호를 고려해서 출력하고 싶으면 %d를 사용하고 부호를 고려하지 않겠다면 %u 를 사용하면 됩니다.

signed long int의 범위는 -2,147,483, 648 ~2,147,483,647이고 unsigned long int의 범위는 0~4,294,967,295입니다

{ 🖉 } **김성엽의 프로그래밍 노트** -1 값과 최댓값은 같은 비트 패턴을 가진다

참고로 부호 있는 32비트 정수형에서 –1은 음수 최댓값입니다. 따라서 부호가 있으니 부호 비트가 1 이고 음수 최댓값이기 때문에 나머지 31개의 비트가 모두 1이 됩니다. 결과적으로 모든 비트가 1인 값 이 –1입니다.

부호가 있는 4바이트(32비트) 정수형에서 음수 최댓값 -1의 비트 패턴

부호가 없는 4바이트(32비트) 정수형에서 최댓값 4,294,967,295의 비트 패턴

그리고 부호 없는 4바이트(32비트) 정수형에서 4,294,967,295 값은 최댓값을 의미하기 때문 에 32개의 비트가 모두 1인 값입니다. 결론적으로 부호를 고려하는 –1 값과 부호를 고려하지 않는 4,294,967,295 값이 같은 비트 패턴이라는 뜻입니다. 다음 예제를 봅시다.

• % 키워드 중심의 출력 특성 확인하기	• 완성 파일 06_05_05.c

```
001:  #include <stdio.h>
002:
003:  void main()
004:  {
005:      int data1 = -1;
006:      unsigned int data2 = 4294967295;
007:      printf("%d, %u, %d, %u", data1, data1, data2, data2);
008:  }
```

:: 결과 화면

```
C:\WINDOWS\system32\cmd.exe                    —    □    ×
-1, 4294967295, -1, 4294967295계속하려면 아무 키나 누르십시오 . . .
```

결과를 보면 알 수 있듯이, 출력하려는 변수의 자료형과 상관없이 % 키워드를 어떻게 사용하는가에 따라 값이 다르게 출력된다는 것을 기억하세요.

%d와 %u는 변수 크기를 4바이트 값으로 변환해서 출력한다

지금까지 살펴본 것처럼, 출력하려는 변수의 자료형과 상관없이 어떤 % 키워드를 사용하느냐에 따라 값이 다르게 출력되지만 다음과 같은 상황은 주의해야 합니다. signed char의 범위는 −128~127이고 unsigned char의 범위는 0~255입니다. 앞에서 설명한 것과 같은 이유로 −1과 255는 비트 패턴이 동일합니다.

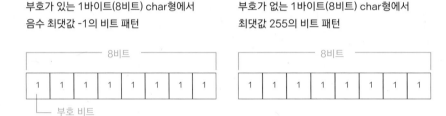

부호가 있는 1바이트(8비트) char형에서
음수 최댓값 -1의 비트 패턴

부호가 없는 1바이트(8비트) char형에서
최댓값 255의 비트 패턴

−1 값을 가진 signed char 변수 값을 %u로 출력하면 255가 나올 것이라고 예상하지만, 예제 코드를 구성해 보면 전혀 다른 값이 출력됩니다.

이것은 %d 또는 %u가 4바이트(32비트) 크기의 정수를 기반으로 값을 출력하기 때문입니다. 어떤 크기의 정수가 오든지 4바이트 크기의 값으로 변환해 놓고 출력하기 때문에, 1바이트 크기의 −1 값이 4바이트 크기의 −1로 변경되고 255가 아닌 4,294,967,295 값이 출력됩니다.

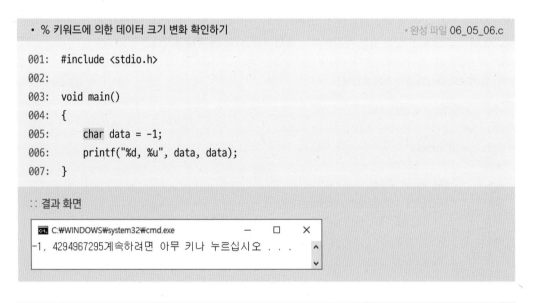

• % 키워드에 의한 데이터 크기 변환 확인하기 　　　　　• 완성 파일 06_05_06.c

```
001:    #include <stdio.h>
002:
003:    void main()
004:    {
005:        char data = -1;
006:        printf("%d, %u", data, data);
007:    }
```

:: 결과 화면

```
C:\WINDOWS\system32\cmd.exe          −  □  ×
-1, 4294967295계속하려면 아무 키나 누르십시오 . . .
```

%o는 8진수, %x는 16진수 형태로 정수를 출력한다

printf 함수는 정수를 10진수 외에도 8진수와 16진수로 출력할 수 있습니다. 8진수는 octal(8진법)의 o를 의미하는 %o로, 16진수는 hexadecimal (16진법)의 x를 의미하는 %x로 출력합니다.

◎ 만약 16진수에서 소문자가 아닌 대문자 A~F를 출력하고 싶다면 %x가 아닌 %X를 사용하면 됩니다.

코딩해 보세요! 정수 값을 여러 가지 진법으로 출력하기 · 완성 파일 06_05_07.c

```
001: #include <stdio.h>
002:
003: void main()
004: {
005:     int data1 = 10;      /* 10진수 -> 10진수로 10 */
006:     int data2 = 010;     /* 8진수 -> 10진수로 8 */
007:     int data3 = 0x10;    /* 16진수 -> 10진수로 16 */
008:     /* data1은 16진수, data2는 10진수, data3은 8진수로 출력함 */
009:     printf("%x, %d, %o", data1, data2, data3);
010: }
```

:: 결과 화면

```
C:\WINDOWS\system32\cmd.exe          —    □    ×
a, 8, 20계속하려면 아무 키나 누르십시오 . . .
```

%e는 실수를 지수 형태로 출력한다

실수도 소수점으로 표현하는 것 외에 exponential(지수)의 e를 의미하는 %e를 사용해서 지수 형태로 출력할 수 있습니다. 지수 표현에서도 e라는 문자를 사용하기 때문에 %E를 사용하면 해당 문자가 대문자 E로 출력됩니다.

코딩해 보세요! 실수 값을 지수 형태로 출력하기 · 완성 파일 06_05_08.c

```
001: #include <stdio.h>
002:
003: void main()
004: {
005:     float data = 12.34f;
006:     printf("%f, %e, %E", data, data, data);
007: }
```

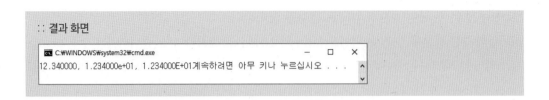

출력 문자열 정렬하기

문자열을 출력할 때는 사용자가 해당 문자열을 잘 이해할 수 있도록 일정한 형식을 갖춰서 출력해야 합니다. 그러면 콘솔 화면이 어떻게 문자를 표시하는지 먼저 살펴보겠습니다. 다음 그림처럼 콘솔 모드는 한 화면이 같은 크기의 2,000개(25줄×80개) 칸으로 나뉘어 있고 각 칸에 한 개의 문자를 출력할 수 있습니다(한글은 2칸을 차지함).

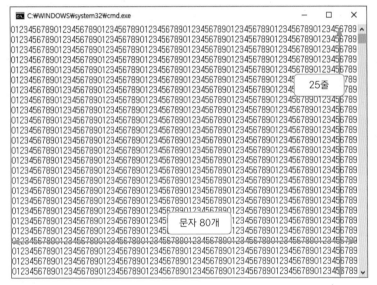

콘솔 모드에 출력되는 문자의 개수와 위치

출력할 문자의 개수보다 칸을 더 사용하는 경우도 있습니다. 예를 들어 어떤 변수가 0~99,999 범위의 값을 가질 때 [50], [1992], [7]처럼 값을 그대로 출력할 수도 있지만, 숫자와 빈칸을 함께 사용해서 [___50], [_1992], [____7]이라고 출력하면 전체 범위에서 해당 값이 어느 정도의 범위를 차지하는 건지 한 눈에 알아볼 수 있습니다. 그래서 다음 그림처럼 빈칸과 숫자가 마치 그래프처럼 표시되어 출력된 값이 해당 변수의 출력 범위에서 어느 정도 인지 예측할 수 있는 장점이 생깁니다.

| 9 | 9 | 9 | 9 | 9 | | | | 5 | 0 | | 1 | 9 | 9 | 2 | | | | | 7 |

출력 칸 수 조절하기

출력할 문자의 개수보다 칸을 더 사용하는 경우도 있습니다. printf 함수를 사용하면 다음 예제처럼 %와 키워드 사이에 숫자를 사용하여 출력 칸을 조절할 수 있습니다. 숫자는 출력에 필요한 칸 수를 의미하며, 실제 출력되는 문자의 수보다 칸 수가 많으면 오른쪽 정렬로 문자가 출력됩니다.

%출력 칸의 수d

코딩해 보세요!　**% 키워드로 출력 칸 수 지정하기**　• 완성 파일 06_05_09.c

```
001: #include <stdio.h>
002:
003: void main()
004: {
005:     int data = 7;
006:     /* 자릿수 확인을 위해 [ ] 문자를 사용함 */
007:     printf("[%d] [%5d] ", data, data);
008: }
```

:: 결과 화면

```
C:\WINDOWS\system32\cmd.exe         —    □    ×
[7] [    7] 계속하려면 아무 키나 누르십시오 . . .
```

오른쪽 정렬과 왼쪽 정렬

printf 함수는 출력 칸 안에 있는 숫자를 + 키워드를 사용하여 오른쪽으로 정렬하거나 – 키워드를 사용하여 왼쪽으로 정렬할 수 있습니다. 위의 예제에서 '%5d'라고 적었을 때 오른쪽 정렬이 된 이유는 %+5d에서 +가 생략되었기 때문입니다. 그리고 오른쪽 정렬에서는 빈칸에 공백 문자 (Space)가 채워지는데, 공백 문자 대신에 0으로 채우고 싶다면 칸 수를 명시할 때 0을 하나 더 적어주면 됩니다.

ⓒ C 언어는 +, -처럼 둘 중 하나를 선택할 때, 자주 사용하는 형식을 생략할 수 있도록 지원합니다.

코딩해 보세요!　**왼쪽 또는 오른쪽으로 정렬해서 출력하기**　• 완성 파일 06_05_10.c

```
001: #include <stdio.h>
002:
003: void main()
004: {
005:     int data = 7;
006:     /* 자릿수 확인을 위해 [ ] 문자를 사용함 */
007:     printf("[%5d] [%05d] [%-5d]", data, data, data);
008: }
```

> %5d는 오른쪽 정렬, %05d는 공백 문자 대신 0으로 채우고 오른쪽 정렬, %-5d는 왼쪽 정렬입니다.

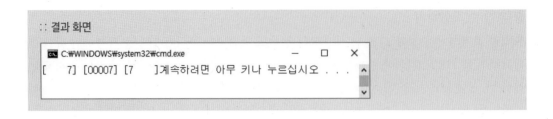

실수의 소수점 자릿수 지정하기

실수는 출력할 칸을 지정하는 것 외에도 .(마침표)를 사용하여 소수점 이하 자릿수를 몇 자리까지 출력할 것인지 명시할 수 있습니다. 예를 들어 %f로 실수를 출력하면 소수점 여섯째 자리까지 출력되는데, 소수점 셋째 자리까지 출력하고 싶다면 %.3f라고 사용하면 됩니다.

```
% + 전체 칸 수 + . + 소수점 자릿수 + f
```

단 출력할 때 .(마침표)도 출력 칸 수에 포함되기 때문에 전체 자릿수를 명시할 때 칸 수를 잘 계산해야 합니다. 예를 들어 %8.4f라고 사용하면 전체 칸 수가 8칸이고 소수점 넷째 자리까지 출력하겠다는 뜻입니다. 하지만 .(마침표)도 자릿수를 차지하기 때문에 정수부는 4칸이 아닌 3칸의 출력 공간을 차지하게 됩니다.

| 코딩해 보세요! | 실수 값 출력할 때 칸 수 지정하기 | • 완성 파일 06_05_11.c |

```c
001:  #include <stdio.h>
002:
003:  void main()
004:  {
005:      double data = 3.141592;
006:      /* 자릿수를 확인하기 위해 [ ] 문자를 사용함 */
007:      printf("[%f] [%.4f] [%8.4f] [%-8.4f]", data, data, data, data);
008:  }
```

:: 결과 화면

C:\WINDOWS\system32\cmd.exe
[3.141592] [3.1416] [3.1416] [3.1416]계속하려면 아무 키나 누르십시오 . . .

위의 예제에서 %.4f를 사용해서 출력한 값이 3.1415가 아니라 3.1416이 된 것을 보면 알 수 있듯이 .1415 다음의 숫자가 9이기 때문에 반올림하여 .1416이 출력된 것입니다. 소수점 자릿수를 변경할 때는 반올림이 적용된다는 점에 주의하세요. 그리고 .(마침표)도 전체 출력 칸 수에 포함되기 때문에 %8.4f로 출력될 때 앞쪽에 공백이 2개만 들어갑니다.

마지막으로 printf 함수에서 % 자체를 출력하고 싶은 경우에는 %를 두 번 연속 사용하면 됩니다. 예를 들어 95%라고 출력하고 싶다면 오른쪽과 같이 적어 줍니다.

```
printf("95%%");
```

이 외에도 %s, %p, %C, %S와 같은 키워드를 사용할 수 있지만, 이 키워드들을 제대로 설명하려면 문법을 더 배워야 하기 때문에 뒤에서 설명하겠습니다.

제어 코드 사용하기

아스키 표를 살펴보면 알파벳, 숫자 그리고 기호에 대한 코드 값뿐만 아니라 소리를 내거나 콘솔의 출력과 입력의 현재 위치를 알려 주는 캐럿(Caret, _문자로 깜빡임) 위치를 변경할 수 있는 제어 코드도 있습니다.

ⓒ 새로운 출력이 발생하거나 키보드에서 입력이 시작되면 캐럿 위치부터 문자가 출력됩니다.

캐럿은 입력 위치를 표시해 주는 마크입니다.

표준 출력에 사용하는 문자열에는 캐럿 위치를 조절하기 위해 제어 문자를 포함시키는 경우가 많습니다. 그런데 제어 코드는 키보드에 있는 문자가 아니라서 제어 코드를 직접 입력할 수 있는 방법이 없습니다. 그래서 C 언어는 \(백슬래시, 글꼴에 따라서는 ₩로 표시)와 키워드로 제어 코드를 사용할 수 있는 문법을 제공합니다.

제어 코드 종류와 기능

제어 코드	기능
\n	캐럿을 다음 줄로 이동(Line Feed)
\r	캐럿을 해당 줄의 처음으로 이동(Carriage Return)
\t	캐럿을 한 탭만큼 이동
\b	캐럿을 바로 앞 칸으로 이동
\a	시스템 스피커로 경고음 발생
\"	큰따옴표 출력
\'	작은따옴표 출력

ⓒ 제어 코드는 모든 표준 출력 함수에서 사용 가능합니다. 예를 들어 putc 함수와 puts 함수에서도 제어 코드를 사용할 수 있습니다.

\n 제어 코드: 캐럿을 다음 줄로 이동

\n을 사용하면 현재 출력된 문자열이 있는 다음 줄로 캐 럿이 이동합니다. 만약 두 줄 이동하고 싶다면 두 번 연 속해서 '\n\n'이라고 적어주면 됩니다.

다음 코드의 실행 결과는 캐럿이 잘 보이도 록 설정을 변경했습니다. 실제로 실행한 결과 에는 캐럿 위치에 '계속하려면 아무 키나 누르 십시오...'가 출력됩니다.

```
000:    #include <stdio.h>
001:
002:    void main()
003:    {
004:        printf("Hello~ Tipssoft.com\n");
005:    }
```

\n을 사용한 화면

\r 제어 코드: 캐럿을 해당 줄의 처음으로 이동

\r를 사용하면 현재 출력된 문자열이 있는 줄의 처음 위치에 캐럿을 놓습니다. 만약 \r를 사용한 이후에 문자를 출력한다면 해당 위치에 출력된 문자를 덮어쓰게 됩니다.

```
000:    #include <stdio.h>
001:
002:    void main()
003:    {
004:        printf("Hello~ Tipssoft.com\n");
005:        printf("Hello~ Tipssoft.com\rHi~~~~");
006:    }
```

\r를 사용한 화면

알아두면 좋아요! 책의 출력 결과와 실제 출력 결과가 다른가요?

책에 있는 출력 결과와 실제 출력 결과가 다른 이유는 콘솔 응용 프로그램이 종료될 때 현재 커서 위치에서 "계속하려면 아무 키나 누르십시오..." 또는 "Press any key to continue"라는 문자열을 자동으로 출력하기 때문입니다. 책과 같은 출력 결과를 확인하려면 getch( )와 같은 함수를 이용하여 printf 함수를 수행한 후에 문자를 입력받아야 프로그램이 종료되도록 코드를 추가하면 됩니다.

```
#include <stdio.h>
#include <conio.h>

void main()
{
    printf("Hello~ Tipssoft.com\n");
    printf("Hello~ Tipssoft.com\rHi~~~~");
    getch();
}
```

위의 예제에서 "Hello~ Tipssoft.com"이라는 문자열이 출력되고 \n에 의해서 줄 바꿈이 일어난 후에 한 번 더 "Hello~ Tipssoft.com" 문자열이 출력됩니다. 하지만 \r에 의해 캐럿이 그 줄의 처음으로 이동하고 이어서 "Hi~~~~" 문자열을 출력하기 때문에, "Hello~" 문자열에 "Hi~~~~"를 덮어쓴 결과가 나타납니다. 덮어쓴 이후 캐럿은 덮어쓴 문자열인 "Hi~~~~"의 마지막에 위치합니다.

\t 제어 코드: 캐럿을 한 탭만큼 이동

\t를 사용하면 키보드에서 Tab 키를 입력한 것처럼 캐럿이 이동합니다. 보통 4칸 또는 8칸 이동하는데 특별한 설정을 하지 않은 콘솔이라면 캐럿이 8칸씩 이동됩니다.

하지만 8칸을 이동한다는 것은 캐럿이 있던 위치에서 무조건 8칸을 이동한다는 것이 아니라 해당 줄에서 8의 배수에 해당하는 가장 가까운 위치로 이동한다는 뜻입니다.

다음 예제에서 볼 수 있듯이 한 탭은 8칸으로 구성되며 탭을 눌렀을 때 1에 해당하는 다음 위치로 이동하게 됩니다.

```
001:  #include <stdio.h>
002:
003:  void main()
004:  {
005:      /* 탭의 위치 이동을 확인하기 위해서 8의 배수로 출력함 */
006:      printf("1234567812345678123456781234 5678\n");
007:      printf("a\tbc\tdef\tg");
008:  }
```

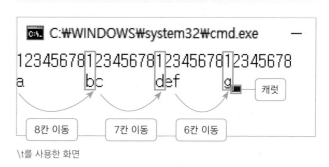
\t를 사용한 화면

\b 제어 코드: 캐럿을 바로 앞 칸으로 이동

\b 제어 코드의 b는 'back'을 의미합니다. \b를 사용하면 캐럿은 한 칸 앞으로 이동합니다.

```
001:  #include <stdio.h>
002:
003:  void main()
004:  {
005:      printf("1234567\b");
006:  }
```

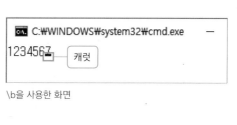
\b을 사용한 화면

그 외에도 \a가 있습니다. Alert의 약자로 이 제어 문자를 사용하면 스피커로 짧은 경고음이 발생합니다.

1분 퀴즈 06-3 다음 메시지처럼 행을 바꾸고 스피커에서 경고음이 나오게 하는 제어 코드를 써 보세요.

printf("줄을 바꿉니다 [1   ]");

printf("경고음이 들립니다 [2   ]");

정답 1. \n, 2. \a

그 밖의 제어 코드

\(백슬래시)는 키워드의 원래 의미를 없애는 용도로도 사용합니다. 예를 들어 화면에 "Hello"라고 큰따옴표(" ")도 같이 출력하고 싶을 때 printf(" "Hello" ");라고 적으면 오류가 발생합니다. 이것은 큰따옴표가 오른쪽 그림처럼 짝을 이루어 문자열을 표시하는 키워드로 사용되기 때문입니다.

printf(" "Hello" ");

결국 Hello는 문자열로 처리되지 않기 때문에 컴파일러 입장에서는 변수 이름으로 판단하게 되고, Hello라는 변수가 선언되지 않았다고 오류 처리하는 것입니다. 그래서 이런 오류를 방지하기 위해 \를 사용하여 단순 문자로 의미를 변경해야 합니다. 같은 이유로 작은 따옴표(')를 출력하고 싶을 때에도 \'와 같이 사용해야 합니다.

printf(" \"Hello\" ");

\도 키워드로 사용되기 때문에 \를 출력하고 싶을 때는 \\와 같이 두 개를 연속해서 사용합니다. 이와 마찬가지 방법으로 %를 출력하고 싶을 때도 %%라고 두 개를 연속해서 사용하면 됩니다.

Q1 목적 파일과 달리 라　　　　　　　　 파일은 실제로 사용되는 함수의 기계어 코드만 실행 파일에 포함됩니다.

Q2 컴파일할 때 특정 파일을 참조할 것을 지시하는 데 # i　　　　　　　　 를(을) 사용합니다.

Q3 소스 코드에서 상수나 명령문을 치환하기 위해 # d　　　　　　　　 를(을) 사용합니다.

Q4 C 언어는 시스템에 영향을 받는 기능들을 별도의 함수로 만들어서 제공하는데, 이 함수들이 들어 있는 라이브러리를 표　　　　　　　　 라이브러리라고 합니다.

Q5 단일 문자를 출력하는 표준 출력 함수는 p　　　　　　　　 입니다.

Q6 변수에 저장된 값을 printf에서 실수형으로 출력하고 싶을 때는 %f 또는 %　　　　　　　　 를(을) 사용합니다.

Q7 값 23을 printf 함수를 이용하여 %03d라고 출력하면　　　　　　　　 (이)라고 출력됩니다.

Q8 값 3.14를 printf 함수를 이용하여 %07.3f라고 출력하면　　　　　　　　 (이)라고 출력됩니다.

Q9 표준 출력에서 사용하는 캐럿의 위치를 해당 줄의 가장 앞쪽으로 옮기는 제어 코드는 \　　　　　　　　 입니다.

06장 풀이
562쪽

연산자

숫자를 계산하는 데 사용하는 +, -, *, /와 같은 연산 기호를 연산자(Operator)라고 합니다. 연산자는 단순히 값을 계산하는 역할만 하는 것이 아니라 값과 값을 비교하거나 참, 거짓을 판단하고 참과 참 또는 참과 거짓으로 구성된 문장을 일정한 기준으로 연결하기도 합니다.

C 언어는 다양한 연산자를 제공하는데 이 연산자들 중에서도 기본이 되는 연산자들이 있습니다. 이 장에서는 먼저 C 언어에서 산술 연산자나 관계 연산자를 어떻게 사용하는지 설명하겠습니다.

07-1 기본 연산자
07-2 연산자 우선순위와 연산 방향

연산자의 종류와 연산 순서까지 배워 볼까?

10 - 2 * (5 + 3) ÷ 5 + 20

07-1 기본 연산자

대입 연산자

C 언어에서 대입 연산자는 = 기호로 나타내며 변수에 상수 값 또는 다른 변수 값을 대입할 때 사용합니다. 수학에서 x = 3이란 두 가지 의미를 나타냅니다. 첫 번째 의미는 'x에 3을 대입한다(Assign)'는 것이고 두 번째 의미는 'x가 3과 같다(Equal)'는 뜻입니다. 하지만 하나의 예약어에는 하나의 의미만 부여할 수 있습니다. 따라서 컴퓨터에서는 = 기호를 대입의 의미로만 사용합니다.

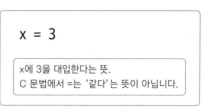

```
x = 3
```

x에 3을 대입한다는 뜻.
C 문법에서 =는 '같다'는 뜻이 아닙니다.

코딩해 보세요! 대입 연산자를 이용하여 변수에 값 저장하기 • 완성 파일 07_01_01.c

```
001:  #include <stdio.h>
002:
003:  void main()
004:  {
005:      int data1, data2;
006:      data1 = 5;          /* data1 변수에 상수 5를 대입함 */
007:      data2 = data1;    /* data2 변수에 data1 변수 값 5를 대입함 */
008:      printf("data1 = %d, data2 = %d\n", data1, data2);
009:  }
```

:: 결과 화면

```
C:\WINDOWS\system32\cmd.exe          —    □    ×
data1 = 5, data2 = 5
계속하려면 아무 키나 누르십시오 . . .
```

산술 연산자

+, -, *, /, %는 산술 연산자로 각각 더하기, 빼기, 곱하기, 나누기, 나머지 연산을 뜻합니다. 산술 연산자는 상수 또는 변수의 값을 이용하여 산술 연산(덧셈, 뺄셈, …)을 하는 데 사용됩니다. 프로그래밍 언어에서는 *을 곱하기 연산자로 사용합니다. 나눗셈의 경우에는 결과 값이 몫과

나머지로 나오기 때문에 몫은 / 연산자를 이용해서 구하고 나머지는 % 연산자를 사용해서 구합니다. 다음 예제를 통해 C 언어에서 산술 연산자를 어떻게 사용하는지 살펴봅시다.

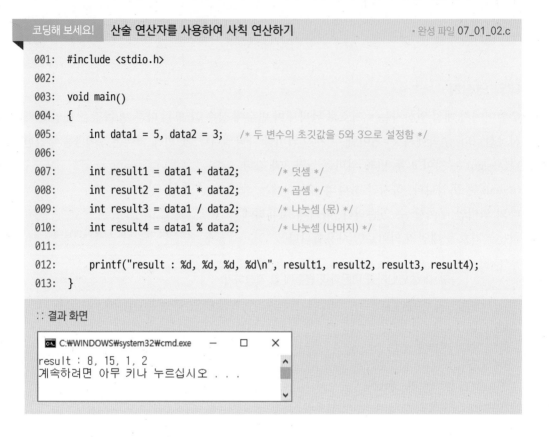

코딩해 보세요!   산술 연산자를 사용하여 사칙 연산하기   • 완성 파일 07_01_02.c

```
001:  #include <stdio.h>
002:
003:  void main()
004:  {
005:      int data1 = 5, data2 = 3;     /* 두 변수의 초깃값을 5와 3으로 설정함 */
006:
007:      int result1 = data1 + data2;      /* 덧셈 */
008:      int result2 = data1 * data2;      /* 곱셈 */
009:      int result3 = data1 / data2;      /* 나눗셈 (몫) */
010:      int result4 = data1 % data2;      /* 나눗셈 (나머지) */
011:
012:      printf("result : %d, %d, %d, %d\n", result1, result2, result3, result4);
013:  }
```

:: 결과 화면

```
C:\WINDOWS\system32\cmd.exe      —    □    ×
result : 8, 15, 1, 2
계속하려면 아무 키나 누르십시오 . . .
```

증감 연산자

컴퓨터에서는 값이 순차적으로 증가하거나 감소하는 경우가 많습니다. 그래서 C 언어는 변수가 가지고 있는 값을 1 증가시키는 ++ 증가 연산자와 1 감소시킬 수 있는 -- 감소 연산자를 제공합니다. 다음 예제는 우리가 앞에서 배운 더하기 연산자 +를 사용하는 방법과 증가 연산자 ++를 사용하는 방법을 비교한 것입니다.

덧셈 연산자 (이항 연산자)	증가 연산자 (단항 연산자)
int i = 5; i = i + 1; /* i값에 1을 더하고 다시 i에 대입됨 */	int i = 5; i++; /* i 값을 1 증가시킴. i에 6이 대입됨 */

결과적으로 두 방법 모두 i 값이 6이 되는 것은 같습니다. 하지만 덧셈 연산자는 2개의 항을 갖는 이항 연산자이므로 두 개의 메모리가 연산에 사용되고, 증가 연산자는 단항 연산자이기 때문에 한 개의 메모리만 연산에 사용됩니다.

결과적으로 한 개의 메모리만 사용하는 단항 연산자의 연산 속도가 더 빠릅니다. 그리고 코드의 구성도 간단해지기 때문에 단순히 1을 증가시키거나 1을 감소시킬 목적이라면 증감 연산자를 사용하는 것이 더 좋습니다.

증감 연산자의 전위형과 후위형

증감 연산자는 다른 연산자들과 달리 변수 앞뒤에 사용할 수도 있습니다. 예를 들어 i++(후위형, Postfix)도 가능하지만 ++i(전위형, Prefix)도 가능하다는 뜻입니다. 이는 --도 마찬가지입니다. 전위형과 후위형 모두 자기 자신이 1 증가 또는 1 감소하는 것은 같지만, 추가로 함께 연산을 하는 다른 연산자가 있는 경우에는 결과 값이 달라질 수도 있습니다. 다음 예제를 보며 이해해 봅시다.

전위형	후위형

`int i = 5, sum;`
`sum = ++i;`
/* 자신의 값을 먼저 증가시켜 6을 만든 뒤 sum에 6을 대입함. i와 sum 모두 6이 됨 */
	`int i = 5, sum;`
	`sum = i++;`
	/* i의 값 5를 sum에 먼저 대입하고 i를 증가시킴. i는 6이고 sum은 5가 됨 */

즉 전위형의 경우 값을 먼저 증감한 후에 연산을 하고 후위형은 연산을 하고 난 후에 값을 증감하는 것을 알 수 있습니다.

관계 연산자

산술 연산(Arithmetic Operation)의 결과 값은 숫자로 나오지만, 관계 연산(Relational Operation)이나 논리 연산(Logical Operation)의 결과 값은 진릿값(참, 거짓)으로 나옵니다. 예를 들어 '1과 2는 같다'라는 문장은 관계 연산이 사용된 것이고 실제로 1과 2는 같지 않기 때문에 이 문장에 대한 결과 값은 거짓이 됩니다.

그런데 컴퓨터가 연산의 결과 값을 '참', '거짓'과 같은 문자열로 저장한다면 연산 속도가 떨어질 것입니다. 따라서 관계 연산의 결과 값은 참이면 1, 거짓이면 0으로 처리됩니다.

관계 연산자를 사용하면 두 수치 값을 비교하여 그 결과 값을 참(1) 또는 거짓(0)으로 얻을 수 있으며 종류는 다음과 같습니다.

관계 연산자	연산 특성	관계 연산자	연산 특성
A < B	A가 B보다 작으면 참	A > B	A가 B보다 크면 참
A <= B	A가 B보다 작거나 같으면 참	A >= B	A가 B보다 크거나 같으면 참
A == B	A와 B가 같으면 참	A != B	A와 B가 같지 않으면 참

C 문법에서 '같다'라는 관계 연산자는 =를 두 개 사용하여==라고 적습니다. 대입 연 *"=은 대입 연산자이고 ==은 관계 연산자이다."*

산자인 =로 적지 않도록 주의하세요. 또한 '같지 않다'는 관계를 나타내는 연산자는 !=입니다. !(논리 연산자)는 부정(Not)을 의미하기 때문에 = 앞에 적어 '같지 않다'라는 관계 연산자를 만듭니다. 다음 예제를 따라 하며 관계 연산자와 대입 연산자를 이해해 보세요.

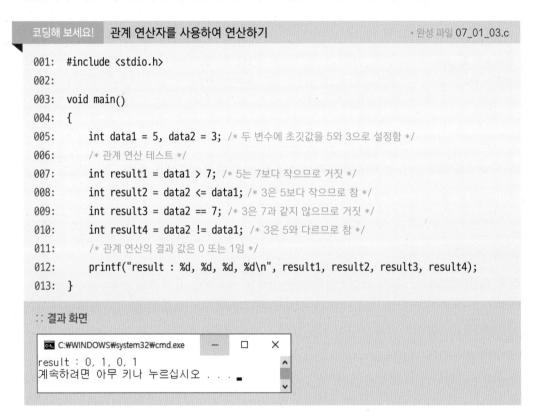

코딩해 보세요! **관계 연산자를 사용하여 연산하기**　　　　　• 완성 파일 07_01_03.c

```c
001:  #include <stdio.h>
002:
003:  void main()
004:  {
005:      int data1 = 5, data2 = 3; /* 두 변수에 초깃값을 5와 3으로 설정함 */
006:      /* 관계 연산 테스트 */
007:      int result1 = data1 > 7; /* 5는 7보다 작으므로 거짓 */
008:      int result2 = data2 <= data1; /* 3은 5보다 작으므로 참 */
009:      int result3 = data2 == 7; /* 3은 7과 같지 않으므로 거짓 */
010:      int result4 = data2 != data1; /* 3은 5와 다르므로 참 */
011:      /* 관계 연산의 결과 값은 0 또는 1임 */
012:      printf("result : %d, %d, %d, %d\n", result1, result2, result3, result4);
013:  }
```

:: 결과 화면

```
C:\WINDOWS\system32\cmd.exe
result : 0, 1, 0, 1
계속하려면 아무 키나 누르십시오 . . .
```

1분 퀴즈
07-1 data1은 2, data2는 5, data3은 2라고 할 때 다음 문장들의 참, 거짓을 판별해 보세요.

```
1. data1 == data2

2. data2 > data3

3. data1 != data3
```

정답 1. 거짓 2. 참 3. 거짓

논리 연산자

'A 또는 B가 참이라면 실행하겠다'라는 문장의 의미는 무엇일까요? A와 B 둘 중에 하나만 참이어도 실행하겠다는 뜻입니다. 이렇게 A와 B의 상황을 일정한 규칙(AND, OR, NOT)으로 연결해주는 연산자가 '논리 연산자'이고 A와 B는 진릿값(참, 거짓)을 사용합니다.

논리 연산자도 관계 연산자처럼 연산의 결과 값은 참(1) 또는 거짓(0)으로 나옵니다. 하지만 연산할 때 사용하는 숫자가 0, 1만 존재하는 것은 아니기 때문에, 0만 거짓으로 간주하고 0이 아닌 모든 값을 '참'으로 판단합니다.

ⓖ 논리 연산자에 3, 5와 같은 숫자를 사용하면 1을 사용한 것과 마찬가지로 '참'으로 처리됩니다.

C 언어에서 논리 연산자 AND는 && 키워드를, OR는 || 키워드를, NOT은 ! 키워드를 사용합니다. AND 연산자와 OR 연산자는 이항 연산자이고 NOT 연산자는 단항 연산자입니다. 논리 연산의 규칙은 다음과 같습니다.

A	B	A && B 연산	A || B 연산	!A 연산
거짓(0)	거짓(0)	거짓(0)	거짓(0)	참(1)
거짓(0)	참(1)	거짓(0)	참(1)	
참(1)	거짓(0)	거짓(0)	참(1)	거짓(0)
참(1)	참(1)	참(1)	참(1)	

연산 규칙을 한 번 더 정리해 보면 다음 표와 같습니다.

논리 연산자	연산 특성
&&	A와 B가 모두 참이어야 결과 값이 참(1), 하나라도 거짓이면 결과 값은 거짓(0)
||	A 또는 B가 참이면 결과 값이 참(1), 둘 다 거짓일 때만 결과 값이 거짓(0)
!	A가 거짓이면 결과 값이 참(1), A가 참이면 결과 값이 거짓(0)

AND 연산의 특징은 연산에 참여하는 A, B 진릿값이 둘 다 참(1)이어야 결과 값이 참(1)이 나오고, OR 연산의 특징은 A, B 진릿값이 둘 다 거짓(0)인 경우에만 결과 값이 거짓(0)이 나옵니다. 그리고 NOT 연산은 현재 가지고 있는 진릿값이 반전(거짓(0)이면 참(1), 참(1)이면 거짓(0))됩니다.

다음 예제는 논리 연산의 다양한 결과를 보여 줍니다.

코딩해 보세요!   **논리 연산자를 사용하여 연산하기**   • 완성 파일 07_01_04.c

```
001:    #include <stdio.h>
002:
003:    void main()
004:    {
005:        int data1 = 5, data2 = 3;    /* 두 변수에 초깃값을 5와 3으로 설정 */
006:        /* OR 연산자 */
007:        int result1 = 0 || 1;
008:        /* AND 연산자. 3 && -1은 1 && 1과 같기 때문에 결과 값은 참 */
009:        int result2 = 3 && -1;
010:        /* OR 연산자. data1 == 3은 거짓, data2 == 3은 참 */
011:        int result3 = data1 == 3 || data2 == 3;
012:        /* AND 연산자. data1 == 3은 거짓, data2 == 3은 참 */
013:        int result4 = data1 == 3 && data2 == 3;
014:        /* data1은 0이 아니라서 참. 참에 NOT 연산을 하면 거짓 */
015:        int result5 = !data1;
016:        /* 관계 연산의 결과 값은 0 또는 1 */
017:        printf("result : %d, %d, %d, %d, %d\n", result1, result2, result3, result4, result5);
018:    }
```

:: 결과 화면

```
C:\WINDOWS\system32\cmd.exe     —     □     ×
result : 1, 1, 1, 0, 0
계속하려면 아무 키나 누르십시오 . . .
```

{/} **김성엽의 프로그래밍 노트** 논리 연산자의 특성을 이용해 조건 수식 구성하기

논리 연산자는 A, B 진릿값을 사용하여 AND와 OR 연산을 수행할 때 A만으로도 연산 결과를 판단할 수 있는 경우에는 B를 수행하지 않습니다. 예를 들어 A && B 연산에서 A가 거짓(0)이면 B의 진릿값을 보지 않고도 결과 값이 거짓임을 알 수 있고, A || B 연산에서 A가 참(1)이면 B의 진릿값을 몰라도 결과 값이 참임을 알 수 있습니다. 그래서 이런 연산 특성을 이용하여 간단한 조건 수식을 구성할 수 있습니다. 다음 수식을 살펴봅시다.

- **data 값이 3보다 큰 경우:** 이 수식은 data가 3보다 큰 값을 가지면 A 연산(data > 3)이 참이 됩니다. 따라서 B 연산(data++)이 참인지 거짓인지에 따라 논리 연산자의 결과 값이 달라지기 때문에 data++ 연산이 무조건 수행됩니다. 즉 data가 5일 때 위 명령문을 수행하고 나면 data는 6이 됩니다.
- **data 값이 3보다 작거나 같은 경우:** 반대로 data가 3보다 작거나 같다면 A 연산이 거짓이 되어 B 연산을 확인해보지 않아도 결과 값은 거짓이 됩니다. 따라서 data++는 수행되지 않습니다. 즉 data가 2일 때 위 명령문을 수행하고 나면 data는 여전히 2입니다.

다음 수식도 살펴봅시다.

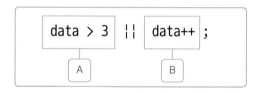

- **data 값이 3보다 큰 경우:** 이 수식은 data가 3보다 큰 값을 가지면 A 연산(data > 3)이 참이 되어 B 연산(data++)을 확인해보지 않아도 결과 값이 참이 됩니다. 따라서 data++는 수행되지 않습니다. 즉 data가 5일 때 위 명령문을 수행하고 나면 data는 여전히 5입니다.
- **data 값이 3보다 작거나 같은 경우:** 반대로 data가 3보다 작거나 같다면 A 연산이 거짓이 되어 B 연산이 참인지 거짓인지에 따라 논리 연산자의 결과 값이 달라지기 때문에 data++ 연산이 수행됩니다. 즉 data가 2일 때 위 명령문을 수행하고 나면 data는 3이 됩니다.

07-2 연산자 우선순위와 연산 방향

연산자 우선순위란?

연산자 우선순위는 하나의 수식에서 연산
자를 여러 개 사용했을 때, 어떤 연산자를
먼저 연산할 것인지 정해 놓은 것입니다.
오른쪽 수학 문제를 살펴보세요. 예제처
럼 덧셈, 뺄셈보다 괄호와 곱셈, 나눗셈을
먼저 계산하는 것을 연산자 우선순위라고
합니다.

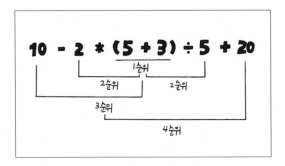

다음은 C 언어 연산자들의 우선순위를 정리한 표입니다.

순위	종류	연산자	연산 방향
1	괄호, 배열, 구조체	( )(후위 증가) . [ ](후위 감소) ->	⟶
2	단항 연산자	(자료형) *(간접) &(주소) ! ~(비트 NOT) ++ -- +(부호) -(부호) sizeof	⟵
3	승제 연산자	* / %	⟶
4	가감 연산자	+ -	⟶
5	시프트(Shift) 연산자	<< >>	⟶
6	비교 연산자	< <= > >=	⟶
7	등가 연산자	== !=	⟶
8	비트 연산자 AND	&	⟶
9	비트 연산자 XOR	^	⟶
10	비트 연산자 OR	|	⟶
11	논리 연산자 AND	&&	⟶

12	논리 연산자 OR	||	⟶
13	조건 연산자	? :	⟵
14	대입 연산자	= *= /= += -= %= <<= >>= &= ^= |=	⟵
15	나열 연산자	,	⟶

😊 비트 연산자, 시프트 연산자는 10장에서 자세히 설명합니다. 여기에서는 순서만 확인하고 넘어가세요.

우선순위가 같은 연산자라면? 연산 방향을 확인하자!

앞의 표에서 '연산 방향'이라는 용어가 나왔습니다. 컴퓨터는 정수 연산을 많이 사용하고 몫과 나머지를 구분해서 연산하기 때문에 수학에서는 적용되지 않는 연산 방향이라는 개념이 추가로 적용됩니다. 예를 들어 2 * 3 / 4라는 수식이 있을 때, *와 /는 연산자 우선순위가 같기 때문에 *를 먼저 연산해도 되고 /를 먼저 연산해도 됩니다. 결과 값이 같기 때문이죠. 그런데 컴퓨터에서는 수학처럼 연산 결과가 같게 나오지 않습니다.

```
                    ⟶          = (2 * 3) / 4
 = 2 * (3 / 4)    2 * 3 / 4     = 6 / 4
 = 2 * 0           ⟵           = 1
 = 0
```

앞에서 뒤로 연산하면 결과 값이 1이 나오고, 뒤에서 앞으로 연산하면 결과 값이 0이 나옵니다. 따라서 연산자 우선순위가 같은 연산자들에 대해서도 어떤 연산자를 먼저 연산할 것인지를 정해 놓았는데, 이것이 '연산 방향'입니다. 그래서 연산 수식을 구성할 때 연산자의 개별적인 우선순위 외에 연산 방향도 잘 고려해야 합니다.

1분 퀴즈 | **07-2** 연산자 우선순위와 연산 방향에 따라 다음 빈칸을 채워 보세요.

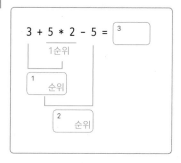

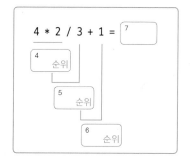

정답 1. 2 2. 3 3. 8 4. 1 5. 2 6. 3 7. 3

※ 다음과 같이 data, result 변수가 선언되어 있다고 가정하고 수식의 결과 값을 적어 보세요.

```
int data = 5, result = 0;
```

Q1 result = data % 2;

(result:)

Q2 result = data 〈 5;

(result:)

Q3 result = data 〈 4 + 3;

(result:)

Q4 result = data++ + 2;

(result: , data:)

Q5 result = data == 5;

(result: , data:)

Q6 result = data != 5 && (data = 0);

(result: , data:)

Q7 result = --result && (data = 0);

(result: , data:)

Q8 result = result-- && (data = 0);

(result: , data:)

Q9 result = result-- || (data = 0);

(result: , data:)

07장 풀이 562쪽

조건문

C 언어는 프로그램의 흐름을 제어할 수 있는 제어문이라는 문법을 제공합니다. C 언어 제어문에는 조건문과 반복문이 있습니다. 가장 기본적인 문법 중 하나이므로 확실히 알고 넘어가야 합니다. 이 장에서는 C 언어에서 제공하는 if, switch 조건문을 사용하는 법과 주의 사항에 대해 설명합니다. 이어서 09장에서 for, while, do ~ while 반복문을 설명하겠습니다.

08-1 제어문
08-2 if 조건문
08-3 if ~ else ~ 조건문
08-4 중첩된 if 조건문
08-5 switch 조건문

08-1 제어문

제어문이란?

지금까지 소스 코드를 작성할 때 작업이 이루어지는 순서대로 명령을 나열한 경우가 많았습니다. 하지만 작업을 하다 보면 예외가 발생하기 때문에 항상 같은 순서로 작업이 진행되지는 않습니다. 예를 들어 우리가 학교에 갈 때 보통은 그냥 가방만 챙겨서 가지만, 비가 오는 날은 우산도 챙겨야 하고 우산이 없다면 어떻게 할 것인지 또 다른 방법을 생각해야 합니다.
이렇게 평범해 보이는 상황에서도 여러 가지 조건에 따라 기존에 정해 놓은 형식과 다르게 추가 작업을 하거나 다른 형식으로 진행되기도 합니다. 프로그래밍에서도 이처럼 조건에 따라 실행 흐름을 변경할 수 있도록 제어문(Control Statement)이라는 문법을 제공합니다.

앞에서도 말했듯이 프로그램은 나열된 명령문을 순차적으로 실 *"제어문은 프로그램의 실행 흐름을 제어하는 문법이다."* 행합니다. 작업이 단순하거나 예외적인 사항이 발생하지 않는다면 이렇게 순차적으로 수행하는 것이 가능하지만, 특정 작업을 반복해서 수행해야 하거나 예외를 처리해야 한다면 명령문을 나열식으로 표현하는 것은 매우 비효율적이고 어려운 작업이 될 것입니다. 그래서 문장을 좀 더 효과적으로 표현하기 위해서 C 언어에서는 다음과 같은 두 가지 형태의 제어문을 제공합니다.

조건문: 예외 사항에 대처하기 위한 문법

조건문은 특정 조건을 부여하고 해당 조건을 만족하면 지정한 문장을 수행하는 문법입니다. 일반적으로 조건은 수식으로 표현하며 이 수식의 진릿값이 참(1)이면 지정한 문장을 수행하게 됩니다. C 언어에서는 if, switch와 같은 문법이 조건문에 해당합니다(이 장의 뒤에서 배웁니다).

반복문: 반복 행위를 효과적으로 표현하기 위한 문법

일정한 형태의 작업을 반복해서 수행해야 할 때 반복 조건을 부여하고, 해당 조건이 거짓이 될 때까지 지정한 문장을 계속 수행하는 문법입니다. C 언어에서는 for, while, do ~ while과 같은 문법이 반복문에 해당합니다(09장에서 알아보겠습니다).

08-2 if 조건문

if 조건문의 구조

if 조건문은 문법 구성이 간단하고 직관적인 표현을 사용하기 때문에 다른 조건문에 비해 많이 사용합니다. 기본적인 문법 구성은 다음과 같습니다.

> if(*조건 수식*) *명령문*;

ⓒ if 조건문은 08-3에서 배울 if ~ else 조건문에서 else가 생략된 형태입니다.

( ) 괄호 안에 있는 조건 수식의 결과 값이 참으로 나오면 그 뒤에 명시한 명령문 1개를 수행하는 문법입니다. 여기에서 참은 0이 아닌 모든 값을 의미합니다.

C 언어에서는 명령문이 단일 명령문과 복합 명령문으로 나뉘어 있기 때문에 if문은 단일 문장을 수행하는 if문과 복합 문장을 수행하는 if문의 형태로 사용하게 됩니다.

단일 문장을 수행하는 if 조건문

조건 수식의 결과 값이 참일 때 하나의 단일 명령문만 수행합니다. 이 경우에 조건 수식의 결과 값이 참이면 '명령문1 → 명령문2 → 명령문3'의 순서로 실행하고 조건 수식의 결과 값이 거짓이면 '명령문1 → 명령문3'의 순서로 실행합니다.

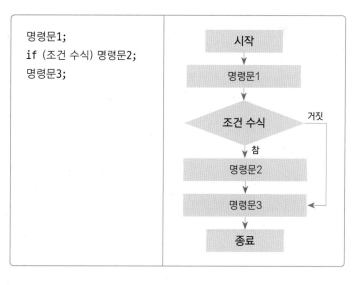

다음 예제를 통해 실행 과정을 살펴보겠습니다.

조건 수식이 참일 때 단일 명령 문장 실행하기 • 완성 파일 08_02_01.c

```
001:  #include <stdio.h>
002:
003:  void main()
004:  {
005:      int data = 5; /* 명령문1 */
006:      if(data > 3) printf("data는 3보다 큰 수입니다. \n"); /* 명령문2 */
007:      printf("작업 종료 \n"); /* 명령문3 */
008:  }
```

> data > 3 비교 연산의 결과 값은 참이기 때문에 명령문2를 수행합니다.

:: 결과 화면

```
C:\WINDOWS\system32\cmd.exe        —   □   ×
data는 3보다 큰 수입니다.
작업 종료
계속하려면 아무 키나 누르십시오 . . .
```

5행에서 data가 5이므로, 6행의 조건 수식 data 〉 3을 비교 연산하면 결과 값은 참이 됩니다. 따라서 '명령문1 → 명령문2 → 명령문3'의 순서를 따라 printf("data는 3보다 큰 수입니다. \n") 명령문이 수행됩니다. 만약 5행에서 data가 2라면 어떻게 될까요? 조건 수식 data 〉 3의 결과 값이 거짓이 되기 때문에 명령문2를 수행하지 않고 명령문3의 출력 결과만 나타날 것입니다.

복합 문장을 수행하는 if 조건문

조건 수식의 결과 값이 참일 때 { } 로 모아 놓은 명령문들을 모두 수행합니다. 위의 경우에 조건 수식의 결과 값이 참이면 '명령문1 → 명령문2 → 명령문3 → 명령문4'의 순서로 실행하고, 조건 수식의 결과 값이 거짓이면 '명령문1 → 명령문4'의 순서로 실행합니다.

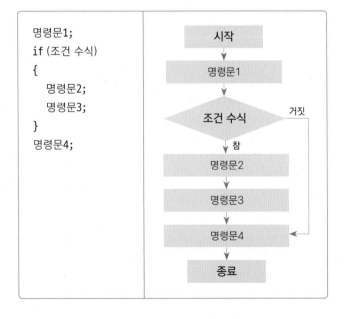

```
명령문1;
if (조건 수식)
{
    명령문2;
    명령문3;
}
명령문4;
```

다음 예제를 통해 실행 과정을 살펴보겠습니다.

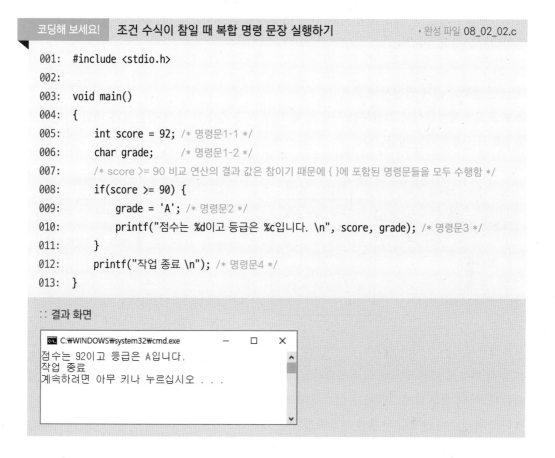

조건 수식이 참일 때 복합 명령 문장 실행하기 • 완성 파일 08_02_02.c

```c
001:  #include <stdio.h>
002:
003:  void main()
004:  {
005:      int score = 92; /* 명령문1-1 */
006:      char grade;       /* 명령문1-2 */
007:      /* score >= 90 비교 연산의 결과 값은 참이기 때문에 { }에 포함된 명령문들을 모두 수행함 */
008:      if(score >= 90) {
009:          grade = 'A'; /* 명령문2 */
010:          printf("점수는 %d이고 등급은 %c입니다. \n", score, grade); /* 명령문3 */
011:      }
012:      printf("작업 종료 \n"); /* 명령문4 */
013:  }
```

:: 결과 화면

```
C:\WINDOWS\system32\cmd.exe        —    □    ×
점수는 92이고 등급은 A입니다.
작업 종료
계속하려면 아무 키나 누르십시오 . . .
```

5행에서 score 값이 92이므로, 8행의 조건 수식 score >= 90을 만족해서 참이 됩니다. 따라서 9행과 10행이 수행됩니다.

1분 퀴즈 **08-1** 위 예제에서 int score = 92; 대신 'int score = 80;'을 입력한 후 실행해 보세요. 과연 어떤 결과가 나올까요? 그 이유는 무엇일까요?

정답 작업 종료만 출력됨. score가 80이면 if 조건식 안의 명령문들이 수행되지 않음.

if 조건문을 사용할 때 주의 사항

if 조건문을 사용할 때 대입 연산자와 관계 연산자를 혼동하거나 세미콜론으로 인한 오류에
주의해야 합니다.

대입 연산자와 관계 연산자의 혼동

초보 프로그래머들이 if 조건문을 사용할 때 자주 하는 실수는 관계 연산자와 대입 연산자를
혼동해서 사용한다는 것입니다.

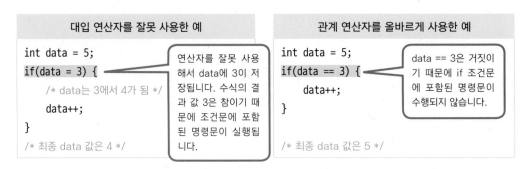

프로그램에서는 수치가 같은지 확인할 때 == 관계 연산자를 사용합니다. 그런데 =를 '같다'
는 수학 기호로 사용하는 데 익숙해져서 = 대입 연산자를 관계 연산자로 잘못 쓰는 경우가 있
습니다. 이런 경우 프로그래머가 실수하더라도 컴파일러가 번역할 때 문법적으로 오류가 생
겼다고 알려주지 않으니 문제가 심각해집니다. 왜냐하면 data = 3도 대입 연산자로는 올바른
문법이니까요. 그래서 프로그래머는 소스 코드가 잘못되었다는 것도 모르고 프로그램을 실
행하게 되고 잘못된 결과 값이 출력됩니다. 이렇게 엉뚱한 데서 버그(Bug, 논리적 오류)가 생기
는 경우가 잦습니다.

{/} **김성엽의 프로그래밍 노트** **오류를 줄이는 프로그래밍 습관!**

버그가 생겨서 프로그램에 실행 오류가 발생하면 어디서 문제가 발생했는지 비교적 빨리 찾을 수 있습
니다. 그런데 프로그램 실행은 잘되는데 잘못된 결과 값을 출력하는 경우도 있습니다. 이럴 때 소스 코
드까지 복잡하다면 버그를 찾기가 훨씬 어려워집니다. 소스 코드는 30분 만에 작성하고 버그를 찾는
데 하루가 걸리는 경우도 정말 많습니다.

물론 프로그래밍을 하다 보면 버그가 생길 수 있습니다. 그런데 버그를 찾아 고친 후에도 똑같은 버그
가 또 발생한다면, 신경을 더 쓴다고 해결되지 않습니다. 따라서 버그가 발생하지 않도록 습관 자체를
바꾸는 것이 좋습니다. 예를 들어 비교 연산 버그는 다음과 같이 상수를 먼저 사용하는 습관을 들이면
해결할 수 있습니다.

```
if(3 == data)  /* 관계 연산자 == 앞에 상수 3을 먼저 입력함 */
```

이렇게 하면 다음처럼 실수를 하더라도 '상수에 값을 대입할 수 없다'는 문법 오류가 발생하여 잘못된 부분을 바로 찾아서 수정할 수 있습니다.

```
if(3 = data)  /* 문법 오류 발생: 3은 상수이기 때문에 값을 대입할 수 없음 */
```

그리고 상수를 먼저 사용하는 습관은 수치 연산을 할 때도 좋습니다. 예를 들어 'data+4+7'이라고 하는 것과 '4+7+data'라고 하는 것은 얼핏 같아 보이지만 기계어로는 다르게 번역됩니다. data+4+7은 ((data+4)+7)을 의미하기 때문에 두 개의 덧셈 연산으로 번역되지만, 4+7+data는 컴파일러가 11+data로 바꾸고 번역하기 때문에 한 개의 덧셈 연산으로 번역되어 더 효율적입니다.

세미콜론으로 인한 오류

이 외에도 조건문에서 ;(세미콜론)을 너무 열심히 사용해서 다음과 같은 버그에 빠지는 경우도 많습니다.

단일 문장에서 잘못 사용

```
int data = 5;
if(data > 3);
    data++;   /* data는 6이 됨 */
```

복합 문장에서 잘못 사용

```
int data = 5;
int result = 0;
if(data > 3);
{
    data++;
    result = data;   /* data는 6이 됨 */
}
```

위와 같은 경우에 둘 다 data가 6이 됩니다. 논리적으로도 6이 되는 것이 맞기 때문에 무엇이 잘못된 것인지 찾기가 쉽지 않습니다.

하지만 data의 초깃값이 5가 아니라 3이면 어떻게 될까요?

세미콜론을 잘못 사용 (A 형식)

```
int data = 3;
if(data > 3);
    data++;   /* data가 3이어야 하는데 4가 됨 */
```

정상적인 소스 코드 (B 형식)

```
int data = 3;
if(data > 3)
    data++;   /* data는 그대로 3 */
```

data가 3이면 조건 수식의 결과 값이 거짓이 되어 논리적으로 3이 나와야 하는데 세미콜론을 잘못 사용한 A 형식은 4가 되고 B 형식은 3이 됩니다. 이것은 if(data 〉 3) 뒤에 ;(세미콜론)을 바로 사용했기 때문입니다. 이 조건문의 결과 값이 참이라면, 비어 있는 단일 문장 하나가 실행되고 끝나기 때문에 조건문이 없는 것이나 마찬가지 입니다. 즉 data++;는 무조건 실행되는 것이죠.

◎ 비어 있는 단일 문장이란 명령문이 ;(세미콜론)으로만 이루어진 문장을 의미합니다.

보통 프로그램을 작성하고 긍정 테스트(잘되는 경우를 넣어서 테스트하는 것)를 많이 합니다. 그래서 위와 같은 경우에 정상적인 결과가 나와 잘못된 결과 값이 나오는 숫자를 대입하기 전까지는 버그를 찾기가 더 어렵습니다. 이런 실수를 많이 하는 이유는 문장이 끝날 때 ;(세미콜론)을 사용하는 버릇이 있어서입니다. 따라서 이 버릇이 잘 고쳐지지 않으면 단일 문장을 사용하거나 { 괄호를 조건 수식 뒤에 바로 적는 습관을 들이는 것이 좋습니다. 이렇게 하면 ;(세미콜론)을 잘못 찍을 수 없기 때문에 버그가 나올 확률이 줄어들게 됩니다.

단일 문장으로 사용

```
int data = 5;

if(data > 3) data++;
```

{ 괄호를 조건 수식 뒤에 바로 적음

```
int data = 5;
int result = 0;
if(data > 3) {
    data++;
    result = data;
}
```

08-3 if ~ else ~ 조건문

조건문을 사용하다 보면 상황이 서로 반대되는 조건을 나열해야 할 때가 있습니다. 예를 들어 '비가 오면 우산을 들고 간다. 비가 오지 않으면 운동화를 신고 나간다.'와 같은 표현입니다. 실생활에서 흔하게 있는 일이죠. 이 표현에서 '비가 오면'이라는 조건과 '비가 오지 않으면'이라는 조건은 서로 반대되는 조건이기 때문에 '비가 오면 우산을 들고 가고 그렇지 않으면 운동화를 신고 나간다.'라는 표현을 사용하여 조건과 반대 조건을 한 번에 사용하는 것이 더 편할 것입니다.

이 상황을 if 조건문을 사용하여 표현해 보면 다음과 같습니다.

```
if(비가 온다) 우산을 들고 간다;
if(비가 오지 않는다) 운동화를 신고 나간다;
```

이번에는 프로그램에서 'data가 10이면 data에 0을 저장하고, data가 10이 아니면 data를 1 증가시킨다'라는 조건을 어떻게 표현하면 좋을지 생각해 봅시다.

```
if(data == 10) data = 0;     /* data == 10이 참이면 data에 0을 저장함 */
if(data != 10) data++;       /* data != 10이 참이면 data 값을 1 증가시킴 */
```

하지만 data == 10과 data != 10처럼 진릿값이 서로 반대되는 경우에 if 조건문을 반복해서 쓰는 것은 불필요한 작업이겠죠. 따라서 위 소스 코드는 다음과 같이 반대 조건을 한 번에 표현하는 'if ~ else ~' 형식으로 변경할 수 있습니다.

```
if(data == 10) data = 0;
else data++;         /* data가 10이 아닌 경우에 수행됨 */
```

이렇게 if ~ else ~문을 사용하면 조건 수식은 한 번만 수행합니다. 그리고 간결해진 소스 코드로 인해 수행 속도가 좋아지며 프로그램을 이해하는 데 더 도움이 됩니다. if ~ else ~ 형식 또한 단일 문장으로도, 복합 문장으로도 모두 사용 가능합니다.

단일 if ~ else ~문

다음은 단일 문장 if ~ else ~문의 형식입니다.

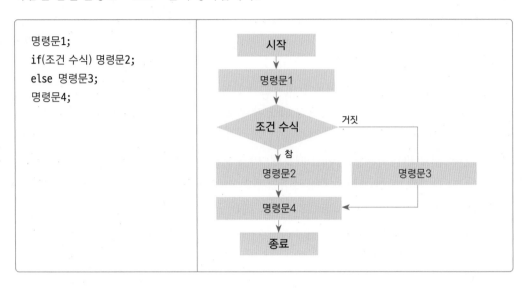

위와 같은 경우에 조건 수식이 참이면 '명령문1 → 명령문2 → 명령문4'의 순서로 실행되고 조건 수식이 거짓이면 '명령문1 → 명령문3 → 명령문4'의 순서로 실행됩니다. 다음 예제를 통해 실행 과정을 살펴보겠습니다.

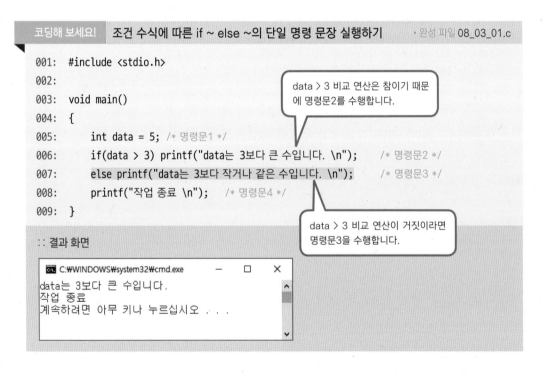

5행에서 data 값이 5이므로, 6행의 조건
수식 data > 3을 비교 연산하면 결과 값이
참이 됩니다. 따라서 6행의 명령문2가 수
행됩니다.

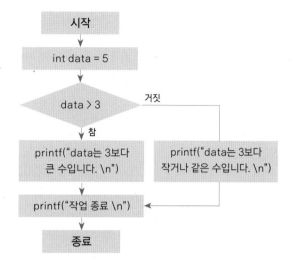

1분 퀴즈 **08-2** 앞의 예제에서 int data = 5; 대신 'int data = 2;'를 입력한 후 실행해 보세요. 과연 어떤
결과가 나올까요? 그 이유는 무엇일까요?

정답 'data는 3보다 작거나 같은 수입니다.'라고 출력됨. data가 2이면 조건 수식이 거짓이 되기 때문.

복합 if ~ else ~문

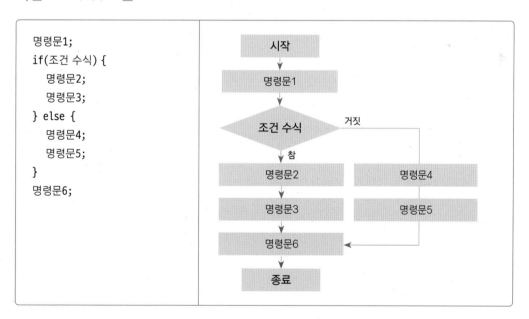

```
명령문1;
if(조건 수식) {
    명령문2;
    명령문3;
} else {
    명령문4;
    명령문5;
}
명령문6;
```

위와 같은 경우에 조건 수식이 참이면 '명령문1 → 명령문2 → 명령문3 → 명령문6'의 순서로
실행되고 조건 수식이 거짓이면 '명령문1 → 명령문4 → 명령문5 → 명령문6'의 순서로 실행

됩니다. 다음 예제를 통해 실행 과정을 살펴보겠습니다.

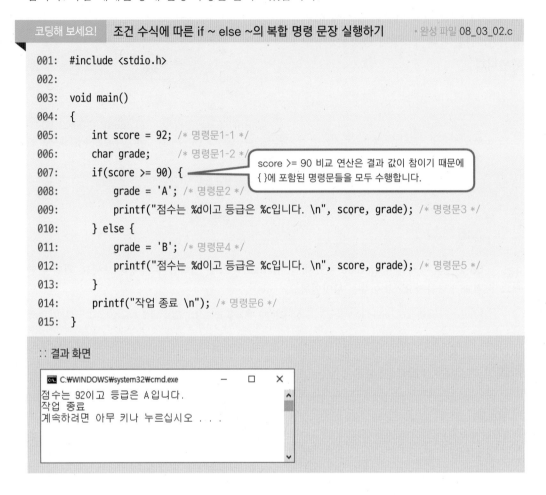

코딩해 보세요! 조건 수식에 따른 if ~ else ~의 복합 명령 문장 실행하기 · 완성 파일 08_03_02.c

```c
001:  #include <stdio.h>
002:
003:  void main()
004:  {
005:      int score = 92;  /* 명령문1-1 */
006:      char grade;      /* 명령문1-2 */
007:      if(score >= 90) {
008:          grade = 'A'; /* 명령문2 */
009:          printf("점수는 %d이고 등급은 %c입니다. \n", score, grade); /* 명령문3 */
010:      } else {
011:          grade = 'B'; /* 명령문4 */
012:          printf("점수는 %d이고 등급은 %c입니다. \n", score, grade); /* 명령문5 */
013:      }
014:      printf("작업 종료 \n"); /* 명령문6 */
015:  }
```

> score >= 90 비교 연산은 결과 값이 참이기 때문에 { }에 포함된 명령문들을 모두 수행합니다.

:: 결과 화면

```
점수는 92이고 등급은 A입니다.
작업 종료
계속하려면 아무 키나 누르십시오 . . .
```

5행에서 score 값이 92이므로, 7행의 조건 수식 score >= 90을 만족해서 결과 값이 참이 됩니다. 따라서 8행과 9행이 수행됩니다. 만약 score 값이 80이었다면 7행의 조건 수식 결과 값이 거짓이 되기 때문에 11행과 12행이 수행됩니다.

1분
퀴즈 | 08-3 순서도를 그려 보면 프로그램의 흐름을 훨씬 잘 이해할 수 있습니다. 위 예제의 순서도를
여러분이 직접 그려 보세요.

정답 이지스퍼블리싱 홈페이지 자료실 참고

그리고 if문이 단일 문장이면 else문도 반드시 단일 문장이어야 한다거나, if문이 복합 문장이면 else문도 반드시 복합 문장일 필요는 없습니다. 따라서 다음과 같이 사용할 수도 있습니다.

if문은 복합 문장, else문은 단일 문장	if문은 단일 문장, else문은 복합 문장

``
명령문1;
if(조건 수식) {
    명령문2;
    명령문3;
} else 명령문4;
명령문5;
``
	``
	명령문1;
	if(조건 수식) 명령문2;
	else {
	    명령문3;
	    명령문4;
	}
	명령문5;
	``

{ 🖉 김성엽의 프로그래밍 노트 } **혹시 여러분이 직접 값을 입력해서 결과를 출력해보고 싶나요?**

if ~ else문까지 열심히 공부했다면 아마 여러분은 이런 생각을 할지도 모릅니다. "처음부터 값을 저장한 상태로 시작하지 않고, 내가 직접 값을 입력해 조건에 맞게 출력해 볼 수는 없을까?" 프로그램은 사용자의 입력을 통해 돌아가는 경우가 아주 많으니까요. 다만 이렇게 직접 입력을 받는 방법은 우리가 13장에서 다룰 '포인터' 문법을 배워야 제대로 이해할 수 있습니다. 여기에서는 궁금한 독자들을 위해 살짝 맛보기로 다루고 넘어가겠습니다. 사용자의 입력을 받는 '표준 입력 함수'는 14장에서 다룹니다.

```c
#include <stdio.h>

void main()
{
    int score;
    char grade;

    printf("점수를 입력하세요: ");
    scanf("%d", &score);
    if(score >= 90) {
        grade = 'A';
        printf("점수는 %d이고 등급은 %c입니다. \n", score, grade);
    } else {
        grade = 'B';
        printf("점수는 %d이고 등급은 %c입니다. \n", score, grade);
    }
    printf("작업 종료 \n");
}
```

> scanf 함수는 사용자에게 입력 받은 값을 score 변수에 저장합니다.

> scanf 함수는 & 연산자를 반드시 사용해야 합니다. 이 내용은 14장에서 다룹니다.

if ~ else ~ 조건문과 비슷한 조건 수식 연산자

조건 수식 연산자(Conditional-expression Operator)는 if~ else ~ 조건문과 비슷한 형태를 가지는 연산 수식입니다. 하지만 조건문과 달리 조건 수식 연산자는 연산자이기 때문에 명령을 처리하고 나면 결과 값을 반환하는 형태로 되어 있습니다. 즉 조건 수식의 결과 값이 참이면 수식1의 결과 값을 사용하고 거짓이면 수식2의 결과 값을 사용합니다.

조건 수식 연산자와 if ~ else ~ 조건문과 다른 점은 조건 수식의 결과 값이 참이 되면 '결과 값 = 수식1'이 되고 거짓이 되면 '결과 값 = 수식2'가 된다는 점입니다. 단순히 수식만 연산하는 것이 아니라 그 연산의 결과 값을 최종 반환하는 형태로 되어 있습니다.

"조건 수식 연산자는 단일 문장으로 구성된 명령문만 사용할 수 있다."

조건 수식 연산자와 if ~ else ~ 조건문이 비슷하기 때문에 같은 상황에서 두 문법이 어떻게 적용되는지 비교하며 설명하겠습니다. 예를 들어 오른쪽과 같이 int형으로 선언한 value라는 변수와 double형으로 선언한 point 라는 변수가 있다고 가정하겠습니다.

```
int value = 50000;
double point;
```

value 값이 10000 이상이면 value 값에 0.1을 곱해서 point에 저장하고 value 값이 10000 보다 작으면 value 값에 0.05를 곱해서 point에 저장하는 코드를 if ~ else ~문으로 구성해 보면 오른쪽과 같습니다.

```
if(value >= 10000) point = value * 0.1;
else point = value * 0.05;
```

이 코드를 조건 수식 연산자를 사용해서 적어 보면 다음과 같습니다.

```
/* 반환된 연산 결과 값을 point에 저장함 */
point = (value >= 10000) ? value * 0.1 : value * 0.05;
```

그런데 이것을 다음과 같이 사용하는 사람들도 있는데, 결과 값은 같지만 조건 수식 연산자의 특성을 잘못 활용한 형태입니다.

```
(value >= 10000) ?  point = value * 0.1 : point = value * 0.05;
```
> 오류가 발생하지는 않지만 잘못된 표현입니다.

😊 이렇게 사용할 거라면 굳이 조건 수식 연산자를 사용할 필요가 없습니다. 앞에서도 설명했듯이 조건 수식 연산자는 연산 결과를 최종 반환하는 형태이기 때문에 위와 같이 적으면 조건 수식 연산자가 최종 반환하는 값을 사용하지 않는 형태가 되어 버립니다.

조건 수식 연산자를 활용하는 다른 예제를 살펴봅시다. data가 5보다 크면 1을 반환하고 data가 5보다 작거나 같으면 0을 반환하는 코드를 if ~ else ~문으로 구성해 보면 다음과 같습니다.

```
if(data > 5) return 1; /* data가 5보다 크면 1을 반환함 */
else return 0;          /* data가 5보다 작거나 같으면 0을 반환함 */
```

위 코드를 조건 수식 연산자를 사용해서 적어 보면 오른쪽과 같습니다. 즉 조건 수식 연산자는 조건을 가지면서도 반환하는 특성이 있어서 표현이 훨씬 간결해집니다.

```
return (data > 5) ? 1 : 0;
```

하지만 이렇게 간결해 보이는 조건 수식 연산자에도 단점은 있습니다. '수식1'과 '수식2'가 값을 반환하는 구조로 되어 있으므로 수식을 단일 문장으로만 표현해야 하고 중괄호 {}를 사용하는 복합 문장은 사용할 수 없습니다. 따라서 함수를 사용하지 않는 이상 단순한 수식 표현만 사용할 수 있습니다.

1분 퀴즈 | **08-4** 다음을 조건 수식 연산자 형태로 바꾸어 보세요.

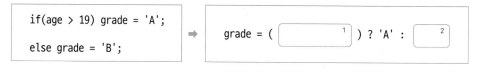

정답 1. age > 19 2. 'B';

08-4 중첩된 if 조건문

if 조건문을 사용하다 보면 조건 수식이 만족되어 실행하는 명령문안에 또 조건문이 포함되는 경우가 있는데, 이런 상황을 조건문이 중첩되었다고 합니다. 중첩의 개수 제한은 없지만, 너무 많이 중첩되면 프로그램의 수행 능력이 떨어지고 프로그래머가 이해하기도 어려워지기 때문에 알고리즘을 잘 만들어서 작업해야 합니다.

☺ 알고리즘이란 프로그램의 문제를 해결하기 위한 자신의 생각 혹은 문제 처리 과정을 의미합니다. 알고리즘을 알기 쉽게 기호와 그림으로 나타낸 것이 바로 순서도입니다.

중첩된 if문

다음 예제를 통해 중첩된 if문에 대해 살펴보겠습니다. 이 예제는 2015년 12월 31일에서 1일을 증가시켰을 때 연도와 월이 조건에 따라 함께 변경되는 예제입니다. 31일에서 1일을 증가시키면 32일이 없기 때문에 월을 증가시켜야 하고 32일은 1일로 변경해야 합니다. 또 12월에서 한 달을 증가시키면 13월이 되는데 13월은 존재하지 않기 때문에 연도를 1년 증가시키고 13월을 1월로 변경하는 과정을 중첩된 조건문으로 구성한 것입니다.

코딩해 보세요! 중첩된 if 조건문을 사용해 날짜, 월, 연도 증가시키기 · 완성 파일 08_04_01.c

```
001: #include <stdio.h>
002:
003: void main()
004: {
005:     /* 2015년 12월 31일을 3개의 정수 변수에 나누어서 대입함 */
006:     int year = 2015, month = 12, day = 31;
007:     /* 일을 하루 증가시키면 day가 31에서 32가 됨 */
008:     day++;
009:     /* 일이 31일을 초과하면 1일로 바꾸고 월을 증가시킴 */
010:     if(day > 31) {
011:         month++; /* 월을 증가시키면 month가 12에서 13이 됨 */
012:         day = 1;  /* 월이 증가되었으니 해당 월의 처음인 1일로 변경함 */
013:         /* 월이 12월을 초과하면 1월로 바꾸고 연도를 증가시킴 */
014:         if(month > 12) {
015:             year++; /* 연도를 1년 증가시키면 year가 2015에서 2016이 됨 */
016:             month = 1; /* 연도가 증가되었으니 12월에서 1월로 변경함 */
```

```
017:                }
018:            }
019:            printf("Date : %d년 %d월 %d일\n", year, month, day);
020:  }
```

:: 결과 화면

```
C:\WINDOWS\system32\cmd.exe          —  □  ×
Date : 2016년 1월 1일
계속하려면 아무 키나 누르십시오 . . .
```

6행에서 day 값이 31로 지정되었고, day 값이 8행에서 1증가하여 32가 되었습니다. 그래서 10행의 조건 수식 day > 31을 비교 연산하면 결과 값이 참이 되어 11행에서 18행까지 수행됩니다. 그리고 11행에서 month 값이 1 증가하여 12에서 13으로 변경되었기 때문에 14행의 조건 수식 month > 12를 비교 연산하면 결과 값이 참이 되어 15행, 16행이 실행됩니다. 그래서 year 값은 2015에서 1 증가하여 2016이 되고 month는 1이 됩니다.

1분 퀴즈 | **08-5** 위 예제에서 year = 2016, month = 5, day = 31로 바꾸고 출력 결과가 'Date : 2016년 6월 1일'이 되도록 소스 코드를 수정해 보세요.

정답 지식하증후리문 유리이페지 지후증 후르 번운

중첩된 if ~ else ~문

중첩 구조는 if ~ else ~문에서도 많이 사용됩니다. 다음 예제는 중첩된 if~ else ~문을 사용하여 성적에 따라 A, B, C, D, F 등급으로 나누는 예제입니다.

코딩해 보세요! 　**중첩된 if ~ else ~문을 사용해 점수에 따른 등급 지정하기** ·완성 파일 08_04_02.c

```
001:  #include <stdio.h>
002:
003:  void main()
004:  {
005:        /* 점수를 86점으로 설정함 */
006:        int score = 86;
007:        /* 점수에 따른 등급을 저장할 변수를 선언함 */
008:        char grade;
009:
010:        if(score >= 90) {   /* 90점 이상인 경우 */
```

```
011:            grade = 'A';
012:       } else {                        /* 90점보다 작은 경우 */
013:           if(score >= 80) {           /* 80점 이상이고 90점보다 작은 경우 */
014:               grade = 'B';
015:           } else {                    /* 80점보다 작은 경우 */
016:               if(score >= 70) {       /* 70점 이상이고 80점보다 작은 경우 */
017:                   grade = 'C';
018:               } else {                /* 70점보다 작은 경우 */
019:                   if(score >= 60) {   /* 60점 이상이고 70점보다 작은 경우 */
020:                       grade = 'D';
021:                   } else {            /* 60점보다 작은 경우 */
022:                       grade = 'F';
023:                   }
024:               }
025:           }
026:       }
027:       /* 자신의 점수와 등급을 출력함 */
028:       printf("당신의 점수는 %d점이고 등급은 %c입니다. \n", score, grade);
029: }
```

:: 결과 화면

```
C:\WINDOWS\system32\cmd.exe              —    □    ×
당신의 점수는 86점이고 등급은 B입니다.
계속하려면 아무 키나 누르십시오 . . .
```

6행에서 score 값을 86으로 지정했기 때문에, 10행의 조건 수식 score >= 90을 비교 연산하면 결과 값이 거짓이 되어 else에 포함된 명령문이 실행됩니다. 그리고 13행의 조건 수식 score >= 80을 비교 연산하면 결과 값이 참이 되어 14행이 수행됩니다. 14행에서 grade 값을 'B'로 변경하고 13행이 거짓일 때 수행하는 15행에서 25행까지 건너뛰면 중첩 조건문이 완료되고 28행에서 결과 값을 출력합니다.

if ~ else if ~ else 조건문

그런데 앞의 예제 길이가 너무 길다고 생각되지는 않나요? 앞의 예제에서 if ~ else문에 사용한 명령문들은 모두 중괄호 {}를 사용하는 복합 문장을 사용했습니다. 하지만 {}로 묶은 문장이 한 개씩밖에 없기 때문에 전부 단일 문장으로 변경할 수 있고, 이렇게 하는 것이 소스 코드를 보기에도 편합니다. 위의 if~ else문 예제와 비교하기 위해 다음과 같이 소스 코드를 재구성해 보겠습니다.

```
#include <stdio.h>

void main()
{
    int score = 86;
    char grade;

    if(score >= 90) grade = 'A';            /* 90점 이상 */
    else {
        if(score >= 80) grade = 'B';        /* 80점 <= score < 90 */
        else {
            if(score >= 70) grade = 'C';    /* 70점 <= score < 80 */
            else {
                if(score >= 60) grade = 'D';    /* 60점 <= score < 70 */
                else grade = 'F';               /* 60점보다 작은 경우 */
            }
        }
    }
    printf("당신의 점수는 %d점이고 등급은 %c입니다. \n", score, grade);
}
```

단일 문장으로 변경한 후 소스 코드를 파악하기 좀 더 편해졌고, 소스도 29줄에서 20줄로 줄어들었습니다.

if ~ else ~문은 하나의 문법이기 때문에 한 개의 문장으로 처리할 수도 있습니다. 다음 소스 코드를 보겠습니다. if ~ else ~문은 한 개 문장으로 처리할 수 있다고 했지요?

```
if(score >= 70) grade = 'C';        /* 70점 <= score < 80 */
else {  ───[ 생략 가능 ]
    if(score >= 60) grade = 'D';    /* 60점 <= score < 70 */
    else grade = 'F';               /* 60점보다 작은 경우 */
}  ───[ 생략 가능 ]
```

위의 else문 중괄호 { } 안에 있는 if ~ else ~문은 단일 문장이기 때문에 이 중괄호의 { }는 생략할 수 있습니다. 중괄호 { }를 생략하고 else문에 중첩되어 있던 if ~ else ~문을 정리해 보면 다음과 같습니다.

```
if(score >= 70) grade = 'C';          /* 70점 <= score < 80 */
else if(score >= 60) grade = 'D';     /* 60점 <= score < 70 */
else grade = 'F';                     /* 60점보다 작은 경우 */
```

이 규칙을 적용하여 다음과 같이 소스 코드를 다시 한 번 구성해 보겠습니다. 소스 코드가 간결해져서 이해하기가 한결 수월합니다.

```c
#include <stdio.h>

void main()
{
    int score = 86;
    char grade;

    if(score >= 90) grade = 'A';          /* 90점 이상 */
    else if(score >= 80) grade = 'B';     /* 80점 <= score < 90 */
    else if(score >= 70) grade = 'C';     /* 70점 <= score < 80 */
    else if(score >= 60) grade = 'D';     /* 60점 <= score < 70 */
    else grade = 'F';                     /* 60점보다 작은 경우 */
    printf("당신의 점수는 %d점이고 등급은 %c입니다. \n", score, grade);
}
```

위와 같이 if ~ else ~문을 중첩해서 사용하면 첫 if에서 마지막 else 사이에 있는 조건문들이 서로 배타적인 조건이 되어서 이 조건들 중에서 한 개만 선택되는 특성이 있습니다. 즉, 조건문 중 가장 위에 있는 8행의 score >= 90이라는 조건 수식이 먼저 처리되고 이 조건 수식의 결과 값이 참이면 나머지 연결된 조건 수식은 처리되지 않고 바로 13 행으로 이동하게 됩니다. 만약 8행의 조건 수식의 결과 값이 거짓이라면 다음 if문인 9행의 score >= 80이 처리되며 참이면 13행으로 이동하고 거짓이면 10행의 조건 수식으로 이동합니다. 이 상황을 순서도 형식으로 그려 보면 다음과 같습니다.

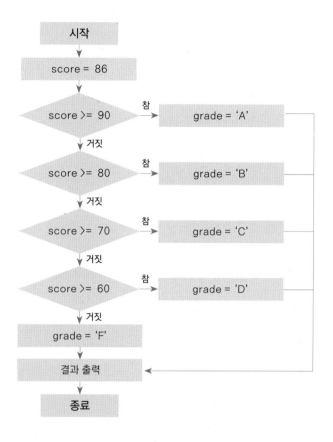

이런 특수한 형태로 사용되는 경우를 if ~ else if ~ else문이라고 합니다. 또 하나 외워두어야 할 새로운 문법이 아니라 if ~ else문의 중첩이 만들어 낸 형태라고 보면 됩니다. 그리고 당연한 이야기이겠지만, if ~ else if ~ else 구조에서는 위쪽에서 아래쪽으로 수식의 참·거짓 여부를 판단하고 수행하기 때문에 사용 빈도가 높은(결과 값이 참일 가능성이 높은) 조건 수식을 위쪽에 사용하는 것이 좋습니다.

이 내용을 왜 이렇게 길게 이야기했나 하는 분들도 있을 것입니다. 이런 구문이 있다고 외우기만 하면 편하겠지만, 중첩된 if문에서 if ~ else if ~ else문이 어떻게 만들어지게 되었는지 원리를 파악하면 앞으로 이 구문을 사용하기 훨씬 더 수월해질 것입니다. 이해가 되지 않는다면 다시 한 번 앞으로 가서 중첩된 if문의 내용을 살펴보세요.

08-5 switch 조건문

if문이 비효율적인 경우

C 언어에서는 모든 조건문을 if문으로 표현할 수 있기 때문에 if문만 사용해도 문제가 없습니다. 하지만 모든 표현이 가능하다는 것뿐이지 특정 상황에서는 if문을 사용하면 비효율적일 수 있으므로 다른 조건문도 함께 배워 사용하는 것이 좋습니다.

예를 들어 앞서 if 조건문을 설명할 때 성적에 따른 등급을 출력하는 예제에서 if ~ else if ~ else문을 사용했습니다. 이런 표현에서는 성적에 맞는 등급을 찾으려면 조건 수식 연산이 차례대로 수행되어야 합니다. 만약 성적이 61점이었다면 score >= 90이 수행되어 거짓으로 처리, 그다음 score >= 80이 수행되어 거짓으로 처리, 그다음 수식인 score >= 70이 수행되어 거짓으로 처리, 그다음 수식인 score >= 60이 참이 되어 grade = 'D';가 수행됩니다. 결국 조건 수식이 4개나 수행된다는 뜻입니다. 이 조건문의 구성을 보면 score 변수 값을 계속 특정 상수 값과 비교하여 조건을 판단하고 수행하는 과정에서 score 값은 변하지 않는다는 것을 알 수 있습니다.

이와 같이 프로그래밍을 하다 보면 정해진 상수와 조건 비교를 하는 경우가 많기 때문에 이런 경우 if ~ else if ~ else 조건문보다 switch 조건문이 더 효율적입니다.

switch 조건문의 기본 구조

switch 조건문은 정해진 상수들과 직접적인 비교를 할 수 있는 문법 구조로 되어 있습니다. switch 조건문은 조건 수식을 포함한 모든 수식을 사용할 수 있으며 그 수식을 처리하여 얻은 결과 값을 각 case문에 있는 상수 값과 비교하여 명령문을 수행합니다.

"변수 값이 이미 정해져 있는 상수들과 비교할 때는 switch 조건문이 유리하다."

```
명령문1;
switch(수식 또는 변수)
{
    case 상수1:
        명령문2;
        break;
    case 상수2:
        명령문3;
        break;
    default:
        명령문4;
        break;
}
명령문5;
```

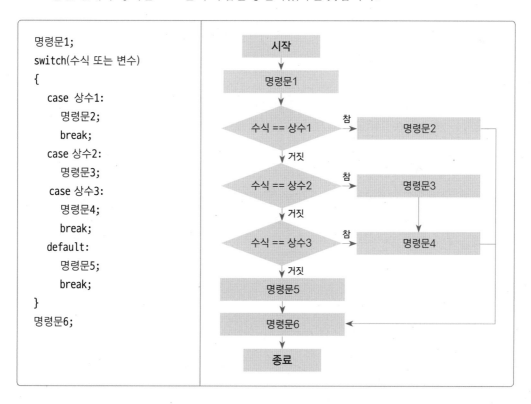

switch문을 빠져나오는 break문

각 case문을 보면 break라는 예약어를 사용했는데   ⓘ case문은 기본으로 break문을 포함합니다.
break문은 현재 수행되는 case문의 작업을 중단하겠다는 뜻입니다.

```
명령문1;
switch(수식 또는 변수)
{
    case 상수1:
        명령문2;
        break;
    case 상수2:
        명령문3;
    case 상수3:
        명령문4;
        break;
    default:
        명령문5;
        break;
}
명령문6;
```

그래서 수식의 결과 값이 '상수1'과 일치하는 경우에는 '명령문2'만 수행하고 '상수2'와 일치할 때 '명령문3'만 수행합니다.

하지만 꼭 break문을 사용해야 하는 것은 아닙니다. 프로그래머의 의도에 따라서 break문을 생략하는 경우도 있는데 'case 상수2'에서 break를 생략하면 수식의 결과 값이 '상수2'가 나왔을 때 '명령문3'뿐만 아니라 'case 상수3'에 있는 '명령문4'까지 실행됩니다. 즉 break문이 나올 때까지 계속 아래로 내려오면서 명령문을 수행합니다.

조건 수식과 일치하는 case 상수가 없으면 수행하는 default문

default문은 수식의 결과 값이 case문을 사용해 열거한 상수들과 일치하는 값이 없는 경우에 수행할 명령을 적는 곳입니다. if 조건문의 else문이 하는 역할과 같다고 생각하면 됩니다. 결국 앞의 조건문은 수식의 결과 값이 '상수1'이 나오면 '명령문2'를 수행하고, '상수2'가 나오면 '명령문3'과 '명령문4'를 수행하며 '상수3'이 나오면 '명령문4'를 수행하고, 결과 값이 case에 해당하는 값과 일치하는 것이 없으면 '명령문5'를 수행합니다.

switch 조건문의 형식상 break문을 가장 마지막에 두는데, 마지막에 break문이 없더라도 더는 수행할 명령이 없어서 switch문이 종료되기 때문에 이 break문은 생략할 수 있습니다. 그리고 default문은 반드시 사용해야 하는 것이 아니기 때문에 사용할 필요가 없으면 생략할 수 있습니다. default문을 사용하는 위치도 항상 마지막일 필요는 없고, case문과 case문 사이에 둘 수도 있습니다.

switch 조건문과 if ~ else if ~ else문 비교

switch 조건문과 if ~ else if ~ else 조건문을 비교하기 위해 앞에서 작성한 점수에 따라 등급을 출력하는 예제를 swtich문으로 재구성해 보겠습니다. 같은 내용을 switch문으로 작성하면 소스 코드가 더 길어진 것처럼 보이는데 이것은 switch문을 나열식으로 배열하다 보니 길어진 것입니다. 소스 코드가 더 길다고 실제 프로그램의 실행 동작이 느려지거나 하진 않습니다. 오히려 지금 같은 경우에는 switch문이 연산이 더 적고 간결한 형식으로 나열되어 기계어로 번역하면 더 좋은 기계어 코드가 나옵니다. 소스 코드가 간결하다고 기계어 코드까지 간결한 건 아니기 때문입니다.

```
001:  #include <stdio.h>
002:
003:  void main()
004:  {
005:      int score = 86;
006:      char grade;
007:      switch(score / 10) {
008:          case 10:          /* 100은 10으로 나누면 10 */
009:          case 9:           /* 90~99의 숫자를 10으로 나눈 몫은 9 */
010:              grade = 'A';  /* 90점 이상 */
011:              break;
012:          case 8:
013:              grade = 'B';  /* 80점 <= score < 90 */
014:              break;
015:          case 7:
016:              grade = 'C';  /* 70점 <= score < 80 */
017:              break;
018:          case 6:
019:              grade = 'D';  /* 60점 <= score < 70 */
020:              break;
021:          default:
022:              grade = 'F';  /* 60점보다 작은 경우 */
023:              break;
024:      }
025:      printf("당신의 점수는 %d점이고 등급은 %c입니다. \n", score, grade);
026:  }
```

> 등급을 결정하는 점수가 10 단위로 달라지기 때문에 10으로 나눈 몫을 이용하면 특정 숫자와 비교하도록 변경할 수 있습니다.

:: 결과 화면

```
C:\WINDOWS\system32\cmd.exe                    —    □    ×
당신의 점수는 86점이고 등급은 B입니다.
계속하려면 아무 키나 누르십시오 . . .
```

if 조건문에서는 범위를 비교하도록 조건 수식이 구성되어 있었는데 switch 조건문은 상수와 같은지를 비교하는 형식이 되어야 합니다. 그래서 점수를 10으로 나누어서 case문마다 상수로 비교할 수 있게 구성했습니다. case 10에 break가 없는 이유는 90점 이상이 A등급인데, 90~99까지는 몫이 9이지만 100점은 10이라서 10도 9와 같게 처리하면 되기 때문입니다.

앞의 예제를 순서도로 나타내면 다음과 같습니다.

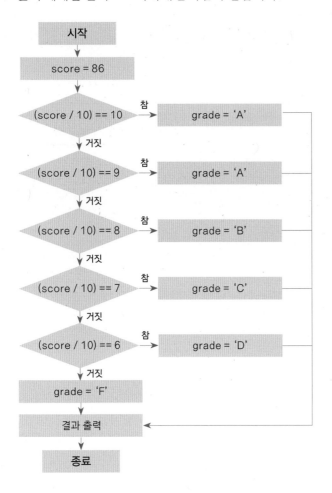

이 switch 예제는 소스 코드를 보기 좋게 구성하기 위해서 C 언어 문법이 권장하는 switch문의 기본 형식에 따라 나열해 놓아서 굉장히 깁니다. 프로그래머들이 실제로 코드를 작성할 때 줄이 너무 길어지면 모니터의 한 화면에 코드를 다 볼 수 없어 불편하고 이해하기도 어려워집니다. 따라서 오른쪽과 같이 case문을 작성하기도 합니다. 하지만 가능하면 형식을 지켜 주는 것이 좋습니다.

```
case 10: case 9: grade = 'A'; break;
case 8: grade = 'B'; break;
```

switch문은 수식의 결과 값 또는 변수의 값을 여러 개의 상수 값과 비교하는 데 장점이 있습니다. 하지만 case문에 상수가 아닌 변수를 적을 수 없기 때문에 비교 대상이 상수가 아닌 경우에는 switch문을 사용할 수 없다는 단점이 있습니다.

Q1 다음 코드는 result 변수의 값이 음수이면 양수로 변경하는 예제입니다. 빈칸 부분을 if문을 사용하는 코드로 채워서 소스 코드를 완성해 보세요. result 변수가 0인 경우는 포함하지 않으며, result 변수 값이 -5이면 결과 값이 5가 나와야 합니다.

```
int result = -5;
if(                    ) result = result * (-1);
```

Q2 조건 수식 연산자를 사용하여 위의 소스 코드를 재구성해 보세요. 실행 결과는 **Q1**과 같아야 합니다.

```
int result = -5;
result =                    ?                    :
```

Q3 다음 소스 코드에 따른 result 변수의 값을 예상해 보세요.

```
int result = 5;
switch(result) {
    case 6:
        result = 0;
        break;
    case 5:
        result = 1;
    case 4:
        result = result * 10;
        break;
}
```

(result:)

08장 풀이
562쪽

반복문

08장에서 이야기했듯이 제어문은 조건문과 반복문으로 이루어져 있습니다. 주어진 조건에 따라 작업을 수행하는 조건문을 배웠으니 이제 일정한 형태의 작업을 반복적으로 수행할 수 있는 for, while, do ~ while문에 대해서 설명하겠습니다. 그리고 제어문(조건문, 반복문) 안에서 작업 진행 순서에 변화를 줄 수 있는 break문이나 continue문에 대해서도 살펴보겠습니다.

09-1 반복문의 기본 구조와 for 반복문
09-2 while 반복문
09-3 반복문 구성 방법
09-4 중첩 반복문
09-5 break와 continue 제어문

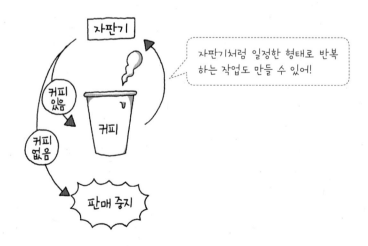

09-1 반복문의 기본 구조와 for 반복문

반복 작업에 필요한 세 가지 요소

'1에서 5까지 숫자를 더해라'라는 명령 속에는 반복적인 작업이 포함되어 있습니다. 덧셈을 5번 반복해서 결과 값을 구해야 하기 때문입니다. 이 명령을 자세하게 적어 보면 다음과 같습니다.

반복문(Repetitive Statement)이란 지정한 작업을 반복해서 수행하는 문법입니다. 위의 문장에는 반복 작업을 하기 위해 필요한 세 가지 요소가 포함되어 있습니다. 반복을 시작하기 위한 '시작 조건', 반복을 계속 진행할 것인지를 판단하는 '종결 조건', 그리고 반복의 조건을 바꾸기 위해 '조건 변화 수식'이 있어야 반복 작업을 제대로 수행할 수 있습니다. 만약 이 세 가지 요소 중에 한 가지라도 없거나 잘못 사용한다면 반복을 하지 못하거나 무한히 반복합니다.

반복문은 위에서 이야기한 세 요소를 어떻게 배치하느냐에 따라서 종류가 나뉩니다. 여러 반복문 중 이 장에서는 반복의 3요소를 정규화된 형식으로 표현하는 for 반복문, '종결 조건'만 형식으로 갖고 나머지 요소는 자유롭게 배치하는 while 반복문을 살펴보겠습니다.

for 반복문의 기본 구조

for 반복문은 반복의 3요소(시작 조건, 종결 조건, 조건 변화 수식)를 제일 단순하고 정확하게 표현한 반복문입니다. 명확한 구성 때문에 반복문 중에서 제일 많이 사용되고, 특히 시작과 끝이 명확한 반복 작업에 많이 사용됩니다.

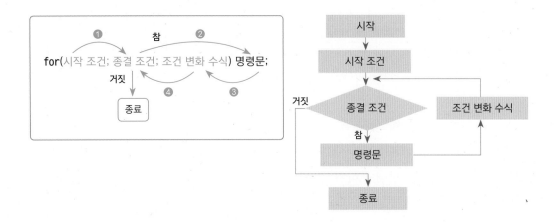

for 반복문은 '시작 조건'에서 시작하며 명령문을 실행하기 전에 항상 '종결 조건'을 체크해서 종결 조건이 참이면 명령문을 수행하고 거짓이면 반복을 끝냅니다. 명령문을 수행하고 나면 '조건 변화 수식'을 실행하여 반복 조건을 변경한 후 다시 종결 조건을 체크하는 순서로 반복이 진행됩니다(시작 조건 → ❶ → ❷ → ❸ → ❹ → ❷ → ❸ → … → ❸ → ❹ → 거짓이면 종료).

이 설명이 어렵게 느껴진다면 우리가 09-1에서 본 문장인 '이 합산의 시작 숫자는 1이며 이 숫자는 1씩 증가하고 5가 될 때까지 반복해서 이 숫자를 더하면 됩니다.'를 생각하며 다음 코드를 봅시다.

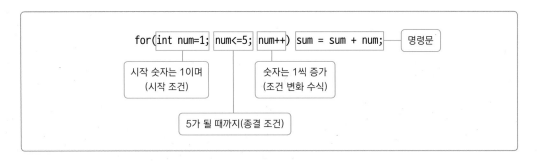

이제 실제로 동작하는 전체 소스 코드를 직접 작성해 봅시다.

| 코딩해 보세요! | for 반복문을 사용하여 1부터 5까지 더하기 | • 완성 파일 09_01_01.c |

```
001:  #include <stdio.h>
002:
003:  void main()
004:  {
005:      /* 합한 값을 저장할 sum과 합산에 사용할 숫자를 저장할 num을 선언함 */
006:      int sum = 0, num;
007:      /* 1에서 5까지 1씩 증가하면서 반복함 */
```

```
008:        for(num = 1; num <= 5; num++) {
009:            /* 합산하기 전 sum 값을 사용하여 'num + sum = '이라고 출력함 */
010:            printf("num(%d) + sum(%d) = ", num, sum);
011:            /* sum에 num을 더함 */
012:            sum = sum + num;
013:            /* 더한 후 sum 값을 출력하고 줄을 바꿈 */
014:            printf("%d\n", sum);
015:        }
016:        /* 반복이 끝나면 줄을 바꾼 후 num 변수 값과 sum 변수 값을 출력함 */
017:        printf("\nResult : num = %d   sum = %d\n", num, sum);
018:    }
```

{ } 안의 코드가 명령문입니다.

:: 결과 화면

```
C:\WINDOWS\system32\cmd.exe              —    □    ×
num(1) + sum(0) = 1
num(2) + sum(1) = 3
num(3) + sum(3) = 6
num(4) + sum(6) = 10
num(5) + sum(10) = 15

Result : num = 6  sum = 15
계속하려면 아무 키나 누르십시오 . . .
```

이 예제에서 사용한 반복문은 num이 1부터 시작해서 5까지 1씩 증가하며 조건을 체크합니다. num이 5가 될 때까지는 num <= 5 조건의 결과 값이 참이 되어 계속 반복 수행하지만, num이 6이 되면 num <= 5 조건의 결과 값이 거짓이 되어 반복문이 종료됩니다. 그래서 반복문이 종료된 후에 num 값이 6으로 출력되는 것입니다. 그리고 명령문은 단일 문장과 복합 문장을 모두 사용할 수 있기 때문에 { } 중괄호를 사용하는 복합 문장으로 구성했습니다. 반복문의 흐름을 좀 더 분명하게 이해할 수 있도록 이 예제를 순서도로 표시해 보면 오른쪽과 같습니다.

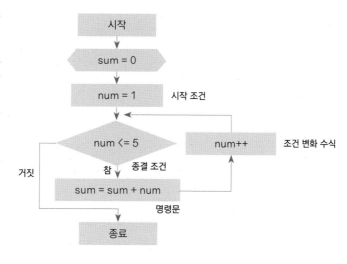

1분 퀴즈 **09-1** for문을 이용해서 1부터 100까지 더한 후 그 결과 값을 출력해 보세요.

정답· 이지스퍼블리싱 홈페이지 자료실 참고

for 반복문의 변형과 이해

for 반복문이 반복의 3요소(시작 조건, 종결 조건, 조건 변화 수식)를 사용할 수 있도록 기본적인 형식을 제공하지만 그 형식을 꼭 지켜야 하는 것은 아닙니다. 3요소를 모두 사용할 필요가 없는 경우에는 해당 부분을 비워두어도 됩니다. 예를 들어 앞 쪽의 예제 6행에서 num 변수를 선언하는 시점에 미리 1을 넣어서 초기화했다면, for 반목문의 시작 조건에 다시 num = 1을 넣는 것은 중복 작업이기 때문에 그냥 비워둘 수 있습니다.

시작 조건을 생략하지 않았을 때

```
/* 더한 값을 저장할 sum과 합산에 사용할 숫자를 저장할 num을 선언함 */
int sum = 0, num;
for(num = 1; num <= 5; num++) { … }
```

시작 조건 생략 후

```
int sum = 0, num = 1;   /* 변수 선언 시점에 num =1;을 넣어 초기화함 */
for( ; num <= 5; num++) { … }
```

> 시작 조건인 num = 1을 다시 넣는 것은 중복 작업이기 때문에 생략할 수 있습니다.

반대로 시작 조건에 ,(쉼표)를 이용하여 여러 개의 변수를 초기화할 수도 있습니다. 예를 들어 변수를 선언하는 시점에 sum, num 둘 다 초기화하지 않았다면 for 반복문이 시작하는 시점에 두 변수에 각각 값을 대입할 수도 있습니다.

```
int sum, num;   /* 변수 선언 시점에 sum, num을 초기화하지 않음 */
/* 반복문 시작 조건에 두 변수에 각각 값을 대입함 */
for(sum = 0, num = 1; num <= 5; num++) { … }
```

for 반복문으로 무한 루프 만들기

무한 반복문(무한 루프, Infinite Loop)은 말 그대로 무한히 반복하는 형태의 반복문을 의미합니다. '무한히 반복한다'는 뜻은 종결 조건이 없거나 항상 참(1)인 경우를 의미합니다. 이러한 무한 루프는 종결 조건이 분명하지 않거나 종결 조건이 여러 가지인 경우에 사용하기도 합니다. for 반복문에 for(; ;)와 같이 반복의 3요소를 모두 안 적는 경우도 있는데 이렇게 사용하면 무한 루프가 됩니다. 즉 계속 반복한다는 뜻입니다. for문 안의 조건식이 비워지면 무조건 참으로 인식되어 무한 루프를 만들게 됩니다. 그리고 for 반복문 안에서 break문을 사용하면 반복문을 빠져나올 수 있습니다. 그러면 앞의 예제를 무한 루프 형식으로 수정해 보겠습니다.

무한 루프 형식의 for 반복문을 사용해 1부터 5까지 더하기 · 완성 파일 09_01_02.c

```
001:  #include <stdio.h>
002:
003:  void main()
004:  {
005:      int sum = 0;
006:      int num = 1;   /* 시작 조건 */
007:      for( ; ; ) {   /* 무한 루프를 만드는 for 반복문 */
008:          /* 합산하기 전 sum 값을 사용하여 "num + sum = "이라고 출력함 */
009:          printf("num(%d) + sum(%d) = ", num, sum);
010:          /* sum에 num을 합산함 */
011:          sum = sum + num;
012:          /* 합산 후 sum 값을 출력하고 줄을 바꿈 */
013:          printf("%d\n", sum);
014:          num++;   /* 조건 변화 수식 */
015:          if(num > 5) break;   /* 종결 조건 num > 5가 참이면 반복문 종료 */
016:      }
017:      printf("\nResult : num = %d  sum = %d\n", num, sum);
018:  }
```

:: 결과 화면

```
C:\WINDOWS\system32\cmd.exe                    —    □    ×
num(1) + sum(0) = 1
num(2) + sum(1) = 3
num(3) + sum(3) = 6
num(4) + sum(6) = 10
num(5) + sum(10) = 15

Result : num = 6  sum = 15
계속하려면 아무 키나 누르십시오 . . .
```

결국 반복의 3요소를 적절하게 사용한다면, for 반복문의 형식을 지키지 않아도 반복 작업이 잘 이루어집니다. 하지만 이 예제가 무한 루프의 적절한 예제는 아닙니다. 보통 무한 루프는 시작과 종결을 수치로 결정할 수 없는 상황에 사용합니다. 예를 들어 사용자가 키보드를 이용하여 특정 키를 누르면 반복을 종료하게 한다거나 파일이나 외부 장치에서 들어오는 값을 체크하여 반복을 중단할 때 등의 상황에 사용합니다.

09-2 while 반복문

while 반복문의 기본 구조

반복문의 또 다른 종류로는 while 반복문이 있습니다. for 반복문이 정규화된 형식을 가지고 있다면 while 반복문은 '종결 조건'만 형식으로 가지고 나머지는 프로그래머가 적절하게 사용할 수 있는 문법입니다. 형식은 다음과 같습니다.

단일 문장을 명령문으로 사용한 while 반복문

while 반복문은 '종결 조건'이 거짓이 될 때까지 명령문을 반복하는 형태입니다. for 반복문과 마찬가지로 명령문은 단일 문장과 복합 문장을 사용할 수 있습니다. 위의 형식은 단일 문장을 사용할 때의 형식이고 복합 문장은 다음과 같은 형식으로 사용합니다.

복합 문장을 명령문으로 사용한 while 반복문

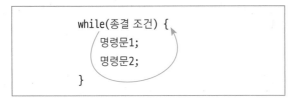

while문의 형식을 보면 '종결 조건'만 보입니다. 이것은 '시작 조건'과 '조건 변화 수식'을 전 혀 사용할 수 없다는 뜻이 아니라, 사용하고 싶은 위치나 작업 순서에 맞게 적절하게 배치하라는 뜻입니다. 즉 형식에 얽매이지 말고 필요한 위치에 프로그래머가 자유자재로 배치해서 사용하라는 뜻이죠. for 반복문에서 공부했던 1부터 5까지 더하는 예제를 while 반복문으로 바꾸어 보면 다음과 같습니다.

"while문은 명령문을 반복하는 문법이다."

```
001:  #include <stdio.h>
002:
003:  void main()
004:  {
005:      int sum = 0;
006:      int num = 1;              시작 조건
007:      /* 1에서 5까지 1씩 증가시키면서 반복함 */
008:      while(num <= 5) {         종결 조건
009:          /* 합산하기 전 sum 값을 사용하여 "num + sum = "이라고 출력함 */
010:          printf("num(%d) + sum(%d) = ", num, sum);
011:          /* sum에 num을 합산함 */
012:          sum = sum + num;
013:          /* 합산 후 sum 값을 출력하고 줄 바꿈을 함 */
014:          printf("%d\n", sum);
015:          /* 다음 숫자를 더하기 위해서 숫자를 증가시킴 */
016:          num++;               조건 변화 수식
017:      }
018:      printf("\nResult : num = %d  sum = %d\n", num, sum);
019:  }
```

:: 결과 화면

```
C:\WINDOWS\system32\cmd.exe        —    □    ×
num(1) + sum(0) = 1
num(2) + sum(1) = 3
num(3) + sum(3) = 6
num(4) + sum(6) = 10
num(5) + sum(10) = 15

Result : num = 6  sum = 15
계속하려면 아무 키나 누르십시오 . . .
```

결국 반복의 3요소가 분명하게 정해져 있다면 for 반복문을 사용하는 것이 좀 더 편합니다. 그러나 시작 조건이나 조건 변화 수식이 다양하거나 수치로 정할 수 없는 상황이라면 while문을 사용하는 것이 표현하는 데 더 편리할 수 있습니다.

**1분
퀴즈** **09-2** while문을 이용해서 "안녕하세요!"를 10번 출력해 보세요.

정답 이지스퍼블리싱 홈페이지 참고 자료

for 반복문에서 '시작 조건'과 '조건 변화 수식'을 적절한 다른 위치로 옮기고 for(; 종결 조건;) 형태로 사용하면 소스 코드 구성에서 while 반복문과 차이가 없습니다. 과거에는 '상황에 따라서 어떤 반복문을 사용하는 것이 좋다'라는 논쟁이 있지만 지금은 컴파일러가 번역할 때 최적화 작업을 매우 훌륭하게 해주기 때문에 현재 상황에서 '어떤 반복문을 사용하는 것이 더 좋을까?'라는 고민은 안 해도 됩니다. 아주 극단적으로 빠른 속도가 필요하거나 대량의 데이터를 반복적으로 다루는 경우가 아니라면 그냥 자신이 사용하기 편한 표현법을 사용하세요.

while 반복문으로 무한 루프 만들기

while 반복문에서는 '종결 조건'을 생략할 수 없기 때문에 괄호 안에 어떤 상수 값이나 수식을 반드시 적어야 합니다. 따라서 while문으로 무한 루프 형식을 만들고 싶다면 괄호 안에 참을 의미하는 1을 적어서 사용합니다. for 반복문을 사용한 무한 루프 예제에서 for(; ;) 부분이 while(1)과 같습니다. 물론 for문에서 소개했듯이 while문의 무한 루프에서도 break문을 이용하면 무한 루프를 벗어날 수 있습니다.

```
while(1) {
    /* 생략 */
}
```

do ~ while 반복문

do ~ while 반복문은 while문과 비슷하지만 '종결 조건'을 명령문을 실행하기 전이 아니라 후에 체크한다는 점이 다릅니다.

단일 문장 사용	복합 문장 사용

do 명령문; while(종결 조건);	do {
	    명령문;
	    명령문;
	} while(종결 조건);

이 문법의 장점은 '종결 조건'이 거짓인 상황에도 명령문을 한 번은 수행하고 종료할 수 있다는 것입니다. 앞에서 공부한 1부터 5까지 합산하는 예제를 do ~ while 반복문으로 바꿔 보면 다음과 같습니다.

ⓒ 이렇게 작업할 확률이 낮기 때문에 실제로 do ~ while 문법을 사용하는 경우는 많지 않습니다.

```
001:  #include <stdio.h>
002:
003:  void main()
004:  {
005:      int sum = 0;
006:      int num = 1;                        시작 조건
007:      /* 1에서 5까지 1씩 증가시키면서 반복함 */
008:      do {
009:          /* 합산하기 전 sum 값을 사용하여 "num + sum = "이라고 출력함 */
010:          printf("num(%d) + sum(%d) = ", num, sum);
011:          /* sum에 num을 더함 */
012:          sum = sum + num;
013:          /* 더한 후 sum 값을 출력하고 줄을 바꿈 */
014:          printf("%d\n", sum);
015:          /* 다음 숫자를 더하기 위해서 숫자를 증가시킴 */
016:          num++;                           조건 변화 수식
017:      } while(num <= 5);
018:      printf("\nResult : num = %d  sum = %d\n", num, sum);
019:  }
                                              종결 조건
```

:: 결과 화면

```
C:\WINDOWS\system32\cmd.exe          —   □   ×
num(1) + sum(0) = 1
num(2) + sum(1) = 3
num(3) + sum(3) = 6
num(4) + sum(6) = 10
num(5) + sum(10) = 15

Result : num = 6  sum = 15
계속하려면 아무 키나 누르십시오 . . .
```

09-3 반복문 구성 방법

초보 프로그래머에게 반복문을 구성해 보라고 하면 간단한 작업인데도 막막하게 생각할 때가 많습니다. 이것은 문법이 어려워서가 아니라 문법을 적용하는 방법을 모르기 때문입니다. 지금부터 구구단 프로그램을 차근차근 만들어 보면서 반복문을 활용하는 방법을 알아봅시다.

for문을 사용해서 구구단 2단 출력 프로그램 만들기

구구단에서 2단을 출력하는 프로그램을 만들려면 구구단을 구성하는 숫자들이 어떻게 반복되는지 먼저 파악해야 합니다. 반복문이라는 문법 형식에 익숙하지 않다면, 귀찮더라도 오른쪽과 같이 자신이 출력하고 싶은 결과를 적어서 반복 형식을 미리 파악하는 연습을 하는 것이 좋습니다.

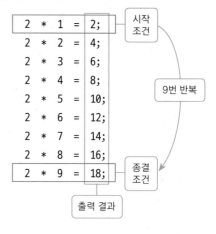

1단계: 변수가 몇 개나 필요한지 파악하기

2 * 1~2 * 9까지 반복을 9번 하려면 반복 횟수를 저장할 변수가 필요합니다. 여기에서는 변수 이름을 count라고 정하겠습니다. count 변수는 1에서 시작해서 9보다 작거나 같을 때까지 1씩 증가시키면서 반복하면 됩니다.

> 시작 조건: count = 1
> 종결 조건: count <= 9
> 조건 변화 수식: count++
> 1~9까지 총 9회 반복

위 그림을 보면 알 수 있듯이 수식에서 2 * 연산은 끝까지 변하지 않기 때문에 굳이 변수로 처리할 필요가 없습니다. 곱하는 숫자는 1에서 9까지 1의 크기로 증가하면서 변하기 때문에 이 값을 저장할 변수가 필요합니다. 이 변수의 이름은 i라고 정하겠습니다.

마지막으로 곱한 결과 값(i 변수에 2를 곱한 값, i * 2) 은 2에서 18까지 2의 크기로 증가하면서 변하기 때문에 이 값을 저장할 변수가 필요합니다. 이 변 수 이름은 r라고 정하겠습니다.

결론적으로 이 작업을 하려면 총 3개(count, i, r) 의 변수가 필요합니다.

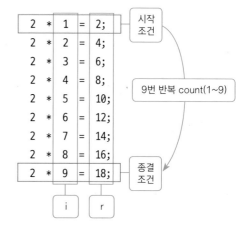

2단계: 중복된 변수 제거하기

비슷한 목적이나 기능을 가진 변수들을 따로 선언해 사용하면 소스 코드가 복잡해지고 이해 하기 어렵습니다. 그래서 비슷한 목적의 변수를 하나로 통합하거나 줄이는 것이 좋습니다.

count 변수와 i 변수를 비교해 보면 반복 횟수를 저장하는 count는 1~9까지 1씩 증가하고,

곱하는 숫자를 나타내는 i 변수도 1~9까지 1 씩 증가합니다. 두 변수는 똑같이 '9번 반복'을 나타내기 때문에 count 변수 대신 i 변수를 사 용해도 됩니다. 이제 count 변수는 필요 없겠 군요.

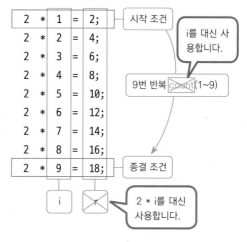

i 변수와 r 변수를 비교해 보면 i 변수는 1~9까 지 1씩 증가하고 r 변수는 2~18까지 2씩 증가 합니다. 두 변수는 서로 다른 값을 가지고 있는 것처럼 보이지만 r 변수는 i 변수에 2를 곱한 것 과 같습니다. 즉 r 대신 2 * i를 사용해도 된다는

뜻입니다. 이제 r 변수도 필요하지 않습니다. 결국 사용하는 변수는 i 변수만 남습니다.

3단계: 반복문 구성하기

프로그램에서 사용할 변수가 i만 있으면 되는 것으로 결론이 났으니, 이 변수를 가지고 우리 가 지금까지 배운 반복문 중 어떤 것을 사용할지 선택해야 합니다. 그리고 해당 반복문이 사 용할 명령문을 어떻게 구성할 것인지 결정하면 됩니다.

우리가 만들 프로그램은 반복문 for, while 중 어떤 것을 사용해도 상관없습니다. 여기에서는 for 반복문을 사용해 보겠습니다. 한 번 반복할 때마다 '2 * i'의 결과를 출력하고 줄을 바꾸도록 만들려면 다음 과 같이 소스 코드를 구성할 수 있습니다.

☺ 다른 반복문을 사용해도 되니 이 장의 마지막에 나오는 연습문제에서 while문으로도 코딩해 보세요.

코딩해 보세요! for 반복문을 사용하여 구구단 2단 출력하기 • 완성 파일 09_03_01.c

```c
001:    #include <stdio.h>
002:
003:    void main()
004:    {
005:        int i;
006:        /* i 변수가 1~9까지 1씩 증가하면서 총 9번 반복함 */
007:        for(i = 1; i <= 9; i++) {
008:            /* 2 * i 형식으로 출력함 */
009:            printf("2 * %d = %d\n", i, 2 * i);
010:        }
011:    }
```

:: 결과 화면

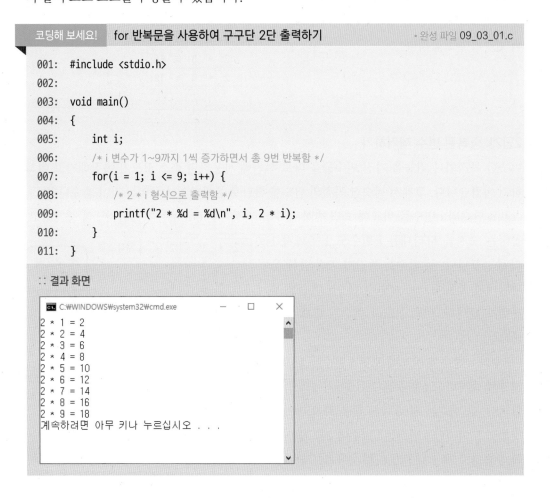

```
C:\WINDOWS\system32\cmd.exe
2 * 1 = 2
2 * 2 = 4
2 * 3 = 6
2 * 4 = 8
2 * 5 = 10
2 * 6 = 12
2 * 7 = 14
2 * 8 = 16
2 * 9 = 18
계속하려면 아무 키나 누르십시오 . . .
```

1분 퀴즈 **09-3** 위 예제를 수정해서 구구단 3단을 출력해 보세요

정답 이지스퍼블리싱 홈페이지 자료실 참고

for문과 함수를 사용해서 구구단 전체 출력 프로그램 만들기

이제 만들어진 반복문 소스 코드를 좀 더 응용해 보겠습니다.

1단계: 구구단 2단 소스 코드 수정하기

앞에서 만든 구구단의 2단을 출력하는 코드를 3단부터 9단까지 출력할 수 있도록 수정하려면
어떤 방법이 제일 좋을까요? 지정한 단위 작업을 수행하는 코드를 그룹으로 묶으려면 함수를
사용하는 것이 가장 좋겠지요.

구구단 출력 코드를 그룹으로 묶기 위하여 ShowMultiplication 함수를 만들어 보겠습니다.
그리고 구구단의 2단을 출력하는 코드를 해당 함수로 옮겨서 재사용이 편하도록 코드를 수정
하겠습니다.

코딩해 보세요! **for 반복문과 함수를 사용하여 구구단 2단 출력하기** · 완성 파일 09_03_02.c

```
001: #include <stdio.h>
002:
003: void ShowMultiplication()
004: {
005:     int i;
006:     /* i 변수가 1~9까지 1씩 증가하면서 총 9번 반복함 */
007:     for(i = 1; i <= 9; i++) {
008:         /* 2 * i 형식으로 출력함 */
009:         printf("2 * %d = %d\n", i, 2 * i);
010:     }
011: }
012:
013: void main()
014: {
015:     ShowMultiplication();
016: }
```

:: 결과 화면

```
C:\WINDOWS\system32\cmd.exe
2 * 1 = 2
2 * 2 = 4
2 * 3 = 6
2 * 4 = 8
2 * 5 = 10
2 * 6 = 12
2 * 7 = 14
2 * 8 = 16
2 * 9 = 18
계속하려면 아무 키나 누르십시오 . . .
```

2단계: 사용자가 지정한 단을 출력할 수 있도록 수정하기

하지만 이 함수는 구구단의 2단만 출력할 수 있기 때문에 활용도가 떨어집니다. 그래서 사용자가 지정한 단을 출력할 수 있도록 코드를 수정하겠습니다. 이 함수를 사용하는 쪽에서 출력한 단을 지정할 수 있게 하려면 매개변수를 다음과 같이 추가해야 합니다.

```
void ShowMultiplication()   ➡   void ShowMultiplication(int step)
                                              매개변수 추가
```

ShowMultiplication 함수가 2단만 출력하는 이유는 printf에서 2 *로 고정되어 있는 두 부분 때문입니다. 이 두 부분을 2로 고정하는 것이 아니라 함수의 매개변수 step으로 처리한다면 사용자가 지정한 단을 출력할 수 있게 됩니다. 이제 ShowMultiplication 함수에 step 매개변수를 추가하여 원하는 단을 출력할 수 있도록 예제를 수정해 보겠습니다. 그리고 구구단의 5단을 출력하도록 변경하면 다음과 같습니다.

> **코딩해 보세요!** for 반복문과 함수를 사용하여 구구단 5단 출력하기 · 완성 파일 09_03_03.c

```c
001: #include <stdio.h>
002: /* step에 전달된 숫자에 해당하는 단을 출력하는 함수 */
003: void ShowMultiplication(int step)
004: {
005:     int i;
006:     /* i 변수가 1~9까지 1씩 증가하면서 총 9번 반복함 */
007:     for(i = 1; i <= 9; i++) {
008:         /* step * i 형식으로 출력함 */
009:         printf("%d * %d = %d\n", step, i, step * i);
010:     }
011: }
012:
013: void main()
014: {
015:     /* 매개변수에 5를 전달하여 5단을 출력함 */
016:     ShowMultiplication(5);
017: }
```

```
C:\WINDOWS\system32\cmd.exe          —   □   ×
5 * 1 = 5
5 * 2 = 10
5 * 3 = 15
5 * 4 = 20
5 * 5 = 25
5 * 6 = 30
5 * 7 = 35
5 * 8 = 40
5 * 9 = 45
계속하려면 아무 키나 누르십시오 . . .
```

3단계: 구구단 전체를 출력할 수 있도록 수정하기

이제 구구단을 2단에서 9단까지 출력하는 예제는 간단하게 만들 수 있을 것입니다. 새로 추가한 ShowMultiplication 함수에 매개변수를 2에서 9까지 넣으면서 여덟 번만 호출해주면 되기 때문입니다. 이 작업도 반복되는 형태이기 때문에 for 반복문을 사용하면 간단하게 구성할 수 있습니다.

ShowMultiplication 함수를 여덟 번 호출하면서 매개변수로 2~9를 넣어줘야 하기 때문에 이 숫자 값을 저장할 변수가 필요합니다. 이 변수의 이름을 m이라고 정하겠습니다.

전체 구구단을 출력하기 위해 main 함수에 변수 m을 기준으로 2단부터 9단까지 출력하는 for 반복문을 구성합니다. for 반복문 안의 명령문에 ShowMultiplication 함수를 m 변수 값이 넘어가도록 호출하면 구구단을 출력하는 소스 코드가 완성됩니다.

코딩해 보세요! for 반복문과 함수를 사용하여 구구단 전체 출력하기 • 완성 파일 09_03_04.c

```c
001:   #include <stdio.h>
002:   void ShowMultiplication(int step)
003:   {
004:       int i;
005:       /* i 변수가 1~9까지 1씩 증가하면서 총 9번 반복함 */
006:       for(i = 1; i <= 9; i++) {
007:           /* step * i 형식으로 출력함 */
008:           printf("%d * %d = %d\n", step, i, step * i);
009:       }
010:   }
011:
012:   void main()
013:   {
```

```
014:        int m;
015:        /* 2단에서 9단까지 출력하도록 반복함 */
016:        for(m = 2; m <= 9; m++) {
017:                /* 매개변수에 2~9 값을 전달하여 구구단을 출력함 */
018:                ShowMultiplication(m);
019:        }
020: }
```

:: 결과 화면

```
C:\WINDOWS\system32\cmd.exe              —    □    ×
8 * 4 = 32
8 * 5 = 40
8 * 6 = 48
8 * 7 = 56
8 * 8 = 64
8 * 9 = 72
9 * 1 = 9
9 * 2 = 18
9 * 3 = 27
9 * 4 = 36
9 * 5 = 45
9 * 6 = 54
9 * 7 = 63
9 * 8 = 72
9 * 9 = 81
계속하려면 아무 키나 누르십시오 . . .
```

2단부터 9단까지 모두 출력됩니다.

09-4 중첩 반복문

중첩 반복문의 구조

중첩 반복문은 아래의 예제처럼 반복문 안에 또 다른 반복문이 포함된 형태를 말합니다. 구구단처럼 2단에서 9단까지 반복되면서 각 단별로 1에서 9까지 다시 반복하는 경우가 이에 해당합니다. 이 반복을 앞에서는 함수를 사용하여 표현했지만 함수를 사용하지 않고 반복문을 중첩해서 만들 수도 있다는 뜻입니다. 다음 코드는 중첩 반복문의 형태를 익힐 수 있도록 각 반복문에 사용된 변수 값을 출력하는 예제입니다.

ⓒ 반복문(for, while, do ~ while)끼리도 서로 중첩할 수 있습니다.

코딩해 보세요! for 반복문을 사용한 중첩 반복문 예제 · 완성 파일 09_04_01.c

```
001: #include <stdio.h>
002:
003: void main()
004: {
005:     int m, n;
006:     for(m = 5; m < 7; m++) {    /* m은 5부터 6까지 총 2회 반복 */     ← 외부 반복문(m)
007:         for(n = 0; n < 3; n++) {    /* n은 0부터 2까지 총 3회 반복 */   ← 내부 반복문(n)
008:             printf("m(%d) - n(%d)\n", m, n);
009:         }
010:     }
011: }
```

:: 결과 화면

```
m(5) - n(0)
m(5) - n(1)
m(5) - n(2)
m(6) - n(0)
m(6) - n(1)
m(6) - n(2)
계속하려면 아무 키나 누르십시오 . . .
```

출력 결과를 보면 알 수 있듯이 반복문이 중첩되면 두 반복문의 반복 횟수를 곱한 수($2 \times 3 = 6$회)만큼 반복하며, 외부 반복문(m)이 1회 반복될 때마다 내부 반복문(n)은 자기 반복 횟수(3회)만큼 반복합니다.

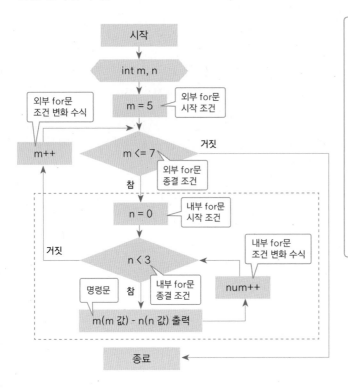

m = 5일 때
 n = 0일 때 m(5) - n(0) 출력
 n = 1일 때 m(5) - n(1) 출력
 n = 2일 때 m(5) - n(2) 출력
 n = 3이 되면 내부 for문 종료
m = 6일 때
 n = 0일 때 m(6) - n(0) 출력
 n = 1일 때 m(6) - n(1) 출력
 n = 2일 때 m(6) - n(2) 출력
 n = 3이 되면 내부 for문 종료
m = 7이 되면 외부 for문 종료

중첩 반복문을 사용해서 구구단 만들기

앞에서 사용한 구구단 예제도 ShowMultiplication 함수를 사용하지 않고 중첩 반복문을 사용하여 구성해 봅시다. 이 예제는 총 72회(외부 반복문 8회 × 내부 반복문 9회) 반복하며, step을 사용하는 외부 반복문이 1씩 증가할 때마다 i를 사용하는 내부 반복문은 9회씩 반복합니다.

외부 반복문 step 8회 반복							
2단	3단	4단	5단	6단	7단	8단	9단
2×1	3×1	4×1	5×1	6×1	7×1	8×1	9×1
2×2	3×2	4×2	5×2	6×2	7×2	8×2	9×2
2×3	3×3	4×3	5×3	6×3	7×3	8×3	9×3
2×4	3×4	4×4	5×4	6×4	7×4	8×4	9×4
2×5	3×5	4×5	5×5	6×5	7×5	8×5	9×5
2×6	3×6	4×6	5×6	6×6	7×6	8×6	9×6
2×7	3×7	4×7	5×7	6×7	7×7	8×7	9×7
2×8	3×8	4×8	5×8	6×8	7×8	8×8	9×8
2×9	3×9	4×9	5×9	6×9	7×9	8×9	9×9

내부 반복문 i 9회 반복

다음은 반복문을 사용하여 2단부터 9단까지 출력하는 코드입니다.

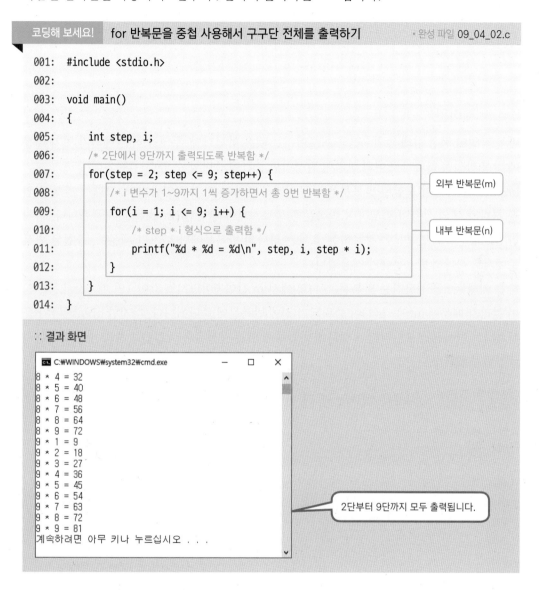

for 반복문을 중첩 사용해서 구구단 전체를 출력하기　　　• 완성 파일 09_04_02.c

```c
001: #include <stdio.h>
002:
003: void main()
004: {
005:     int step, i;
006:     /* 2단에서 9단까지 출력되도록 반복함 */
007:     for(step = 2; step <= 9; step++) {          외부 반복문(m)
008:         /* i 변수가 1~9까지 1씩 증가하면서 총 9번 반복함 */
009:         for(i = 1; i <= 9; i++) {               내부 반복문(n)
010:             /* step * i 형식으로 출력함 */
011:             printf("%d * %d = %d\n", step, i, step * i);
012:         }
013:     }
014: }
```

:: 결과 화면

```
C:\WINDOWS\system32\cmd.exe              —   □   ×
8 * 4 = 32
8 * 5 = 40
8 * 6 = 48
8 * 7 = 56
8 * 8 = 64
8 * 9 = 72
9 * 1 = 9
9 * 2 = 18
9 * 3 = 27
9 * 4 = 36
9 * 5 = 45
9 * 6 = 54
9 * 7 = 63         2단부터 9단까지 모두 출력됩니다.
9 * 8 = 72
9 * 9 = 81
계속하려면 아무 키나 누르십시오 . . .
```

1분 퀴즈　**09-4** 위 예제를 수정해서 구구단 2단부터 5단까지 출력해 보세요.

정답 이지스퍼블리싱 홈페이지 자료실 참고

09-5 break와 continue 제어문

break 제어문

반복 작업이 항상 정해진 횟수만큼 이루어지는 것은 아닙니다. 무엇을 하든 예외가 있기 때문에 반복 작업을 하다가도 예외 상황이 발생하면 중간에 중단할 수 있습니다.

break문은 자신이 포함된 반복문을 종료시키는 기능을 가지고 있습니다. 그래서 반복 작업을 하다가 예외 상황이 발생하여 반복문을 종료시켜야 한다면 break문을 사용합니다. 하지만 break문으로 반복문을 종료하는 효과는 하나의 반복문에만 미치기 때문에, 중첩된 반복문에서도 하나의 반복문에만 적용됩니다.

다음 예제는 n을 사용하는 반복문(7~11행)에서 m 값이 5이면서 n 값이 1일 때 break문(9행)이 걸리기 때문에 m(5) - n(1)이 출력되기 전에 반복문이 중단됩니다. 하지만 break문은 n을 사용하는 반복문만 중단시키기 때문에 바깥쪽에 있는 반복문은 m 값을 1 증가시킨 후에 다시 동작하게 됩니다.

| 코딩해 보세요! | break문을 사용해서 하나의 반복문 빠져나오기 | • 완성 파일 09_05_01.c |

```
001:  #include <stdio.h>
002:
003:  void main()
004:  {
005:      int m, n;
006:      for(m = 5; m < 7; m++) {        /* m은 5~6까지 2회 반복함 */
007:          for(n = 0; n < 3; n++) { /* n은 0~2까지 3회 반복함 */
008:              /* m 값이 5이고 n 값이 1일 때 break문을 수행함 */
009:              if(m == 5 && n == 1) break;
010:              printf("m(%d)-n(%d)\n", m, n);
011:          }
012:      }
013:  }
```

> 이 반복문에만 break문을 적용합니다.

```
C:\WINDOWS\system32\cmd.exe    —    □    ✕
m(5) - n(0)
m(6) - n(0)
m(6) - n(1)
m(6) - n(2)
계속하려면 아무 키나 누르십시오 . . .
```

따라서 특정 상황에서 반복문을 둘 다 종료시키고 싶다면 바깥쪽 반복문에도 조건문을 사용하여 break문을 적어주어야 합니다. 다음과 같이 break문을 둘 다 적용하면, n을 사용하는 반복문에서 break문으로 빠져나와서 또다시 같은 조건문에 걸려 break문이 실행되고 m을 사용하는 반복문도 종료됩니다.

코딩해 보세요! break문을 사용해서 반복문 모두 빠져나오기 • 완성 파일 09_05_02.c

```
001:  #include <stdio.h>
002:
003:  void main()
004:  {
005:      int m, n;
006:      for(m = 5; m < 7; m++) {        /* m은 5~6까지 2회 반복함 */
007:          for(n = 0; n < 3; n++) {  /* n은 0~2까지 3회 반복함 */
008:              /* m 값이 5이고 n 값이 1일 때 break문을 수행함 */
009:              if(m == 5 && n == 1) break;
010:              printf("m(%d)-n(%d)\n", m, n);
011:          }
012:          if(m == 5 && n == 1) break;        바깥 반복문에도 break문을 작성합니다.
013:      }
014:  }
```

:: 결과 화면

```
C:\WINDOWS\system32\cmd.exe    —    □    ✕
m(5) - n(0)
계속하려면 아무 키나 누르십시오 . . .
```

continue 제어문

break문은 반복문을 종료시키지만 continue문은 1회성 취소를 사용합니다. 반복문이 명령을 실행하다가 continue문을 만나면 이후 명령들을 실행하지 않고 '조건 변화 수식'으로 돌아갑니다. 그러고 나서 '종결 조건'을 체크한 뒤 다시 정상적으로 반복을 진행합니다.

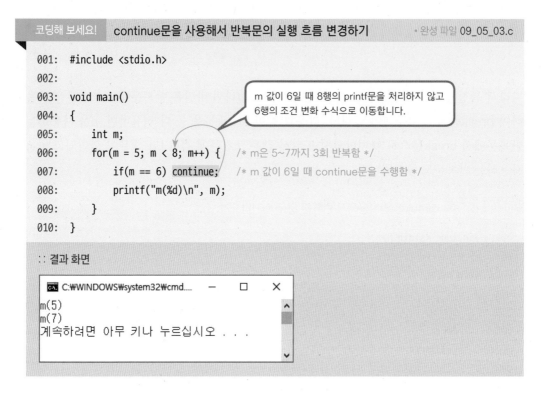

```
001:    #include <stdio.h>
002:
003:    void main()
004:    {
005:        int m;
006:        for(m = 5; m < 8; m++) {    /* m은 5~7까지 3회 반복함 */
007:            if(m == 6) continue;    /* m 값이 6일 때 continue문을 수행함 */
008:            printf("m(%d)\n", m);
009:        }
010:    }
```

> m 값이 6일 때 8행의 printf문을 처리하지 않고 6행의 조건 변화 수식으로 이동합니다.

:: 결과 화면

```
C:\WINDOWS\system32\cmd....    —    □    ×
m(5)
m(7)
계속하려면 아무 키나 누르십시오 . . .
```

이 예제에서는 m 값이 6일 때만 continue문을 수행합니다. 그렇기 때문에 m 값이 6일 때는 continue문 아래쪽에 있는 printf문을 처리하지 않고 '조건 변화 수식'으로 이동하여 계속 작업을 진행합니다. 따라서 m(6)은 출력되지 않습니다.

{✎} 김성엽의 프로그래밍 노트 **소스 코드에서 goto 제어문을 본 적이 있나요?**

goto 제어문을 사용하면 자신이 지정한 레이블(Label) 위치로 바로 이동할 수 있습니다. 다음 예제는 goto문을 사용해서 프로그램의 실행 흐름을 변경하는 예제입니다.

```
#include <stdio.h>

void main()
```

```
{
    int m, n;
    for(m = 5; m < 7; m++) {        /* m은 5~6까지 2회 반복함 */
        for(n = 0; n < 3; n++) { /* n은 0~2까지 3회 반복함 */
            /* m 값이 5이고 n 값이 1일 때 goto문을 수행함 */
            if(m == 5 && n == 1) goto exit_pos;
            printf("m(%d)-n(%d)\n", m, n);
        }
    }
exit_pos :
    printf("< end >\n", m, n);
}
```

:: 결과 화면

```
C:\WINDOWS\system32\cmd.exe          —    □    ×
m(5) - n(0)
< end >
계속하려면 아무 키나 누르십시오 . . .
```

goto문은 자신이 어떤 위치에 있든지 상관하지 않고 자신이 지정한 레이블로 이동합니다. 따라서 m 값이 5이고 n 값이 1일 때 goto문을 수행하면 exit_pos 레이블로 이동하게 됩니다. exit_pos 위치는 반복문이 모두 종료된 위치이기 때문에 출력은 m 값이 5이고 n 값이 0일 때만 가능합니다.

goto문은 되도록 사용하지 않는 것이 좋다

goto문을 사용하면 C 언어의 구조화된 문법을 파괴할 수 있습니다. 그래서 프로그래밍을 배우는 학생들은 가능하면 사용하지 말아야 할 문법입니다. 나중에 여러 가지 소스 코드를 접하다 보면 예외 처리나 빠른 실행을 위해 goto문을 사용하는 것을 종종 볼 수 있기 때문에 이 책에서 설명은 하지만, 이것은 매우 특수한 상황임을 꼭 알아두어야 합니다.

그리고 goto문을 사용한 소스 코드는 break, return, continue와 같은 제어문을 사용하여 모두 대체할 수 있습니다. 그러니 잠깐 편하게 작업하려고 goto문을 사용하면 자신의 프로그래밍 스타일에 악영향을 줄 수 있기 때문에 사용하지 않는 것이 좋습니다. 이 책에서 goto문을 설명하는 이유는 다른 사람이 만든 소스 코드에서 이 문법을 봤을 때 무슨 의미인지는 알아야 하기 때문입니다.

Q1 다음 소스 코드의 출력 결과를 예상하여 적어 보세요.

```c
#include <stdio.h>

void main()
{
    int m, n;
    for (m = 5; m < 7; m++) {
        for (n = 0; n < 3; n++) {
            if (m == 5 && n == 1) break;
            if (n == 2) continue;
            printf("m(%d)-n(%d) \n", m, n);
        }
    }
}
```

Q2 다음은 두 개의 while 반복문을 중첩하여 사용해서 구구단을 출력하는 소스 코드입니다. 빈칸을 채워서 완성해 보세요.

```c
void main()
{
    int step = 2, i;
    while(step ¹                    ) {
        i = ²
        while(i <= 9) {
            printf("%d * %d = %d\n", step, i, step * i);
            ³
        }
        ⁴
    }
}
```

09장 풀이
562쪽

시프트 연산자와 비트 연산자

07장에서 산술 연산자, 증감 연산자, 비교 연산자, 논리 연산자를 배웠습니다. 이 장에서는 C 언어에서 제공하는 또 다른 연산자인 시프트 연산자와 비트 연산자를 배웁니다. 사실 초보 프로그래머가 이 두 가지 연산자를 쓸 일은 그렇게 많지 않습니다. 이 장을 공부하다가 내용이 어렵게 느껴진다면 일단은 넘어가세요. 하지만 이 연산자들은 기억 공간의 사용량을 줄이고 연산 수행 능력을 향상시키기 때문에 고급 프로그래머가 되고 싶다면 반드시 알아두어야 할 내용입니다.

10-1 비트 단위 연산과 비트 패턴
10-2 시프트 연산자
10-3 비트 연산자

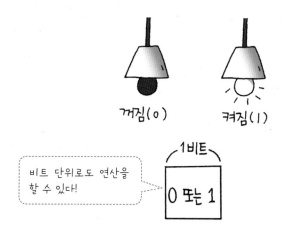

10-1 비트 단위 연산과 비트 패턴

비트 단위 연산자가 필요한 이유

비트는 0 또는 1을 저장할 수 있는 공간이라고 배웠습니다. 이 장에서 배울 것들은 이 '비트'를 다루는 데 필요한 연산자입니다. 그렇다면 C 언어는 왜 비트 단위의 연산자를 제공하는 것일까요?

프로그램이 다루는 데이터 중에 두 가지 상황 중 한 가지를 선택하거나 저장하는 경우가 많습니다. 예를 들어 '전등의 상태'를 프로그램에 저장해야한다고 생각해 봅시다. 전등은 켜져 있는 경우와 꺼져있는 경우가 있겠지요? 이런 상태를 '꺼짐', '켜짐'이라고 문자 그대로 저장하면 프로그램의 처리 효율이 낮아질 수밖에 없습니다. 따라서 문자가 아닌 숫자로 저장해 효율을 높이는 것이 좋습니다. 0이면 '꺼짐'을 의미하고 1이면 '켜짐'을 의미하도록 약속해서 사용하는 것이지요. 바로 이런 상황에서 우리는 '1비트'에 0 또는 1중 한 가지 값을 저장할 필요를 느낍니다.

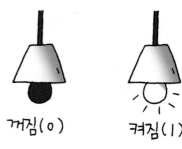

꺼짐(0)   켜짐(1)

전구의 꺼짐과 켜짐 상태는 1비트에 0과 1을 저장할 수 있는 것과 비슷합니다.

하지만 C 언어에서 제공하는 자료형의 최소 단위는 1바이트(8비트)입니다. 0, 1 중에 하나

"C 언어의 가장 작은 자료형은 1바이트이다."

를 저장하더라도 무조건 1바이트 저장 공간을 사용하는 char형 변수를 선언하고 사용해야 하는 것이죠.

```
unsigned char lamp_state = 0;   /* 기본값은 전등이 꺼져 있음 */
lamp_state = 1;                 /* 전등이 켜지면 1로 변경함 */
```

만약 교실에 전등이 80개가 있고 각 전등의 상태를 개별적으로 저장해야 할 때 위의 예제처럼 사용한다면 1바이트 변수가 80개 필요합니다. 즉 80바이트의 메모리가 필요한 것입니다. 그런데 사실 전등의 상태는 0과 1만 가지고도 표현할 수 있기 때문에 80개의 비트만 있으면 됩니다. 80바이트나 사용할 필요 없이 10바이트의 메모리만 있으면 된다는 뜻이지요.

결론적으로 0과 1로 자료를 저장할 수 있는 프로그램을 만들 때 비트 단위로 연산한다면 메모리를 많이 절약할 수 있습니다. 그리고 이렇게 비트 단위로 어떤 작업을 하고 싶다면 시프트 연산자와 비트 연산자를 반드시 알아야 합니다.

비트 패턴과 16진법

04장에서 16진법으로 표시된 숫자를 2진법으로 변환하는 방법에 대해 설명했습니다. 메모리의 비트 패턴이 2진법 표현과 일치하기 때문에 이 장에서는 설명할 때 2진법을 많이 사용합니다. 그런데 C 언어는 2진법 상수 표현을 제공하지 않아서 소스 코드에서는 2진법으로 변환하기 쉬운 16진법을 사용하여 설명할 것입니다. 16진법을 2진법으로 자유자재로 바꾸려면 다음 표를 꼭 기억해야 합니다.

2진법 ↔ 16진법 변환표

0000 : 0	0100 : 4	1000 : 8	1100 : C (12)
0001 : 1	0101 : 5	1001 : 9	1101 : D (13)
0010 : 2	0110 : 6	1010 : A (10)	1110 : E (14)
0011 : 3	0111 : 7	1011 : B (11)	1111 : F (15)

예를 들어 부호 없는 1바이트 data 변수를 선언하고 그 변수에 16진수 값 5A로 초기화하는 코드를 다음과 같이 명시합니다.

```
unsigned char data = 0x5A;
```

😊 16진수를 표시할 때는 앞에 0x를 반드시 붙여야 합니다.

그리고 16진수 한 자리는 4비트를 의미하기 때문에 오른쪽과 같이 1바이트(8비트) 크기의 data 변수는 4자리씩 나뉜 2진법으로 표현합니다.

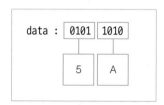

비트를 그림으로 그려서 설명할 때 비트 번호는 다음과 같이 명시합니다. 오른쪽에서 왼쪽으로 갈수록 비트 번호가 커집니다.

16진수 0×5A의 비트 패턴

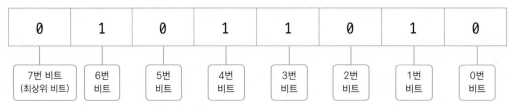

0	1	0	1	1	0	1	0
7번 비트 (최상위 비트)	6번 비트	5번 비트	4번 비트	3번 비트	2번 비트	1번 비트	0번 비트

1분 퀴즈 | **10-1** 변환표를 보지 않고 다음 16진수를 2진수로 바꿀 수 있는지 확인해 보세요(8비트라고 가정).

😊 16진수를 2진수로 바꿀 수 없다면 04-3으로 돌아가서 다시 한 번 읽어 보세요.

16진수	2진수
0xDE	☐ 1
0xC5	☐ 2
☐ 3	0110 1101
☐ 4	1001 1011

정답 1. 1101 1110 2. 1100 0101 3. 0×6D 4. 0×9B

10-2 시프트 연산자

시프트 연산자의 기능

시프트 연산자(<<, >>)는 변수의 값을 지정한 비트 수만큼 왼쪽 또는 오른쪽으로 비트를 이동
시키는 기능을 합니다. 사용 방법은 다음과 같습니다.

오른쪽에서 왼쪽으로 이동	왼쪽에서 오른쪽으로 이동
변수 << 이동할 비트 수	변수 >> 이동할 비트 수

unsigned char data = 0x1A;
/* 이동 전 : 0001 1010 */
data = data << 2;
/* 이동 후 : 0110 1000 */
	unsigned char data = 0x1A;
	/* 이동 전 : 0001 1010 */
	data = data >> 2;
	/* 이동 후 : 0000 0110 */

이동한 비트들이 변수를 위해 할당된 메모리 공간(자료
형)의 크기를 벗어나면 해당 비트들은 사라지고, 비트가
이동한 빈자리에는 0이 채워집니다. 비트가 왼쪽으로 이동해서 사라지는 것을 오버플로
(Overflow)라 부르고, 오른쪽으로 이동해서 사라지는 것을 언더플로(Underflow)라고 부릅니
다. 시프트 연산자를 사용한 예를 좀 더 자세하게 살펴보면 다음과 같습니다.

ⓒ data = data << 2는 축약해서 data <<=
2로 표현할 수도 있습니다.

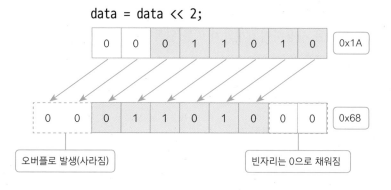

10-2 시프트 연산자를 사용하면 지정한 비트 수만큼 왼쪽 또는 오른쪽으로 비트를 이동시킵니다. 다음 빈칸을 채우며 시프트 연산자의 기능을 익혀 보세요.

16진수	data = 0xCC	data = 0x12
2진수	[1]	[2]
비트 이동	data = data >> 2	data = data << 2
이동한 결과	[3]	[4]

정답 1. 1100 1100 2. 0001 0010 3. 0011 0011 4. 0100 1000

시프트 연산자의 특성 이용하기

이렇게 비트를 이동시키면 어떤 효과가 있을까요? 먼저 10진수로 표현된 숫자와 그 숫자에 대한 비트 패턴을 2진수로 나열한 표를 보겠습니다.

		* 2		/ 2	
10진수	16	8	4	2	1
2진수	0001 0000	0000 1000	0000 0100	0000 0010	0000 0001

이 표에서 2진수로 표현된 숫자들에는 1이 하나씩 포함되어 있습니다. 그런데 1이 왼쪽으로 1칸씩 이동할 때마다 2를 곱한 만큼 숫자가 커지고, 오른쪽으로 1칸씩 이동할 때마다 2를 나눈 만큼 숫자가 작아집니다.

결국 << 연산을 사용하여 n개의 비트를 오른쪽에서 왼쪽으로 이동하면 2^n을 곱한 것과 같은 효과가 있습니다. >> 연산을 사용하여 n개의 비트를 왼쪽에서 오른쪽으로 이동하면 2^n을 나눈 것과 동일한 효과가 있고요. 예를 들어 data = data << 3은 data = data * 2^3(즉 8을 곱한 것)과 같다는 뜻이고 data = data >> 2는 data = data / 2^2(4로 나눈 것)과 같다는 뜻입니다.

시프트 연산자로 곱셈과 나눗셈 대체하기

시프트 연산은 속도가 빠른 명령인데 반해 곱셈이나 나눗셈 연산자는 속도가 느린 명령입니다. 따라서 2의 제곱(2, 4, 8, 16, ⋯)으로 곱하거나 나눌 때 시프트 연산으로 대체하는 것이 더 효율적입니다.

⊙ 물론 컴파일러가 번역할 때 최적화 옵션을 '수행 속도'로 설정해 주면 어느 정도 알아서 연산 방식을 변환해 주지만, 프로그래머가 직접 명시적으로 변환해 주는 것이 더 좋습니다.

하지만 곱셈과 나눗셈을 모두 시프트 연산자로 대체할 수는 없습니다. 비트 패턴이 2진수로 되어 있기 때문에 비트 이동 효과가 2의 제곱만 적용되어 3, 6, 7과 같은 숫자로 곱하거나 나눌 때에는 시프트 연산자로 대체할 수 없습니다.

시프트 연산자를 사용할 때 주의할 점

시프트 연산자를 사용할 때 주의해야 할 점이 있습니다.

연산자 우선순위가 낮다

시프트 연산자의 우선순위가 덧셈(+) 연산자보다 낮다는 것입니다. 그래서 곱셈(*)과 나눗셈(/), 덧셈(+) 연산자로 이루어진 수식을 그대로 시프트 연산자로 변환하는 경우에 잘못된 결과가 나올 수 있습니다. 예를 들어 '3 * 4 + 5 * 8'이라는 수식이 있을 때 이것을 그대로 '3 << 2 + 5 << 3'이라고 변환하면 연산자 우선순위 때문에 '2 + 5'가 먼저 연산되어 '3 << 7 << 3'처럼 잘못된 결과가 나옵니다. 이 문제를 해결하려면 괄호를 이용하여 '(3 << 2) + (5 << 3)'이라고 사용하면 됩니다.

변수에 부호가 있는 경우

부호가 있는 변수에 시프트 연산을 하면 연산 특성이 달라지기 때문에 주의해야 합니다. 앞의 예시에서 사용한 data 변수는 unsigned char로 선언했기 때문에 부호에 대해서 이야기하지 않았지만 signed char로 선언한 변수라면 최상위 비트가 부호 비트로 사용되기 때문에 음수 값을 시프트 연산할 때 unsigned char와 다른 방식으로 처리됩니다.

```
char data = 0x85;    /* 10진수 -123 */
data = data >> 3;
```

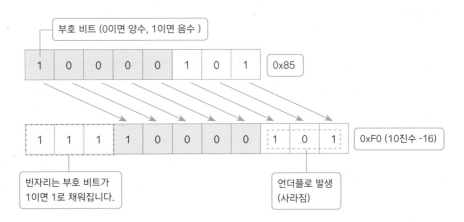

앞에서 보았듯이 unsigned 형식으로 선언된 변수들은 시프트 연산으로 비트가 이동해서 생긴 빈 공간에 무조건 0을 채우게 됩니다. 하지만 signed 변수들은 >>를 사용하여 '왼쪽에서 오른쪽으로 이동할 때' 자신의 부호를 유지하기 위해서 부호 비트가 1이면 비트가 이동한 빈 공간에 1을 채우고 부호 비트가 0이면 0으로 채웁니다.

> ⓒ 만약 변수에 부호가 있는데 빈자리에 1이 아니라 0으로 채워진다면, 하드웨어 연산으로 인해 부호가 음수에서 양수로 바뀌게 됩니다.

하지만 여기에 더 큰 문제가 있습니다. -123을 8로 나누면 -15가 나오는데, 시프트 연산자를 사용하여 나눗셈을 하려고 >> 3으로 연산하면 -16이 나온다는 것입니다. data 변수가 가지는 음수 값이 8의 배수인 경우에는 >> 3 연산과 같은 결과가 나오지만 8의 배수가 아닌 경우에는 1만큼 더 적은 값이 나옵니다. 따라서 음수를 다루는 경우에는 나누어지는 숫자가 나누는 숫자의 배수인지를 체크해서 사용하거나, 나눗셈을 >> 연산자로 대체하지 말고 그냥 사용하는 것이 좋습니다.

{✎} **김성엽의 프로그래밍 노트** **2의 제곱이 아닌 숫자도 시프트 연산자로 대체할 수 있을까요?**

시프트 연산자로 곱셈과 나눗셈을 대체할 수 있다고 했습니다. 비트 패턴이 2진수로 되어 있기 때문에 비트 이동 효과는 2의 제곱인 수에만 적용할 수 있었죠. 그런데 100처럼 2의 제곱이 아닌 숫자도 약간의 수학 연산을 통해 시프트 연산으로 대체할 수 있습니다.

100은 '$64(2^6)$ + $32(2^5)$ + $4(2^2)$'로 나눌 수 있습니다. 그래서 'a * 100은 a * (64 + 32 + 4)'와 같은 결과를 가집니다. 'a * (64 + 32 + 4)'를 수학의 분배법칙으로 나누어 보면 'a * 64 + a * 32 + a * 4'와 같습니다. 이렇게 수식을 바꿔놓고 보면 64, 32, 4는 각각 2^6, 2^5, 2^2이기 때문에, 수식에 사용되는 모든 곱셈이 2의 제곱 형태로 바뀌었습니다. 따라서 이 값들을 시프트 연산자로 바꿔보면 'a << 6 + a << 5 + a << 2'와 같습니다. 그런데 여기서 조심해야 할 부분은 << 연산자가 + 연산자보다 연산자 우선순위가 낮기 때문에 'a * 100'과 같은 결과 값을 얻으려면 '(a << 6) + (a << 5) + (a << 2)'처럼 괄호를 반드시 적어주어야 합니다.

10-3 비트 연산자

비트 연산자란?

비트 연산자는 비트 단위로 AND, OR, NOT, XOR(Exclusive OR, 배타적 논리합) 연산을 수행합니다. 07장에서 배운 논리 연산자와 구별하기 위해서 AND 연산은 &, OR 연산은 |, NOT 연산은 ~, 그리고 XOR 연산은 ^ 기호를 사용합니다.

A	B	AND(&) 연산	OR(ǀ) 연산	XOR(^) 연산	NOT(~) 연산
0	0	0	0	0	1
0	1	0	1	1	
1	0	0	1	1	0
1	1	1	1	0	

논리 연산자를 설명할 때 이야기했지만, 네 가지 연산의 특징에 대해 다시 한 번 정리해 봅시다. AND 연산은 연산에 참여하는 A, B 값이 둘 다 1이어야 결과 값이 1이 나오고, OR 연산은 A, B 값이 둘 다 0인 경우에만 결과 값이 0이 나옵니다. 그리고 NOT 연산은 현재 비트 패턴이 반전(0이면 1, 1이면 0)되며, XOR 연산은 A, B 값이 같으면 0 다르면 1이 됩니다. 그러면 2진수를 이용해서 비트 연산자를 어떻게 사용하는지 간단히 알아보겠습니다.

AND(&) 연산

두 값을 비트 단위로 AND 연산을 수행하며, 연산하는 A 비트의 값이 0이면 B 비트의 값에 상관없이 0이 됩니다. 반대로 A 비트의 값이 1이면 B 비트의 값에 따라 0 또는 1이 되기 때문에, 두 비트가 모두 1일 때만 1이 됩니다.

```
   0000 1111 (0x0F)
&  0011 1100 (0x3C)
───────────────────
   0000 1100 (0x0C)
```

OR(ǀ) 연산

두 값을 비트 단위로 OR 연산을 수행하며, 연산하는 A 비트의 값이 1이면 B 비트의 값에 상관없이 1이 됩니다. 반대로 A 비트의 값

```
   0000 1111 (0x0F)
ǀ  0011 1100 (0x3C)
───────────────────
   0011 1111 (0x3F)
```

이 0이면 B 비트의 값에 따라 0 또는 1이 되기 때문에, 두 비트 중 하나라도 1이면 1이 됩니다.

XOR(^) 연산

두 값을 비트 단위로 XOR 연산을 수행하며, 연산하는 두 비트의 값이 같으면 0이 되고 다르면 1이 됩니다. 즉 두 비트가 서로 다른 값일 때 1이 됩니다.

```
  0000 1111 (0x0F)
^ 0011 1100 (0x3C)
  ─────────────────
  0011 0011 (0x33)
```

NOT(~) 연산

각 비트의 값을 반전시키는 작업을 수행합니다. 따라서 비트가 0이면 1이 되고 1이면 0이 됩니다.

```
~ 0000 1111 (0x0F)
  ─────────────────
  1111 0000 (0xF0)
```

1분 퀴즈

10-3 다음 비트 연산의 결과를 적어 보세요.

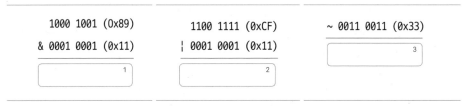

```
  1000 1001 (0x89)        1100 1111 (0xCF)      ~ 0011 0011 (0x33)
& 0001 0001 (0x11)      | 0001 0001 (0x11)      ┌──────────────┐
┌──────────────┐        ┌──────────────┐        │            3 │
│            1 │        │            2 │        └──────────────┘
└──────────────┘        └──────────────┘
```

정답 1. 0000 0001 (0x01) 2. 1101 1111 (0xDF) 3. 1100 1100 (0xCC)

비트 연산자 단축 표현

연산자를 단축해서 사용하는 것은 단순히 표현만 단축하는 것이기 때문에 결과에 차이점은 없습니다. 하지만 단축 표현에 사용된 연산자들은 연산자 우선순위가 낮기 때문에 다른 연산자와 연산할 때 연산자 우선순위에 주의해야 합니다.

오른쪽 표에서 A = A & B는 A와 B를 AND 연산한 것을 다시 A에 저장하라는 뜻과 같습니다. 다른 연산자도 마찬가지입니다.

기본 표현	단축 표현
A = A & B;	A &= B;
A = A | B;	A |= B;
A = A ^ B;	A ^= B;

비트 단위로 데이터를 다루는 방법

비트 연산자가 비트 단위의 연산을 제공하지만 한 개의 비트만 연산하는 것이 아닙니다. 비트 단위라고 해도 최소 1바이트(8비트) 단위로 연산이 이루어지기 때문에, 비트 연산자를 사용하면 자신이 변경하려는 비트를 포함하는 바이트는 모두 연산이 이루어집니다.

하지만 프로그램을 만들다 보면 바이트 단위가 아닌 비트 단위로 데이터를 다뤄 *"지정한 비트에만 값을 대입하는 연산자는 없다."* 야 할 때도 있습니다. 만약 지정한 비트에만 0 또는 1을 설정하고 싶거나, 특정 비트가 가지고 있는 값을 가져오고 싶다면 그 기능은 비트 연산자의 연산 특징을 잘 응용하여 프로그래머가 직접 구현해서 사용해야 합니다. 지금부터 각 기능을 구현하는 방법을 단계별로 설명할 텐데, 이런 기능을 초보 프로그래머인 여러분이 당장 이해하는 것은 어려울 수도 있습니다. 그러니 이 내용이 어렵다면 일단 가볍게 눈으로 훑어보고 넘어가세요. 나중에 분명히 이 기능이 필요할 테니 그때 다시 이 부분을 꼼꼼히 읽어 보고 사용하면 됩니다.

지정한 비트를 0으로 설정하기

변수의 비트 패턴에서 지정한 비트만 0으로 설정하고 다른 비트는 자신의 값을 유지하려면 비트 AND 연산자 &를 사용합니다.

1단계: 2번 비트를 0으로 설정하기

비트 AND 연산자는 연산하는 한쪽 비트가 0이면 다른 쪽 비트 값에 상관없이 결과 값이 0이 나오는 특징을 가지고 있습니다. 즉 기존 값을 유지해야 하는 비트는 1과 AND 연산하고, 0으로 설정해야 하는 비트는 0과 AND 연산을 하는 것이죠. 예를 들어 1바이트 변수의 2번 비트만 0으로 만들고 싶다면 다음과 같이 연산하면 됩니다.

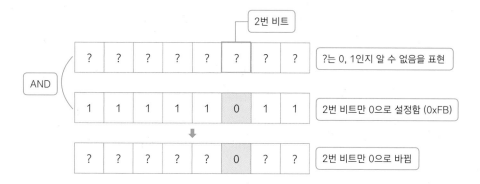

이 내용을 소스 코드로 표현해 보면 다음과 같습니다.

```c
unsigned char lamp_state;      /* lamp_state에 어떤 값이 있는지 알 수 없음 */
lamp_state = lamp_state & 0xFB; /* lamp_state의 2번 비트만 0으로 변경함 */
```

2단계: 임의의 비트를 0으로 설정하기

2번 비트를 0으로 설정할 때 사용하는 & 0xFB를 직접 명시하지 않고 2번이라는 정보만 가지고 만들어 보겠습니다.

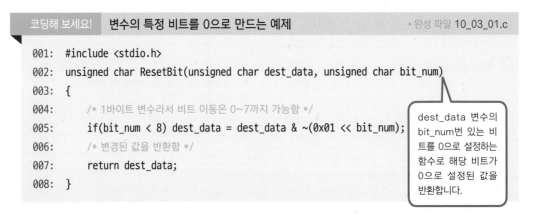

```c
unsigned char lamp_state;             /* lamp_state에 어떤 값이 있는지 알 수 없음 */
unsigned char bit_num = 2;            /* 0으로 만들 비트의 번호 */
unsigned char mask = ~(0x01 << bit_num);  /* 0xFB */
lamp_state = lamp_state & mask;       /* lamp_state의 2번 비트만 0으로 변경함 */
```

이렇게 하면 bit_num 변수에 비트 번호만 적어 주면 해당 비트를 0으로 만들 수 있고 이 코드를 재사용할 수 있도록 함수로 만들어 보면 다음과 같습니다.

3단계: 함수로 만들어 보기

코딩해 보세요! 변수의 특정 비트를 0으로 만드는 예제 · 완성 파일 10_03_01.c

```c
001: #include <stdio.h>
002: unsigned char ResetBit(unsigned char dest_data, unsigned char bit_num)
003: {
004:     /* 1바이트 변수라서 비트 이동은 0~7까지 가능함 */
005:     if(bit_num < 8) dest_data = dest_data & ~(0x01 << bit_num);
006:     /* 변경된 값을 반환함 */
007:     return dest_data;
008: }
```

> dest_data 변수의 bit_num번 있는 비트를 0으로 설정하는 함수로 해당 비트가 0으로 설정된 값을 반환합니다.

```
009:
010:  void main()
011:  {
012:      unsigned char lamp_state = 0x7F;      /* 16진수 0x7F은 2진수 0111 1111 */
013:      printf("%X->", lamp_state);           /* 변경 전 값을 출력함 */
014:      /* lamp_state 변수의 3번 비트를 0으로 설정함 */
015:      lamp_state  = ResetBit(lamp_state, 3);  /* 16진수 0x77은 2진수 0111 0111 */
016:      printf("%X\n", lamp_state);            /* 변경 후 값을 출력함 */
017:  }
```

:: 결과 화면

```
C:\WINDOWS\system32\cmd.exe        —    □    ×
7F->77
계속하려면 아무 키나 누르십시오 . . .
```

지정한 비트를 1로 설정하기

변수의 비트 패턴에서 지정한 비트만 1로 설정하고 다른 비트는 자신의 값을 유지하려면 비트 OR 연산자를 사용하면 됩니다.

1단계: 2번 비트를 1로 설정하기

비트 OR 연산자는 연산하는 한쪽 비트가 1이면 다른 쪽 비트 값에 상관없이 결과 값이 1이 나오는 특징을 가지고 있습니다. 즉 기존 값을 유지해야 하는 비트는 0을 넣고 1로 설정해야 하는 비트에는 1을 넣어서 숫자를 만든 후 연산하려는 값과 이 값을 OR 연산하면 됩니다. 예를 들어 1바이트 변수의 2번 비트만 1로 만들고 싶다면 다음과 같이 연산합니다.

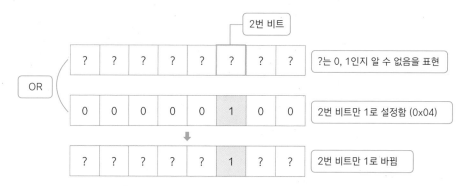

그림을 소스 코드로 표현해 보면 다음과 같습니다.

```
unsigned char lamp_state;           /* lamp_state에 어떤 값이 있는지 알 수 없음 */
lamp_state = lamp_state | 0x04;     /* lamp_state의 2번 비트만 1로 변경함 */
```

2단계: 임의의 비트를 1로 설정하기

2번 비트를 1로 설정할 때 사용하는 | 0x04를 직접 명시하지 않고 2번 비트라는 정보만 가지고 만들어 보겠습니다.

| 0 | 0 | 0 | 0 | 0 | 0 | 0 | 1 | 0x01 |

↓

| 0 | 0 | 0 | 0 | 0 | 1 | 0 | 0 | 0x01 << 2 → 2번 비트로 1을 옮김 (0x04) |

```
unsigned char lamp_state;              /* lamp_state에 어떤 값이 있는지 알 수 없음 */
unsigned char bit_num = 2;             /* 1로 만들 비트의 번호 */
unsigned char mask = 0x01 << bit_num;  /* 0x04 */
lamp_state = lamp_state | mask         /* lamp_state의 2번 비트만 1로 변경함 */
```

이렇게 하면 bit_num 변수에 비트 번호만 적어 주면 해당 비트를 1로 만들 수 있습니다. 이 코드를 재사용할 수 있도록 함수로 만들어 보면 다음과 같습니다.

3단계: 함수로 만들어 보기

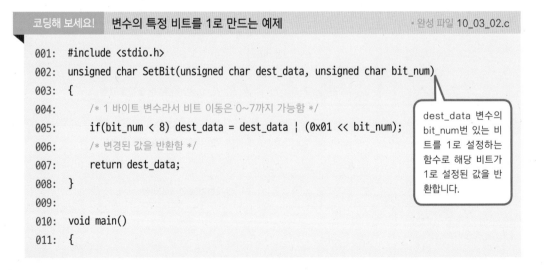

코딩해 보세요! **변수의 특정 비트를 1로 만드는 예제**   • 완성 파일 10_03_02.c

```
001:  #include <stdio.h>
002:  unsigned char SetBit(unsigned char dest_data, unsigned char bit_num)
003:  {
004:      /* 1 바이트 변수라서 비트 이동은 0~7까지 가능함 */
005:      if(bit_num < 8) dest_data = dest_data | (0x01 << bit_num);
006:      /* 변경된 값을 반환함 */
007:      return dest_data;
008:  }
009:
010:  void main()
011:  {
```

dest_data 변수의 bit_num번 있는 비트를 1로 설정하는 함수로 해당 비트가 1로 설정된 값을 반환합니다.

```
012:        unsigned char lamp_state = 0x77;        /* 0x77은 2진수로 0111 0111 */
013:        printf("%X->", lamp_state);             /* 변경 전 값을 출력함 */
014:        /* lamp_state 변수의 3번 비트를 1로 설정함 */
015:        lamp_state = SetBit(lamp_state, 3);
016:        /* 변경 후 값을 출력함 */
017:        printf("%X\n", lamp_state);
018:   }
```

> 비트 설정 후 값은 0x7F. 2진수로 0111 1111입니다.

:: 결과 화면

```
C:\WINDOWS\system32\cmd.exe        —    □    ×
77->7F
계속하려면 아무 키나 누르십시오 . . .
```

특정 비트의 값 얻기

변수의 비트 패턴에서 특정 비트의 값을 얻고 싶다면 비트 AND 연산자를 사용합니다.

1단계: 2번 비트 값 얻기

비트 AND 연산자는 연산하는 한쪽 비트가 1일 때 다른 쪽 비트 값이 1이면 1이 나오고 0이면 0이 나옵니다. 따라서 얻고 싶은 비트 값만 1로 넣고 나머지 비트는 모두 0을 넣어서 숫자를 만들고 AND 연산을 하면 됩니다. 이렇게 하면 자신이 지정한 비트만 값이 유지되고 나머지 비트는 모두 0이 됩니다. 예를 들어 1바이트 변수의 2번 비트의 값을 얻고 싶다면 다음과 같이 연산합니다.

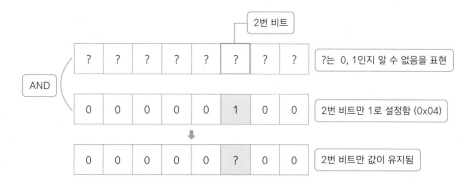

하지만 이렇게 하면 자신이 얻고자 하는 비트가 0번 비트인 경우에만 0, 1로 값이 나오고 다른 비트이면 그 비트의 2의 제곱만큼 큰 값으로 나옵니다. 예를 들어 2번 비트의 값을 알고 싶

어서 0000 0?00과 같은 결과 값을 얻었다면 ?가 0이면 0이고 ?가 1이면 4(2^2)가 됩니다. 따라서 이 값을 0 또는 1로 얻고 싶다면 ? 값을 0번 비트로 이동시켜야 합니다.

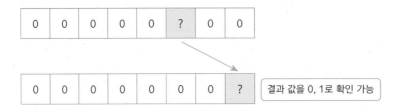

위 도해를 소스 코드로 표현해 보면 다음과 같습니다.

```
unsigned char lamp_state;       /* lamp_state에 어떤 값이 있는지 알 수 없음 */
unsigned char bit_state;        /* 2번 비트의 값을 저장할 변수 */
bit_state = lamp_state & 0x04;  /* lamp_state의 2번 비트만 값을 유지한 상태로 bit_state에 저장함.
                                   lamp_state는 변경되지 않음 */

bit_state = bit_state >> 2;     /* bit_state의 값을 0 또는 1로 확인 가능 */
```

비트에 값을 0 또는 1로 설정할 때와 달리 bit_state 변수를 추가로 선언해서 사용한 이유는 lamp_state에 직접 연산을 해 버리면 자신의 상태 값을 잃어버리기 때문입니다.

2단계: 임의의 비트 값 얻기

2번 비트를 확인할 때 사용하는 & 0x04와 >> 2를 직접 명시하지 않고 2번이라는 정보만 가지고 만들어 보겠습니다.

```
unsigned char lamp_state;            /* lamp_state에 어떤 값이 있는지 알 수 없음 */
unsigned char bit_num = 2;           /* 1로 만들 비트의 번호 */
unsigned char bit_state;             /* 비트의 값을 저장할 변수 */
unsigned char mask = 0x01 << bit_num;  /* 비트 옮긴 후 값은 0x04 */
bit_state = lamp_state & mask        /* lamp_state의 2번 비트만 값을 유지한 상태로 bit_state에 저장함.
                                        lamp_state는 변경되지 않음 */
bit_state = bit_state >> bit_num;    /* bit_state의 값을 0 또는 1로 확인 가능 */
```

이렇게 하면 bit_num 변수에 비트 번호만 적어 주면 해당 비트의 값이 bit_state 저장됩니다. 이 코드를 재사용할 수 있도록 함수로 만들어 보겠습니다.

3단계: 함수 만들어 보기

> **코딩해 보세요!** **변수의 값을 2진수 형태로 확인하는 예제** · 완성 파일 10_03_03.c

```c
001: #include <stdio.h>
002: unsigned char GetBit(unsigned char dest_data, unsigned char bit_num)
003: {
004:     unsigned char bit_state = 0;
005:     /* 1바이트 변수라서 비트 이동은 0~7까지만 가능함 */
006:     if(bit_num < 8) {
007:         bit_state = dest_data & (0x01 << bit_num);
008:         bit_state = bit_state >> bit_num;
009:     }
010:     /* bit_num에 지정한 비트 값을 반환함 */
011:     return bit_state;
012: }
013:
014: void main()
015: {
016:     unsigned char lamp_state = 0x75;    /* 16진수 0x75는 2진수로 0111 0101 */
017:     unsigned char bit_state;
018:     int i;
019:
020:     printf("%X -> ", lamp_state);    /* 16진법으로 현재 값을 출력함 */
021:     /* 8개의 비트 값을 모두 출력하기 위해 8번 반복함 */
022:     for(i = 0; i < 8; i++) {
023:         bit_state = GetBit(lamp_state, 7 - i);
024:         /* 비트 값을 출력함 */
025:         printf("%d", bit_state);
026:     }
027:     /* 비트 값이 모두 출력되면 줄 바꿈을 함 */
028:     printf("\n");
029: }
```

> dest_data 변수의 bit_num번 비트 값을 반환하는 함수입니다.

> 비트를 표시할 때 최상위 비트(7번 비트)부터 순차적으로 보여주기 위해서 7, 6, 5, … 순으로 비트 값을 얻습니다.

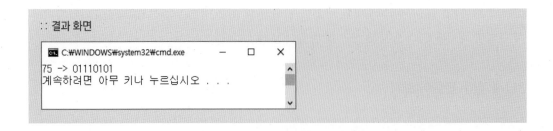

```
C:\WINDOWS\system32\cmd.exe        —    □    ×
75 -> 01110101
계속하려면 아무 키나 누르십시오 . . .
```

이렇게 기능을 구현하면 직접 특정 비트의 값을 읽거나 저장하는 연산자가 없더라도 비트 단위로 정보를 처리할 수 있습니다.

{✎} **김성엽의 프로그래밍 노트** **SetBit 함수와 ResetBit 함수가 비슷해 보이나요?**

앞에서 함수란 '기능이 유사하거나 같은 작업 범위에 있는 코드를 그룹으로 묶는 것'이라고 배웠습니다. 위의 예제에서 사용한 SetBit 함수와 ResetBit 함수는 기능이 유사한 함수이고 함께 사용할 확률이 높아서 다음과 같이 하나의 함수로 합쳐도 됩니다.

• 변수의 특정 비트를 0 또는 1로 변경하는 예제 •완성 파일 10_03_04.c

```c
001:  #include <stdio.h>
002:  unsigned char ModifyBit(unsigned char dest_data, unsigned char bit_num, char value)
003:  {
004:      unsigned char mask;
005:      /* 1바이트 변수라서 비트 이동은 0~7까지만 가능 */
006:      if(bit_num < 8) {
007:          /* bit_num번째 비트에 값을 설정하는데 사용할 숫자를 구성함 */
008:          mask = 0x01 << bit_num;
009:          if(value == 1) dest_data = dest_data | mask;     /* 1로 설정하는 경우 */
010:          else dest_data = dest_data & ~mask;              /* 0으로 설정하는 경우 */
011:      }
012:      /* 변경된 값을 반환함 */
013:      return dest_data;
014:  }
015:
016:  void main()
017:  {
018:      unsigned char lamp_state = 0x7F;    /* 16진수 0x7F는 2진수 0111 1111 */
019:      printf("%X->", lamp_state);         /* 변경 전 값을 출력함 */
020:      /* lamp_state 변수의 3번 비트를 0으로 설정함 */
021:      lamp_state = ModifyBit(lamp_state, 3, 0);   /* 16진수 0x77은 2진수 0111 0111 */
```

> SetBit 함수와 ResetBit 함수의 기능을 하나로 합친 함수입니다.

```
022:        printf("%X->", lamp_state);    /* 변경 후 값을 출력함 */
023:        /* lamp_state 변수의 3번 비트를 1로 설정함 */
024:        lamp_state = ModifyBit(lamp_state, 3, 1);    /* 16진수 0x7F는 2진수 0111 1111 */
025:        printf("%X\n", lamp_state);    /* 변경 후 값을 출력함 */
026: }
```

:: 결과 화면

```
C:\WINDOWS\system32\cmd.exe        —    □    ×
7F->77->7F
계속하려면 아무 키나 누르십시오 . . .
```

비트 연산자를 활용하는 방법

보수를 이용해 덧셈으로 뺄셈 구현하기

03장에서 이야기했듯, 부호를 고려하지 않는 1바이트(8비트, unsigned char) 메모리는 정수 값을 저장할 때 0~255의 값만 저장할 수 있습니다. 그래서 이런 1바이트 메모리는 255보다 더 큰 값이 들어오면 오버플로가 발생하고 그만큼의 값을 잃어버리게 됩니다.

```
unsigned char data = 255;    /* 255는 부호 없는 1바이트 변수가 가질 수 있는 최댓값 */
data++;  /* 255 + 1 = 256이 되어야 하지만 오버플로가 발생하여 0이 되어 버림 */
data++;  /* 0이 되었으므로 이 단계에서는 1이 됨 */
```

이 코드를 도해로 살펴보면 다음과 같습니다.

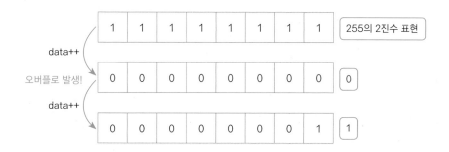

이러한 메모리 특성 때문에 data 변수에 들어 있는 값을 0으로 만들 수 있는 방법이 두 가지 있습니다.

예를 들어 data 변수 값이 255라면 255를 빼서 0으로 만들 수 도 있고 1을 더해서도 0으로 만들 수도 있습니다. 즉 덧셈으로 뺄셈을 구현할 수 있다는 뜻입니다.

```
255 - 255 → 0
255 + 1   → 0
```

예를 하나 더 들어 보면, data 값이 198인 경우에 198을 빼거 나 58을 더하면 됩니다.

```
198 - 198 → 0
198 + 58  → 0
```

결국 data 변수에 들어 있는 값을 0으로 만들기 위해 255나 198에 대응하는 1이나 58을 찾는 방법은 이 숫자들을 2진수로 바꿔 보면 간단하게 이해할 수 있습니다.

255를 0으로 만드는 숫자를 찾는 방법

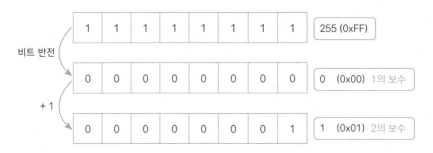

198을 0으로 되도록 만드는 숫자를 찾는 방법

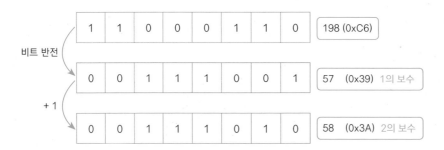

뺄셈에 사용할 숫자를 비트 NOT(~) 연산자를 사용하여 비트를 반전시키고 그 값에 1을 더하 면 대응하는 숫자를 구할 수 있습니다. 위와 같은 상황에서 비트를 반전시켜 얻은 값을 '1의 보수'라고 하고, 1의 보수에 1을 더해서 얻은 값을 '2의 보수'라고 합니다.

$$A - B \rightarrow A + \boxed{\sim B} + 1 \quad \text{2의 보수}$$

1의 보수

$$255(A) - 255(B) \rightarrow 255(A) + 0(\sim B) + 1$$

$$198(A) - 198(B) \rightarrow 198(A) + 57(\sim B) + 1$$

결과적으로 B에 대한 2의 보수를 구해서 덧셈을 하면 B를 뺀 것과 같은 결과가 나옵니다. 이렇게 덧셈으로 뺄셈을 대신할 수 있다는 것은 하드웨어 입장에서 볼 때 뺄셈 회로를 하나 줄일 수도 있다는 뜻입니다. 따라서 컴퓨터에서 뺄셈 회로가 없다고 이야기하는 것이 바로 이 개념 때문입니다.

1분 퀴즈 | **10-4** 10진수 153이 0이 되도록 만드는 숫자를 찾는 방법을 생각하며 아래 빈칸을 채워 보세요!

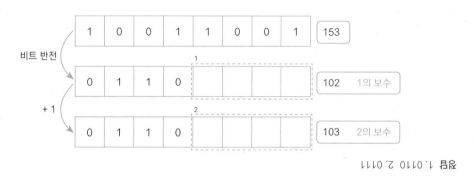

정답 1.0110 2.0111

데이터 암호화하기

비트 연산자에는 XOR(^) 연산자가 있습니다. 이 연산자는 연산되는 비트 값이 서로 같으면 0 이고 다르면 1이 되는 특성을 가지고 있습니다. 그런데 이 특성을 이용하면 재미있는 연산을 할 수 있습니다. 다음 그림처럼 0x56이 있는데 이 값과 0x37을 XOR 연산하면 0x61이라는 전혀 새로운 값이 나옵니다. 그런데 0x61과 0x37을 다시 XOR 연산하면 처음 값인 0x56이 나옵니다.

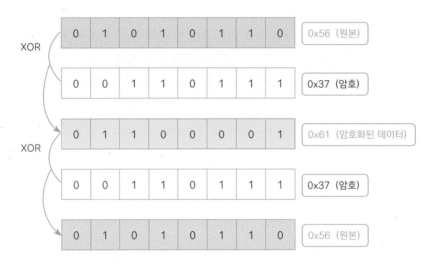

XOR 연산자는 이런 연산 특징 때문에 간단한 암호화 데이터를 만들 때 많이 사용됩니다. 위 그림에서 0x56이 숨기고 싶은 데이터라면 0x37을 암호로 생각하고 0x56과 0x37을 XOR 연산해서 0x61이라는 암호화된 데이터를 만듭니다. 이 암호화된 데이터를 해독하고 싶다면 암호화되어 있는 0x61에 암호 값인 0x37을 XOR 연산해서 다시 0x56을 얻을 수 있습니다.

자신이 가지고 있는 데이터를 파일에 저장하거나 네트워크로 전송할 때 원본 그대로 저장하거나 전송하면 외부에 노출될 수 있기 때문에 간단하게라도 XOR 연산을 사용하여 암호화하면 보안성이 좋아집니다. 위와 같이 암호화하는 것을 '8비트 암호화'라고 합니다. 보안성을 더 높이고 싶다면 암호에 사용하는 비트 개수를 더 늘리면 됩니다.

Q1 다음은 data 변수의 값이 홀수인지를 판단하는 소스 코드입니다. 조건문의 빈칸에 비트 AND 연산자를 사용하여 소스 코드를 완성해 보세요.

힌트 비트 AND 연산자 사용법이 기억나지 않으면 10-3을 복습하세요.

```
unsigned char data = 5;
if(data                    ) printf("이 값은 홀수입니다.\n");
else printf("이 값은 짝수입니다.\n");
```

Q2 ResetBit 함수는 dest_data 변수의 bit_num번 비트를 0으로 만드는 함수입니다. 빈칸에 비트 AND 연산자, 비트 NOT 연산자 그리고 Shift 연산자를 사용해서 소스 코드를 완성해 보세요.

힌트 시프트 연산자 사용법과 비트 연산자 사용법이 기억나지 않으면 10-2와 10-3을 복습하세요.

```
unsigned char ResetBit(unsigned char dest_data, unsigned char bit_num)
{
    dest_data = dest_data                    ;
    return dest_data;
}
```

Q3 A - B 수식에서 뺄셈을 사용하지 않고 덧셈과 비트 NOT 연산자만 사용해서 같은 결과가 나오도록 수식을 구성해 보세요.

힌트 1의 보수와 2의 보수를 활용하세요.

10장 풀이
563쪽

지역 변수와 전역 변수

C 언어는 대부분의 변수를 함수 안에 선언해서 사용합니다. 이것은 함수가 작업의 기본 단위이기 때문입니다. 하지만 모든 변수를 함수 안에 선언하는 것은 아닙니다. 변수의 사용 목적에 따라 함수 밖에도 변수를 선언할 수 있습니다. 이 장에서는 선언 위치에 따라 달라지는 변수의 종류와 특성을 설명하고, 그에 따라 변수의 수명(Lifetime)이 어떻게 달라지는지도 알아보겠습니다. 그리고 변수를 선언할 때 같이 사용하면 변수의 의미가 달라지는 extern, static, const 키워드도 함께 살펴봅니다.

11-1 함수 안에서만 사용하는 지역 변수

11-2 프로그램 전체에서 사용하는 전역 변수

11-3 extern 키워드

11-4 static 키워드

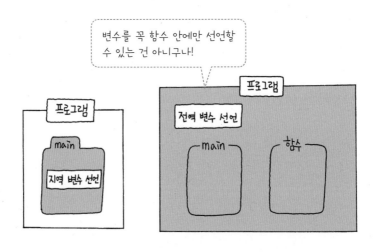

11-1 함수 안에서만 사용하는 지역 변수

지역 변수 살펴보기

변수에는 두 종류가 있습니다. 하나는 함수 안에 사용하는 지역 변수이고, 다른 하나는 프로그램 전체에서 사용할 수 있는 전역 변수입니다. 이제까지 많이 사용한 함수 안에 선언한 변수나 매개변수는 지역 변수(Local Variable)이죠. 이 변수는 자신을 선언한 함수가 호출될 때 메모리에 저장 공간이 만들어졌다가 함수 호출이 끝나면 함께 사라집니다.

즉 함수와 같은 수명(Lifetime)을 가집니다.

© 함수의 수명(생명 주기)은 함수가 호출된 시점부터 return 또는 함수의 명령문 끝에 도달하여 함수가 종료될 때까지의 시점을 말합니다.

이해를 돕기 위해 간단한 예제를 볼까요? 다음 ReturnNum 함수는 특별한 기능이 있는 함수는 아니고, 지역 변수에 대해 이해를 돕기 위해 만들어 본 예제 함수입니다.

```
001: #include <stdio.h>
002: int ReturnNum()
003: {
004:     int num = 5;
005:     return num;
006: }
007:
008: void main()
009: {
010:     ReturnNum();
011:     printf("%d", num);
012: }
```

main 함수에서 ReturnNum 함수를 호출합니다.

ReturnNum 함수를 호출했으니 num 값이 5가 되지 않을까요?

이 예제에서 ReturnNum 함수는 매개변수는 없고 반환값만 있는 함수입니다. 정수형 변수 num에 대입된 5를 반환해 줍니다. main 함수에서 ReturnNum 함수를 호출했으니 printf문의 num 변수 값이 5가 되어 출력 결과가 5가 나오지 않을까요? 이 예제를 비주얼 스튜디오에서 작성한 후 빌드하면, 우리가 예상한 것과 전혀 다른 결과가 나옵니다.

num 변수는 ReturnNum 함수의 지역 변수이기 때문에 main 함수에서 인식하지 못합니다.

11행에서 변수 num이 선언되지 않은 식별자라고 하면서 오류가 발생합니다. ReturnNum 함수가 호출될 때 함수 안에서 선언한 지역 변수 num이 메모리에 만들어졌다가 함수 호출이 끝나면서 사라져 버려 main 함수에서는 변수 num을 쓸 수 없는 것입니다. 즉 지역 변수는 자신을 선언한 함수 안에서만 사용할 수 있고 다른 함수에 선언된 지역 변수는 사용할 수 없습니다.

1분 퀴즈 | **11-1** 이전 예제에서 정상적으로 5가 출력되도록 소스 코드를 수정해 보세요.

  힌트 ReturnNum 함수의 반환값을 받을 새로운 지역 변수가 필요합니다. main 함수의 10~11행을 수정하면 됩니다.

정답 이전페이지 유리믿페이지 자료믿 책담 옮김

지역 변수 이름은 중복해서 사용할 수 있다

함수 안에 똑같은 이름의 변수가 있으면 오류로 처리됩니다. 하지만 서로 다른 함수에 선언된 변수라면 이름이 같아도 상관없습니다. 지역 변수는 특정한 '지역'에서만 사용하고 그 수명이 다하는 변수이기 때문입니다. 이번에는 지역 변수의 특성을 이해하기 위해 서로 다른 함수에 선언한 두 result 변수를 살펴보겠습니다.

코딩해 보세요! **변수의 사용 범위에 따른 유효성 이해하기** · 완성 파일 11_01_01.c

```
001: #include <stdio.h>
002: int Sum(int data1, int data2) /* 매개변수 data1, data2는 Sum 함수의 지역 변수 */
003: {
004:     /* Sum 함수의 지역 변수 result를 선언한 후 data + data2 값으로 초기화함 */
005:     int result = data1 + data2;
006:     return result;
007: }
008:
009: void main()
010: {
011:     int result;  /* main 함수의 지역 변수 result. 초기화되지 않아 어떤 값이 들어 있는지 모름 */
012:     result = Sum(5, 3);
```

이름은 같지만 서로 다른 함수의 지역 변수라서 서로 다른 메모리에 할당되어 사용됩니다(값이 공유되지 않음).

```
013:        printf("5 + 3 = %d\n", result);
014:    }
```

main 함수의 result 변수와 Sum 함수의 result 변수는 서로 다른 함수에 들어 있는 지역 변수이기 때문에 이름이 같아도 오류로 처리되지 않습니다. 그리고 main 함수에서는 Sum 함수의 data1, data2 그리고 result 변수를 사용할 수 없습니다.

지역 변수는 스스로 초기화되지 않기 때문에 필요할 때 프로그래머가 직접 초기화해야 합니다. main 함수의 result 변수는 선언할 때 초기화하지 않았기 때문에 해당 변수에 어떤 값이 들어 있을지 예상할 수 없습니다.

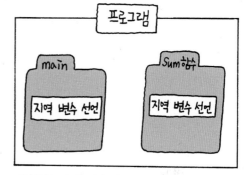

지역 변수는 자신을 선언한 함수 안에서만 사용할 수 있습니다.

11-2 프로그램 전체에서 사용하는 전역 변수

전역 변수 살펴보기

함수 밖에 선언한 변수를 전역 변수(Global Variable)라고 합니다. 이 변수는 프로그램이 시작할 때 만들어졌다가 프로그램이 종료될 때 함께 사라집니다. 따라서 수명(Lifetime)이 프로그램과 같습니다.

전역 변수는 프로그램 전체 영역에서 사용할 수 있습니다. 그러므로 똑같은 이름을 가진 전역 변수가 프로그램 안에 또 있으면 오류로 처리되므로 주의해서 사용해야 합니다. 오른쪽 도해는 전역 변수를 하나 선언하여 작업하는 예입니다. 색칠한 부분이 변수의 영향력이 미치는 곳입니다.

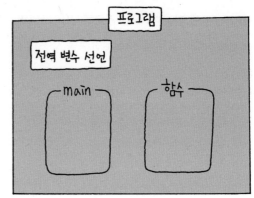

전역 변수는 프로그램 전체 영역에서 사용할 수 있습니다.

다음은 전역 변수를 사용하는 예제입니다.
전역 변수는 특별한 초기화 값이 없으면 0으로 초기화됩니다.

코딩해 보세요! **전역 변수를 사용하여 함수 간에 데이터 넘겨받기** • 완성 파일 11_02_01.c

```
001:  #include <stdio.h>
002:  int result;  /* 전역 변수. 특별한 초기화 값이 없으면 0으로 초기화됨 */
003:
004:  void Sum(int data1, int data2)
005:  {
006:      result = data1 + data2;
007:  }
008:
009:  void main()
010:  {
011:      Sum(5, 3);
012:      printf("5 + 3 = %d\n", result );
013:  }
```

> 전역 변수는 한 번 선언하면 프로그램 전체 영역에서 사용할 수 있기 때문에 Sum 함수와 main 함수 어디에서든 result 변수를 사용할 수 있습니다(값을 공유함).

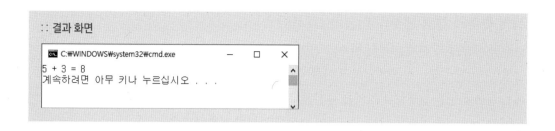

전역 변수는 한 번 선언하면 어떤 함수에서나 사용할 수 있으며, 프로그램 전체에서 값을 공유합니다. 따라서 return 명령을 사용하여 Sum 함수의 반환값을 넘겨받지 않더라도 전역 변수의 값을 공유하여 간단하게 처리할 수 있습니다.

전역 변수를 사용할 때 주의할 점

전역 변수를 사용하면 Sum 함수는 result 변수에 종속적으로 바뀌게 됩니다. 예를 들어 Sum 함수를 다른 프로그램에서 재사용하기 위해 코드를 복사하는 경우에 당연히 result 전역 변수도 필요하겠죠? 그러므로 result 변수 선언도 같이 옮겨야 하는데, 옮겨 갈 프로그램에 이미 result 전역 변수가 있다면 둘 중 하나는 이름을 바꿔야 합니다. 옮겨 간 코드를 그대로 사용하지 못한다는 것 자체가 불편하기도 하지만, 전역 변수 이름을 수정하다가 또 다른 실수가 발생할 수도 있기 때문에 재사용이 불편해집니다. 따라서 전역 변수는 함수의 독립성을 강조하는 C 언어의 장점을 퇴색시킵니다.

{✎} **김성엽의 프로그래밍 노트** **전역 변수는 꼭 필요한 경우에만 사용하세요.**

프로그램을 만들 때 다른 사람이 만든 라이브러리를 가져와서 사용할 때도 있습니다. 자신의 프로그램에서 A라는 라이브러리와 B라는 라이브러리를 사용한다고 생각해 봅시다. 두 라이브러리를 만든 사람은 다릅니다. 그런데 A 라이브러리에서 int ver 전역 변수를 사용했고, B 라이브러리에서도 int ver라는 똑같은 이름의 전역 변수를 사용했다면 프로그램이 링크될 때 ver 전역 변수에 대한 중복 오류가 발생합니다. 이런 오류가 생기면 여러분의 소스 코드에서 해결할 수 있는 문제가 아니라, 두 라이브러리 중 하나의 소스 코드에서 전역 변수의 이름을 바꿔주어야 합니다. 그런데 라이브러리 소스 코드는 직접 수정할 수 없기 때문에 불가능한 작업입니다. 프로그램에서 전역 변수를 자주 쓰면 이런 문제점도 발생하게 됩니다. 따라서 여러분이 프로그램을 만들 때는 전역 변수는 꼭 필요한 경우에만 사용하는 습관을 들이는 것이 좋습니다.

지역 변수와 전역 변수의 이름이 같다면?

변수의 이름 중복 문제는 지역 변수와 전역 변수 간에 더 큰 문제가 발생할 수 있습니다. 왜냐하면 두 변수는 서로 성격이 달라서 이름이 같더라도 오류로 처리되지 않기 때문입니다. 여기에 C 언어 문법은 전역보다 지역을 우선해서 처리합니다. 따라서 지역 변수와 전역 변수의 이름이 같으면 지역 변수를 먼저 처리하기 때문에 주의가 필요합니다.

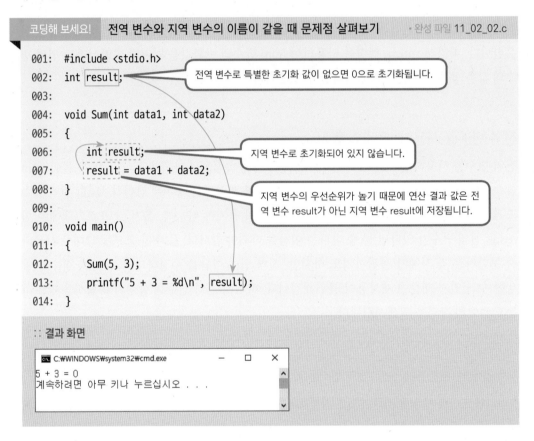

코딩해 보세요! **전역 변수와 지역 변수의 이름이 같을 때 문제점 살펴보기**   · 완성 파일 11_02_02.c

```
001: #include <stdio.h>
002: int result;          전역 변수로 특별한 초기화 값이 없으면 0으로 초기화됩니다.
003:
004: void Sum(int data1, int data2)
005: {
006:     int result;       지역 변수로 초기화되어 있지 않습니다.
007:     result = data1 + data2;
008: }                     지역 변수의 우선순위가 높기 때문에 연산 결과 값은 전
009:                       역 변수 result가 아닌 지역 변수 result에 저장됩니다.
010: void main()
011: {
012:     Sum(5, 3);
013:     printf("5 + 3 = %d\n", result);
014: }
```

:: 결과 화면

```
C:\WINDOWS\system32\cmd.exe          —    □    ×
5 + 3 = 0
계속하려면 아무 키나 누르십시오 . . .
```

Sum 함수의 지역 변수 result와 전역 변수 result 이름이 중복되었지만 변수 형식이 달라서 오류로 처리되지 않습니다. 그리고 이름이 중복되는 경우에 지역 변수가 우선 처리되기 때문에 data1 + data2 값은 지역 변수 result에 저장되고 전역 변수 result에는 아무 값도 대입되지 않습니다. 따라서 전역 변수를 선언할 때 자동으로 초기화된 0 값을 유지합니다. 그렇기 때문에 main 함수에서 전역 변수 result 값을 출력하면 0이 나옵니다. 또 Sum 함수에서는 result가 전역 변수와 이름이 중복되어, 지역 변수나 전역 변수의 이름을 변경하기 전에는 전역 변수 result를 사용할 수 없습니다. 그래서 이런 문제가 근본적으로 발생하지 않도록 전역 변수 앞에 g_와 같은 접두어를 사용하여 int g_result;로 선언하는 것이 좋습니다.

11-3 extern 키워드

소스 파일을 분리할 때 발생하는 오류

프로그래밍을 하다 보면 소스 코드가 길어질 때가 많습니다. 소스 코드가 길어지면 파일 한 개로 관리하는 것보다 여러 개의 파일로 나누어서 관리하는 것이 더 좋습니다. 연관이 높은 함수끼리 묶어서 파일 여러 개를 만드는 거죠. 이렇게 하면 소스 코드에 변경된 부분이 있을 때도 변경된 파일만 다시 컴파일하면 되므로 컴파일 드는 시간도 줄어듭니다.

앞의 예제 프로그램에서 result 전역 변수를 사용했습니다. 그런데 계속 작업하다 보니 소스 코드가 길어져서 작업의 편의를 위해 Sum 함수를 포함하는 Sum.c 파일과 main 함수를 포함하는 Main.c 파일로 분리했다고 가정해 봅시다. 전역 변수를 그대로 가지고 있는 Sum.c 파일은 오류가 나지 않지만, 파일이 분리되면서 전역 변수 선언을 참조하지 못하는 Main.c파일은 result를 사용한 위치에서 오류가 발생합니다.

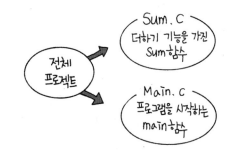

```
                      전체 프로젝트
         ┌──────────────────┴──────────────────┐
```

Sum.c	Main.c

`int result = 0;` /* 전역 변수 */
 	
 `void Sum(int data1, int data2)`
 `{`
 `    result = data1 + data2;`
 `}`
	`#include <stdio.h>`
	 /* Sum 함수 원형(Prototype) */
	 `void Sum(int, int);`
	 `void main()`
	 `{`
	 `    Sum(5, 3);`
	 `    printf("5 + 3 = %d\n", result );`
	 `}`

> 파일이 분리되면서 result 전역 변수를 참조할 수 없습니다.

이 오류를 해결하기 위해 무작정 Main.c 파일에 int result;라고 전역 변수를 또 추가하면 컴파일은 통과할 것입니다. 하지만 링크할 때 프로젝트에 같은 이름의 전역 변수가 두 개 존재한다고 링크 오류가

☺ 함수 원형이 무엇인지 기억나지 않는다면 05-4를 다시 한 번 읽어 보세요.

발생합니다. 이런 문제를 해결하려면 같은 프로젝트 안에 존재하는 전역 변수를 참조하겠다는 의미로 extern 키워드를 사용해 Main.c 파일에 result 변수를 추가합니다.

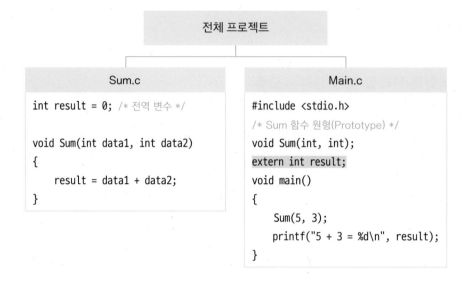

extern 키워드를 사용할 때 주의할 점

extern 키워드를 사용할 때 주의할 점은 다음과 같습니다(A.c와 B.c는 같은 프로젝트 P에 포함된 소스 파일이라고 가정하겠습니다).

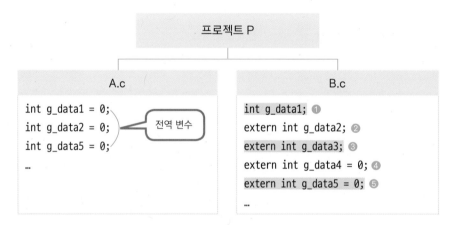

❶ A.c 파일에 같은 이름의 g_data1 전역 변수가 있기 때문에 링크 오류가 발생합니다.

❷ A.c 파일에 선언된 g_data2 전역 변수를 정상적으로 extern 참조합니다.

❸ A.c 파일에 선언되지 않은 전역 변수를 extern 참조했으므로 오류로 처리됩니다.

❹ extern 참조에서 초기화를 사용했기 때문에 일반 전역 변수로 처리됩니다. 오류가 아닙니다.

❺ extern 참조에서 초기화를 사용했기 때문에 일반 전역 변수로 처리됩니다. 그런데 A.c 파일에도 g_data5 전역 변수가 선언되어 있기 때문에 중복되었다고 오류로 처리됩니다.

11-4 static 키워드

자신이 혼자 개발한 소스 코드에서 전역 변수 이름이 중복되는 오류가 발생했다면 이름을 변경하여 해결할 수 있겠지만, 다른 사람들이 개발한 라이브러리에 포함된 전역 변수들의 문제라면 상황이 심각해질 수 있습니다. 이러한 문제가 발생하는 근본적인 이유는 전역 변수의 사용 범위가 프로그램 소스 전체 영역이기 때문입니다. 그래서 C 언어는 전역 변수의 사용 범위를 제한할 수 있는 static 키워드를 제공합니다.

특정 소스 파일에서만 전역 변수 사용하기

전역 변수를 선언하고 해당 전역 변수의 사용 범위를 변수를 선언한 소스 파일로 제한하고 싶다면 전역 변수 앞에 static 키워드를 사용하면 됩니다. 이렇게 하면 다른 소스 파일에서 이 전역 변수에 extern 키워드를 사용할 수 없을 뿐만 아니라 같은 이름의 전역 변수를 다른 소스 파일에서 선언해도 오류가 발생하지 않습니다. 즉 같은 이름의 전역 변수를 두 개 선언하더라도 static 키워드를 사용하면 둘 다 별개의 전역 변수로 사용할 수 있습니다(A.c와 B.c는 같은 프로젝트 P에 포함된 소스 파일이라고 가정하겠습니다).

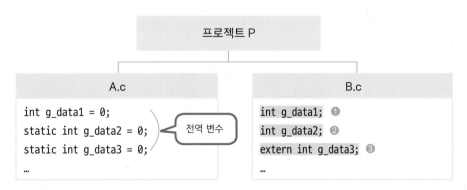

❶ A.c 파일에 같은 이름의 g_data1 전역 변수가 있기 때문에 링크 오류가 발생합니다.

❷ A.c 파일의 g_data2와 B.c의 g_data2는 static으로 구별되어 별개의 전역 변수로 처리됩니다.

❸ g_data3는 static으로 선언된 전역 변수라서 extern 참조할 수 없기 때문에 오류로 처리됩니다.

특정 함수에서만 전역 변수 사용하기

전역 변수를 특정 함수 안에서만 사용하고 싶다면 해당 전역 변수를 사용하고 싶은 함수로 옮기고 그 앞에 static 키워드를 적어주면 됩니다. 함수 안에 선언한 변수들은 지역 변수로 처리되어 함수가 호출될 때 만들어지고 호출이 끝나면 사라지지만, static 키워드를 사용한 지역 변수는 전역 변수로 처리되어 호출 여부에 상관없이 자신이 가지고 있는 값을 유지합니다.

● 지역 변수를 사용한 경우	❷ static + 지역 변수를 사용한 경우
| ```c
#include <stdio.h>
void Test()
{
    int data = 0;
    printf("%d, ", data++);
}
void main()
{
    int i;
    for(i = 0; i < 5; i++) Test();
}
``` | ```c
#include <stdio.h>
void Test()
{
    static int data = 0;
    printf("%d, ", data++);
}
void main()
{
    int i;
    for(i = 0; i < 5; i++) Test();
}
``` |
| 출력 결과: 0, 0, 0, 0, 0, | 출력 결과: 0, 1, 2, 3, 4, |

● Test 함수에 사용한 data 변수는 지역 변수라서 함수가 호출될 때마다 만들어지고 0으로 초기화됩니다. 따라서 그 값을 출력하면 0이 나옵니다. data++를 사용하는 코드가 있지만 함수 호출이 끝나면 data 변수도 사라지기 때문에 이 값은 유지되지 않습니다. 그래서 출력 결과가 0만 나오게 됩니다.

❷ Test 함수에 사용한 data 변수는 앞에 static 키워드를 사용해 이 함수에서만 사용할 수 있는 전역 변수입니다. 따라서 Test 함수의 호출 여부와 상관없이 data 변수는 자신의 값을 유지하기 때문에 처음 호출되었을 때는 0이 출력되지만, data++ 코드가 적용되어 다음 호출할 때에는 1씩 증가한 값이 출력됩니다.

프로그래밍을 하다 보면 자신이 만든 함수를 다른 사람에게 제공하는 경우가 있습니다. 이런 경우 함수를 사용할 때 주의 사항을 매뉴얼로 만들어서 제공하거나 소스 코드에 주석을 달아서 알려 줍니다. 예를 들어 다음과 같이 GetArea 함수를 제공할 때, 이 함수의 첫 번째 인자 값은 변경하지 말라고 주석으로 강조해 두었습니다. 그런데 사용자가 그 뜻을 잘못 파악했거나 실수로 첫 번째 인자의 값을 바꾸게 되면 이것에 대해서 오류가 나지 않기 때문에 버그가 생기더라도 찾기가 쉽지 않습니다.

```
/* GetArea 함수의 첫 번째 인자 pi 값은 절대 변경하지 말 것 */
double GetArea(double pi, double radius, int limit)
{
    double result;
    pi = 3.14;      /* 사용자가 임의로 바꾸면 안 될 부분 */
    result = pi * radius * radius;
    return result;
}
```

그래서 주의사항을 좀 더 강력하게 알려주기 위해 변경하지 말아야 할 변수를 변경하는 경우에 문법적으로 오류가 발생하도록 const 키워드를 사용합니다.

const 키워드를 사용하는 방법

const 키워드는 constant의 약자로, 변수를 상수처럼 쓰고 싶을 때 사용합니다. 변수를 상수처럼 사용한다는 뜻은 변수의 값을 변경하지 않겠다는 의미입니다. 만약 프로그래머가 실수로 const가 명시된 변수 값을 변경하면 번역할 때 오류가 발생합니다.

```
/* GetArea 함수의 첫 번째 인자 pi 값은 절대 변경하지 말 것 */
double GetArea(const double pi, double radius, int limit)
{
    double result;
    pi = 3.14;      /* const 변수를 사용자가 임의로 변경하면 번역할 때 오류 발생 */
    result = pi * radius * radius;
    return result;
}
```

결국 const 키워드는 변수의 속성이나 기능 자체를 변경하는 것이 아닙니다. 컴파일할 때 const 키워드를 사용한 변수의 값이 변경되면 프로그래머에게 문법 오류로 알려 주는 역할을 합니다. 즉 소스 코드를 작성한 사람의 의도를 분명하게 표현하는 문법이며 실수 방지를 위해 사용합니다.

Q1 함수 안에 선언된 변수는 [   ] 변수라 하고, 함수 밖에 선언된 변수는

[   ] 변수라고 합니다.

Q2 다음 소스 코드의 출력 결과를 예측해 보세요.

```c
#include <stdio.h>
int result;
void Test()
{
    int result = 5;
    result++;
}
void main(void)
{
    Test();
    printf("result : %d", result);
}
```

Q3 다음 소스 코드의 출력 결과를 예측해 보세요.

```c
#include <stdio.h>
void Test()
{
    static int data = 0;
    printf("%d, ", data++);
}
void main()
{
    int i;
    for(i = 0; i < 5; i++) Test();
}
```

11장 풀이
563쪽

주니어 프로그래머 딱지 떼는 다섯 가지 팁!

현장
밀착
취재!

본문에서 다루기 어렵지만 프로그래밍할 때 알아 두면 좋은 팁을 모 았습니다. 레벨 업 팁을 읽다 보면 첫째 마당에서 배운 내용을 복습할 수 있습니다. 한 단계 더 발전한 프로그래머가 되고 싶다면 팁의 내용 을 반드시 읽어 보세요!

Tip 1	함수가 필요한 이유를 기억하자
Tip 2	프로그램에서 if 조건문은 줄이는 것이 좋다
Tip 3	조건문에서 조건 수식은 단순화시키자
Tip 4	사용하는 시스템의 메모리 정렬 방식을 알아 두자
Tip 5	형 변환: 자료형이 다른 두 변수 간에 값을 대입하려면?

Tip 1 함수가 필요한 이유를 기억하자

자신이 개발하는 프로그램에 두 변수의 값을 합산하는 경우가 많다고 가정해 보겠습니다. 이 경우에 프로그래머는 다음과 같이 두 가지 유형으로 나뉩니다.

A 유형 - '그냥 편하게 살자'

```c
void main()
{
    int var1 = 1, var2 = -3, var3 = 5;
    int var4 = -2, var5 = 7, var6 = -9;
    int result1, result2, result3;

    result1 = var1 + var2;
    result2 = var3 + var4;
    result3 = var5 + var6;
    /* 위와 같은 연산이 많다고 가정함 */
}
```

B 유형 - '함수를 활용하자'

```c
int Sum(int data1, int data2)
{
    return data1 + data2;
}

void main()
{
    int var1 = 1, var2 = -3, var3 = 5;
    int var4 = -2, var5 = 7, var6 = -9;
    int result1, result2, result3;

    result1 = Sum(var1, var2);
    result2 = Sum(var3, var4);
    result3 = Sum(var5, var6);
    /* 위와 같은 연산이 많다고 가정함 */
}
```

A 유형이 B 유형에 비해 소스 코드도 간단하고 프로그램을 실행할 때 수행 속도도 더 빠릅니다. 하지만 A 유형은 변화에 대처하기 어렵다는 치명적인 단점을 가지고 있습니다. 예를 들어 이 프로그램을 개발해 달라고 의뢰한 사람이 '덧셈을 할 때 변수가 가지고 있는 값이 음수이면 양수로 바꿔서 연산해 달라'고 기능 변경을 요구한다면 A 유형 프로그래머는 B 유형에 비해 스트레스를 많이 받을 것입니다. 왜냐하면 A 유형 프로그래머는 자신이 덧셈을 사용한 코드를 모두 찾아내어 음수를 양수로 바꾸는 코드를 추가해야 하기 때문입니다. 반면에 B 유형 프로그래머는 Sum 함수에서 음수를 양수로 바꾸는 코드만 추가하면 됩니다.

A 유형 - '아~ 스트레스'	B 유형 - '바로 변경해 드릴게요~'

```
void main()
{
    int var1 = 1, var2 = -3, var3 = 5;
    int var4 = -2, var5 = 7, var6 = -9;
    int result1, result2, result3;
    /* 덧셈이 있는 곳은 다 바꿔야 함 */
    if(var1 < 0) var1 *= -1;
    if(var2 < 0) var2 *= -1;
    result1 = var1 + var2;
    if(var3 < 0) var3 *= -1;
    if(var4 < 0) var4 *= -1;
    result2 = var3 + var4;
    if(var5 < 0) var5 *= -1;
    if(var6 < 0) var6 *= -1;
    result3 = var5 + var6;
}
```

```
int Sum(int data1, int data2)
{
    /* 음수에 -1을 곱하면 양수가 됨 */
    if(data1 < 0) data1 *= -1;
    if(data2 < 0) data2 *= -1;
    return data1 + data2;
}

void main()
{
    int var1 = 1, var2 = -3, var3 = 5;
    int var4 = -2, var5 = 7, var6 = -9;
    int result1, result2, result3;
    /* 여기는 수정이 필요 없음 */
    result1 = Sum(var1, var2);
    result2 = Sum(var3, var4);
    result3 = Sum(var5, var6);
}
```

A 유형은 중복 코드가 엄청나게 많이 발생하고, 소스 코드를 수정하다가 실수라도 하면 버그에 시달리게 될 것

◎ 소스 코드에서 var *= -1은 var = var * -1의 축약형이라는 것 잊지 마세요.

입니다. 결국 뒤늦게 함수로 변경하더라도 덧셈을 일일이 찾아내어 함수를 호출하는 코드로 바꿔 주어야 하기 때문에 번거롭기는 마찬가지입니다.

따라서 B 유형처럼 중복되는 코드를 미리 함수로 작업해 두면 대처하기가 훨씬 쉽습니다. 하지만 함수를 호출하는 행위가 수행 속도에 영향을 미치기 때문에 모든 코드를 무조건 함수로 만드는 것은 좋지 않습니다. 해당 작업의 빈도나 중요성 그리고 변화 가능성을 잘 따져서 함수로 만들 것인지를 결정하세요.

프로그램에서 if 조건문은 줄이는 것이 좋다

컴퓨터는 명령을 순차적으로 실행하는 데 최적화되어 있기 때문에, if 조건문을 사용하여 실행 흐름을 자주 변경하면 수행 능력이 떨어집니다. 그래서 구조나 수식을 잘 활용하여 조건문을 최대한 적게 사용하려고 노력해야 합니다. 예를 들어 '변수 A 값이 5이면 A에 2를 더한다'라는 작업을 if 조건문으로 작성하면 다음과 같습니다.

```
if(5 == A) A = A + 2;
```

그런데 다음과 같이 단순한 수식으로도 위 소스 코드와 같은 결과를 낼 수 있습니다.

```
A = A + 2 * (5 == A);   /* 조건 수식 5 == A가 참이면 1. A = A + 2 * 1이 됨.
                           조건 수식 5 == A가 거짓이면 0. A = A + 2 * 0이 됨 */
```

A == 5가 참이면 A = A + 2 * 1;이고 거짓이면 A = A + 2 * 0;이 되기 때문에 조건 수식만으로도 같은 결과를 만들 수 있는 것입니다. 물론 이 두 수식을 한두 번 사용하는 것으로 수행 능력을 논하기에는 어려움이 있겠죠. 하지만 이렇게 if 조건문 대신 조건 수식을 사용해야겠다는 생각을 늘 하다 보면 빠르게 반복 수행해야 하는 코드나 대량의 데이터를 처리하는 프로그램에서 더 좋은 코드를 만들 수 있습니다. 하나 더 예를 들어 봅시다. 숫자를 0, 1, 2, 3, 4, 0, 1, 2, 3, 4 순서로 출력해야 한다면 다음과 같이 코드를 구성할 수 있습니다.

A 유형 - 반복문만 사용	B 유형 - if 조건문 사용
``int step, i;

for(step = 0; step < 2; step++) {
    /* 0, 1, 2, 3, 4, 출력 */
    for(i = 0; i < 5; i++) printf("%d,", i);
}``` | ```int i, count = 0;
for(i = 0; i < 10; i++) {
    /* i가 5일 때 다시 0으로 바꿈 */
    if(count == 5) count = 0;
    printf("%d,", count++);
}``` |

A 유형은 0~4를 출력하는 for 반복문을 두 번 반복하는 방법을 선택했고, B 유형은 출력 변수 count를 따로 두고 그 값이 5가 되면 다시 0으로 변경하는 방법을 선택했습니다. 두 방법 모두 프로그래머들이 많이 사용합니다. 그런데 다음과 같이 나머지 연산자인 %의 연산 특성을 이용하면 변수도 하나 줄이고 if 조건문도 줄여서 좀 더 간결하게 코드를 구성할 수 있습니다.

```
int i;
for(i = 0; i < 10; i++) {
    /* i를 5로 나눈 나머지를 출력함. 따라서 5, 6, 7, 8, 9는 0, 1, 2, 3, 4로 출력됨 */
    printf("%d,", i%5);
}
```

문법을 사용하는 방법을 아는 것도 중요하지만, 지금까지 배운 문법들이 왜 만들어졌고 어떤 특성을 가지고 있는지를 파악하려고 노력해야 코드를 더 효과적으로 구성할 수 있습니다.
여기에서 주의할 점은 굳이 if 조건문을 줄일 필요가 없는 형태도 있다는 것입니다. 예를 들어 'A가 2보다 크고 10보다 작으면, A를 1증가시키는 작업'을 if 조건문으로 작성하는 경우에 다음처럼 두 가지 유형으로 구성할 수 있습니다.

A 유형 - 조건문 나열	B 유형 - 관계 연산자 활용

`if(A > 2) {`
`    if(A < 10) A++;`
`}`
	`if(A > 2 && A < 10) A++;`

두 유형은 같은 작업을 하는 코드이고 조건 수식도 두 번씩 처리되지만 B 유형이 A 유형보다 조건문을 한 번 더 적게 실행합니다. 그러니 B 유형이 A 유형보다 더 효율적일 것 같죠? 하지만 컴파일러가 번역하면 같은 형태의 기계어를 만듭니다. 따라서 어느 쪽을 사용하든 상관이 없습니다.

ⓒ A && B는 A와 B가 모두 참일 때 참을 의미합니다.

Tip 3 if 조건문에서 조건 수식은 단순화시키자

if 조건문을 사용하다 보면 조건 수식이 0과 다른지 비교하는 경우가 있습니다. 예를 들어 if(0 != A)와 같은 경우입니다. '0 != A'라는 조건 수식은 A 값이 0이 아니면 참, A 값이 0이면 거짓이라는 뜻입니다. 굳이 A를 0과 비교하지 않고 A 값 그대로 조건 수식으로 사용해도 된다는 뜻이죠(실제로 두 표현은 기계어로 번역할 때 동일하게 번역됩니다). 즉 조건 수식 A가 0이면 거짓, 0이 아닌 값이면 참이 됩니다.

```
if(0 != A)  ➡  if(A)
```

그렇다고 해서 0 != A와 A가 완벽하게 같다는 뜻은 아닙니다. 왼쪽 조건 수식 0 != A는 비교 연산을 수행하기 때문에 결과 값이 참(1) 또는 거짓(0)으로 나오고, 오른쪽 조건 수식 A는 변수가 가지고 있는 값 자체를 의미하기 때문에 0, 1 외에도 다른 값을 가질 수 있습니다.
그리고 다음과 같은 표현도 서로 동일한 표현입니다. 양쪽 모두 A가 0일 때만 참이고 0이 아닐 때는 거짓이 되는 표현입니다.

```
if(0 == A)  ➡  if(!A)
```

관계 연산을 사용하다 보면 '아닌 것이 아니다'와 같은 표현을 사용해서 코드가 더 복잡하게 표현되는 경우도 있습니다. 이런 경우 바깥쪽의 NOT을 없애는 공식을 사용해서 좀 더 간결하게 표현할 수 있는데 관계식으로 표현해 보면 다음과 같습니다.

```
NOT(A AND B)  ⟷  (NOT A) OR (NOT B)
```

ⓒ 이 공식은 중학교 때 '집합'에서 배우는 '드 모르간의 법칙'과 같습니다. 수학을 프로그래밍 언어로 바꿀 수 있다니 참 재미있지 않나요?

위 두 관계식의 결과 값은 같습니다. 이 공식을 진리표를 이용해서 확인해 봅시다.

A	B	A AND B	NOT(A AND B)	NOT A	NOT B	(NOT A) OR (NOT B)
0	0	0	1	1	1	1
0	1	0	1	1	0	1
1	0	0	1	0	1	1
1	1	1	0	0	0	0

반대도 마찬가지입니다.

```
NOT(A OR B)  ⟺  (NOT A) AND (NOT B)
```

진리표를 사용해서 위 공식을 확인해 보면 다음과 같습니다.

A	B	A OR B	NOT(A OR B)	NOT A	NOT B	(NOT A) AND (NOT B)
0	0	0	1	1	1	1
0	1	1	0	1	0	0
1	0	1	0	0	1	0
1	1	1	0	0	0	0

위 공식을 사용하면 다음처럼 복잡하게 표현된 조건 수식을 단순화할 수 있습니다.

```
if(!(A == 0 && B== 0))  ⟹  if(A != 0 ¦¦ B != 0)  ⟹  if(A ¦¦ B)
```

이렇게 코드를 변경한다고 수행 속도가 빨라지는 것은 아닙니다. 왜냐하면 컴파일러가 소스를 번역할 때 위와 같은 최적화 작업을 알아서 해주기 때문에 대부분 동일한 기계어 코드가 만들어집니다. 하지만 조건 수식이 복잡하면 프로그래머들이 소스를 이해하기 어려워지고 그에 따른 실수도 발생하기 때문에, 컴파일러에 의존하는 것보다 간단한 것은 직접 단순화하는 것이 좋습니다.

사용하는 시스템의 메모리 정렬 방식을 알아두자

과거 컴퓨터들은 구조 설계 방식이 CISC(Complex Instruc
tion Set Computer)와 RISC(Reduced Instruction Set
Computer)로 나뉘어 있었습니다. 이 두 방식의 많은 차

◎ CISC는 모든 고급 언어의 명령에 각각의
기계어가 대응되게 한 것이고, RISC는 자주
사용하는 명령만 모아 프로세서를 만든 것입
니다.

이점 가운데, 개발자 입장에서 알아야 할 차이점은 메모리 정렬 방식이 다르다는 점입니다.

비트 단위의 메모리 정렬은 CISC 방식이나 RISC 방식 모두 같기 때문에 상관없지만, 여러 개
의 바이트가 모여서 표현되는 메모리를 정렬할 때는 이 두 방식에 차이가 있습니다. 예를 들
어 1바이트를 사용하는 char 형에서는 차이가 없지만, 2바이트 또는 4바이트를 사용하는
short int형 또는 long int형에서는 차이가 있다는 뜻입니다.
4바이트 크기를 사용하는 long int형 변수를 선언하고 16진수 0x12345678을 대입했을 때
CISC와 RISC가 메모리를 어떻게 다르게 정렬하는지 설명하겠습니다.

빅 엔디언 방식

보통 운영체제에서 어떤 정보를 메모리에 저장할 때 메모리 주소가 낮은 쪽에서 높은 쪽으로
진행합니다. 따라서 시작 주소가 끝 주소보다 작은 것이 일반적입니다. 0x12345678 값을 4
바이트 메모리에 저장할 때 빅 엔디언 방식(Big-endian Format)은 큰 자릿수(변수의 상위 바이
트)의 값부터 저장합니다. 즉 시작 주소에 해당하는 바
이트에 0x12, 그다음 바이트에 0x34와 0x56, 그리고
마지막 바이트에 0x78을 저장합니다. 다음 도해를 확
인해 보세요.

◎ 16진법으로 표현된 숫자는 2자릿수가 1
바이트에 저장되기 때문에 0x12345678을
바이트 단위로 나누면 0x12, 0x34, 0x56,
0x78입니다.

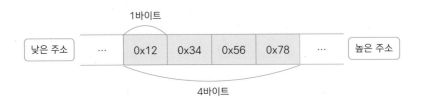

RISC 기반의 하드웨어에서 동작하도록 만든 유닉스(Unix)와 유닉스를 모델로 만든 리눅스(Linux)는 이 방식으로 바이트를 정렬합니다. 예외적으로 하드웨어 기반과 상관없이 JAVA 같은 언어는 무조건 빅 엔디언 방식을 사용합니다. 이것은 Java VM(Virtual Machine)이라는 시스템에서 하드웨어와 상관없이 메모리를 재배열하기 때문에 그렇습니다.

리틀 엔디언 방식

리틀 엔디언 방식(Little-endian Format) 방식은 0x12345678 값을 4바이트 메모리에 저장할 때 작은 자릿수(변수의 하위 바이트)의 값부터 저장하기 때문에 시작 주소에 해당하는 바이트에 0x78, 그다음 바이트에 0x56과 0x34, 그리고 마지막 바이트에 0x12를 저장하는 방식입니다.

CISC 기반의 하드웨어에서 동작하도록 만든 윈도우 운영체제는 이 방식으로 바이트를 정렬합니다.

이렇듯 메모리 정렬 방식이 다른 운영체제에서 2바이트 이상의 메모리를 사용할 때는 바이트 단위로 저장되는 값 자체가 달라지기 때문에, 네트워크 시스템을 이용하여 데이터를 주고받을 때 특히 주의해야 합니다.

형 변환: 자료형이 다른 두 변수 간에 값을 대입하려면?

소스 코드를 작성하다 보면 자료형이 다른 두 변수 간에 값을 대입하는 경우가 있습니다.

```
unsigned int a = 0x12345678, b = 0x12345678;
unsigned char c = 0x48, d = 0x00;
a = c;        /* 4바이트에 1바이트 데이터를 저장함 */
d = b;        /* 1바이트에 4바이트 데이터를 저장함. 번역하면 경고 발생함 */
```

위와 같은 소스 코드가 있을 때 a = c는 경고나 오류 없이 잘 번역되고 실행도 잘됩니다. 왜냐하면 작은 크기의 데이터를 더 큰 크기의 메모리로 데이터를 저장하는 데 문제가 발생하지 않기 때문입니다. 하지만 d = b는 큰 크기의 데이터를 자신보다 작은 크기의 메모리로 복사하기 때문에 데이터가 손실될 수 있다는 경고가 발생합니다.

😊 다음 메모리 그림은 변수의 하위 바이트부터 값을 저장하는 리틀 엔디언 방식으로 바이트를 표시했습니다.

자료형이 다른 변수에 대입하기

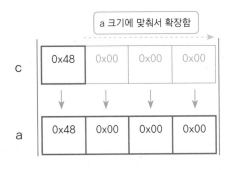

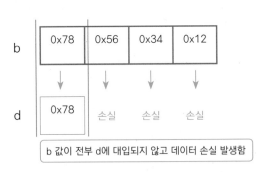

위의 왼쪽 그림처럼 서로 크기가 맞지 않는 변수들 간에도 값이 잘 대입되어서 a 값은 0x12345678에서 0x00000048로 변경됩니다. 그러나 오른쪽 그림에서 d는 b의 값인 0x12345678이 모두 대입되지 않고 데이터 손실이 발생하여 0x00에서 0x78로 값이 변경됩니다. 그래서 d = b의 경우에는 컴파일러가 번역할 때 경고가 표시됩니다. 만약 프로그래머가 의도적으로 저런 코드를 사용했다면 형 변환(Casting) 연산자를 사용하여 경고를 제거할 수 있습니다.

```
unsigned int b = 0x12345678;
unsigned char d = 0x00;
d = (unsigned char) b;   /* 변수 b의 자료형을 unsigned int에서 일시적으로 unsigned char로 변환함 */
```

하지만 형 변환 연산자가 단순히 경고를 없애기 위한 것만은 아닙니다. 정확하게 이야기하자면, 형 변환 연산자는 해당 변수의 자료형을 일시적으로 괄호에 적은 자료형으로 바꾸어 주는 역할을 합니다.

◎ 대입 명령을 처리할 때만 b 변수의 자료형을 일시적으로 unsigned char형으로 바꾸어 주기 때문에, 그 이후 코드부터는 다시 unsigned int 크기로 b 변수를 사용합니다.

그래서 다음과 같이 자신의 데이터를 원하는 크기만큼 복사하는 것도 가능합니다.

```
unsigned int a = 0x12345678, b = 0x11223344, c = 0x11223344;
b = (unsigned short int) a;   /* a의 2바이트만 b로 복사함 */
c = (unsigned char) a;   /* a의 1바이트만 c로 복사함 */
```

형 변환 연산자를 사용해 자료형이 다른 변수에 대입하기

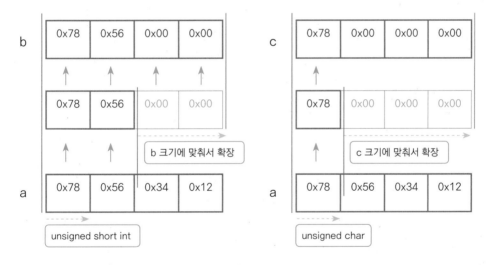

위의 왼쪽 그림처럼 b에는 a의 2바이트 크기만큼 복사되지만, 값이 대입되면서 크기가 확장되어 b의 4바이트 값이 모두 변경됩니다. 그래서 b는 0x11223344에서 0x00005678로 값이 변경됩니다. 그리고 오른쪽 그림에서 c에는 a의 1바이트 크기만큼 복사되어 0x11223344에서 0x00000078로 값이 변경됩니다. 결과적으로 형 변환 연산자를 사용하면 원하는 크기만큼 정보를 복사할 수 있지만, 복사되는 변수는 메모리가 확장되어 전체 값이 변경된다는 점에 주의하세요.

C 언어 완성하기

첫째 마당에서 배운 문법은 응용력이 필요한 문법보다는 단순히 문법을 어떻게 써야 하는지에 대한 내용이었기 때문에 그리 어렵지 않았을 것입니다. 그런데도 내용이 어렵게 느껴졌다면 이런 형식의 문법이 익숙하지 않기 때문입니다. 만약 여전히 첫째 마당이 어렵게 느껴진다면 바로 둘째 마당으로 넘어가지 말고 첫째 마당을 빠르게 여러 번 더 읽어서 C 언어 문법 구성에 익숙해지는 것이 좋습니다.

둘째 마당에서는 데이터를 그룹으로 묶는 방법과 함수 간에 매개변수를 효과적으로 사용하는 방법에 대해 배웁니다. 그리고 새롭게 배운 문법을 응용해 볼 것입니다. 'C 언어 완성하기'라는 마당 제목처럼 둘째 마당의 내용은 첫째 마당보다 더 어렵습니다. 따라서 내용이 익숙해지도록 여러 번 반복해서 보는 것이 둘째 마당을 정복하는 지름길입니다. 입에 쓴 약이 몸에 좋듯 둘째 마당을 열심히 공부해서 완전히 내 것으로 만든다면, C 언어로 프로그래밍할 때 훨씬 강력한 표현을 사용할 수 있을 것입니다.

12 배열과 문자열

13 포인터

14 표준 입력 함수

15 배열과 포인터

16 메모리 할당

17 다차원 포인터

18 구조체와 연결 리스트

19 파일 입출력

20 함수 포인터

현장 밀착 취재 주니어 프로그래머 딱지 떼는 일곱 가지 팁!

배열과 문자열

연필을 가방에 그냥 넣어 가지고 다닐 수도 있지만 보통은 필통에 집어 넣어 사용합니다. 필통을 사용하면 손쉽게 자신이 원하는 필기구를 찾을 수 있고 필기구를 다른 가방으로 옮길 때도 필통만 옮기면 되니까 편리합니다.

여기에서 연필들을 데이터라고 하면 필통은 데이터를 그룹으로 묶은 배열이라고 할 수 있습니다. 배열은 프로그래머들이 가장 흔히 쓰는 문법 중 하나입니다. 이 장에서는 배열과 배열을 이용한 문자열을 어떻게 활용할 수 있는지 배워 보겠습니다.

12-1 배열

12-2 문자열

12-3 2차원 배열

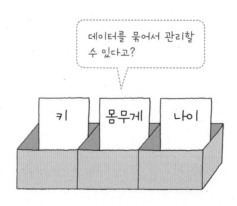

12-1 배열

배열이란?

학생 20명의 국어 성적을 저장하려면 자료형에 상관없이 변수를 20개 선언해야 합니다. 여기에서는 short형으로 변수 20개를 선언해 보겠습니다.

```
short student1, student2, student3, student4, student5, student6, student7, student8,
student9, student10, student11, student12, student13, student14, student15, student16,
student17, student18, student19, student20;
```

변수 개수가 20개인데도 이렇게 많습니다. 그런데 이렇게 선언한 변수 20개에 0을 넣어야 한다면 다음과 같이 변수 하나씩에 0을 20번 넣어야 합니다.

```
student1 = 0;
student2 = 0;
student3 = 0;
… 생략 …
student19 = 0;
student20 = 0;
```

이 학생들의 성적을 잠시 다른 변수에 보관해야 한다고 가정해 보죠. 그러면 또다시 20개의 변수를 선언하고 20번 대입하는 명령문을 구성해야 합니다. 그래도 학생 수가 20명일 때는 그럭저럭 작업할 수 있습니다. 그런데 학생 수가 500명이면 어떻게 될까요? 500개의 변수를 모두 나열해서 적는다면 변수 선언만 몇 페이지를 차지하게 될 것입니다. 그리고 이들 변수에 전부 0 값을 넣으려면 대입 명령문을 500번 적어야 합니다. 대입 명령문만 500줄이 나열된다는 것은 생각만 해도 끔찍한 일이겠죠.

이렇듯 똑같은 자료형으로 많은 수의 변수를 선언하고 사용할 때는 나열식 표현에 한계가 있습니다. 그래서 C 언어는 데이터를 그룹으로 묶어서 표현하는 '배열'(Array) 문법을 사용합니다.

배열 선언하고 사용하기

앞에서 설명한 학생 20명의 성적을 저장하기 위해 오른쪽과 같이 배열을 선언합니다.

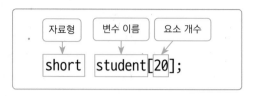

short student[20];은 2바이트 정수형 데이터 20개를 저장할 수 있는 배열을 student라는 이름으로 선언한다는 뜻입니다. 배열을 선언

"배열은 자료형이 같은 변수들을 그룹으로 묶어서 관리할 때 사용한다."

하는 방법은 변수를 선언하는 방법과 비슷합니다. 다만 [ ] 기호(대괄호)를 사용하여 저장 공간을 몇 개 만들 것인지 명시하는 것만 다릅니다. 이때 데이터를 저장할 요소 개수는 반드시 숫자 상수로 명시해야 합니다.

배열은 그룹으로 묶인 데이터를 하나의 변수로 관리합니다. 따라서 위 배열의 메모리 구조는 다음과 같습니다.

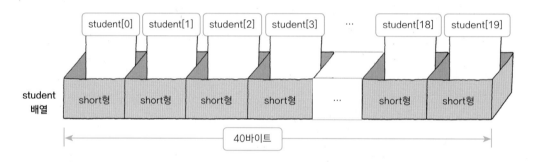

여기에서 student는 short형 변수 20개를 선언한 것과 같습니다. short형은 2바이트이므로 student 변수는 총 40바이트 크기로 만들어집니다. 그리고 개별 요소에 접근하기 위해서는 변수 이름 뒤에 [ ]를 적고 자신이 사용하고 싶은 요소의 색인(Index)을 명시하면 됩니다. 색인은 0부터 시작해서 1씩 증가합니다. 만약 요소가 5개라면 색인을 0, 1, 2, 3, 4까지 사용할 수 있습니다. 따라서 student 배열의 첫 번째 저장 공간은 student[0]이 됩니다.

배열의 특정 요소에 값 대입하기

학생들의 국어 성적을 어떻게 배열에 저장할 수 있을까요? 배열에 값을 저장하려면 [ ] 기호를 사용해서 특정 요소의 위치를 명시해주어야 합니다. 예를 들어 배열의 두 번째 항목에 10을 넣고 싶다면 오른쪽과 같이 대입 명령문을 써주면 됩니다.

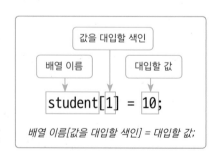

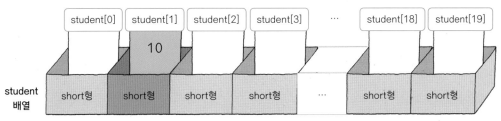

'student[1] = 10;'이라고 사용하면 배열의 두 번째 요소에 10이 대입됩니다.

배열의 특정 요소에 값 대입하기　　　　　　　　　　　　• 완성 파일 12_01_01.c

```c
001:  #include <stdio.h>
002:  void main()
003:  {
004:      short student[20];
005:
006:      student[1] = 10;
007:      printf("%d\n", student[1]);
008:  }
```

> 배열의 두 번째 요소에 10을 대입합니다.

:: 결과 화면

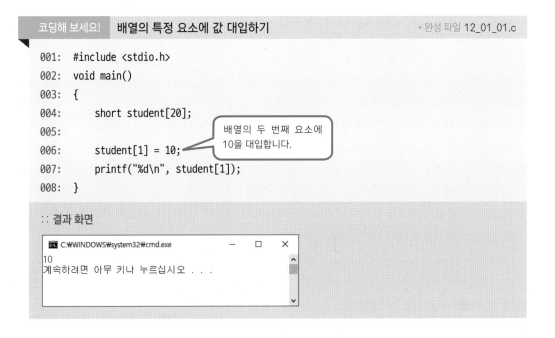

{ ✎ } **김성엽의 프로그래밍 노트**　**배열을 선언할 때 주의할 점은 무엇일까요?**

일반 변수는 변수 크기가 자료형에 따라 결정되기 때문에 컴파일러가 소스를 컴파일하는 시점에 변수 크기를 계산하는 데 전혀 문제가 없습니다. 그런데 배열 문법으로 선언한 변수는 자료형과 [ ] 안에 적힌 숫자를 곱해서 변수의 크기를 결정합니다. 따라서 배열 문법으로 변수를 선언할 때 컴파일러가 다음 문장만으로 배열 변수의 크기를 계산할 수 있도록 [ ] 안에 반드시 상수를 적어주어야 합니다.

```c
short student[20];   /* short형(2바이트) × 20 = 40바이트 */
```

◎ C 언어에서 지역 변수의 메모리 크기는 '스택 프레임'을 구성하는 데 중요한 판단 기준이기 때문에 컴파일할 때 프로그램에서 변수들이 사용할 전체 메모리 크기를 반드시 결정할 수 있어야 합니다. '스택 프레임'이란 C 언어가 지역 변수를 관리하는 규칙이며 16-2에서 더 자세히 배웁니다.

만약 다음과 같이 [ ] 안에 상수를 적지 않고 count라는 변수를 적으면 count 변수에 저장된 값에 따라 student 변수의 크기가 달라집니다. 따라서 컴파일러는 컴파일하는 시점에 student 변수의 크기를 결정할 수 없기 때문에 오류가 발생합니다.

```
int count = 20;
short student[count];      /* short student[20];으로 적어야 오류가 해결됨 */
error C2057: 상수 식이 필요합니다.
error C2466: 상수 크기 0의 배열을 할당할 수 없습니다.
error C2133: 'student': 알 수 없는 크기입니다.
```

이렇게 C 언어에서는 실수를 하나 했는데 오류가 여러 개 발생하기도 합니다. 따라서 오류 메시지가 많다고 당황하지 말고 차근차근 살펴보면 의외로 쉽게 문제를 해결할 수 있습니다.

count 변수가 바로 위에 선언되어 있고 20이라는 값이 대입되어 있는데 short student[count];의 크기를 컴파일러가 왜 계산하지 못하는지 의문이 생기지 않나요?

컴파일 작업은 단순히 C 언어로 된 명령문을 기계어로 번역하는 작업이기 때문에 소스 코드에 선언된 변수가 현재 어떤 값을 저장하고 있는지를 알 필요가 없습니다. 즉 변수가 어떤 값을 가지고 있는지는 프로그램이 실행될 때 필요한 것이지 컴파일 작업과는 아무 상관이 없습니다. 따라서 컴파일 시점에 컴파일러는 count 변수에 어떤 값이 들어 있는지 알 수 없습니다.

배열 요소에 for문으로 값 대입하기

배열을 선언할 때는 [ ] 안에 꼭 상수를 써주어야 합니다. 그러나 배열의 특정 요소에 값을 대입할 때는 [ ] 안에 변수를 사용할 수 있습니다. 앞에서 4행의 short student[20];처럼 배열을 선언할 때 사용한 [ ]는 배열의 크기를 결정하기 때문에 꼭 상수를 써주어야 하지만, 6행의 [ ] 안에는 배열의 특정 요소를 선택하는 것이기 때문에 상수뿐만 아니라 변수도 사용할 수 있는 것이죠. 따라서 다음과 같이 쓸 수 있습니다.

```
int index = 1;
student[index] = 10;      /* student[1] = 10;과 같은 의미 */
```

배열의 요소에 값을 대입하거나 사용할 때 상수뿐만 아니라 변수를 사용할 수 있다는 것은 반복문과 같은 제어 문법을 함께 사용할 수 있다는 뜻입니다. 예를 들어 배열로 선언한 student 변수의 0번에서 4번 요소에 모두 5를 넣고 싶다면 오른쪽과 같이 코드를 구성할 수 있습니다.

```
short student[20];
student[0] = 5;
student[1] = 5;
student[2] = 5;
student[3] = 5;
student[4] = 5;
```

하지만 다음과 같이 요소에 변수를 사용하고 반복문으로 코드를 구성하면 프로그래밍이 더 편리해집니다.

```
short student[20], i;
for (i = 0; i < 5; i++) student[i] = 5;
```

1분 퀴즈 | **12-1** int형으로 20개 요소의 배열을 만들고 초깃값을 모두 0으로 저장해 보세요. 단 for문을 이용하여 코딩해야 합니다.

정답 이지스퍼블리싱 홈페이지 자료실 내려받기

배열 초기화하기

배열 문법은 지역 변수를 그룹으로 묶은 것이기 때문에 배열 문법으로 선언한 변수도 지역 변수처럼 자동으로 초기화되지 않습니다. 그래서 배열의 각 요소에 일정한 값을 대입하여 초기화해서 사용해야 합니다. 만약 배열로 선언한 변수의 각 요소를 직접 초기화하지 않으면 어떤 일이 벌어질까요? 다음 예제를 통해 알아보겠습니다.

코딩해 보세요! **초기화되지 않은 배열의 특정 요소 값 출력하기** • 완성 파일 12_01_02.c

```
001:  #include <stdio.h>
002:  void main()
003:  {
004:      short student[20];
005:
006:      student[1] = 10;
007:      printf("%d %d\n", student[1], student[2]);
008:  }
```

student[1]에는 10을 대입하고 student[2]에는 값을 대입하지 않은 상태로 두 요소를 출력해 보면 student[1] 값은 정상적으로 10이 출력되지만 student[2] 값은 이상한 숫자가 출력되는 것을 알 수 있습니다. 즉 배열의 요소를 초기화하지 않으면 우리가 예상하지 못한 엉뚱한 값이 들어가게 됩니다.

이렇게 자신이 사용할 변수에 어떤 값이 들어 있는지 모른다면 곤란하겠죠? 따라서 프로그래머가 예상할 수 있는 값으로 배열의 요소들을 초기화하는 것이 기본입니다. 일반적으로 프로그래머들은 초깃값으로 0을 사용합니다.

다음 예제는 반복문을 사용하여 배열의 모든 요소에 0을 대입하였습니다. 출력 결과를 확인해 보면 student[2] 요소의 값이 0으로 출력되는 것을 알 수 있습니다.

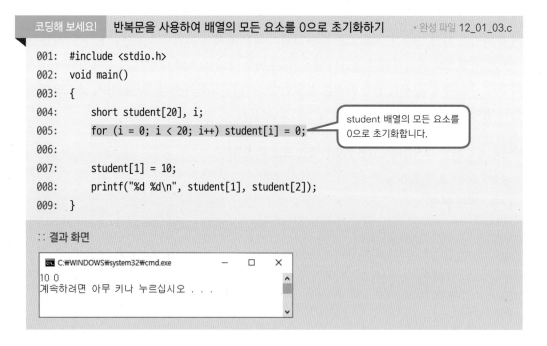

코딩해 보세요! **반복문을 사용하여 배열의 모든 요소를 0으로 초기화하기** · 완성 파일 12_01_03.c

```
001:  #include <stdio.h>
002:  void main()
003:  {
004:      short student[20], i;
005:      for (i = 0; i < 20; i++) student[i] = 0;
006:
007:      student[1] = 10;
008:      printf("%d %d\n", student[1], student[2]);
009:  }
```

student 배열의 모든 요소를 0으로 초기화합니다.

:: 결과 화면

쉼표를 사용한 배열 초기화 문법

배열을 초기화하는 데 매번 반복문을 사용하는 것도 불편합니다. 이런 불편함을 해결하기 위해 배열로 선언한 변수도 일반 변수처럼 초기화하는 방법이 있습니다. 일반 변수의 초기화와 차이가 있다면 배열은 { }로 묶어 초깃값들을 저장한다는 것입니다. 앞의 예제에서 반복문을 사용하여 student 변수를 초기화한 작업을 쉼표를 사용한 배열 초기화 문법으로 표현해 보면 다음과 같습니다.

```
short student[20] = {0, 0, 0, 0, 0, 0, 0, 0, 0, 0, 0, 0, 0, 0, 0, 0, 0, 0, 0, 0};
```

그런데 이 초기화 방법은 배열의 요소가 많아지면 부담스러워집니다. 따라서 C 언어에서는 초깃값을 0으로 사용하는 것이 일반적이기 때문에 { } 안에 다음과 같이 적어 주면 ,(쉼표) 뒤에 있는 모든 값이 0으로 초기화됩니다.

```
/* short student[20] = {0, 0, 0, 0, 0, 0, 0, 0, 0, 0, 0, 0, 0, 0, 0, 0, 0, 0, 0, 0};과 같음 */
short student [20] = {0,};
```

다음 코드는 반복문을 사용하여 student 변수를 초기화한 예제를 배열 초기화 문법으로 다시 작성한 예제입니다.

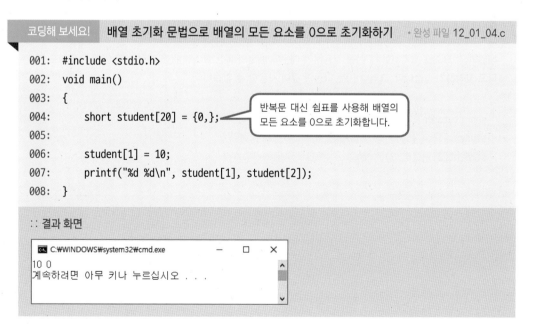

코딩해 보세요! **배열 초기화 문법으로 배열의 모든 요소를 0으로 초기화하기** · 완성 파일 12_01_04.c

```
001:  #include <stdio.h>
002:  void main()
003:  {
004:      short student[20] = {0,};      반복문 대신 쉼표를 사용해 배열의
                                         모든 요소를 0으로 초기화합니다.
005:
006:      student[1] = 10;
007:      printf("%d %d\n", student[1], student[2]);
008:  }
```

:: 결과 화면

```
C:\WINDOWS\system32\cmd.exe                    —  □  ×
10 0
계속하려면 아무 키나 누르십시오 . . .
```

쉼표를 사용하여 배열의 요소들을 초기화할 때 주의해야 할 점이 있습니다. 만약 배열의 모든 요소를 3으로 초기화하고 싶어서 다음과 같이 코드를 만들면 어떻게 될까요?

```c
short data[5] = {3,};        /* short data[5] = {3, 0, 0, 0, 0};과 같음 */
```

{3, 3, 3, 3, 3}으로 초기화될 것이라고 생각할 수도 있겠지만, ,(쉼표) 뒤를 생략하면 초기화되는 값은 0으로 고정되어 있습니다. 그래서 배열의 요소가 많은 경우에 0 아닌 다른 값으로 초기화하고 싶다면 이 문법보다는 앞에서 설명한 반복문을 쓰는 것이 좋습니다.

배열 크기 생략하기

배열을 선언할 때 [ ] 안의 요소 개수를 생략하고 다음과 같이 쓸 수도 있습니다.

```c
short data[ ] = {1, 2, 1, 2, 1};
```

이 경우에 { } 안에 나열된 항목이 5개이므로 5개의 저장 공간이 만들어집니다. 즉 [ ] 안의 5가 생략된 것으로 short data[5] = {1, 2, 1, 2, 1};과 같은 내용입니다. 이처럼 초기화에 사용하는 요소 개수만 정확하게 명시되면 배열의 크기를 생략할 수 있습니다.

> **! 알아두면 좋아요! 초기화 문법은 배열 변수를 선언할 때만 사용하세요!**
>
> 배열의 각 요소를 초기화할 때 { }를 사용하기 때문에 배열의 특정 요소에 값을 지정할 때 { }를 사용해도 된다고 착각하기 쉽습니다. 그러나 { }는 다음과 같이 사용할 수 없습니다.
>
> ```c
> short student [20];
> student[1] = {5};        /* error C2059: 구문 오류: '{' */
> student[2] = {6, 7};  /* error C2059: 구문 오류: '{' */
> ```

배열의 요소 값 사용하기

배열에 저장된 요소 값을 읽어오거나 요소 값끼리 연산할 수도 있습니다.

```
short data[3];
data[0] = 2;                     /* data 배열의 0번째 요소에 2를 대입함 */
data[1] = data[0] + 5;          /* data[0]에 2가 저장되어 있으므로 data[1]에 7이 저장됨 */
data[2] = data[0] + data[1];    /* 2+7의 값 9가 data[2]에 저장됨 */
```

그러면 배열에 익숙해지도록 배열을 구성하는 각 요소에 저장된 값을 합산하는 예제를 만들어 보겠습니다.

코딩해 보세요! **배열의 각 요소에 저장된 값 합하기** • 완성 파일 12_01_05.c

```
001: #include <stdio.h>
002:
003: void main()
004: {
005:     /* data 배열을 1~5 값으로 초기화함 */
006:     char data[5] = {1, 2, 3, 4, 5};
007:     /* 합한 값을 저장할 result 변수를 0으로 초기화함 */
008:     int result = 0, i;
009:
010:     /* 배열의 각 요소 값을 result 변수에 합하는 과정을 다섯 번 반복함 */
011:     for (i = 0; i < 5; i++) {
012:         result = result + data[i];
013:     }
014:     /* 합한 결과 값을 출력함 */
015:     printf("data 배열의 각 요소의 합은 %d입니다\n", result);
016: }
```

:: 결과 화면

```
C:\WINDOWS\system32\cmd.exe          —    □    ×
data 배열의 각 요소의 합은 15입니다
계속하려면 아무 키나 누르십시오 . . .
```

1분
퀴즈 **12-2** char형으로 선언한 배열을 다음처럼 초기화했습니다. 연산의 결과 값이 어떻게 출력될까요? 혹시 버그가 발생하는 연산이 있다면 몇 번일까요?

char data[5] = {2, 4, 6, 8, 10}	data[0] + 2	결과 값 : [_____]¹
	data[2] + data[4]	결과 값 : [_____]²
	data[5] - 5	결과 값 : [_____]³

정답 1. 4 2. 16 3. 버그 발생(엉뚱한 값이 출력됨)

배열은 사용자 정의 자료형이다

배열은 같은 크기의 메모리를 그룹으로 묶어 새로운 크기의 변수를 만들기 때문에 '사용자 정의 자료형'(User-defined Data Type)이라고 부릅니다. 다음처럼 char형은 1바이트 크기이지만 char three[3]이란 배열을 선언하면 3바이트 자료형이 새롭게 만들어지는 것이죠.

```
char three[3];     /* three는 3바이트 크기의 변수, three의 자료형이 char[3]이 됨 */
```

따라서 C 문법이 기본으로 제공하는 자료형으로는 표현할 수 없던 3바이트, 5바이트 크기의 변수도 배열을 사용하면 자유롭게 만들 수 있습니다.

12-2 문자열

배열로 문자열 표현하기

"Hello!"라는 문자열은 'H', 'e', 'l', 'l', 'o', '!'라는 문자들의 집합
으로 이루어져 있죠. 이처럼 문자열은 간단히 말하면 문자의 집합
을 뜻합니다. 그렇다면 문자열을 메모리에 저장할 때 가장 적합한
형태는 무엇일까요? 오른쪽처럼 저장하면 될까요?

```
char data1 = 'H';
char data2 = 'e';
char data3 = 'l';
char data4 = 'l';
char data5 = 'o';
char data6 = '!';
```

1바이트 char형 변수를 6개 선언한 뒤 각 변수에 일일이 문자를 저장했습니다. 이 예제는 문
자열이 짧아서 어렵지 않게 저장했지만, 아주 긴 문자열을 저장해야 한다면 난감할 것입니다.
그런데 이 상황, 어디서 본 것 같지 않나요? 앞에서 배운 배열의 정의를 기억해 봅시다. 자료
형이 같은 변수를 대량으로 선언하고 사용할 때 자료를 묶어서 표현하는 것이 바로 배열이었
습니다. 문자열도 이 배열을 사용해 표현할 수 있습니다.

> **! 알아두면 좋아요!** **문자열의 길이와 배열의 크기는 어떻게 다를까요?**
>
> 문자열은 길이(Length)를 기준 단위로 사용하고, 배열은 크기(size)를 기준 단위로 사용합니다. 비슷한
> 것 같은데 무엇이 다른 걸까요?
> 우리가 문자열 "abc"에 대해 표현할 때 문자 3개로 이루어진 문자열 또는 세 글자로 이루어진 문자열이
> 라고 부릅니다. 크기가 3인 글자, 3바이트의 문자열이라고 부르지 않죠. 그리고 배열은 문자열을 저장하
> 기 위해서만 사용되는 문법이 아니죠. 따라서 문자열은 '길이'로 표현하고, 배열은 길이가 아닌 '크기'로
> 표현합니다.

문자열의 길이 정보 표시하기

C 언어에서 문자를 저장하는 데 가장 적합한 자료형은 char형입니다. 그래서 문자열을 저장
하려면 char형 변수를 그룹으로 묶어서 관리하는 char 배열을 사용해야 합니다.

배열을 이용해서 문자열을 저장하려면 문자 정보 외에도 배열에 몇 개의 문자가 있는지 함께 저장해야 합니다. 예를 들어 "happy"를 저장하려면 'h', 'a', 'p', 'p', 'y' 외에 이 문자열이 5개로 이루어져 있다는 정보도 함께 저장해야 한다는 뜻입니다. 하지만 문자열과 문자 개수 정보를 나누어서 관리하면 문자열을 표현하는 데 불편하겠죠? 따라서 입력하려는 문자의 끝에 NULL(널) 문자 0을 추가로 입력해서 '이 배열에 저장된 정보는 문자열이다'라고 컴파일러에게 알려줍니다.

```
/* 문자 개수는 5개이고 끝에 0을 덧붙여야 하므로 배열의 크기는 6 */
char data[6] = { 'h', 'a', 'p', 'p', 'y', 0 };
```

☺ 여기에서 사용하는 0은 NULL 문자(아스키코드 0번)를 의미하므로 작은따옴표 ' '를 사용하지 않습니다. 작은따옴표를 사용한 '0'은 '2016년 10월'에 들어가는 '0'처럼 일반적으로 사용하는 문자 '0'을 의미합니다.

그런데 { } 와 ' '를 사용하여 문자열에 포함된 문자를 하나씩 나열하는 것은 불편하기 때문에 다음과 같이 C 언어의 문자열형 상수 표현을 사용하여 단순하게 초기화할 수도 있습니다.

```
char data[6] = "happy";    /* 이렇게 쓰면 문자열의 끝에 NULL 문자 0이 자동으로 포함됨 */
```

문자열을 표현하기 위해 "happy"(문자열형 상수)라고 큰따옴표를 이용했습니다. 따라서 이 문자열이 차지하는 메모리 크기는 5바이트가 아니라 뒤에 NULL 문자 0이 자동으로 추가되어 6바이트입니다. char data[6] = {'h', 'a', 'p', 'p', 'y', 0};과 char data[6] = "happy";는 같은 뜻입니다.

> **⚠ 알아두면 좋아요! 문자열의 처리 속도를 높일 수 있어요!**
>
> 다음 표현은 위에서 설명한 문자열 표현과 처리 결과가 같습니다.
>
> ```
> /* 문자열 길이를 바로 알 수 있지만 변수를 두 개 사용해야 함 */
> char data[5] = {'h', 'a', 'p', 'p', 'y'};
> char data_length = 5;
> ```
>
> 변수가 두 개인 까닭에 얼핏 불편해 보이지만, 문자열을 복사·비교·출력·저장하기 위한 처리 속도를 높이는 것이 중요하다면 이 표현으로 문자열을 저장하는 게 좋습니다.

이번에는 배열에 문자열을 저장하고 화면에 출력하는 연습을 해 보겠습니다. printf 함수로 문자열을 출력할 때 %s를 사용합니다. 문자열을 의미하는 string의 첫 글자를 생각하면 외우기 쉽겠죠. printf 함수는 지정한 메모리 그룹의 요소 값이 NULL 문자 0이 나올 때까지 문자들을 반복적으로 출력해 줍니다.

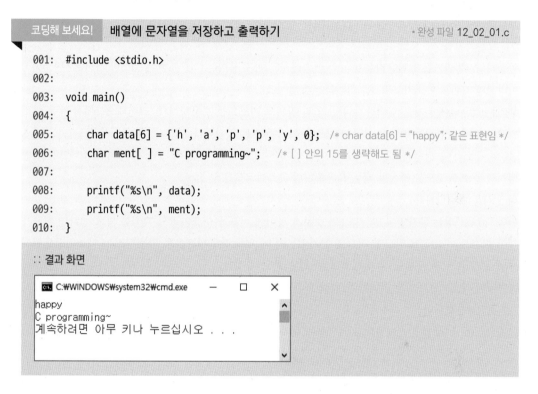

코딩해 보세요! 배열에 문자열을 저장하고 출력하기 · 완성 파일 12_02_01.c

```
001: #include <stdio.h>
002:
003: void main()
004: {
005:     char data[6] = {'h', 'a', 'p', 'p', 'y', 0};   /* char data[6] = "happy"; 같은 표현임 */
006:     char ment[ ] = "C programming~";   /* [ ] 안의 15를 생략해도 됨 */
007:
008:     printf("%s\n", data);
009:     printf("%s\n", ment);
010: }
```

:: 결과 화면

```
happy
C programming~
계속하려면 아무 키나 누르십시오 . . .
```

6행의 char ment[ ] = "C programming~";은 char ment[15] = { 'C', ' ', 'p', 'r', 'o', 'g', 'r', 'a', 'm', 'm', 'i', 'n', 'g', '~', 0};과 같은 의미입니다. 공백의 처리는 어떻게 하냐고요? 위와 같이 ' '라고 공백 문자를 넣어주면 됩니다.

1분 퀴즈 | **12-3** 다음 두 줄의 문장을 문자열로 저장하고 출력해 보세요.

> Don't worry, Be happy!
> 걱정 마. 행복할 거야.

정답 이지스퍼블리싱 홈페이지 자료실 참조

문자열 정보를 저장하는 배열의 마지막에 추가로 입력하는 0은 NULL 문자 0(아스키코드 0번)을 의미합니다. 우리가 평소에 사용하는 문장에서 '2016년 10월'에 들어가는 '0'이나 int age = 0;에 들어가는 숫자 0은 아스키코드 48번이므로 헷갈리지 않도록 주의해야 합니다.

그런데 문자열 끝에 입력하는 NULL 문자 0을 오른쪽처럼 '\0'으로 표현하는 경우도

```
char data[6] = {'h', 'a', 'p', 'p', 'y', '\0'};
```

있습니다. 왜 번거롭게 작은따옴표 ' '와 백슬래시(\)까지 붙이는 '\0' 표현이 등장한 걸까요? 단순히 0이라고만 적어도 아스키코드 0을 의미하는데 말이죠.

우리는 컴퓨터에 문자를 입력하기 위한 입력 장치로 키보드를 사용합니다. 그런데 3장에서 배운 아스키코드 표에 포함된 문자들을 모두 키보드로 입력할 수는 없습니다. 예를 들어 아스키코드 7번은 비프음('삐~' 소리)을 발생시키는 문자인데 이런 문자는 키보드에 존재하지 않습니다. 따라서 비프음을 발생시키는 소스 코드를 작성할 때는 오른쪽처럼 아스키코드를 직접 사용해야 합니다.

```
char beepsound = 7;
```

만약 "abcd"라는 문자열이 있는데 c와 d 문자 사이에 비프음(아스키코드 7번)을 넣고 싶다면 어떻게 해야 할까요? "abc7d"라고만 적으면 문자열 사이에 있는 7이 비프음을 발생시키는 아스키코드인지 그냥 문자 '7'인지 구별할 수가 없겠죠. 이런 경우 컴파일러에게 7이 아스키코드임을 알려주기 위해 오른쪽처럼 백슬래시(\)를 사용합니다.

```
char beepsound[6] = "abc\7d";
```

문자열 "abc\7d"를 작은따옴표를 사용하여 문자 하나씩 배열에 저장하는 방법은 다음과 같습니다.

```
/* '\7'은 비프음을 발생시키는 아스키코드 7과 같음 */
char beepsound[6] = {'a', 'b', 'c', '\7', 'd', 0};
```

```
/* 문자 하나씩 배열에 저장할 때는 기존 방식대로 아스키코드 번호를 그대로 적는 것이 편리함 */
char beepsound[6] = {'a', 'b', 'c', 7, 'd', 0};
```

이 내용을 그림으로 살펴보면 다음과 같습니다.

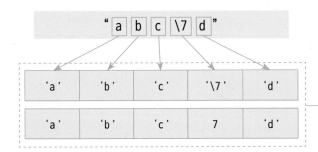

'\7'과 7 모두 비프음을 발생시키는 아스키 코드 7번으로 인식됩니다.

아스키코드를 표현할 때 작은따옴표와 백슬래시를 사용하게 된 이유를 이해하셨나요? 지금까지 설명한 것과 같은 이유로 문자열 끝에 입력하는 NULL 문자 0도 '\0'으로 표현할 수 있는 것입니다.

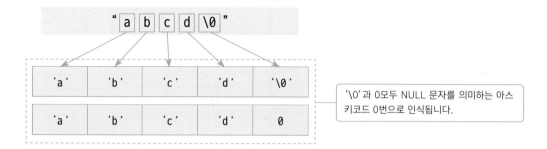

이 내용을 정리하면 다음과 같습니다.

아스키코드가 다른 문자와 구별되어야 하는 경우	작은따옴표와 백슬래시를 함께 사용함 (예) NULL 문자를 표현할 때 '\0'만 사용
아스키코드가 다른 문자와 구별될 필요가 없는 경우	작은따옴표와 백슬래시를 함께 사용해도 무방하지만 사용하지 않는 것이 코딩하는 데 훨씬 편리함 (예) NULL 문자를 표현할 때 0과 '\0' 모두 사용

저장된 문자열의 길이 구하기

배열 크기가 항상 문자열의 길이와 같게 만들어지는 것은 아니기 때문에 배열에 저장된 문자열의 길이(문자의 개수)를 알기 위해서는 문자열의 끝(0, EOL, End Of Line)을 찾는 코드가 필요합니다. 문자열의 길이를 계산하는 코드는 다음과 같습니다.

```
char data[6] = "happy";
int count = 0;
while (data[count] != 0) {  /* data의 요소 값이 NULL 문자 0이면 문자열의 끝이라는 뜻임 */
    count++;   /* 문자열의 끝이 아니면 문자 개수를 하나 증가시킴 */
}
```

프로그래밍할 때 문자열 길이를 구하는 기능은 자주 사용하게 되므로 함수로 만들어 놓는 것이 더 좋습니다. 다음 예제에서 배열에 저장된 문자열의 길이를 구하는 함수 GetStringLength를 만들어 사용해 보겠습니다.

```
001:    #include <stdio.h>
002:    int GetStringLength(char data[ ])
003:    {
004:        int count = 0;
005:        /* 0이 나올 때까지 문자의 개수를 더함 */
006:        while(data[count]) count++;   /* while(data[count] != 0) count++;와 같은 뜻임 */
007:        /* 문자열의 길이를 반환함 */
008:        return count;
009:    }
010:
011:    void main()
012:    {
013:        int data_length;   /* 문자열 길이를 저장할 변수 */
014:        char data[10] = {'h', 'a', 'p', 'p', 'y', 0,};   /* "happy" 문자열을 저장함 */
015:        /* data 변수에 들어 있는 문자열의 길이를 구함 */
016:        data_length = GetStringLength(data);
017:        /* 문자열의 길이(문자 개수)를 출력함 */
018:        printf("data length = %d\n", data_length);
019:    }
```

> 매개변수 data의 [ ] 안에 숫자를 적지 않아도 됩니다. 숫자를 적어도 오류가 발생하지는 않지만, 실제로 전달되는 배열의 크기에 영향을 받기 때문에 무시됩니다.

:: 결과 화면

```
C:\WINDOWS\system32\cmd.exe               —    □    ×
data length = 5
계속하려면 아무 키나 누르십시오 . . .
```

이 예제는 main 함수의 data 변수에 저장된 문자열의 길이를 구하기 위해서 GetStringLength 함수를 호출합니다. 그런데 GetStringLength 함수가 문자열의 길이를 계산하려면 main 함수에 선언한 data 변수에 저장되어 있는 값을 알아야 합니다. 그래서 16행을 보면 함수의 매개변수로 배열의 이름인 data를 전달했고 GetStringLength 함수에서 매개변수 값을 전달 받아 사용하고 있습니다. 그런데 data 변수는 값이 한 개가 아니라 여러 개의 값으로 이루어진 배열 변수입니다. 따라서 다음과 같이 배열의 색인을 사용해서 매개변수로 전달해야 하는데 이렇게 하면 코드를 많이 적어야 하기 때문에 불편합니다.

```
data_length = GetStringLength(data[0], data[1], data[2], data[3], data[4], data[5],
                              data[6], data[7], data[8], data[9]);
```

이런 불편함을 줄이기 위해서 C 언어는 배열에 저장된 값을 다른 함수의 매개변수로 전달하는 문법을 제공하고 있습니다. 2행처럼 GetStringLength 함수에 매개변수를 char data[ ] 형태로 선언하면, main 함수의 data 배열 변수를 참조할 수 있는 형태로 data 변수가 선언되어 main 함수의 data 변수에 저장되어 있던 값을 그대로 사용할 수 있습니다. 다른 변수의 내용을 참조하는 방법은 13장 포인터에서 다룹니다. GetString Length 함수를 호출할 때 16행처럼 배열의 이름(data)만 사용하면 됩니다. 그리고 배열의 값을 다른 함수에 전달하고 싶을 때는 배열의 이름만 매개변수로 전달하면 된다는 뜻입니다.

© 이 작업의 동작 원리는 '15장 배열과 포인터'에서 자세하게 설명합니다.

문자열을 다루는 C 내장 함수

문자열은 프로그램에서 자주 사용하기 때문에 편하게 사용할 수 있도록 C 언어에서 여러 함수들을 제공합니다. 예를 들어 바로 앞 예제에서 본 GetStringLength 함수도 프로그래머가 별도로 만들 필요 없이 C 언어와 함께 제공되는 문자열 표준 함수를 사용하면 아주 편리하게 문자열의 길이를 구할 수 있습니다.

© 이렇게 제공되는 함수는 런타임 라이브러리에 포함되어 있으며, 그 수가 굉장히 많습니다. 이 함수들을 모두 외우거나 미리 공부할 필요는 없고, C 언어 개발 도구에서 해당 함수에 대한 설명을 볼 수 있습니다. 자세한 내용은 541쪽의 '현장 밀착 취재'를 참고하세요.

문자열 표준 함수의 이름은 string의 줄임 표현인 str라는 접두어로 시작합니다. 앞에서 살펴본 GetStringLength 함수처럼 문자열의 길이를 구하는 문자열 표준 함수는 strlen입니다. Length를 줄인 len을 str 뒤에 붙여 만든 이름입니다. 문자열을 복사하고 싶으면 copy의 줄임 표현인 cpy를 뒤에 붙여 만든 strcpy 함수를 사용하면 됩니다. 그리고 문자열 뒤에 다른 문자열을 덧붙이는 함수 concatenation character의 줄임 표현인 cat을 뒤에 붙여 만든 strcat 함수입니다.

> strlen*(문자열이 저장된 변수 이름)*

> strcpy*(복사해서 저장할 변수 이름, 복사할 기존 변수 이름)*

> strcat*(기존 문자열이 저장된 변수 이름, 새로 덧붙일 문자열)*

이렇게 str로 시작하는 문자열 표준 함수들은 string.h 파일에서 함수의 원형을 제공하기 때문에, 이 함수들을 사용하려면 #include 전처리기로 string.h 파일을 소스 파일 안에 포함시켜야 합니다.

strlen 함수와 strcpy 함수, strcat 함수는 자주 사용하므로 사용법을 꼭 알아 두세요.

문자열의 길이를 구하는 내장 함수 strlen

여기에서는 앞의 예제 GetStringLength 함수를 C 언어
의 내장 함수인 strlen로 바꾸어 사용해 보겠습니다.

© strlen 함수는 NULL 문자(문자열 끝에 있
는 0)를 제외한 문자열의 길이를 반환합니다.

strlen 함수를 사용하여 문자열 길이 출력하기　　　　　·완성 파일 12_02_03.c

```
001:  #include <stdio.h>
002:  #include <string.h>   /* 문자열 표준 함수를 사용하기 위해 추가함 */
003:
004:  void main()
005:  {
006:      int data_length;   /* 문자열 길이를 저장할 변수 */
007:      char data[10] = {'h', 'a', 'p', 'p', 'y', 0,};   /* "happy" 문자열을 저장함 */
008:      /* data 변수에 들어 있는 문자열의 길이를 구함 */
009:      data_length = strlen(data);
010:      /* 문자열의 길이(문자 개수)를 출력함 */
011:      printf("data length = %d\n", data_length);
012:  }
```

:: 결과 화면

```
C:\WINDOWS\system32\cmd.exe          -    □    ×
data length = 5
계속하려면 아무 키나 누르십시오 . . .
```

문자열을 복사하고 추가하는 내장 함수 strcpy, strcat

문자열 함수에 좀 더 익숙해지기 위해 문자열을 복사하는 strcpy 함수와 문자열 뒤에 다른 문
자열을 이어 붙이는 strcat 함수의 사용법을 살펴보겠습니다. 다음 예제는 "abc" 문자열 뒤에
"def" 문자열을 덧붙여 그 결과 값을 출력합니다.

두 개의 문자열 합치기　　　　　·완성 파일 12_02_04.c

```
001:  #include <stdio.h>
002:  #include <string.h>   /* 문자열 표준 함수를 사용하기 위해 추가함 */
003:
004:  void main()
005:  {
006:      char data[10] = {'a', 'b', 'c', 0,};   /* "abc" 문자열을 저장함 */
007:      char result[16];   /* 새로운 문자열을 저장할 변수 */
```

```
008:
009:        strcpy(result, data);      /* data에 저장된 문자열을 result로 복사함 */
010:        strcat(result, "def");   /* result 값의 맨 뒤에 "def"를 덧붙임 */
011:
012:        printf("%s + \"def\" = %s\n", data, result);
013: }
```

:: 결과 화면

```
C:\WINDOWS\system32\cmd.exe          —    □    ×
abc + "def" = abcdef
계속하려면 아무 키나 누르십시오 . . .
```

1분
퀴즈 **12-4** data 배열에 다음처럼 "Hello"라는 문자열이 저장되어 있습니다. strcpy 함수와 strcat
함수를 사용해서 "Hello world!"를 출력해 보세요.

```
char data[10] = {'H', 'e', 'l', 'l', 'o', 0, };
```

정답 이것저것판에서 문제에만 정답시 확인

12-3 2차원 배열

1차원 배열로 2차원 형태를 표현하려면?

지금까지 배우고 사용한 배열은 1차원 배열입니다. 하지만 우리가 사용하는 정보가 문자열처럼 1차원 형태로만 되어 있는 것은 아닙니다. 예를 들어 바둑판에 놓인 돌의 좌표는 어떻게 표시하는 게 효율적일까요? 바둑판 정보는 가로와 세로가 있는 2차원 형태입니다.

바둑판에 놓여 있는 돌의 정보를 저장하고 싶다면 돌 한 개의 정보를 어떤 형식의 변수에 저장할 것인지를 먼저 결정해야 합니다. 돌의 정보는 돌이 놓여 있지 않으면 0, 검은 돌이 놓여 있으면 1, 흰 돌이 놓여 있으면 2와 같이 세 가지 경우로 나눌 수 있습니다. 따라서 1바이트인 char형으로도 충분히 이 세 가지 값을 구별해서 저장할 수 있습니다.

정보를 저장할 단위가 정해졌으니, 바둑판 전체를 저장할 수 있는 메모리 크기를 결정하기 위하여 데이터 개수를 계산해야 합니다. 바둑판은 가로 방향으로 19개의 돌을 놓을 수 있고 세로 방향으로도 19개의 돌을 놓을 수 있기 때문에 총 361개(19×19)의 돌을 놓을 수 있습니다. 따라서 바둑판에 놓여 있는 돌의 정보를 저장하기 위해서 오른쪽과 같이 1차원 배열을 선언합니다.

```
char data[361];
```

2차원 형태의 정보를 1차원 배열에 저장하기 위해서 한 행에 이어 그다음 행을 저장하는 방식을 사용합니다. 즉 data 배열의 0번에서 18번까지 1행의 정보가 저장되고, 19번에서 37번까지 2행의 정보가 저장되며, 이런 식으로 마지막 19행의 정보는 342번에서 360번에 저장됩니다. 그리고 각 배열의 요소에는 돌이 놓여 있지 않으면 0, 검은 돌이 놓여 있으면 1, 흰 돌이 놓여 있으면 2로 저장하면 2차원인 바둑판 정보를 data 배열에 모두 저장할 수 있습니다.

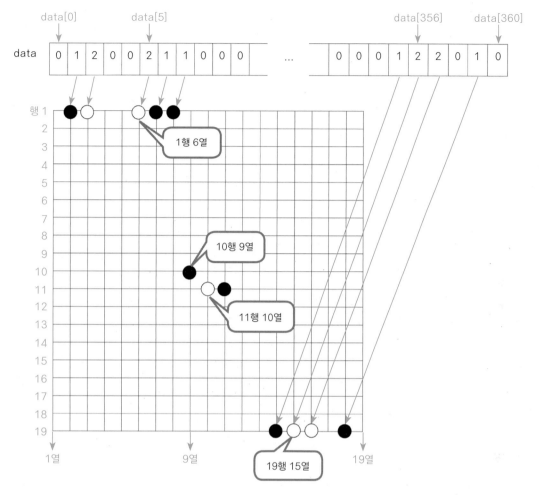

그런데 이렇게 2차원 정보를 1차원 배열에 저장하면 소스 코드를 작성할 때 요소의 위치를 파악하기 어렵습니다. 예를 들어 10행 9열에 어떤 돌이 놓여 있는지 알고

ⓒ 배열에서 첫 번째 요소의 색인은 0입니다. 따라서 179번 요소는 180번째 요소를 뜻합니다. 헷갈리지 않도록 유의하세요.

싶을 때 data 배열에서 179번 요소를 체크해야 하는데 179라는 숫자를 암산하려면 어렵죠. 반대 상황도 마찬가지입니다. data 배열의 199번 요소에 있는 값이 11행 10열에 있는 돌의 정보라는 것을 판단하기도 어렵습니다. 물론 수학 연산을 통해서 1차원 배열의 항목 번호를 2차원 형식의 행, 열 정보로 변환하는 것이 가능하지만 보통 사람들에게는 어렵습니다.

2차원 배열의 필요성

차원은 공간에서 좌표를 구성하는 축의 개수를 의미합니다. 따라서 2차원은 좌표를 적을 때 2 개의 축을 사용하고 각 축의 이름은 X축, Y축이며, X축은 수평 방향에 대한 기준 값이고 Y축은 수직 방향에 대한 기준 값입니다. 그래서 2차원 공간에 있는 한 점(대상)은 자신의 위치를 좌표로 나타낼 때 (x축 좌표 값, y축 좌표 값) 형태로 사용합니다.

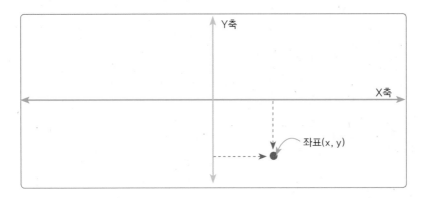

갑자기 수학과 관련된 이야기를 왜 하는지 궁금하시죠? 이제부터 우리가 배울 '2차원 배열'을 바로 위 그림과 같은 2차원 형식의 데이터를 저장할 때 사용하기 때문입니다. 앞에서 설명한 바둑판에 놓인 바둑돌의 위치 정보도 2차원 형식의 데이터입니다. 좀 더 구체적으로 설명하기 위해 앞에서 본 19행 19열짜리 바둑판을 5(행)×4(열)로 바꾸고 몇 개의 바둑돌을 놓아 보겠습니다.

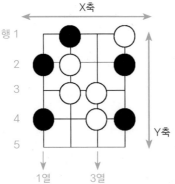

위 바둑판에는 최대 20개의 돌을 놓을 수 있는 지점이 있습니다. 그리고 각 지점에는 오른쪽과 같이 세 가지 상황이 발생할 수 있습니다. 프로그램에서는 상태를 숫자로 표현해야 하기 때문에 각 상황을 0, 1, 2로 가정합니다.

놓인 돌이 없음	▶ 0이라고 가정함
검은 돌이 놓임	▶ 1이라고 가정함
흰 돌이 놓임	▶ 2라고 가정함

그런데 이 세 가지 상황은 당연히 동시에 발생할 수 없습니다. 한 곳에 검은 돌과 흰 돌을 동시에 놓을 수는 없으니까요. 따라서 프로그램에서는 세 가지 상황 중 한 가지만 저장하면 되므로 0, 1, 2, 중 하나를 저장할 수 있는 20개의 저장 공간이 필요합니다.

세 가지 상황 중 한 가지를 저장하려면 char(1바이트, 256가지 경우 중에서 한 가지를 저장)형이면 충분합니다. 따라서 다음과 같이 변수를 선언하면 총 20바이트의 메모리를 사용할 수 있기 때문에 위 바둑판의 상태를 모두 저장할 수 있습니다.

```
char data[20];      /* 1차원 배열로 20바이트 크기의 변수를 선언함 */
```

하지만 이렇게 2차원 형식의 데이터를 1차원 배열로 관리하면 초보 프로그래머들이 프로그래밍하기에는 어려움이 있습니다. 예를 들어 data[7]에 저장된 돌의 상태가 바둑판에서 몇 행, 몇 열인지 판단하기가 어렵다는 것입니다. 따라서 이런 경우에는 2차원 데이터와 표현 방식이 같은 2차원 배열을 사용해야 합니다.

2차원 배열 선언하기

1차원 배열이 왜 필요한지 기억하시나요? 다음과 같이 같은 크기의 변수를 나열해서 적는 것이 불편하기 때문에 배열을 사용해서 크기가 같은 변수들끼리 묶어서 사용한다고 했습니다.

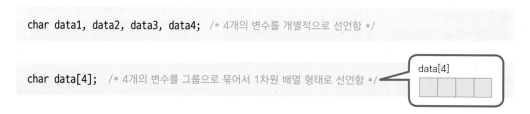

```
char data1, data2, data3, data4;   /* 4개의 변수를 개별적으로 선언함 */
```

```
char data[4];   /* 4개의 변수를 그룹으로 묶어서 1차원 배열 형태로 선언함 */
```

data[4]

그런데 다음처럼 같은 형식의 1차원 배열이 5개를 묶으려면 어떻게 해야 할까요?

```
/* char[4] 형식의 1차원 배열 5개를 선언함 */
char data1[4], data2[4], data3[4], data4[4], data5[4];
```

5개의 1차원 배열은 모두 char[4] 형식으로 같기 때문에, 배열을 사용해서 묶을 수 있습니다.

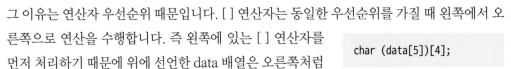

```
char data[5][4];    /* char[4] 형식의 1차원 배열 5개를 묶어 2차원 배열로 선언함 */
```

data[5][4]

1차원 배열을 선언할 때 대괄호 [ ]를 이미 사용했기 때문에, 한 번 더 묶으려면 대괄호 [ ]를 두 번 사용하면 됩니다. 이처럼 대괄호 [ ]를 두 번 사용해서 선언하는 배열이 바로 2차원 배열입니다.

그런데 여기서 1차원 배열을 그룹으로 묶을 때 왜 char data[4][5];가 아니라 char data[5][4];라고 적었을까요?

그 이유는 연산자 우선순위 때문입니다. [ ] 연산자는 동일한 우선순위를 가질 때 왼쪽에서 오른쪽으로 연산을 수행합니다. 즉 왼쪽에 있는 [ ] 연산자를 먼저 처리하기 때문에 위에 선언한 data 배열은 오른쪽처럼 선언한 것과 마찬가지 뜻입니다.

char (data[5])[4];

위에 선언한 2차원 배열을 컴파일러가 해석하는 순서에 따라 적어보면 다음과 같습니다.

1단계	char (data[5])[4];	data[5]라는 배열을 만들겠다는 뜻입니다. 즉 5개의 요소(2차원 배열에서는 전체 그룹 개수)를 가지는 배열을 의미합니다.
2단계	char (data[5])[4];	이 배열의 각 요소(data[0], data[1], …)는 char[4] 크기를 가집니다. 즉 배열의 각 요소를 char[4] 형식의 1차원 배열처럼 사용할 수 있다는 뜻입니다.

그리고 위와 같이 선언한 배열은 다음과 같이 메모리에 나열됩니다. data[0], data[1], data[2], data[3]은 4바이트씩 그룹으로 묶인 메모리를 의미하고, data[0]를 구성하는 4바이트는 data[0][0], data[0][1], data[0][2], data[0][3]이라고 사용하면 값을 읽거나 대입할 수 있습니다.

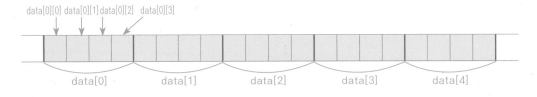

2차원 배열을 선언하는 기본 형태는 다음과 같이 요약할 수 있습니다. 1차원 배열을 선언하는 형태와 크게 다르지 않죠?

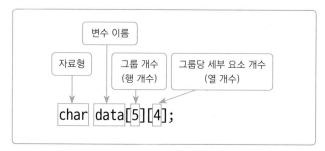

char data[5][4]는 전체 그룹 개수가 5개이고, 각 그룹마다 4바이트 메모리가 포함됩니다.

이렇게 선언한 char data[5][4]는 행이 5개이고 열이 4개인 2차원 배열이며, 각 요소에 char형으로 데이터를 저장할 수 있습니다. data 변수의 크기는 '(자료형 크기)×(행 개수)× (열 개수)'이기 때문에 1×5×4=20바이트입니다. data 변수의 논리적 메모리 형태를 그려 보면 다음과 같습니다.

	열 →		
data[0][0]	data[0][1]	data[0][2]	data[0][3]
data[1][0]	data[1][1]	data[1][2]	data[1][3]
data[2][0]	data[2][1]	data[2][2]	data[2][3]
data[3][0]	data[3][1]	data[3][2]	data[3][3]
data[4][0]	data[4][1]	data[4][2]	data[4][3]

data[0]
data[1]
data[2]
data[3]
data[4]
행 ↓

☺ 2차원 배열의 색인 역시 0부터 시작합니다.

data 변수의 2번째 행, 3번째 열에 10이라는 값을 넣으려면 오른쪽과 같이 적어 주면 됩니다.

```
data[1][2] = 10;
```

2차원 배열이 실제 메모리에 저장되는 형태

그런데 컴퓨터가 사용하는 메모리는 2차원 개념을 제공하지 않기 때문에 data 변수를 위한 20바이트 메모리는 1차원 형태로 메모리에 저장됩니다. 그런데 소스 코드에서 2차원 형식으로 사용할 수 있는 이유는 C 언어의 2차원 배열 문법이 내부적으로 수학 공식을 사용해서 2차원 개념을 제공하기 때문입니다.

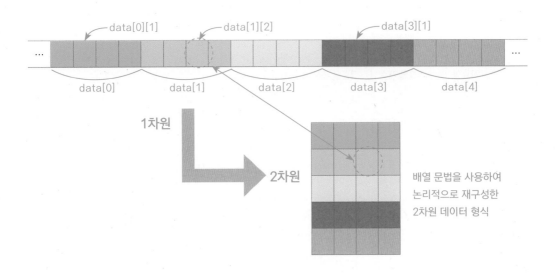

즉 2차원 배열은 컴파일할 때 모두 1차원 형태로 변환됩니다.

{ ✎ **김성엽의 프로그래밍 노트** **2차원 배열에서 행과 열 중 어떤 것을 먼저 처리하는 것이 효율적일까요?**

2차원 배열을 사용하게 되면 행을 우선으로 처리할 것인지 또는 열을 우선으로 처리할 것인지에 따라서 두 가지 형태로 선언할 수 있습니다.

```c
char data[5][4]; /* 5행 4열: 행 단위로 묶음 */
또는
char data[4][5]; /* 4열 5행: 열 단위로 묶음 */
```

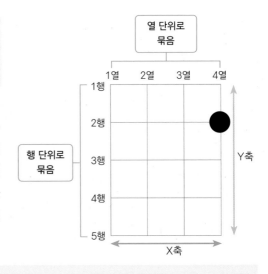

2차원 배열로 변수를 선언하면 배열의 각 요소를 사용하기 위해 [ ] 연산자를 두 개씩 사용하기 때문에 x, y 좌표 형식으로 접근할 수 있습니다. 예를 들어 2행 4열(좌표는 (4, 2))에 있는 검은색 돌을 data 변수에 저장하려면 다음과 같이 적으면 됩니다.

```c
data[1][3] = 1; /* 행 단위로 묶음. 2행 4열에 검은 돌이 놓인 상태 값 1을 대입함. 좌표는 (4, 2) */
```

```c
data[3][1] = 1; /* 열 단위로 묶음. 4열 2행에 검은 돌이 놓인 상태 값 1을 대입함. 좌표는 (4, 2) */
```

코드를 보면 행을 그룹으로 묶은 경우에는 data[행 번호-1][열 번호-1]의 형식이고 열을 그룹으로 묶은 경우에는 data[열 번호-1][행 번호-1]의 형식입니다. 이것을 좌표 형식으로 바꿔 보면 행을 그룹 지은 것은 data[y좌표-1][x좌표-1]의 형식이고 열을 그룹 지은 것은 data[x좌표-1][y좌표-1]의 형식이 될 것입니다.

프로그래머에게는 어떤 형식이 더 이해하기 좋을까요? 우리는 수학에서 좌표를 (x, y) 형식으로 사용하기 때문에 아무래도 x 좌표가 먼저 나오는 열 단위로 묶은 형식이 더 친근한 표현일 것입니다. 하지만 컴퓨터도 그렇게 생각할까요? 먼저 사람에게 익숙한 형식으로 선언한 배열이 메모리에 어떻게 나열되는지 살펴보겠습니다.

열 단위로 묶음

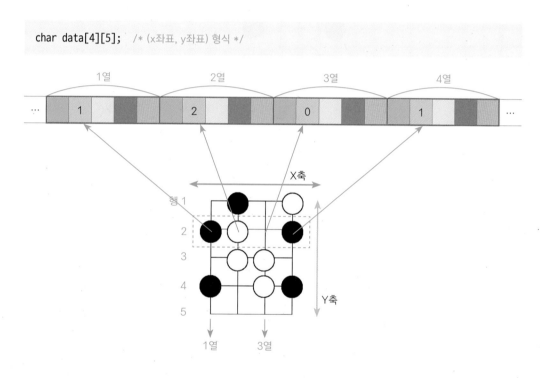

```
char data[4][5];   /* (x좌표, y좌표) 형식 */
```

위 그림에서 볼 수 있듯이 같은 색을 가지는 요소들이 X축 기준으로 같은 줄에 있는 요소들입니다. 따라서 2행을 보면, 그림으로는 바로 옆에 있는 바둑돌들이 메모리에 저장될 때는 5바이트씩 떨어진 위치에 저장된다는 뜻입니다. 컴퓨터는 출력 효율을 높이기 위해서 하드웨어적으로 X축 기준으로 연산하도록 되어 있는데, 위와 같이 메모리를 관리하면 X축으로 1만큼 이동할 때마다 메모리상으로는 5바이트씩 이동해야 하는 불편함이 있습니다. 그리고 같은 줄에 있는 항목들이 한 그룹이 되지 못해서 그룹 연산을 사용하는 다양한 기본 함수(예를 들어 memcpy)들도 사용할 수 없습니다.

그렇다면 반대의 경우는 어떨까요? 행 단위로 묶은 2차원 배열이 메모리에 어떻게 나열되는지 살펴보겠습니다.

행 단위로 묶음

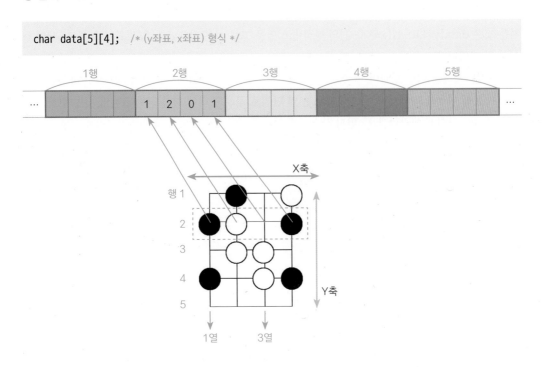

```
char data[5][4];   /* (y좌표, x좌표) 형식 */
```

프로그래머가 프로그래밍할 때는 (y좌표, x좌표) 형식으로 사용해야 하는 불편함이 있을지 몰라도 그림에 표시된 2차원 형식의 데이터는 수평 방향으로 그룹으로 묶여 저장됩니다. 따라서 연산도 단순해지고 같은 줄의 데이터가 자연스럽게 한 그룹이 되기 때문에 관리하기도 더 편리합니다. 그래서 2차원형식의 데이터를 2차원 배열에 저장할 때는 행을 기준으로 묶는 방식을 더 많이 사용합니다.

2차원 배열 초기화하기

다음 코드는 1차원 배열을 두 개 선언하고 각 배열을 1, 2, 3과 4, 5, 6으로 초기화하고 있습니다. 2차원 배열은 형식이 같은 1차원 배열을 그룹으로 묶는 문법이기 때문에 위와 같이 선언한 두 개의 1차원 배열을 오른쪽과 같이 하나의 2차원 배열로 변경할 수도 있습니다.

```
char temp1[3] = {1, 2, 3};
char temp2[3] = {4, 5, 6};
```

⬇

```
char temp[2][3];
```

2차원 배열을 이용하여 temp 변수를 선언했으니 초기화도 해 주어야 합니다. 1차원 배열은 하나의 그룹으로 이루어져 있기 때문에 한 개의 { }로 초기화를 했지만 2차원 배열은 그룹 안에 또 다른 그룹이 있는 형태이기 때문에 { }를 중복으로 사용해야 합니다.

```
char temp[2][3] = {{1, 2, 3}, {4, 5, 6}};
```

	temp[0][0]	temp[0][1]	temp[0][2]
temp[0]	1	2	3
temp[1]	temp[1][0]	temp[1][1]	temp[1][2]
	4	5	6

열 →
행 ↓

1분 퀴즈

12-5 char형으로 선언한 2차원 배열을 다음처럼 초기화했습니다. 연산의 결과 값이 어떻게 출력될까요? 혹시 버그가 발생하는 연산이 있다면 몇 번일까요?

```
char data[3][3] = {{1, 2, 3},
{4, 5, 6}, {7, 8, 9}};
```

data[0][0] + 5　　　　결과 값: [   ]¹

data[2][3] + 1　　　　결과 값: [   ]²

data[2][2] - data[1][2]　결과 값: [   ]³

정답 1. 6 2. 버그 발생 3. 3

{✐} **김성엽의 프로그래밍 노트**　**2차원 데이터와 1차원 데이터를 자유자재로 변환할 수 있어요!**

대부분의 경우에 컴파일러가 2차원 데이터를 1차원 형태의 기계어로 잘 번역해 줍니다. 하지만 프로그래머가 좀 더 적극적으로 상황에 대처하고 싶거나 프로그램 실행 성능을 향상시키기 위해 1차원 배열과 차원을 변환하는 수학 공식을 사용하여 직접 2차원 형태를 구성하기도 합니다. 이 방식은 실제로 많이 사용되고 다양하게 응용되기 때문에 알아두고 넘어가는 것이 좋습니다. 내용이 어렵게 느껴진다면 이번에 한 번 가벼운 마음으로 훑어보고, 다음에 필요할 때 다시 한 번 읽어 보세요.

2차원 데이터를 1차원 데이터로 변환하기

5행 4열 크기로 줄인 바둑판을 생각해 보겠습니다. 1행 1열부터 시작해서 1행 2열, 1행 3열의 순서로 돌을 9개 놓고 돌에 번호를 0번부터 1씩 증가시키면서 적어 보면 오른쪽 그림과 같이 됩니다. 이렇게 돌에 번호를 매긴 이유는 이 번호가 결국 1차원 배열의 색인을 의미하기 때문입니다.

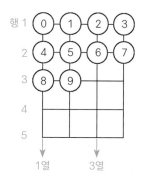

1행을 보면 0~3번 돌이 놓였고 2행을 보면 4~7번 돌이 놓였습니다. 이 번호를 잘 살펴보면 행이 증가할 때마다 같은 열에 있는 돌의 번호가 4씩 증가한다는 것을 알 수 있습니다. 이것은 열의 개수가 4개이기 때문입니다. 즉 열의 개수가 5개였다면 행이 증가할 때마다 돌에 쓰인 번호가 5씩 증가했을 것입니다.

각 행의 처음 위치에 놓인 돌의 번호를 수학 공식으로 정리해
보면 행 번호에서 1을 뺀 후 열의 개수를 곱한 것과 같습니다.

$$(행\ 번호 - 1) \times 열\ 개수$$

예를 들어 1행의 첫 번째 돌 번호는 (1-1)×4이므로 0 이고, 2행의 첫 번째 돌은 (2-1)×4이므로 4가
되고, 3행의 첫 번째 돌은 (3-1)×4이기 때문에 8이 되는 것입니다.

그리고 2열, 3열, 4열에 있는 돌의 번호는 첫 번째 돌의
번호에 각 열 번호에서 1을 뺀 숫자를 더해 주면 됩니다.

$$\{(행\ 번호 - 1) \times 열\ 개수\} + 열\ 번호 - 1$$

예를 들어 1행 2열에 있는 돌의 번호는 {(1-1)×4}+(2-1)이기 때문에 1이 되고, 2행 2열에 있는 돌의
번호는 (2-1)×4+2-1이기 때문에 5가 되는 것입니다.

이제 본래 바둑판으로 돌아와서 같은 조건으로 돌이 놓여 있는 경우에 10행 9열에 놓인 돌의 번호를
계산하면 179번이라는 것을 알 수 있습니다(바둑판은 19개
의 열로 되어 있습니다).

$$\{(10 - 1) \times 19\} + (9 - 1) = 179$$

이 공식은 바둑판에만 적용되는 것이 아니라 2차원 형식으로
되어 있는 데이터를 1차원 형식의 배열에 저장하고 싶을 때
모두 사용할 수 있습니다. 2차원 형식의 데이터는 평면 형태
로 표시되는 모든 종류의 데이터가 다 포함될 수 있습니다.

◎ 모니터에 출력된 화면 이미지도 2차원 데
이터이고 카메라에서 찍은 사진도 2차원 형식
의 데이터입니다.

1차원 데이터를 2차원 데이터로 변환하기

1차원 데이터를 2차원 데이터로 변환하려면 행 번호와 열 번호를 계산해
서 찾아야 합니다. 먼저 행 번호를 찾는 방법부터 살펴봅시다. 이 바둑판
의 같은 행에 놓인 돌의 번호를 잘 보면 4로 나누었을 때 몫이 같다는 것
을 알 수 있습니다(몫을 구할 때는 반올림이 적용되지 않습니다). 예를 들
어 1행에 있는 돌들은 0/4, 1/4, 2/4, 3/4이기 때문에 모두 몫이 0이고,
2행에 있는 돌들은 4/4, 5/4, 6/4, 7/4이기 때문에 모두 몫이 1입니다.
이때 4로 나눈 몫이 동일한 이유는 같은 행에 있는 돌의 번호가 열의 개수
에 영향을 받기 때문입니다. 만약 열이 5개였다면 5로 나눈 몫이 동일했
을 것입니다.

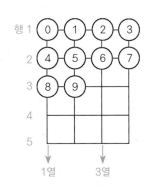

이런 특징을 이용해서 돌의 번호로 행 번호를 찾는 방법은 오
른쪽과 같이 공식으로 정리할 수 있습니다.

$$행\ 번호 = (돌\ 번호 / 열\ 개수) + 1$$

예를 들어 돌 번호가 2번인 돌은 (2/4)+1이기 때문에 1행에 존재하는 것이고 5번 돌은 (5/4)+1이기
때문에 2행에 존재하는 것입니다.

이제 열 번호를 찾는 방법을 살펴봅시다. 같은 열에 있는 돌의 번호는 4로 나눈 나머지가 같습니다. 즉
1열에 있는 각 돌의 번호를 4로 나눈 나머지를 계산해 보면 0%4, 4%4, 8%4이기 때문에 나머지가 모

두 0입니다. 그리고 2열에 있는 각 돌의 번호를 4로 나눈 나머지를 계산해 보면 1%4, 5%4, 9%4이기 때문에 나머지가 모두 1입니다. 그리고 이 나머지 값은 열이 증가할 때마다 1씩 증가하는 규칙이 있습니다. 따라서 돌 번호로 열 번호를 찾는 방법은 오른쪽 공식을 사용하면 됩니다.

> 열 번호 = (돌 번호 % 열 개수) + 1

예를 들어 돌 번호가 2인 돌은 (2%4)+1이기 때문에 3열에 존재하는 것이고 5번 돌은 (5%4)+1이기 때문에 2열에 존재하는 것입니다.

이제 본래 바둑판으로 돌아와서 같은 조건으로 돌이 놓여 있는 경우에 199 번 돌은 (199/19)+1, 즉 11행에 있고 (199%19)+1, 즉 10열에 위치해 있다는 것을 알 수 있습니다.

이 공식은 바둑판에만 적용되는 것이 아니라 1차원 형태로 되어 있는 데이터를 2차원 형식으로 표현하고 싶을 때 모두 사용할 수 있습니다.

2차원 배열은 메모리상에 1차원 형태로 데이터를 저장하면서 프로그래머가 이 메모리를 사용할 때 컴파일러가 수학 공식을 적용하여 2차원 개념을 제공하는 것입니다. 따라서 메모리에 저장되는 형태만 놓고 보면 2차원 배열로 선언한 temp 변수나 1차원 배열로 선언한 test 변수는 메모리 형태가 같습니다.

```
char temp[5][4];
char test[20];
```

프로그래머가 2차원 좌표를 1차원 좌표로 변환하는 공식이나 1차원 좌표를 2차원 좌표로 변환하는 공식을 이해하고 있다면 2차원 배열 문법에 의존하지 않고 1차원 배열을 사용해서도 얼마든지 2차원 데이터를 저장하고 관리할 수 있습니다. 그러면 1차원 배열로 어떻게 2차원 개념을 사용하는지 앞에서 배운 내용을 공식으로 만들어 보겠습니다.

```
char temp[M][N];    /* L, M, N 값은 숫자 상수로 가정함 */
char test[L];       /* M * N 값이 L 값과 같다고 가정함 */
```

위와 같이 temp 변수는 2차원 배열로 선언되고 test 변수는 1차원 배열로 선언된 경우에 다음과 같은 공식이 성립됩니다(a, b, c는 숫자 상수라고 가정합니다).

```
test[a] 항목과 temp[a / N][a % N] 항목은 위치가 같다.
temp[b][c] 항목과 test[b × N + c] 항목은 위치가 같다.
```

1차원 배열과 2차원 배열의 차이

지금까지 이야기한 바둑판을 3행 4열 형태로 축소시켜 놓고 돌이 놓여 있는 상황을 1차원 배열을 사용하여 초깃값으로 저장한 후 바둑판의 상황을 출력해 보면 다음과 같습니다.

코딩해 보세요! **1차원 배열을 사용하여 바둑판 정보를 저장하고 알려주기** · 완성 파일 12_03_01.c

```
001:  #include <stdio.h>
002:
003:  void main()
004:  {
005:      char data[12] = {0, 0, 2, 0, 1, 1, 0, 0, 2, 1, 0, 2};
006:      int i, x, y;
007:
008:      for (i = 0; i < 12; i++) {
009:          x = i % 4 + 1;   /* 열 번호를 구함 */
010:          y = i / 4 + 1;   /* 행 번호를 구함 */
011:          printf("%d행 %d열에", y, x);
012:          if (data[i] == 1) printf(" 검은 돌이 놓여 있습니다. \n");
013:          else if (data[i] == 2) printf(" 흰 돌이 놓여 있습니다. \n");
014:          else printf("는 돌이 놓여 있지 않습니다. \n");
015:      }
016:  }
```

> 1은 검은 돌, 2는 흰 돌, 0은 돌이 놓여 있지 않은 것입니다.

:: 결과 화면

```
C:\WINDOWS\system32\cmd.exe        —    □    ×
1행 1열에는 돌이 놓여 있지 않습니다.
1행 2열에는 돌이 놓여 있지 않습니다.
1행 3열에 흰돌이 놓여 있습니다.
1행 4열에는 돌이 놓여 있지 않습니다.
2행 1열에 검은돌이 놓여 있습니다.
2행 2열에 검은돌이 놓여 있습니다.
2행 3열에는 돌이 놓여 있지 않습니다.
2행 4열에는 돌이 놓여 있지 않습니다.
3행 1열에 흰돌이 놓여 있습니다.
3행 2열에 검은돌이 놓여 있습니다.
3행 3열에는 돌이 놓여 있지 않습니다.
3행 4열에 흰돌이 놓여 있습니다.
계속하려면 아무 키나 누르십시오 . . .
```

2차원 배열에 바둑판 정보 저장하기

이제 앞의 예제와 같은 결과가 나오도록 2차원 배열을 사용해서 재구성해 보겠습니다. 재구성한 소스 코드를 보면 알겠지만 배열이 2차원으로 되어 있어서 선언된 형태만 보아도 행, 열 구별이 1차원보다는 잘될 것입니다.

코딩해 보세요! **2차원 배열을 사용하여 바둑판 정보를 저장하고 알려주기** · 완성 파일 12_03_02.c

```
001: #include <stdio.h>
002:
003: void main()
004: {
005:     char data[3][4] = {{0, 0, 2, 0}, {1, 1, 0, 0}, {2, 1, 0, 2}};
006:     int x, y;
007:
008:     for (y = 0; y < 3; y++) {
009:         for (x = 0; x < 4; x++) {
010:             printf("%d행 %d열에", y + 1, x + 1);
011:             if (data[y][x] == 1) printf(" 검은 돌이 놓여 있습니다.\n");
012:             else if (data[y][x] == 2) printf(" 흰 돌이 놓여 있습니다.\n");
013:             else printf("는 돌이 놓여 있지 않습니다.\n");
014:         }
015:     }
016: }
```

> 1은 검은 돌, 2는 흰 돌, 0은 돌이 놓여 있지 않은 것입니다.

:: 결과 화면

```
C:\WINDOWS\system32\cmd.exe                    —    □    ×
1행 1열에는 돌이 놓여 있지 않습니다.
1행 2열에는 돌이 놓여 있지 않습니다.
1행 3열에 흰돌이 놓여 있습니다.
1행 4열에는 돌이 놓여 있지 않습니다.
2행 1열에 검은돌이 놓여 있습니다.
2행 2열에 검은돌이 놓여 있습니다.
2행 3열에는 돌이 놓여 있지 않습니다.
2행 4열에는 돌이 놓여 있지 않습니다.
3행 1열에 흰돌이 놓여 있습니다.
3행 2열에 검은돌이 놓여 있습니다.
3행 3열에는 돌이 놓여 있지 않습니다.
3행 4열에 흰돌이 놓여 있습니다.
계속하려면 아무 키나 누르십시오 . . .
```

그렇다고 해서 2차원 배열이 1차원 배열 표현보다 더 좋다는 뜻은 아닙니다. 수학적인 개념을 이해하는 데 어려움이 없다면 1차원 형태로 데이터를 표현하는 것이 더 좋긴 합니다.왜냐하면 사람이 보기에 소스 코드가 간단하다고 해서 기계어로 된 코드도 간단한 것은 아니고, 데이터를 실질적으로 저장하는 물리적 메모리는 결국 1차원 형태이기 때문입니다.

무엇이든 익숙하지 않으면 어렵게 느껴지기 마련입니다. 하지만 어렵더라도 계속 사용하다 보면 익숙해지기 마련이고, 어느새 내용을 이해하고 사용하는 순간이 올 것입니다. 그러면 프로그램에 대한 이해력과 응용력 또한 좋아져서 더 좋은 코드를 구성할 수 있습니다.

※ 다음 배열을 사용해 연습 문제를 풀어 봅시다.

```
short data[9] = {4, 6, 9, 8, 7, 2, 5, 1, 3};
```

Q1 1차원 형태인 data 배열을 3행 3열인 2차원 배열로 바꾼다고 생각해 봅시다. data[6] 위치에 저장되는 5는 2차원 배열의 몇 행 몇 열 요소일까요?

행   열

Q2 data 배열의 짝수 번 요소에 저장된 값을 합산하는 코드를 작성해 보세요.

힌트 1 09장에서 배운 반복문을 활용하세요.

힌트 2 짝수 번째 요소를 사용하려면 색인을 2씩 증가시키면 됩니다.

Q3 data 배열의 각 요소에 저장된 값 중에서 가장 큰 값을 찾는 코드를 작성해 보세요.

힌트 배열의 요소들을 반복하며 비교하는 조건문을 사용하세요.

Q4 3행 4열 크기의 바둑판에 놓여 있는 돌 정보를 다음과 같이 1차원 배열로 저장했습니다. 이 코드를 [3][4] 형식의 2차원 배열을 사용해서 재구성해 보세요.

```c
#include <stdio.h>
void main()
{
    char data[12] = {0, 0, 0, 0, 0, 0, 0, 0, 0, 0, 0, 0};
    data[5] = 1;    /* 검은 돌 */
    data[11] = 2;   /* 흰 돌 */
}
```

힌트 285쪽 완성 파일 12_03_02.c를 참고하세요.

Q5 정수를 오름차순으로 정렬하기

7개의 요소를 저장할 수 있는 data 배열이 있습니다. 이 배열에는 다음과 같이 7개의 숫자가 저장되어 있는데, 이 숫자들을 오름차순으로 정렬하는 소스 코드를 작성해 보세요.

```
int data[7] = {6, 3, 9, 7, 2, 4, 1};
```

힌트 1 │ 오름차순으로 정렬하면 data 변수에는 1, 2, 3, 4, 6, 7, 9 순서로 숫자가 저장됩니다.

힌트 2 │ 각 배열의 요소에 숫자를 직접 대입하는 소스 코드는 답이 될 수 없습니다.

힌트 3 │ data[0] 값과 data[1] 값을 비교하여 data[1] 값이 더 작을 경우에 data[0] 값과 data[1] 값을 서로 바꾸는 행위를 반복하다 보면 data 배열에 저장된 값이 오름차순으로 정렬될 것입니다. 하지만 이건 단순히 힌트일 뿐이니 여러분이 더 깊게 고민해 보세요.

12장 풀이
563쪽

포인터

야구할 때 포수는 투수가 던진 공을 받습니다. 한 경기에는 한 명의 포수가 참여해야 하지만 경기마다 다른 선수로 교체할 수 있습니다. 예를 들어 어제 경기는 홍길동 선수가 포수 역할을 했지만 오늘은 이경직 선수가 포수 역할을 할 수도 있다는 뜻입니다.

이처럼 역할(포수)을 정해 놓고 대상(선수)을 바꾸면서 진행하는 작업은 실제로 우리 삶이나 기술에 많이 존재합니다. 즉 여러 대상이 같은 역할을 수행하는 거죠. 이 장에서는 C 언어에서 포수처럼 특정 역할을 정의하고 필요에 따라 대상을 변경하는 방법을 알아보겠습니다. 바로 메모리 주소를 다루기 위해 포인터 문법을 사용하는 방법입니다.

13-1 운영체제의 메모리 관리 방식

13-2 포인터

13-3 포인터와 const 키워드

13-4 포인터 변수의 주소 연산

13-5 포인터와 대상의 크기

13-6 void *형 포인터

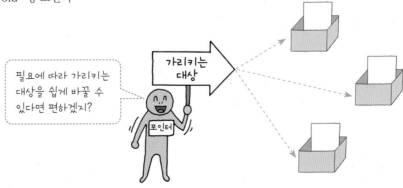

13-1 운영체제의 메모리 관리 방식

운영체제와 프로그래밍

지금까지는 변수를 사용하여 메모리에 데이터를 저장하거나 읽었습니다. 이렇게 C 언어 소스 코드에서 사용한 변수들은 컴파일 작업 후 기계어로 변경되면 모두 메모리 주소로 바뀌어서 적용됩니다.

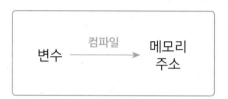

결국 기계어에서는 변수 이름보다 변수가 위치한 메모리의 주소가 훨씬 중요합니다. 즉 변수 이름을 사용하지 않더라도 변수의 주소만 알고 있다면 변수 값을 읽거나 바꿀 수 있다는 뜻입니다.

그런데 컴퓨터 시스템의 메모리는 운영체제가 관리하고 있습니다. 따라서 메모리 주소의 사용법을 배우기 전에 운영체제가 메모리를 어떻게 관리하는지를 먼저 알아야 합니다. 그래서 운영체제와 메모리의 관계에 대한 이야기를 먼저 하겠습니다.

◎ 운영체제(Operating System)는 컴퓨터 시스템을 효과적으로 관리해 주고 시스템이 가지고 있는 자원을 사용자 또는 프로그램이 잘 이용할 수 있도록 서비스해 주는 소프트웨어입니다. 예를 들어 윈도우, 리눅스, 유닉스와 같은 소프트웨어가 운영체제입니다.

32비트 운영체제와 64비트 운영체제

컴퓨터 시스템의 성능이 좋아지면서 64비트 운영체제를 사용하는 사람들이 점점 늘어나고 있습니다. 그리고 64비트 운영체제가 보급됨에 따라 운영체제에서 실행되는 프로그램도 32비트 프로그램과 64비트 프로그램으로 나누어서 개발할 수 있습니다. 우리가 사용하는 비주얼 스튜디오에서도 32비트용 프로그램으로 개발(x86)할 것인지, 64비트용 프로그램으로 개발(x64)할 것인지를 선택할 수 있습니다.

◎ 여러분이 어떤 시스템을 사용하는지 궁금하다면 윈도우 제어판에서 [시스템]을 선택해 보세요.

비주얼 스튜디오에서 32비트용 프로그램을 개발할 수 있도록 설정하는 방법.

현재 32비트 운영체제와 64비트 운영체제가 모두 사용되고 있으므로 개발자는 32비트와 64비트 방식의 프로그램을 모두 개발해야 할까요? 실제로 개발 현장에서는 특별한 경우가 아니라면 프로그램을 32비트 방식으로 개발하는 경우가 많습니다. 32비트 방식으로 개발해도 32비트 운영체제 또는 64비트 운영체제에서 모두 동작하기 때문이지요.

64비트 운영체제의 장단점

운영체제가 64비트를 지원하는 건 많은 이점이 있습니다. 동시 처리 능력이나 메모리의 확장성 같은 부분에서는 선택의 문제가 아니라 반드시 64비트로 사용해야 하는 경우도 있습니다. 예를 들어 32비트 운영체제는 우리가 메모리라고 부르는 RAM을 4GB(기가바이트, 2^{30})밖에 사용하지 못하지만 64비트 운영체제에서는 16EB(엑사바이트, 2^{60})까지 사용할 수 있습니다. 따라서 자신의 시스템이 RAM을 4GB 이상 사용한다면 64비트 운영체제를 설치해야 메모리를 100% 다 사용할 수 있는 것입니다.

하지만 64비트 운영체제가 장점만 있는 것은 아닙니다. 64비트 운영체제는 데이터의 기본 처리 단위가 64비트라는 뜻이기 때문에 기본적으로 메모리 사용량이 많습니다. 그리고 32비트 프로그램과 호환하기 위해 실행하는 모듈까지 관리해야 하기 때문에 낮은 사양의 컴퓨터에 64비트 운영체제를 설치하는 것은 오히려 손해입니다.

결론적으로 현재 상황에서 64비트 방식으로 개발한 프로그램은 장점이 별로 없습니다. 오히려 메모리를 비효율적으로 사용할 가능성이 높아지고 호환성도 떨어져서 대부분의 개발자들은 32비트 방식으로 프로그램을 개발합니다.

지금까지 '운영체제나 프로그램이 몇 비트인가?'에 대해 이야기한 이유는 이 방식에 따라서 데이터를 처리하는 기본 단위가 달라지기 때문입니다. 예를 들어 C 언어의 int형의 개념은 운영체제의 비트 수와 일치하기 때문에 32비트 운영체제에서는 int형이 32비트입니다.

04장에서 자료형을 설명할 때 int형을 4바이트라고 한 이유는 이 책이 32비트 운영체제를 기준으로 설명하기 때문입니다. 앞으로도 계속 32비트 운영체제 기준으로 설명할 것입니다.

메모리 주소 지정 방식

운영체제는 메모리 주소를 1바이트 단위로 관리합니다. 운영체제마다 관리하는 방식에 차이가 있지만 32비트 윈도우 NT 운영체제의 경우에 0~4,294,967,295번

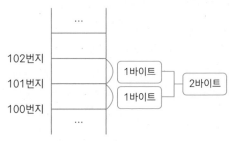

번지수 4,294,967,295는 $2^{32}-1$을 계산한 결과입니다. 운영체제가 32비트이고 시작 주소는 1이 아니고 0이니까요.

지까지 1바이트 단위로 주소가 매겨져 있습니다. 그래서 메모리를 사용하려면 반드시 사용할 주소를 지정해야 하고 메모리가 1바이트 단위로만 사용되는 것은 아니기 때문에 프로그래머가 메모리를 사용할 때 한 번에 읽거나 저장할 크기를 명시해야 합니다. 예를 들어 100번지, 101번지 이렇게 두 개 바이트를 사용하고 싶다면 '100번지부터 2바이트 크기만큼 메모리를 사용하겠다'라는 형식으로 표기해 주어야 합니다.

운영체제는 메모리 주소를 1바이트 단위로 관리합니다.

직접 주소 지정 방식

직접 주소 지정 방식은 메모리를 사용할 때 프로그래머가 사용할 메모리 주소를 직접 적는 방식입니다. 예를 들어 '102번지에 1042라는 값을 2바이트 크기로 저장하겠다'라고 이야기하는 것이 직접 주소 지정 방식입니다. 102번지라는 주소를 직접적으로 표기했기 때문입니다. 이 표현이 메모리에 어떻게 반영되는지 그려 보면 다음과 같습니다.

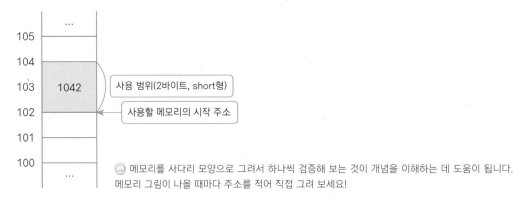

메모리를 사다리 모양으로 그려서 하나씩 검증해 보는 것이 개념을 이해하는 데 도움이 됩니다. 메모리 그림이 나올 때마다 주소를 적어 직접 그려 보세요!

102번지에 1042 값이 대입되었는데 이 값이 2바이트에 걸쳐서 표현되어 있습니다. 그런데 위 그림은 개념을 쉽게 이해시키기 위해 단순화하여 그린 것이라 실제 메모리의 형태는 아닙니다.

실제 메모리에서 10진수 1042는 두 개의 바이트에 각각 4와 18
로 나뉘어 저장되기 때문에 오른쪽과 같이 그림을 그려야 합니다.

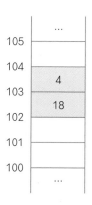

알아두면 좋아요!   **1042가 왜 4와 18로 나누어질까요?**

앞의 그림에서 1042 값이 왜 4와 18로 나누어서 저장되는지 이해하려면 1042 값을 2진수 값으로 바꿔
보면 됩니다. 2진수 한 자리를 저장하기 위해서는 1비트가 필요하기 때문에 2바이트(16비트)에 맞도록 총
16자리의 2진수로 표시했고 보기 편하도록 4자리(4비트)씩 묶어서 적었습니다.

$$0000\ 0100 \qquad 0001\ 0010$$
$$\quad\ 4 \qquad\qquad\qquad 18$$

결국 1042 값은 8비트에 저장할 수 없기 때문에 두 개의 8비트에 4와 18로 나뉘어 저장되는 것입니다.
그런데 앞의 그림에서 8비트씩 메모리에 옮길 때 102번지에 18, 103번지에 4가 대입되어 있습니다. 숫
자를 적을 때 큰 숫자부터 적는 게 일반적이라서 102번지에 4가 저장되는 게 맞다고 생각할 수도 있지만,
이 그림은 우리가 많이 사용하는 윈도우 운영체제를 기준으   ☺ 리틀 엔디언에 대해서 기억나지 않는다면
로 그린 것입니다. 윈도우 운영체제는 리틀 엔디언이라는 바   첫째마당 '현장 밀착 취재'의 `Tip 4` 를 다시 한
이트 정렬을 사용하여 숫자를 표현하기 때문에 우리가 생각   번 읽어 보세요.
하는 것과 반대 방향으로 숫자가 배열됩니다.

16진법으로 메모리 형태 표시하기

일상 생활에서 우리가 자주 쓰는 숫자는 대부분 10진수입니다. 그리고 컴퓨터 내부에서는 0
과 1, 즉 2진수로 정보를 처리하죠. C 언어로 프로그래밍을 하는 분야는 주로 하드웨어와 밀
접한 경우가 많은데요. 파일을 압축하는 연산이나 동영상 처리, 심지어 전화 통화까지도 모두
비트 단위인 2진수 패턴으로 작업할 수 있습니다.

그런데 C 언어에서는 2진수를 직접 사용하는 방법을 제공하지 않습니다. 따라서 C 언어로 프
로그래밍할 때는 2진수에 가장 가까운 표현법인 16진수를 자주 사용합니다. 16진법은 한 자

릿수를 표현하는 데 16개 문자를 사용하기 때문에, 16진수의 한 자릿수는 4비트(2^4=16)로 표시할 수 있습니다. 결국 16진수로 표현된 숫자는 두 자리씩 자르면 1바이트를 의미하므로 숫자를 바이트 단위로 나누기가 편리합니다. 예를 들어 10진법으로 쓰인 숫자 1042를 바이트 단위로 나누려면 2진법으로 먼저 변환하고, 또다시 바이트 단위로 나누어야 합니다. 10진수는 바이트 단위로 나누어진 숫자가 아니기 때문에 2진수로 변환하는 것이 상대적으로 복잡하죠.

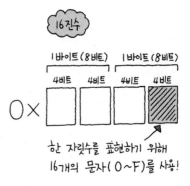

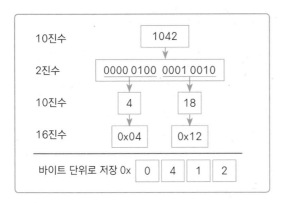

😊 18이 어떻게 0x12가 되었냐고요? 0x는 16진수란 뜻이고, 12는 18의 16진수입니다(1×16+2=18).

그런데 만약 10진수 1042를 처음부터 16진수로 저장했다면 어떨까요? 1042 값은 16진수 표기법으로 0x0412이므로 한 바이트에 0x04가 저장되고 나머지 바이트에 0x12가 저장됩니다. 이렇게 C 언어로 프로그래밍할 때 바이트 단위로 작업을 하면, 데이터를 저장할 때 메모리 공간을 훨씬 효율적으로 사용할 수 있습니다.

C 언어 프로그래머라면 16진법에 익숙해져야 프로그램을 테스트할 때 비트나 바이트 계산이 쉬워지기 때문에, 이후부터는 메모리에 저장하는 값들을 16진수로 표기하겠습니다. 처음에는 10진수와 함께 표기할 테니 너무 어렵지 않을까 걱정하지 않아도 됩니다.

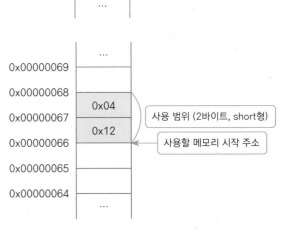

그리고 앞으로 배울 포인터를 사용하려면 주소도 메모리에 저장해야 하기 때문에 100, 101, 102, … 과 같은 번지들도 16진수로 표기하는 것이 좋습니다. 100, 101을 16진수로 바꾸면 64, 65죠. 이 책에서도 앞으로 가능하면 다음 그림처럼 표기하겠습니다.

앞 그림의 상황을 적어 보면 다음과 같습니다.

> 0x0412 값을 0x00000066번지에 2바이트 크기로 대입하라.

직접 주소 지정 방식은 C 언어의 '변수' 문법과 같다

지금까지 메모리에서 '직접 주소 지정 방식'을 살펴보았습니다. 여러분도 알다시피 C 언어는 하드웨어와 매우 밀접한 언어이므로 C 언어에서도 당연히 '직접 주소 지정 방식'을 사용할 수 있겠지요? C 언어에서 사용하는 직접 주소 지정 방식을 살펴보기 전에 '0x00000066번지에 0x0412 값을 2바이트 크기로 대입하라.'는 명령을 좀 더 정확하게 이해하기 위해 컴퓨터가 사용하는 기계어와 가장 가까운 어셈블리 언어로 표현해 보면 다음과 같습니다. 아래 코드 자체를 완벽하게 이해할 필요는 없고, 코드가 어떤 의미인지만 살펴보면 됩니다.

명령	A (대상)	B (원본)	
mov	word ptr[00000066h],	0412h	0412h 값을 ptr[00000066h]에 word 단위로 대입하라.

◎ 어셈블리어에서 mov 명령은 move의 줄임 표현이고 mov A, B 명령은 A에 B 값을 대입하라는 뜻입니다. 그리고 word ptr[ ] 명령은 [ ]에 명시된 주소에 가서 word(2바이트) 단위로 값을 읽거나 쓰겠다는 의미입니다. 그리고 C 언어와 달리 어셈블리어에서는 16진수를 표시할 때 숫자 끝에 h를 붙입니다.

어떤 값을 어떤 주소 공간에 대입한다는 것, 어디서 많이 보지 않았나요? 맞습니다. 우리가 배우는 C 언어는 '변수'라는 개념으로 직접 주소 지정 방식을 사용합니다. C 언어에서 변수를 사용하면 변수에 값을 대입하는 소스 코드가 위와 같은 어셈블리어 형태의 기계어로 번역됩니다.

{✎} **김성엽의 프로그래밍 노트** 기계어와 어셈블리어가 무엇인지 좀 더 알아볼까요?

컴퓨터가 사용하는 2진 숫자로 나열된 언어를 기계어(Machine Language)라고 합니다. 우리가 실행 파일(Executable File, *.exe)이라고 부르는 것이 기계어로 구성된 파일입니다. 하지만 이 파일은 숫자로 이루어져 있어서 이해하기 어렵기 때문에, 형식은 비슷하면서 숫자로 배열된 명령을 영단어로 변경해서 보여 주는 언어가 어셈블리(Assembly) 언어입니다.
어셈블리 언어는 기계어에 가장 가까운 저급 언어(Low-level Language)이므로 성능 평가나 시스템 원리를 설명할 때 많이 사용합니다. 그렇다고 지금 당장 어셈블리 언어를 배우지 않아도 됩니다. 최근에 나온 컴파일러들의 최적화 성능이 향상되고 다양한 시스템을 지원하게 되면서 특수한 분야에서 작업하는 경우가 아니라면 굳이 어셈블리 언어를 사용해서 프로그램을 작성할 필요가 없습니다. 앞에서 나온 mov, word처럼 자주 사용하는 몇 가지 명령과 레지스터(Register, CPU 내부에 있는 연산 가능한 메모리)를 공부해서 어셈블리 언어로 작성된 소스 코드를 보고 이해할 정도면 됩니다.

C 언어는 변수라는 개념으로 메모리 주소를 직접 적지 않으면서도 직접 주소 지정 방식을 사용합니다. 번역기의 도움을 받아서 내부적으로 변수가 주소로 변환되어 결과적으로는 직접 주소 지정 방식을 사용하게 되는 것이죠. 앞에서 어셈블리어로 작성한 명령을 C 언어의 변수 문법으로 재구성해 보면 다음과 같습니다.

```
short birthday;        /* birthday가 메모리 주소 0x00000066에 위치한다고 가정함 */
birthday = 0x0412;     /* mov word ptr[00000066h], 0412h로 번역함 */
```

C 언어는 왜 어셈블리어나 기계어처럼 주소를 직접 사용하지 않고 변수라는 개념을 사용할까요? 위에 어셈블리어로 명령을 표현했을 때 해당 명령이 어떤 의미가 있는

ⓒ 16진수 역시 10진수처럼 일반적인 정수일 뿐입니다. 16진수라고 해서 항상 주소로 사용되는 것은 아니라는 점을 꼭 기억하세요.

지 아는 사람은 별로 없었을 것입니다. 그냥 0412h 값이 저장되는구나 정도로 이해하는 게 당연합니다. 하지만 위에 사용한 C 언어 코드를 보면 변수 이름이 birthday, 즉 생일을 의미하죠.

이렇게 변수를 사용하면 변수 이름만으로도 해당 변수(메모리)의 용도와 대입되는 값이 생일과 관련된 숫자라는 것을 예상할 수 있습니다. 그래서 메모리에 정보를 저장할 때 어셈블리어처럼 메모리 주소를 직접 표기하는 것보다 전체 코드를 더 쉽게 이해할 수 있게 됩니다. 또한 변수 이름을 잘 정하면 정보를 잘못 대입하는 실수도 줄어들게 됩니다.

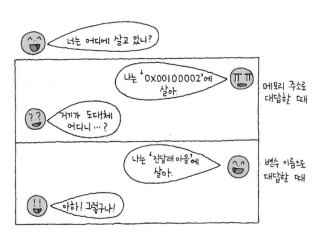

메모리 주소 대신 변수 이름을 사용하면 코드를 더 쉽게 이해할 수 있습니다.

C 언어에서 직접 주소 지정 방식의 한계

C 언어는 직접 주소 지정 방식을 변수 문법으로 사용하기 때문에 사용에 한계가 있습니다. 왜냐하면 함수 안에 선언한 변수는 해당 함수에서만 사용할 수 있고, 다른 함수에 선언한 변수가 메모리에 존재해도 문법적으로 접근할 수 없기 때문입니다. 다음을 봅시다.

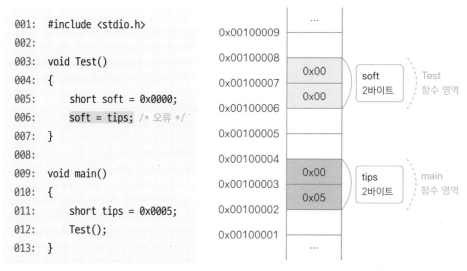

```
001:  #include <stdio.h>
002:
003:  void Test()
004:  {
005:      short soft = 0x0000;
006:      soft = tips; /* 오류 */
007:  }
008:
009:  void main()
010:  {
011:      short tips = 0x0005;
012:      Test();
013:  }
```

메모리 주소는 설명을 위해 임의로 쓴 것입니다.

위 코드는 main, Test 함수로 구성되어 있고 main 함수가 Test 함수를 호출하는 구조로 되어 있습니다. 12행에서 Test 함수가 호출되면 main 함수의 tips 변수와 Test 함수의 soft 변수가 메모리에 위치합니다. 하지만 Test 함수의 6행에서 tips 변수를 사용하려면 오류가 납니다. 각 함수의 지역 변수는 해당 함수 안에서만 사용 가능하기 때문입니다. 즉 tips 변수는 main 함수에서만 사용할 수 있고 soft 변수는 Test 함수에서만 사용할 수 있습니다.

이렇게 C 언어의 직접 주소 지정 방식은 변수 개념을 사용하기 때문에 문법 구조상 서로 다른 함수에 존재하는 변수를 참조할 수 없습니다. 그렇다고 지역 변수 간에 값을 전달하지 못하는 것은 아닙니다. 함수의 매개변수와 반환값을 이용하면 약간의 절차는 거치겠지만 서로 다른 함수에 존재하는 지역 변수들 간에 값을 주고받을 수 있습니다.

위 소스와 그림을 메모리 주소를 사용하여 수정하면 main 함수에 선언한 tips 변수의 값을 Test 함수의 soft 변수에 오류 없이 대입할 수 있습니다.

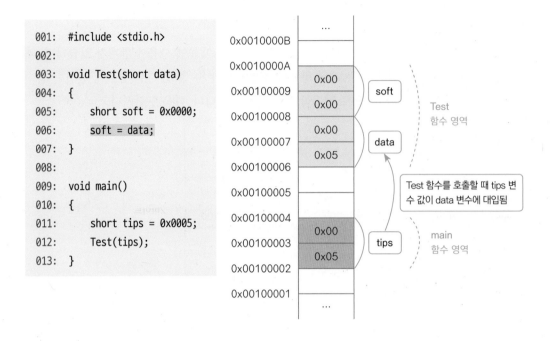

```
001:    #include <stdio.h>
002:
003:    void Test(short data)
004:    {
005:        short soft = 0x0000;
006:        soft = data;
007:    }
008:
009:    void main()
010:    {
011:        short tips = 0x0005;
012:        Test(tips);
013:    }
```

Test 함수를 호출할 때 tips 변수 값이 data 변수에 대입됨

13-1 다음 코드에서 오류가 발생하는 곳은 어디일까요? 그 이유는 무엇일까요?

```
#include <stdio.h>

void Test(short data)
{
    short soft = 0x0000;
    short num = 0x0004;      ❶
    soft = data;             ❷
    num = tips;              ❸
}

void main()
{
    short tips = 0x0008;     ❹
    Test(tips);
}
```

정답 ❸ (main 함수의 지역 변수인 tips는 Test 함수에서 사용할 수 없음.)

간접 주소 지정 방식

다양한 장소를 옮겨 다니며 진행하는 게임을 할 때 다음 장소의 주소를 종이에 적어서 바로 전달할 수도 있지만, 게임을 더 흥미롭게 만들기 위해서 종이를 또 다른 장소에 있는 사물함에 넣어 놓을 수도 있습니다. 여기에서 종이를 바로 전달하는 것이 직접 주소 지정 방식이고, 사물함을 이용하는 것이 간접 주소 지정 방식(Indirect Addressing Mode)입니다.

직접 주소 지정 방식은 주소를 직접 명시합니다.

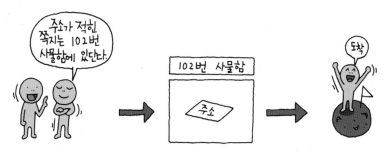

간접 주소 지정 방식은 사물함이라는 매개체를 이용해 주소를 간접적으로 명시합니다.

종이에 적은 주소는 한 번 전달되면 바꿀 수 없습니다. 하지만 사물함에 들어 있는 주소는 사물함을 열어 보기 전까지는 다른 주소로 바꿀 수 있습니다. 여러 팀이 게임에 참여할 때는 상황에 따라 다른 주소를 넣어서 더 흥미롭게 진행할 수도 있겠죠. 결국 간접 주소 지정 방식은 중간에 사물함이라는 매개체를 하나 더 사용해서 진행에 다양성을 추구할 수 있다는 뜻입니다.

컴퓨터에는 사물함이 없으니 메모리를 하나 정해서 그 메모리를 사물함처럼 이용합니다. 이 메모리는 주소를 저장하기 위해 크기를 4바이트로 고정해야 합니다. 왜냐하면 32비트 운영체제는 주소를 32비트(4바이트)로 표현하기 때문입니다.

간접 주소 지정 방식을 이용한 예를 들어 보면 다음과 같습니다.

> 102번지에 4바이트 크기의 '주소'가 저장되어 있는데
> 이 주소에 가서 '값' 1042를 2바이트 크기로 대입하라.

다음 그림을 보면 사물함 역할을 하는 102번지에 값을 저장할 메모리 주소인 108이 적혀 있습니다. 따라서 1042 값은 108번지에 2바이트 크기로 저장됩니다. 결국 간접 지정 방식을 사용하면 1042 값을 저장할 실제 메모리 주소는 명령에 적지 않아도 됩니다.

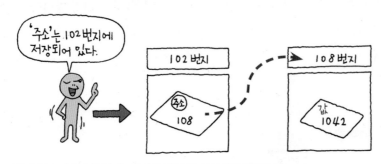

102번지에 '주소'가 저장되어 있는데 이 주소에 가서 1042 값을 대입합니다.

직접 주소 지정 방식보다 좀 더 복잡하죠? 하지만 이 작은 복잡함 덕분에 다양한 표현을 사용할 수 있는 것입니다. 아직 메모리 개념에 익숙하지 않은 분들을 위해 간단한 메모리 그림 간접 주소 지정 방식을 형태로 그려 보겠습니다.

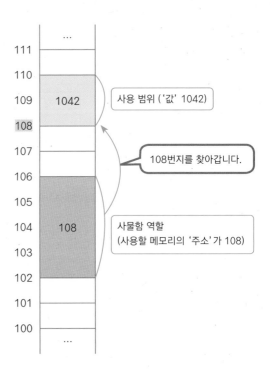

이렇게 간접 주소 지정 방식을 사용하면 1042 값이 108번지가 아니라 120번지로 변경되더라도 명령을 바꾸지 않아도 됩니다. 왜냐하면 102번지에 저장되어 있는 주소를 108번지에서 120번지로 바꾸면 되기 때문입니다.

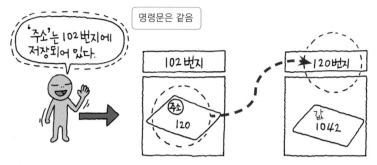

간접 주소 지정 방식을 사용하면 명령어를 바꿀 필요가 없습니다.

명령을 바꾼다는 뜻은 기계어를 바꿔야 한다는 뜻이고 이것은 코드를 다시 번역해서 실행 파일을 만들어야 한다는 뜻입니다. 하지만 메모리에 있는 주소를 변경하는 것은 단순한 데이터 조작이기 때문에 코드를 다시 번역할 필요가 없고 프로그램이 실행되는 중에도 변경할 수 있습니다. 그래서 프로그래머 입장에서는 좀 더 복잡하더라도 간접 주소 지정 방식을 활용하는 것이 좋습니다. 컴퓨터에서 실제로 사용하는 메모리 그림을 다시 한 번 그려 보겠습니다.

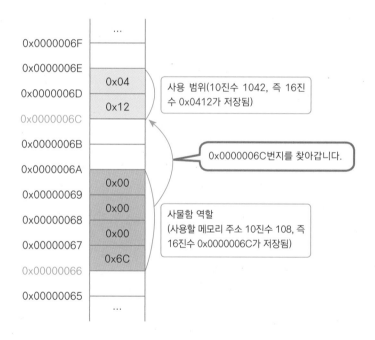

위 그림처럼 바이트 단위까지 정확하게 표시해야 나중에 포인터의 다양한 기능을 정확하게 이해할 수 있습니다. 그러니 그냥 넘어가지 말고 꼼꼼히 확인하기 바랍니다. 그리고 16진수로 표기를 변경했으니 위 그림을 의미하는 간접 주소 지정 방식 명령을 다시 적어 보겠습니다.

> 0x00000066번지에 4바이트 크기의 '주소'가 저장되어 있는데
> 이 주소에 가서 '값' 0x0412를 2바이트 크기로 대입하라.

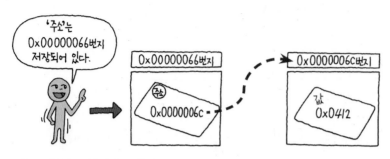

16진수로 간접 주소 지정 방식 표시하기

{✎} 김성엽의 프로그래밍 노트 간접 주소 지정 방식을 어셈블리어로 표현해 볼까요?

위 명령을 어셈블리 언어로 표현해 보겠습니다. 포인터 문법을 사용할 때 실제로 번역되는 코드를 보면 포인터에 대해 더 명확하게 이해할 수 있습니다. 지금 한번 읽어 보고 이해가 안 되면 그냥 넘어가도 됩니다. 나중에 포인터를 공부하다가 실제로 메모리가 어떻게 동작하는지 궁금해지면 그때 다시 이 부분으로 돌아와서 확인해 보세요.

◎ 디버깅 모드에서 '어셈블리어 보기'를 사용하면 해당 코드의 어셈블리어 코드를 확인할 수 있습니다.

직접 주소 지정 방식에서는 하나의 mov 명령을 사용했지만 간접 주소 지정 방식에서는 두 개의 mov 명령을 사용합니다. 사물함에 해당하는 메모리에서 주소를 읽는 것이 첫 mov 명령에 해당하고 0x0412 값을 사물함에 들어 있는 주소에 저장하는 것이 두 번째 mov 명령에 해당합니다. 이렇게 명령을 나누어서 처리하는 이유는 CPU가 하나의 명령으로 메모리에서 메모리로 값을 복사할 수 없기 때문입니다. CPU 내부에 있는 CX 레지스터에 0x0412를 저장할 주소(사물함에 들어 있는 주소)를 옮기고 CX 레지스터에 저장된 메모리 주소에 가서 0x0412를 저장해야 합니다.

첫 번째 mov 명령의 dword는 double word의 줄임 표현이며 4바이트를 의미하고, 사물함에 해당하는 메모리에 주소가 4바이트 크기로 저장되기 때문에 4바이트 크기로 읽기 위해 dword를 사용한 것입니다. 그리고 두 번째 mov 명령에서 word를 사용한 이유는 0x0412 값이 2바이트 크기로 메모리에 저장되어야 하기 때문입니다.

13-2 포인터

포인터란?

C언어에서 직접 주소 지정 방식은 변수 문법이라고 했습니다. 그러면 사물함에 비유했던 간접 주소 지정 방식은 C 언어에서 어떻게 표현할까요? 간접 주소 지정 방식은 값을 저장할 '주소'를 메모리에 저장하는 것이었죠. 그러면 4바이트 정수형으로 addr 변수를 선언하고 addr 변수에 0x0000006C 값(0x0412를 저장할 주소, 108번지)을 대입해 봅시다.

```
int addr = 0x0000006C;
```

○ 주소는 당연히 음수가 나올 수 없겠죠? 따라서 좀 더 정확하게 쓰려면 unsigned int 자료형을 써야 합니다.

이렇게 선언한 addr 변수에 주소를 저장할 수는 있습니다. 하지만 일반 변수라서 실제로 해당하는 주소의 메모리에 가서 값을 읽거나 저장할 수 있는

"일반 변수도 주소를 저장할 수 있다. 하지만 단순히 숫자로 생각할 뿐이다!"

기능이 없습니다. 이것은 C 언어의 일반 변수가 자신이 위치한 메모리에서만 값을 읽거나 쓸 수 있는 직접 주소 지정 방식으로 동작하기 때문입니다. 그래서 C 언어는 간접 주소 지정 방식으로 동작하는 특별한 변수를 선언하기 위해 포인터(Pointer) 문법을 추가로 제공합니다.

포인터 문법을 사용해 선언한 포인터 변수는 메모리 주소만을 저장하기 위해 탄생한 특별한 변수입니다. 앞에서 사물함에 비유했던 메모리가 C 언어에서는 포인터 변수입니다. 즉 자신이 사용하고 싶은 메모리의 '주소'를 저장하고 있는 메모리가 포인터입니다. 포인터 변수는 일반 변수와 다르게 * 기호를 추가로 사용하여 다음과 같이 선언합니다.

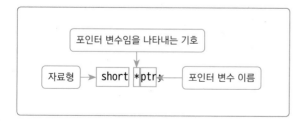

ptr은 포인터 변수의 이름이고 이 변수가 포인터라는 것을 번역기에게 알려주기 위해 ptr 앞에 *를 사용했습니다. 그리고 자료형을 적는 위치에 short를 사용했습니다. 그럼 포인터 변수(ptr)의 크기가 2바이트일까요? 그럴 거라 예상했겠지만 아닙니다. 일반 변수는 자료형이 변수의 크기를 의미하지만, 포인터 변수는 자료형을 선언하지 않아도 무조건 크기가 4바이트(32비트 운영체제 기준, 주소의 크기가 4바이트)로 정해져 있기 때문에 포인터 변수의 크기를 적을 필요가 없습니다. 그렇다면 * 앞의 자료형은 무엇을 의미할까요? 다음 그림을 봅시다.

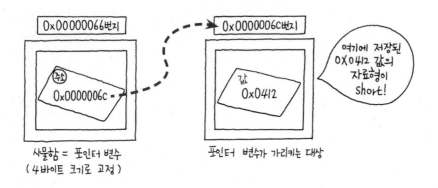

즉 short는 ptr 변수에 저장된 주소에 저장될 값의 자료형을 의미합니다. 앞에서 간접 주소 지정 방식을 설명하면서 사용한 메모리 그림에 포인터 변수 ptr를 적용해 보면 다음과 같습니다.

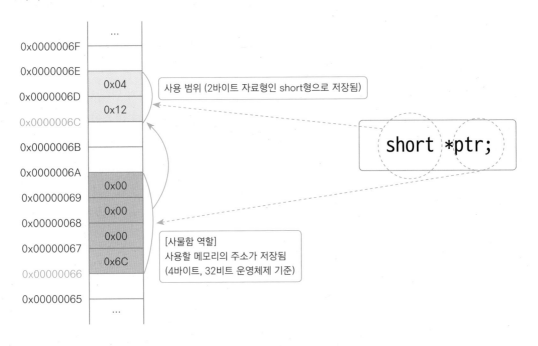

앞의 메모리 그림을 간략하게 다음과 같이 그리기도 합니다. 그림을 보면 화살표를 사용해서 포인터 변수가 사용할 대상의 메모리를 가리키는 형태로 되어 있기 때문에 앞으로는 오른쪽 사각형을 '포인터가 가리키는 대상'이라고 이야기하겠습니다.

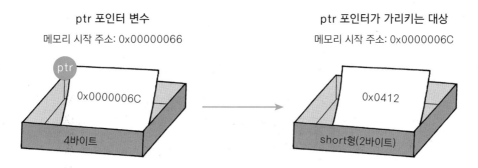

변수가 저장된 메모리 공간의 주소 얻기

프로그램은 실행될 때마다 사용할 메모리 공간의 주소가 달라집니다. 따라서 프로그램에 선언된 변수의 주소는 프로그램이 실행될 때마다 다른 주소에 할당됩니다. 예를 들어 a 변수가 지금 100번지에 할당되어 있어도 다음번 실행할 때는 200번지에 할당될 수도 있다는 뜻입니다. 그래서 '포인터가 가리키는 대상'의 주소를 직접 입력하여 항상 같은 주소를 사용하게 하면 대부분 오류가 발생하게 됩니다.

그래서 주소를 직접 입력하는 것보다 프로그램 안에 선언한 다른 변수의 주소를 받아와서 사용하는 것이 안전합니다. 변수는 해당 프로그램의 메모리 영역에 만들어지기 때문에 다른 프로그램의 메모리 영역에 잘못 접근할 일이 없습니다.

변수의 주소는 변수 앞에 '& 연산자'를 사용하여 구할 수 있습니다.

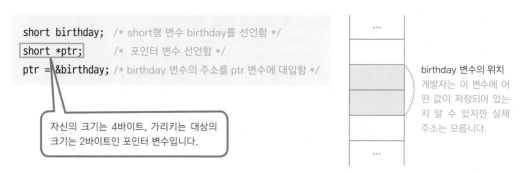

그러면 변수가 위치한 메모리의 주소를 출력해 보는 예제를 코딩해 봅시다.

```
001:   #include <stdio.h>
002:   void main()
003:   {
004:       short birthday;
005:       short *ptr;   /* 포인터 변수 선언함 */
006:       ptr = &birthday;  /* birthday 변수의 주소를 ptr 변수에 대입함 */
007:
008:       /* %p 형식은 메모리 주소를 16진수 형식으로 출력함 */
009:       printf("birthday 변수의 주소는 %p입니다.\n", ptr);
010:   }
```

:: 결과 화면

```
C:\WINDOWS\system32\cmd.exe        —    □    ×
birthday 변수의 주소는 0039FE88 입니다.
계속하려면 아무 키나 누르십시오 . . .
```

☺ 출력 결과에서 볼 수 있듯이 필자의 시스템에서는 birthday 변수의 주소가 0039FE88로 나왔습니다. 하지만 여러분의 시스템 환경은 필자의 환경과 다르기 때문에 birthday 변수의 주소가 다를 수도, 같을 수도 있습니다. 이 점을 반드시 기억하세요.

⚠ **알아두면 좋아요!** **16진수를 출력하는 데 %X를 사용하면 안 되나요?**

위 예제에서 변수의 메모리 주소는 16진수 8자리로 출력되기 때문에 %p 대신 %08X로 출력해도 결과가 같습니다. 이것은 주소도 정수 값이기 때문에 %X 형식으로 출력하면 위 출력 결과와 비슷한 형태의 16진수로 출력할 수 있기 때문입니다. 그리고 %p와 같은 형식으로 출력하려면 %08X라고 사용하면 됩니다. %08X는 전체 자릿수가 8자리를 차지하도록 출력하는데 숫자가 8자리를 채우지 못하는 경우에는 빈자리에 0을 채우라는 뜻입니다.

하지만 주소는 음수가 나올 수 없기 때문에 정수와 비교하면 int가 아니라 unsigned int로 처리됩니다. 그래서 %08X를 사용해서 주소를 출력하면 자료형이 맞지 않는다고 오류나 경고가 발생합니다. 따라서 주소 앞에 'unsigned int'를 사용하여 형 변환해야 하는 불편함이 있습니다. 이러한 불편함 때문에 주소는 %08X를 사용해서 출력하는 것보다 %p를 사용하는 것이 더 좋습니다.

---

* 키워드의 또 다른 이름, 번지 지정 연산자

C 언어에서 * 키워드는 여러 가지 용도로 쓰기 때문에 헷갈리지 않으려면 각각의 용도를 잘 기억해야 합니다. 다음 코드를 봅시다.

❶ short birthday;   /* short형 변수 birthday를 선언함 */
❷ short *ptr;   /* 포인터가 가리키는 대상의 크기가 2바이트인 포인터 변수를 선언함 */
❸ ptr = &birthday;   /* birthday 변수의 주소를 ptr 변수에 대입함(주소는 108번지라고 가정함) */
❹ *ptr = 1042;   /* ptr에 저장된 주소에 가서 값 1042를 대입함, 즉 birthday = 1042 */

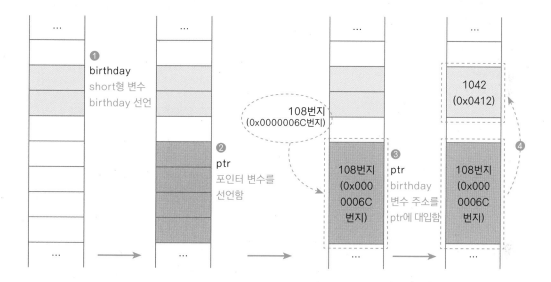

위 코드에서 short *ptr;와 ptr = &birthday;는 short *ptr = &birthday;라고 줄여서 적을 수 있습니다. 그런데 여기에서 주의해야 할 점은 short *ptr = &birthday;가 값을 대입하는 형태와 비슷해서 * 키워드를 *ptr = 1042;에서 번지를 지정하기 위해 사용한 * 연산자와 같다고 착각할 수 있다는 것입니다. short *ptr = &birthday;에서 * 키워드는 포인터 변수를 선언하기 위해 사용한 것이고 *ptr = 1042;의 * 연산자는 ptr 포인터가 가리키는 주소의 변수(대상)에 가서 1042(0x0412) 값을 대입하겠다는 의미입니다.

```
                       포인터 변수를 선언하기 위해 사용하는 키워드
short *ptr = &birthday;
*ptr = 1042;
      번지 지정 연산자. ptr 포인터가 가리키는 대상에 가서 1042 값을 대입하겠다는 의미
```

다른 변수의 주소를 사용하여 포인터로 값 대입하기 • 완성 파일 13_02_02.c

```
001:  #include <stdio.h>
002:  void main()
003:  {
004:      short birthday;
005:      short *ptr;
006:      ptr = &birthday; /* birthday 변수의 주소를 ptr 변수에 대입함 */
007:      *ptr = 0x0412;   /* birthday = 0x0412;와 같은 결과 */
008:
009:      printf("birthday = %d (0x%04X)\n", birthday, birthday);
010:  }
```

:: 결과 화면

```
C:₩WINDOWS₩system32₩cmd.exe          —    □    ×
birthday = 1042 (0x0412)
계속하려면 아무 키나 누르십시오 . . .
```

☺ %04X는 birthday변수에 저장되는 값을 16진수 형태로 출력해서 보여주기 위한 키워드입니다. 전체 자릿수가 4자리를 차지하도록 출력하는데, 숫자가 4자리를 채우지 못하는 경우에는 빈자리에 0을 채웁니다.

위 예제에서 birthday 변수는 선언 후 직접 사용된 적이 없지만, ptr 포인터 변수에 의해 간접적으로 값 0x0412가 대입되었습니다. printf로 birthday 값을 출력해 보면 10진수로는 1042가 출력되고 16진수로는 0x0412가 출력됩니다.

1분 퀴즈

13-2 다음 코드에서 주석을 보고 알맞은 기호를 삽입해 보세요.

```
#include <stdio.h>
void main()
{
    short birthday;
    short [ 1 ] ptr;            /* 포인터 변수 ptr를 선언함 */
    ptr = [ 2 ] birthday;      /* birthday 변수의 주소를 ptr 변수에 대입함 */
    [ 3 ] ptr = 0x0412;        /* birthday = 0x0412;와 같은 결과 */

    printf("birthday = %d (0x%04X)\n", birthday, birthday);
}
```

정답 1. * 2. & 3. *

'ptr = '과 '*ptr = '의 차이점

포인터 문법은 두 개의 메모리 공간과 관련이 있습니다. 다음 그림처럼 '포인터 변수가 저장된 메모리'와 '포인터가 가리키는 대상 메모리'입니다.

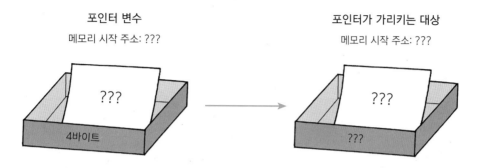

'ptr = ' 형태로 사용하면 포인터 변수의 값(가리키는 대상의 주소)이 변경되고 *(번지 지정) 연산자를 붙여서 '*ptr = ' 형태로 사용하면 '포인터가 가리키는 대상'의 값이 변경됩니다. 이렇게 ptr 변수에 *를 붙이고 쓰느냐 *를 쓰지 않느냐에 따라서 다른 의미로 동작하기 때문에 초보 프로그래머들이 포인터 문법을 어렵게 받아들입니다. 지금부터 배울 내용에 대해 이렇게 하나씩 그림을 그리면서 생각해 보면 포인터를 사용하는 데 익숙해질 테니 반복해서 그림을 꼭 그려보기 바랍니다.

'ptr = ' 형태는 포인터 변수에 주소를 저장한다

포인터 변수도 일반 변수처럼 자신을 위한 메모리 공간이 있습니다. 일반 변수와 차이가 있다면 포인터 변수는 주소를 저장하기 때문에 메모리 크기가 4바이트로 고정된다는 것입니다. 포인터 변수에 저장된 주소는 '포인터가 가리키는 대상 메모리'의 시작 주소를 의미합니다. 'ptr = ' 형태를 사용해서 주소를 직접 대입하는 방법은 다음과 같습니다.

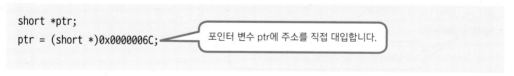

```
short *ptr;
ptr = (short *)0x0000006C;
```
포인터 변수 ptr에 주소를 직접 대입합니다.

◉ int형 데이터가 저장되는 메모리는 short *형 포인터 변수가 저장된 메모리와 4바이트로 크기는 같습니다. 하지만 컴파일러는 크기를 가지고 자료형이 같다고 판단하지 않기 때문에 int형 정수 값 0x0000006C를 ptr 변수에 맞는 자료형으로 변환하여 대입해야 합니다. 따라서 0x0000006C를 short *형으로 형 변환합니다.

처음 그림에서는 아직 포인터 변수에 주소가 저장되지 않아서 주소를 ???로 표시했습니다. 위 코드처럼 포인터 변수 ptr를 선언하고 0x0000006C의 주소를 대입하면 다음 그림처럼 점선으로 표시한 ptr 포인터 변수가 차지하고 있는 4바이트 메모리 공간에 0x0000006C 값이 저장됩니다. 그러면 이제 포인터 변수 ptr은 0x0000006C번지를 가리키게 되어 0x0000006C 번지에서 값을 읽거나 쓸 수 있습니다.

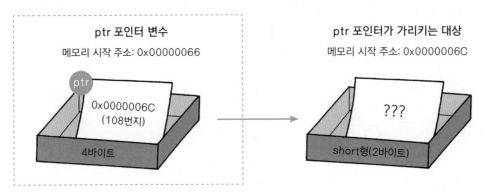

ⓒ 포인터 변수가 저장된 메모리 주소인 0x00000066은 임의로 정해서 표시한 주소입니다. 시스템 환경에 따라 포인터 변수의 주소는 달라집니다. 변수의 실제 메모리 주소는 & 연산자로 얻을 수 있습니다.

'*ptr = ' 형태는 포인터가 가리키는 대상에 값을 저장한다

이제 포인터 문법과 관련된 두 번째 메모리 공간인 '포인터가 가리키는 대상'의 값을 다루는 방법에 대해 설명하겠습니다. '포인터가 가리키는 대상'을 사용하려면 당연히 포인터 변수에 대상의 주소가 먼저 저장되어야 하기 때문에 앞에서 설명한 방법으로 ptr 변수에 값 0x0000006C를 넣었다고 가정하겠습니다.

앞에서 포인터 변수에 주소를 대입할 때는 일반 변수처럼 'ptr = '이라고 사용했지만 '포인터가 가리키는 대상'의 값을 변경할 때는 ptr 변수 앞에 *(번지 지정) 연산자를 추가하여 '*ptr = '이라고 사용해야 합니다.

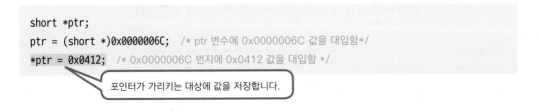

```
short *ptr;
ptr = (short *)0x0000006C;   /* ptr 변수에 0x0000006C 값을 대입함*/
*ptr = 0x0412;   /* 0x0000006C 번지에 0x0412 값을 대입함 */
```

포인터가 가리키는 대상에 값을 저장합니다.

앞 코드처럼 *ptr = 0x0412;라고 하면 ptr 변수가 저장하고 있는 주소(0x0000006C)에 가서 2 바이트 크기로 값 0x0412를 대입하라는 뜻입니다. 따라서 다음 그림을 보면 점선으로 표시된 상자의 값이 ???에서 값 0x0412 로 수정되었습니다.

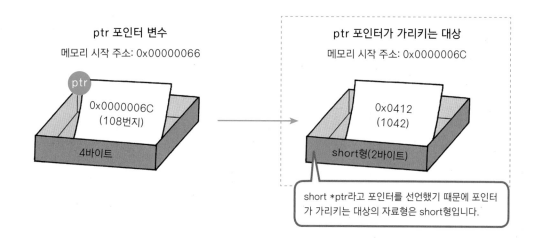

ptr 포인터 변수
메모리 시작 주소: 0x00000066

ptr
0x0000006C
(108번지)

4바이트

ptr 포인터가 가리키는 대상
메모리 시작 주소: 0x0000006C

0x0412
(1042)

short형(2바이트)

short *ptr라고 포인터를 선언했기 때문에 포인터가 가리키는 대상의 자료형은 short형입니다.

지금까지는 설명을 위해서 주소를 저장하는 메모리(ptr)에 0x0000006C를 넣어서 사용했지만, 실제로는 이렇게 코드를 구성할 수 없습니다. 왜냐하면 자신의 프로그램이 어떤 주소 영역에 할당될지 예측할 수 없기 때문입니다. 이렇게 고정 주소를 사용하면 자신의 프로그램 영역이 아닌 다른 프로그램의 메모리 영역에 접근을 시도할 것이고, 이런 동작은 잘못된 접근으로 처리되어 오류가 발생할 것입니다.

> **! 알아두면 좋아요!** **고정 주소를 직접 표기할 수는 없는 건가요?**
>
> 0x0000006C처럼 주소를 직접 표기하는 것 자체가 잘못되었다는 것은 아닙니다. 유효한 주소라면 직접 표기해도 됩니다. 그런데 유효한 주소는 따로 정해져 있는 것이 아니라 프로그래머가 판단하는 것입니다. 초보자 입장에서는 유효한 주소를 직접 사용하고 싶어도 메모리 주소를 다루는 데 익숙하지 않기 때문에 사용하기 어렵습니다. 중급 프로그래머가 되어 메모리 주소를 사용하는 데 익숙해지면, 자신이 사용하는 메모리 영역의 주소를 알아내서 수학적 계산을 통해 사용할 주소를 직접 계산할 수도 있습니다.

다른 함수에 선언된 지역 변수 사용하기

우리가 지금까지 사용한 예제 코드를 다시 한 번 봅시다.

```
short birthday;    /* short형 변수 birthday를 선언함 */
short *ptr;        /* 포인터가 가리키는 대상의 크기가 2바이트인 포인터 변수 선언함 */
ptr = &birthday;   /* birthday 변수의 주소를 ptr 변수에 대입함 */
*ptr = 0x0412;     /* ptr에 저장된 주소에 가서 0x0412 값을 대입함. birthday = 0x0412; */
```

이렇게 포인터를 사용하여 간접 주소 방식으로 값을 대입하는 이유가 뭘까요? 그 이유는 모든 변수가 같은 함수에 선언되는 것이 아니기 때문입니다. 만약 main 함수에서 ptr 변수와 birthday 변수를 함께 선언해서 사용하면 아무 문제가 생기지 않습니다. 그러나 이 두 변수를 서로 다른 함수에 선언했다면 상당한 의미를 갖습니다. 왜냐하면 일반 변수는 문법적으로 서로 다른 함수에 있는 변수를 사용할 수 없지만, 포인터는 변수 이름이 아니라 주소로 대상을 찾아가기 때문에 같은 함수가 아니더라도 대상 메모리의 값을 읽거나 쓸 수 있기 때문입니다.

직접 주소 지정 방식으로 다른 함수에 선언한 변수 사용하기

13-2에서 설명한 직접 주소 지정 방식 코드를 다시 한 번 보겠습니다. A형에서 tips 변수는 main 함수에서 선언된 변수이므로 Test 함수에서 사용할 수 없습니다. 그래서 B형에서는 오류 없이 tips 변수 값을 soft에 대입하기 위해 매개변수를 사용한 것입니다.

A형 - 다른 함수의 변수 사용 시 오류	B형 - 매개변수로 다른 함수의 변수 값 받기

```
001:  #include <stdio.h>
002:  void Test()
003:  {
004:      short soft = 0;
005:      soft = tips;  /* 오류 발생*/
006:  }
007:
008:  void main()
009:  {
010:      short tips = 5;
011:      Test();
012:  }
```

```
001:  #include <stdio.h>
002:  void Test(short data)
003:  {
004:      short soft = 0;
005:      soft = data;  /* 가능, soft = 5; */
006:  }
007:                    data = tips;
008:  void main()
009:  {
010:      short tips = 5;
011:      Test(tips);
012:  }
```

하지만 B형 예제는 main 함수의 tips 변수 값을 넘겨받았을 뿐이기 때문에 Test 함수에서 main 함수의 tips 변수 값을 직접 수정할 수는 없습니다. 이것은 매개변수가 대상 변수의 주소가 아니라 변수가 가지고 있는 값(5)을 넘겨받았기 때문입니다.

간접 주소 지정 방식(포인터)으로 다른 함수에 선언한 변수 사용하기

C 언어에서 함수의 매개변수로 간접 주소 지정 방식(포인터 변수)을 사용할 수도 있습니다. 다음 C형과 같이 간접 주소 지정 방식의 포인터로 main 함수에 선언한 tips 변수를 Test 함수에서 사용할 수 있습니다.

B형 - 매개변수로 다른 함수의 변수 값 받기	C형 - 매개변수로 다른 함수의 변수 주소 받기

```
001:  #include <stdio.h>
002:
003:  void Test(short data)
004:  {
005:      short soft = 0;
006:      soft = data;   /* 가능, soft = 5; */
007:      tips = 3;      /* 오류 발생 */
008:  }
009:
010:  void main()
011:  {
012:      short tips = 5;
013:      Test(tips);
014:  }
```

data = tips;

```
001:  #include <stdio.h>
002:
003:  void Test(short *ptr)
004:  {
005:      short soft = 0;
006:      soft = *ptr;   /* soft = tips; */
007:      *ptr = 3;      /* tips = 3; */
008:  }
009:
010:  void main()
011:  {
012:      short tips = 5;
013:      Test(&tips);
014:  }
```

ptr = &tips;

C형은 B형과 달리 매개변수로 포인터 변수 ptr를 선언해서 main 함수의 tips 변수 주소를 받았습니다. 따라서 Test 함수에서 tips 변수 이름은 사용할 수 없지만 tips 변수의 주소를 ptr 포인터가 가지고 있기 때문에 *ptr를 사용해서 해당 주소에 저장된 값을 가져오거나(C형 6행) 대입(C형 7행)할 수 있습니다. 결국 간접 주소 지정 방식을 사용하면 Test 함수를 호출한 main 함수에 선언된 변수의 값만 받아 오는 것이 아니라 해당 변수의 값을 변경할 수도 있습니다.

1분 퀴즈 13-3 다른 함수에 선언한 변수를 사용하려면 '주소'를 전달해야 합니다. 다음 코드에서 '주소'를 전달하려면 빈칸에 무엇이 들어가야 할까요?

```
void Test(short          ¹     )
{
    short soft = 0;
    soft = *ptr ;   /* soft = tips; */
    *ptr = 3;       /* tips = 3; */
}
void main()
{
    short tips = 5;
    Test(          ²     );
}
```

main 함수의 변수인 tips의 주소를 Test 함수의 포인터 변수 ptr에 전달합니다.

정답 1. *ptr 2. &tips

두 변수의 값 서로 바꾸기

프로그래밍을 하다 보면 두 변수의 값을 서로 바꿔야 하는 경우가 생깁니다. 예를 들어 start 와 end 두 변수가 있는데 이 두 변수에는 시작 값과 끝 값이 저장되어 있다고 가정합시다. 그런데 끝 값이 시작 값보다 커야 하는데 가끔 두 값이 바뀌어 시작 값이 끝 값보다 더 크다면 두 변수의 값을 서로 바꿔야 합니다. 그래서 다음과 같이 코드를 작성했다면 어떻게 될까요?

```c
int start = 96, end = 5;
if(start > end){
    end = start;
    start = end;
}
```

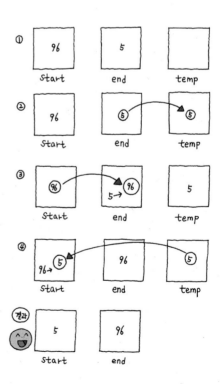

이 코드를 실행하면 start와 end 값이 서로 바뀌는 것이 아니라 start와 end 값이 모두 96이 됩니다. 왜냐하면 start의 값을 end에 대입하는 순간, 기존에 저장되어 있던 end 값 5가 사라지고 그 대신 96이 저장되기 때문입니다. 결국 변수가 한 번에 한 개의 값만 저장할 수 있기 때문에 발생하는 문제라서 두 변수가 서로 값을 교환할 수 없다는 뜻입니다.

따라서 이 문제를 해결하려면 값을 임시로 보관하는 변수를 하나 더 추가해야 합니다. 이 변수의 이름은 temp라고 하겠습니다. temp 변수가 추가되면 end 값에 start 값을 대입하기 전에 temp 변수에 end 값을 보관해서 값이 사라지는 것을 막을 수 있습니다. 그리고 나서 마지막에 end 값을 보관했던 temp 값을 start에 넣어주면 됩니다. 이렇게 코드를 구성하면 start와 end 변수는 서로의 값을 정상적으로 교환할 수 있습니다. 이 기능을 함수로 구성해서 예제를 만들어 보면 다음과 같습니다.

```
int start = 96, end = 5;
int temp;
if(start > end) {
    temp = end;
    end = start;
    start = temp;
}
```

그런데 이렇게 값을 교환하는 코드를 main 함수 안에 만들어 놓으면 여러 번 재사용하는 데 불편하겠죠? Swap 함수를 따로 분리해서 다시 예제를 만들어 봅시다.

코딩해 보세요! **직접 주소 지정 방식으로 변수 값 교환하기** · 완성 파일 13_02_03.c

```
001:  #include <stdio.h>
002:  /* temp 변수를 이용하여 a와 b의 값을 서로 바꾸는 함수 */
003:  void Swap(int a, int b)
004:  {
005:      int temp = a;      /* a = 96, b = 5 */
006:      a = b;             /* a = 5, b = 5 */
007:      b = temp;          /* a = 5, b = 96 */
008:  }
009:
010:  void main()
011:  {
012:      int start = 96, end = 5;
013:
014:      printf("before : start = %d, end = %d\n", start, end);
015:      if(start > end) {
016:          Swap(start, end);   /* start와 end의 값을 바꾸기 위해서 Swap 함수를 호출함 */
017:      }
018:      printf("after : start = %d, end = %d\n", start, end);
019:  }
```

:: 결과 화면

```
C:\WINDOWS\system32\cmd.exe                    —    □    ×
before : start = 96, end = 5
after : start = 96, end = 5 ◄────  값이 바뀌지 않았습니다.
계속하려면 아무 키나 누르십시오 . . .
```

예제의 실행 결과를 보면 우리의 기대와 달리 start와 end 값이 변경되지 않았습니다. 분명히 start 값이 end 값보다 크기 때문에 15행에 있는 조건문이 만족하여 Swap 함수가 호출되었습니다. 그리고 Swap 함수에서는 start, end 변수 값을 매개변수 a, b로 전달받아서 a, b 값을 서로 교환까지 했습니다. 하지만 main 함수의 start, end와 상관 없이 변경된 변수가 a, b라는 것이 이 예제의 문제입니다.

앞 예제의 변수 값이 어떻게 변경되는지 메모리 그림을 그려 보겠습니다. 위 예제에서는 temp, a, b, start, end 변수가 모두 4바이트 크기를 가지고 있습니다. 그래서 메모리를 4바이트 단위로 그렸습니다. 즉 다음 그림에서 사각형 한 칸은 4바이트를 의미합니다.

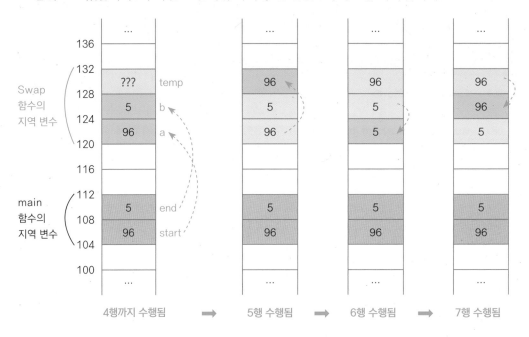

이 그림을 보면 main 함수의 지역 변수인 start, end 변수 값은 계속 96과 5로 유지되고 있습니다. 결국 앞의 예제에서 사용한 방법으로는 main 함수의 start, end 값을 변경할 수 없기 때문에 다른 함수의 지역 변수 값을 변경할 수 있는 포인터 문법을 사용해서 이 문제를 해결해야 합니다.

포인터를 이용해 두 변수 값 바꾸기

이번에는 포인터 문법을 이용해서 값 대신 각 변수의 '주소'를 넘겨 이 문제를 해결해 보겠습니다. main 함수의 start, end 변수 주소를 Swap 함수로 전달하려면 Swap 함수의 매개변수에는 포인터 변수가 와야 합니다. 따라서 Swap 함수가 다음과 같이 변경됩니다.

```
001:   #include <stdio.h>
002:   /* temp 변수를 이용하여 a와 b의 값을 서로 바꿈 */
003:   void Swap(int *pa, int *pb)
004:   {
005:       int temp = *pa;    /* *pa(start) = 96, *pb(end) = 5 */
006:       *pa = *pb;         /* *pa(start) = 5, *pb(end) = 5 */
007:       *pb = temp;        /* *pa(start) = 5, *pb(end) = 96 */
008:   }
009:
010:   void main()
011:   {
012:       int start = 96, end = 5;
013:
014:       printf("before : start = %d, end = %d\n", start, end);
015:       if(start > end) {
016:           Swap(&start, &end);   /* start와 end의 값을 바꾸기 위해서 Swap을 호출함 */
017:       }
018:       printf("after : start = %d, end = %d\n", start, end);
019:   }
```

:: 결과 화면

```
C:\WINDOWS\system32\cmd.exe                    -    □    ×
before : start = 96, end = 5
after : start = 5, end = 96          값이 바뀌었습니다.
계속하려면 아무 키나 누르십시오 . . .
```

위 예제의 실행 결과를 보면 정상적으로 start, end 변수 값이 서로 바뀌었습니다. Swap 함수에서 pa, pb 포인터를 *pa, *pb와 같이 사용하면 pa, pb 포인터가 가리키는 대상 메모리인 start, end의 값을 변경할 수 있기 때문입니다. 따라서 Swap 함수가 종료된 후에 main 함수로 복귀하면 start, end 값이 변경되어 있는 것입니다.

◎ 함수의 return 키워드를 사용해서 함수의 작업 결과 값을 함수를 호출한 쪽으로 전달할 수는 있습니다. 하지만 return은 한 번에 한 개의 값만 반환하고 지금처럼 두 값(start, end)을 동시에 반환할 수 없기 때문에 return문을 사용하는 것보다 포인터를 사용하는 것이 더 효과적입니다.

위 예제의 변수 값이 어떻게 변경되는지 그림을 그려 보겠습니다. 모든 변수가 4바이트 크기를 가지고 있기 때문에 메모리를 4바이트 단위로 그렸습니다.

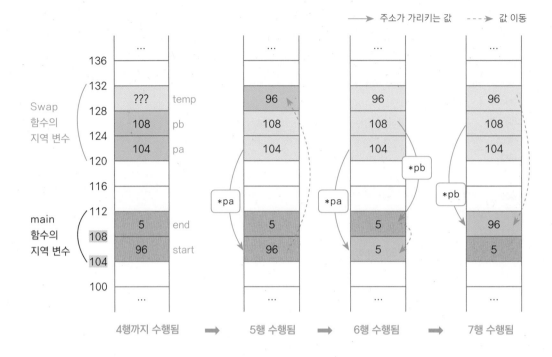

이 그림을 보면 main 함수의 지역 변수인 start, end 변수 값은 처음에는 96과 5였는데 Swap 함수에서 포인터를 사용하여 값을 대입하기 때문에 프로그램을 실행한 후에는 main 함수의 start, end 값이 변경됩니다. 그래서 작업이 완료되면 start, end 변수 값이 5와 96으로 바뀝니다. 이처럼 함수에 포인터 문법을 함께 사용하면 다른 함수에 선언한 지역 변수 값도 수정할 수 있습니다.

13-3 포인터와 const 키워드

포인터를 사용할 때 자주 발생하는 실수들

포인터를 사용해 값을 사용하거나 대입할 때 *(번지 지정)
연산자의 사용 여부에 따라 두 가지 표현이 가능합니다.
예를 들어 오른쪽처럼 포인터 변수 ptr를 선언했다면 ptr
이라고 사용할 수도 있고 *ptr라고도 사용할 수 있다는 뜻
입니다.

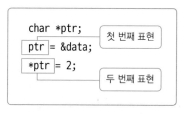

그래서 *(번지 지정) 연산자를 사용해야 하는 곳에 실수로 누락하면 문제가 발생하기도 합니다.
이 상황을 설명하기 위해 앞에서 배운 Swap 함수에서 사용한 코드를 다시 한 번 살펴봅시다.

```
void Swap(int *pa, int *pb)
{
    int temp = *pa;      /* *pa(start) = 96, *pb(end) = 5 */
    *pa = *pb;           /* *pa(start) = 5, *pb(end) = 5 */
    *pb = temp;          /* *pa(start) = 5, *pb(end) = 96 */
}
```

실수 유형 1

포인터가 익숙해지면 실수할 확률이 줄어들지만 초보 프로그래머들은 위 코드 중 *pa = *pb;
코드를 *pa = pb;라고 적거나 pa = *pb;처럼 잘못 적을 수 있습니다. 하지만 이렇게 잘못 적
더라도 컴파일러가 번역할 때 두 변수의 자료형이 맞지 않는다(*pa는 int형이고 pb는 int *형)고
오류 처리를 해 주기 때문에 쉽게 찾아서 수정할 수 있습니다.

실수 유형 2

실수로 * 연산자를 아예 쓰지 않고 'pa = pb;'라고 잘못 적으면 상황이 달라집니다. 왜냐하면
양쪽의 자료형이 int *로 같아서 컴파일러가 번역할 때
오류로 잡아 주지 않기 때문입니다. 그래서 실행은 되지
만 오른쪽과 같이 원하지 않는 결과가 출력됩니다.

```
before : start = 96, end = 5
after : start = 96, end = 96
```

그 이유를 살펴보면 다음과 같습니다.

```
int temp = *pa;  /* *pa(start) = 96, *pb(end) = 5 */
pa = pb;         /* pb에 저장되어 있던 주소가 pa 포인터 변수에 복사되므로 pa도 end를 가리키게 됨 */
*pb = temp;      /* *pa(end) = 96, *pb(end) = 96 */
```

결국 *pa = *pb;가 실수로 pa = pb;로 작성되면서 start 변수의 주소를 기억하고 있는 포인
터 변수 pa의 주소 값이 포인터 변수 pb에 저장되어 있는 주소 값으로 변경되는 것입니다.
이 작업은 start 변수 값을 바꾸지 못하게 되어 잘못된 결과를 출력합니다. 차라리 프로그램
오류가 발생하면 해당 위치를 찾아서 쉽게 고칠 수 있지만, 지금처럼 오류가 나지 않고 결과
만 잘못 나오는 경우에는 잘못된 곳을 찾기가 더 어렵습니다. 그리고 이 예제는 간단해서 쉽
게 오류를 찾을 수 있지만 복잡한 코드에서 저런 실수를 했다면 오류를 찾아내는 데 시간이
많이 걸립니다.

const 키워드로 주소 변경 실수 막기

Swap 함수도 마찬가지겠지만 불린 쪽(피호출자)에서 부른 쪽(호출자)으로부터 전달받은 주소
를 변경하는 경우는 거의 없습니다. 즉 pa와 pb에 저장된 주소가 바뀔 이유가 없다는 뜻입니
다. 따라서 주소를 바꾸는 코드가 있다면 이것은 프로그래머의 실수일 확률이 높기 때문에
const 키워드를 이용하여 명시적으로 주소가 바뀌는 실수를 막을 수 있습니다.

```
void Swap(int * const pa, int * const pb)
{
    int temp = *pa;
    pa = pb; /* pa는 const 변수라서 값을 변경할 수 없기 때문에 오류가 발생함 */
    *pb = temp;
}
```

위 코드와 같이 Swap 함수의 매개변수 형태를 변경하면 둘 다 const 키워드에 의해 번역할
때 오류가 발생합니다. 그래서 실수로 *를 생략하는 경우에 좀 더 쉽게 문제점을 찾아낼 수 있
습니다.

포인터 변수에서 const 키워드를 사용하는 여러 가지 방법

포인터 변수는 일반 변수와 const 키워드를 사용하는 위치가 좀 다릅니다. 왜냐하면 포인터 변수는 포인터 변수에 저장된 값을 변경하거나 포인터 변수가 가리키는 대상의 값을 변경하는 두 가지 형태로 사용할 수 있기 때문에 다음과 같이 const 키워드를 사용할 수 있는 위치도 두 곳입니다.

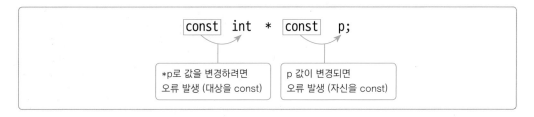

이렇게 const 키워드를 사용할 수 있는 위치가 두 곳이기 때문에, 이 위치를 조합하면 포인터 변수를 세 가지 방법으로 선언할 수 있습니다.

int * const p;

p 앞에 const 키워드를 사용했습니다. 따라서 p가 가지고 있는 주소를 변경하면 번역할 때 오류가 발생합니다.

```
int data = 5, temp = 0;
int *const p = &data;              변수 p는 data 변수의 주소를 저장합니다. 포인터 변수를
                                   선언할 때 한 번만 p에 주소 값을 대입할 수 있습니다.
*p = 3;      /* p 변수가 저장하고 있는 주소에 가서 3을 대입하면 data 변수의 값이 3으로 변경됨 */
p = &temp;       /* 오류 발생: 변수 p에 const 속성이 적용되어 p에 저장된 주소는 변경할 수 없음 */
```

const int *p;

p가 주소에 접근할 때 사용하는 크기 앞에 const 키워드를 사용했기 때문에 *p를 사용하여 대상의 값을 변경하면 번역할 때 오류가 발생합니다.

```
int data = 5;
const int *p = &data;  /* 변수 p는 data 변수의 주소를 저장함 */
*p = 3;  /* 오류 발생: 변수 p가 가리키는 대상에 const 속성이 적용되어 대상의 값을 변경할 수 없음 */
```

const int * const p;

자신과 대상에 모두 const 키워드를 사용했기 때문에 p가 가지고 있는 주소를 바꾸거나 *p를
사용하여 대상의 값을 바꾸면 번역할 때 오류가 발생합니다.

```
int data = 5, temp = 0;
const int *const p = &data;
*p = 3; /* 오류 발생: 변수 p가 가리키는 대상에 const 속성이 적용되어 대상의 값을 변경할 수 없음 */
 p = &temp; /* 오류 발생: 변수 p에 const 속성이 적용되어 p에 저장된 주소는 변경할 수 없음 */
```

> 변수 p는 data 변수의 주소를 저장합니다. 포인터 변수를
> 선언할 때 한 번만 p에 주소 값을 대입할 수 있습니다.

결론적으로 일반 변수를 다룰 때보다 포인터 변수를 다룰 때 실수할 확률이 더 높기 때문에,
const 키워드를 적절하게 잘 활용하면 실수로 인한 버그(의미상 오류)를 줄일 수 있습니다.

1분 퀴즈 | **13-4** 다음 코드처럼 포인터 변수 p가 선언되어 있습니다. p에 저장된 주소를 변경하려고 할 때
오류를 발생시키려면 'const 키워드'를 어느 위치에 사용해야 할까요?

```
int data = 10, temp = 0;
  ①   int *  ②   p = &temp;
*p = 3;
p = &data; /* 오류 발생 */
```

정답 ②번

13-4 포인터 변수의 주소 연산

사용할 메모리의 범위를 기억하는 방법

자신이 사용할 메모리의 범위를 기억하는 방법은 크게 두 가지입니다. 첫 번째 방법은 시작 주소와 끝 주소를 기억하는 것이고 두 번째 방법은 시작 주소와 사용할 크기를 기억하는 것입니다.

시작 주소와 끝 주소로 메모리 범위 기억하기

시작 주소와 끝 주소로 메모리 범위를 기억하려면 각각의 주소를 기억하는 데 총 8바이트가 필요합니다. 시작 주소인 100번지를 저장하는 데 4바이트가 필요하고 끝 주소인 103번지를 저장하는 데 또 4바이트가 필요하기 때문입니다.

시작 주소와 사용할 크기로 메모리 범위 기억하기

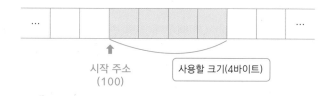

'시작 주소'와 '사용할 크기'로 메모리 범위를 기억하는 것도 두 가지 정보를 기억해야 합니다. 시작 주소인 100번지를 저장하는 데 4바이트가 필요할 것이고, 사용할 크기를 저장하는 데 또 4바이트가 필요할 것입니다.

그런데 C 언어 문법은 메모리를 사용할 때 항상 그 메모리의 크기를 먼저 결정하도록 되어 있습니다. 예를 들어 정수 값 5를 저장하고 싶다면 int data;와 같이 변수를 선언해야 하는데 이때 사용할 메모리의 크기는 int형으로 선언했기 때문에 4바이트로 결정됩니다. 그리고 data = 5;

명령을 사용하면 컴파일러는 data라는 변수가 4바이트라는 것을 이미 알고 있기 때문에 메모리에 4바이트 크기로 5를 대입하도록 명령을 구성하게 됩니다. 결국 사용할 메모리 크기는 명령문에 포함되어 있기 때문에 자신이 사용할 메모리의 시작 주소만 기억하면 된다는 뜻입니다.

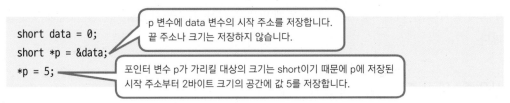

이런 프로그래밍 언어의 특성 때문에 포인터도 자신이 가리킬 대상에 대해 사용할 범위는 저장하지 않고 사용할 메모리의 시작 주소만 기억하면 됩니다.

```
short data = 0;
short *p = &data;
*p = 5;
```

p 변수에 data 변수의 시작 주소를 저장합니다. 끝 주소나 크기는 저장하지 않습니다.

포인터 변수 p가 가리킬 대상의 크기는 short이기 때문에 p에 저장된 시작 주소부터 2바이트 크기의 공간에 값 5를 저장합니다.

ⓒ 컴파일러가 data = 5;를 기계어로 번역하면 'mov dword ptr [0000006Ch], 5h'가 됩니다. 여기서 dword 명령을 통해 사용할 크기를 명시하는 것을 볼 수 있습니다. 즉 컴파일러가 기계어 명령을 구성하는 단계에서 '사용할 메모리 크기'가 결정됩니다.

포인터 변수의 주소 연산

포인터가 자신이 가리킬 대상 메모리의 시작 주소만 기억하면 되기 때문에 갖게 되는 특성이 있습니다. 다음 코드를 봅시다.

```
short data = 0;
short *p = &data;
p = p + 1; /* 포인터 변수에 저장된 주소 값을 1만큼 증가시킴 */
```

포인터 변수에 저장된 주소도 정수 값이기 때문에 일반 변수처럼 연산할 수 있습니다. 그런데 주소를 1만큼 증가시킨다는 의미가 일반 수학 연산과 다르기 때문에 주의해야 합니다. 예를 들어 일반적인 수학 연산에서 100+1은 당연히 101이 됩니다. 그런데 위 예시에 사용한 포인터 변수 p에 저장된 주소가 100번지인 경우에 이 변수를 1만큼 증가시키면 변수에 저장되어 있던 주소 값은 101번지가 되는 게 아니라 102번지가 됩니다. 왜냐하면 포인터에서 +1의 의미는 단순히 주소 값에 1을 더한다는 뜻이 아니고 그다음 데이터의 주소를 의미하기 때문입니다. 위 예시에서 포인터 변수 p가 가리키는 대상의 크기가 2바이트인데 이 포인터로 다음 데이터를 가리키려면 주소 값이 1이 아닌 2가 증가되어야 정상적으로 그다음 데이터를 가리킬 수 있습니다.

이처럼 포인터 변수에 +1을 하면 자신이 가리키는 대상의 크기만큼 증가하는데 이것을 '포인터 변수의 주소 연산'이라고 합니다.

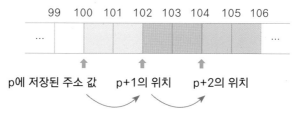

p에 저장된 주소 값   p+1의 위치   p+2의 위치

p가 short 크기의 데이터를 사용하기 때문에 주소 값이 2씩 증가해야 안전하게 사용할 수 있습니다.

다음 코드를 봅시다. 포인터 변수의 주소 연산 특성 때문에, 사용할 크기가 다른 네 개의 포인터에 모두 100번지를 대입하고 ++ 연산을 하면 각 포인터에 저장된 주소 값이 모두 달라지게 됩니다.

```
char *p1 = (char *)100;        /* p1에 100번지를 저장함 */
short *p2 = (short *)100;       /* p2에 100번지를 저장함 */
int *p3 = (int *)100;          /* p3에 100번지를 저장함 */
double *p4 = (double *)100;    /* p4에 100번지를 저장함 */
p1++;  /* 가리키는 대상의 크기가 char형(1바이트)이기 때문에 p1에 저장된 주소 값이 101이 됨 */
p2++;  /* 가리키는 대상의 크기가 short형(2바이트)이기 때문에 p2에 저장된 주소 값이 102가 됨 */
p3++;  /* 가리키는 대상의 크기가 int형(4바이트)이기 때문에 p3에 저장된 주소 값이 104가 됨 */
p4++;  /* 가리키는 대상의 크기가 double형(8바이트)이기 때문에 p4에 저장된 주소 값이 108이 됨 */
```

즉 우리가 사용하려는 메모리의 시작 주소를 가리키는 포인터의 주소만 알고 있다면, 주소 연산을 통해 그다음 메모리를 사용할 수 있습니다.

1분 퀴즈 | **13-5** 다음처럼 포인터 주소 연산을 하면 p1과 p2는 어디에 위치할까요? p1과 p2의 초기 위치는 100번지라고 가정합니다.

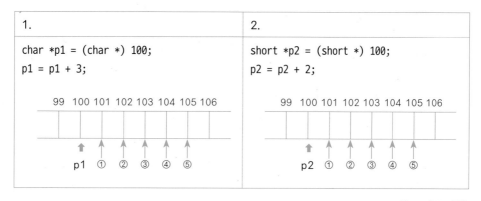

정답 1. ③ 2. ④

13-5 포인터와 대상의 크기

포인터가 가리키는 대상의 크기

int *p라고 포인터 변수를 선언할 때 int 자료형은 포인터 변수의 크기를 의미하는 것이 아니라 포인터 변수가 가리키는 대상의 크기를 의미하는 것입니다. 따라서 포인터 변수 p에 일반 변수 data의 주소 값을 저장하고 포인터 변수 p를 사용하여 data 변수의 값을 변경하는 경우에는 두 변수의 자료형을 같게 지정하는 것이 일반적입니다. 즉 실제 대상의 크기가 4바이트라면 포인터 변수의 자료형도 4바이트 크기로 지정하는 게 일반적이라는 뜻입니다.

포인터 변수 p는 4바이트 크기의 메모리를 가리킵니다.

포인터가 가리킬 수 있는 크기와 실제 대상의 크기가 다른 경우

포인터가 가리킬 수 있는 크기와 실제 대상의 크기가 꼭 같아야 하는 것은 아닙니다. 프로그래머가 의도적으로 이 두 크기를 다르게 사용하는 경우도 있습니다. 다음 예제를 봅시다.

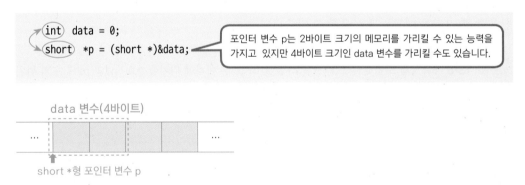

포인터 변수가 가리킬 수 있는 크기는 2바이트이지만, 4바이트 크기의 대상을 가리켜도 문제가 발생하지 않습니다.

이러한 포인터의 특성을 활용하면 4바이트 크기의 변수에 저장된 값을 1바이트 단위로 출력할 수도 있습니다. 이것이 어떻게 가능한지 다음 예제를 통해 알아보겠습니다.

```
001:  #include <stdio.h>
002:  void main()
003:  {
004:      int data = 0x12345678, i;
005:      char *p = (char *)&data;
006:      /* 4바이트 데이터를 바이트 단위로 값을 출력하기 위해 4번 반복함 */
007:      for(i = 0; i < 4; i++) {
008:          /* p는 char *형이라서 시작 주소부터 1바이트 크기만 사용함 */
009:          printf("%X, ", *p);
010:          p++;  /* p가 char *형이라서 1바이트 뒤에 있는 주소로 값이 변경됨 */
011:      }
012:  }
```

> &data는 int *형. 그런데 이 주소를 저장할 포인터 p가 char *라서 자료형이 맞지 않아 (char *) 형 변환을 사용합니다.

:: 결과 화면

```
C:\WINDOWS\system32\cmd.exe                    —    □    ×
78, 56, 34, 12, 계속하려면 아무 키나 누르십시오 . . .
```

이 예제에서 data 변수는 int형으로 선언되어 4바이트 크기인데 data 변수를 가리킬 포인터 p 변수는 char *로 선언했습니다. 따라서 *p를 사용하면 data 변수의 시작 주소에서 1바이트 크기만 사용할 수 있습니다. 그렇다고 해서 data의 시작 1바이트만 사용할 수 있는 것이 아니라 포인터의 주소 연산을 활용하면 data 변수의 나머지 부분도 1바이트씩 사용할 수 있습니다.

위 예제는 p가 가지고 있는 주소 값을 옮기는 방식으로 작업했는데, p의 주소 값을 변경하지 않고 data 변수 값을 1바이트씩 출력하고 싶다면 반복문 코드만 다음과 같이 변경하면 됩니다.

```
for(i = 0; i < 4; i++) {
    /* 첫 바이트는 *(p+0), 두 번째는 *(p+1), 세 번째는 *(p+2), … */
    printf("%X, ", *(p + i) );
}
```

> p는 char *형이라서 저장된 시작 주소에서 1바이트 크기만 사용합니다.

13-6 void *형 포인터

대상의 크기가 정해져 있지 않은 void *형 포인터

지금까지는 항상 포인터 변수가 가리키는 대상의 크기를 지정해서 사용했습니다. 하지만 대상의 크기를 모른다면 어떻게 해야 할까요? 이때 사용하는 것이 바로 void 키워드입니다. void 키워드는 '정해져 있지 않다'는 의미를 가지고 있습니다. 따라서 오른쪽과 같이 변수를 선언하면 포인터 변수 p에 주소 값을 저장할 수는

```
void *p;
```

있지만 해당 주소에서 값을 읽거나 저장할 때 사용하는 크기는 정해져 있지 않습니다. 즉 사용할 메모리의 시작 주소만 알고 끝 주소를 모를 때 사용하는 포인터 형식입니다.

그래서 '*p = 5;'라고 일반 포인터처럼 사용하면 자신이 사용할 주소의 대상 메모리 크기가 정해져 있지 않기 때문에 번역할 때 문법 오류가 발생합니다.

```
int data = 0;
void *p = &data;  /* data의 시작 주소를 저장함 */
*p = 5;           /* 오류 발생: 대상 메모리의 크기가 지정되지 않음 */
```

void *는 포인터가 가리킬 대상의 크기를 정한 것이 아니라서 말 그대로 어떤 크기의 메모리가 오든지 상관없습니다.

그렇다고 void *로 선언한 포인터 변수를 주소 값만 저장하는 용도로 사용하는 것은 아닙니다. 포인터 변수 p를 사용하여 data 변수에 값 5를 대입하고 싶은 경우에 형 변환 문법을 사용하여 '사용할 크기'를 표기해 주면 일반 포인터처럼 사용할 수 있습니다. *(int *)p라고 사용하면 일시적으로 포인터 변수 p의 형식이 int *가 되기 때문에 포인터 변수 p에 저장된 주소에 가서 4바이트(int) 크기로 5를 저장합니다.

*"void *는 주소를 사용할 때 반드시 '사용할 크기'를 표기해야 한다."*

```
int data = 0;
void *p = &data;
*(int *) p = 5; /* 형 변환 문법을 사용하여 대상의 크기를 4바이트로 지정하므로 data 변수에 5가 저장됨 */
```

void *형 포인터 활용하기

void *는 포인터의 기능을 사용할 수 없는 것이 아니라 자신이 사용할 대상의 크기 지정을 잠시 미룰 수 있다는 장점을 가지고 있습니다. 예를 들어 char *형 주소 값을 저장하려면 char *형 포인터 변수가 있어야 하고 int *형 주소 값을 저장하려면 int *형 포인터 변수가 있어야 합니다. 하지만 void *형 포인터 변수는 char *형이든 int *형이든 형 변환 없이 모두 저장할 수 있기 때문에 더 편리합니다.

좀 더 구체적인 예를 들어보겠습니다. 다음은 main 함수에 선언한 지역 변수의 주소 값을 매개변수로 받아서 그 주소에 해당하는 메모리에 값 1을 대입하는 MyFunc 함수입니다. 그런데 MyFunc으로 전달되는 주소의 형식이 char *, short *, int * 중 하나이고 이 형식은 사용할 때마다 달라질 수도 있다면 어떻게 해야 할까요?

```
void MyFunc(char *p_char, short *p_short, int *p_int)
{
    if(p_char != NULL) *p_char = 1;
    else if(p_short != NULL) *p_short = 1;
    else *p_int = 1;
}

void main()
{
    short data = 5;
    /* data 변수는 short형이기 때문에 short *를 사용하는 두 번째 매개변수에 주소를 넘겨줌 */
    MyFunc(NULL, &data, NULL);
}
```

> 포인터 변수에 NULL이 저장되어 있으면 아직 주소를 저장하지 않고 초기화된 상태입니다. NULL이 아닌 다른 값을 가져야 제대로 사용할 수 있습니다.

어떤 형식의 주소 값이 전달될지 모르기 때문에 위 예시처럼 세 개의 포인터를 매개변수에 추가해야 합니다. 그리고 실제로 사용할 포인터에만 변수의 주소 값을 전달하고 나머지는 사용하지 않겠다는 뜻으로 NULL을 적습니다.

ⓒ NULL은 C 언어 기본 헤더 파일에 #define으로 정의되어 있으며 0번지를 의미합니다. 그래서 일반 변수는 초기화할 때 0을 대입하지만 포인터 변수는 초기화할 때 0번지를 의미하는 NULL을 사용해야 합니다.

그런데 만약 MyFunc 함수로 전달되는 주소의 형식이 더 많아지면 어떻게 될까요? 매개변수가 너무 많아져서 불편하겠지요. 따라서 이 예제를 void *형을 사용하여 수정해 보겠습니다.

```
void MyFunc(void *p, char flag)
{
    /* flag에 전달된 값에 따라 형 변환하여 전달된 주소에 1을 대입함 */
    if(flag == 0) *(char *)p = 1; /* flag가 0이면 char *형 */
    else if(flag == 1) *(short *)p = 1; /* flag가 1이면 short *형 */
    else *(int *)p = 1; /* flag가 0과 1이 아니면 int *형 */
}

void main()
{
    short data = 5;
    /* data 변수는 short형이기 때문에 short *를 의미하는 1을 같이 전달함 */
    MyFunc(&data, 1);
}
```

void *형 포인터를 매개변수로 사용하면 어떤 형식의 주소이든 저장할 수 있지만 3가지 주소 형식 중에서 무엇을 사용했는지 알 수 없습니다. 따라서 char *는 0, short *는 1, int *는 2를 의미하는 값(프로그래머가 정하면 됨)을 매개변수로 함께 전달해야 합니다. 이 매개변수 이름을 flag라고 지었습니다.

> 😊 위 코드에서 *(char *)p라고 사용하면 void *형이었던 포인터 변수 p가 일시적으로 char *형으로 변환됩니다. *(short *)p도 마찬가지입니다.

지금까지 설명한 두 가지 방법 중 어떤 것이 더 좋다고 이야기할 수는 없습니다. 매개변수로 전달되는 주소의 형식이 많아지면 void *를 사용하는 것이 좀 더 좋겠지요. void * 개념에 익숙해지도록 void * 실습 예제를 소개하겠습니다.

코딩해 보세요! **void *를 사용하여 대상 메모리의 크기 조절하기** · 완성 파일 13_06_01.c

```
001:  #include <stdio.h>
002:  int GetData(void *p_data, char type)
003:  {
004:      int result = 0;
005:      /* type 변수에 저장된 값을 기준으로 형 변환을 다르게 함 */
006:      if(type == 1) result = *(char *)p_data;       /* 0x78(1바이트)이 저장됨 */
007:      else if(type == 2) result = *(short *)p_data;  /* 0x5678(2바이트)이 저장됨 */
008:      else if(type == 4) result = *(int *)p_data;    /* 0x12345678(4바이트)이 저장됨 */
009:      return result;
010:  }
```

```
011:
012:   void main()
013:   {
014:       int data = 0x12345678;
015:       /* data 변수에서 2바이트 크기만 출력함 */
016:       printf("%X\n", GetData(&data, 2));
017:   }
```

:: 결과 화면

```
C:\WINDOWS\system32\cmd.exe        —    □    ×
5678
계속하려면 아무 키나 누르십시오 . . .
```

ⓒ 리틀 엔디언 시스템의 출력 결과입니다.

이 예제는 4바이트 크기의 정수를 저장하는 data 변수가 있는데 이 변수에 저장된 값을 그대로 출력하지 않습니다. 사용자가 type 변수에 값 1을 지정하면 data 변수의 1바이트 값만 출력하고, 2를 지정하면 data 변수의 2바이트 값을 출력하며, 4를 지정하면 data 변수의 4바이트 값, 즉 전체 값을 출력하도록 만든 것입니다.

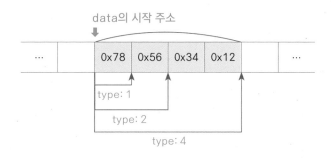

{✎} 김성엽의 프로그래밍 노트   포인터 변수에서 형 변환 문법은 모든 자료형에서 사용할 수 있어요!

포인터 변수에 직접 형 변환을 사용하는 형식은 void *에서만 사용할 수 있는 것이 아니라 모든 포인터에서 사용할 수 있는 개념입니다. 그래서 void * 대신에 char *로 선언해 놓고 void *를 사용하는 것처럼 형 변환하여 구성된 코드도 많이 볼 수 있습니다.

```
int data = 0x12345678;
char *p = (char *)&data;    /* 서로 자료형이 맞지 않아서 (char *)로 형 변환함 */
*p = 5;                     /* data 변수의 시작 1바이트에 값 5를 넣으면 data는 0x12345605로 변경됨 */
*(short *)p = 0;   /* data 변수의 시작 2바이트에 값 0을 넣으면 data는 0x12340000로 변경됨 */
```

연습문제

Q1 운영체제에 따라 포인터 변수의 크기는 고정됩니다. 32비트 운영체제에서 포인터 변수의 크기는 얼마인가요?

① 2바이트 　　　② 4바이트 　　　③ 8바이트 　　　④ 16바이트

Q2 int형으로 선언한 변수 data에 값 0x12345678이 저장되어 있습니다. data 변수에 직접 값을 대입하지 않고 short *형 포인터를 선언하여 data 변수의 값을 0x12340412로 변경하는 코드를 작성하세요.

힌트 리틀 엔디언 시스템으로 가정하므로 short *형으로 첫 번째 메모리에 값을 대입하면 0x5678을 0x0412로 변경할 수 있습니다.

Q3 다음은 Test 함수에서 main 함수의 tips 변수 값을 5로 변경하는 코드입니다. 빈칸을 채워서 코드를 완성하세요.

```
#include <stdio.h>
void Test(int *p)
{
      1
}
void main(void)
{
    int tips = 0;
    Test(  2          );
}
```

Q4 int *형으로 선언한 포인터 p 변수에 200번지가 저장되어 있습니다. p++; 명령을 수행하고 나면 p에 저장된 주소는 몇 번지일까요?

Q5 int *형으로 선언한 포인터 pa와 pb 변수가 있습니다. 그리고 pa에는 100번지가 들어 있고 pb에는 108번지가 들어 있습니다. 이런 상황에서 pb - pa의 값은 얼마일까요?

활용

Q6 포인터를 사용하여 데이터 구성하기

다음과 같이 a, b, c 변수가 있습니다. 이 변수에는 각각 0x12, 0x34, 0x5678 값이 저장되어 있습니다.

```
char a = 0x12, b = 0x34;
short c = 0x5678;
```

이렇게 a, b, c 변수에 저장된 값과 포인터를 사용하여 새로운 변수 t에 0x12345678 형태의 값을 저장하는 코드를 작성해 보세요.

```
int t;   /* t에 상수 값 0x12345678이 저장되도록 만들어야 함 */
```

힌트 1 t에 값 0x12345678을 직접 대입하면 안 됩니다.

힌트 2 비트 연산자와 시프트 연산자를 사용하면 안 됩니다.

힌트 3 값이 거꾸로 저장되는 리틀 엔디언 시스템이라고 가정합니다. 코드에 포인터 변수를 추가로 선언하고 main 함수와 printf 함수를 사용해서 완전한 코드로 작성해 보세요.

13장 풀이
564쪽

표준 입력 함수

사용자가 키보드에서 입력한 키 값을 프로그램에서 받으려면 어떻게 해야 할까요? 이 장에서는 입력과 관련된 C 언어의 표준 입력과 표준 입력 함수에 대해 배웁니다. 표준 입력 함수를 사용하는 방법은 쉽지만, 키보드에서 입력한 정보가 프로그램에서 어떻게 작동하기까지 원리를 이해하는 것은 만만치 않습니다. 이 장도 편집기를 열고 직접 코딩하며 배워 보세요.

14-1 표준 입력 함수

14-2 문자와 문자열 입력 함수

14-3 문자열을 정수로 변환하기

14-4 표준 입력 함수 scanf

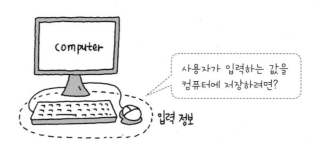

14-1 표준 입력 함수

표준 입력 함수란?

컴퓨터를 사용해서 프로그램을 개발하는 프로그래머에게 가장 기본적인 입력 수단은 키보드입니다. 하지만 입력을 꼭 키보드로 해야 하는 것은 아닙니다. 키보드만큼이나 마우스도 많이 사용하고 게임을 즐기는 사람들은 조이스틱을 사용하기도 합니다. 이렇게 다양한 입력 장치 중에 사용하는 시스템이 가장 기본으로 생각하는 장치를 '표준 입력 장치'라고 부릅니다.

ⓒ 컴퓨터는 키보드가 표준 입력 장치이기 때문에 이 책에서도 키보드를 기준으로 설명합니다.

C 언어는 이런 장치로부터 데이터를 입력 받는 표준 입력 함수(Standard Input Function)를 제공합니다.

표준 입력 함수의 동작 원리

표준 입력 함수는 시스템의 여러 가지 입력 장치를 표준화하기 위해, 장치의 입력 정보를 읽는 것을 컴퓨터가 파일에서 데이터를 읽는 것처럼 구성합니다.

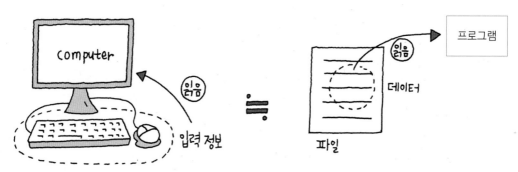

표준 입력 함수는 장치의 입력을 읽는 것을 파일에서 데이터를 읽는 것처럼 구성합니다.

이 방법은 입력되는 값들을 하나씩 바로 처리하지 않고 일정한 조건이 될 때까지 차곡차곡 모았다가 처리합니다. 입력을 효과적으로 처리하기 위한 것이죠. 예를 들어 키보드를 사용하는 시스템에서 표준 입력 함수를 사용하면 입력 완료를 의미하는 Enter 키를 누를 때까지 해당 함수가 완료되지 않습니다. 따라서 'A'라는 문자 한 개를 입력 받고 싶더라도 A 키를 누른 후에 Enter 키를 눌러야 표준 입력 함수가 처리됩니다.

입력 값을 임시로 저장하는 표준 입력 버퍼

이렇게 특정 키를 누를 때까지 사용자 입력을 임시로 저장하는 메모리를 '표준 입력 버퍼'라고 합니다. 이 입력 버퍼는 운영체제가 제공합니다. 표 준 입출력을 사용하는 시스템을 위해 별도의 메모리가 배정되어 있습니다.

ⓒ 표준 입력 버퍼는 간단하게 '입력 버퍼'라고도 부릅니다.

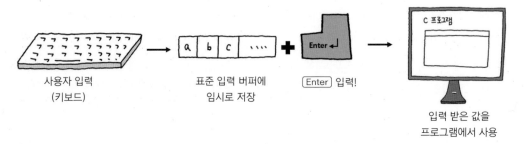

사용자 입력
(키보드)

표준 입력 버퍼에
임시로 저장

Enter 입력!

입력 받은 값을
프로그램에서 사용

그런데 여러 개의 정보를 입력하고 Enter 키를 눌렀는데 입력 버퍼에 있는 내용을 전부 사용하지 않았다면 다음에 호출하는 표준 입력 함수에 영향을 미치므로 주의해야 합니다.
입력 버퍼에 있는 내용을 전부 사용하지 않았다는 말이 이해되지 않는다면 아래 그림을 봅시다. 표준 입력 함수 중 문자를 한 개만 입력 받는 표준 입력 함수를 사용했다고 가정합니다.

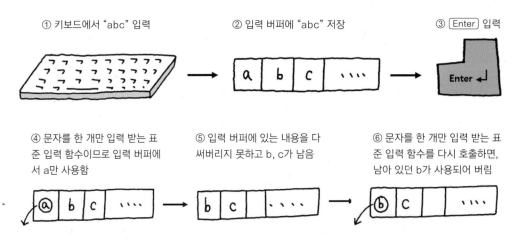

① 키보드에서 "abc" 입력

② 입력 버퍼에 "abc" 저장

③ Enter 입력

④ 문자를 한 개만 입력 받는 표준 입력 함수이므로 입력 버퍼에서 a만 사용함

⑤ 입력 버퍼에 있는 내용을 다 써버리지 못하고 b, c가 남음

⑥ 문자를 한 개만 입력 받는 표준 입력 함수를 다시 호출하면, 남아 있던 b가 사용되어 버림

표준 입력 함수들은 Enter 키를 누를 때까지 계속 입력을 받기 때문에 문자 한 개만 누른다고 입력이 끝나지 않습니다. 따라서 사용자가 실수로 "abc"라고 입력하고 Enter 키를 누르면 입력 버퍼에는 "abc"가 저장됩니다. 입력 버퍼는 특정 키를 누를 때까지 사용자 입력을 임시로 저장하기 때문입니다.

하지만 문자 한 개만 입력 받는 함수를 호출했기 때문에 a, b, c 중에 a만 사용하고 b와 c는 입력 버퍼에 남게 됩니다. 이 상황에서 다시 문자 한 개를 입력 받는 표준 입력 함수를 호출하면 사용자가 아무 것도 입력하지 않았는데도 b가 입력되었다고 처리해 버립니다. 왜냐하면 입력 버퍼에 b, c의 입력 정보가 남아 있기 때문이죠.

입력 버퍼를 초기화하는 rewind 함수

입력 버퍼에 남아 있는 입력 정보를 모두 지우고 싶다면 표준 입력 장치를 가리키는 stdin 포인터와 rewind 함수를 사용하여 표준 입력 버퍼를 초기화하면 됩니다. stdin 포인터를 사용하면 장치에서 입력한 값을 얻을 수 있습니다.

☺ 여기에서 사용한 '초기화'라는 용어는 앞에서 우리가 공부한 '변수의 초기화'와는 조금 의미가 다릅니다. 입력 버퍼를 초기화한다는 것은 입력된 정보를 전부 지우고 입력에 사용되는 모든 정보를 초기 상태로 만든다는 뜻입니다.

```
rewind(stdin);  /* rewind 함수를 사용하면 입력 버퍼를 초기화할 수 있음 */
```

입력 정보가 버퍼에 남아 있는 문제는 표준 입력에서 자주 발생하기 때문에 표준 입력의 원리를 다시 요약해 보겠습니다. 입력 버퍼에 사용자가 입력한 키 정보가 남아 있으면 표준 입력 함수는 해당 값을 사용합니다. 그리고 입력 버퍼에 내용이 없으면 [Enter] 키를 누를 때까지 데이터를 입력 받은 후 표준 입력 함수가 동작합니다. 따라서 입력 버퍼에 입력한 키 정보가 남아 있다면 사용자가 추가로 입력하지 않아도 함수가 동작하게 됩니다. 그러므로 입력을 구별하고 싶다면 rewind 함수를 사용해 입력 버퍼를 초기화해야 합니다. 예를 들어 바로 뒤에서 배울 입력 함수인 getchar 함수나 getc 함수를 연속으로 두 개 사용했다고 생각해 봅시다. 첫 번째 입력 함수에서 잘못 입력 받더라도 rewind 함수를 사용하면 두 번째 입력 함수에 영향을 미치지 않습니다.

14-2 문자와 문자열 입력 함수

표준 입력 함수 중에서 자주 사용하는 함수 몇 가지를 살펴보겠습니다. 표준 입력 함수는 stdio.h(Standard Input Output Header) 파일에 정의되어 있으므로 #include 전처리기를 사용해서 이 파일을 참조해야 합니다.

문자 한 개를 입력 받는 getchar 함수

getchar 함수는 키보드(컴퓨터의 표준 입력 장치)로부터 문자 하나를 입력 받는 표준 입력 함수입니다. 이 함수를 사용할 때, 문자 한 개를 입력 받더라도 Enter 키를 눌러야만 작업이 완료됩니다.

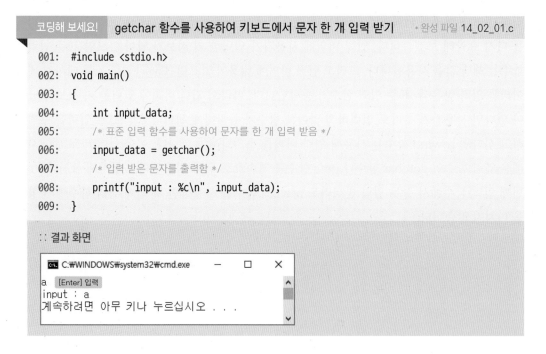

```
001: #include <stdio.h>
002: void main()
003: {
004:     int input_data;
005:     /* 표준 입력 함수를 사용하여 문자를 한 개 입력 받음 */
006:     input_data = getchar();
007:     /* 입력 받은 문자를 출력함 */
008:     printf("input : %c\n", input_data);
009: }
```

getchar 함수는 int 형식으로 데이터를 반환합니다. 그래서 int형 변수로 반환값을 받는 게 일반적이지만, char형 변수로 받아도 됩니다.

getchar 함수는 왜 char형 변수로 반환값을 받아도 되나요?

stdio.h 헤더 파일을 열어 getchar 함수의 원형을 보면 int형을 반환하
도록 되어 있습니다. 이것은 확장키 값(키보드의 F1 이나 숫자 키패드,
또는 특수키)를 위해서 정의된 것입니다.

```
int getchar(void);
```

하지만 우리가 일반적으로 사용하는 입력 문자들은 대부분 1바이트 정보를 가지고 있기 때문에 특수한
프로그램을 만들지 않는 이상 1바이트만 사용해도 충분합니다. 그렇기 때문에 getchar 함수의 반환값
을 char형 변수로 받아 사용해도 문제가 생기지 않습니다.

getchar 함수를 사용할 때 주의할 점

이번에는 한 번에 문자 한 개씩 총 두 번 입력된 문자를 출력하는 예제로 변경해 보겠습니다.

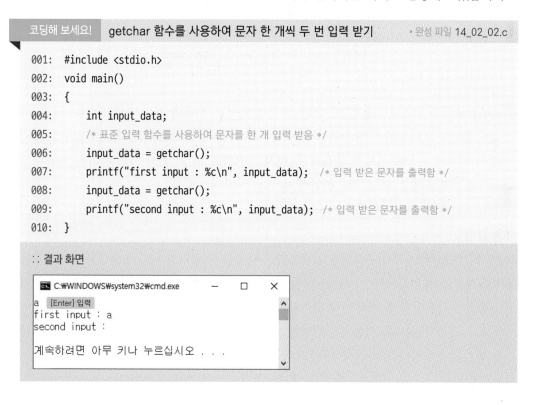

코딩해 보세요! **getchar 함수를 사용하여 문자 한 개씩 두 번 입력 받기** • 완성 파일 14_02_02.c

```
001: #include <stdio.h>
002: void main()
003: {
004:     int input_data;
005:     /* 표준 입력 함수를 사용하여 문자를 한 개 입력 받음 */
006:     input_data = getchar();
007:     printf("first input : %c\n", input_data);   /* 입력 받은 문자를 출력함 */
008:     input_data = getchar();
009:     printf("second input : %c\n", input_data);   /* 입력 받은 문자를 출력함 */
010: }
```

:: 결과 화면

```
a  [Enter] 입력
first input : a
second input :

계속하려면 아무 키나 누르십시오 . . .
```

위 예제는 'a'만 입력하고 [Enter] 키를 눌렀는데 getchar 함수가 한꺼번에 동작해 버려서 두
번째 문자를 입력 받지 못하고 프로그램이 끝나게 됩니다. 좀 더 정확하게 이야기하자면 첫
번째 getchar 함수는 a를 입력 받아서 정상적으로 출력
하지만 두 번째 getchar 함수는 첫 번째 입력 받을 때 함

☺ [Enter] 키는 아스키코드 값으로는 10이고,
C 언어에서 문자로 표시할 때 '\n' 이라고 적
습니다.

께 입력된 [Enter] 키의 값(10, \n)을 받게 되어 아무것도 출력하지 않고 줄 바꿈만 한 번 더 일어난다는 것입니다. 이 문제를 해결하는 방법은 여러 가지입니다.

해결 방법 1

사용자가 반드시 한 번에 한 개의 문자만 입력하고 [Enter] 키를 누른다고 가정합시다. 그러면 getchar 함수를 하나 더 써서 표준 입력 버퍼에 저장된 쓸모없는 [Enter] 키 값이 출력되지 않도록 제거할 수 있습니다.

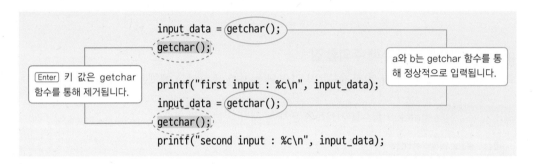

즉 getchar 함수의 원래 기능인 '문자 한 개 입력 받기'로 사용한 것이 아니라 단순히 [Enter] 키 값이 출력되지 않도록 이 함수를 사용한 것이죠. 따라서 getchar 함수의 반환값인 [Enter] 키 값은 변수에 저장할 필요가 없습니다. 이제 사용자가 한 번에 한 개의 문자를 입력하고 [Enter]를 누르면 정상적으로 동작합니다.

해결 방법 2

사용자가 한 번에 한 개의 문자만을 입력한다고 확신할 수 없다면 위에서 설명한 방법으로는 문제를 해결할 수 없습니다. 즉 getchar 함수를 추가해서 함께 입력되는 [Enter] 키 값을 제거하는 방법은 사용자가 몇 개의 키를 입력할지 예상할 수 없는 상황에서는 근본적인 해결책이 아닙니다. 결국 이 문제는 사용자가 입력한 한 개의 문자 외에 다른 문자들이 입력 버퍼에 남아서 생기는 문제입니다. 따라서 한 개의 문자만 입력 버퍼에서 가져오고 입력 버퍼를 초기 상태로 비워서 남아 있는 문자들을 모두 제거하면 문제를 해결할 수 있습니다.

```
001:    #include <stdio.h>
002:    void main()
003:    {
004:        int input_data = getchar();    /* 한 개의 문자를 입력 받음 */
005:        rewind(stdin);    /* 표준 입력 버퍼에 있는 모든 입력 값을 제거함 */
006:        printf("first input : %c\n", input_data);    /* 입력 받은 문자를 출력함 */
007:        input_data = getchar();
008:        rewind (stdin);    /* 표준 입력 버퍼에 있는 모든 입력 값을 제거함 */
009:        printf("second input : %c\n", input_data);    /* 입력 받은 문자를 출력함 */
010:    }
```

:: 결과 화면

```
C:\WINDOWS\system32\cmd.exe                    —    □    ×
ab  [Enter] 입력
first input : a
dd  [Enter] 입력
second input : d
계속하려면 아무 키나 누르십시오 . . .
```

표준 입력 버퍼에 입력된 키 중에서 첫 번째 값만 받아들이고 rewind 함수를 사용해서 입력 버퍼에 있는 나머지 입력 값을 모두 지워 버리는 것입니다.

getc 함수

getchar 함수는 또 다른 표준 입력 함수인 getc 함수로 대체할 수 있습니다. getc 함수를 사용하여 키보드로 입력할 때는 표준 입력 장치를 의미하는 stdin을 인수로 넘겨줘야 합니다.

```
input_data = getc(stdin);
```

그런데 원래 getc 함수는 문자 하나를 입력 받기 위해 만들어진 함수였습니다. getc 함수는 표준 입출력뿐만 아니라 파일 입출력에도 사용됩니다. 파일을 열고 해당 파일 포인터를 getc 함수의 매개변수로 넘겨주면 파일에서 1바이트씩 정보를 읽어 사용자에게 전달해 주는 역할을 합니다. getc 함수에 파일 포인터가 아니라 표준 입출력 주소를 넘겨주면, 입력 장치에서 입력을 받아 문자를 한 개씩 출력할 수 있습니다. 이 기능만 별도로 떼어 와서 정의한 게 바로 getchar 함수입니다. 표준 입력 함수의 사용 빈도가 높은데 getc 함수에 stdin을 계속 인자로 넘기는 것이 불편하기 때문에 getchar 함수를 재정의해 놓은 것입니다.

결론적으로 getchar 함수는 getc 함수를 이용해 만든 함수라고 생각하면 됩니다.

문자열을 입력 받는 gets 함수

gets 함수는 get string의 줄임 표현이며 문자열을 입력 받는 표준 입력 함수입니다. getchar 함수와 달리 gets 함수는 한 번에 여러 개의 문자를 입력 받을 수 있으며 Enter 키를 입력할 때까지 입력한 모든 문자를 하나의 문자열로 간주합니다. 그리고 문자열을 저장하기 위해서 gets 함수의 매개변수에 char 배열로 선언된 변수(input_string)의 시작 주소를 넘겨주어야 합니다.

```
char input_string[10];
gets(input_string);
```

{✎} **김성엽의 프로그래밍 노트** 주소를 넘겨주는데 왜 & 연산자를 쓰지 않을까요?

배열의 각 요소는 메모리에 연속적으로 나열되기 때문에 배열의 첫 번째 요소의 시작 주소는 배열의 시작 주소와 같습니다.

그렇기 때문에 배열의 시작 주소를 적을 때 첫 번째 요소의 주소인 &input_string[0]으로 적는 것이 정확한 표현입니다. 하지만 첫 번째 요소의 시작 주소와 배열의 시작 주소는 같기 때문에, input_string이라고 적으면 컴파일러가 번역할 때 &input_string[0]이라 적은 것과 같게 번역합니다.

실무에서 프로그래밍을 할 때 & 키와 ↑ ↓ 키를 엄청나게 많이 씁니다. 그런데 키보드 배열을 보면 &와 ↑ ↓ 키가 생각보다 사용하기 쉬운 위치에 있지 않습니다. 그러면 당연히 불편하기 마련이죠. C 언어에서는 이런 불편함을 줄이기 위해 생략할 수 있는 것들은 최대한 생략해서, 프로그래머들의 키보드 입력을 줄여주기 위해서 배려하고 있습니다. 그래서 gets(&input_string[0]);이라고 적지 않고 gets(input_string);이라고 적을 수 있는 것입니다. 물론 input_string이라고 쓰지 않고 원칙대로 다 써도 됩니다. 배열의 시작 주소와 관련된 좀 더 자세한 내용은 15장에서 다룹니다.

---

gets 함수로 문자열을 입력 받는 예제를 따라서 입력해 봅시다.

ⓒ gets를 입력했는데 오류가 나면 fgets 함수를 이용하여 코딩해야 합니다.

코딩해 보세요! **gets 함수로 문자열 입력 받기** • 완성 파일 14_02_04.c

```
001:  #include <stdio.h>
002:  void main()
003:  {
004:      /* 문자열은 마지막에 NULL 문자 0을 포함해야 하므로 최대 9개의 문자까지 저장 가능함 */
005:      char input_string[10];
006:      gets(input_string); /* 문자열을 입력 받아 input_string에 저장함 */
007:      printf("input : %s\n", input_string);  /* 입력 받은 문자열을 출력함 */
008:  }
```

:: 결과 화면

```
C:₩WINDOWS₩system32₩cmd.exe          —    □    ×
tipssoft  [Enter] 입력
input : tipssoft
계속하려면 아무 키나 누르십시오 . . .
```

1분 퀴즈 **14-1** gets 함수로 여러분의 영문 이름을 입력 받아 출력하는 소스 코드를 작성해 보세요.

정답 화면이지시라대물 에메이지 캐릭터 정답

---

gets 함수는 Enter 키까지 입력 버퍼에서 읽어와 처리하므로 입력 버퍼에 Enter 키가 남아 있지 않습니다. 따라서 rewind 함수를 사용하여 입력 버퍼를 초기화할 필요가 없습니다. 그리고 Enter 키를 입력 버퍼에서 가져온다고 해서 Enter 키 값을 문자열에 포함시키는 것이 아니라 입력 완료의 기준으로만 사용하기 때문에 실제 문자열에는 Enter 키를 입력한 위치에 NULL 문자 0이 들어가게 됩니다.

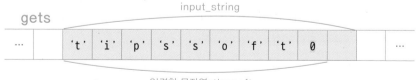

입력한 문자열: tipssoft

ⓒ 배열에 tipssoft 문자열 자체가 들어가는 게 아니라 tipssoft에 대한 아스키코드가 들어가는 게 정확한 표현입니다. 따라서 각 문자에 들어가는 아스키코드를 의미하기 위해 't', 'i', 'p'처럼 작은따옴표를 써야 정확합니다.

{⟋} 김성엽의 프로그래밍 노트 **gets 함수가 정의되어 있지 않다면 fgets 함수를 사용하세요!**

만약 여러분이 사용하는 컴파일러에서 gets 함수가 정의되어 있지 않다는 오류가 발생한다면 gets 함수 대신 fgets 함수를 사용하면 됩니다. fgets는 파일에서 데이터를 읽어오는 함수인데 파일 대신 표준 입력 장치를 의미하는 stdin을 사용하면 표준 입력 버퍼에서 문자열을 받아올 수 있습니다. 그래서 gets 함수와 같게 동작합니다.

```
char input_string[10];
fgets(input_string, 10, stdin);
```

fgets 함수의 두 번째 매개변수에 10을 사용했는데 이 값은 사용자가 입력한 문자열을 저장할 메모리(input_string)의 최대 크기입니다. 즉 input_string 배열의 크기가 10이기 때문에 10을 적은 것입니다. 그리고 fgets 함수를 사용하는 경우에는 문자열 끝에 Enter 키 값이 포함됩니다. Enter 키는 아스키코드 값이 10이며 C 언어에서는 '\n'으로 표시합니다.

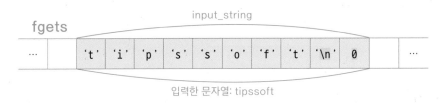

입력한 문자열: tipssoft

gets 함수에서 사용자 키 입력 취소 처리하기

표준 입력을 받는 중에 프로그램의 중지를 의미하는 Ctrl + C 키를 사용자가 입력하면 표준 입력이 취소되고 프로그램이 중지됩니다. 그런데 바로 앞에서 본 예제에서는 입력 취소 처리를 하지 않았기 때문에 "ab"라고 입력한 후에 Ctrl + C 키를 입력하면 다음과 같은 상황이 발생합니다.

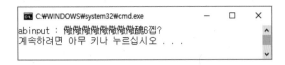

사용자가 키보드로 문자를 입력하던 중에 Ctrl + C 키를 입력하면 입력 버퍼에 들어 있는 문자들이 input_string 배열에 복사되지 않은 상태로 gets 함수가 종료됩니다. 그리고 printf에서 input_string 배열 내용을 그대로 출력하므로 엉뚱한 값이 출력됩

ⓒ 지역 변수는 명시적으로 초기화하지 않으면 어떤 값이 들어 있을지 예상할 수 없습니다. 이런 값들을 쓰레기 값이라고 부릅니다.

니다. 따라서 gets 함수를 사용하여 문자열을 입력 받을 때는 사용자가 정상적으로 입력을 완료하지 않는 상황에 대처할 수 있도록 코드를 구성해야 합니다. 이것은 gets 함수의 반환값을 확인해서 처리할 수 있습니다. gets 함수는 사용자 입력이 정상적으로 완료되지 않았다면 '해당하는 메모리 주소가 없음'을 의미하는 널(NULL) 값을 반환하고, 성공적으로 입력했다면 input_data 배열의 시작 주소를 반환합니다.

> **! 알아두면 좋아요! NULL을 사용할 때 주의할 점**
>
> NULL은 stdio.h 파일에 선언되어 있으며 '값이 없음'이라는 뜻을 기본적으로 가지고 있습니다. 따라서 NULL 대신 0을 사용해도 컴파일러가 적절하게 판단하여 성공적으로 번역합니다. 하지만 프로그래머들은 대개 NULL을 '메모리 주소가 없음'으로 이해하기 때문에 0과 NULL을 구별해서 사용하는 것이 프로그래머들 간에 오해를 줄일 수 있습니다.
>
> ```c
> #define NULL ((void *)0)      /* stdio.h에 정의되어 있음 */
> ```

사용자의 입력을 취소할 수 있도록 예제를 수정해 보면 다음과 같습니다.

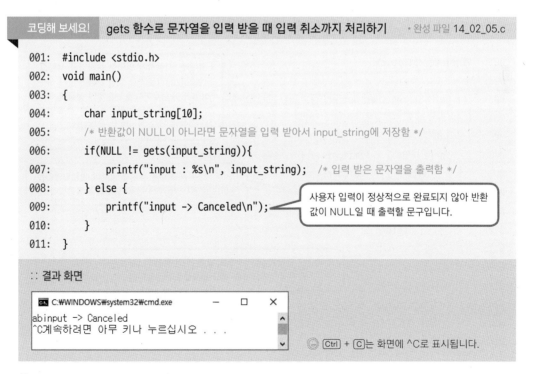

코딩해 보세요! gets 함수로 문자열을 입력 받을 때 입력 취소까지 처리하기 • 완성 파일 14_02_05.c

```c
001:  #include <stdio.h>
002:  void main()
003:  {
004:      char input_string[10];
005:      /* 반환값이 NULL이 아니라면 문자열을 입력 받아서 input_string에 저장함 */
006:      if(NULL != gets(input_string)){
007:          printf("input : %s\n", input_string);   /* 입력 받은 문자열을 출력함 */
008:      } else {
009:          printf("input -> Canceled\n");
010:      }
011:  }
```

사용자 입력이 정상적으로 완료되지 않아 반환값이 NULL일 때 출력할 문구입니다.

:: 결과 화면

```
C:\WINDOWS\system32\cmd.exe          —    □    ×
abinput -> Canceled
^C계속하려면 아무 키나 누르십시오 . . .
```

☺ Ctrl + C 는 화면에 ^C로 표시됩니다.

◎ 위 예제에서도 번역할 때 gets 함수가 없다고 오류가 나면 6행을 'if(NULL != fgets(input_string, 10, stdin))'과 같이 fgets 함수를 사용하여 변경하면 됩니다.

gets 함수에서 키 입력 횟수 제한하기

gets 함수는 입력 받은 문자열의 개수를 제한하는 기능이 없기 때문에 자신이 예상한 길이보다 더 긴 문자열이 입력되는 경우에 프로그램이 비정상적으로 종료됩니다. 즉 앞의 예제에서 input_string 배열에 문자를 9개까지만 저장할 수 있기 때문에 사용자가 문자를 10개 이상 입력한 뒤 Enter 키를 누르면 오류가 발생합니다. 이렇게 사용자가 실수할 때마다 프로그램이 오류로 종료된다면 그 프로그램은 신뢰를 잃게 될 것입니다.

☺ fgets 함수는 두 번째 매개변수를 사용하여 사용자가 입력하는 문자열의 개수를 제한하기 때문에 예상한 길이보다 길게 입력되는 문자열을 처리할 수 있습니다.

이 문제는 gets 함수 자체의 한계 때문에 발생하는 문제라서 다른 대안이 필요합니다. 물론 C 언어 개발 환경을 지원하는 회사(예를 들어 Microsoft)에서 대안이 되는 함수나 기술을 제공하기도 하지만, 매번 개발 환경에 의존하는 것은 프로그래밍 실력 향상에도 도움이 되지 않습니다. 이 문제는 gets 함수 안에서 문자열을 입력 받는 과정에서 발생하기 때문에 gets 함수의 소스 코드를 변경하지 않고는 해결할 수 없습니다. 그런데 gets 함수는 표준 입력 함수이기 때문에, 이미 만들어져 있는 gets 함수의 소스 코드를 프로그래머가 변경할 수는 없습니다. 따라서 gets 함수와 비슷한 함수를 프로그래머가 직접 만들어서 이 문제를 해결해야 합니다.

다음 예제는 문자를 한 개씩 입력 받아 처리하는 getchar 함수를 사용하여 마치 gets 함수처럼 문자열을 처리함으로써 이 문제를 해결했습니다.

코딩해 보세요! **문자열을 입력 받을 때 키 입력 횟수 제한하기** • 완성 파일 14_02_06.c

```
001:  #include <stdio.h>
002:
003:  int GetMyString(char buffer[ ], int limit)
004:  {
005:      int i;
006:      for(i = 0; i < limit; i++) {   /* 최대 개수만큼 반복함 */
007:          buffer[i] = getchar();
008:          if(buffer[i] == '\n') {
009:              buffer[i] = 0;   /* [Enter] 키 위치에 0을 넣어서 문자열을 완성함 */
010:              return 1;   /* 정상적으로 입력이 완료됨 */
011:          }
012:      }
013:      buffer[i] = 0;
014:      rewind(stdin);   /* 표준 입력 버퍼에 남아 있는 문자들을 제거함 */
015:      return 0;   /* 입력 초과 현상이 발생했음을 알림 */
016:  }
017:
018:  void main()
```

> buffer는 사용자가 입력한 문자열을 저장할 배열이며 limit는 최대 입력 가능한 문자 개수입니다. 이 함수가 1을 반환하면 정상 입력되었다는 뜻이고, 0을 반환하면 너무 길게 입력해서 제한된 개수만 받았다는 뜻입니다.

> Enter 키가 체크되면 사용자 입력이 완료되었다는 뜻이므로 문자열을 완성한 뒤 함수를 종료합니다.

> 반복문을 빠져나왔다는 뜻은 입력 개수 제한을 초과했다는 뜻이므로 현재 위치에 0을 넣고 문자열을 완성합니다.

```
019:  {
020:      char temp[10];
021:      int state;
022:      /* 사용자에게 최대 9개까지만 입력 받겠다고 제한함 */
023:      state = GetMyString(temp, 9);
024:
025:      if(state == 1) printf("input : %s\n", temp); /* 정상 입력함 */
026:      else printf("input : %s -> out of range\n", temp); /* 범위를 초과함 */
027:  }
```

:: 결과 화면

```
C:\WINDOWS\system32\cmd.exe                    —    □    ×
tipssoft.com   [Enter] 입력
input : tipssoft. -> out of range
계속하려면 아무 키나 누르십시오 . . .
```

이렇게 GetMyString 함수를 직접 만들어 사용하면 사용자의 입력 개수를 명시적으로 제한
하여 프로그램이 비정상적으로 종료되는 상황을 막을 수 있습니다.

> **알아두면 좋아요! SDL 옵션을 선택했을 때 gets 함수를 사용하는 방법**
>
> 프로젝트를 만들 때 'SDL(Security Development Lifecycle)' 검사 항목을 선택하면 기본 런타임
> 함수를 사용할 때 이름 끝에 _s를 붙여서 사용해야 하고 함수의 사용법도 달라집니다. 따라서 gets 함수
> 대신 gets_s 함수를 사용해야 정상적으로 컴파일됩니다. 하지만 초보 프로그래머인 여러분이 이 옵션을
> 다룰 일은 거의 없으며, 이 책에서 프로젝트를 만들 때는 SDL 옵션을 해제하므로 gets로 사용해도 오류
> 가 발생하지 않습니다.

14-3 문자열을 정수로 변환하기

문자열을 정수로 변환해 사용하기

gets 함수를 사용하다 보면 오류는 아니지만 또 다른 불편함이 있습니다. gets 함수가 문자열을 입력 받는 함수이기 때문에 "12345"와 같이 숫자 형태로 입력하더라도 정수가 아닌 문자열로 인식합니다. 이렇게 문자열로 인식하면 산술 연산을 할 수 없겠죠. 예를 들어 사용자에게 두 개의 숫자를 gets 함수로 입력 받고 그 숫자를 합산해서 출력하는 프로그램을 만들 경우, 입력 받은 두 숫자가 문자열이기 때문에 합산을 할 수 없다는 뜻입니다.

> 오류 발생! 문자열은 정수형 변수에 대입할 수 없습니다.

```
int data = "12345";
```

> 오류 발생! 문자열 간의 덧셈 연산은 불가능합니다.

```
"12345" + "100"
```

따라서 gets 함수로 입력 받은 값을 가지고 덧셈 연산을 하려면 문자열을 정수 값으로 변환해서 사용해야 합니다.

1단계: 아스키코드 표를 이용해 문자열을 정수로 변환하기

문자열을 정수 값으로 변환하는 방법은 의외로 간단합니다. 컴퓨터에서 사용하는 문자들을 숫자와 연결시켜 주는 아스키코드 표에서 숫자는 '0'부터 '9'까지 순차적으로 나열되어 있습니다. 각 문자로 된 숫자의 아스키코드 값을 확인해 보면 문자 '0'이 48, 문자 '1'이 49, 문자 '2'가 50, 문자'3'이 51… 의 순서로 되어 있습니다. 따라서 문자로 된 숫자의 시작 값인 문자 '0'의 아스키코드 값을 각 숫자 형식의 문자에서 빼면 정수 형태의 숫자 값으로 바뀌게 됩니다.

ⓒ 아스키코드 표는 03-2에서 볼 수 있습니다.

```
'0' - '0'  ⟹  48 - 48  ⟹  0   : 문자 '0'이 숫자 0으로 변환
'1' - '0'  ⟹  49 - 48  ⟹  1   : 문자 '1'이 숫자 1로 변환
'2' - '0'  ⟹  50 - 48  ⟹  2   : 문자 '2'가 숫자 2로 변환
'3' - '0'  ⟹  51 - 48  ⟹  3   : 문자 '3'이 숫자 3으로 변환
```

"123"이라는 문자열을 숫자 123으로 변환하고 싶다면 문자 '1', '2', '3'을 하나씩 숫자로 변환하고 각 숫자를 100의 자리, 10의 자리, 1의 자리에 맞춰서 123으로 재구성해야 합니다. 먼저 문자 형식의 숫자 '1', '2', '3'을 앞에서 설명한 방법으로 숫자로 만듭니다.

```
'1'-'0', '2'-'0', '3'-'0'  ➡  1, 2, 3
```

그다음으로 1은 100의 자릿수이기 때문에 100을 곱하고 2는 10의 자릿수이기 때문에 10을 곱하고 3은 1의 자릿수이기 때문에 1을 곱해서 이 수들을 합산하면 123이 됩니다.

```
('1'-'0') × 100 + ('2'-'0') × 10 + ('3'-'0') × 1 = 1 × 100 + 2 × 10 + 3 = 123
```

이 작업을 그림으로 그려 보면 다음과 같습니다.

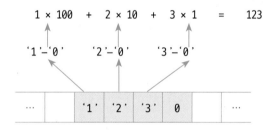

이제 위와 같은 기능을 소스 코드로 직접 구성해 봅시다.

코딩해 보세요! **문자열 형식의 숫자를 정수로 변환하기**　　　　• 완성 파일 14_03_01.c

```c
001:  #include <stdio.h>
002:  void main()
003:  {
004:      /* pos_num은 각 자릿수에 곱할 숫자, num은 정수로 변환될 숫자를 저장할 변수 */
005:      int pos_num = 100, num = 0, i, temp_num;
006:      /* 정수로 변환할 문자열 */
007:      char num_string[4] = "123";
008:
009:      for(i = 0; i < 3; i++) {
010:          /* 배열의 각 항목을 문자에서 정수로 변경함 */
011:          temp_num = num_string[i] - '0';
012:          /* 정수화된 숫자에 자릿수에 해당하는 숫자를 곱해서 합산함 */
```

```
013:         num = num + temp_num * pos_num;
014:         /* 다음 자릿수를 구성하기 위해 10을 나눔. 100 -> 10 -> 1 */
015:         pos_num = pos_num / 10;
016:     }
017:     /* 변환된 정수 값을 %d를 사용해서 출력함 */
018:     printf(" %s -> %d\n", num_string, num);
019: }
```

:: 결과 화면

```
C:\WINDOWS\system32\cmd.exe          —    □    ×
123 -> 123
계속하려면 아무 키나 누르십시오 . . .
문자열  정수
```

num_string에 저장되어 있는 문자열 "123"을 정수 123으로 변경하려면 반복문을 사용하여 배열의 각 요소에 들어 있는 문자를 숫자로 만들어주어야 합니다. 문자를 숫자로 만들려면 num_string[i]에 저장된 문자 값에서 '0' 값을 빼면 됩니다. 그리고 문자를 숫자로 변경하면서 현재 자릿수에 해당하는 값을 가지고 있는 pos_num을 곱해서 num이라는 변수에 합산하는 형식으로 작업을 진행하면 최종적으로 num에 정수 값 123이 저장됩니다.

하지만 이 예제처럼 코드를 구성하면 딱 3자리로 구성된 문자열만 숫자로 변환할 수 있습니다. 좀 더 다양한 길이의 문자열("1234", "56", …)을 숫자로 만들려면 자릿수와 반복 횟수를 고정하면 안 됩니다. 그래서 다음 예제처럼 문자열의 길이를 구해서 자릿수와 반복 횟수로 사용하면 다양한 문자열을 숫자로 만들 수 있습니다.

코딩해 보세요! 길이 제한 없이 문자열 형식의 숫자를 정수로 변환하기(1)　·완성 파일 14_03_02.c

```
001: #include <stdio.h>
002: #include <string.h>    /* 문자열 길이를 구하는 strlen 함수를 포함하는 헤더 파일*/
003: void main()
004: {
005:     int pos_num = 1, num = 0, i, count;
006:     char num_string[4] = "123";
007:     /* 문자열의 길이를 구해서 count 변수에 저장하면 count에 3이 저장됨 */
008:     count = strlen(num_string);
009:     /* 문자열의 길이보다 1만큼 작게 반복해야 함 */
```

```
010:        for(i = 0; i < count - 1; i++) pos_num = pos_num * 10;
011:        /* 문자열의 길이만큼 반복함 */
012:        for(i = 0; i < count; i++) {
013:            num = num + (num_string[i]-'0') * pos_num;
014:            pos_num = pos_num / 10;
015:        }
016:        printf(" %s -> %d\n", num_string, num);
017: }
```

> 문자열의 길이가 3일 때 10*10*10=1000이
> 아니라 10*10을 해서 100이 되어야 합니다.
> 반복 1회마다 10씩 증가합니다. (pos_num 값
> 의 변화: 1→10→100)

:: 결과 화면

```
C:\WINDOWS\system32\cmd.exe       —    □    ×
123 -> 123
계속하려면 아무 키나 누르십시오 . . .
```
문자열   정수

숫자 형식의 문자열을 정수로 만드는 좀 더 간단한 표현

지금까지 본 예제는 자릿수에 곱할 숫자를 미리 구성하고 변환하는 방식을 사용했기 때문에
코드가 좀 복잡합니다. 자릿수에 곱할 숫자를 미리 구성하지 않고 문자열 순서대로 각 문자를
정수로 만들면서 명령을 반복할 때마다 10을 곱하면 결국 같은 결과 값을 얻을 수 있습니다.
수학 식으로 표현해 보면 두 수식의 결과 값은 같습니다.

```
1 × 100 + 2 × 10 + 3 × 1                /* 기존에 사용한 연산 방식 */
1 × 100 → 100 + 2 × 10 → 120 + 3        /* 반복에 따른 값의 변화 */
```

⬇

```
((1 × 10) + 2) × 10 + 3                 /* 새롭게 사용할 연산 방식 */
1 → 1 × 10 + 2 → 12 × 10 + 3            /* 반복에 따른 값의 변화 */
```

새롭게 사용할 방식은 배열의 각 요소 값을 계산할 때 별도의 자릿수 값을 곱하는 것이 아니라
일정하게 10을 곱해서 사용하기 때문에 문자열의 길이도 계산할 필요가 없습니다.

```
001:  #include <stdio.h>
002:  void main()
003:  {
004:      int num = 0, count = 0;
005:      char num_string[4] = "123";
006:      /* 문자열이 끝날 때까지 반복함 */
007:      while(num_string[count] != 0) {
008:          num = num * 10 + (num_string[count] - '0');
009:          count++;    /* 다음 문자로 이동함 */
010:      }
011:      printf(" %s -> %d\n", num_string, num);
012:  }
```

> 반복할 때마다 이전 값에 10을 곱해서 자릿수를 증가시킵니다.
> (num 값의 변화: 1 → 0*10+1 → 1*10+2 → 12*10+3 → 123)

:: 결과 화면

```
C:\WINDOWS\system32\cmd.exe        —    □    ×
123 -> 123
계속하려면 아무 키나 누르십시오 . . .
```
문자열   정수

이렇듯 프로그래밍을 하다 보면 약간의 생각 전환을 통해서 소스 코드가 간결하게 변경되는 경우가 있습니다. 이런 생각을 좀 더 잘하려면 프로그램을 많이 작성해 보는 것도 좋지만 알고리즘(Algorism)이나 오토마타(Automata) 같은 이론을 공부하는 것이 더 좋습니다.

2단계: 숫자 형식의 문자열을 처리하는 함수 만들기

숫자 형태로 구성된 문자열을 정수로 바꾸는 함수는 사용 빈도가 높습니다. 그래서 함수로 구성해 놓고 프로그램에서 사용하는 것이 좋습니다. 다음 코드는 gets 함수를 사용하여 사용자에게 두 개의 숫자를 입력 받아서 합산하는 예제입니다.

gets 함수를 사용하여 두 개의 숫자를 입력 받아 합산하기   • 완성 파일 14_03_04.c

```c
001:  #include <stdio.h>
002:  int ArrayToInteger(char string[ ])        문자열을 정수로 바꾸는 함수입니다.
003:  {
004:      int count = 0, num = 0;
005:      /* 문자열이 끝날 때까지 반복함 */
006:      while(string[count] != 0) {
007:          /* 반복할 때마다 이전 값에 10을 곱해서 자릿수를 증가시킴 */
008:          num = num * 10 + string[count] - '0';
009:          count++; /* 다음 문자로 이동 */
010:      }
011:      return num;
012:  }
013:
014:  void main()
015:  {
016:      int first_num, second_num;
017:      char first_string[16], second_string[16];
018:
019:      printf("input first number : ");
020:      gets(first_string);   /* 첫 번째 문자열을 입력 받음 */
021:      printf("input second number : ");
022:      gets(second_string);   /* 두 번째 문자열을 입력 받음 */
023:
024:      first_num = ArrayToInteger(first_string);   /* 문자열 -> 정수 */
025:      second_num = ArrayToInteger(second_string);   /* 문자열 -> 정수 */
026:      /* 정수로 변환된 두 수를 합산한 결과 값을 출력함 */
027:      printf("%d + %d = %d\n", first_num, second_num, first_num + second_num);
028:  }
```

:: 결과 화면

```
C:\WINDOWS\system32\cmd.exe        —    □    ×
input first number : 25  [Enter] 입력
input second number : 157  [Enter] 입력
25 + 157 = 182
계속하려면 아무 키나 누르십시오 . . .
```

위 예제는 사용자가 숫자를 입력할 때 너무 길게 입력하면 오류가 발생할 수 있기 때문에 gets
함수 대신 앞에서 만든 GetMyString 함수를 사용해서 입력 개수를 제한하는 것이 더 좋습니다.

그런데 이 예제에서 gets 함수 대신에 fgets 함수를 사용하면 문자열 끝에 '\n'이 추가되기 때문에 정상적인 결과가 나오지 않습니다. 왜냐하면 6행에서 string[count] 값이 문자열 끝을 의미하는 NULL 문자 0과 같을 때까지 반복하기 때문에 '\n'도 숫자로 처리되어 버립니다. 따라서 fgets 함수로 사용하려면 6행을 다음과 같이 수정해야 합니다.

```
while(string[count] != 0 && string[count] != '\n') {
```

이렇게 하면 string[count] 값이 0이나 '\n'과 같을 때 중단되기 때문에 '\n' 문자가 숫자로 변환되어 문제가 해결됩니다.

3단계: atoi 함수를 사용하여 문자열을 정수로 변환하기

앞에서 만든 ArrayToInteger 함수는 C 언어 표준 라이브러리에서 제공하는 atoi 함수와 같은 기능을 수행합니다. ArrayToInteger 함수를 굳이 직접 만들지 않고 atoi 함수를 사용해서 작업해도 되는 것이죠. 그런데 atoi 함수를 바로 소개하지 않고 이렇게 단계적으로 설명하는 이유는 이렇게 작은 기능들을 하나씩 직접 구현해 봐야 프로그래밍 실력이 좋아지기 때문입니다.

이제 위 예제에서 ArrayToInteger 함수 대신에 atoi를 사용하도록 재구성해 보겠습니다. atoi 함수는 stdlib.h 파일에 함수의 원형이 정의되어 있으므로 이 함수를 사용하려면 stdlib.h 파일을 해당 소스 파일에 include해야 합니다.

코딩해 보세요! **atoi 함수를 사용하여 두 개의 숫자를 입력 받아 합산하기** • 완성 파일 14_03_05.c

```
001:  #include <stdio.h>
002:  #include <stdlib.h>        /* atoi 함수를 사용하기 위해 포함시킴 */
003:  void main()
004:  {
005:      int first_num, second_num;
006:      char first_string[16], second_string[16];
007:
```

```
008:     printf("input first number : ");
009:     gets(first_string);   /* 첫 번째 문자열을 입력 받음 */
010:     printf("input second number : ");
011:     gets(second_string);   /* 두 번째 문자열을 입력 받음 */
012:
013:     first_num = atoi(first_string);   /* 문자열 -> 정수 */
014:     second_num = atoi(second_string);   /* 문자열 -> 정수 */
015:     /* 정수로 변환된 두 수를 합산한 결과 값을 출력함 */
016:     printf("%d + %d = %d\n", first_num, second_num, first_num + second_num);
017: }
```

:: 결과 화면

```
C:\WINDOWS\system32\cmd.exe      —    □    ×
input first number : 25   [Enter] 입력
input second number : 157   [Enter] 입력
25 + 157 = 182
계속하려면 아무 키나 누르십시오 . . .
```

14-4 표준 입력 함수 scanf

만능 표준 입력 함수 scanf

일반적으로 C 언어 책에서 표준 입력 함수 소개가 비교적 앞 부분에 나오는 데 반해 이 책은 배열과 포인터를 배운 뒤에 소개하고 있습니다. 그 이유는 문자열을 다루기 위해서는 배열을 알아야 하고 이제부터 배울 scanf 함수를 제대로 이해하려면 포인터를 알아야 하기 때문입니다.

표준 입력 함수인 scanf는 scan format을 줄인 이름입니다. 앞에서 배운 getchar 함수는 하나의 문자를 입력 받는 함수이고 gets 함수는 문자열을 입력 받는 함수입니다. 그런데 이 scanf 함수는 다양한 키워드를 사용하여 문자·문자열뿐만 아니라 정수·실수까지 모두 입력 받을 수 있도록 형식화된 입력을 제공합니다. 형식화된 입력이란 자신이 입력 받을 데이터의 종류, 자릿수, 입력 형식 같은 것을 지정할 수 있다는 뜻입니다. 이 함수가 입력 형식으로 사용하는 형식 지정 키워드는 printf 함수에서 사용하는 것과 같습니다.

> 🄖 scanf 함수를 사용하면 문자열을 정수로 변환하는 atoi 함수를 사용할 필요가 없습니다. 또한 printf 함수처럼 %03d, %3.1f 같은 형식으로 데이터를 입력 받을 수 있습니다.

키워드	%d	%hd	%f	%lf	%c	%s
입력 형식	정수 (int)	정수 (short int)	실수 (float)	실수 (double)	문자	문자열

scanf 함수를 사용하는 기본 형태는 다음과 같습니다.

```
int data;
scanf("%d", &data);
```
입력 형식 지정 키워드　　입력 받은 값을 저장할 변수의 주소

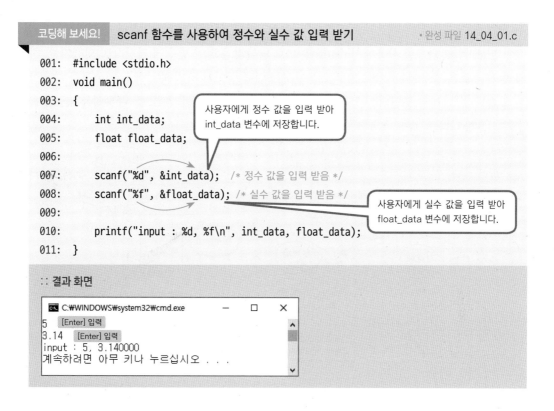

코딩해 보세요! **scanf 함수를 사용하여 정수와 실수 값 입력 받기** • 완성 파일 14_04_01.c

```
001:  #include <stdio.h>
002:  void main()
003:  {
004:      int int_data;
005:      float float_data;
006:
007:      scanf("%d", &int_data);   /* 정수 값 입력 받음 */
008:      scanf("%f", &float_data); /* 실수 값 입력 받음 */
009:
010:      printf("input : %d, %f\n", int_data, float_data);
011:  }
```

사용자에게 정수 값을 입력 받아 int_data 변수에 저장합니다.

사용자에게 실수 값을 입력 받아 float_data 변수에 저장합니다.

:: 결과 화면

```
C:₩WINDOWS₩system32₩cmd.exe          —  □  ×
5  [Enter] 입력
3.14  [Enter] 입력
input : 5, 3.140000
계속하려면 아무 키나 누르십시오 . . .
```

1분 퀴즈 **14-2** 정수 두 개를 입력 받아 더한 후 그 값을 출력하는 프로그램을 작성해 보세요.

정답 이지스퍼블리싱 홈페이지 참고 자료실 운영

scanf 함수에서 & 연산자를 사용하는 이유

getchar 함수는 한 번에 한 개의 값을 입력 받습니다. 따라서 함수 안에서 입력 받은 값을 return문으로 반환하여 변수에 저장한 후 사용할 수 있습니다. 반면에 scanf 함수는 한 번의 함수 호출로 여러 개의 값을 입력 받을 수 있도록 만들어졌기 때문에 포인터가 꼭 필요합니다.

그런데 입력 값을 여러 개 받으려면 왜 포인터가 필요한 걸까요? 이해를 돕기 위해 scanf 함수를 사용하여 두 개의 값을 동시에 입력 받는 예제를 살펴보겠습니다.

"scanf는 포인터 기술을 사용하여 값을 반환한다."

```
int num1, num2;
scanf("%d %d", &num1, &num2);
```

첫 번째 %d는 num1 변수와 짝이 되고 두 번째 %d는 num2 변수와 짝을 이룹니다.

두 개의 정수 값을 입력 받아 num1 변수와 num2 변수에 저장한다고 생각해 봅시다. 한 개의 값이면 getchar 함수를 사용해서 return문으로 반환값을 받아 변수에 저장하면 되겠지요. 하지만 지금 같은 경우에는 여러 개의 값을 동시에 입력 받아야 하기 때문에 return문을 사용할 수 없습니다. 그래서 포인터를 통해 입력 값을 저장할 두 변수의 '주소'를 활용하는 scanf 함수가 필요합니다.

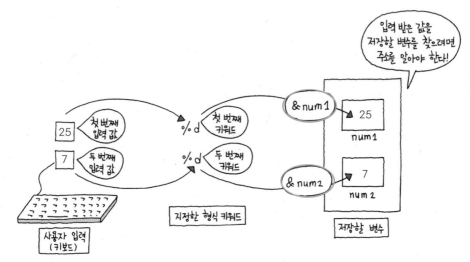

포인터를 사용하여 입력 받은 값을 변수에 저장할 수 있습니다.

& 연산자를 사용하여 사용자가 입력한 값을 저장할 변수의 주소를 넘겨주면 scanf 함수는 해당 주소를 사용하여 입력 형식 키워드(%d, %f, …)에 맞게 입력 값을 해당 변수에 넣어 줍니다. 예를 들어 입력 형식 키워드에 %d를 적었다면 사용자가 키보드로 입력한 값을 정수 값으로 변환해서 scanf 로 전달된 주소에 저장한다는 뜻입니다.

◎ 이 내용이 이해가 가지 않는다면 13장 포인터를 다시 공부하기 바랍니다.

scanf 함수에서 입력된 값을 구분하는 방법

scanf 함수도 표준 입력 함수이기 때문에 [Enter] 키를 눌러야 입력이 끝납니다. 하지만 위의 예처럼 사용자가 한 번에 여러 개의 데이터를 입력할 수 있습니다. 이때 입력 값의 구별은 [Enter] 키로도 할 수 있고 공백(Space) 문자로도 가능합니다. 앞의 예제(14_04_01.c)를 실행해 숫자를 입력할 때 다음 두 가지 형식으로 입력할 수 있으며 두 경우 모두 num1 변수에는 정수 값 5가 입력되고 num2 변수에는 정수 값 3이 입력됩니다.

Enter 키를 사용하여 구분하기	공백을 사용하여 구분하기
5 Enter 3 Enter	5∧3 Enter

그리고 이 함수는 특별한 값 없이 Enter 키나 공백 문자가 여러 개 입력되면 그 입력은 무시해 버리고 실제 정보를 기준으로 입력을 받아들입니다. 따라서 다음과 같이 입력하더라도 num1에는 정수 값 5가 입력되고 num2에는 정수 값 3이 입력됩니다.

Enter 키를 사용하여 구분하기	공백을 사용하여 구분하기
5 Enter Enter Enter 3 Enter	5⌒3 Enter 1개의 공백으로 처리함

scanf 함수로 문자열을 입력 받을 때 주의할 점

scanf 함수가 Enter 키와 공백 문자를 사용하여 입력을 구분하다 보니 문자열을 입력할 때 중간에 공백이 들어가면 자신이 원하는 문자열을 다 입력 받지 못하는 문제가 발생하기도 합니다. 예를 들어 사용자에게 집 주소를 입력 받기 위해 소스 코드를 구성했다고 생각해 봅시다. 집 주소는 보통 공백을 포함하기 때문에 잘못하면 집 주소의 첫 단어만 입력 받게 될 수도 있습니다. 즉 집 주소를 "서울시 광진구 자양동"이라고 입력하면 "서울시"만 입력 받고 "광진구 자양동"은 입력 버퍼에 남게 됩니다.

코딩해 보세요! scanf 함수를 사용하여 문자열 입력 받기 · 완성 파일 14_04_02.c

```
001: #include <stdio.h>
002: void main()
003: {
004:     char temp[32];
005:     scanf("%s", temp);   /* 문자열을 입력 받음 */
006:     printf("input string : %s \n", temp);   /* 입력 받은 문자열을 출력함 */
007: }
```

:: 결과 화면

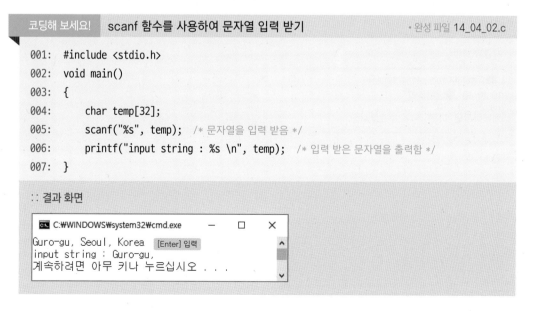

```
C:\WINDOWS\system32\cmd.exe                 —    □    ×
Guro-gu, Seoul, Korea  [Enter] 입력
input string : Guro-gu,
계속하려면 아무 키나 누르십시오 . . .
```

앞 예제의 scanf 함수는 %s 키워드를 사용했기 때문에 사용자의 입력 데이터를 문자열로 처리합니다. 그런데 사용자가 문자열을 입력할 때 "Guro-gu, Seoul, Korea"와 같이 중간에 공백을 포함시켜 입력하면 첫 번째 공백까지를 한 개의 문자열로 생각하기 때문에 temp 배열에는 "Guro-gu"까지만 저장됩니다. 그리고 처리되지 않은 "Seoul, Korea Enter"는 입력 버퍼에 그대로 남게 되고 다음 표준 입력 함수에 영향을 줍니다. 따라서 사용자가 입력하는 문자열에 공백이 포함된다면 scanf 대신에 gets 함수를 사용하는 것이 더 좋습니다.

> 이 예제에서 scanf 함수를 사용할 때 배열 변수 temp 앞에는 & 연산자를 쓰지 않았습니다. 배열 변수 이름을 사용하면 이름 자체가 해당 배열의 시작 주소를 의미하기 때문입니다. 배열과 포인터의 관계는 15장에서 더 자세하게 알아보겠습니다.

공백 문자로 구분해서 여러 개의 정보 입력 받기

printf 함수처럼 scanf 함수도 정수를 사용할 때 8진법(%o), 10진법(%d), 16진법(%x)을 구별해서 사용할 수 있습니다. 소스 코드에서는 진법을 사용할 때 8진수 앞에 0을 붙이고 16진수 앞에 0x를 붙여서 사용하지만 사용자가 키보드로 입력할 때는 0이나 0x를 붙여서는 안 됩니다.

> 8진법은 숫자 %0이 아닌 %o임에 유의하세요.

코딩해 보세요! **공백 문자로 구분해서 scanf 함수로 8, 10, 16진수 입력 받기** · 완성 파일 14_04_03.c

```
001:  #include <stdio.h>
002:  void main()
003:  {
004:      int num1, num2, num3;
005:      scanf("%o %d %x", &num1, &num2, &num3); /* 8, 10, 16진수 값 입력 받음 */
006:      /* 입력 받은 숫자 값을 10진수로 출력함 */
007:      printf("input : %d, %d, %d \n", num1, num2, num3);
008:  }
```

:: 결과 화면

```
C:\WINDOWS\system32\cmd.exe          —    □    ×
10 10 10  [Enter] 입력
input : 8, 10, 16
계속하려면 아무 키나 누르십시오 . . .
```

scanf 함수는 입력 형식 키워드와 자료형이 일치해야 한다

printf 함수는 변수의 값을 전달 받아 사용자가 지정한 형식(Format)에 맞게 출력하는 방식으로 구성된 함수입니다. 따라서 정수를 받는 %d 키워드를 사용하면 변수의 자료형과 상관없이 10진수로 변수의 값을 출력합니다. 하지만 scanf 함수는 & 연산자를 사용하여 변수의 주소를 전달 받는 방식이기 때문에 %d 키워드를 사용하면 반드시 정수 자료형인 int형 변수를 사용해야 합니다.

```
char data1 = 5;
short data2 = 6;
int data3 = 7;
printf("%d %d %d", data1, data2, data3);     /* 화면에 정상적으로 5 6 7이 출력됨 */
scanf("%d %d %d", &data1, &data2, &data3);   /* 번역할 때 오류는 없지만 실행할 때 문제가 발생함 */
           입력 키워드와 자료형이 다름
```

scanf 함수에서 %d 키워드를 사용하면 함수 내부적으로 int *형 포인터를 사용해 사용자의 입력 값을 처리합니다. 그래서 scanf 함수로 입력 받은 값을 저장할 변수의 자료형에 char나 short처럼 int보다 작은 크기를 지정하면 원하지 않는 메모리를 사용하게 되어 실행할 때 오류가 발생하게 됩니다(%x와 %o도 %d와 마찬가지로 int *로 처리됩니다).

{✎} **김성엽의 프로그래밍 노트** **입력 키워드와 자료형이 다를 때 scanf 함수는 어떻게 동작할까요?**

위 예시에서 자료형이 일치하지 않는 data2 변수의 주소가 전달되는 과정을 살펴보면 다음과 같습니다. 이 작업은 프로그래머가 하는 것이 아니고 scanf 함수 내부가 이렇게 동작한다는 것을 설명하기 위해 적은 예시 코드입니다.

```
short data2;
int *p = (int *)&data2;   /* 포인터 p는 data2 변수의 시작 주소를 가짐 */
*p = 0x12345678;          /* p 변수에 저장된 주소로 가서 0x12345678 값을 저장함 */
```

scanf 함수는 내부적으로 void *형로 입력을 처리하기 때문에 어떤 주소 형식이 오더라도 다 받을 수 있습니다. %d를 사용하면 int *형으로 받고, %c를 사용하면 char *형으로 받는 것이죠. 즉 scanf 함수는 어떤 자료형의 변수 주소가 전달되어도 모두 저장할 수 있기 때문에 프로그래머가 신경 써서 형 변환을 해주지 않아도 됩니다.

data2의 시작 주소   할당되지 않은 공간을 사용

| ... | 0x78 | 0x56 | 0x34 | 0x12 | ... |

*p

앞의 코드와 그림을 보면 data2 변수의 크기가 2바이트인데 data2 변수의 주소를 저장한 포인터 변수 p는 4바이트 크기의 대상을 가리킵니다. 따라서 p 변수에 저장된 주소에 0x12345678 값을 대입하면 data2 변수의 범위를 벗어나서 할당되지 않은 공간에도 값이 저장되는 문제가 발생합니다.

scanf 함수를 사용할 때는 입력 형식 키워드와 입력 받는 자료형이 일치해야 함을 꼭 기억하세요!

지금까지 이야기한 내용을 정리하면, scanf 함수는 포인터를 사용하기 때문에 형식을 지정하는 키워드(%d, %c, …)와 변수의 자료형이 맞지 않으면 프로그램에 오류가 발생할 수 있으니 주의해야 합니다.

입력 형식 키워드	변수 자료형
%c	char, unsigned char
%o %d %x	int, unsigned int
%f	float
%lf	double
%s	char *, char [ ]

> **알아두면 좋아요!**   **꼭 short형으로 값을 입력 받고 싶다면?**
>
> short형 데이터에 값을 입력 받고 싶다면 %d가 아니라 %hd 키워드를 사용하여 값을 입력 받아야 합니다 (8진수는 %ho, 16진수는 %hx를 사용하면 됩니다).
>
> ```
> short data;
> scanf("%hd", &data);   /* %hd를 사용하여 2바이트 크기로 값을 입력 받음 */
> ```

scanf 함수 사용할 때 잘못된 사용자 입력 처리하기

scanf 함수를 사용하여 사용자에게 나이를 입력 받는 예제를 작성해 보겠습니다. 나이는 -5 살처럼 음수가 될 수 없고, 200살처럼 너무 많을 수도 없겠죠. 따라서 사용자가 -5 또는 200 과 같은 비정상 값을 입력하면 정상 값을 입력할 때까지 계속해서 입력을 받도록 코드를 구성하겠습니다.

```c
001:  #include <stdio.h>
002:  void main()
003:  {
004:      int num = 0;
005:      /* 정상적인 나이를 입력할 때까지 반복하기 위해 무한 반복을 사용함 */
006:      while(1) {
007:          printf("input age : ");
008:          scanf("%d", &num);   /* 한 개의 정수 값을 입력 받음 */
009:          /* 0보다 크고 130 이하인 숫자만 정상적인 나이로 인정함 */
010:          if(num > 0 && num <= 130) {
011:              break; /* 정상적으로 입력되었기 때문에 반복문을 빠져나감 */
012:          } else {
013:              /* 나이의 범위가 잘못 입력되었다고 알림 */
014:              printf("Incorrect Age!! \n");
015:          }
016:      }
017:      /* 입력된 나이를 확인하기 위해 출력함 */
018:      printf("your age : %d \n", num);
019:  }
```

:: 결과 화면

```
C:\WINDOWS\system32\cmd.exe          —    □    ×
input age : -5  [Enter] 입력
Incorrect Age!!
input age : 200  [Enter] 입력
Incorrect Age!!
input age : 25  [Enter] 입력
your age : 25
계속하려면 아무 키나 누르십시오 . . .
```

잘못된 값인 '-5'가 입력되는 과정을 그림으로 그려 보면 다음과 같습니다.

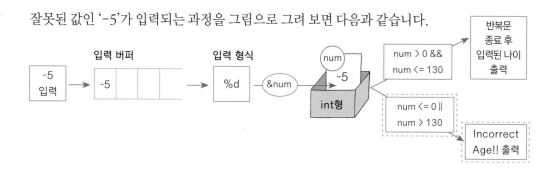

앞의 코드는 정상으로 보이지만 사실 치명적인 오류를 포함하고 있습니다. 만약 사용자가 실수로 나이에 "abc"라고 입력하면 다음과 같이 'Incorrect Age!!' 메시지를 무한 반복으로 출력합니다.

```
input age : abc [Enter]
Incorrect Age!!
Incorrect Age!!
… 무한 반복 …
```

이러한 현상이 발생하는 이유는 %d를 사용했는데 정수 형태의 숫자 패턴이 입력되지 않고 문자열이 입력되었기 때문입니다. scanf 함수가 입력을 오류로 처리하면 입력 버퍼에 저장되어 있는 "abc [Enter]"를 그대로 두고 오류 값 0을 반환합니다. 그리고 처리에 실패했기 때문에 인수로 넘긴 num 값이 0으로 유지되어 (num > 0 && num <= 130) 조건에 의해 'Incorrect Age!!'가 무한 출력되는 것입니다.

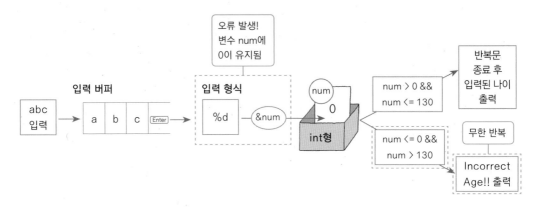

그리고 반복문이 종료되지 않았기 때문에 scanf는 다시 실행하지만 입력 버퍼에는 이전에 입력했던 "abc [Enter]"라는 값이 남아 있습니다. 따라서 사용자에게 다른 데이터를 입력 받지 않고 입력 버퍼에 남아 있는 내용을 다시 사용합니다. 그런데 입력 버퍼에 있는 값은 숫자 패턴이 아니라서 또다시 scanf 함수의 실행은 실패하게 됩니다. 결국 이 실패가 계속 반복되기 때문에 'Incorrect Age!!'만 반복해서 출력하는 것입니다.

이 문제는 사용자의 잘못된 입력으로 scanf 함수가 실패했을 때 입력 버퍼에 저장되어 있는 잘못된 값들을 제거해 주는 코드가 없어서 발생한 것입니다. 따라서 scanf 함수의 실행이 실패했는지를 확인하여 실패했으면 입력 버퍼에 저장된 내용을 rewind 함수로 지워 주면 문제가 해결됩니다.

코딩해 보세요! **scanf 함수를 사용하여 나이 입력 받기(2)** · 완성 파일 14_04_05.c

```
001:  #include <stdio.h>
002:  void main()
```

```
003:    {
004:        int num = 0;
005:        /* 정상적인 나이를 입력할 때까지 반복하기 위해 무한 반복을 사용함 */
006:        while(1) {
007:            printf("input age : ");
008:            /* scanf 함수는 실행에 실패하면 0을 반환함 */
009:            if(scanf("%d", &num) == 0) {
010:                rewind (stdin);   /* 입력 버퍼를 모두 비움 */
011:                printf("[Enter] digit number!! \n");
012:            } else {
013:                /* 0보다 크고 130 이하인 숫자만 정상적인 나이로 인정함 */
014:                if(num > 0 && num <= 130) {
015:                    break; /* 정상적으로 입력되었기 때문에 반복문을 빠져나감 */
016:                } else {
017:                    /* 나이의 범위가 잘못 입력되었다고 알림 */
018:                    printf("Incorrect Age!! \n");
019:                }
020:            }
021:        }
022:        /* 입력된 나이를 확인하기 위해 출력함 */
023:        printf("your age : %d \n", num);
024:    }
```

:: 결과 화면

```
C:\WINDOWS\system32\cmd.exe        —    □    ×
input age : abc  [Enter] 입력
[Enter] digit number!!
input age : -25  [Enter] 입력
Incorrect Age!!
input age : 20  [Enter] 입력
your age : 20
계속하려면 아무 키나 누르십시오 . . .
```

만약 위 예제에서 숫자 패턴도 아니고 문자 패턴도 아닌 "123abc"라고 입력했다면 scanf 함수가 실패하지 않고 정상적으로 처리되면서 num 변수에 정수 값 123이 입력됩니다. 하지만 scanf 함수는 자신에게 필요한 123만 이용해서 숫자 값을 처리하기 때문에 사용하지 않은 "abc Enter" 문자열은 입력 버퍼에 그대로 남겨 둡니다. 따라서 다음번에 호출되는 표준 입력 함수가 있다면 사용자에게 입력을 받지 않고 이 값을 사용하므로 또 다시 무한 반복합니다. 그렇기 때문에 사용자 입력 오류를 정확하게 확인하려면 데이터를 입력 받기 전이나 입력 받은 후에 rewind 함수를 적절하게 사용하여 표준 입력 버퍼를 비우는 것이 좋습니다.

Q1 사용자에게 세 개의 정수 값을 입력 받아서 평균 값을 출력하는 프로그램을 작성하세요.

힌트 입력은 scanf 함수를 사용하고 입력 실수에 대한 예외 처리는 안 해도 됩니다.

Q2 사용자에게 두 개의 문자열을 입력 받은 후에 strcat 함수를 사용하여 두 문자열을 합칩니다.
그리고 합친 문자열을 출력하는 프로그램을 작성하세요. 예를 들어 "abc"와 "def"를 입력 받으면
"abcdef"라고 출력해야 합니다.

힌트 문자열 입력은 fgets 함수를 사용하세요. 문자열 중간에 Enter 가 포함되어서는 안 됩니다.

Q3 사용자가 "kim 80.1 186.5 A 105"라고 입력하면 "이름: kim, 몸무게: 80.1kg, 키:
186.5cm, 혈액형: A형, 심박수: 105회"를 출력하도록 프로그램을 작성하세요.

힌트 입력은 scanf 함수를 사용하고 출력은 printf 함수를 사용하세요.

Q4 성적 처리 프로그램 만들기

세 명의 학생에 대한 학번과 과목별 성적을 입력 받아서 등수를 기준으로 출력하는 성적 처리 프로그램을 작성해 보세요. 입력 형식과 출력 형식은 아래와 같습니다.

〈입력 형식〉

```
1 번째 학생 이름: 홍길동
국어 점수: 50
영어 점수: 60
수학 점수: 40

2 번째 학생 이름: 마재승
국어 점수: 45
영어 점수: 55
수학 점수: 65

3 번째 학생 이름: 김보라
국어 점수: 80
영어 점수: 88
수학 점수: 75
```

〈출력 형식〉

```
------------------------------------
 이름   국어 영어 수학 총점  평균  등수
------------------------------------
김보라   80  88  75  243  81   1등
마재승   45  55  65  165  55   2등
홍길동   50  60  40  150  50   3등
```

힌트 printf, scanf, 배열만 사용해서 성적 처리 프로그램을 만들어야 합니다.

14장 풀이
564쪽

배열과 포인터

배열은 [ ] 연산자를 사용해서 data[3]과 같이 표기하고 포인터는 * 연산자를 사용해서 *data와 같이 표기합니다. 그런데 이 둘을 함께 사용하여 *data[3]과 같이 표기하는 경우가 있는데 이 문법은 배열일까요? 아니면 포인터일까요?

이 장에서는 배열과 포인터의 표기상의 특징을 알아보고 이 두 문법을 섞어서 사용했을 때의 장점을 100% 활용하는 방법을 설명하겠습니다. 그리고 어떤 상황에서 이런 문법을 사용하면 좋은지도 함께 설명하겠습니다.

15-1 배열과 포인터 표기법
15-2 배열 시작 주소
15-3 배열을 사용하는 포인터
15-4 배열과 포인터의 합체

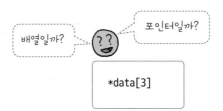

15-1 배열과 포인터 표기법

배열 표기법과 포인터 표기법의 관계

배열은 [ ] 연산자를 사용하여 표현하고 포인터는 * 연산자를 사용하여 나타냅니다. 변수를 선언할 때 변수의 역할이나 특성이 결정되기 때문에 표현 방식의 선

배열	포인터
char data[5];	char *p;

택은 매우 중요합니다. 포인터는 포인터 변수가 가리키는 메모리의 시작 주소를 기준으로 삼고, 배열도 해당 배열이 사용하는 메모리 그룹의 시작 주소를 기준으로 삼습니다.

따라서 두 문법은 표기만 다를 뿐 문법 구조는 비슷합니다. 그래서 다음과 같이 두 문법의 표기법을 바꿔서 사용할 수도 있습니다.

"배열과 포인터는 표기법을 서로 바꿔 사용할 수 있다."

배열
char data[5]; data[1] = 5; /* *(data+1) = 5;는 data[1] = 5;와 같음 */ *(data + 1) = 5;

포인터
char data; char *p = &data; /* data 변수의 주소를 p에 저장함 */ *p = 3; /* p가 가리키는 data 변수에 3을 대입함 */ p[0] = 3; /* *p = 3;과 같음 */

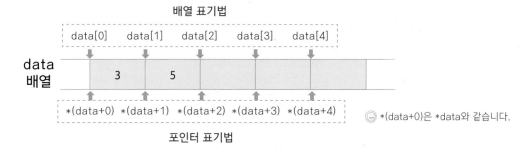

배열 표기법

data
배열

*(data+0)은 *data와 같습니다.

포인터 표기법

1분
퀴즈

**1분
퀴즈** **15-1** 다음처럼 arr 배열이 선언되어 있습니다.

```
char arr[16];
```

아래에서 같은 요소를 나타내는 항목끼리 연결해 보세요.

① arr[4] •   • ⓐ *arr

② arr[0] •   • ⓑ *(arr + 4)

③ arr[15] •   • ⓒ *(arr + 15)

정답 ① - ⓑ, ② - ⓐ, ③ - ⓒ

배열 표기법의 한계

여러분은 'data[2]'라고 적는 것과 '*(data + 2)'라고 적는 것 중에 어떤 것이 더 간단해 보이나요? 배열 표기법인 data[2]가 포인터 표기에 비해 좀 더 간단해 보이기 때문에 배열 표기를 굳이 포인터 표기로 바꿔 사용할 이유가 없다고 생각할 수도 있습니다. 하지만 어떤 문법이든 표기가 간단하다는 뜻은 표현에 제약이 있다는 뜻과 같습니다.

어떤 표현의 제약이 있는지 예를 들어 보겠습니다. 다음과 같이 data라는 1차원 배열을 선언하고 각 요소를 값 0x12345678로 초기화했습니다.

```
int data[2] = {0x12345678, 0x12345678};
```

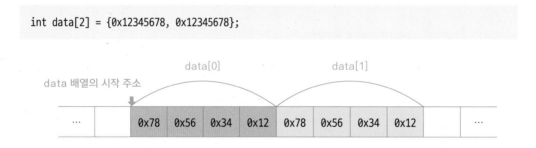

위와 같이 선언한 data 배열에서 data[0] 요소는 총 4바이트로 구성되어 있습니다. 그런데 첫 번째 바이트에 있는 값 0x78을 0x22로 변경하고 싶어서 배열 표기법으로 data[0]에 0x22를 대입하면 어떻게 될까요?

```
data[0] = 0x22;    /* data 배열 항목의 크기가 4바이트이기 때문에 값 0x00000022가 대입됨 */
```

배열 표기법으로 'data[0]'이라고 적으면 4바이트 크기의 메모리를 의미하기 때문에 0x22를 대입한다고 해서 data[0]의 일부 값만 변경되는 것이 아닙니다. 다음 그림처럼 4바이트 값이 모두 변경되어 버려서 data[0]에는 0x00000022 값을 대입한 것과 같습니다.

"배열 표기법은 요소를 구성하는 모든 바이트 값을 한 번에 수정한다."

```
                    data[0]
 ...    │ 0x22 │ 0x00 │ 0x00 │ 0x00 │ 0x78 │ 0x56 │ 0x34 │ 0x12 │    ...
```

배열 표기법 대신 포인터 표기법을 사용하면?

이번에는 배열 표기법 대신 포인터 표기법으로 값 0x22를 대입해 보겠습니다. 앞의 코드를 포인터 표기법으로 변경하면 다음과 같습니다.

```
*(data + 1) = 0x22;   /* data[1] = 0x22;를 포인터 표기법으로 나타냄 */
```

이렇게 변경하면 다음과 같이 * 연산자와 (data+1) 사이에 형 변환(Casting) 문법을 사용할 수 있습니다.

⊙ 형 변환 문법이 기억나지 않는다면 248쪽의 첫째마당 '현장 밀착 취재' Tip 5 를 복습하세요.

```
*(char *)(data + 1) = 0x22;   /* 일시적으로 int *형을 char *형으로 변환함 */
```

data 배열을 int형으로 선언했기 때문에 포인터로 표기법을 변경하면 int *형이 되는데 위처럼 형 변환하면 일시적으로

"포인터 표기법은 배열 항목의 크기와 상관없이 자유롭게 값을 수정할 수 있다."

char * 형으로 변경하겠다는 뜻입니다. int *형이 char *형으로 변경된다는 것은 포인터가 가리키는 대상의 크기가 4바이트에서 1바이트로 변경된다는 의미입니다. 따라서 0x22 값을 대입하면 4바이트 메모리 영역이 변경되는 것이 아니라 1바이트 메모리 영역만 변경됩니다. 즉 다음 그림처럼 data[1] 영역의 첫 1바이트만 0x22 값으로 변경되는 것이죠.

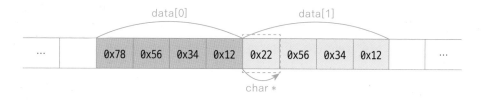

15 • 배열과 포인터 **371**

이처럼 배열 표기법을 사용하면 명령문 자체가 단순해서 보기는 좋지만 좀 더 세밀한 표현을 하는 데는 한계가 있기 때문에 포인터 표기법을 사용하는 것입니다.

{✎} **김성엽의 프로그래밍 노트** **복잡한 수식은 배열 표기를 사용하면 간단해져요!**

포인터 문법은 '*(p+1)'과 같이 두 개의 연산(포인터 연산과 덧셈 연산)이 합쳐 있는 형태입니다. 연산자 우선순위가 * 연산자보다 괄호가 더 높기 때문에 p+1 연산을 수행한 후에 * 연산을 수행합니다. 이처럼 포인터는 명령을 수행하기 위해 연산을 두 번 해야 하고, 연산자 우선순위 때문에 괄호까지 적어야 해서 수식이 복잡하게 보일 수밖에 없습니다.

이렇게 포인터로 구성된 복잡한 수식은 배열로 표기하면 훨씬 직관적이고 코드가 간단해집니다. 배열 표기로 간단하게 바꿔 보기 위해 13장에서 살펴본 예제를 이용하여 설명하겠습니다. 이 예제는 int형으로 선언한 tips 변수의 주소를 1바이트 크기의 대상을 가리키는 포인터 변수 p에 저장합니다.

```
int tips = 0x12345678, sum;
char *p;   /* int형 변수인 tips에 1바이트씩 접근하기 위해 char *형 포인터를 선언함 */
p = (char *)&tips;   /* &tips는 int *형이기 때문에 형 변환을 사용해서 char *로 맞춤 */
sum = *(p + 0) + *(p + 1) + *(p + 2) + *(p + 3);   /* 각 바이트별로 값을 합산함 */
```

이렇게 하면 *p를 사용하여 tips 변수의 값을 1바이트 단위로 구별하여 사용할 수 있습니다. 그래서 tips 변수를 구성하는 4개의 바이트에 저장된 각각의 값을 포인터 변수 p를 이용하여 합산하도록 구성했습니다.

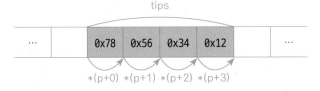

sum=*(p+0)+*(p+1)+*(p+2)+*(p+3);이라고 적은 코드를 배열 표기법으로 변경해 보겠습니다.

```
sum = p[0] + p[1] + p[2] + p[3];
```

프로그래머마다 의견이 다를 수 있지만 포인터 표기법이 여러 번 사용된 문장을 배열 표기법으로 바꾸면 문장이 단순해지는 것은 분명합니다. 하지만 많은 프로그래머가 표기법을 보고 배열 변수로 선언되었는지 포인터 변수로 선언되었는지 판단합니다. 그렇기 때문에 표기법을 임의로 바꾸면 다른 사람이 코드를 보고 변수의 자료형을 오해할 수도 있어서 이에 반대하는 의견도 많습니다.

15-2 배열 시작 주소

배열 변수의 이름은 배열의 시작 주소

포인터는 일반 변수의 주소만 가질 수 있는 것이 아니라 배열과 같이 그룹으로 묶인 메모리의 주소도 가질 수 있습니다. 포인터 변수에 배열의 시작 주소를 대입할 때는 일반 변수와 마찬가지로 & 연산자를 사용하면 됩니다. 그런데 배열의 경우에는 첫 요소인 data[0]의 시작 주소가 배열 전체의 시작 주소와 같기 때문에 다음과 같이 & 연산자를 사용합니다.

```
char data[4];
char *p = &data[0];  /* 배열의 첫 번째 항목의 주소가 배열 전체의 시작 주소와 같음 */
```

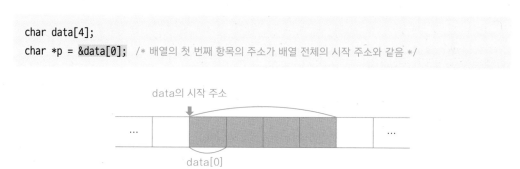

위 설명에서 사용한 &data[0]은 포인터 표기법을 사용하면 & * (data + 0)과 같이 표기할 수 있습니다. 그리고 +0은 생략할 수 있기 때문에 & * data라고 적어도 됩니다.

& * data의 의미는 무엇일까요? & 연산자와 * 연산자는 연산자 우선순위가 같기 때문에 함께 사용하면 뒤쪽에서 앞쪽 방향으로 연산이 수행됩니다. 그래서 &*data는 &(*data)와 같습니다. &(*data)의 의미는 data가 가리키는 대상(*data)의 주소를 얻겠다(&)는 뜻입니다. data가 가리키는 대상의 주소라는 의미는 결국 data 변수가

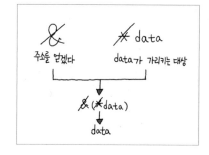

저장된 메모리의 주소와 같습니다. 따라서 &(*data)는 data라고도 적을 수 있습니다.

정리해 보면 배열의 시작 주소를 얻을 때는 굳이 &data[0]이라고 쓰지 않고 그냥 data라고 만 적어도 됩니다. 이런 이유 때문에 '배열 변수의 이름은 배열의 시작 주소'라고 말할 수 있 습니다.

1분 퀴즈 │ **15-2** 다음 표현은 data 배열의 시작 주소를 의미합니다. 의미가 다른 표현은 몇 번일까요?

```
char data[4];
char *p = &data[0];
```

① data   ② &*data   ③ &data   ④ &*(data+0)   ⑤ &(*data)

정답 ③ (&data처럼 사용하면 같은 포인터 주소로 data 배열의 시작 주소가 되지만 사용 형식이 char * 보다 는 char [ ] 가 아닌 char (*)[5]인 형태를 사용하기 때문에 다른 표현과 차이가 있기 때문)

배열은 포인터가 아니다

배열이 포인터처럼 작동한다고 해서 완벽하게 포인터가 될 수는 없습니다. 문법적으로 포인 터는 다른 변수의 주소를 저장할 수 있지만 배열은 컴파일러가 제공하는 메모리 그룹화 기술 입니다. 즉 배열 이름은 변수처럼 보이지만 내부를 들여다보면 실제로는 상수화된 주소이기 때문에 변경할 수 없다는 뜻입니다.

즉 배열은 일반 변수들을 묶어 놓은 개념이기 때문에 변수가 자신이 위치한 주소를 변경할 수 없듯이 배열도 자신이 위치한 메모리 주소를 변경할 수 없습니다. 따라서 배열의 시작 주소도 변경할 수 없겠지요.

{✎} **김성엽의 프로그래밍 노트** **배열의 이름이 상수화된 주소일까요?**

배열의 이름이 상수화된 주소라는 것을 이해하기 위해 먼저 다음 코드를 보겠습니다. 상수 100을 #define 전처리기를 사용하여 ADDR로 치환한 코드입니다.

```
#define ADDR    100
```

그러면 치환된 ADDR를 data 변수에 대입할 수 있습니다. ADDR이 #define으로 치환된 값이라는 것을 모른다면 ADDR 변수에 저장된 값을 data 변수에 대입한다고 오해할 수도 있었겠죠?

```
int data = ADDR; /* int data = 100;과 같음 */
```

상수화된 ADDR가 변수가 될 수는 없습니다. ADDR는 100이라는 상수가 치환된 것이기 때문에 변수처럼 값을 대입할 수 없습니다.

```
ADDR = ADDR + 1;   /* ADDR는 상수이기 때문에 대입 불가능함. 100 = 100 + 1;과 같은 표현임 */
```

배열 이름도 이렇게 #define 전처리기를 사용하는 것과 비슷합니다. 우리는 배열 이름을 변수처럼 사용하지만 컴파일러가 배열 이름을 상수화된 주소로 치환해 주기 때문에 배열 이름 자체가 상수화되어 있습니다. 따라서 다음과 같은 표현은 사용할 수 없습니다.

```
char data[5];      /* data 배열의 시작 주소가 100번지라고 가정함 */
data = data + 1;
```

오류 발생!! 배열은 자신에게 배정된 주소를 변경할 수 없습니다.

15-3 배열을 사용하는 포인터

포인터로 배열의 주소를 저장하여 사용하기

배열은 해당 배열이 사용할 메모리 그룹의 시작 위치를 기준으로 색인 작업된 요소의 위치를 계산해 사용합니다. 배열의 색인 작업도 연산이기 때문에 같은 요소를 반복적으로 사용하는 경우에 효율이 떨어집니다. 예를 들어 다음은 char형으로 선언한 data 배열의 3번째 요소 (data[2])를 sum 변수에 10번 더하는 코드입니다.

```
char data[5] = {1, 2, 3, 4, 5};
int i, sum = 0, select = 2;
/* sum 변수에 data[select] 값을 10번 더함. 즉 data[2] 요소 값을 10번 더하는 것과 같음 */
for(i = 0; i < 10; i++) sum = sum + data[select]; /* data[select]는 select가 2이므로 data[2] */
```

단순하게 생각하면 data[select] 요소를 sum에 10번 더하는 연산이라고 생각할 수 있습니다. 하지만 data[select] 요소를 사용하기 위해서는 내부적으로 data + select 연산을 해

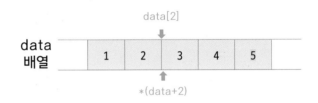

야 하기 때문에 + select 연산도 10번 수행하는 것입니다. 위 코드에서 for 반복문을 포인터 표기법으로 변경해 보면 이렇게 반복 연산을 하는 상황을 좀 더 이해하기 쉬울 것입니다.

```
for(i = 0; i < 10; i++) sum = sum + *(data + select);
```

*(data + 2) 값은 3이기 때문에 for 반복문을 실행한 후 sum에 저장된 값은 30이겠죠?

data[select]를 10번 반복해서 더하는 것처럼, 배열의 특정 요소들이 지속적으로 많이 사용되는 경우에는 좀 더 효율적인 표현을 위해 배열의 특정 요소 주소를 포인터 변수에 저장해 놓고 사용하기도 합니다. 다음 코드를 봅시다.

```
char data[5] = {1, 2, 3, 4, 5};
int i, sum = 0, select = 2;
char *p = data + select;
for(i = 0; i < 10; i++) sum = sum + *p;
```

> p는 data[select] 요소의 주소를 가지므로 char *p = &data[select];라고 사용한 것과 같습니다.

위와 같이 코드를 구성하면 data[select] 요소의 주소를 포인터 p가 저장하고 있습니다. 따라서 data[select] 값을 나타내는 *p를 사용하여 sum에 10번 더하면 됩니다.

사실 요즘같이 컴퓨터 성능이 좋아지고 컴파일러의 최적화 능력이 좋아진 시대에 이런 코드로 효율을 논하는 것은 별로 의미가 없긴 합니다. 지금까지 본 코드도 컴파일러가 자동으로 최적화해 줍니다. 하지만 아주 작은 차이라도 이렇게 표현하는 습관이 자신의 코드를 좀 더 세련되고 효율적으로 바꿔 주기 때문에 기회가 될 때마다 사용해 보려고 노력하는 것이 좋습니다.

배열 예제를 포인터 사용해서 바꾸기

12장에서 만들어 본 '배열의 각 요소에 저장된 값을 합산하는 예제(12_01_05.c)'를 포인터를 사용해서 만들어 보겠습니다.

이 예제는 data 배열의 시작 주소를 포인터 변수 p에 저장한 뒤 반복문을 사용하여 가리키는 대상의 값을 result 변수에 합산하는 코드입니다. 포인터 변수 p가 data 배열의 시작 주소를 가지고 있기 때문에 *p를 사용하면 data 배열의 첫 번째 요소만 가리킵니다. 반복문에서 p++;를 추가하여 data 배열의 다음 요소로 이동할 수 있게 구성했습니다.

코딩해 보세요! **포인터를 사용하여 배열의 각 요소에 저장된 값 합산하기** · 완성 파일 15_03_01.c

```
001:    #include <stdio.h>
002:    void main()
003:    {
004:        char data[5] = {1, 2, 3, 4, 5};
005:        int result = 0, i;    /* 합산에 사용할 result 변수는 0으로 초기화함 */
006:        char *p = data;       /* data 배열의 시작 위치를 포인터 변수 p에 저장함 */
```

```
007:
008:     /* 5번 반복하면서 포인터 변수 p를 사용하여 배열의 각 요소를 result 변수에 합산함 */
009:     for(i = 0; i < 5; i++) {
010:         result = result + *p;   /* 포인터 변수 p가 가리키는 대상의 값을 result에 합산함 */
011:         p++; /* data 배열의 다음 항목으로 주소를 이동: data[0] -> data[1] -> ... */
012:     }
013:     /* 합산한 결과 값을 출력함 */
014:     printf("data 배열의 각 요소의 합은 %d입니다\n", result);
015: }
```

:: 결과 화면

```
C:\WINDOWS\system32\cmd.exe          —    □    ×
data 배열의 각 요소의 합은 15입니다
계속하려면 아무 키나 누르십시오 . . .
```

> **알아두면 좋아요! 증감 연산자도 다른 연산과 함께 사용할 수 있어요!**
>
> 위 예제에서 10행과 11행은 하나로 합쳐서 사용하는 경우도 있습니다. 다음과 같이 '*p++;'라고 사용하
> 면 ++ 연산자가 후위 연산을 수행하기 때문에 *p 작업을 수행한 뒤 p++ 작업을 수행합니다.
>
> ```
> result = result + *p++;
> ```

15-4 배열과 포인터의 합체

배열을 기준으로 포인터와 합체하기

지금까지는 배열 문법과 포인터 문법은 서로 독립적인 문법처럼 설명했습니다. 소스 코드를 구성할 때 함께 사용한 적은 있지만 변수를 선언할 때에는 각자의 문법을 사용했죠. 지금부터는 이 두 문법을 결합해서 사용하는 문법에 대해 소개하겠습니다.

서로 다른 두 문법이 만나면 어떤 문법이 기준이 되는지에 따라 의미가 달라질 수 있습니다. 배열 문법이 기준이 되는 경우부터 살펴봅시다.

char *형 포인터 변수가 3개 필요하다면 오른쪽과 같이 선언해서 포인터 변수를 만듭니다.

```
char *p1, *p2, *p3;
```

하지만 포인터가 100개 필요한 경우에 이렇게 하나씩 나열하는 것은 너무 불편한 작업입니다. 앞에서 같은 자료형의 변수를 여러 번 반복해서 선언할 때, 변수들을 그룹으로 묶기 위해 배열을 사용했죠? 포인터 변수도 배열로 선언해서 사용할 수 있습니다.

예를 들어 char *형 포인터가 5개 필요하다면 다음과 같이 선언하면 됩니다. 이렇게 하면 포인터와 배열 문법이 결합된 것입니다.

```
char *p[5];   /* char *p1, *p2, *p3, *p4, *p5;라고 선언한 것과 같음 */
```

위와 같이 선언하면 포인터가 5개 선언된 것이기 때문에 p 배열의 크기는 20바이트(포인터 변수는 주소를 저장하기 때문에 크기가 4바이트*5개)입니다.

개별 포인터를 사용하고 싶다면 'p[0], p[1], p[2], p[3], p[4]'라고 사용하면 되고, 각 포인터가 가리키는 대상에 값을 읽거나 쓰고 싶다면 앞에 * 연산자를 추가하여 '*p[0], *p[1], *p[2], *p[3], *p[4]'라고 사용하면 됩니다.

```
char data1, data2, data3, data4, data5, i;
char *p[5] = {&data1, &data2, &data3, &data4, &data5};
for(i = 0; i < 5; i++) *p[i] = 0;   /* data1~data5에 모두 0이 저장됨 */
```

> 포인터 배열을 선언하면서 각 포인터가 사용할 주소를 초기화합니다. p[0]에는 data1의 주소, p[1]에는 data2의 주소, … p[4]에는 data5의 주소를 저장합니다.

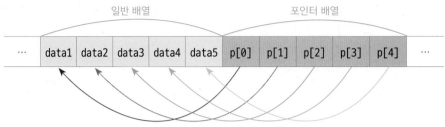

일반 배열   포인터 배열

| ··· | data1 | data2 | data3 | data4 | data5 | p[0] | p[1] | p[2] | p[3] | p[4] | ··· |

포인터 배열의 각 요소에는 data1, data2, data3···의 주소가 저장되어 있습니다.

포인터를 배열 형식으로 선언할 때 char *p[5];라고 선언한 것은 char *(p[5]);라고 선언한 것과 같습니다. 그 이유는 [ ] 연산자가 * 연산자보다 연산자 우선순위가 높기 때문입니다. 따라서 p[5]가 우선이기 때문에 p 변수는 5개의 항목을 가진 배열이라는 뜻이 되고, 그다음 조건에 의해 각 항목이 char *형 포인터라고 정해집니다. 결과적으로 배열을 기준으로 결합되는 것입니다.

"포인터도 변수라서 배열을 이용하여 그룹으로 묶을 수 있다."

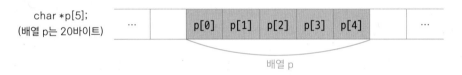

char *p[5];
(배열 p는 20바이트)

| ··· | | p[0] | p[1] | p[2] | p[3] | p[4] | | ··· |

배열 p

1분 퀴즈

15-3 다음 코드를 수행하면 배열의 어느 위치에 값 4가 저장될까요?

```
char data1, data2, data3, data4, data5, i;
char *p[5] = {&data1, &data2, &data3, &data4, &data5};
*p[3] = 4
```

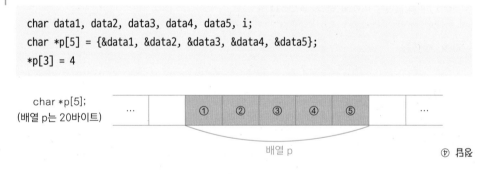

char *p[5];
(배열 p는 20바이트)

| ··· | | ① | ② | ③ | ④ | ⑤ | | ··· |

배열 p

④ 밝장

포인터를 기준으로 배열과 합체하기

char *p[5];의 *p에 괄호를 사용하여 오른쪽과 같이 변경하면 의미가 완전히 달라집니다. 이렇게 선언해도 배열과 포인터가 결합되는 것인데, 이번에는 포인터 문법에 괄호를 사용했기 때문에 포인터가 기준이 됩니다.

`char (*p)[5];`

이렇게 선언하면 괄호 속에 있는 *p가 먼저 처리되기 때문에 p 변수는 배열이 아니라 포인터라는 뜻입니다. 따라서 p 변수의 크기는 4바이트입니다. 그리고 그다음 조건인 char[5]에 의해서 포인터 변수 p가 가리키는 대상의 크기가 5바이트라는 뜻이 됩니다.

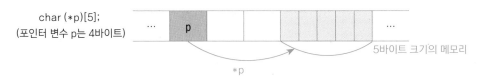

일반 포인터는 *p라고 적으면 자신이 가리키는 대상에 가서 값을 읽거나 쓸 수 있지만, 위 포인터 변수는 가리키는 대상이 배열 형식(char[5])으로 선언되어 있기 때문에 [ ]를 사용하여 대상을 한 번 더 선택해야 합니다. 예를 들어 p가 가리키는 대상의 5바이트 중 3번째 항목에 7을 넣고 싶다면 다음과 같이 사용합니다.

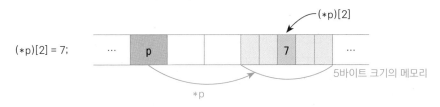

그리고 포인터 변수 p는 다음과 같이 주소 연산을 하면 p에 저장된 주소가 5씩 증가하게 됩니다. p가 가리키는 대상의 크기가 char[5], 즉 5바이트이기 때문입니다. 예를 들어 p에 100번지가 저장되어 있었다면 주소 연산 후에 105번지가 됩니다.

```
p++;   /* p = p + 1;과 같으므로 주소가 5 증가함 */
```

그러면 char (*p)[5];로 선언한 포인터는 어떤 상황에 사용할까요? 이 형태는 char data[5];와 같은 1차원 배열을 가리키는 용도로 사용하기에는 너무 어려워 보입니다. 단순하게 1차원 포인터 char *p;로 선언해도 충분히 사용할 수 있기 때문입니다.

char (*p)[5];는 1차원 포인터(*)와 1차원 배열([ ])이 결합된 형태이기 때문에 두 차원이 합쳐져 2차원의 개념을 가지게 됩니다. 따라서 이 포인터는 2차원 배열을 가리키는 용도로 사용하는 것이 적합합니다. 그러면 예를 통해 포인터가 2차원 배열을 가리키는 용도로 정말 적합한지 알아보겠습니다.

다음 예는 2차원 배열로 선언한 char data[3][5];의 시작 주소를 char (*p)[5]; 포인터에 저장해서 포인터 p를 사용하여 data 배열의 각 요소 값을 변경하는 코드입니다.

```
char data[3][5];
char (*p)[5];          /* char[5] 크기의 대상을 가리킬 수 있는 포인터를 선언함 */
p = data;              /* 포인터 변수 p는 2차원 배열 data 변수의 시작 주소를 저장함 */
(*p)[1] = 3;           /* p가 가리키는 대상의 2번째 항목에 3을 대입함 p[0][1];과 같음 */
(*(p+1))[2] = 4;       /* p+1이 가리키는 대상의 3번째 항목에 4를 대입함 p[1][2]=4;와 같음 */
(*(p+2))[4] = 5;       /* p+2가 가리키는 대상의 5번째 항목에 5를 대입함 p[2][4]=5;와 같음 */
```

이 코드에서 포인터 변수 p가 사용되는 형식을 보면 2차원 배열과 비슷하게 2차원 개념을 사용하고 있습니다. 물론 연산자 우선순위 때문에 괄호를 좀 많이 사용해야 하는 불편함이 있습니다. 코드를 더 간단하게 적으려면 포인터 표기법을 배열 표기법으로 변경할 수도 있습니다.

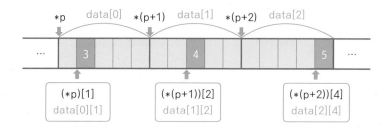

그림이 많이 복잡하죠? 위 코드를 보고 스스로 그릴 수 있을 때까지 충분히 반복해서 그려 보기 바랍니다. 그래야 배열이나 포인터의 구조를 확실하게 이해할 수 있습니다. 익숙하지 않은 대상을 이해하려고 노력하는 것보다 익숙해지려고 노력하는 것이 더 빨리 배울 수 있는 지름길이라는 것 잊지 마세요.

Q1 char *p[3];이라고 선언할 때 변수 p의 크기는 몇 바이트일까요?

힌트 포인터 변수를 배열로 선언한 형태입니다.

Q2 다음과 같이 변수가 선언되어 있습니다.

```
char data[5];
char *p = data;
```

다음 문장 중 맞는 표현은 O, 틀린 표현은 X 표시를 하세요.

*(data + 2) = 5;　　　　　p = p + 1;　　　　　data = data + 1;

Q3 다음과 같이 변수가 선언되어 있습니다.

```
char data[3][5];
char (*p)[5] = data;
```

다음 명령을 수행했을 때 메모리의 어느 위치에 값이 적용될지 적어 보세요.

예 data[0][1] = 5;　···　　| 5 |　　···

❶ (*(p + 1))[4] = 6;

❷ (*p)[2] = 7;

❸ *p[2] = 8;

15장 풀이
566쪽

메모리 할당

컴퓨터의 메모리는 운영체제가 관리합니다. 그래서 프로그램이 실행되면 운영체제는 프로그램에게 메모리를 주어('메모리를 할당한다' 라고 표현) 해당 프로그램이 메모리를 사용하게 해줍니다. 하지만 프로그램에게 허락된 메모리는 크기가 한정되어 있으므로 계획성 없이 사용하면 메모리가 부족할 수 있습니다. 메모리가 부족하면 프로그램이 중단될 수도 있지요.

이 장에서는 운영체제가 메모리를 어떤 형식으로 프로그램에 제공하는지 그리고 이 메모리를 C 언어에서 어떻게 사용하는지 배워 보겠습니다.

16-1 프로세스와 메모리 할당

16-2 지역 변수와 스택

16-3 동적 메모리 할당 및 해제

16-4 동적 메모리 사용하기

16-1 프로세스와 메모리 할당

프로그램과 프로세스

C 언어로 작성한 소스(*.c) 파일은 컴파일 작업과 링크 작업을 거쳐서 기계어로 이루어진 실행 파일(*.exe)이 됩니다. 이렇게 프로그래머가 만든 프로그램 실행 파일을 컴퓨터 사용자들은 프로그램(Program)이라고 부릅니다.

그런데 실행 파일에 있는 명령들은 CPU가 직접 실행할 수 없습니다. CPU가 이 명령들을 실행하려면 먼저 운영체제가 실행 파일의 명령들을 읽어서 메모리에 재구성하게 되는데, 이것을 프로세스(Process)라고 합니다. 이렇게 메모리에 프로세스가 구성되면 CPU는 프로세스에 저장된 명령들을 실행할 수 있습니다. 그래서 프로세스를 '실행 중인 프로그램'이라고도 하죠.

프로세스는 단순히 실행할 명령들로만 이루어져 있는 것이 아니라 다음 그림처럼 여러 가지 정보나 사용자가 입력한 데이터를 기억하는 메모리 공간도 포함하고 있습니다. 이러한 공간을 세그먼트(Segment)라고 합니다. 프로세스는 세그먼트의 집합으로 구성되어 있으며, 코드 세그먼트(Code Segment, CS), 데이터 세그먼트(Data Segment, DS), 스택 세그먼트(Stack Segment, SS)는 각각 한 개 이상의 세그먼트로 구성됩니다.

ⓒ 세그먼트는 64Kbytes 이하의 메모리 블록입니다.

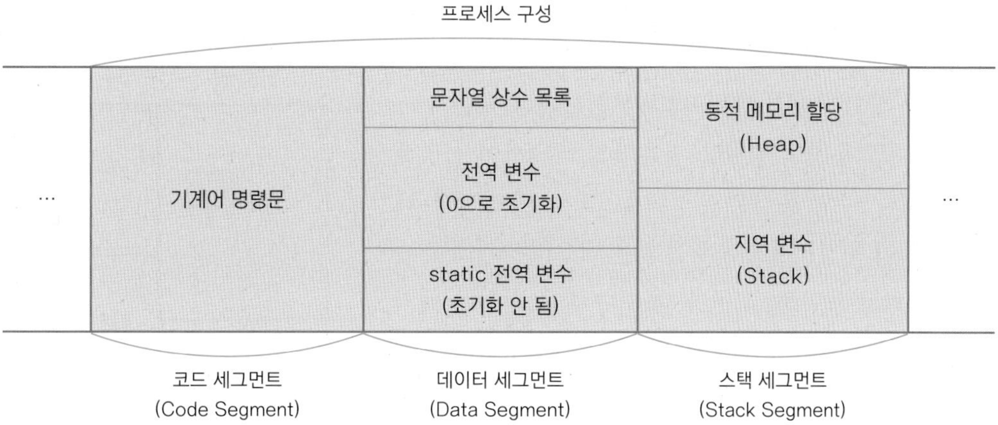

프로세스 구성

기계어 명령문	문자열 상수 목록	동적 메모리 할당 (Heap)
	전역 변수 (0으로 초기화)	
	static 전역 변수 (초기화 안 됨)	지역 변수 (Stack)

코드 세그먼트 (Code Segment) — 데이터 세그먼트 (Data Segment) — 스택 세그먼트 (Stack Segment)

코드 세그먼트

컴파일러는 C 언어 소스를 기계어로 된 명령문으로 번역해서 실행 파일을 만듭니다. 실행 파일이 실행되어 프로세스가 만들어지면 이 기계어 명령들은 프로세스의 '코드 세그먼트'에 복사되어 프로그램 실행에 사용됩니다.

데이터 세그먼트

프로그램이 시작해서 끝날 때까지 계속 사용되는 데이터는 '데이터 세그먼트'에 보관됩니다. 이 영역에 있는 데이터는 컴파일할 때 정해지며 C 언어에서 사용한 문자열 상수나 전역 변수, static 변수가 이 영역을 사용합니다.

스택 세그먼트

'스택 세그먼트'는 프로그램 실행 중에 필요한 임시 데이터를 저장하는 데 사용하는 메모리 영역입니다. 함수가 호출될 때 함수 안에 선언한 지역 변수가 이 영역에 할당됩니다. 이번 장에서 배우게 될 동적 메모리 할당 기술을 사용해서 할당된 메모리도 이 영역에 할당됩니다. 스택 세그먼트는 지역 변수가 놓이는 스택(Stack)과 동적으로 할당되는 메모리 공간인 힙(Heap)으로 나뉩니다.

메모리 할당이란?

주말 농장에서 20평의 땅을 분양받았다고 가정해 보겠습니다. 가장 먼저 해야 할 일은 이 땅에 어떤 작물을 재배할지 결정하고 각각의 작물을 몇 평의 땅에 심어야 할지 계획하는 것입니다. 여러 가지 상황을 고려하여 2평에는 토마토, 4평에는 고구마, 8평에는 옥수수를 심고 나머지 6평을 남겨 두었습니다.

이러한 주말 농장의 상황을 컴퓨터에 비유하여 설명해 보겠습니다. 주말 농장은 운영체제이고 20평의 땅은 내 프로그램이 운영체제에서 배정 받은 메모리 공간과 같습니다. 그리고 토마토, 고구마, 옥수수 같은 작물은 내가 사용할 데이터입니다. 작물을 몇 평의 땅에 심을지 배정하는 작업처럼, 데이터를 저장할 메모리 공간을 적절하게 나누는 작업이 바로 '메모리 할당'(Memory Allocation)입니다.

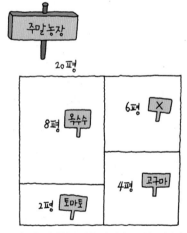

작물을 재배할 공간을 배정하는 것은 데이터를 저장할 메모리를 할당하는 것과 같습니다.

다시 주말 농장 이야기로 돌아와서 농장에서 같은 크기의 땅을 분양받았어도 효율적으로 공간을 나누어 다양한 작물을 재배하는 사람이 있는 반면, 자기 땅의 크기가 작아 여러 작물을 심지 못한다고 불평을 쏟아 내는 사람도 있을 것입니다. 결국 밭을 효율적으로 배분했는지가 관건이겠지요. 메모리도 마찬가지입니다. 운영체제가 응용 프로그램에 일정 크기의 메모리를 배정해 주기 때문에 필요한 크기만큼 적절하게 사용해야 메모리가 부족하지 않습니다. 그리고 배정 받은 메모리를 순차적으로 할당하지 않고 비효율적으로 배치하면, 프로그램의 수행 속도를 떨어뜨리는 요인이 될 수도 있습니다.

정적 메모리 할당

컴파일러가 C 언어 소스 코드의 변수 선언 부분을 번역할 때, 데이터 세그먼트나 스택 세그먼트에 해당 변수를 저장할 메모리 영역을 배정합니다. 이렇게 컴파일러가 코드를 기계어로 번역하는 시점에 변수를 저장할 메모리 위치를 배정하는 것을 정적 메모리 할당(Static Memory Allocation)이라고 합니다. 메모리 할당 기준이 C 언어 코드가 기계어로 번역되는 시점에 결정되기 때문에 정적 할당된 메모리 크기나 개수를 변경하려면 코드를 변경하고 다시 컴파일해야 합니다. 즉 프로그램이 실행될 때 메모리의 크기가 이미 결정되어 있으며, 실행되는 중간에 크기를 변경할 수 없는 메모리를 정적으로 할당된 메모리라고 합니다.

☺ 여기에서 사용한 '정적(Static)'이라는 용어는 C 언어 문법의 static 키워드와 전혀 상관이 없습니다.

변수가 메모리에서 유지되는 시간

이렇게 할당 받은 메모리는 지역 변수인지 전역 변수인지에 따라 유지되는 시간도 다릅니다. 그래서 메모리의 효율적인 관리를 위해 변수 종류에 따라 사용하는 메모리 공간의 위치도 달라집니다.

전역 변수는 프로그램이 시작해서 종료할 때까지 할당 받은 메모리 상태를 계속 유지해야 하고, 프로그램이 실행되는 도중에는 새롭게 전역 변수를 추가하거나 삭제할 수 없습니다. 전역 변수를 저장하는 공간은 프로세스의 데이터 세그먼트에 별도로 마련되어 있습니다.

반면에 지역 변수는 함수가 호출될 때 메모리에 할당되었다가 함수가 끝나면 메모리 할당이 해제됩니다. 따라서 함수의 호출과 종료가 반복될 때마다 지역 변수의 메모리 할당과 해제 또한 반복됩니다. 이처럼 할당 받은 메모리 상태를 유지하지 못하는 지역 변수는 프로세스의 스택 세그먼트에 메모리가 할당됩니다.

전역 변수는 프로그램이 종료될 때까지 자신만의 메모리 공간을 가집니다.

지역 변수는 함수의 호출과 종료가 반복될 때마다 다른 메모리 공간에 할당됩니다.

정적으로 할당된 메모리를 관리하는 법

프로그램에서 변수를 사용하려면 자신이 사용할 변수의 주소를 알아야 합니다. 컴파일러가 C 언어 코드를 번역하여 기계어로 변경할 때 주소를 포함하여 명령을 작성하는데 전역 변수는 프로그램이 시작해서 끝날 때까지 할당된 메모리 크기나 주소가 바뀌지 않기 때문에 전역 변수가 어디에 할당되어 있는지에 대한 추가 정보가 필요 없습니다.

하지만 지역 변수는 함수 호출에 따라 메모리 할당과 해제가 반복되기 때문에 변수 주소가 계속해서 바뀝니다. 따라서 지역 변수를 사용하려면 그 변수의 현재 주소를 알아야 합니다. 그런데 각 지역 변수의 현재 주소를 기억하기 위해서는 지역 변수의 개수만큼 추가 메모리가 더 필요합니다. 이렇게 되면 메모리 낭비가 심하겠죠?

여기에서 우리가 잊고 있는 것이 하나 있습니다. C 언어는 코드를 번역하는 시점이 되어야 함수에 몇 개의 지역 변수가 선언되어 있는지 알 수 있다는 것입니다. 즉 같은 함수에 선언하는 변수들이 순차적으로 메모리에 할당되기 때문에 다음 그림처럼 하나의 메모리 그룹으로 관리할 수 있습니다.

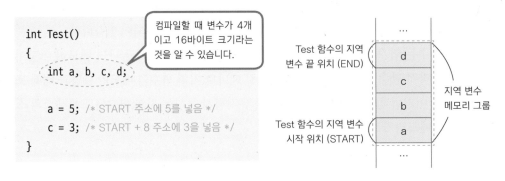

함수에 선언한 지역 변수를 하나의 메모리 그룹으로 관리할 수 있다는 것은 지역 변수의 개수에 상관없이 시작 위치(START)포인터와 끝 위치(END) 포인터를 사용해 관리할 수 있다는 것을 의미합니다.

예를 들어 컴파일러가 Test 함수의 코드를 번역하는 시점에 a = 5; 명령문은 'START 위치에 5를 저장하라'는 의미의 기계어로 번역됩니다. 그리고 c = 3; 명령문은 'START + 8 주소에 3을 저장하라'는 의미의 기계어로 번역될 것입니다.

즉 C 언어 소스 코드에서 사용한 a, b, c, d 변수들은 START + 0, START + 4, START + 8, START + 12로 변경되어 사용되기 때문에 시작 위치 주소와 끝 위치 주

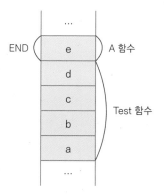

ⓒ a, b, c, d 변수들은 정수형이라서 4바이트 공간을 차지하기 때문에 주소가 4씩 증가합니다.

소를 기억하는 START, END 포인터만 있으면 지역 변수 메모리 그룹을 관리할 수 있습니다. 그런데 메모리 그림을 보면 START 포인터만 있으면 될 것 같다는 생각이 들지 않나요? START 포인터가 END 포인터 위치까지 가리키면서 움직이면 될 것 같은데, END 포인터가 필요한 이유는 무엇일까요? 그 이유는 Test 함수가 A라는 함수를 호출한 경우에 A 함수에 선언한 지역 변수가 END 이후의 메모리 공간에 놓이기 때문입니다. 즉 END는 다음에 호출될 함수의 메모리 시작 위치를 결정합니다.

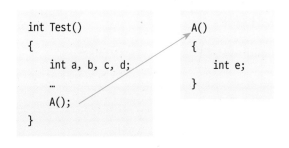

16-2 지역 변수와 스택

스택에 대하여

스택(Stack)은 자료 구조(Data Structure)의 한 종류이며 두 개의 포인터로 많은 양의 데이터를 효과적으로 관리하는 이론입니다. 스택은 다음 그림처럼 베이스 포인터(Base Pointer, BP)를 기준으로 데이터가 추가될 때마다 순서대로 쌓아 올리는 구조이며 새로운 데이터가 추가될 위치를 스택 포인터(Stack Pointer, SP)가 가리키게 됩니다. 지역 변수 관리 방식과 비교하자면 베이스 포인터가 START 포인터, 스택 포인터가 END 포인터가 되겠지요.

ⓒ 자료 구조란 프로그램에서 사용할 데이터를 효율적으로 관리하기 위한 이론을 공부하는 학문입니다.

ⓒ 지금부터 나오는 스택과 관련된 내용은 프로그래머가 작업할 내용이 아니라 컴파일러가 처리해 주는 작업입니다. 만약 내용이 어렵게 느껴진다면 지역 변수가 이렇게 메모리에 할당되는구나 정도로 이해하고 '16-3 동적 메모리 할당'으로 넘어가도 됩니다.

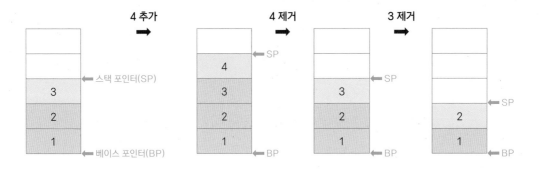

스택에 4를 추가, 제거하고 3을 제거하는 동안 스택 포인터의 위치 변화를 나타냅니다.

스택에 데이터를 추가하면 스택 포인터가 가리키는 주소의 메모리에 대입되고 스택 포인터의 주소는 4(32비트 운영체제)만큼 증가합니다. 이렇게 데이터를 추가하는 작업을 PUSH라고 합니다. 그리고 데이터를 꺼낼 때는 가장 마지막에 추가된 값을 제거하고 스택 포인터 주소가 4만큼 감소합니다. 이 작업은 POP이라고 합니다.

ⓒ 스택 포인터와 베이스 포인터에 저장된 주소가 같다면 스택에는 데이터가 없다는 뜻입니다.

그런데 갑자기 스택에 대해서 왜 이야기했는지 궁금하시죠? 바로 C 언어에서 함수 안에 선언한 지역 변수를 관리할 때 스택을 사용하기 때문입니다. 16-1에서 살펴본 프로세스 그림을 다시 한 번 봅시다.

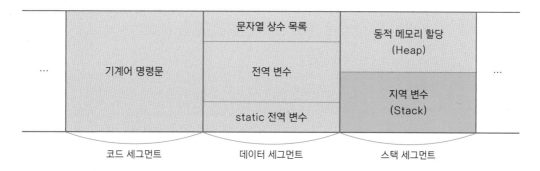

...	기계어 명령문	문자열 상수 목록	동적 메모리 할당 (Heap)	...
		전역 변수	지역 변수 (Stack)	
		static 전역 변수		

코드 세그먼트   데이터 세그먼트   스택 세그먼트

프로세스의 스택 세그먼트 영역을 보면 지역 변수가 놓이는 공간에 스택(Stack)이라고 적어 놓았습니다. 즉 스택 세그먼트의 지역 변수 영역은 앞에서 설명한 스택 이론으로 메모리를 관리할 수 있으며, PUSH와 POP을 이용해 데이터를 추가하거나 삭제할 수 있습니다.

> ☺ 기계어의 push 명령을 사용하면 스택 메모리 공간에 데이터가 추가되고 pop 명령을 사용하면 데이터를 꺼낼 수 있습니다.

그런데 스택에서 한 가지 주의해야 할 점이 있습니다. 이론적으로 스택을 표현할 때는 PUSH가 스택에 데이터를 추가한다는 뜻이기 때문에 스택 포인터(SP)에 저장된 주소가 증가하도록 만듭니다. 그런데 실제 컴퓨터 시스템에서 PUSH 명령은 스택 포인터에 저장된 주소가 감소하도록 만들어져 있습니다. 따라서 앞에서는 PUSH 명령을 수행하면 스택 포인터 주소가 증가하는 것으로 설명했지만 지금부터는 스택 포인터 주소가 감소한다고 설명할 것입니다.

	자료 구조(이론)	컴퓨터 시스템(실제)
PUSH	스택 포인터 주소 증가	스택 포인터 주소 감소
POP	스택 포인터 주소 감소	스택 포인터 주소 증가

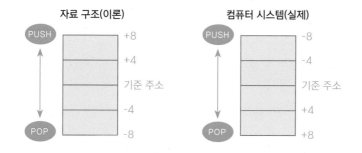

16-1 컴퓨터 시스템에서 스택 포인터를 기준으로 2를 저장하고 있는 메모리의 주소는 무엇일
까요?

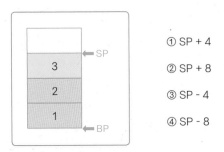

① SP + 4

② SP + 8

③ SP - 4

④ SP - 8

정답 ② (컴퓨터 시스템에서 push를 하면 스택 포인터 주소는 감소함. 따라서 현재 스택 포인터 위치는 3. 기준으로 2
가 저장된 메모리의 주소는 값을 확인하면 SP + 80 됨.)

{✎} **김성엽의 프로그래밍 노트**   **어셈블리어로 스택을 다룰 수 있어요!**

C 언어 문법은 PUSH, POP 명령을 직접 사용할 수 없기 때문에 어셈블리어로 살펴보겠습니다. 스택
에 데이터를 추가할 때는 PUSH 명령을 사용하며 이 명령과 함께 사용한 값은 자동으로 스택에 추가되
고 스택 포인터는 4만큼 감소합니다. 반대로 스택에서 데이터를 하나 가져오고 싶은 경우에는 POP 명
령을 사용하며 스택의 가장 위쪽에 있는 값(스택 포인터가 가리키는 값)이 제거되고, 32비트 시스템을
기준으로 하기 때문에 스택 포인터는 4만큼 증가합니다. 그리
고 스택에서 제거된 값은 POP 명령과 함께 사용된 ax 레지
스터에 저장됩니다.

ⓒ ax 레지스터는 CPU 내부에 있는 범용 메
모리입니다.

```
mov  ax, 4      /* push는 레지스터를 이용하기 때문에 ax 레지스터에 값 4를 저장함 */
push ax         /* ax 레지스터에 저장된 값(4)을 스택에 추가하고 SP 자동으로 감소함 */
pop  ax         /* 스택에서 값 4를 꺼내서 ax 레지스터에 저장하고 SP 자동으로 증가함 */
```

컴파일러가 지역 변수를 저장할 메모리 공간을 확보하는 방법

앞에서 지역 변수는 스택 세그먼트의 스택 영역에 할당된다고 설명했
습니다. 오른쪽과 같이 C 언어로 작성한 코드에 Test 함수를 선언했다
면 컴파일러는 코드를 번역하면서 이 함수가 세 개의 지역 변수를 사
용한다는 것을 알게 됩니다.

```
void Test()
{
    int a, b, c;

    ...
}
```

즉 Test 함수가 시작되는 시점에 a, b, c 변수를 저장할 메모리 공간을
스택 영역에 확보해야 하므로 따라서 컴파일러는 변수를 위한 메모리 공간을 확보하기 위해

ax 레지스터를 세 번 push하는 코드를 기계어로 만듭니다. 이렇게 하면 프로그램이 실행될 때 push가 3번 수행되어 4바이트 크기의 메모리 공간 3개가 스택에 추가됩니다. 즉 스택 포인터의 주소가 4씩 세 번 감소하여 베이스 포인터와 스택 포인터 사이에 12바이트의 메모리 공간이 생긴다는 뜻입니다. 그래서 a, b, c 변수를 저장하는 데 이 메모리 공간을 사용할 수 있습니다.

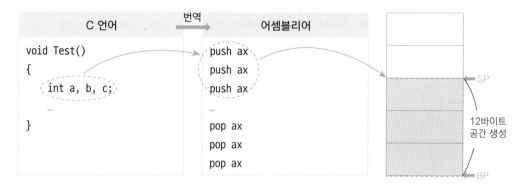

그리고 Test 함수가 종료되는 시점에 pop 명령을 세 번 호출하여 a, b, c 변수를 저장하기 위해 스택에 할당했던 공간을 제거하면 됩니다. 하지만 이런 방법을 사용하면 지역 변수가 많으면 많을수록 push 코드와 pop 코드도 많아집니다. 그러면 당연히 프로그램 효율이 떨어지겠죠. 그래서 사실 컴파일러는 이 방법을 사용하지 않습니다.

sub 명령과 add 명령을 사용하는 방법

그러면 좀 더 현실적인 방법을 생각해 보겠습니다. 스택에 변수를 할당할 때 push 명령을 사용하면 스택 포인터에 저장된 주소가 4씩 감소합니다. push를 세 번 하면 스택 포인터에 저장된 주소가 12만큼 줄어들겠지요. 그런데 꼭 push 명령을 사용해서 스택 포인터에 저장된 주소 값을 줄여야 할까요? 스택 포인터에 저장된 주소는 기계어 명령으로 직접 변경할 수 있는 값이기 때문에 다음 코드처럼 push 명령을 사용하지 않고 뺄셈을 실행하는 sub 명령으로 스택 포인터 값에서 12를 빼도 됩니다. 이렇게 하면 베이스 포인터와 스택 포인터 주소 값의 차이가 12가 되면서 결과적으로 push 명령을 세 번 수행한 것과 같아집니다.

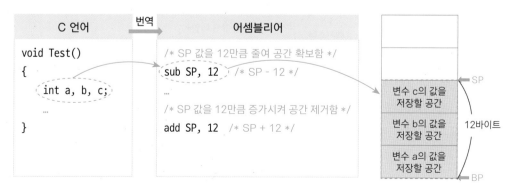

또 함수가 끝날 때 pop 명령을 세 번 실행한 것은 스택 포인터에 저장된 주소 값을 12만큼 증가시키는 것과 같습니다. 따라서 컴파일러는 덧셈을 수행하는 add 명령을 사용하여 스택 포인터 주소 값에 12를 더해주면 됩니다.

컴파일러가 스택에 할당된 지역 변수를 사용하는 원리

C 언어 컴파일러는 지역 변수가 선언된 순서대로 메모리를 할당하기 때문에 앞의 그림처럼 스택에 블록 a, 블록 b, 블록 c 순서로 메모리를 할당합니다. 그리고 스택에 저장된 데이터를 꺼내려면 가장 최근에 저장된 스택 포인터(SP) 바로 아래의 데이터부터 차례대로 꺼내야 합니다. 예를 들어 데이터가 a, b, c 순

⊚ 이 책에서 '블록'은 논리적으로 C 언어에서 선언한 변수를 위한 메모리 공간을 지칭합니다. 공식적인 용어는 아니며 메모리 형태를 설명할 때 여러분의 이해를 돕기 위해 사용합니다.

서로 저장되어 있다면 c, b, a 순서로 데이터를 꺼내야 한다는 뜻입니다.

그러면 C 언어 소스 코드에서 변수 b의 값을 5로 변경하면, 컴파일러는 어떤 작업을 해야 할까요? 다음 그림을 봅시다.

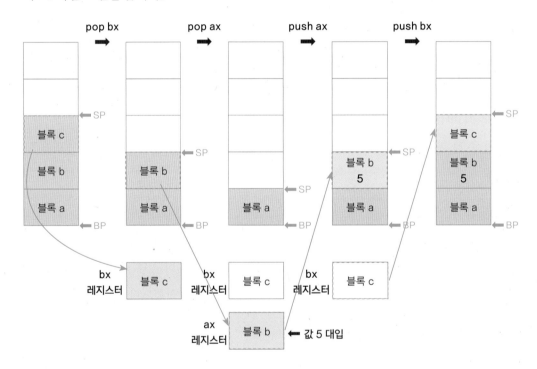

변수 b의 값을 변경하려면 블록 b를 꺼내와야겠죠? 그런데 블록 b를 꺼내려면 먼저 블록 c부터 꺼내야 합니다.

⊚ ax, bx, cx 레지스터는 CPU 내부에 있는 범용 메모리입니다.

pop 명령을 사용하여 블록 c를 꺼내 bx 레지스터에 저장하고, 블록 b를 꺼내 ax 레지스터에

저장합니다. 그리고 ax 레지스터에서 블록 b 값을 5로 변경한 후 스택에 다시 push하고, pop했던 블록 c 값을 다시 스택에 push해줘야 합니다.

> 😊 이 작업들은 프로그래머가 직접 하는 것이 아니고, 컴파일러 내부에서 일어나는 작업입니다.

{✎} **김성엽의 프로그래밍 노트** **블록과 레지스터는 어떤 점이 다를까?**

블록 a, 블록 b, 블록 c는 논리적으로 C 언어에서 선언한 변수 a, b, c를 위한 메모리 공간을 의미합니다. 변수 a의 값이 저장되는 공간을 블록 a, 변수 b의 값이 저장되는 공간을 블록 b, 변수 c의 값이 저장되는 공간을 블록 c라고 생각하면 됩니다. 반면에 ax 레지스터, bx 레지스터, cx 레지스터는 실제 CPU에서 연산을 수행할 때 사용되는 메모리입니다. CPU는 변수 a, b, c를 위해 할당된 메모리 공간에 값을 직접적으로 넣거나 빼지 않습니다. 즉 a, b, c에 값을 저장하거나 읽을 때 컴퓨터 내부에서 실제로는 ax, bx, cx 레지스터를 사용한다고 생각하면 됩니다.

> 😊 a를 꼭 ax에 넣고 b를 꼭 bx에 넣어야 하는 것은 아닙니다.

단순히 스택에 있는 변수 값 하나 바꾸는 것뿐인데 원칙을 지키려다 보니 많이 복잡하죠? 이제 앞의 그림을 어셈블리어 코드로 나열해 보겠습니다. 컴파일러는 그림의 순서대로 명령을 한 개씩 적용하므로 그림과 비교하여 살펴보세요.

```
pop   bx      /* 스택의 가장 위에 있는 c 값을 bx에 저장하고 스택에서 c 영역을 제거함 */
pop   ax      /* 스택의 가장 위에 있는 b 값을 ax에 저장하고 스택에서 b 영역을 제거함 */
mov   ax, 5   /* b 값을 변경하기 위해 ax에 값 5를 대입함 */
push  ax      /* ax 값을 스택에 추가하여 b 영역에 값 5가 저장됨 */
push  bx      /* bx에 보관하고 있던 c 값을 다시 스택에 추가함 */
```

하지만 이런 방법으로 C 언어의 지역 변수가 처리되었다면 지금처럼 수행 속도가 빠르지 않았을 것입니다. 왜냐하면 함수에 지역 변수를 많이 선언하면 변수 값 하나를 변경하는 데 수십 개의 push, pop 명령을 반복해야 하기 때문입니다.

> 😊 push와 pop 명령은 레지스터에만 사용할 수 있습니다. 의미상으로는 push a, pop a와 같이 변수 이름으로도 사용할 수 있지만 틀린 표현입니다.

베이스 포인터를 사용하여 스택에 할당된 지역 변수 사용하기

컴파일러가 지역 변수를 사용하기 위해 push, pop 명령을 수십 번 반복하는 것은 굉장히 비효율적인 작업이라고 이야기했습니다. 그런데 여기에서 우리가 잊고 있는 것이 있습니다. 스택 메모리도 결국 메모리이기 때문에 컴파일러가 해당 변수의 주소를 알면 간접 주소 지정 방식(포인터) 개념을 사용해서 a, b, c 영역의 값을 읽거나 저장할 수 있다는 것입니다. 위의 a, b, c 변수를 베이스 포인터 기준으로 표시해 보면 오른쪽과 같습니다.

결국 a 변수에 해당하는 메모리는 베이스 포인터에 저장된 주소로 사용할 수 있고 b 변수에 해당하는 메모리는 BP – 4에 해당하는 주소로 사용할 수 있다는 뜻입니다.

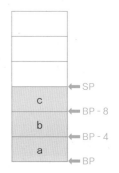

ⓒ 스택에 데이터를 추가하면 포인터가 가리키는 주소가 감소한다는 내용이 잘 기억나지 않으면 391쪽을 다시 한 번 읽어 보세요.

{✎} **김성엽의 프로그래밍 노트**　　스택 포인터를 사용해 스택에 할당된 지역 변수를 사용할 수 있을까요?

지금까지의 설명은 모두 베이스 포인터를 기준으로 a, b, c를 사용합니다. 그렇다면 스택 포인터도 기준이 될 수 있지 않을까요? a, b, c를 SP+12, SP+8, SP+4로 접근하면 가능해 보이긴 합니다. 하지만 이 방식은 추가적으로 push 명령을 수행했을 때 스택 포인터 주소가 변경되기 때문에 사용하지 않습니다. 왜냐하면 CPU 내부에 있는 레지스터 메모리(ax, bx, cx, …)의 개수가 적기 때문입니다. 명령을 수행하다 보면 레지스터 메모리 개수가 모자라서 기존에 사용하던 ax 값을 잠시 보관할 목적으로 push 또는 pop이 자주 일어납니다.

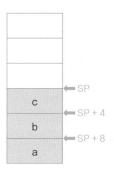

예를 들어 b 영역을 스택 포인터 기준으로 처리하기 위해 SP + 8 주소를 사용했는데 이 명령을 처리하기 전에 push가 수행되면 어떻게 될까요? 스택 포인터에 저장된 주소가 4만큼 감소하여 SP+8이 SP+4처럼 동작합니다. 결과적으로 c 영역에 값이 대입될 것입니다.

함수를 호출할 때 스택 메모리가 변화하는 과정

C 언어로 작성한 프로그램은 한 개 이상의 함수로 이루어져 있고, 이 함수들 중에 main 함수가 호출되면서 프로그램이 시작됩니다. 그리고 main 함수가 다른 함수를 호출하고 호출된 함수가 또 다른 함수를 호출하면서 프로그램이 진행되는 것이죠.

예를 들어 다음과 같이 main, Test, Show 함수로 구성된 프로그램이 있다면 main 함수가 호출되면서 프로그램이 시작되고 main 함수에서 Test 함수를 호출합니다. 그리고 Test 함수에서는 Show 함수를 호출합니다. 마지막으로 Show 함수에서는 printf 함수를 호출하여 'Show Function'을 출력합니다. printf 함수 호출이 완료된 시점에서 각 함수들의 지역 변수가 스택 메모리에 어떻게 할당되어 있는지 살펴보면 다음과 같습니다.

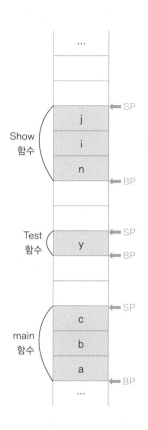

```
#include <stdio.h>
void Show()
{
    int n, i, j;
    printf("Show Function\n");
}
void Test()
{
    int y;
    Show();
}
void main()
{
    int a, b, c;
    Test();
}
```

위의 메모리 그림을 보면 각 함수별로 베이스 포인터와 스택 포인터로 구분해서 지역 변수가 할당되어 있습니다. 그런데 이 메모리 그림은 이상한 점이 있습니다. 스택 메모리의 시작과 끝을 기억하는 베이스 포인터와 스택 포인터는 전체 메모리에서 각각 한 개씩만 사용할 수 있습니다. 그런데 그림을 자세히 살펴보면 베이스 포인터와 스택 포인터가 3개씩 그려져 있네요. 어떻게 하면 한 쌍의 베이스 포인터와 스택 포인터만 가지고 각 함수를 사용할 수 있을까요? 함수가 호출되면서 스택이 변화되는 과정을 순서대로 살펴봅시다.

일단 한 쌍의 베이스 포인터와 스택 포인터만 사용해서 표시할 수 있는 상황에서부터 시작하겠습니다. main 함수가 Test 함수를 호출하기 전 스택의 메모리 상태는 다음과 같습니다.

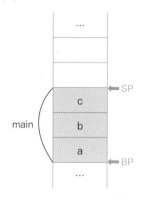

1. main 함수가 Test 함수 호출하기

Test 함수를 호출하기 위해 제일 먼저 해야 할 일은 Test 함수가 호출이 끝났을 때 다시 main 함수의 실행 위치(Test 함수를 호출한 다음 행)로 돌아오기 위해서 현재 실행 위치를 기억하는 인스트럭션 포인터(Instruction Pointer, IP) 레지스터 값을 스택에 저장하는 것입니다. 그런 다음 베이스 포인터와 스택 포인터에 저장된 주소를 Test 함수 기준으로 변경합니다.

그런데 베이스 포인터(BP)의 주소를 Test 함수 기준에 맞도록 다른 주소를 대입하면 원래 저장되어 있던 main 함수의 베이스 포인터 주소를 잃어버리게 됩니다. Test 함수의 실행이 끝났을 때 다시 main 함수로 돌아가야 하는데 main 함수의 베이스 포인터는 이미 잃어버렸기 때문에 문제가 생기겠죠.

이 문제는 베이스 포인터에 Test 함수를 실행하기 위한

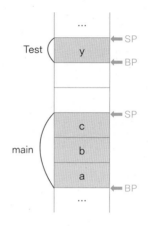

ⓒ 프로세스의 코드 세그먼트 영역에는 프로그램 실행과 관련된 명령 목록이 저장되어 있습니다. CPU는 이 명령 목록의 명령을 하나씩 실행하면서 프로그램을 진행하는데, CPU의 인스트럭션 포인터(IP) 레지스터가 현재 실행 위치를 기억하고 있습니다.

주소를 대입하기 전에, 현재 사용하던 main 함수의 베이스 포인터 주소를 스택에 저장해 두면 간단하게 해결할 수 있습니다. 그러면 Test 함수의 호출이 끝났을 때 스택에 저장했던 베이스 포인터 주소를 가져올 수 있기 때문에 Test 함수 호출 전에 사용하던 main 함수의 베이스 포인터 주소가 자연스럽게 복구됩니다. 이 내용을 그림으로 보면 다음과 같습니다.

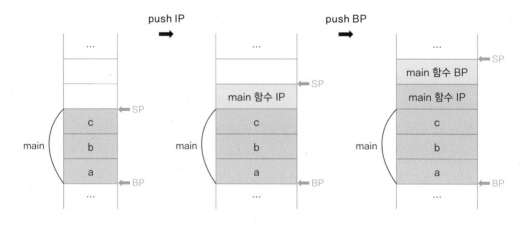

main 함수의 실행 위치를 기억하는 인스트럭션 포인터 레지스터와 main 함수가 사용하던 베이스 포인터 위치를 스택에 push하여 보관했습니다. 따라서 메모리 그림 중 세 번째 그림에 있는 스택 포인터를 기준으로 Test 함수의 베이스 포인터와 스택 포인터를 설정하면 됩니다.

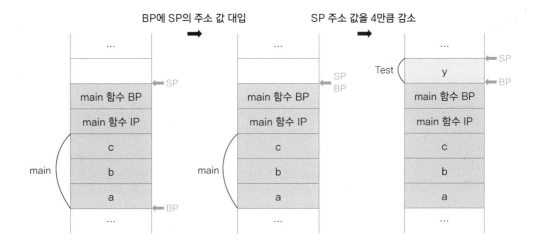

BP에 SP의 주소 값 대입   SP 주소 값을 4만큼 감소

Test 함수의 베이스 포인터는 현재 스택 포인터 위치를 이용해서 가리키면 되기 때문에 현재 스택 포인터의 주소를 베이스 포인터에 대입합니다. 그리고 Test 함수에는 지역 변수가 1개 (4바이트)밖에 없으니 스택 포인터에 저장된 주소를 4만큼 감소시켜 y를 저장할 메모리를 할당합니다. 이렇게 하면 Test 함수를 실행하기 위한 설정이 완료됩니다.

2. Test 함수가 Show 함수 호출하기

이제 main 함수에서 Test 함수를 호출한 것처럼 Test 함수에서 Show 함수를 호출하는 작업을 진행합니다. 먼저 Show 함수가 끝나면 Test 함수로 복귀하기 위해 현재 사용 중이던 인스트럭션 포인터 레지스터의 값과 Test 함수가 사용하던 베이스 포인터 주소 값을 스택에 저장합니다.

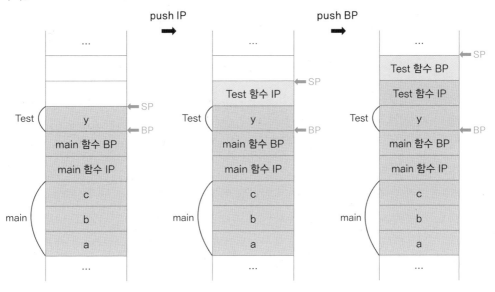

push IP   push BP

Test 함수의 인스트럭션 포인터 레지스터와 베이스 포인터를 스택에 push하여 보관했으니, 앞의 메모리 그림 중 세 번째 그림에 있는 스택 포인터를 기준으로 Show 함수의 베이스 포인터와 스택 포인터를 설정합니다. Show 함수의 베이스 포인터는 현재 스택 포인터 위치를 이용해서 가리키면 되기 때문에 현재 스택 포인터의 주소를 베이스 포인터에 대입합니다. 그리고 Show 함수에는 지역 변수가 3개(12바이트) 있기 때문에 스택 포인터에 저장된 주소 값을 12만큼 감소시켜서 n, i, j를 저장하기 위한 메모리를 할당합니다.

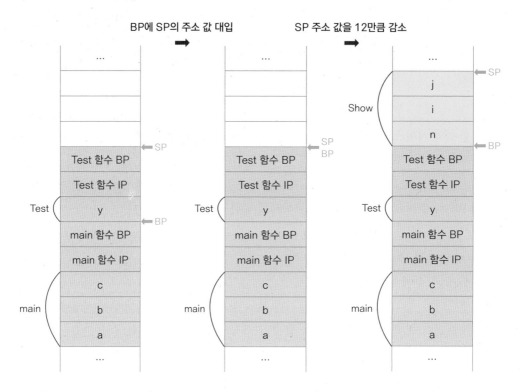

이렇게 하면 Show 함수를 실행하기 위한 베이스 포인터와 스택 포인터 설정이 완료됩니다. 이제 위의 메모리 그림을 보면 main, Test, Show 함수의 지역 변수가 모두 할당되어 있는 것을 확인할 수 있습니다. 그리고 앞에서 문제가 되었던 베이스 포인터와 스택 포인터는 한 쌍만 사용하고 있습니다.

3. Show 함수 종료하기
앞 예의 메모리 상태에서 Show 함수가 끝나면 어떻게 될까요? Show 함수는 Test 함수가 불렀었지요. 따라서 Show 함수가 사용하던 베이스 포인터와 스택 포인터를 Test 함수가 사용하던 베이스 포인터와 스택 포인터로 복구시켜야 합니다. 이 작업은 지금까지 한 작업을 거꾸로 진행하면 됩니다.

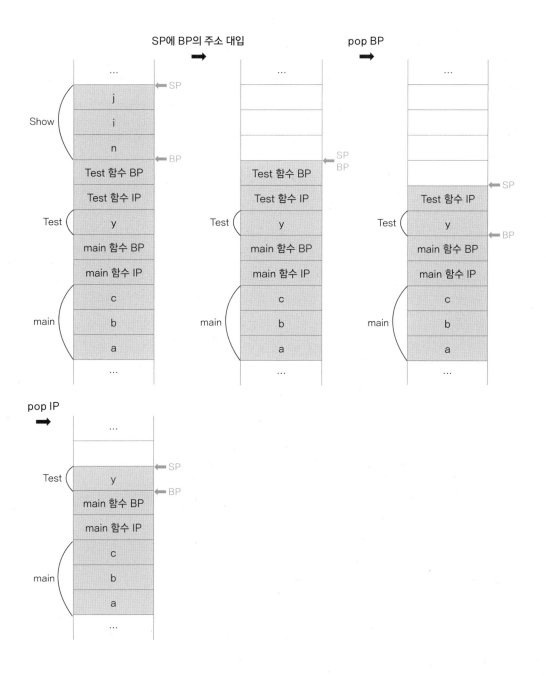

먼저 스택 포인터에 베이스 포인터의 주소를 대입합니다. 그렇게 하면 n, i, j를 위해 할당되었던 메모리 공간이 사라집니다. 그리고 Test 함수의 베이스 포인터를 복구하기 위해 pop 명령을 사용하여 스택에 저장되어 있는 Test 함수의 베이스 포인터 값을 읽습니다. 그리고 다시한 번 pop 명령을 사용하여 Test 함수가 사용하던 IP 값을 읽습니다. 이렇게 하면 IP 레지스터 값이 복구되어 Test 함수에서 Show 함수를 호출한 다음 명령으로 이동하게 됩니다.

마지막 그림(pop IP 이후)을 보면 Test 함수가 Show 함수를 호출하기 전으로 스택 메모리의 상태가 복구되었습니다. 그리고 Test 함수가 끝나면 위 작업과 같은 방법으로 베이스 포인터의 주소를 스택 포인터에 대입하고 main 함수의 베이스 포인터를 스택에서 읽어오면 됩니다. 그리고 main 함수가 사용하던 인스트럭션 포인터 레지스터 값도 pop 명령으로 스택에서 읽어 오면 main 함수로 실행 위치가 복구됩니다.

◎ 그림 예시는 충분히 살펴보았으니 마지막 main 함수로 복구하는 그림은 생략합니다.

스택 프레임이란?

이렇게 함수를 호출할 때 일어나는 스택의 변화를 스택 프레임(Stack Frame)이라고 합니다. 앞에서 컴파일러가 C 언어로 작성한 소스 코드에서 변수를 선언한 부분을 기계어로 번역할 때, 변수를 저장할 메모리 위치를 배정하는 것을 '정적 메모리 할당'이라고 했습니다. 스택 프레임은 컴파일러가 C 언어 코드를 기계어로 번역하는 시점에 결정되기 때문에 이런 형식의 메모리 할당 역시 정적 메모리 할당입니다. 그래서 지역 변수를 추가하거나 배열 크기를 변경하려면 스택 프레임이 수정되어야 하기 때문에 C 언어 코드를 다시 컴파일해야 합니다. 그리고 앞에서도 이야기했지만 배열을 선언할 때 [ ] 안에 반드시 상수를 적어야 하는 이유도 [ ] 안에 변수가 오면 정적으로 할당할 크기를 고정할 수 없어서(스택 포인터 연산을 결정할 수 없어서) 스택 프레임을 구성할 수 없기 때문입니다.

내용이 많이 어렵지요? 이 내용을 책에 적어야 하나 고민을 정말 많이 했습니다. 그리고 제가 내린 결론은 이해를 하지 못하더라도 함수를 호출할 때 내부적으로 어떤 일이 일어나는지 정도는 알고 넘어가는 게 C 언어를 제대로 이해하는 데 도움이 될 것이라고 생각했습니다.

지금까지 내용을 그럭저럭 이해한 분은 계속 진행하고 이미 무슨 소리인지 하나도 이해가 되지 않는 분은 이 부분을 넘어가도 좋습니다.

{🖉} 김성엽의 프로그래밍 노트 **스택 프레임을 어셈블리어로 살펴볼까요?**

지금까지 이야기한 스택 프레임을 어셈블리 언어와 연결시켜서 살펴볼까요? 앞에서 C 언어로 작성한 소스 파일과 소스 파일을 번역해서 만든 기계어를 어셈블리 언어로 재구성했습니다. 다음 소스는 함수가 호출될 때 일어나는 스택 프레임을 설명하기 위한 것이기 때문에 특별한 코드는 포함하고 있지 않습니다. 그리고 어셈블리 언어로 작성한 코드는 보기 편하도록 실제와는 약간 다르게 순서를 배열했습니다.

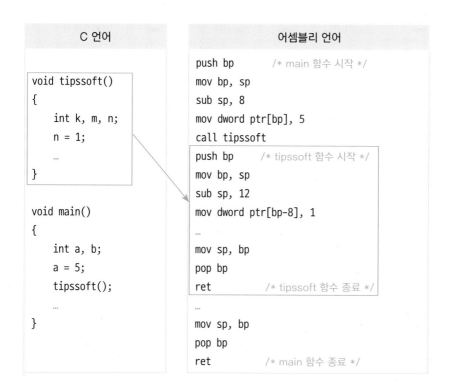

C 언어	어셈블리 언어

```
void tipssoft()
{
    int k, m, n;
    n = 1;
    …
}


void main()
{
    int a, b;
    a = 5;
    tipssoft();

    …
}
```

```
push bp          /* main 함수 시작 */
mov bp, sp
sub sp, 8
mov dword ptr[bp], 5
call tipssoft
push bp          /* tipssoft 함수 시작 */
mov bp, sp
sub sp, 12
mov dword ptr[bp-8], 1
…
mov sp, bp
pop bp
ret              /* tipssoft 함수 종료 */

…
mov sp, bp
pop bp
ret              /* main 함수 종료 */
```

앞에서 설명할 때는 함수를 호출하기 전에 현재 인스트럭션 포인터 레지스터 값을 직접 push 명령으로 스택에 저장한다고 했습니다. 그런데 어셈블리 언어에서는 모듈(C 언어의 함수와 같은 개념)을 이동할 때 call 명령을 사용하는데, 이 명령을 사용하면 현재 CPU의 인스트럭션 포인터 레지스터 값이 스택에 push됩니다. 따라서 인스트럭션 포인터 레지스터 값을 스택에 push하는 코드가 없습니다.

ⓒ ret 명령은 함수의 호출이 끝나면 이 함수를 호출했던 위치로 돌아가기 위해서 스택에 저장했던 복귀 IP 주소를 읽는 명령입니다. pop 명령처럼 스택에서 데이터를 하나 꺼내는 것은 비슷하지만, 읽은 정보를 반드시 IP 레지스터에 저장한다는 점이 다릅니다.

C 언어 소스 코드는 하나의 문장이라고 해도 여러 개의 기계어로 번역되기 때문에 실행 단위를 구분 짓기 어렵습니다. 그래서 어셈블리 언어를 기준으로 하나의 명령이 실행될 때마다 스택의 변화를 보면 다음과 같습니다.

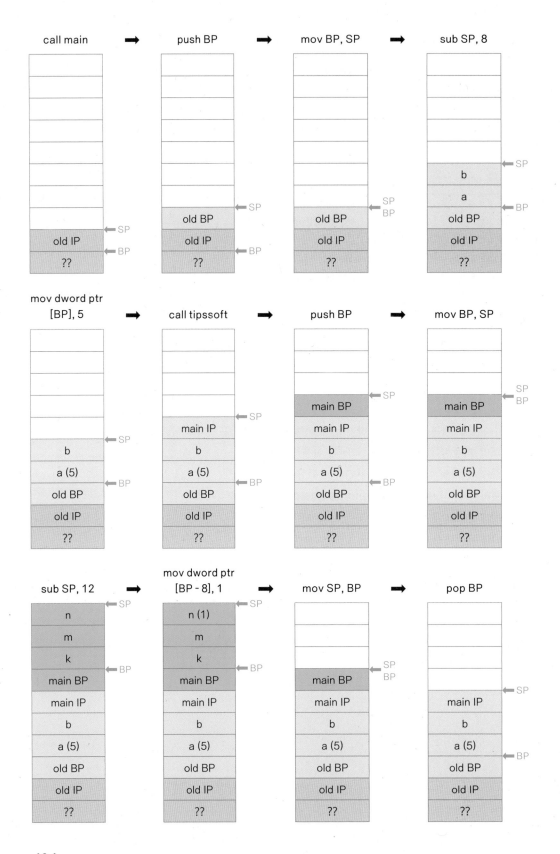

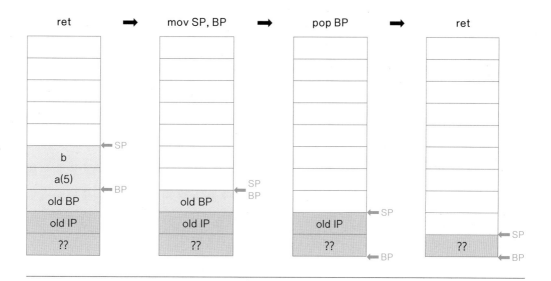

16-3 동적 메모리 할당 및 해제

정적 메모리 할당의 한계

컴파일러의 설정을 변경하지 않았다면 프로세스 안에서 지역 변수가 저장되는 기본 스택 (Stack) 메모리 크기는 1Mbyte입니다. 따라서 함수를 호출할 때 지역 변수가 할당되는 메모리 공간은 최대 1Mbyte를 넘을 수 없습니다. 예를 들어 오른쪽과 같이 배열을 선언하면 스택에 1Mbyte가 할당되기 때문에 오류가 발생합니다.

```
char data[1024 * 1024];
```

그러면 프로그램이 사용하는 스택의 크기는 어떻게 계산할까요? 프로그램 코드를 함수 안에 선언한 지역 변수 크기를 모두 더하면 될까요? 아닙니다. 왜냐하면 역할에 따라서 한 번 호출되는 함수도 있지만, 수십 번 반복해서 호출되는 함수도 있고, 프로그램이 실행될 때 조건문에 의해 호출 여부가 결정되는 함수도 있기 때문입니다. 즉 함수가 호출되는 여부나 횟수를 미리 파악할 수 없기 때문에 프로그램이 사용할 전체 스택의 크기는 단순히 각 함수에 선언한 지역 변수의 크기를 합산해서 예측할 수는 없습니다. 이 말은 실제로 프로그램이 실행되어 함수가 호출될 때까지 스택 크기를 예측하기 어렵다는 뜻입니다.

결국 스택의 실제 크기는 프로그램이 실행될 때가 돼서야 알 수 있기 때문에 컴파일러는 자신이 컴파일한 프로그램이 스택을 얼마나 사용할지 예상할 수 없습니다. 그래서 단일 배열의 크기나 단일 자료형의 크기가 1Mbyte를 넘는 경우에는 컴파일러마다 오류를 출력하는 형태가 다릅니다.

래서 단일 배열의 크기나 단일 자료형의 크기가 1Mbyte를 넘는 경우에만 오류 메시지를 출력하고 각 함수에 선언한 변수의 크기를 합산해서 1Mbyte를 넘을 때는 오류로 처리되지 않습니다. 하지만 컴파일에 성공한다고 해도 프로그램을 실행할 때 스택을 사용하는 크기가 1Mbyte를 넘게 되면 다음과 같이 실행 오류가 발생합니다.

"예외가 있습니다. 0xC00000FD: Stack overflow(매개변수: 0x00000000, 0x00372000)"

따라서 프로그래머는 자신의 프로그램이 스택을 1Mbyte 이상 사용하지 않도록 주의해야 합니다. 그런데 프로그램에서 사용하는 데이터는 당연히 1Mbyte보다 훨씬 더 큰 경우가 많습니다. 예를 들어 여러분이 보고 있는 스마트폰이나 모니터에 출력된 한 점(Pixel)의 데이터가 보통 4바이트 크기입니다. 이런 픽셀들의 모임인 Full-HD 영상 한 장을 저장하려면 1920 ×

1080×4바이트, 대략 7Mbytes 정도의 크기가 필요합니다. 결국 프로세스 안의 기본 스택으로는 Full-HD 영상 한 장조차 저장하지 못한다는 뜻이죠. 따라서 더 큰 메모리를 사용할 수 있는 방법이 필요합니다.

동적 메모리 할당이란?

프로세스는 더 큰 메모리를 할당해서 사용할 수 있도록 힙(Heap)이라는 공간을 제공합니다. 16-1에서 소개한 프로세스 그림을 보면 스택 세그먼트에 힙 영역이 있습니다.

...	기계어 명령문	문자열 상수 목록	동적 메모리 할당 (Heap)	...
		전역 변수 (0으로 초기화)	지역 변수 (Stack)	
		static 전역 변수 (초기화 안 됨)		
	코드 세그먼트	데이터 세그먼트	스택 세그먼트	

스택은 '스택 프레임' 규칙을 통해 코드가 컴파일될 때 사용할 메모리 크기를 결정합니다. 하지만 힙은 스택 프

ⓒ 스택 프레임에 대한 내용은 402쪽에서 복습할 수 있습니다.

레임과 같은 형식이 적용되지 않으며 프로그래머가 원하는 시점에 원하는 크기만큼 메모리를 할당할 수 있습니다. 그리고 메모리 사용이 끝나면 언제든지 할당한 메모리 공간을 해제할 수 있습니다. 이런 형식의 메모리 할당을 '동적 메모리 할당'(Dynamic Memory Allocation)이라고 합니다. 또 힙은 Mbyte 단위가 아닌 Gbyte 단위까지 할당할 수 있기 때문에 메모리를 할당할 때 크기 문제가 거의 발생하지 않습니다.

malloc 함수로 동적 메모리 할당하기

힙은 스택처럼 관리되는 공간이 아니라서 변수를 선언하는 행위로 메모리를 할당할 수 없습니다. 그래서 동적 메모리 할당을 지원하는 C 표준 함수인 malloc을 사용해서 메모리를 할당해야 합니다. 이 함수는 같이 사용자가 size 변수에 지정한 크기만큼 힙 영역에 메모리를 할당하고 그 할당된 주소를 void * 형식으로 반환해 줍니다.

ⓒ malloc은 memory allocation의 약자입니다.

> 함수 원형: void *malloc(size_t size); /* size_t는 unsigned int와 같은 자료형 */
> 함수 사용 형식: void *p = malloc(100); /* 100바이트의 메모리를 할당하여 포인터 p에 저장함 */

메모리 크기를 지정할 때 size_t 자료형을 사용하는데 이 자료형은 unsigned int형과 같으며, 메모리 할당은 항상 양수로만 가능하기 때문에 음수를 고려하지 않겠다는 뜻입니다.

© size_t 자료형은 C 언어에서 제공하는 헤더 파일에 typedef unsigned int size_t;라고 정의되어 있습니다. 따라서 size_t는 unsigned int와 같은 자료형입니다. typedef에 대해서는 18장에서 자세하게 배웁니다.

그런데 사용자가 malloc 함수로 100바이트 메모리를 할당하더라도 이 메모리를 2바이트(short) 단위의 50개 데이터 그룹으로 사용할지, 4바이트(int) 단위의 25개의 그룹으로 사용할지는 예상할 수 없습니다. 그래서 malloc 함수가 메모리의 사용 단위를 결정하지 않고 void * 형식으로 주소를 반환해 주는 것입니다.

그런데 void *를 사용하면 사용할 때마다 형 변환(Casting)을 해야 하는 불편함이 있습니다. 그래서 다음과 같이 malloc 함수를 사용하여 주소를 받는 시점에 사용할 포인터에 미리 형 변환을 사용하는 것이 좋습니다. 예를 들어 힙 영역에 할당된 100바이트의 메모리를 2바이트(short) 단위로 사용하고 싶거나 4바이트(int) 단위로 사용하고 싶다면 malloc 함수를 다음처럼 사용하면 됩니다.

```
short *p = (short *)malloc(100);        int *p = (int *)malloc(100);
```

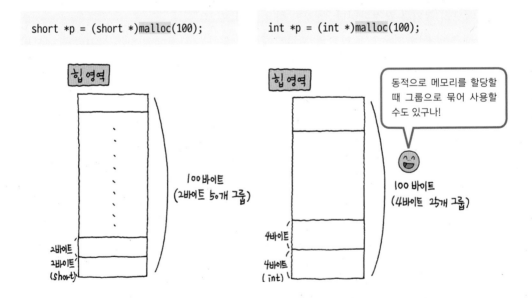

16-2 다음 빈칸을 채워 보세요.

200바이트 메모리를 동적으로 할당할 때 4바이트씩 50개 그룹으로 사용하려면?	50바이트 메모리를 동적으로 할당할 때 2바이트씩 25개 그룹으로 사용하려면?
int *p = ([1])malloc([2])	[3] *p = ([4])malloc([5])

! **알아두면 좋아요!** **malloc 함수가 메모리 할당에 실패하는 경우도 있어요!**

malloc 함수가 항상 메모리 할당에 성공하는 것은 아닙니다. 한 번에 너무 큰 크기(2Gbytes 이상)를 명시하거나 계속된 메모리 할당으로 힙에 공간이 부족하면 메모리 할당에 실패할 수도 있습니다. 이런 경우 malloc 함수는 할당된 메모리 주소 대신에 NULL을 반환합니다. 따라서 malloc 함수가 메모리 할당에 실패하는 경우를 대비하여 다음과 같이 넘겨받은 주소가 NULL인지 체크하는 것이 좋습니다.

```
short *p = (short *)malloc(100);
if(NULL != p) {
    /* 메모리 할당에 성공함. 이 시점부터 100바이트 메모리 사용 가능함 */
} else {
    /* 메모리 할당에 실패함 */
}
```

---

free 함수로 할당된 메모리 해제하기

스택에 할당한 지역 변수는 함수 호출이 끝나면 스택 프레임에 의해 자동으로 해제됩니다. 하지만 힙에 할당한 메모리는 프로그램이 끝날 때까지 자동으로 해제되지 않습니다. 사용하던 메모리가 해제되지 않으면 힙에 메모리를 할당할 공간이 부족해질 수 있습니다. 따라서 다음과 같이 free 함수를 사용하여 힙에 할당했던 메모리를 명시적으로 해제해주어야 합니다.

```
free(p);   /* p가 가지고 있는 주소에 할당된 메모리를 해제함 */
```

예를 들어 malloc 함수를 사용하여 할당 받는 메모리의 주소 값을 포인터 변수 p가 가지고 있다고 합시다. 그러면 위와 같이 포인터 변수 p가 가지고 있는 주소 값을 free 함수에 매개변수로 넘겨서 해당 주소에 할당된 메모리를 해제해야 합니다.

malloc 함수와 free 함수의 정보가 malloc.h에 정의되어 있기 때문에 이 함수들을 사용하려면 #include〈malloc.h〉 전처리기를 코드에 추가해야 합니다.

그러면 메모리 동적 할당을 연습하는 차원에서 간단하게 사용자에게 이름을 입력 받아 출력해 보는 예제를 만들어 보겠습니다.

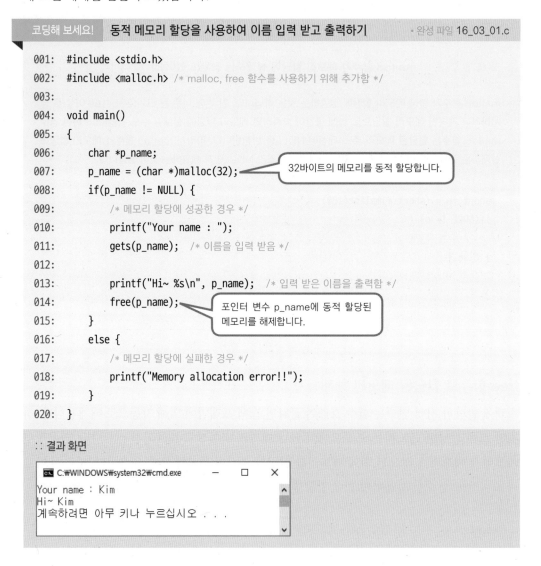

코딩해 보세요!　동적 메모리 할당을 사용하여 이름 입력 받고 출력하기　•완성 파일 16_03_01.c

```
001: #include <stdio.h>
002: #include <malloc.h> /* malloc, free 함수를 사용하기 위해 추가함 */
003:
004: void main()
005: {
006:     char *p_name;
007:     p_name = (char *)malloc(32);       32바이트의 메모리를 동적 할당합니다.
008:     if(p_name != NULL) {
009:         /* 메모리 할당에 성공한 경우 */
010:         printf("Your name : ");
011:         gets(p_name);   /* 이름을 입력 받음 */
012:
013:         printf("Hi~ %s\n", p_name);   /* 입력 받은 이름을 출력함 */
014:         free(p_name);            포인터 변수 p_name에 동적 할당된
015:     }                            메모리를 해제합니다.
016:     else {
017:         /* 메모리 할당에 실패한 경우 */
018:         printf("Memory allocation error!!");
019:     }
020: }
```

:: 결과 화면

```
C:\WINDOWS\system32\cmd.exe          -    □    ×
Your name : Kim
Hi~ Kim
계속하려면 아무 키나 누르십시오 . . .
```

malloc 함수를 사용할 때 주의할 점

동적으로 할당한 메모리는 malloc 함수를 사용할 때부터 free 함수를 사용할 때까지 계속 힙 영역에 할당되어 있습니다. 따라서 다음과 같이 동적 메모리 할당을 사용하는 프로그램에서

실수로 메모리 할당을 해제하는 free 함수를 사용하지 않았다면 Test 함수가 호출될 때마다 힙에 100바이트씩 추가로 메모리가 할당됩니다. 그래서 반복문이 완료된 시점에는 100×100바이트 메모리가 힙에 할당되어 버립니다.

```
#include <malloc.h>    /* malloc, free 함수를 사용하기 위해 추가함 */

void Test()
{
    short *p = (short *)malloc(100);    /* 힙에 100바이트 할당함 */
    /* free(p); */          실수로 메모리 할당을 해제하지 않았습니다.
}
void main()
{
    int i;
    for(i = 0; i < 100; i++) Test();    /* 메모리가 100바이트씩 100번 동적 할당됨 */
}
```

그리고 힙에 할당된 주소를 기억하고 있는 포인터 변수 p는 지역 변수이기 때문에 Test 함수의 종료와 함께 메모리에서 제거됩니다. 그런데 제거된 포인터 변수 p가 동적 할당된 메모리의 주소 값을 저장하고 있었기 때문에 포인터 변수 p가 제거되면 동적 할당된 메모리의 주소 값을 알 수 있는 방법이 없어서 해당 메모리를 사용할 수 없고 해제할 수도 없습니다. 이런 상태를 메모리가 손실되었다고 이야기합니다.

할당되지 않은 메모리를 해제하는 경우

동적 메모리 할당을 많이 사용하는 프로그램은 메모리 손실이 나지 않도록 free 함수를 빼놓지 않도록 신경을 많이 써야 합니다 그렇다고 해서 할당도 되지 않은 메모리를 해제하면 컴파일은 성공하더라도 실행할 때 오류가 발생하겠지요.

```
char *p;                        포인터 변수 p에 메모리가 할당되지 않았습니다.
/* p = (char *)malloc(32); */
free(p); /* p는 할당된 메모리의 주소를 가지고 있지 않아서 실행할 때 오류 발생함 */
```

정적으로 할당된 메모리를 해제하는 경우

포인터가 정적으로 할당된 지역 변수의 주소를 가지고 있는데 이 주소를 사용하여 free 함수를 호출해도 실행할 때 오류가 발생합니다.

```
int data = 5;
int *p = &data; /* p는 지역 변수 data의 주소를 가지게 됨 */
free(p); /* p는 힙에 할당된 주소가 아니기 때문에 실행할 때 오류 발생함 */
```

할당된 메모리를 두 번 해제하는 경우

malloc 함수를 사용해 정상적으로 할당한 주소를 free 함수로 해제하고 나서 실수로 한 번 더 해제하는 경우에도 프로그램을 실행할 때 오류가 발생합니다.

```
int *p = (int *)malloc(12); /* 12바이트 메모리를 힙에 정상적으로 할당함 */
free(p); /* 할당했던 메모리를 정상적으로 해제함 */
free(p); /* 이미 해제한 주소를 다시 해제하기 때문에 실행할 때 오류 발생함 */
```

이처럼 포인터나 동적 할당은 소스 코드를 작성하다가 실수를 하더라도 컴파일할 때 오류가 나지 않고 프로그램이 실행될 때 오류가 발생합니다. 경험이 부족하거나 디버깅에 익숙하지 않은 초보 프로그래머들에게는 어려울 수밖에 없습니다. 따라서 문법의 원리를 정확하게 이해하고 사용해야 하며 malloc 함수를 사용하여 동적 할당을 하는 경우에는 free 함수로 할당된 메모리를 해제하는 코드를 먼저 자신의 코드에 추가해 놓고 작업하는 것이 좋습니다.

ⓒ 비주얼 스튜디오에서 버그를 찾기 위해 디버깅하는 방법은 필자의 블로그인 blog.naver.com/tipsware/220809807239를 참고하세요!

동적 메모리 할당의 장단점

힙에 동적으로 할당하는 메모리는 스택에 비해 큰 크기의 메모리를 할당할 수 있으며 메모리를 할당하고 해제하는 시점도 프로그래머가 직접 정할 수 있습니다. 그리고 할당되는 메모리 크기도 프로그램 실행 중에 변경할 수 있습니다. 그래서 할당되는 메모리 크기가 변경되어도 소스 코드를 다시 컴파일하지 않아도 됩니다.

하지만 힙에 동적으로 메모리를 할당하고 해제하는 작업을 프로그래머가 직접 관리해야 하기 때문에 코드가 복잡해지며 작은 메모리를 할당해서 사용할 때는 오히려 비효율적일 수도 있습니다.

다음 표는 1바이트 메모리를 정적 할당하는 코드와 동적 할당하는 코드를 비교한 것입니다.

스택에 메모리 정적 할당	힙에 메모리 동적 할당

`char data; /* 스택에 1바이트 사용함 */`
`data = 5;`
	`/* p는 지역 변수라서 스택에 정적 할당함 */`
	`char *p;`
	`/* 1바이트 메모리를 힙에 동적 할당함 */`
	`p = (char *)malloc(1);`
	`*p = 5;`
	`free(p);  /* 동적 할당한 메모리 해제함 */`

정적 할당은 스택에 1바이트만 할당됩니다. 하지만 동적 할당은 스택 대신 힙에 1바이트를 할당하며, 할당받은 힙의 메모리 주소를 저장하기 위해 스택에 4바이트(포인터 변수의 크기)를 할당합니다. 따라서 총 5바이트가 필요합니다. 이런 상황에 굳이 동적 할당을 고집하는 것은 좋지 않습니다.

16-4 동적 메모리 사용하기

배열과 비슷한 형식으로 동적 메모리 사용하기

1바이트, 2바이트처럼 크기가 작은 데이터 여러 개를 동적으로 할당해서 사용하는 것은 번거롭고 불편할 수 있습니다. 그래서 동적 할당도 메모리를 배열처럼 그룹으로 묶어서 많이 사용합니다.

오른쪽 그림의 코드에서 문장에서 포인터 변수 p가 가리킬 대상의 크기는 4바이트 (int)입니다. 즉 p 변수가 저장하고 있는 주소에 가서 4바이트 크기로 데이터를 저장하거나 읽을 수 있다는 뜻입니다. 그런데 malloc 함수를 사용하여 4바이트보다 큰 12바이트 크기로 동적 메모리를 할당했습니다. 12바이트 크기의 메모리를 세 그룹으로 나누어서 사용하는 것이죠. 그러면 처음 4바이트를 제외한 나머지 8바이트는 어떻게 사용할 수 있을까요?

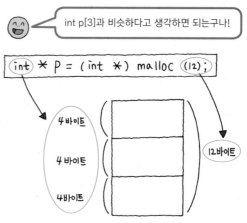

포인터 문법은 포인터 변수에 저장되어 있는 주소로 연산할 수 있습니다. 그래서 처음 4바이트는 *p 형식으로 사용하고, 그다음 4바이트는 *(p + 1) 형식으로 사용할 수 있으며, 마지막 4바이트는 *(p + 2) 형식으로 사용할 수 있습니다.

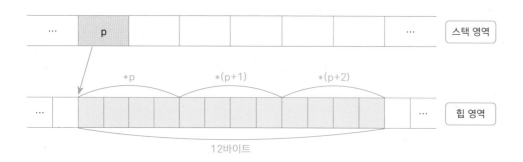

결국 이런 형식으로 메모리를 동적으로 할당하면 int형으로 그룹 지어진 메모리를 사용하는 것과 같기 때문에 오른쪽처럼 선언한 배열(정적 할당)과 같은 목적으로 사용할 수 있습니다.

```
int data[3];
```

동적 메모리를 할당하는 또 다른 방법

동적 메모리를 할당할 때 앞에서 본 것처럼 malloc(12)라고 호출하면 할당할 전체 메모리의 크기를 명시하는 형태입니다. 그런데 sizeof 연산자를 사용하면 메모리 사용 단위까지 적을 수 있습니다.

```
int *p = (int *)malloc(sizeof(int) * 3);    /* sizeof(int) * 3 == 12 */
```

malloc(12)라고만 적어 놓으면 12바이트를 동적 할당 한다는 정도로 이해할 수 있습니다. malloc(sizeof (int) * 3)이라고 적으면 12바이트를 할당하면서 대상

☺ sizeof 연산자는 자료형이나 변수의 크기를 계산해 주는 연산자입니다. 예를 들어 sizeof(int)라고 하면 int 자료형의 크기가 4 바이트이기 때문에 결과 값이 4가 됩니다.

메모리를 4바이트(int) 단위로 나누어서 사용하려는 의도까지 좀 더 쉽게 파악할 수 있습니다. 그리고 같은 12바이트를 사용하더라도 다음과 같이 사용하면 메모리를 사용하는 방법이 달라집니다.

```
short *p = (short *)malloc(sizeof(short) * 6);    /* sizeof(short) * 6 == 12 */
```

위 형태로 사용하면 포인터 p는 주소에 접근하여 2바이트(short) 단위로 메모리를 읽고 쓰기 때문에 12 바이트를 6개의 항목으로 나누어 사용하게 됩니다.

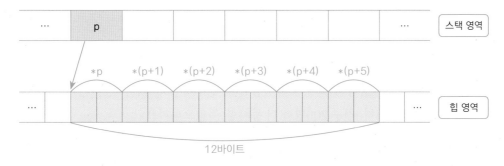

이 구조도 short형 변수 6개로 이루어진 배열과 같은 목적으로 사용할 수 있습니다. 결국 포인터와 동적 할당 문법을 사용하면 배열과 같은 목적으로 사용할 수 있는 메모리를 구성할 수 있습니다.

```
short data[6];
```

정적 메모리 할당을 사용했을 때 발생할 수 있는 문제점

배열을 사용하면 메모리가 스택에 정적으로 할당되기 때문에 항목의 개수를 상수로만 할당할 수 있습니다. 따라서 다음과 같이 선언하면 오류가 발생합니다.

```
int data_size = 3;
int data[data_size];    /* 배열의 요소 개수는 상수로만 명시할 수 있기 때문에 오류 발생함 */
```

즉 배열의 크기는 상수로만 적을 수 있기 때문에 자신이 사용할 데이터의 최대 개수에 반드시 신경을 써야 합니다. 예를 들어 친구 관리 프로그램을 만드는 데 배열을 사용하고 이 배열의 한 요소에 한 명의 친구 정보가 저장된다고 합시다. 그러면 친구가 몇 명인지에 따라서 배열의 크기가 달라져야 합니다.

친구가 별로 없는 프로그램 사용자는 배열 크기가 10으로도 충분하겠지만 친구가 300명인 사용자도 있겠죠? 그러면 프로그래머는 어쩔 수 없이 최대 크기인 300으로 배열 크기를 정해야 합니다. 이제 또 다른 문제가 생깁니다. 이 프로그램을 친구가 10명인 사람이 사용하면 290개의 배열 요소를 낭비하는 셈입니다. 더 이상 등록할 친구가 없으니까요.

배열의 크기가 300이면 친구가 10명밖에 없는 사람은 290개 메모리 공간을 낭비하게 됩니다.

그런데 메모리가 낭비되는 상황은 그나마 다행입니다. 친구가 500명인 사용자는 이 프로그램을 사용할 수조차 없습니다. 친구 200명을 더 등록할 수 없으니까요.

친구가 500명인 사용자를 위해서 프로그래머가 배열 크기를 500으로 변경한다고 합시다. 그러면 소스 코드가 변경되기 때문에 소스 코드를 다시 컴파일해서 실행 파일을 만든 후 사용자에게 다시 배포해야겠죠. 이제 친구가 500명인 사용자는 이 프로그램을 사용할 수 있겠지만 친구가 10명인 사용자는 메모리 낭비가 더욱 심해집니다.

결국 이 문제는 배열이 정적 메모리 할당 방식을 사용하기 때문에 배열의 크기를 상수로만 받아서 생기는 것입니다. 이 상황을 좀 더 공감할 수 있도록 예제를 하나 만들어 보겠습니다. 다음 예제는 사용자에게 숫자를 입력 받아서 입력된 숫자의 합을 출력해 줍니다. 입력한 숫자 정보는 배열을 사용하여 저장했습니다. 따라서 사용자가 입력하는 숫자의 개수를 제한할 수밖에 없습니다. 일단 이 소스 코드에서는 숫자 5개를 최대 입력으로 받도록 구성했습니다.

☺ 소스 코드를 단순화하기 위해 다음 예제에서 예외 처리는 최대한 생략하겠습니다.

코딩해 보세요! **정적 메모리 할당을 사용하여 숫자를 입력 받아 합산하기** • 완성 파일 16_04_01.c

```
001:  #include <stdio.h>
002:  #define MAX_COUNT    5      /* 최대 입력을 5회로 제한함 */
003:  void main()
004:  {
005:      int num[MAX_COUNT], count = 0, sum = 0, i;
006:      /* 최대 5회까지 입력 받고 중간에 9999를 누르면 종료함 */
007:      while(count < MAX_COUNT) {
008:          printf("숫자를 입력하세요 (9999를 누르면 종료) : ");
009:          scanf("%d", num+count);   /* scanf("%d", &num[count]);과 같은 표현 */
010:          if(num[count] == 9999) break;   /* 9999를 누르면 입력 중단함 */
011:          count++;   /* 입력된 횟수를 계산함 */
012:      }
013:      /* 입력된 횟수만큼 숫자를 출력함 */
014:      for(i = 0; i < count; i++) {
015:          if(i > 0) printf(" + ");   /* 숫자와 숫자 사이에 +를 출력함 */
016:          printf(" %d ", num[i]);   /* 입력한 숫자를 출력함 */
017:          sum = sum + num[i];   /* 입력한 숫자들을 합산함 */
018:      }
019:      printf(" = %d\n", sum);   /* 합산 값을 출력함 */
020:  }
```

:: 결과 화면

```
C:\WINDOWS\system32\cmd.exe                 —    □    ×
숫자를 입력하세요 (9999를 누르면 종료) : 7
숫자를 입력하세요 (9999를 누르면 종료) : 2
숫자를 입력하세요 (9999를 누르면 종료) : 8
숫자를 입력하세요 (9999를 누르면 종료) : 9999
 7 + 2 + 8 = 17
계속하려면 아무 키나 누르십시오 . . .
```

그런데 사용자가 10개의 숫자를 입력해야 한다고 요청하면 이 프로그램은 배열의 크기를 변경해야 하기 때문에 MAX_COUNT 값을 바꾸기 위해 프로그램 코드를 수정해야 합니다. 즉 오른쪽과 같이 #define 전처리기로 값을 변경하고 수정된 소스 파일을 다시 컴파일해서 만든 실행 파일을 사용자에게 재배포해야 합니다. 사용자가 요청할 때마다 최대 횟수를 변경해서 다시 컴파일하고 재배포한다면 프로그램의 유지보수에 엄청난 부담을 줄 수 있습니다. 그래서 이 문제를 해결하기 위해 다

```
#define MAX_COUNT       10
```

```
#define MAX_COUNT       10000
```

음과 같이 변경할 가능성이 없을 만큼 배열의 크기를 매우 크게 명시하기도 합니다.

이렇게 수정하고 누군가가 10,000개 이상의 숫자를 입력하지 않기를 바라며 코드를 컴파일한 뒤 실행 파일을 재배포했습니다. 그런데 사용자들이 대부분 10개 이하의 숫자만을 사용한다면 이 프로그램은 (10000 - 10)×sizeof(int) 크기만큼 메모리를 낭비하게 되는 셈입니다. 결국 배열 크기는 상수로만 명시할 수 있기 때문에 배열을 사용하는 프로그램은 사용자에게 제한적 사용을 강요하거나 비효율을 감수하고 메모리를 많이 낭비할 수밖에 없습니다.

malloc 함수는 메모리 할당 크기를 변수로 지정할 수 있다

이러한 낭비를 막기 위해 동적 메모리 할당을 사용합니다. 배열과 달리 malloc은 함수이기 때문에 할당할 크기를 적을 때 상수뿐만 아니라 변수도 사용할 수 있습니다.

```
int data_size = 12;
int *p = (int *)malloc(data_size);      /* 12바이트의 메모리가 동적 할당됨 */
```

이렇게 메모리 할당 크기를 변수로도 사용할 수 있기 때문에 사용할 데이터의 개수를 제한할 필요가 없습니다. 앞의 예제에서 배열을 사용할 때는 사용자가 몇 개의 숫자를 입력할지 예상할 수 없기 때문에 입력할 수 있는 최대 수치를 MAX_COUNT에 #define해서 사용했습니다. 하지만 동적 메모리 할당을 사용하면 사용자에게 몇 개를 사용할 것인지 입력 받고 그 개수만큼 사용할 수 있도록 프로그램을 만들 수 있습니다.

앞에서 배열을 사용해서 만든 예제를 malloc 함수와 포인터 문법을 사용하여 재구성해 보겠습니다. 다음 예제는 프로그램을 시작할 때 사용자에게 최대 몇 개의 숫자를 사용할 것인지 물어 보고, 그 개수를 이용하여 숫자를 입력받아 합산 결과를 출력하도록 만들었습니다.

ⓒ 소스 코드를 단순화하기 위해 다음 예제에서 예외 처리는 최대한 생략하겠습니다.

```
001:  #include <stdio.h>
002:  #include <malloc.h>
003:  void main()
004:  {
005:      int *p_num_list, count = 0, sum = 0, limit = 0, i;
006:
007:      printf("사용할 최대 개수를 입력하세요 : ");
008:      scanf("%d", &limit);
009:      /* 사용자가 입력한 개수만큼 정수를 저장할 수 있는 메모리를 할당함 */
010:      p_num_list = (int *)malloc(sizeof(int)*limit);
011:      /* 중간에 9999를 누르면 종료함 */
012:      while(count < limit) {
013:          printf("숫자를 입력하세요 (9999를 누르면 종료) : ");
014:          scanf("%d", p_num_list + count);
015:          if(*(p_num_list + count) == 9999) break;  /* 9999를 누르면 입력 중단함 */
016:          count++;   /* 입력된 횟수 계산함 */
017:      }
018:      /* 입력된 횟수만큼 숫자를 출력함 */
019:      for(i = 0; i < count; i++) {
020:          if(i > 0) printf(" + ");   /* 숫자와 숫자 사이에 +를 출력함 */
021:          printf(" %d ", *(p_num_list + i));   /* 입력한 숫자 출력함 */
022:          sum = sum + *(p_num_list + i);   /* 입력한 숫자들을 합산함 */
023:      }
024:      printf(" = %d\n", sum);   /* 합산 값을 출력함 */
025:      free(p_num_list);          /* 사용했던 메모리를 제거함 */
026:  }
```

:: 결과 화면

```
C:\WINDOWS\system32\cmd.exe                    —    □    ×
사용할 최대 개수를 입력하세요 : 6
숫자를 입력하세요 (9999를 누르면 종료) : 5
숫자를 입력하세요 (9999를 누르면 종료) : 6
숫자를 입력하세요 (9999를 누르면 종료) : 2
숫자를 입력하세요 (9999를 누르면 종료) : 3
숫자를 입력하세요 (9999를 누르면 종료) : 9999
 5 + 6 + 2 + 3 = 16
계속하려면 아무 키나 누르십시오 . . .
```

배열 문법이 사용하기 편한 것은 분명히 사실입니다. 하지만 편한 문법의 공통점은 제약이 많다는 것입니다. 위와 같이 처리하면 사용자가 직접 숫자의 개수를 지정할 수 있기 때문에 배열을 사용할 때처럼 코드를 수정할 필요가 없습니다.

Q1 지역 변수로 다음과 같이 배열을 선언하면 오류가 발생합니다. 왜 그런지 이유를 설명하세요.

```
char data[2 * 1024 * 1024];
```

힌트 지역 변수가 저장되는 공간의 크기를 생각해 보세요.

Q2 short data[8];과 같이 사용할 수 있는 메모리 영역을 malloc 함수를 사용하여 할당해 보세요.

short ⬚⬚⬚⬚ = (⬚⬚⬚⬚) malloc(⬚⬚⬚⬚);

Q3 malloc 함수는 메모리를 할당하고 할당된 주소를 반환합니다. 이때 반환되는 주소의 자료형은 무엇일까요?

Q4 정적 메모리 할당을 사용하는 지역 변수는 S ⬚⬚⬚⬚⬚⬚ 영역에 할당되고, malloc 함수로 할당하는 메모리는 H ⬚⬚⬚⬚⬚ 영역에 할당됩니다.

Q5 다음 중 정상적인 문법에는 O 표시를 하고, 잘못된 문법이거나 문제가 발생할 수 있는 문법에는 X 표시를 하세요.

```
int size = 5;
int data[size];
```

```
char data = 0;
char *p = &data;
free(p);
```

```
int *p = (int *)malloc(12);
free(p);
free(p);
```

Q6 3차원 메모리 동적 할당하기

다음과 같이 3차원 배열 문법으로 data 변수를 선언했습니다.

```
char data[2][3][4];
```

배열의 차원 개념은 논리적 개념이라서 실제 메모리에 할당될 때는 오른쪽과 같이 1차원 배열과 동일하게 할당됩니다. 각 항목의 크기가 1바이트(char)이고 항목의 개수가 2 × 3 × 4=24개이기 때문에 data 변수는 총 24바이트의 메모리를 차지하게 됩니다.

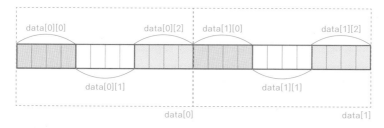

3차원 포인터와 메모리 동적 할당을 이용해서도 같은 구조를 만들 수 있습니다. 물론 포인터를 사용하면 주소를 저장하기 위한 메모리가 추가되기 때문에 다음과 같은 형태를 띱니다. 그러면 3차원 포인터 (char ***p;)와 malloc 함수를 사용해서 위 그림과 같이 메모리를 할당하도록 코드를 구성해 보세요.

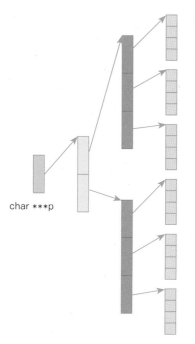

> **힌트** 프로그램이 종료되기 전에 free 함수를 사용하여 동적으로 할당된 메모리를 해제하는 코드까지 작성해야 합니다.

16장 풀이
566쪽

다차원 포인터

13장에서 배운 포인터를 기억하시나요? 포인터는 일반 변수를 가리킬 수도 있지만 또 다른 포인터를 가리킬 수도 있습니다. 이렇게 포인터가 포인터를 가리키는 것을 '다차원 포인터'라고 부릅니다. 다차원 포인터는 다차원 배열과 함께 자주 쓰입니다. 이 장에서는 C 언어로 프로그래밍할 때 어떤 경우에 다차원 포인터를 사용하고, 어떻게 문법을 구성하는지 설명하겠습니다.

17-1 다차원 포인터 개념

17-2 2차원 포인터

17-3 2차원 포인터와 함수의 매개변수

17-4 2차원 포인터와 2차원 배열

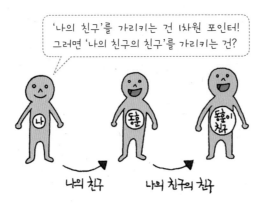

17-1 다차원 포인터 개념

다차원 포인터란?

저에게는 동훈이라는 친구가 있습니다. 저는 이 친구를 부를 때 "동훈아"라고 직접 이름을 말하기도 하지만 "친구야"라고 간접 표현을 써서 부르기도 합니다. 우리가 앞에서 배운 일반 변수는 자신이 사용할 메모리 공간에 이름을 붙여서 그 이름을 사용하는 개념이기 때문에 "동훈아"라고 말하는 직접 표현을 사용하는 것과 같죠. 반면에 "친구야" 또는 "나의 친구야" 같은 표현은 자신을 기준으로 대상을 가리키는 간접 표현입니다. 즉 '내'가 '동훈이'를 가리키는 포인터가 된 것입니다. 그런데 우리는 종종 '나의 친구의 친구'처럼 두 번 연속으로 간접 표현을 사용하기도 합니다. 이 표현은 동훈이의 친구를 의미하는 것이겠죠? 이렇게 간접으로 여러 번 가리키는 포인터를 '다차원 포인터'라고 부릅니다.

다차원 포인터가 무엇인지 알아보기 전에 이 장에서 자주 사용할 그림에 대해 설명하겠습니다. 다차원 포인터는 주소를 여러 번 이동하기 때문에 메모리를 사다리 모양으로 그리면 그림이 너무 복잡해집니다. 그래서 좀 더 쉽게 익힐 수 있도록 다음 그림처럼 그리고 주소 표현과 숫자 값도 10진법을 사용하겠습니다.

```
short *p, data = 5;
p = &data; /* 포인터 변수 p는 data 변수의 주소 값을 기억함 */
```

◎ 각 변수가 할당된 메모리의 주소는 임의로 가정한 것입니다.

위의 그림에서 메모리 상자의 앞면에 변수 이름과 차원을 표시했습니다. 그리고 상자 아래에 변수가 할당된 주소와 메모리의 크기(또는 자료형)를 표시했습니다. 차원은 '자신이 가리키는 대상'의 개수만큼 증가합니다. 따라서 포인터 변수 p는 가리키는 대상이 data 변수 1개여서 1차원으로 표시했습니다. 그리고 data 변수는 가리키는 대상이 없기 때문에 0차원으로 표시했습니다.

도입부에 이야기했듯이 '나의 친구'라는 표현은 '내'가 '친구'를 가리키는 형식입니다. 따라서 '나'는 가리키는 대상을 1개 가지고 있어서 1차원, '친구'는 대상 그 자체이며 가리키는 대상이 없기 때문에 0차원이 되는 것입니다.

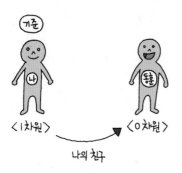

이 말을 좀 더 응용해 보면 '나의 친구의 친구'라는 표현은 '내'가 '친구'도 가리키고 '친구의 친구'도 가리키는 기준이 됩니다. 따라서 대상이 2개이므로 '나'는 2차원이 됩니다. 그리고 '나의 친구'는 '친구의 친구'를 가리키기 때문에 대상이 1개라서 1차원이 되고 '친구의 친구'는 대상 그 자체이기 때문에 0차원이 되는 것입니다.

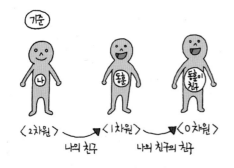

이 그림을 좀 더 단순한 형태로 그려 보면 다음과 같습니다.

사다리 모양 메모리 그림과 상자 형태 그림을 비교해 보겠습니다. 화살표가 좀 많아서 그림이 복잡해 보이죠? 하지만 앞으로 설명할 내용을 더 쉽게 이해하려면 다음 그림을 다섯 번 정도 노트에 직접 그려 보는 것이 좋습니다.

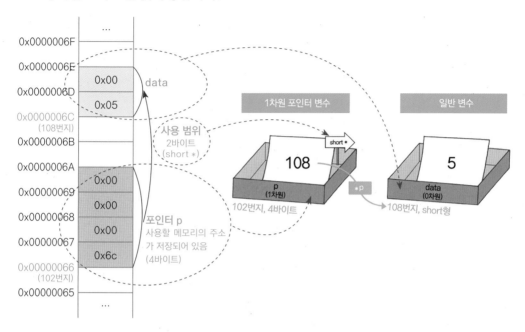

이해를 돕기 위해 사다리 모양으로 표현한 그림에서는 주소를 16진수로 표시하고, 메모리 상자 그림에서는 10진수로 표시했습니다. 예를 들어 사다리 모양의 그림에서 0x00000066번지는 16진수 표기이며 이 값을 10진수로 변환하면 102가 되기 때문에 간단하게 그린 그림에서 102번지로 표시한 것입니다. 같은 이유로 0x0000006C도 108번지로 표시했습니다.

다차원 포인터 정의하기

앞에서 배운 차원 개념과 포인터 문법을 연결해 보겠습니다. 포인터 변수를 선언할 때 * 키워드를 한 개만 사용한 포인터를 1차원 포인터라고 이야기하며 * 키워드를 하나씩 더 사용할 때마다 차원이 하나씩 증가합니다. 그리고 * 키워드를 두 개 이상 사용해서 선언한 포인터를 '다차원 포인터'라고 합니다.

포인터 변수를 선언할 때 사용하는 * 키워드는 최대 7개(컴파일러마다 다름)까지 사용할 수 있습니다. 그리고 포인터 변수를 선언할 때 사용한 * 키워드의 개수만큼 포인터를 사용할 때 * 연산자를 사용할 수 있습니다. 예를 들어 char *p;라고 선언하면 포인터 변수 자체를 의미하는 p 또는 포인터 변수가 가리키는 곳에 값을 저장하기 위한 *p, 이렇게 두 가지 표현을 사용할 수 있죠. 따라서 char ***p3;라고 * 키워드를 3개 사용해서 선언하면 p3, *p3, **p3 또는 ***p3라는 네 가지 표현을 사용할 수 있습니다. 각 표현이 무엇을 의미하는지는 앞으로 차근 차근 배울 것입니다.

```
char *p1;      /* 1차원 포인터: p1, *p1 */
char **p2;     /* 2차원 포인터: p2, *p2, **p2 */
char ***p3;    /* 3차원 포인터: p3, *p3, **p3, ***p3 */
```

일반 변수의 한계와 다차원 포인터

주소 값을 저장할 수 있는 크기(4바이트)의 변수라면 포인터 변수가 아니더라도 주소를 저장할 수는 있습니다. 따라서 다음과 같이 4바이트 크기의 자료형인 int형으로 my_ptr 변수를 선언하고 & 연산자를 사용하여 data 변수의 주소 값을 my_ptr 변수에 저장할 수 있습니다.

> &data는 short * 형식의 값을 가지기 때문에 int형 변수인 my_ptr에 저장하기 위해서 (int)로 형 변환합니다. my_ptr는 4바이트 크기라서 정상적으로 주소를 저장합니다.

```
short data = 0;
int my_ptr = (int)&data;
*my_ptr = 3;   /* 오류 발생: my_ptr는 포인터가 아니라서 * 연산자를 사용할 수 없음 */
```

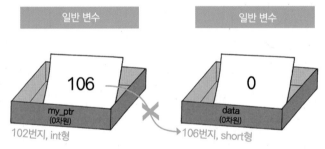

일반 변수에도 주소 값을 저장할 수 있습니다. 하지만 해당 주소로 가서 값을 읽거나 쓸 수 없기 때문에 의미가 없습니다.

하지만 my_ptr 변수는 포인터 변수가 아니기 때문에 *(번지 지정) 연산자를 사용할 수 없습니다. 이것은 my_ptr 변수에 저장된 주소로 이동하여 값을 대입하거나 읽을 수 없다는 뜻입니다. 그래서 일반 변수에 주소 값을 저장하지 않고 * 연산자를 사용해서 포인터 변수에 주소 값을 저장하는 것입니다. 포인터 변수는 자신이 저장하고 있는 주소에 가서 값을 읽거나 쓸 수 있는 기능을 가지고 있기 때문이죠.

정리하자면 일반 변수에도 주소 값을 저장할 수는 있지만, 자신이 저장하고 있는 주소에 가서 값을 읽거나 쓸 수 없기 때문에 의미가 없습니다. 이 개념을 잘 이해해야 이후에 배울 다차원 포인터 문법을 쉽게 이해할 수 있습니다.

17-2 2차원 포인터

2차원 포인터의 선언과 사용

다차원 포인터 중 가장 자주 사용하는 것은 2차원 포인터입니다. 2차원 포인터를 사용하면 2차원 배열을 다루는 게 훨씬 쉬워집니다. 3차원 포인터부터는 2차원 포인터에서 단계(상자)가 하나씩 추가될 뿐 원리는 같습니다. 따라서 이 책에서는 생략합니다. 그러면 2차원 포인터를 어떻게 사용하는지부터 알아볼까요?

2차원 포인터는 오른쪽과 같이 * 키워드를 두 개 사용해서 선언합니다. 그래서 포인터를 사용할 때 pp, *pp 또

```
short **pp;
```

는 **pp처럼 * 연산자를 최대 2개까지 사용할 수 있습니다. 다음 그림처럼 2차원 포인터 변수는 *pp를 사용하면 변수 pp에 저장되어 있는 106번지로 이동해서 값을 읽거나 저장할 수 있습니다.

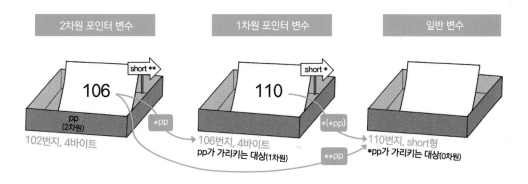

그리고 **pp를 사용하면 포인터 변수 pp가 가리키는 대상(106번지)에 저장된

"2차원 포인터는 주소 이동을 두 번 할 수 있다."

주소 값(110번지)을 대상으로 사용합니다. 그래서 110번지에 있는 값을 읽거나 저장할 수 있습니다.

2차원 포인터의 구성

앞의 그림을 보면 알겠지만 '**pp'라고 사용하면 두 번째 상자에 들어 있는 110을 주소로 사용해서 세 번째 상자를 가리킵니다. 그런데 만약 다음과 같이 두 번째 상자에 주소가 아닌 다른 의미의 값(3)이 저장되어 있다면 프로그램이 엉뚱한 메모리를 사용해서 오류가 발생합니다.

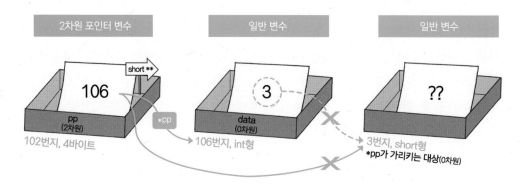

즉 두 번째 상자에 저장되어 있는 3은 data 변수에 저장된 일반 숫자 값인데 이 값을 주소로 사용해서 3번지로 이동하여 값을 읽거나 저장하려고 하면 오류가 발생한다는 것입니다.

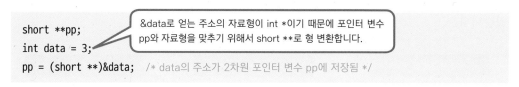

```
short **pp;
int data = 3;
pp = (short **)&data;    /* data의 주소가 2차원 포인터 변수 pp에 저장됨 */
```

> &data로 얻는 주소의 자료형이 int *이기 때문에 포인터 변수 pp와 자료형을 맞추기 위해서 short **로 형 변환합니다.

이처럼 2차원 포인터는 세 번째 상자로 한 번 더 이동할 수 있기 때문

"2차원 포인터는 1차원 포인터의 주소 값을 저장한다."

에 두 번째 상자에 최종 대상(세 번째 상자)의 주소 값이 저장되어야 합니다. 따라서 두 번째 상자는 다음과 같이 1차원 포인터 변수가 되어야 안정적인 구조가 됩니다.

```
short **pp, *p, data = 3;
p = &data;      /* data 변수의 주소 값이 포인터 변수 p에 저장됨 */
pp = &p;        /* 1차원 포인터 변수 p의 주소 값이 2차원 포인터 변수 pp에 저장됨 */
**pp = 5;       /* data 변수의 값이 3에서 5로 변경됨 */
```

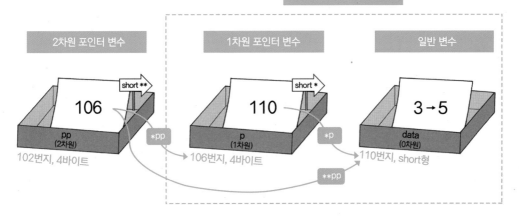

위의 그림처럼 주소를 저장하려면 두 번째 상자와 세 번째 상자를 1차원 포인터 구조로 만드는 것이 좋습니다. 그리고 위와 같은 구조가 되면 data 변수는 **pp로도 값을 변경할 수 있고 1차원 포인터 변수 p를 사용하여 *p로도 값을 변경할 수 있습니다. 결론적으로 다차원 포인터 구조는 오른쪽으로 하나씩 이동할 때마다 차원을 하나씩 줄여 주는 것이 좋은 구조입니다. 위와 같은 구조를 유지하면 강제적인 형 변환을 할 필요도 없고 자연스럽게 코드를 구성할 수 있습니다.

다음 예제는 2차원 포인터를 이용하여 일반 변수의 값을 수정하는 예제입니다.

코딩해 보세요! 2차원 포인터를 사용하여 일반 변수의 값 대입하기   • 완성 파일 17_02_01.c

```
001:  #include <stdio.h>
002:  void main()
003:  {
004:      short data = 3;
005:      short *p = &data;  /* data 변수의 주소 값을 1차원 포인터 p에 저장함 */
006:      short **pp = &p;   /* 1차원 포인터 p변수의 주소 값을 2차원 포인터 pp에 저장함 */
007:
008:      printf("[Before  ] data : %d\n", data);  /* 3을 출력함 */
009:      *p = 4;       /* 1차원 포인터 p를 사용하여 data 변수 값을 4로 수정함 */
010:      printf("[Use *p  ] data : %d\n", data);
011:      **pp = 5;     /* 2차원 포인터 pp를 사용하여 data 변수 값을 5로 수정함 */
012:      printf("[Use **pp] data : %d\n", data);
013:  }
```

:: 결과 화면

```
C:\WINDOWS\system32\cmd.exe          —   □   ×
[Before  ] data : 3
[Use *p  ] data : 4
[Use **pp] data : 5
계속하려면 아무 키나 누르십시오 . . .
```

17-1 다음은 2차원 포인터 구조를 나타낸 그림입니다. 빈칸을 채워 보세요.

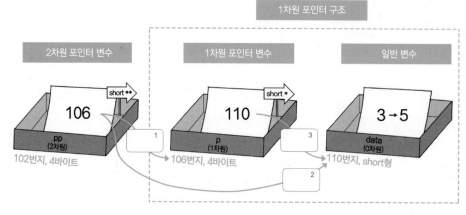

1차원 포인터 변수에 1차원 포인터 변수의 주소를 저장하면?

앞에서 2차원 포인터를 사용해 1차원 포인터의 주소 값을 저장하는 구조가 좋다고 했습니다. 그러면 1차원 포인터를 사용해서 1차원 포인터의 주소 값을 저장하는 구조는 어떨까요? 다음 그림을 봅시다.

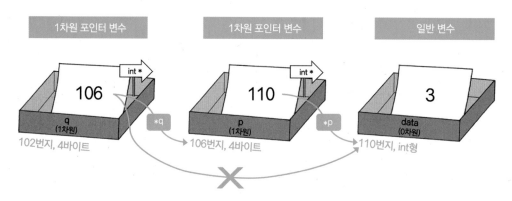

위 그림처럼 1차원 포인터 변수 q를 사용하여 1차원 포인터 변수 p의 주소 값을 저장할 수는 있습니다. 하지만 1차원 포인터 변수 q는 * 연산자를 한 개만 사용할 수 있기 때문에 포인터 변수 p까지만 이동할 수 있고 data 변수까지는 이동할 수 없습니다. 따라서 2차원 포인터를 사용하는 것과 구조는 비슷하지만 실용성은 떨어집니다.

```
int *q, *p, data = 3;
p = &data;      /* 포인터 변수 p는 data 변수의 주소 값을 기억함 */
q = (int *)&p;  /* 포인터 변수 q는 포인터 변수 p의 주소 값을 기억함 */
```

또한 이렇게 사용하면 차원이 맞지 않는 문제가 발생합니다. 일반 변수의 주소를 & 연산자를 사용하여 계산하면 1차원 형식의 포인터 값으로 반환되었죠? 1차원 포인터의 주소 값을 & 연산자를 사용해서 계산하면 차원이 하나 증가하여 2차원 형식의 포인터 값으로 반환됩니다. 따라서 차원을 맞추기 위해서 (int *) 형식으로 형 변환을 해주어야 합니다.

2차원 포인터가 가리키는 첫 대상이 일반 변수인 경우

2차원 포인터가 가리키는 첫 대상이 일반 변수이면 해당 변수이면 주소 값이 아닌 일반 숫자 값을 저장하고 있을 확률이 높습니다. 일반 숫자 값을 주소로 사용하면 ** 연산자를 사용할 때 문제가 발생할 수도 있습니다. 그러므로 2차원 포인터가 가리키는 첫 대상은 1차원 포인터가 되는 게 일반적입니다. 그러면 2차원 포인터의 첫 번째 대상으로 일반 변수를 사용하면서, 그 변수에 정상적인 주소 값을 저장해 사용하면 어떻게 될까요?

다음과 같이 2차원 포인터 변수 pp가 일반 변수의 주소 값(106번지)을 저장하더라도, 그 일반 변수가 다른 변수의 주소 값(110번지)을 저장하고 있다면 구조적으로는 문제가 되지 않습니다. 다만 차원이 하나씩 감소하는 일반적인 구조가 아니기 때문에 각 변수 간에 자료형이 맞지 않아서 형 변환을 많이 해주어야 합니다.

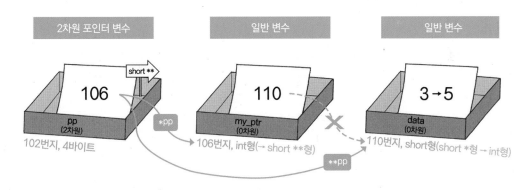

게다가 일반 변수 my_ptr는 * 연산자를 사용할 수 없기 때문에 data 변수의 주소 값을 저장하고 있더라도 이 주소로 이동할 수 없습니다. 하지만 2차원 포인터 변수인 pp는 **pp를 사용하여 두 번째 대상인 data 변수를 가리킬 때 첫 번째 대상에 저장된 주소 값을 읽어서 data 변수를 가리킬 수 있습니다. 즉 첫 번째 대상인 my_ptr가 어떤 형식의 변수이든 상관없이 4바이트 크기의 메모리이고 주소 값만 정상적으로 저장되어 있다면 그 주소 값을 사용하여 두 번째 대상을 가리킬 수 있다는 뜻입니다.

따라서 2차원 포인터 변수인 pp는 **pp = 5;라고 사용했을 때 my_ptr 변수가 1차원 포인터가 아니더라도 4바이트의 크기의 메모리이고 정상적인 주소 값을 저장하고 있기 때문에 110번지로 한 번에 이동하여 값 5를 대입할 수 있습니다. 앞 그림에 해당하는 코드는 다음과 같습니다.

```
short **pp, data = 3;
int my_ptr = (int)&data;
pp = (short **)&my_ptr;   /* my_ptr의 주소 값이 2차원 포인터 변수 pp에 저장됨 */
**pp = 5;     /* data 변수의 값이 3에서 5로 변경됨 */
```

> &data는 short * 형식의 값을 가지기 때문에 int형 변수인 my_ptr에 저장하기 위해서 (int)로 형 변환합니다. my_ptr는 4바이트 크기라서 정상적으로 주소를 저장합니다.

> &my_ptr로 얻는 주소 값의 자료형이 int *이기 때문에 포인터 변수 pp와 자료형을 맞추기 위해서 short **로 형 변환을 합니다.

결론적으로 첫 번째 상자가 2차원 포인터 변수이고 두 번째 상자는 어떤 형식의 변수가 오든지 4바이트 크기이기만 하면 무조건 세 번째 상자로 이동하여 값을 변경할 수 있습니다.

2차원 포인터가 가리키는 대상을 동적으로 할당하기

1차원 포인터는 동적으로 할당한 메모리의 주소 값을 받아 사용할 수 있습니다. 따라서 2차원 포인터도 다음과 같이 두 번째 상자에 해당하는 4바이트 메모리를 malloc 함수로 동적으로 할당해서 사용할 수 있습니다. 2차원 포인터는 자신이 가리키는 첫 대상이 어떤 종류의 변수인지 상관없이 4바이트 크기의 주소 값만 저장되어 있으면 최종 대상을 사용할 수 있기 때문입니다.

```
short **pp, data = 3;
pp = (short **)malloc(4);
*pp = &data;   /* data 변수의 주소 값을 두 번째 상자(동적으로 할당된 메모리)에 저장함 */
**pp = 5;      /* data 변수의 값이 3에서 5로 변경됨 */
```

> 두 번째 상자로 사용할 4바이트 메모리를 할당하고 그 주소 값을 2차원 포인터 pp에 저장합니다.

이 코드를 그림으로 표현하면 다음과 같습니다.

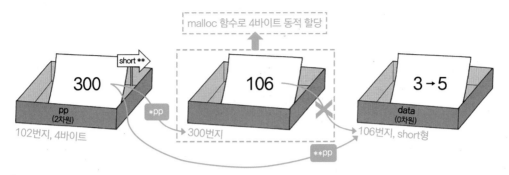

위 그림에서 pp 변수와 data 변수는 스택에 할당되지만 두 번째 상자에 해당하는 메모리는 동적으로 할당되기 때문에 힙에 할당됩니다. 따라서 사용하는 메모리 영역이 다르므로 두 번째 상자의 주소 번지를 100번대가 아닌 300번지에 할당되었다고 가정했습니다.

결국 이 예시에서 동적으로 할당된 4바이트 메모리는 포인터가 아니라서 *(번지 지정) 연산자를 사용할 수 없기 때문에 스스

"2차원 포인터가 가리키는 메모리는 간접적으로 1차원 포인터의 역할을 한다."

로는 아무것도 할 수 없습니다. 하지만 **pp라고 사용할 때 이 4바이트 메모리에 저장된 주소 값을 사용하여 세 번째 상자로 이동하기 때문에 이 4바이트 메모리는 간접적으로 1차원 포인터처럼 사용됩니다. 즉 2차원 포인터 기준으로 봤을 때 이 4바이트 메모리는 short *로 선언한 포인터처럼 사용되기 때문에 malloc(4)로 적는 것보다 다음과 같이 적는 것이 코드의 의미를 더 분명하게 전달할 수 있습니다.

```
pp = (short **)malloc(sizeof(short *)); /* short *는 포인터이기 때문에 크기가 4바이트임 */
```

결국 이 형식은 short * 형식의 포인터를 동적으로 할당하여 그 주소 값을 2차원 포인터 pp에 저장하는 형태입니다. 그래서 위와 같이 적으면 1차원 포인터 한 개를 동적 할당한다고 이야기합니다.

마지막으로 다음 예제는 두 번째 상자와 세 번째 상자까지 동적 메모리 할당을 사용하여 2차원 포인터 구조를 구성한 것입니다. 이렇게 구성하면 스택 공간에는 포인터 변수 pp만 할당되고 pp에 할당 받은 동적 메모리(나머지 상자에 해당하는 메모리)는 힙에 할당됩니다.

코딩해 보세요! **malloc 함수를 사용하여 2차원 포인터 구조 만들기** · 완성 파일 17_02_02.c

```
001: #include <stdio.h>
002: #include <malloc.h>
```

```
003:    void main()
004:    {
005:        short **pp;
006:        pp = (short **)malloc(sizeof(short *));  /* 4바이트를 할당함. 두 번째 상자 만듦 */
007:        *pp = (short *)malloc(sizeof(short));    /* 2바이트를 할당함. 세 번째 상자 만듦 */
008:
009:        **pp = 10;     /* 2차원 포인터를 사용하여 세 번째 상자에 10을 대입함 */
010:        printf("**pp : %d\n", **pp); /* 10을 출력함 */
011:        free(*pp);   /* 세 번째 상자에 해당하는 메모리 해제함 */
012:        free(pp);    /* 두 번째 상자에 해당하는 메모리 해제함 */
013:    }
```

:: 결과 화면

```
C:\WINDOWS\system32\cmd.exe      —   □   ×
**pp : 10
계속하려면 아무 키나 누르십시오 . . .
```

이 예제에서 동적으로 할당한 메모리를 해제하는 순서가 정말 중요합니다. 왜냐하면 두 번째 상자가 세 번째 상자의 주소 값을 가지고 있기 때문에 두 번째 상자를 먼저 해제하면 세 번째 상자의 주소 값을 잃어버리기 때문입니다. 그러면 세 번째 상자에 해당하는 메모리를 해제하지 못하게 되므로, 반드시 세 번째 상자의 메모리를 먼저 해제하고 두 번째 상자의 메모리를 해제해야 합니다.

2차원 포인터가 가리키는 대상을 동적으로 할당하면 좋은 점

위의 예제에서는 2차원 포인터 개념을 설명하기 위해서 2차원 포인터가 가리키는 첫 번째 대상(두 번째 상자)을 4바이트(short *)로 동적 메모리 할당하고 두 번째 대상(세 번째 상자)을 2바이트(short)로 동적 메모리 할당했습니다. 즉 첫 번째 대상은 4바이트 1개이고 두 번째 대상은 2바이트 1개를 할당한 것이죠.

하지만 꼭 이렇게 가리키는 대상을 1개로 구성해야 하는 것은 아닙니다. 다음 예를 봅시다.

```
short **pp = (short **)malloc(3 * sizeof(short *));  /* 12바이트(3 * 4) 크기로 메모리가 할당됨 */
```

이 코드처럼 첫 번째 대상을 4바이트가 아닌 12바이트(4바이트 3개)로 할당해도 됩니다. 12바이트이면 4바이트 크기로 메모리를 나눠서 사용할 수 있기 때문에 총 세 개의 주소를 저장할 수 있습니다. 그리고 첫 번째 대상의 첫 번째 주소에 접근하고 싶으면 포인터의 주소 연산을 사용해서 *(pp + 0)이라고 써 주면 됩니다. 그리고 첫 번째 대상의 두 번째 주소에 접근하고 싶으면 *(pp + 1) 그리고 세 번째 주소에 접근하려면 *(pp + 2)라고 쓰면 됩니다.

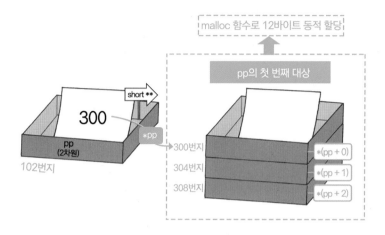

2차원 포인터 pp가 가리키는 두 번째 대상도 2바이트(short)가 아닌 4바이트로 할당해서 short 형식의 정수 값을 한 개가 아닌 두 개 저장할 수도 있습니다.

```
*pp = (short *)malloc(2 * sizeof(short)); /* 4바이트(2 * 2) 크기로 메모리가 할당됨 */
```

위와 같이 4바이트가 할당되면 2바이트(short)씩 나눠서 2개의 정수를 저장할 수 있습니다. 첫 번째 정수 값을 저장하기 위해서는 *(*pp + 0) 또는 **pp라고 사용하면 되고 두 번째 정수 값을 저장하기 위해서는 *(*pp + 1)이라고 사용하면 됩니다.

이렇게 2차원 포인터가 가리키는 첫 번째 대상과 두 번째 대상에 값을 한 개 이상 저장할 수 있도록 구성하면, 2차원 배열과 비슷한 형식의 메모리를 구성할 수 있습니다. 2차원 배열을 사용하는 경우에는 행의 개수나 열의 개수가 변경되면 반드시 다시 컴파일을 해서 변경 사항을 반영해야 합니다. 하지만 2차원 포인터와 동적 메모리 할당을 사용해서 2차원 메모리 구조를 만들면 행의 개수나 열의 개수가 변경되더라도 컴파일을 다시 하지 않아도 됩니다. 조건이 변할 때마다 매번 다시 컴파일해야 하는 프로그램보다는 별다른 변경 없이 그대로 사용할 수 있는 프로그램이 당연히 더 좋겠죠. 따라서 2차원 포인터와 동적 메모리 할당을 사용하여 2차원 데이터 구조를 만드는 것이 좋습니다. 이 내용은 17-4에서 다시 자세하게 설명하겠습니다.

17-3 2차원 포인터와 함수의 매개변수

매개변수에 포인터 변수를 잘못 사용한 경우

프로그래밍을 하다 보면 중복된 코드를 줄이고 변화에 효과적으로 대처하기 위해서 함수를 만들어 사용하는 경우가 많습니다. 그런데 함수의 매개변수로 포인터를 사용하는 경우에 차원 개념을 잘못 적용하면 원하는 값을 제대로 반환 받지 못해 오류가 발생할 수 있습니다. 이런 종류의 오류는 컴파일할 때는 문제가 없지만 실행할 때 오류가 발생할 확률이 높습니다. 따라서 지금부터 설명하는 내용은 프로그램을 개발할 때 자주 겪을 수 있는 문제이기 때문에 어려워도 반드시 이해하고 넘어가기 바랍니다.

다음과 같이 8바이트의 메모리를 동적으로 할당하는 GetMyData 함수를 만들고 이 함수를 호출하는 예제 코드를 구성했습니다. 이 예제는 컴파일은 성공하지만 프로그램이 실행될 때 12행에서 오류가 발생합니다. 왜 오류가 발생하는지 여러분이 먼저 스스로 생각해 보세요.

| 코딩해 보세요! | 8바이트의 동적 메모리를 할당하는 함수 만들기 | · 완성 파일 17_03_01.c |

```
001: #include <malloc.h>
002: void GetMyData(int *q)
003: {
004:     q = (int *)malloc(8);    /* 8바이트의 메모리를 동적 할당하여 포인터 q에 저장함 */
005: }
006:
007: void main()
008: {
009:     int *p;              /* p는 초기화되지 않아서 쓰레기(유효하지 않은) 값을 저장함 */
010:     GetMyData(p);        /* 함수를 호출하여 p에 8바이트 메모리를 할당함 */
011:     *p = 5;              /* 오류 발생: 할당된 메모리의 첫 4바이트에 값 5를 넣음 */
012:     free(p);             /* 동적으로 할당된 메모리를 해제함 */
013: }
```

문제가 발생하는 이유

위의 예제는 컴파일이 잘되어서 별 문제가 없는 것처럼 보입니다. 하지만 프로그램이 실행되면 12행을 수행하다가 오류가 발생하여 프로그램이 멈춰 버립니다. 이 문제가 발생한 이유는 main 함수의 포인터 변수 p에서 GetMyData 함수의 포인터 변수 q로 원하지 않는 주소 값이 전달되었기 때문입니다. 이 상황을 명령이 실행되는 순서대로 적어 보면 다음과 같습니다.

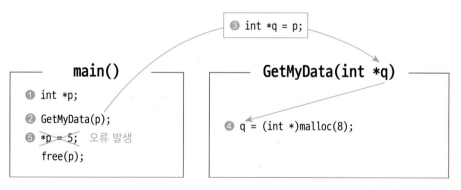

❶ p는 초기화되지 않아서 쓰레기(유효하지 않은) 값을 저장함.

❷ GetMyData 함수의 매개변수로 p 전달함.

❸ p에 저장된 주소 값을 q에 대입. p와 q는 같은 주소 값(쓰레기 값)을 저장하고 있음.

❹ 8바이트 동적 메모리 할당. 할당된 메모리의 주소 값은 q에 저장함. 결국 q에는 새로 할당된 메모리의 주소가 저장되었을 뿐 p 포인터 변수에는 별다른 영향을 미치지 않음.

❺ p는 처음 가지고 있던 쓰레기 값을 그대로 가지고 있는 상황인데, 그 주소에 5를 저장하려고 하면 원하지 않는 주소에 값을 대입하는 것이기 때문에 오류 발생함.

앞의 코드를 보면 포인터 변수 p에는 실제 메모리 주소 값이 대입된 적이 없습니다. 초기화되지 않은 쓰레기 값만 들어갔을 뿐이죠. 그런데 이 포인터 변수를 *p=5;라고 사용했으니 유효하지 않은 주소로 이동해서 값 5를 대입하기 때문에 문제가 발생하는 것입니다. 이 문제를 바로잡으려면 어떻게 해야 할까요?

동적으로 할당된 주소 값을 포인터 변수에 대입하면 문제를 해결할 수 있을까?

먼저 malloc 함수를 사용하여 8바이트 메모리를 할당합니다. 그리고 할당된 메모리의 주소 값은 포인터 변수 q에 저장하고, q가 저장하고 있는 주소 값을 포인터 변수 p에 대입해 봅시다.

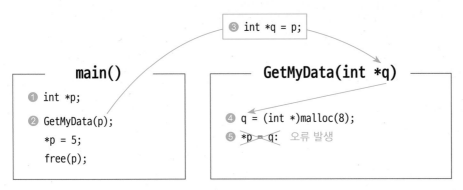

❶ p는 초기화되지 않아서 쓰레기(유효하지 않은) 값을 저장함.

❷ GetMyData 함수의 매개변수로 p 전달함.

❸ p에 저장된 주소 값을 q에 대입. p와 q는 같은 주소 값을 저장하고 있음.

❹ 8바이트 동적 메모리 할당. 할당된 메모리의 주소 값은 q에 저장함. 결국 q에는 새로 할당된 메모리의 주소가 저장되었을 뿐 p 포인터 변수에는 별다른 영향을 미치지 않음.

❺ GetMyData 함수에 선언한 지역 변수 q는 다른 함수에 선언한 지역 변수 p를 사용할 수 없어 오류 발생함.

위와 같이 소스 코드를 수정하면 포인터 변수 p와 q는 같은 주소 값을 저장하게 됩니다. 결국 동적으로 할당된 8바이트 메모리의 주소 값을 둘 다 가지고 있는 셈입니다.

하지만 이러한 해결책은 GetMyData 함수에 적용할 수 없습니다. 왜냐하면 GetMyData 함수에 선언한 지역 변수 q는 다른 함수(main)에 선언한 지역 변수 p에 값을 대입할 수 없어서 p=q;라고 적으면 컴파일할 때 오류가 발생하기 때문입니다. 결국 이 방법으로도 문제를 해결할 수가 없습니다. 그러면 이제 어떤 방법을 사용해야 할까요?

함수의 매개변수로 2차원 포인터 사용하기

13장에서 설명했듯이 main 함수의 지역 변수 p의 값을 변경하고 싶다면 GetMyData 함수에서 변수 p의 주소 값을 전달 받아 처리해야 합니다. 다른 함수에 선언한 지역 변수의 '이름'은 사용할 수 없지만 '주소'는 사용할 수 있기 때문입니다. 그런데 변수 p가 일반 변수가 아니고 1차원 포인터 변수이기 때문에, p 변수의 주소 값을 전달 받는 변수 q를 2차원 포인터로 선언해서 사용해야 합니다.

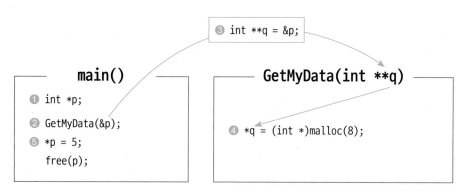

❶ p는 초기화되지 않아서 쓰레기(유효하지 않은) 값을 저장함.

❷ GetMyData 함수의 매개변수로 &p 전달함.

❸ 2차원 포인터 q에 1차원 포인터 p의 주소 값을 저장함.

❹ 8바이트 동적 메모리 할당. 할당된 메모리의 주소 값은 q가 가리키는 대상인 포인터 변수 p에 저장함.

❺ p에 저장된 주소에 가서 값 5를 대입함.

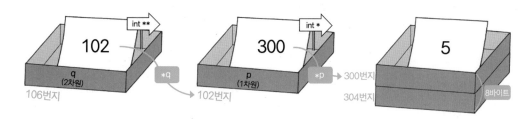

위와 같이 2차원 포인터와 함수의 매개변수 개념을 사용하면 변수 p와 q가 서로 다른 함수의 지역 변수라도 main 함수에 선언된 포인터 변수 p의 주소 값을 변경할 수 있습니다. 이제 이 개념을 GetMyData 함수에 적용해 보겠습니다.

2차원 포인터로 8바이트 동적 메모리를 할당하는 함수 만들기 · 완성 파일 17_03_02.c

```
001: #include <stdio.h>
002: #include <malloc.h>
003: void GetMyData(int **q)   /* 포인터 변수 q는 p 변수의 주소 값을 저장함 */
004: {
005:     /* 할당된 메모리의 주소 값을 포인터 q가 가리키는 main 함수의 p에 저장함 */
006:     *q = (int *)malloc(8);
007: }
008:
009: void main()
010: {
011:     int *p;            /* p는 초기화되지 않아서 쓰레기(유효하지 않은) 값을 저장함 */
012:     GetMyData(&p);     /* 포인터 변수 p의 주소 값을 매개변수로 전달함 */
013:     *p = 5;            /* 할당된 메모리의 첫 4바이트에 값 5를 넣음 */
014:     free(p);           /* 할당된 동적 메모리를 해제함 */
015: }
```

16장에서 동적 메모리 할당을 설명할 때 malloc 함수와 free 함수를 한 쌍으로 사용하는 것이 좋다고 했는데 위의 예제에서는 분리해서 사용했습니다. 그 이유는 GetMyData 함수에서 동적으로 할당한 메모리의 주소 값을 main 함수의 포인터 변수 p에 저장하여 사용하기 때문입니다. 따라서 GetMyData 함수에서 free 함수를 사용해서 메모리를 해제하면 6행에서 할당한 메모리가 해제되어 버립니다. 즉 main 함수의 포인터 변수 p에 전달된 주소 값은 이미 해제된 메모리의 주소 값인 거죠. 따라서 GetMyData 함수에서 할당된 메모리를 해제하면, main 함수에서 포인터 변수 p를 사용하는 13, 14행에 문제가 발생하므로 주의해야 합니다.

1분 퀴즈 **17-2** 2차원 포인터 개념을 사용하면 서로 다른 함수의 지역 변수를 사용할 수 있습니다. 다음 빈칸을 채워 보세요.

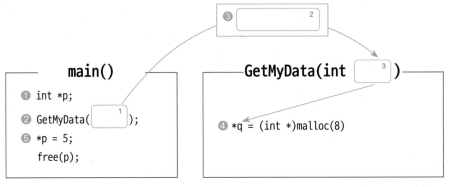

정답 1. &p 2. int **q = &p 3. **q

17-4 2차원 포인터와 2차원 배열

여러 개의 1차원 포인터를 정적으로 할당하기

15장에서 short * 형식의 1차원 포인터가 100개 필요하다면 배열 문법을 사용하여 다음과 같이 선언할 수 있다고 설명했습니다.

```
short *p[100];   /* short * 형식의 1차원 포인터를 100개 선언함 */
```

배열의 요소가 100개이고 각 요소의 크기가 4바이트(포인터)이기 때문에 이 배열에 할당된 전체 메모리 크기는 400바이트입니다. 이렇게 선언하면 p[0]부터 p[99]까지 총 100개의 포인터를 사용할 수 있습니다.

하지만 위와 같은 표현에는 두 가지 비효율성이 있습니다. 첫 번째는 배열을 사용했기 때문에 컴파일할 때 변수 p의 메모리 크기가 400바이트로 고정되어 버립니다. 만약 포인터 200개를 사용하도록 수정해야 한다면 변수 p를 p[100] 대신 p[200]으로 바꿔서 선언해야 합니다. 그리고 소스 코드를 변경했기 때문에 소스 파일을 다시 컴파일해야 하는 불편함이 있습니다. 두 번째는 메모리가 낭비될 수 있습니다. 변수 p는 100개의 포인터가 메모리에 할당되기 때문에 실제로 포인터를 5개만 사용하는 경우에 95개의 포인터를 저장할 수 있는 메모리가 낭비됩니다. 결국 이 문제는 배열을 선언할 때 배열 크기를 반드시 상수로 적어야 하기 때문에 발생하는 것입니다.

여러 개의 1차원 포인터를 동적 할당하기

17-2에서 2차원 포인터가 가리키는 첫 번째 대상에는 1차원 포인터의 주소 값을 저장해서 사용하는 것이 가장 좋지만, 4바이트 크기의 메모리에 주소 값을 저장해서 사용해도 된다고 설명했습니다. 그래서 malloc 함수로 4바이트 메모리를 할당하여 2차원 포인터에 저장하면 그 메모리를 1차원 포인터처럼 활용할 수 있기 때문에 다음과 같이 적을 수 있습니다. 결국 다음 코드는 1차원 포인터 1개를 할당하는 내용입니다.

```
short **pp;
pp = (short **)malloc(sizeof(short *));   /* pp = (short **)malloc(4);와 같은 표현 */
```

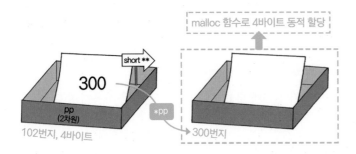

malloc 함수의 매개변수에 동적으로 할당할 메모리의 크기를 적을 때는 상수뿐만 아니라 변수
를 사용할 수 있습니다. 따라서 다음과 같이 short * 형식의 1차원 포인터를 n개 할당할 수 있고
이렇게 할당된 메모리는 *(pp + 0)부터 *(pp + n - 1)까 ☺ 동적 메모리 할당에 대한 내용이 잘 기억나
지 1차원 포인터 n개를 사용할 수 있습니다.   지 않는다면 16장을 다시 한 번 읽어 보세요.

```
int n;
short **pp;
scanf("%d", &n);   /* 사용할 1차원 포인터의 개수를 사용자에게 받음 */
pp = (short **)malloc(sizeof(short *) * n);
```

> malloc 함수의 매개변수로 short * 형
> 식의 1차원 포인터 n개를 할당합니다.

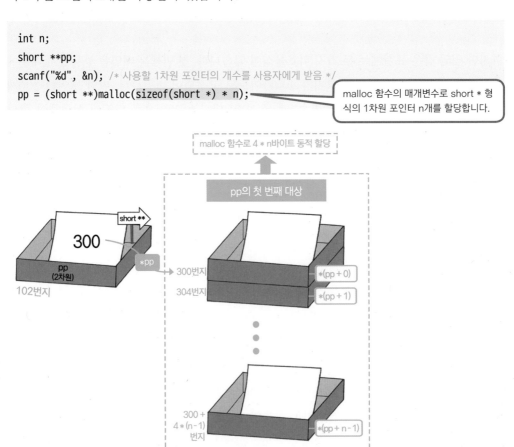

이렇게 2차원 포인터와 malloc 함수를 사용하면 배열을 사용하는 것보다 코드는 좀 더 복잡해지지만 프로그램 실행 중에 1차원 포인터의 개수가 바뀌어도 소스 파일을 다시 컴파일할 필요가 없습니다. 그리고 사용자가 메모리를 사용하고 싶은 크기만큼 선택할 수 있기 때문에 배열을 사용하는 것보다 메모리 효율성이 좋습니다.

2차원 배열과 동적 메모리 할당

이제부터 2차원 배열과 같은 용도로 사용할 수 있는 메모리를 동적으로 할당하는 방법을 살펴보겠습니다. 내용을 한 번에 이해하기는 어렵기 때문에, 하나의 프로그램을 차근차근 완성해 가면서 개념을 설명할 것입니다. 우리가 만들 프로그램은 어떤 회사에서 직원들의 체력을 테스트한 결과를 저장하는 프로그램입니다. 이 회사의 연령별 인원수는 20대가 4명, 30대 2명, 40대 3명입니다. 1분간 윗몸 일으키기를 하고, 이 횟수를 연령별로 저장하는 데 필요한 메모리는 어떻게 할당하는 것이 가장 효과적일까요?

2차원 배열로 메모리를 할당하는 방법

먼저 1명이 1분 동안 수행한 윗몸 일으키기 횟수를 저장하기 위한 자료형(메모리 크기)을 결정해야 합니다. 이 횟수는 정수 값이고 음수가 나올 수 없으며 200개를 넘을 가능성도 없습니다. 따라서 0~200 사이의 값을 저장하면 되기 때문에 unsigned char 자료형(0~255)으로도 충분히 데이터를 저장할 수 있습니다.

그다음은 어떤 배열 구조를 사용할지 정해야 합니다. 인원 분포를 살펴보면, 연령별 그룹이 3그룹이고 각 그룹별로 2명에서 4명까지 포함될 수 있습니다. 따라서 2차원 배열 구조가 효율적이겠죠. 그런데 2차원 배열을 사용하려면 그룹별 크기가 같아야 하므로 최대 인원수인 4명으로 배열의 크기를 정해야 합니다.

이 내용을 종합해서 2차원 배열을 변수로 선언해 보면 다음과 같습니다.

unsigned char count[3][4];   /* 3개의 그룹에 최대 4명의 사람을 관리함 */

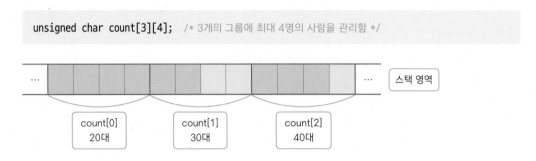

이렇게 선언한 배열에 직원들의 윗몸 일으키기 횟수를 대입해 보겠습니다. 20대 연령의 두 번째 사람이 49회를 했고, 30대 연령의 첫 번째 사람이 45회를 했으며, 40대 연령의 세 번째 사람이 42회를 했다고 가정하면 다음과 같이 대입하면 됩니다.

count[0][1] = 49;   /* 20대 연령의 두 번째 사람 */
count[1][0] = 45;   /* 30대 연령의 첫 번째 사람 */
count[2][2] = 42;   /* 40대 연령의 세 번째 사람 */

이제 앞에서 이야기한 내용을 바탕으로 예제를 만들어 보겠습니다. 2차원 배열을 사용하여 연령별로 입력 받은 윗몸 일으키기 횟수의 평균 값을 출력하는 예제입니다.

코딩해 보세요! **2차원 배열로 연령별 윗몸 일으키기 횟수 관리하기**   · 완성 파일 17_04_01.c

```
001:  #include <stdio.h>
002:  void main()
003:  {
004:      /* 연령별 인원수. 20대 4명, 30대 2명, 40대 3명 */
005:      unsigned char limit_table[3] = {4, 2, 3};
006:      /* 연령별 윗몸 일으키기 횟수를 저장할 배열 */
007:      unsigned char count[3][4];
008:      int age, member, temp, sum;
009:      /* 연령별로 윗몸 일으키기 횟수를 입력 받음 */
010:      for(age = 0; age < 3; age++) {
011:          /* '각 연령의 윗몸 일으키기 횟수' 라고 출력함 */
012:          printf("\n%d0대 연령의 윗몸 일으키기 횟수\n", age + 2);
013:          /* 해당 연령에 소속된 사람들을 순서대로 입력 받음 */
014:          for(member = 0; member < limit_table[age]; member++) {
015:              /* '1th : , 2th : , ... ' 라고 출력함 */
```

```
016:                printf("%dth : ", member + 1);
017:                /* 윗몸 일으키기 횟수를 정수로 입력 받음 */
018:
019:                scanf("%d", &temp);
020:                count[age][member] = (unsigned char)temp;
021:            }
022:        }
023:
024:        printf("\n\n연령별 평균 윗몸 일으키기 횟수\n");
025:        /* 연령별로 입력된 횟수를 합산하여 평균 값을 출력함 */
026:        for(age = 0; age < 3; age++) {
027:            sum = 0;
028:            /* '20대 : , 30대 : , 40대 :'라고 출력함 */
029:            printf("%d0대 : ", age + 2);
030:            /* 해당 연령에 소속된 사람들의 횟수를 합산함 */
031:            for(member = 0; member < limit_table[age]; member++) {
032:                sum = sum + count[age][member];
033:            }
034:            /* 합산 값을 인원수로 나누어서 평균을 냄 */
035:            printf("%5.2f\n", (double)sum / limit_table[age]);
036:        }
037:    }
```

scanf로 unsigned char 변수에 직접 정수를 받을 수 없어서 temp 변수에 정수로 입력 받은 후에 count 배열 요소에 저장합니다.

:: 결과 화면

```
C:\WINDOWS\system32\cm...    —    □    ×

20대 연령의 윗몸 일으키기 횟수
1th : 57
2th : 52
3th : 55
4th : 50

30대 연령의 윗몸 일으키기 횟수
1th : 48
2th : 41

40대 연령의 윗몸 일으키기 횟수
1th : 35
2th : 52
3th : 43


연령별 평균 윗몸 일으키기 횟수
20대 : 53.50
30대 : 44.50
40대 : 43.33
계속하려면 아무 키나 누르십시오 . . .
```

위의 예제까지 잘 따라 오셨나요? 그렇다면 이 예제에 한 가지 조건을 추가해 보겠습니다.

조건 추가 1: 각 연령층에 포함된 인원수가 변한다면?

회사에 새로운 직원들이 입사하고 기존 직원이 퇴사해서 각 연령층에 포함된 인원수에 변화가 생길 수 있다는 조건을 추가해 보겠습니다. 이 조건을 만족하려면 limit_table에 고정되어 있는 4, 2, 3 값을 정해 놓지 않고 프로그램이 시작할 때 사용자에게 입력 받으면 됩니다.

하지만 count 배열에서 고려한 최대 인원수가 4명이기 때문에 사용자가 입력한 인원수가 4명보다 많아지면 count 배열에 문제가 생깁니다. 이 문제를 어떻게 해결해야 할까요?

배열은 요소의 개수를 상수로만 입력받을 수 있기 때문에 최대 인원수를 4보다 큰 숫자로 변경하려면 소스 코드에서 count 배열의 크기를 직접 변경해야 합니다. 그런데 이렇게 되면 소스 코드 또한 다시 컴파일해야 합니다. 따라서 2차원 배열로는 이 문제를 해결할 수 없습니다.

포인터 배열 사용하여 메모리 할당하기

이 문제를 해결하려면 사용자가 입력한 인원수만큼 메모리를 동적으로 할당해야 합니다. 연령층에는 변화가 없기 때문에 다음과 같이 포인터 배열을 사용하여 3개의 포인터를 선언합니다. 그리고 각 포인터에 malloc 함수를 사용하여 사용자가 입력한 연령별 인원수로 메모리를 동적으로 할당하면 됩니다.

```
unsigned char limit_table[3] = {4, 2, 3};  /* 사용자가 연령층별로 입력한 인원수 */
unsigned char *p[3];    /* 1차원 포인터 3개를 선언함 */
int age;
/* 연령층별로 입력된 인원수만큼 동적으로 메모리를 할당함 */
for(age = 0; age < 3; age++) {
    p[age] = (unsigned char *)malloc(limit_table[age]);
}
...
/* 프로그램이 끝나기 전에 동적으로 할당된 메모리를 정리함 */
for(age = 0; age < 3; age++) free(p[age]);
```

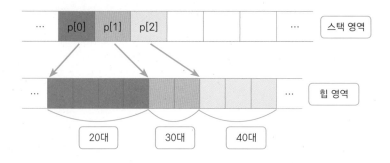

위와 같은 형태로 연령별 윗몸 일으키기 횟수를 관리하면 연령별 인원수가 변경되더라도 소스 코드를 수정할 필요 없이 프로그램을 사용할 수 있습니다. 이제 위에서 설명한 내용을 추가하여 예제 코드를 재구성해 보겠습니다.

코딩해 보세요!　　**포인터 배열로 연령별 윗몸 일으키기 횟수 관리하기**　　• 완성 파일 17_04_02.c

```c
001: #include <stdio.h>
002: #include <malloc.h>
003: void main()
004: {
005:     /* 연령별 인원수를 저장할 배열 - 사용자에게 입력 받음 */
006:     unsigned char limit_table[3];
007:     /* 연령별 윗몸 일으키기 횟수를 저장할 배열 */
008:     unsigned char *p[3];
009:     int age, member, temp, sum;
010:     /* 연령별로 윗몸 일으키기 횟수를 입력 받음 */
011:     for(age = 0; age < 3; age++) {
012:         /* '20대 연령의 윗몸 일으키기 횟수'라고 출력하기 위해서 설정함 */
013:         printf("\n%d0대 연령의 윗몸 일으키기 횟수\n", age + 2);
014:         printf("이 연령대는 몇 명입니까? : ");
015:         /* 해당 연령에 소속된 인원수를 입력 받음 */
016:
017:         scanf("%d", &temp);
018:         limit_table[age] = (unsigned char)temp;
019:         /* 입력 받은 인원수만큼 메모리를 할당함 */
020:         p[age] = (unsigned char *)malloc(limit_table[age]);
021:         /* 해당 연령에 소속된 사람들을 순서대로 입력 받음 */
022:         for(member = 0; member < limit_table[age]; member++) {
023:             /* '1th : , 2th : , ...'라고 출력하기 위해서 설정함 */
024:             printf("%dth : ", member + 1);
025:             /* 윗몸 일으키기 횟수를 정수로 입력 받음 */
026:
027:             scanf("%d", &temp);
028:             *(p[age] + member) = (unsigned char)temp;
029:         }
030:     }
031:
032:     printf("\n\n 연령별 평균 윗몸 일으키기 횟수\n");
033:     /* 연령별로 입력된 횟수를 합산하여 평균 값을 출력함 */
034:     for(age = 0; age < 3; age++) {
035:         sum = 0;
```

> scanf로 unsigned char 변수에 직접 정수를 받을 수 없어서 temp 변수에 정수로 입력 받은 후 limit_table 배열에 넣어 줍니다.

> scanf로 unsigned char 변수에 직접 정수를 받을 수 없어서 temp 변수에 정수로 입력 받은 후에 *(p[age] + member)에 저장합니다.

```
036:            /* '20대 : , 30대 : , 40대 :'라고 출력하기 위해 설정함 */
037:            printf("%d0대 : ", age + 2);
038:            /* 해당 연령에 소속된 사람들의 횟수를 합산함 */
039:            for(member = 0; member < limit_table[age]; member++) {
040:                sum = sum + *(p[age] + member);
041:            }
042:            /* 합산 값을 인원수로 나누어서 평균을 냄 */
043:            printf("%5.2f\n", (double)sum / limit_table[age]);
044:            /* 이 연령에 할당했던 동적 메모리를 해제함 */
045:            free(p[age]);
046:        }
047: }
```

:: 결과 화면

```
C:\WINDOWS\system32\cmd.exe        —    □    ×

20대 연령의 윗몸 일으키기 횟수
이 연령대는 몇 명입니까? : 4
1th : 57
2th : 61
3th : 53
4th : 59

30대 연령의 윗몸 일으키기 횟수
이 연령대는 몇 명입니까? : 2
1th : 49
2th : 51

40대 연령의 윗몸 일으키기 횟수
이 연령대는 몇 명입니까? : 3
1th : 45
2th : 37
3th : 41


연령별 평균 윗몸 일으키기 횟수
20대 : 57.50
30대 : 50.00
40대 : 41.00
계속하려면 아무 키나 누르십시오 . . .
```

조건 추가 2: 직원의 연령층이 다양해진다면?

마지막으로 위 예제에 조건을 하나 더 추가해 보겠습니다. 위 예제에서는 연령별 인원수 변동에 대한 조건만 처리하면 되었는데 20대, 30대, 40대 외에도 50대나 60대가 추가될 수 있다고 가정해 보겠습니다.

이렇게 되면 연령별 윗몸 일으키기 횟수를 저장할 포인터가 3개에서 4개 또는 5개로 변경될 수 있다는 뜻이 됩니다. 그리고 이 정보도 사용자에게 입력 받아서 처리할 수 있어야 하므로 연령층의 개수도 변수로 선언해서 사용해야 합니다.

따라서 포인터 개수를 고정해서 만드는 포인터 배열은 이제 더 이상 사용할 수 없습니다. 그러면 이 문제를 어떻게 해결해야 할까요?

2차원 포인터를 사용하여 2차원 데이터 형식 만들기

이 문제는 어렵게 생각할 필요가 없습니다. 앞에서 '여러 개의 1차원 포인터를 동적 할당하기'에 대해 배웠습니다. 17-4의 시작 부분에서 2차원 포인터와 malloc 함수를 사용하면 1차원 포인터를 원하는 개수만큼 동적으로 할당할 수 있다고 설명했습니다. 이 상황에 맞춰서 윗몸 일으키기 횟수를 저장할 메모리를 만들어 보면 다음과 같습니다.

```c
unsigned char *p_limit_table;   /* 사용자가 연령층별로 입력한 인원수를 저장할 포인터 */
unsigned char **p;   /* 1차원 포인터를 n개 선언할 2차원 포인터 */
int age_step = 3;   /* 연령대의 개수. 10대, 20대, 30대 */
int age;
/* 연령층별 인원수를 저장할 메모리를 동적으로 할당함 */
p_limit_table = (unsigned char *)malloc(age_step);
p_limit_table[0] = 4;   /* 20대 4명 */
p_limit_table[1] = 2;   /* 30대 2명 */
p_limit_table[2] = 3;   /* 40대 3명 */
/* 연령층별로 윗몸 일으키기 횟수를 저장할 포인터를 연령층 개수만큼 만듦 */
p = (unsigned char **)malloc(sizeof(unsigned char *) * age_step);
/* 연령층별로 입력된 인원수만큼 동적으로 메모리를 할당함 */
for(age = 0; age < age_step; age++) {
    *(p + age) = (unsigned char *)malloc(*(p_limit_table + age));
}
…
/* 프로그램이 끝나기 전에 동적 할당된 메모리를 정리함 */
for(age = 0; age < age_step; age++) free(*(p + age));
free(p);                 /* 동적 할당된 1차원 포인터 메모리를 해제함 */
free(p_limit_table);     /* 연령별 인원수를 저장하기 위해 만든 메모리를 해제함 */
```

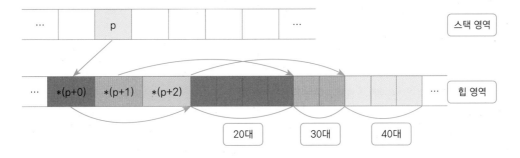

연령층의 개수가 사용자의 입력에 따라 달라질 수 있도록 만들어야 하기 때문에 연령층의 개수를 저장할 age_step 변수를 추가했습니다. 그리고 연령층별 인원수를 관리하던 p_limit_table 배열 크기는 더 이상 3(20대, 30대, 40대)으로 고정할 수 없기 때문에 age_step 변수를 malloc 함수에 사용하여 동적으로 메모리를 할당하도록 변경했습니다. 그리고 2차원 포인터 p도 연령층의 개수에 따라 만들어지는 1차원 포인터의 개수가 달라지기 때문에 age_step 변수를 malloc 함수에 사용하여 동적으로 메모리를 할당하도록 변경했습니다.

이와 같이 메모리를 구성하면 첫 예제에서 unsigned char count[3][4];라고 선언한 2차원 배열 구조와 같은 용도로 사용할 수 있도록 2차원 포인터로 메모리를 할당한 것입니다.

이렇게 2차원 포인터를 사용하면 소스 코드는 좀 복잡해지더라도 프로그램이 훨씬 유연해집니다. 그러면 마지막으로 연령별 윗몸 일으키기 횟수를 관리하는 프로그램에 연령층을 추가할 수 있도록 2차원 포인터로 코드를 재구성해 보겠습니다.

코딩해 보세요! **2차원 포인터로 연령별 윗몸 일으키기 횟수 관리하기** • 완성 파일 17_04_03.c

```
001:  #include <stdio.h>
002:  #include <malloc.h>
003:  void main()
004:  {
005:      /* 연령별 인원수를 저장할 포인터 - 사용자에게 입력 받음 */
006:      unsigned char *p_limit_table;
007:      /* 연령별 윗몸 일으키기 횟수를 저장할 2차원 포인터 */
008:      unsigned char **p;
009:      int age, age_step, member, temp, sum;
010:
011:      printf("20대부터 시작해서 연령층이 몇 개인가요 : ");
012:      scanf("%d", &age_step);
013:      /* 연령별 인원수를 저장할 메모리를 만듦 */
014:      p_limit_table = (unsigned char *)malloc(age_step);
015:      p = (unsigned char **)malloc(sizeof(unsigned char *) * age_step);
016:      /* 연령별로 윗몸 일으키기 횟수를 입력 받음 */
017:      for(age = 0; age < age_step; age++) {
018:          /* '각 연령의 윗몸 일으키기 횟수'라고 출력함 */
019:          printf("\n%d0대 연령의 윗몸 일으키기 횟수\n", age + 2);
020:          printf("이 연령대는 몇 명입니까? : ");
021:          /* 해당 연령에 소속된 인원수를 입력 받음 */
022:
023:          scanf("%d", &temp);
024:          *(p_limit_table + age) = (unsigned char)temp;
```

> scanf로 unsigned char 변수에 직접 정수를 받을 수 없어서 temp 변수에 정수로 입력 받은 후에 p_limit_table이 가리키는 메모리에 넣어 줍니다.

```
025:          /* 입력 받은 인원수만큼 메모리를 할당함 */
026:          *(p + age) = (unsigned char *)malloc(*(p_limit_table + age));
027:          /* 해당 연령에 소속된 직원들을 순서대로 입력 받음 */
028:          for(member = 0; member < *(p_limit_table + age); member++) {
029:              /* '1th : , 2th : , ...'라고 출력함 */
030:              printf("%dth : ", member + 1);
031:              /* 윗몸 일으키기 횟수를 정수로 입력 받음*/
032:
033:              scanf("%d", &temp);
034:              *(*(p + age) + member) = (unsigned char)temp;
035:          }
036:      }
037:
038:      printf("\n\n연령별 평균 윗몸 일으키기 횟수\n");
039:      /* 연령별로 입력된 횟수를 합산하여 평균 값을 출력함 */
040:      for(age = 0; age < age_step; age++) {
041:          sum = 0;
042:          /* '20대 : , 30대 : , 40대 :'라고 출력함 */
043:          printf("%d0대 : ", age + 2);
044:          /* 해당 연령에 소속된 사람들의 횟수를 합산함 */
045:          for(member = 0; member < *(p_limit_table + age); member++) {
046:              sum = sum + *(*(p + age) + member);
047:          }
048:          /* 합산 값을 인원수로 나누어서 평균을 냄 */
049:          printf("%5.2f\n", (double)sum / *(p_limit_table + age));
050:          /* 이 연령에 할당했던 동적 메모리를 해제함 */
041:          free(*(p + age));
042:      }
043:      /* 윗몸 일으키기 횟수를 저장하기 위해서 구성했던 메모리를 해제함 */
044:      free(p);
045:      /* 연령별 인원수를 기억하기 위해서 사용했던 메모리를 해제함 */
046:      free(p_limit_table);
047: }
```

> scanf로 unsigned char 변수에 직접 정수를 받을 수 없어서 temp 변수에 정수로 입력 받은 후에 p가 가리키는 메모리에 넣어 줍니다.

:: 결과 화면

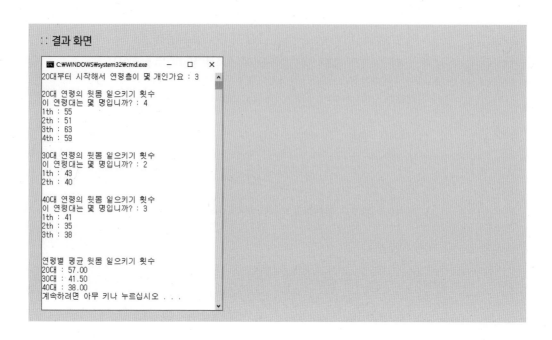

```
C:\WINDOWS\system32\cmd.exe         —   □   ×
20대부터 시작해서 연령층이 몇 개인가요 : 3

20대 연령의 윗몸 일으키기 횟수
이 연령대는 몇 명입니까? : 4
1th : 55
2th : 51
3th : 63
4th : 59

30대 연령의 윗몸 일으키기 횟수
이 연령대는 몇 명입니까? : 2
1th : 43
2th : 40

40대 연령의 윗몸 일으키기 횟수
이 연령대는 몇 명입니까? : 3
1th : 41
2th : 35
3th : 38


연령별 평균 윗몸 일으키기 횟수
20대 : 57.00
30대 : 41.50
40대 : 38.00
계속하려면 아무 키나 누르십시오 . . .
```

많은 프로그래머들이 2차원 포인터의 동적 할당 구조를 이해하는 것이 어려워서 사용하지 못하고 포기합니다. 하지만 2차원 배열이나 포인터 배열을 사용하는 것보다 2차원 포인터를 이해하고 사용하면 프로그램을 훨씬 유연하게 만들 수 있으니 꼭 이해하고 넘어가세요.

Q1 다음과 같은 2차원 포인터 구조에서 110번지를 저장하고 있는 두 번째 상자의 크기는 몇 바이트일까요?

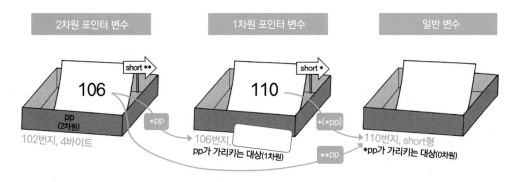

Q2 short *p[100];이라고 선언하면 short * 형식의 포인터를 100개 선언하는 것입니다. 배열을 사용하지 않고 2차원 포인터와 malloc 함수를 사용하여 같은 기능의 코드를 구성해 보세요.

```
short **p;

p = (            )malloc(                );
free(p);
```

Q3 char data[2][3];과 같은 용도로 사용할 수 있도록 2차원 포인터 변수 p와 malloc 함수를 사용하여 코드를 구성해 보세요.

```
char **p;
int i;

p = (          ¹ )malloc(            ² );
for(i = 0; i < 2; i++) {
    *(p + i) = (          ³ )malloc(              ⁴ );
}

for(i = 0; i < 2; i++) free(          ⁵ );
free(p);
```

Q4 다음 프로그램은 return문을 사용하지 않고 GetMyData 함수에서 동적 할당한 메모리의 주소를 main 함수의 지역 변수에 받아오는 프로그램입니다. 빈칸에 코드를 채워 프로그램을 완성하세요.

```c
#include <stdio.h>

#include <              >

void GetMyData(              )
{
    /* 할당된 주소 값을 포인터 q가 가리키는 main 함수의 p에 저장함 */
    *q = (int *)malloc(40);
}
void main()
{
    int *p;
    GetMyData(              );
    *p = 5;
    free(p);
}
```

활용

Q5 스택 구현하기

short형 정수 값을 30개까지 저장할 수 있는 스택 자료 구조를 구현해 보세요. 이때 push와 pop 기능은 꼭 함수로 만들어서 사용해야 합니다.

힌트 1 배열로 구현하는 경우에 전체 개수를 30개로 제한합니다.

힌트 2 포인터와 malloc 함수와 free 함수를 사용하는 경우에 전체 개수를 30개로 제한하지 않아도 됩니다.

17장 풀이
567쪽

구조체와 연결 리스트

한 학교의 1학년 기말고사 성적 결과가 나왔습니다. 1학년 학생들의 과목별 점수는 모두 데이터입니다. 이 성적 결과를 확인한 1학년 영어 선생님은 학생들의 영어 성적이 중요할 것입니다. 따라서 영어 성적을 기준으로 데이터를 그룹으로 묶어 관리합니다. 1학년 1반 영어 성적, 1학년 2반 영어 성적, 이렇게 말이죠. 하지만 학생들은 자신의 성적만을 묶어서 그룹으로 관리하고 싶을 것입니다. 결국 같은 데이터를 어떻게 그룹으로 묶느냐에 따라서 과목별 성적이나 개인별 성적과 같은 새로운 의미를 부여할 수 있습니다.

이 장에서는 서로 다른 성격의 데이터를 그룹으로 묶어 새로운 의미를 부여하는 방법에 대해 설명하겠습니다.

18-1 typedef 문법

18-2 데이터를 그룹으로 묶는 구조체

18-3 배열과 구조체

18-4 구조체로 만든 자료형의 크기

18-5 구조체를 활용한 연결 리스트

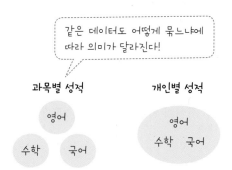

18-1 typedef 문법

typedef 문법 사용하기

구조체를 배우기 전에 먼저 알아야 할 문법이 있습니다. 바로 typedef 문법입니다. typedef 는 타입을 정의한다는 의미의 'type define'의 줄임 표현이며, 기존의 자료형 중에 자료형 이름 의 길이가 긴 경우 프로그래머가 짧고 간결하게 자료형을 재정의하는 문법입니다. #define과 기능이 비슷해 보이지만 #define은 치환 작업을 수행하는 전처리기이고 typedef는 기존 자료 형을 다른 이름으로 새롭게 정의하는 기능입니다.

typedef는 문법 구성이 단순하기 때문에 실제로 사용되는 예를 가지고 하나씩 설명하겠습니다.

기존 자료형을 단순한 형태의 새 자료형으로 바꾸기

typedef 문법이 가장 흔하게 사용되는 경우는 기존 자료형의 이름이 너무 길어서 새로운 자 료형으로 재정의해야 할 때입니다. 예를 들어 프로그램 에서 unsigned short int형을 많이 사용하는데 자료형 의 이름이 너무 길면 쓸 때마다 번거롭겠죠? 그래서 US 라는 이름으로 줄여서 사용하고 싶다면, 다음과 같이 typedef 키워드를 사용하면 된다는 것입니다.

ⓒ unsigned short int형을 typedef로 새롭 게 정의할 때 UINT라고도 많이 사용합니다. 그런데 특정 헤더 파일에 UINT가 이미 정의되 어 있는 경우도 있어서 중복 정의 오류가 발생 하지 않도록 US라는 이름을 사용합니다.

```
typedef unsigned short int US;  /* unsigned short int형을 US라는 새로운 이름으로 정의함 */
US temp;                         /* unsigned short int temp;라고 선언한 것과 같음 */
```

위의 형식을 보면 typedef 키워드를 뺀 나머지 부분이 변수를 선언하는 형태와 같다는 특징 이 있습니다. 그래서 변수 선언과 착각하지 않도록 새 자료형의 이름을 대문자로 적는 경우가 많습니다.

다음은 typedef 키워드를 이용해 새로운 자료형을 정의하는 간단한 예제입니다.

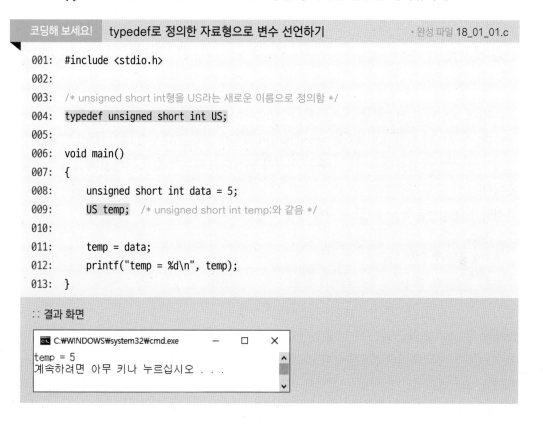

코딩해 보세요! **typedef로 정의한 자료형으로 변수 선언하기** • 완성 파일 18_01_01.c

```
001:  #include <stdio.h>
002:
003:  /* unsigned short int형을 US라는 새로운 이름으로 정의함 */
004:  typedef unsigned short int US;
005:
006:  void main()
007:  {
008:      unsigned short int data = 5;
009:      US temp;   /* unsigned short int temp;와 같음 */
010:
011:      temp = data;
012:      printf("temp = %d\n", temp);
013:  }
```

:: 결과 화면

```
temp = 5
계속하려면 아무 키나 누르십시오 . . .
```

typedef의 장점1: 복잡해 보이는 문법을 쉽게 표현할 수 있다

typedef는 일반 변수 형식뿐만 아니라 배열, 포인터와 같은 형식도 재정의할 수 있습니다. 예를 들어 다음과 같이 특정 배열을 하나의 자료형처럼 재정의할 수 있다는 뜻입니다.

```
typedef int MY_DATA[5];
MY_DATA temp;   /* int temp[5];라고 선언한 것과 같음 */
```

> **알아두면 좋아요!** **MY_DATA가 int[5] 형태를 치환한 것임을 어떻게 알 수 있나요?**
>
> typedef 문법으로 자료형을 재정의하면 원래의 자료형이 무엇이었는지 찾기 어렵진 않을까요? 별도의 문제나 가이드를 제공했지만 요즘에는 개발 환경이 좋아져서 재정의한 자료형 위에 마우스를 올려 놓으면 정의를 쉽게 확인할 수 있습니다. 다만 새롭게 정의했다는 의미를 전달하기 위해 새로 정의한 자료형이나 상수에 대한 치환 값은 전체 문자를 모두 대문자로 짓는 것이 일반적입니다. 따라서 자료형이 전부 대문자라면 '무언가 새로 정의되거나 치환된 것이구나'라고 생각하면 됩니다.

사실, 앞의 예제처럼 배열을 치환하는 형태는 특별한 이점이 없어 보입니다. 배열을 더 쉽게 표현했다고 보기도 어렵습니다. 하지만 다음 코드를 보면 생각이 달라질 겁니다.

```
int (*p)[5];
```

© 이 형태의 포인터 선언을 보고 '저게 뭐지?'라고 느낀 분들은 15-4를 다시 읽고 오기 바랍니다.

위와 같이 포인터를 선언하면 20바이트(int[5])의 사용 범위를 가지는 포인터 변수가 만들어집니다. 즉 포인터 변수 p의 크기는 4바이트이며 자신이 가리킬 대상의 크기는 int[5]라는 뜻입니다. 이 선언이 복잡해 보이는 이유는 연산자 우선순위 때문에 괄호 ( )까지 사용해서 그렇습니다.

그러면 위의 선언을 typedef를 사용해서 다시 선언해 보겠습니다.

```
typedef int MY_DATA[5];
MY_DATA *p;    /* int (*p)[5];라고 선언한 것과 같음 */
```

앞에서 본 코드와 다른 게 무엇인지 알아차리셨나요? MY_DATA *p;라고 적은 코드에서 p 변수는 누가 봐도 포인터 변수입니다. 그리고 포인터 변수 p가 가리키는 대상의 크기는 MY_DATA, 즉 int[5]입니다. 이렇듯 문법을 이해하기 힘들거나 자료형이 너무 복잡하게 적용되었을 때 typedef를 사용하면 좀 더 보기 편한 형태로 사용할 수 있습니다.

typedef의 장점 2: 자료형의 크기를 쉽게 바꿀 수 있다

우리가 기존에 사용하던 char, int와 같은 기본 자료형은 운영체제에 따라 크기가 1바이트, 4바이트로 고정되어 있습니다. 따라서 다음과 같이 char로 선언한 age 변수의 크기는 1바이트이기 때문에 이 변수의 크기를 2바이트로 변경하려면 자료형을 short int로 변경해야 합니다.

```
/* age 변수의 크기를 1바이트에서 2바이트로 변경해야 하는 경우 */
char age;   ➡   short int age;
```

그런데 이 변수가 한 번만 사용된 것이 아니라 소스 코드 전체에서 여러 번 사용되었다면 어떨까요?

프로그래밍을 하다 보면 동일한 데이터를 처리하기 위해 같은 자료형과 이름을 가진 변수를 여러 번 사용하는 경우가 있습니다. 예를 들어 다음처럼 '나이' 값을 다루는 프로그램이 있다면 함수의 지역 변수로 char age;와 같은 변수를 여러 번 중복해서 사용할 수도 있습니다 만약 age 변수의 자료형을 short int로 변경해야 한다면, 프로그램 코드 전체에서 age 변수를 찾아 다니며 일일이 수정해야 하는 불편함이 생깁니다.

그렇다면 오른쪽과 같이 typedef 문법으로 AGE 자료형을 새로 정의하고 변수를 선언했다면 어떨까요? 이렇게 typedef를 사용하면 age 변수 선언은 그대로 두고 typedef 정의를 변경해서 AGE 자료형의 크기를 변경할 수 있습니다.

typedef 문법을 사용하지 않았을 때

```c
#include <stdio.h>

/* 나이를 출력하는 함수 */
void ShowAge(char age) { … }
/* 해당 나이인 사람의 수를 반환하는 함수 */
int FindAge(char age) { … }
void main( )
{
    char age;
    ShowAge(age);
    FindAge(10);
}
```

typedef 문법을 사용했을 때

```c
#include <stdio.h>

/* typedef 문법으로 char 자료형 재정의 함 */
typedef char AGE;
/* 나이를 출력하는 함수*/
void ShowAge(AGE age) { … }
/* 해당 나이인 사람의 수를 반환하는 함수*/
int FindAge(AGE age) { … }
void main( )
{
    AGE age; /* char age;와 같음 */
    ShowAge(age);
    FindAge(10);
}
```

typedef 문법으로 자료형을 재정의한 부분만 수정해서 자료형의 크기를 2바이트로 변경할 수 있기 때문에 AGE로 선언한 모든 변수를 한꺼번에 2바이트로 변경한 것과 마찬가지 결과를 보여 줍니다.

```c
typedef char AGE;    ⟹    typedef short int AGE;
AGE age; /* short int age;라고 선언한 것과 같음 */
```

결론적으로 typedef를 사용하면 데이터의 크기에 변화가 생겼을 때 쉽게 대처할 수 있습니다.

18-2 데이터를 그룹으로 묶는 구조체

비슷한 형태의 데이터를 관리하려면?

사람 5명의 나이, 키 그리고 몸무게를 관리하는 프로그램을 만든다고 생각해 봅시다. 다음과 같이 5명의 나이, 키, 몸무게를 별도의 변수로 선언하면 5(5명)×3(나이, 키, 몸무게) = 15개의 변수가 필요합니다.

```
int age1, age2, age3, age4, age5; /* 5명의 나이를 저장할 변수 */
float height1, height2, height3, height4, height5; /* 5명의 키를 저장할 변수 */
float weight1, weight2, weight3, weight4, weight5; /* 5명의 몸무게를 저장할 변수 */
```

그리고 5명의 나이, 키, 몸무게를 사용자에게 입력 받으려면 변수마다 각각 하나씩 입력 받아야 하기 때문에 다음과 같은 작업을 해야 합니다.

```
scanf("%d", &age1);   /* 첫 번째 사람의 나이를 입력 받음 */
scanf("%d", &age2);   /* 두 번째 사람의 나이를 입력 받음 */
scanf("%d", &age3);   /* 세 번째 사람의 나이를 입력 받음 */
scanf("%d", &age4);   /* 네 번째 사람의 나이를 입력 받음 */
scanf("%d", &age5);   /* 다섯 번째 사람의 나이를 입력 받음 */
```

그런데 이렇게 일일이 입력 받다 보면 작성해야 하는 코드가 많아지고, 나중에 코드를 변경하거나 다른 데이터를 추가할 때 문제가 될 수 있습니다.

데이터의 그룹화 1: 배열

앞에서 배운 배열을 사용하면 같은 형태의 데이터를 묶어서 관리할 수 있습니다. 위에서 선언한 변수들을 배열을 사용해서 다시 선언해 보겠습니다. 다음과 같이 선언하면 변수를 개별적으로 선언하는 것보다 코드가 훨씬 간단해집니다.

```
int age[5];          /* 5명의 나이를 저장할 age 배열 */
float height[5];     /* 5명의 키를 저장할 height 배열 */
float weight[5];     /* 5명의 몸무게를 저장할 weight 배열 */
```

그리고 배열은 각 요소에 값을 대입하거나 읽을 때 색인을 사용합니다. 색인은 상수뿐만 아니라 변수도 사용할 수 있기 때문에 반복문을 적용하여 데이터를 좀 더 편리하게 관리할 수 있습니다. 예를 들어 사용자에게 5명의 나이를 입력 받는 코드를 반복문을 사용해서 구성해 보면 다음과 같습니다.

```
int i;
for(i = 0; i < 5; i++) scanf("%d", age+ i);   /* 5번 반복하면서 나이를 입력 받음 */
```

변수를 개별적으로 사용할 때는 scanf 함수를 5번 사용했는데, 데이터를 그룹으로 묶어서 사용하면 반복문에서 scanf 함수를 한 번만 적으면 되기 때문에 코드를 작성하기가 훨씬 편리해집니다. 이처럼 같은 형식의 데이터를 여러 개 처리할 때는 배열처럼 그룹으로 묶어서 관리하는 것이 좀 더 바람직한 프로그래밍 방법입니다.

> ☺ 위의 예제에서 age+i는 &age[i]를 줄여 쓴 것이며, age 배열의 i번째 요소가 저장된 메모리 주소를 의미합니다.

배열의 한계

배열은 크기가 같은 데이터만 그룹으로 묶을 수 있습니다. 따라서 int형인 나이끼리 묶거나 float형인 키 또는 몸무게끼리 묶는 것처럼 같은 종류의 데이터를 묶을 때 많이 사용합니다. 그런데 실제 프로그램에서 이러한 형태로 묶는 방법을 자주 사용할까요?

나이, 키, 몸무게 같은 데이터는 결국 한 사람이 가지고 있는 정보입니다. 그래서 특정 사람의 정보를 모아서 하나의 그룹으로 만드는 것이 더 좋습니다. 왜냐하면 결국 프로그램은 데이터를 입력 받거나 출력할 때 사람 단위로 처리할 확률이 높기 때문입니다. 다음 출력 형식을 비교해 보면 이 내용을 이해할 수 있을 겁니다.

요소별 출력	개인별 출력
〈 나이 〉 신현준님의 나이는 38세입니다. 마재승님의 나이는 30세입니다. 김현철님의 나이는 25세입니다. 이연진님의 나이는 20세입니다. 박진희님의 나이는 15세입니다. 〈 키 〉 신현준님의 키는 189cm입니다.	〈 신현준 〉님의 정보입니다. 1. 나이 : 38세 2. 키 : 189cm 3. 몸무게 : 87kg 〈 마재승 〉님의 정보입니다. 1. 나이 : 30세

요소별로 출력하는 경우도 분명 있습니다. 하지만 데이터를 관리하는 입장에서 봤을 때 개인별로 출력할 확률이 높기 때문에 데이터를 개인 단위로 묶어서 그룹으로 만드는 것을 추천하는 것입니다. 그러면 크기나 형식이 다른 데이터를 어떻게 묶어서 사용할 수 있을까요?

데이터의 그룹화 2: 구조체

C 언어는 크기나 형식이 다른 데이터를 그룹으로 묶어 사용할 수 있도록 '구조체'(Structure) 문법을 제공합니다. 구조체는 기본 자료형이나 사용자가 정의한 자료형을 그룹으로 묶어서 새로운 자료형을 만들 수 있습니다. 그래서 구조체는 다양한 형태의 메모리 구조를 만들 수 있습니다.

구조체로 새로운 자료형 만들기

구조체는 오른쪽과 같은 형식으로 새로운 자료형을 정의합니다. 구조체 문법을 사용한다고 컴파일러에 알리기 위해 struct 키워드로 시작하며 그다음에 구조체 이름을 적습니다. 이 이름은 우리가 새로 정의할 자료형의 이름(int, char 같은 역할)입니다. 그리고 중괄호 { } 안에 이 자료형을 구성할 요소들을 변수를 선언하듯 나열해 주면 됩니다.

```
struct 구조체 이름
{
    자료형1 변수 이름1;
    자료형2 변수 이름2;
    자료형3 변수 이름3;
    …
};
```

예를 들어 구조체 문법을 사용하여 이름(name), 나이(age), 키(height), 몸무게(weight) 정보를 담고 있는 People이라는 새로운 자료형을 만들면 다음과 같습니다.

```
struct People
{
    char name[12];              /* 이름, 12바이트 */
    unsigned short int age;     /* 나이, 2바이트 */
    float height;               /* 키, 4바이트 */
    float weight;               /* 몸무게, 4바이트 */
};
```

구조체로 만든 자료형으로 변수 선언하기

이제 여러분만의 새로운 자료형인 People이 만들어졌습니다. 구조체로 만든 자료형의 크기는 { } 안에 선언한 요소들의 크기를 모두 더한 것과 같습니다. 따라서 People 자료형의 크기는 22바이트(12+2+4+4)입니다. 그리고 우리가 지금까지 사용했던 자료형처럼 다양한 형태의 변수를 선언할 수 있습니다.

◎ 실제 People 자료형의 크기는 컴파일러의 '구조체 멤버 정렬 기준'에 따라 조금씩 달라질 수 있습니다. 자세한 내용은 18-4에서 배웁니다.

구조체임을 나타내는 키워드

```
struct People data;            /* 일반 변수: data 변수의 크기는 22바이트 */
struct People friend_list[64]; /* 배열 변수: friend_list 변수의 크기는 22×64바이트 */
struct People *p;              /* 포인터 변수: p 변수의 크기는 4바이트(주소 값 저장) */
```

그런데 struct 문법을 사용해서 만든 자료형은 일반 자료형과 달리 변수를 선언할 때 struct 키워드를 반드시 붙여야 하는 불편함이 있습니다. 이러한 불편함을 해결하고 구조체 변수를 선언하는 작업을 간편하게 하기 위해 앞에서 배운 typedef 문법을 사용할 수 있습니다.

```
struct People
{
    char name[12];
    unsigned short int age;
    float height;
    float weight;
};

typedef struct People Person; /* typedef를 사용해 Person이라는 새로운 자료형을 정의함 */
```

위와 같이 typedef를 사용하여 struct People 자료형을 Person 자료형으로 재정의하면 매번 struct 키워드를 적지 않고도 변수들을 편리하게 선언할 수 있습니다.

```
Person data;            /* struct People data; */
Person friend_list[64]; /* struct People firend_list[64]; */
Person *p;              /* struct People *p; */
```

struct와 typedef를 조합해서 구조체 변수를 선언하는 방법

struct와 typedef는 둘 다 자료형을 정의하는 문법입니다. 다음처럼 조합해 문법을 표현하면 코드가 훨씬 간단해지고 의미도 좀 더 확실하게 부여할 수 있습니다.

<table>
<tr><td align="center">struct와 typedef를 따로 선언</td><td align="center">struct와 typedef를 조합해서 사용</td></tr>
<tr><td>

```
struct People
{
    char name[12];
    unsigned short int age;
    float height;
    float weight;
};


typedef  struct People Person ;
```
</td><td>

```
typedef struct People
{
    char name[12];
    unsigned short int age;
    float height;
    float weight;
} Person;
```
</td></tr>
</table>

또한 struct와 typedef를 조합해서 새로운 자료형을 선언하는 형식에서는 오른쪽처럼 구조체 이름인 People이 없더라도 Person만으로 충분히 사용할 수 있습니다.

```
typedef struct
{
    char name[12];
    unsigned short int age;
    float height;
    float weight;
} Person;
```

❗ 알아두면 좋아요! 구조체 변수를 선언할 때 주의하세요!

다음은 typedef를 사용하지 않고 선언한 구조체로 People이라는 새로운 자료형을 만들면서 이 자료형으로 Person 변수를 동시에 선언해 주는 형식입니다. 따라서 다음 코드에서 Person은 자료형이 아니라 변수입니다.

```
struct People
{
    char name[12];
    unsigned short int age;
    float height;
    float weight;
} Person;   /* struct People Person;이라는 의미임 */
```

구조체로 선언한 변수의 요소 사용하기

배열을 사용해서 그룹으로 묶은 데이터는 각 요소의 크기가 같기 때문에 색인 개념을 사용할 수 있습니다. 하지만 구조체로 묶인 데이터는 각 요소의 크기가 같지 않기 때문에 사용할 요소의 이름을 직접 적어주어야 합니다. 그래서 오른쪽과 같이 구조체로 선언한 변수는 .(요소 지정) 연산자와 자신이 사용할 요소의 이름을 함께 적어서 사용합니다.

> 구조체 변수 이름 **.** 사용할 요소
>
> 요소 지정 연산자

```
typedef struct People
{
    char name[12];
    unsigned short int age;
    float height;
    float weight;
} Person;

void main()
{
    Person data;      /* Person 자료형으로 data 변수를 선언함 */

    data.age = 21;          /* data 변수 안의 age에 값 21을 대입함 */
    data.height = 178.3;    /* data 변수 안의 height에 값 178.3을 대입함 */
}
```

> 구조체로 People 자료형을 만들면서 typedef로 자료형을 Person 으로 재정의합니다. 구조체 자료형은 코드 전체에서 사용하기 때문에 함수 밖에 선언하는 것이 일반적입니다.

위의 예제에서 data 변수는 Person 자료형으로 선언된 구조체이며 name, age, height, weight 를 구조체의 요소로 갖습니다. 따라서 총 22바이트 크기의 메모리가 할당됩니다. 그리고 구조체의 각 요소가 메모리에 나열되는 순서는 구조체 내부 요소를 선언한 순서와 같습니다.

따라서 메모리에는 name 요소가 12바이트 크기로 가장 먼저 놓이며 age 요소가 2바이트 크기로 그다음에 놓이고 height 요소와 weight 요소가 각각 4바이트로 그다음 순서에 놓이게 됩니다.

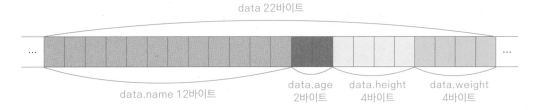

data 22바이트

data.name 12바이트   data.age 2바이트   data.height 4바이트   data.weight 4바이트

지금까지 설명한 구조체 문법을 간단하게 예제로 구성해서 실습해 보겠습니다. 다음 예제는 구조체 문법을 사용하여 이름, 나이, 키, 몸무게를 저장할 수 있는 People(Person) 자료형을 정의합니다. 그리고 표준 입력 함수를 사용해서 사람의 신체 정보를 입력 받아서 출력해 주는 예제입니다.

코딩해 보세요! **구조체를 사용해서 사람의 신체 정보를 입력 받고 출력하기** • 완성 파일 18_02_01.c

```
001: #include <stdio.h>
002:
003: typedef struct People
004: {
005:     char name[12];
006:     unsigned short int age;
007:     float height;
008:     float weight;
009: } Person;
010:
011: void main()
012: {
013:     Person data;    /* person 자료형으로 data 변수를 선언함 */
014:
015:     printf("대상자의 정보를 입력하세요\n");
016:     printf("이름 : ");
017:     scanf("%s", data.name);          이름을 입력 받아 data 변수의 name 요소에 저장합니다.
018:     printf("나이 : ");
019:     scanf("%hu", &data.age);         나이를 입력 받아 data 변수의 age 요소에 저장합니다.
020:     printf("키 : ");
021:     scanf("%f", &data.height);       키를 입력 받아 data 변수의 height 요소에 저장합니다.
022:     printf("몸무게 : ");
023:     scanf("%f", &data.weight);       몸무게를 입력 받아 data 변수의 weight 요소에 저장합니다.
024:
025:     printf("\n입력한 정보는 다음과 같습니다. \n");
026:     /* 키와 몸무게는 소수점 첫째 자리까지만 보여주기 위해 %.1f 형식으로 출력함 */
027:     printf("%s : %d세, %.1fcm, %.1fkg\n", data.name, data.age, data.height, data.weight);
028: }
```

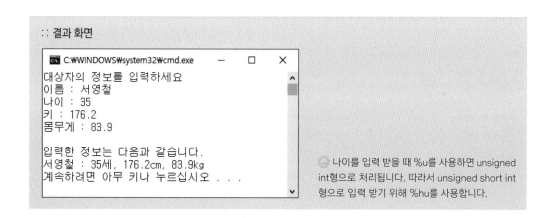

© 나이를 입력 받을 때 %u를 사용하면 unsigned int형으로 처리됩니다. 따라서 unsigned short int 형으로 입력 받기 위해 %hu를 사용합니다.

그리고 다음과 같이 구조체 자료형인 Person으로 배열 변수를 선언한 경우에도 각 요소에 접근하는 방식은 같습니다. 먼저 자신이 변경하려는 배열 요소의 색인을 [ ] 안에 적습니다. 그리고 선택한 배열 요소가 Person 자료형이기 때문에 .(요소 지정) 연산자를 사용해 구조체에 포함된 요소를 사용하면 됩니다.

```
Person friends[3];       /* Person 데이터 3개를 저장할 수 있는 메모리를 할당함 */
friends[1].age = 22;     /* 두 번째 요소의 age에 값 22를 대입함 */
```

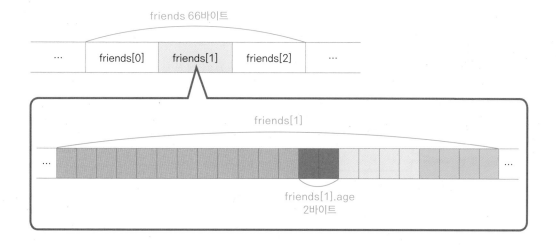

구조체로 선언한 변수를 포인터로 사용하기

다음과 같이 Person형으로 선언한 변수의 주소를 Person *형 선언한 포인터 변수에 저장해서 사용할 수도 있습니다.

```
Person data;      /* Person 자료형으로 data 변수를 선언함 */
Person *p;        /* Person 형식으로 선언한 메모리에 접근할 수 있는 포인터를 선언함 */
p = &data;        /* 포인터 변수 p는 data 변수의 주소 값을 저장함 */
(*p).age = 23;    /* p에 저장된 주소에 가서 age 요소에 값 23을 대입함 */
```

구조체 내부 요소에 접근하려면 *(주소 지정) 연산자를 사용해서 data 변수의 주소로 이동한 다음 .(요소 지정) 연산자를 사용해야 합니다. 그런데 * 연산자가 . 연산자보다 연산자 우선순위가 낮아서 *p.age = 23;처럼 사용하면 오류가 발생합니다. 따라서 * 연산자가 먼저 수행되도록 괄호 ( )를 사용해서 (*p).age = 23; 형태로 명령문을 구성해야 합니다.

연산자 우선순위 문제를 해결하는 -> 연산자

하지만 구조체로 선언한 변수를 포인터 문법으로 사용할 때마다 (*p) 형태를 사용한다면 불편하고 귀찮겠죠?

구조체 문법은 이러한 연산자 우선순위 문제를 해결할 수 있는 -> 연산자를 추가로 제공합니다. 다음과 같이 -> 연산자를 사용하면 * 연산자와 . 연산자를 각각 사용하지 않고 하나의 연산자로 사용하기 때문에 연산자 우선순위 문제가 자연스럽게 해결됩니다.

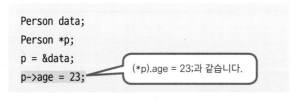

```
Person data;
Person *p;
p = &data;
p->age = 23;        (*p).age = 23;과 같습니다.
```

😊 프로그래머들이 -> 연산자를 사용할 때는 대개 양옆 공백을 띄우지 않습니다. 즉, p -> age보다 p->age 형태로 사용하는 것이 좋습니다.

구조체 문법으로 선언한 변수의 초기화 방법

배열로 선언한 변수는 데이터가 그룹으로 묶인 형태이기 때문에 초깃값을 대입할 때 다음처럼 중괄호 { }를 사용했습니다.

```
int data[3] = {1, 2, 3};   /* 배열의 각 요소에 순서대로 1, 2, 3 값이 대입됨 */
```

배열과 마찬가지로 구조체 문법도 데이터를 묶는 형태이기 때문에 같은 형식으로 초깃값을 대입하면 됩니다. 예를 들어 다음과 같이 People 구조체를 선언했을 때 이 구조체 변수를 초기화하려면 중괄호 {}를 사용하여 초깃값을 적어주면 됩니다.

```c
struct People
{
    char name[12];
    unsigned short int age;
    float height;
    float weight;
};

void main()
{
    /* 구조체로 선언한 변수를 초기화함 */
    struct People data = {"홍길동", 51, 185.6, 86.2};
}
```

여기에서는 main 함수에서 People 구조체로 data 변수를 선언하면서 name에 "홍길동", age에 51, height에 185.6, weight에 86.2로 각 요소를 초기화했습니다. 구조체 변수를 초기화할 때 주의할 점은 구조체 내부에 선언한 변수(구조체 요소)의 순서와 초깃값의 순서가 같아야 한다는 것입니다.

18-3 배열과 구조체

구조체를 사용하는 것이 왜 좋은지 이해하려면 같은 프로그램을 배열과 구조체로 각각 만들어 비교해 보는 것이 가장 좋은 방법입니다. 이렇게 하면 데이터를 어떻게 그룹으로 묶는 것이 더 좋은지 판단할 수 있는 기준이 생길 것입니다.

친구 정보 관리 프로그램의 기능

두 문법을 비교하기 위해서 친구의 이름, 나이, 키, 체중을 관리하는 프로그램을 만들어 보겠습니다. 이 프로그램의 실행 화면을 먼저 살펴봅시다.

화면 미리 보기

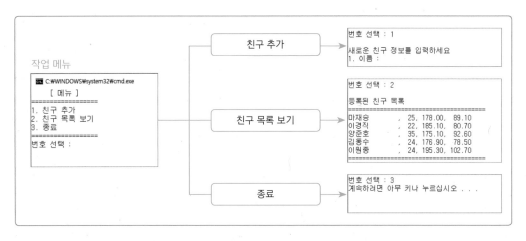

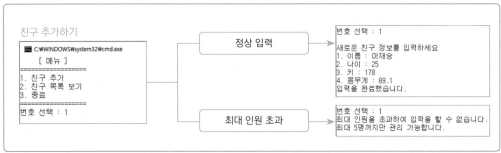

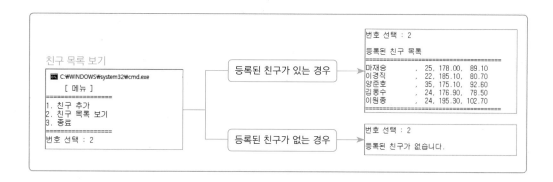

이 프로그램은 다음처럼 각 기능을 담당할 함수를 만들어서 사용하겠습니다.

---

1. 작업 메뉴: main 함수에서 처리

사용자가 프로그램에서 제공하는 기능을 선택할 수 있도록 메뉴를 출력해 주는 작업을 합니다. 프로그램 종료 기능은 반복문을 빠져나오는 행위로 끝나기 때문에 개별 기능으로 처리하지 않았습니다.

2. 친구 추가하기: AddFriend 함수에서 처리

scanf 표준 입력 함수를 사용하여 한 번에 1명씩 최대 5명까지 입력 받습니다. 5명을 다 받으면 더 이상 입력 받을 수 없다고 오류로 처리합니다.

3. 친구 목록 보기: ShowFriendList 함수에서 처리

현재 입력된 친구 목록을 보여 줍니다. 만약 등록된 친구가 없다면 오류 메시지를 출력합니다.

배열로 친구 정보 관리 프로그램 만들기

위에서 이야기한 프로그램을 배열을 사용해 작성해 보겠습니다.

◎ 지금부터 볼 예제는 프로그램의 구조나 실행 흐름을 파악하기 편하도록 앞에서 설명한 오류 처리 코드를 많이 생략했습니다. 예를 들어 이 프로그램은 사용자가 잘못된 값을 입력하면 메뉴 화면에서 키를 받지 않고 무한 반복하거나 '친구 추가'를 할 때 정상적인 입력을 못 받는 문제가 발생합니다. 이 문제의 해결 방법은 이미 14-4에서 설명했기 때문에 여러분이 직접 이 프로그램에 적용해 보세요.

코딩해 보세요! **배열을 사용하여 친구 정보 관리하기** • 완성 파일 18_04_01.c

```
001:  #include <stdio.h>
002:  #define MAX_COUNT        5    /* 친구 등록 가능한 최대 수 */
003:
004:  typedef char NAME_TYPE[14];
005:
```

> MAX_COUNT만큼의 친구 이름을 저장하기 위한 name 배열은 char name[MAX_COUNT][14];처럼 2차원 배열로 선언해서 사용합니다. name 배열을 다른 함수에서 포인터로 받으려면 char (*p_name)[14];처럼 사용해야 하는데 형태가 복잡하기 때문에 이름을 위한 자료형 NAME_TYPE을 재정의합니다.

> AddFriend는 친구를 추가하는 함수로 성공하면 1을 반환하고 실패하면 0을 반환합니다. main 함수에서 선언한 name, age, height, weight 배열의 시작 주소를 포인터로 받아서 사용하며 count는 현재까지 입력된 친구의 수를 기억하는 변수입니다.

```c
008:
009:  int AddFriend(NAME_TYPE *p_name, unsigned short int *p_age,
010:              float *p_height, float *p_weight, int count)
011:  {
012:      if(count < MAX_COUNT) {   /* 입력 가능한 최대 수를 넘었는지 체크함 */
013:          printf("\n새로운 친구 정보를 입력하세요\n");
014:          printf("1. 이름 : ");
015:          scanf("%s", *(p_name + count));   /* name 배열의 count 위치에 이름을 입력함 */
016:          printf("2. 나이 : ");
017:          scanf("%hu", p_age + count);      /* age 배열의 count 위치에 나이를 입력함 */
018:          printf("3. 키 : ");
019:          scanf("%f", p_height + count);/* height 배열의 count 위치에 키를 입력함 */
020:          printf("4. 몸무게 : ");
021:          scanf("%f", p_weight + count);/* weight 배열의 count 위치에 몸무게를 입력함 */
022:          printf("입력을 완료했습니다. \n\n");
023:          return 1;   /* 친구 추가 성공하면 1을 반환함 */
024:      } else {
025:          /* 입력 가능한 최대 수를 넘었을 때 오류를 출력함 */
026:          printf("최대 인원을 초과하여 입력을 할 수 없습니다. \n");
027:          printf("최대 %d명까지만 관리 가능합니다. \n\n", MAX_COUNT);
028:      }
029:      return 0;   /* 친구 추가 실패 */
030:  }
```

> ShowFriendList는 등록된 친구를 출력하는 함수로 main 함수에서 선언한 name, age, height, weight 배열의 시작 주소를 포인터로 받아서 사용합니다. count는 현재까지 입력된 친구 수를 기억하는 변수입니다.

```c
031:
032:
033:
034:  void ShowFriendList(NAME_TYPE *p_name, unsigned short int *p_age,
035:                  float *p_height, float *p_weight, int count)
036:  {
037:      int i;
038:      if(count > 0) { /* 등록된 친구가 있으면 그 수만큼 반복하면서 친구 정보를 출력함 */
039:          printf("\n등록된 친구 목록\n");
040:          printf("=====================================\n");
041:          for(i = 0; i < count; i++) {
042:              printf("%-14s, %3d, %6.2f, %6.2f\n", *(p_name + i), *(p_age + i),
043:                      *(p_height + i), *(p_weight + i));
044:          }
045:          printf("=====================================\n\n");
046:      } else { /* 등록된 친구가 없으면 오류를 출력함 */
```

```
047:                printf("\n등록된 친구가 없습니다.\n\n");
048:        }
049: }
050:
051: void main()
052: {
053:        NAME_TYPE name[MAX_COUNT];              /* 친구 이름을 저장할 배열 */
054:        unsigned short int age[MAX_COUNT];    /* 친구 나이를 저장할 배열 */
055:        float height[MAX_COUNT];                /* 친구 키를 저장할 배열 */
056:        float weight[MAX_COUNT];                /* 친구 몸무게를 저장할 배열 */
057:        int count = 0, num;                     /* count는 등록된 친구 수 */
058:
059:        while(1) { /* 무한 루프: 사용자가 3을 누르면 break문으로 종료시킴 */
060:               /* 메뉴를 화면에 출력함 */
061:               printf("      [ 메뉴 ]      \n");
062:               printf("==================\n");
063:               printf("1. 친구 추가       \n");
064:               printf("2. 친구 목록 보기 \n");
065:               printf("3. 종료           \n");
066:               printf("==================\n");
067:               printf("번호 선택 : ");
068:               scanf("%d", &num);    /* 사용자에게 번호를 입력 받음 */
069:
070:               if(num == 1) {   /* 1번: 친구 추가를 선택한 경우 */
071:                     if(1 == AddFriend(name, age, height, weight, count)) count++;
072:               } else if(num == 2) { /* 2번: 친구 목록 보기를 선택한 경우 */
073:                     ShowFriendList(name, age, height, weight, count);
074:               } else if(num == 3) { /* 3번: 반복문을 빠져나가 종료함 */
075:                     break;
076:               } else {
077:                     /* 번호가 유효하지 않은 경우에 오류 메시지를 출력함 */
078:                     printf("1~3 번호만 선택할 수 있습니다!!\n\n");
079:               }
080:        }
081: }
```

> AddFriend 함수가 1을 반환하면 정상적으로 친구 정보가 추가된 것입니다. 따라서 1을 반환했을 때만 등록된 친구 수를 증가시킵니다. 이름, 나이, 키, 몸무게 배열의 주소를 넘겨줍니다.

> ShowFriendList 함수에 이름, 나이, 키, 몸무게 배열의 주소를 인수로 넘겨줍니다.

이 프로그램에서 사용자 이름은 영문 기준 최대 13자까지 저장할 수 있게 만들었습니다. 그런데 문자열 끝에 NULL 문자 0까지 저장해야 하므로 배열의 크기는 14가 됩니다. 이름은 문자열 형태이기 때문에 이미 1차원 배열 형식이죠. 그래서 다섯 명의 이름 데이터(MAX_COUNT)를 저장하려면 오른쪽처럼 2차원 배열로 선언해서 사용해야 합니다.

```
char name[MAX_COUNT][14];
```

그리고 name 배열을 다른 함수에서 포인터로 받으려면 오른쪽

```
char (*p_name)[14];
```

형식의 포인터를 사용해야 합니다. 그런데 이런 형태의 포인터를 어려워하는 사람들이 많습니다. 따라서 typedef를 사용하여 이름을 위한 자료형(NAME_TYPE)을 만들고 표현을 단순화시켰습니다.

```
char name[MAX_COUNT][14];    ⟹    NAME_TYPE name[MAX_COUNT];
char (*p_name)[14];          ⟹    NAME_TYPE *p_name;
```

구조체로 친구 정보 관리 프로그램 만들기

이제 앞의 예제를 구조체를 활용하도록 변경해 보겠습니다. 소스 코드가 비슷하기 때문에 구별하기 편하도록 행 번호를 표시하는 영역에 색상을 표시했습니다.

| 코딩해 보세요! | 구조체를 사용하여 친구 정보 관리하기 | • 완성 파일 18_03_02.c |

```c
001: #include <stdio.h>
002: #define MAX_COUNT        5   /* 친구 등록 가능한 최대 수 */
003:
004: typedef struct People
005: {
006:     char name[14];              /* 이름 */
007:     unsigned short int age;     /* 나이 */
008:     float height;               /* 키 */
009:     float weight;               /* 몸무게 */
010: } Person;
011: int AddFriend(Person *p_friend, int count)
012: {
013:     if(count < MAX_COUNT) {  /* 입력 가능한 최대 수를 넘었는지를 확인함 */
014:         p_friend = p_friend + count; /* friends 배열의 count 위치로 이동함 */
015:         printf("\n새로운 친구 정보를 입력하세요\n");
016:         printf("1. 이름 : ");
```

> AddFriend는 친구를 추가하는 함수로 성공하면 1을 반환하고 실패하면 0을 반환합니다. main 함수에서 friends 배열의 시작 주소를 포인터로 받아서 사용하면 count는 현재까지 입력된 친구의 수를 기억하는 변수입니다.

```
017:              scanf("%s", p_friend->name);      /* 구조체의 name 요소에 입력함 */
018:              printf("2. 나이 : ");
019:              scanf("%hu", &p_friend->age);      /* 구조체의 age 요소에 입력함 */
020:              printf("3. 키 : ");
021:              scanf("%f", &p_friend->height);    /* 구조체의 height 요소에 입력함 */
022:              printf("4. 몸무게 : ");
023:              scanf("%f", &p_friend->weight);    /* 구조체의 weight 요소에 입력함 */
024:              printf("입력을 완료했습니다. \n\n");
025:              return 1;   /* 친구 추가 성공 */
026:          } else {
027:              /* 입력 가능한 최대 수를 넘었을 때 오류 상태를 출력함 */
028:              printf("최대 인원을 초과하여 입력을 할 수 없습니다. \n");
029:              printf("최대 %d명까지만 관리 가능합니다. \n\n", MAX_COUNT);
030:          }
031:      return 0;   /* 친구 추가 실패 */
032: }
033: void ShowFriendList(Person *p_friend, int count)
034: {
035:      int i;
036:      if(count > 0) {  /* 등록된 친구가 있으면 그 수만큼 반복하면서 친구 정보를 출력함 */
037:          printf("\n등록된 친구 목록\n");
038:          printf("=====================================\n");
039:          for(i = 0; i < count; i++) {
040:              printf("%-14s, %3d, %6.2f, %6.2f\n", p_friend->name, p_friend->age,
041:              p_friend->height, p_friend->weight);
042:              p_friend++;   /* 다음 위치에 있는 친구 정보로 주소를 이동함 */
043:          }
044:          printf("=====================================\n\n");
045:      } else {   /* 등록된 친구가 없으면 오류를 출력함 */
046:          printf("\n등록된 친구가 없습니다.\n\n");
047:      }
048: }
049:
050: void main()
051: {
052:      Person friends[MAX_COUNT];      /* 친구 정보를 저장할 배열 */
053:      int count = 0, num;   /* count: 등록된 친구 수 */
054:
055:      while(1) {  /* 무한 루프: 사용자가 3을 누르면 break문으로 종료시킴 */
056:          /* 메뉴를 화면에 출력함 */
057:          printf("     [ 메뉴 ]     \n");
```

> ShowFriendList는 등록된 친구를 출력하는 함수로 main 함수에서 friends 배열의 시작 주소를 포인터로 받아서 사용합니다. count는 현재까지 입력된 친구의 수를 기억하는 변수입니다.

```
058:        printf("=================\n");
059:        printf("1. 친구 추가       \n");
060:        printf("2. 친구 목록 보기 \n");
061:        printf("3. 종료           \n");
062:        printf("=================\n");
063:        printf("번호 선택 : ");
064:        scanf("%d", &num);    /* 사용자에게 번호를 입력 받음 */
065:        if(num == 1) {   /* 1번: 친구 추가를 선택한 경우 */
066:            if(1 == AddFriend(friends, count)) count++;
067:        } else if(num == 2) { /* 2번: 친구 목록 보기를 선택한 경우 */
068:            /* friends 배열의 주소를 인수로 넘겨줌 */
069:            ShowFriendList(friends, count);
070:        } else if(num == 3) { /* 3번: 반복문을 빠져나가 종료함 */
071:            break;
072:        } else {
073:            /* 번호가 유효하지 않은 경우에 오류를 출력함 */
074:            printf("1~3 번호만 선택할 수 있습니다!!\n\n");
075:        }
076:    }
077: }
```

> AddFriend 함수가 1을 반환하면 정상적으로 친구 정보가 추가된 것입니다. 따라서 1을 반환했을 때만 등록된 친구 수를 증가시킵니다. friends 배열의 주소를 넘겨줍니다.

두 소스 코드를 비교해 보면 가장 큰 차이점은 친구 정보를 Person 자료형으로 묶은 것이겠죠. Person 자료형을 사용하기 때문에 처리해야 할 데이터가 모두 하나로 통합되며, 함수에 전달하는 매개변수의 개수가 2개로 줄어들고 포인터 표현도 단순해졌습니다. 결국 배열로 데이터를 묶는 것보다 구조체를 사용해서 묶는 것이 관리하기도 편하고 좀 더 간단하게 표현할 수 있습니다.

18-4 구조체로 만든 자료형의 크기

구조체 멤버 정렬 기준

과거에는 컴퓨터 시스템의 메모리 용량이 적어서 프로그래머들은 메모리를 최대한 적게 사용하도록 프로그램을 개발해야 했습니다. 최근에는 컴퓨터 시스템의 메모리 용량이 점차 늘어나면서 메모리를 조금 더 사용하더라도 프로그램의 실행 속도가 향상되도록 프로그램을 개발하고 있습니다. 그런데 구조체의 경우에는 다양한 크기의 메모리를 하나의 그룹으로 묶어 사용하다 보니 구조체 요소를 사용할 때 실행 속도가 떨어지는 문제가 있습니다. 그래서 구조체의 요소를 일정한 크기로 정렬하여 실행 속도를 더 빠르게 하는 개념이 C 언어 컴파일러에 추가되었습니다. 컴파일러마다 용어의 차이는 있지만 마이크로소프트에서 제공하는 C 컴파일러의 경우에는 '구조체 멤버 정렬'(Struct Member Alignment) 기능을 제공하며 1, 2, 4, 8바이트로 정렬 기준을 설정할 수 있습니다.

18-2에서 구조체로 만든 자료형의 크기는 구조체를 구성하는 요소들의 크기를 합산한 것과 같다고 설명했습니다. 하지만 실제로는 컴파일러에서 구조체 정렬 기준을 어떻게 설정하는지에 따라 구조체로 만든 자료형의 크기가 달라질 수 있습니다. 그래서 이 기능을 모르고 단순히 구조체를 구성하는 요소의 크기를 합산해서 구조체 크기로 사용하다가 버그가 발생해 고생하는 경우도 있습니다.

구조체 멤버 정렬 기준에 따라 구조체로 선언한 자료형의 크기가 어떻게 달라지는지 설명하기 위해 오른쪽과 같이 Test 구조체를 선언하고, Test 자료형의 크기가 어떻게 달라지는지 하나씩 그림으로 설명하겠습니다.

```
struct Test
{
    char a;      /* 1바이트 */
    int b;       /* 4바이트 */
    short c;     /* 2바이트 */
    char d;      /* 1바이트 */
};
```

1바이트 정렬

이 정렬을 사용하면 구조체의 본래 의미대로 메모리가 구성됩니다. 따라서 이 기준으로 정렬된 Test 자료형의 크기는 8바이트입니다.

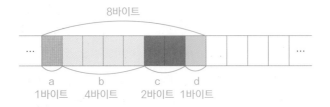

2바이트 정렬

각 요소는 2의 배수에 해당하는 주소에서 시작할 수 있고 전체 크기가 2의 배수가 되어야 합니다. 따라서 요소가 놓일 주소가 2의 배수가 아니라면 해당 1바이트를 버리고 2의 배수가 되는 주소에 놓입니다. 하지만 예외적으로 요소의 자료형이 2바이트보다 작은 경우에는 해당 요소의 크기로 정렬됩니다. 예를 들어 2, 4, 8바이트 자료형의 요소들은 2의 배수에 해당하는 주소에 배치되지만 2바이트보다 작은 1바이트 자료형 요소들은 그대로 1바이트로 정렬됩니다.

위와 같은 기준을 적용하면 전체 크기는 9바이트가 되어야 하지만, 2바이트 정렬은 전체 크기가 2의 배수가 되어야 하기 때문에 10바이트가 됩니다. 그리고 마지막 1바이트를 사용하지 않습니다. 결론적으로 2바이트 정렬 기준으로 정렬한 Test 구조체의 크기는 10바이트입니다.

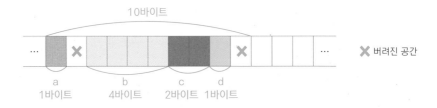

4바이트 정렬

각 요소는 4의 배수에 해당하는 주소에서 시작할 수 있고 전체 크기가 4의 배수가 되어야 합니다. 따라서 요소가 놓일 주소가 4의 배수가 아니라면 해당 1~3바이트를 버리고 4의 배수가 되는 주소에 놓입니다. 하지만 요소의 자료형이 4바이트보다 작은 경우에는 해당 요소의 크기로 정렬됩니다. 예를 들어 4바이트와 8바이트 자료형의 요소들은 4의 배수에 해당하는 주소에 배치되지만 4바이트보다 작은 1바이트 자료형은 1바이트 정렬이 적용되고 2바이트 자료형은 2바이트 정렬이 적용됩니다.

위와 같은 기준을 적용하면 전체 크기는 11바이트가 되어야 하지만, 4바이트 정렬은 전체 크기가 4의 배수가 되어야 하기 때문에 12바이트가 됩니다. 그리고 마지막 1바이트를 사용하지 않습니다. 결론적으로 4바이트 정렬 기준으로 정렬한 Test 구조체의 크기는 12바이트입니다.

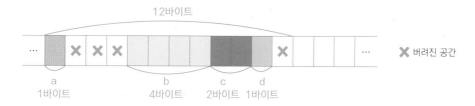

8바이트 정렬

구조체를 정렬할 때 모든 요소가 기준 정렬 바이트보다 작으면 요소 중에서 가장 큰 요소의 크기로 정렬됩니다. 따라서 지금 예시로 사용하는 구조체는 가장 큰 요소의 크기가 4바이트이기 때문에 8바이트 정렬을 사용해도 4바이트로 정렬되어 버립니다. 따라서 오른쪽과 같이 Test 구조체에서 8바이트 요소를 사용하도록 수정하겠습니다.

```
struct Test
{
    char a;        /* 1바이트 */
    double b;      /* 8바이트 */
    short c;       /* 2바이트 */
    char d;        /* 1바이트 */
};
```

각 요소는 8의 배수에 해당하는 주소에서 시작할 수 있고 전체 크기가 8의 배수가 되어야 합니다. 따라서 요소가 놓일 주소가 8의 배수가 아니라면 해당 1~7바이트를 버리고 8의 배수가 되는 주소에 놓입니다. 하지만 요소의 자료형이 8바이트보다 작은 경우에는 해당 요소의 크기로 정렬됩니다. 예를 들어 8바이트 자료형 요소들은 8의 배수에 해당하는 주소에 배치되지만 8바이트보다 작은 1, 2, 4바이트 자료형은 각각 1, 2, 4바이트 정렬이 적용됩니다.

위와 같은 기준을 적용하면 전체 크기는 19바이트가 되어야 하지만, 8바이트 정렬은 전체 크기가 8의 배수가 되어야 하기 때문에 크기는 24바이트가 됩니다. 그리고 마지막 5바이트를 사용하지 않습니다. 결론적으로 8바이트 정렬 기준으로 정렬된 Test 구조체의 크기는 24바이트입니다.

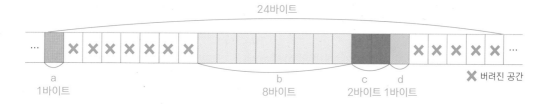

마지막에 설명한 8바이트 정렬의 예시를 보면 알 수 있듯이 이 구조체는 24바이트 중에 무려 12바이트나 버려집니다. 그런데 놀랍게도 요즘 컴파일러들은 8바이트 정렬을 기본 값으로 하고 있습니다.

따라서 구조체에 8바이트 크기의 자료형을 사용하지 않았다면 낭비가 적겠지만, double이나 __int64 같은 8바이트 크기의 자료형을 사용하는 순간 구조체 크기가 갑자기 커지게 될 것입니다.

구조체의 요소는 같은 크기끼리 모아 주는 것이 좋다

이 문제는 구조체로 자료형을 선언할 때 같은 크기의 요소들끼리 모아 주는 것만으로도 프로그램의 효율을 크게 높일 수 있습니다.

기존 구조체 - A	개선된 구조체 - B

``
struct Test
{
    char a;   /* 1바이트 */
    double b;   /* 8바이트 */
    short c;   /* 2바이트 */
    char d;   /* 1바이트 */
};
``
	``
	struct Test
	{
	    char a; /* 1바이트 */
	    char d; /* 1바이트 */
	    short c; /* 2바이트 */
	    double b; /* 8바이트 */
	};
	``

다음은 개선된 구조체(B)의 메모리 배치도입니다. 그림을 보면 구조체의 크기가 16바이트입니다. 단순히 구조체 요소의 순서만 변경했을 뿐인데 낭비되던 메모리가 12바이트에서 4바이트로 줄어들었습니다.

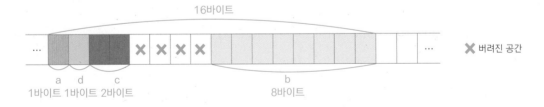

이처럼 작은 부분이라도 정확하게 개념을 이해해서 소스 코드를 구성하면 특별한 최적화 작업을 해주지 않아도 프로그램의 메모리 사용 효율을 높일 수 있습니다. 그리고 앞에서 설명한 것처럼 컴파일러 설정에 따라서 구조체로 선언한 자료형의 크기가 바뀔 수 있습니다. 따라서 동적 메모리 할당을 할 때 구조체의 크기를 직접 계산해서 사용하는 것보다 자료형의 크기를 계산해 주는 sizeof 연산자를 사용하는 것이 안전합니다.

```
struct Test *p1 = (struct Test *)malloc(16);   /* 설정에 따라 오류가 발생할 수 있음 */
```

⬇

```
struct Test *p2 = (struct Test *)malloc(sizeof(struct Test));   /* 권장하는 형태 */
```

1분 퀴즈 **18-1** 8바이트로 '구조체 멤버 정렬'이 설정되어 있을 때, 다음 구조체 선언을 어떻게 바꾸면 더 효율적일까요?

```
struct Test
{
    char a;
    double b;
    short c;
    char d;
    int e;
};
```

①	②	③
```struct Test { short c; char a; int e; double b; char d; };```	```struct Test { char d; double b; char a; int e; short c; };```	```struct Test { char a; char d; short c; int e; double b; };```

① struct Test
{
    short c;
    char a;
    int e;
    double b;
    char d;
};

② struct Test
{
    char d;
    double b;
    char a;
    int e;
    short c;
};

③ struct Test
{
    char a;
    char d;
    short c;
    int e;
    double b;
};

© 온점

18-5 구조체를 활용한 연결 리스트

‥‥‥

사용자에게 묻지 않고 프로그램이 알아서 동적 메모리 할당하기

동적 할당을 사용하면 데이터를 저장할 크기를 프로그램이 실행되는 중에 입력 받아 변경할 수 있습니다. 따라서 컴파일 시점에 메모리 크기를 결정하기 때문에 실행 중에 메모리 크기를 변경할 수 없는 정적 할당보다 장점이 많다고 설명했습니다. 하지만 동적 할당도 사용자에게 크기나 개수를 입력 받아 사용해야 하는 것은 마찬가지입니다. 예를 들어 여러 개의 숫자를 입력받아서 합산하는 '더하기 프로그램'을 만든다고 생각해 봅시다. 이 프로그램은 시작하면서 사용자에게 숫자를 몇 개 사용할 것인지 입력 받고, 그 개수만큼 동적으로 메모리를 할당합니다. 그러면 사용자 입장에서는 입력한 개수만큼만 더하기 작업을 할 수 있기 때문에 불편하겠죠.

사용자에게 가장 편한 방법은 몇 개의 숫자를 사용할 것인지 일일이 묻지 않고 사용자가 입력하는 대로 알아서 다 저장하고 합산해 주는 것입니다. 그렇다고 사용자가 전부 사용할 수도 없을 만큼 엄청나게 큰 메모리를 할당 받아 놓고 메모리 제한이 없는 것처럼 만드는 것은 좋지 않습니다. 사실 이 문제를 해결하는 방법은 많지만 구조체를 배웠으니 구조체를 활용해서 해결해 보겠습니다.

기존 방식에서 사용자에게 입력 받을 숫자의 개수를 묻는 이유는 할당된 주소를 저장할 포인터 변수를 1개만 사용하기 때문입니다. 즉 한 번의 메모리 동적 할당으로 저장할 공간을 만들기 때문이죠.

따라서 사용자에게 몇 개의 숫자를 사용할 것인지 묻지 않으려면 메모리를 한 번에 할당하지 않고 사용자가 숫자를 입력할 때마다 그 숫자를 저장하는 동적 메모리를 하나씩 늘려가는 방법을 사용하면 됩니다. 그런데 이 방법을 사용하려면 동적으로 할당된 메모리의 개수만큼 포인터가 있어야겠죠. 그러면 다음 그림 같은 형태가 될 것입니다.

위 그림대로라면 동적으로 할당된 메모리의 주소 값을 저장하기 위해 그 개수만큼 포인터가 있어야 한다는 뜻입니다. 그래서 사용자가 숫자를 입력할 때마다 숫자 1개와 포인터 1개가 늘어나도록 만들어야 합니다.

포인터가 늘어나면 '포인터1'과 '포인터2' 사이에도 서로 연결 고리가 있어야 연결이 유지되겠죠? 그런데 아래 그림을 보면 '포인터 1'은 사용자가 입력한 숫자를 저장한 메모리인 '숫자 1'을 가리켜야 하기 때문에 '포인터 2'를 가리킬 수가 없습니다. 포인터는 1개의 대상만 가리킬 수 있기 때문입니다.

이 문제는 '숫자 1'과 '포인터 2'를 각각 별개의 메모리로 할당하지 않고 하나의 메모리로 묶어서 동적으로 할당하면 간단하게 해결할 수 있습니다. 다음과 같이 '숫자 1'과 '포인터 2'를 하나의 동적 메모리에 할당하고 그 주소 값을 '포인터 1'에 저장하면 '포인터 1'은 '숫자 1'과 '포인터 2'를 모두 가리키게 되는 것입니다.

위의 상황에서 '포인터 2'는 아직 가리키는 대상이 없지만 새로운 숫자가 입력되면 그 숫자가 저장된 메모리의 주소를 가리킬 용도로 미리 만들어 놓은 것입니다. 따라서 '숫자 2'가 추가로 입력되면 다음 그림처럼 '숫자 2'와 또 그다음 숫자를 가리킬 '포인터 3'이 함께 사용하는 동적 메모리를 할당해서 그 시작 주소를 '포인터 2'에 저장합니다.

이렇게 되면 '포인터 2'를 사용해서 '숫자 2'와 '포인터 3'을 한 번에 사용할 수 있습니다.

결국 이런 방법을 사용하면 사용자가 숫자를 입력할 때마다 숫자와 포인터를 한 쌍으로 동적 할당하면서 계속 저장할 수 있습니다. 그리고 위의 그림을 보면 동적으로 할당된 메모리가 포인터로 연결되어 있습니다. 자료 구조에서는 이런 형식으로 자료를 관리하는 방법을 연결 리스트(Linked-list)라고 합니다.

> **! 알아두면 좋아요! 연결 리스트는 자주 쓰이는 자료 구조입니다.**
>
> 프로그램을 만들 때 데이터의 개수를 예상할 수 없어서 저장할 공간을 크게 확보했는데 데이터가 1~2개만 저장된다면 낭비가 심하겠죠. 그렇다고 메모리를 적게 확보하면 저장할 공간이 부족해서 소스 코드를 수정해야하는 문제가 생길 것입니다. 이런 문제를 해결할 수 있는 자료 구조가 바로 연결 리스트이며, 데이터를 저장할 때 데이터의 개수를 예상할 수 없고 그 범위가 너무 넓을 때 사용합니다. 프로그램에서 사용할 데이터 저장 공간을 낭비하지 않을 수 있는 것이죠.
> C 언어에서 이 자료 구조를 표현하기 위한 가장 적합한 문법이 바로 구조체입니다. 이후 내용을 꼼꼼히 읽어 보면서 구조체를 활용하는 방법을 익히고, 자주 쓰이는 자료 구조인 연결 리스트 사용 방법도 익혀 보세요.

연결 리스트의 노드를 구조체로 선언하기

이제 앞에서 개념적으로 설명한 연결 리스트를 C 언어에서 어떻게 구현할 수 있는지 단계별로 설명하겠습니다. 연결 리스트에서 숫자와 포인터를 함께 저장하기 위해 할당한 메모리를 노드(Node)라고 부릅니다. 다음 그림에서 초록색 선으로 둘러싸인 메모리가 노드입니다. 연결 리스트는 이 노드를 연결해서 데이터를 관리하기 때문에 노드에 해당하는 메모리를 어떻게 구성할지 먼저 결정해야 합니다.

앞의 예시처럼 숫자와 포인터의 그룹을 구조체로 만들어 보면 다음과 같습니다.

```
typedef struct node    /* 이 구조체를 연결 리스트에서 노드(Node)라고 함 */
{
    int number;             /* 숫자를 저장할 변수 */
    struct node *p_next;    /* 다음 노드를 가리킬 포인터 */
} NODE;
```

연결 리스트에 노드를 추가하며 이어가기

1단계: 연결 리스트의 시작 상태

연결 리스트는 이전 노드와 이후에 새로 추가되는 노드를 포인터로 연결하면서 확장되는 방식입니다. 하지만 모든 것을 노드만으로 해결할 수는 없습니다. 왜냐하면 동적으로 할당되는 첫 노드의 주소 값을 저장할 포인터가 필요하기 때문입니다. 그래서 연결 리스트의 시작점이 되는 포인터가 필요한데 이 포인터를 헤드 포인터(Head Pointer)라고 합니다.

헤드 포인터는 NODE 구조체인 첫 노드를 가리킬 것이기 때문에 다음과 같이 NODE * 형식으로 선언해야 합니다. 그리고 가리키는 노드가 없음을 명시하기 위해서 NULL을 초깃값으로 대입합니다.

ⓒ NULL은 '해당하는 메모리 주소가 없음' 이라는 의미로 사용합니다.

```
NODE *p_head = NULL;   /* 첫 노드를 가리킬 헤드 포인터를 선언하고 NULL을 초깃값으로 대입함.
                          첫 노드가 없음을 명시함 */
```

2단계: 숫자 12를 저장하기 위한 새 노드 추가

사용자가 12라는 숫자를 입력했다고 합시다. 이 값을 연결 리스트에 저장하기 위해 새로운 노드를 추가해야 합니다. 따라서 새로운 노드를 위한 메모리를 malloc 함수를 사용해 동적으로 할당합니다. 그리고 할당된 새 노드의 주소 값은 p_head 포인터에 저장하여 헤드 포인터가 첫 노드를 가리킬 수 있도록 설정합니다. 마지막으로 새로 할당된 노드의 number(p_head->number)에 입력된 숫자 12를 저장하고 p_next(p_head->p_next) 포인터에는 그다음 노드가 없다는 뜻으로 NULL을 대입합니다.

```
p_head = (NODE *)malloc(sizeof(NODE));   /* 새 노드를 위한 메모리를 할당하고 주소 값을 헤드 포인터에 저장함 */
p_head->number = 12;                     /* 노드의 number에 값 12를 저장함 */
p_head->p_next = NULL;                   /* 다음 노드가 없음을 명시함 */
```

이렇게 되면 다음 그림처럼 연결 리스트가 구성될 것입니다.

새로운 노드가 힙 메모리의 100번지에 할당되었다고 가정하면 p_head는 새 노드를 가리켜야하기 때문에 100번지가 저장될 것입니다. 그리고 노드 메모리의 시작 위치에 number가 있기 때문에 첫 노드에 포함된 number의 주소 값은 100이고 number 요소의 크기가 4바이트이기 때문에 p_next의 주소 값은 104가 됩니다.

3단계: 숫자 15를 저장하기 위한 새 노드 추가

사용자가 15라는 숫자를 추가로 입력했다고 합시다. 그러면 이 값을 연결 리스트에 저장하기 위해서는 새로운 노드를 한 번 더 추가해야 합니다. 하지만 2단계와 달리 새로 추가되는 노드는 두 번째 노드이기 때문에 할당된 주소를 p_head 포인터에 저장하면 안 되고 첫 노드의 p_next 포인터에 저장해야 합니다.

첫 노드의 주소 값은 p_head 포인터에 저장되어 있기 때문에 첫 노드의 p_next를 사용하려면 'p_head->p_next'라고 사용하면 됩니다. 그리고 새로 할당된 노드의 number(p_head->p_next->number)에 입력된 숫자 15를 저장하고 p_next 포인터(p_head->p_next->p_next)에는 그다음 노드가 없다는 뜻으로 NULL을 대입합니다.

```
p_head->p_next = (NODE *)malloc(sizeof(NODE));   /* 노드를 위한 메모리를 할당함 */
p_head->p_next->number = 15;                     /* 노드의 number에 15를 저장함 */
p_head->p_next->p_next = NULL;                    /* 다음 노드가 없음을 명시함 */
```

이렇게 되면 다음 그림처럼 연결 리스트가 구성될 것입니다. 새로운 노드가 힙 메모리의 108번지에 할당되었다고 가정하면 첫 번째 노드의 p_next에는 주소 값 108이 저장될 것입니다. 그리고 노드의 시작 위치에 number가 있기 때문에 두 번째 노드에 포함된 number의 주소 값은 108이고 number 요소의 크기가 4바이트이기 때문에 p_next의 주소 값은 112가 됩니다.

100번지에 메모리 할당됨   108번지에 메모리 할당됨

반복문으로 연결 리스트에서 마지막 노드 탐색하기

지금 설명하고 있는 연결 리스트에 노드를 새로 추가하면 기존에 구성된 노드 목록에서 가장 뒤쪽에 추가될 것입니다. 그래서 첫 노드의 주소 값은 p_head에 저장했지만 그다음 노드의 주소 값은 p_head->p_next에 저장하고 그다음 노드의 주소 값은 p_head->p_next->p_next에 저장하겠죠. 이렇게 노드를 5개 추가하고 여섯 번째 노드를 추가하려면 여섯 번째 노드의 주소 값은 다섯 번째 노드의 p_next에 저장해야 합니다. 따라서 다음과 같이 코드를 구성하면 됩니다.

```
p_head->p_next->p_next->p_next->p_next->p_next = (NODE *)malloc(sizeof(NODE));
```

그런데 위와 같이 코드를 적는 것은 좀 문제가 있겠죠? 만약 연결 리스트에 노드가 100개가 추가되었고 101번째 노드를 추가해야 한다면 p_next->를 무려 100번이나 적어야 하니까요. 상상만 해도 끔찍한 일입니다.

다행히 이 문제는 간단하게 해결할 수 있습니다. 위 예시를 보면 p_next-> 작업이 일정하게 반복되죠? 따라서 이 문제는 반복문을 사용하여 해결할 수 있습니다. 이 반복문의 시작 값은 헤드 포인터인 p_head 변수에 저장된 주소 값이고, p_next에 저장된 값이 NULL이 되면 반복문을 끝내면 됩니다. 왜냐하면 마지막 노드의 p_next에 NULL이 저장되어 있고 새로운 노드가 추가된다면 NULL이 들어 있던 p_next에 주소 값이 저장될 것이기 때문입니다.

이 반복문을 코드로 구성해 보겠습니다.

```
/* 반복은 p_head에 저장된 주소 값에서 시작함. p_head는 첫 노드의 주소 값을 저장함 */
NODE *p = p_head;
/* p_next가 NULL일 때까지 반복함. p_next 값이 NULL이면 마지막 노드라는 뜻임 */
while(NULL != p->p_next) {
    p = p->p_next;    /* p->p_next 값을 p에 대입하면 p는 다음 노드의 주소로 이동함 */
}
```

위의 예시에서 포인터 변수 p에 저장된 주소 값은 while문이 한 번 반복할 때마다 p가 가리키는 노드의 다음 노드의 주소로 이동합니다. 따라서 위의 코드처럼 작업하면 while 반복문을 끝냈을 때 포인터 변수 p에 연결 리스트 마지막 노드의 주소 값이 저장되어 있을 것입니다.

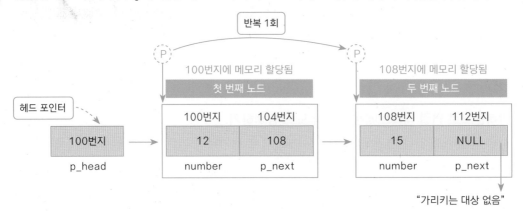

조건을 체크하여 연결 리스트에 새로운 노드 추가하기

연결 리스트에 노드가 하나도 없는 경우(p_head가 NULL인 경우)를 체크하지 않으면 문제가 발생할 수 있습니다. 따라서 p_head가 NULL인지 여부를 체크해서 처음 노드를 만드는 작업인지를 구별해야 합니다. 연결 리스트에 노드를 추가하는 작업은 이후에도 계속해서 반복적으로 일어나는 작업이기 때문에 이 작업을 함수로 만들어 보겠습니다.

다음에 정의한 AddNumber 함수는 연결 리스트에 새로운 노드를 추가하고 data 변수에 넘긴 숫자 값을 새로 추가된 노드의 number에 저장하도록 구성했습니다

> 기존 연결 리스트에 노드가 없는 경우 이 함수로 전달된 p_head 값을 수정해야 하므로 AddNumber를 호출할 때 p_head 포인터 변수의 주소 값을 넘겨줍니다. 따라서 1차원 포인터의 주소 값을 받아서 사용해야 하므로 2차원 포인터를 사용합니다.

```
void AddNumber(NODE **pp_head, int data)
{
    NODE *p;
    if(NULL != *pp_head){

        p = *pp_head;
        /* 마지막 노드를 찾기 위해서 p_next가 NULL일 때까지 반복함 */
        while(NULL != p->p_next) p = p->p_next;
        p->p_next = (NODE *)malloc(sizeof(NODE)); /* 새 노드를 위한 메모리를 할당함 */
        p = p->p_next;   /* 새로 만든 노드의 주소 값을 p에 넣음 */
    } else {
        /* p_head 값이 NULL이라서 첫 노드가 추가됨. p_head 값에 직접 대입함 */
```

> AddNumber 함수를 호출할 때 전달 받은 p_head 포인터에 저장된 주소 값을 의미합니다. 이 값이 NULL이면 기존 연결 리스트에 노드가 없다는 뜻입니다.

> pp_head를 사용해 값을 변경하면 p_head 값이 수정됩니다. p_head는 시작 노드를 기억하고 있어야 하므로 새로운 포인터에 p_head 주소 값을 받아 탐색을 진행합니다.

```
        *pp_head = (NODE *)malloc(sizeof(NODE)); /* 새 노드를 위한 메모리를 할당함 */
        p = *pp_head;    /* 새로 만든 노드의 주소 값을 p에 넣음 */
    }

    p->number = data; /* 새 노드의 number에 data 값을 저장함 */
    p->p_next = NULL; /* 다음 노드가 없음을 명시함 */
}
```

이렇게 AddNumber 함수를 만들었다면 이 연결 리스트에 새로운 노드를 추가하고 값 15를
저장하고 싶을 때 다음과 같이 코드를 구성하면 됩니다.

```
NODE *p_head = NULL;
AddNumber(&p_head, 15);
```

연결 리스트의 마지막 노드 기억하기

앞에서 정의한 AddNumber 함수의 단점은 노드가 추가될 때마다 마지막 노드를 찾기 위해
탐색을 해야 한다는 점입니다. 노드가 많아질수록 이 작업은 점점 더 느리게 수행될 것입니
다. 그래서 연결 리스트는 시작 노드의 주소 값을 기억하는 헤드 포인터처럼 마지막 노드의
주소 값을 기억하는 '테일 포인터'(Tail Pointer)를 하나 더 사용합니다. 그러면 새 요소가 추가
될 때 마지막 노드를 찾기 위해 일일이 탐색하지 않고 테일 포인터가 가리키는 노드에 바로 추
가할 수 있습니다.

AddNumber 함수에 테일 포인터 p_tail을 사용하도록 소스 코드를 수정해 보겠습니다.

> 기존 연결 리스트에 노드가 없는 경우 이 함수로 전달된 p_head와 p_tail 값을 수정해야 하
> 므로 AddNumber를 호출할 때 p_head, p_tail 포인터 변수의 주소 값을 넘겨줍니다. 따라
> 서 1차원 포인터의 주소 값을 받아서 사용해야 하므로 두 개의 2차원 포인터를 사용합니다.

```
void AddNumber(NODE **pp_head, NODE **pp_tail, int data)
{
    if(NULL != *pp_head) {
        (*pp_tail)->p_next = (NODE *)malloc(sizeof(NODE)); /* 새 노드의 메모리를 할당함 */
        *pp_tail = (*pp_tail)->p_next;  /* p_tail(*pp_tail)에 새 노드의 주소 값을 저장함 */
    } else {
```

> *pp_tail이라고 사용하면 AddNumber를 호출할 때 사용한 p_tail 포인
> 터에 저장된 주소 값을 의미합니다. 이 값은 마지막 노드의 주소입니다.

```
                /* p_head 값이 NULL이라서 첫 노드가 추가됨. p_head에 직접 대입함 */
        *pp_head = (NODE *)malloc(sizeof(NODE));  /* 새 노드의 메모리를 할당함 */
        *pp_tail = *pp_head;    /* 새 노드의 주소 값을 p_tail(*pp_tail)에 저장함 */
    }


    (*pp_tail)->number = data;        /* 새 노드의 number에 data 값을 저장함 */
    (*pp_tail)->p_next = NULL;        /* 다음 노드가 없음을 명시함 */
}
```

위의 코드처럼 연결 리스트의 마지막 노드를 기억하는 테일 포인터를 사용하도록 변경하면
다음 그림처럼 테일 포인터가 항상 마지막 노드를 가리키게 됩니다.

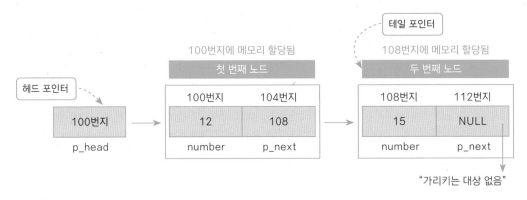

따라서 새로 추가한 노드(마지막 노드)의 주소 값을 p_tail 포인터가 기억하므로 노드가 추가될
때마다 마지막 노드를 찾기 위해 탐색할 필요가 없습니다. 즉 앞에서 구성한 AddNumber 함
수에서는 마지막 노드를 찾기 위해 다음 반복문이 필요했지만 테일 포인터를 사용하도록 만든
AddNumber 함수에서는 이 반복문이 사라졌습니다. 그래서 프로그램이 훨씬 효율적입니다.

```
while(NULL != p->p_next) p = p->p_next;   /* 마지막 노드를 탐색하는 반복문이 필요하지 않음 */
```

연결 리스트의 전체 노드 제거하기

이렇게 동적으로 할당된 노드들은 free 함수를 호출하여 메모리를 해제할 때까지 유지됩니
다. 따라서 프로그램이 끝날 때 동적으로 할당된 노드를 모두 제거하는 작업을 추가해야 합니
다. 이 작업은 연결 리스트를 구성하는 노드를 탐색하면서 하나씩 노드를 제거해야 하므로 앞
에서 설명한 마지막 노드를 찾는 작업과 비슷합니다. 즉 첫 노드부터 마지막 노드까지 반복하

면서 노드의 주소 값을 저장하기 위해 할당된 메모리를 하나씩 해제하면 됩니다.

그런데 이 작업을 너무 단순하게 생각해서 코드를 다음과 같이 구성하면 문제가 생기므로 주의해야 합니다.

```
NODE *p = p_head;
/* 시작 노드부터 마지막 노드까지 이동하도록 반복문을 구성함 */
while(NULL != p){
    free(p);                 /* 포인터 변수 p가 가리키는 노드를 삭제함 */
    p = p->p_next;           /* 오류 발생: 다음 노드로 이동할 수 없음 */
}
```

앞의 코드는 포인터 변수 p를 사용해서 연결 리스트를 구성하는 첫 노드부터 마지막 노드까지 찾는 작업은 잘 구성했습니다. 하지만 free 함수를 호출한 시점에 문제가 있습니다. 왜냐하면 free(p);를 수행하면 포인터 변수 p가 가리키고 있던 메모리가 해제되는데 이 해제된 메모리에 다음 노드의 주소 값을 기억하고 있던 p_next도 포함되어 있기 때문입니다. 즉 이미 해제된 메모리를 사용하려고 해서 오류가 발생한 것입니다.

1. while 반복문 수행 전 상황

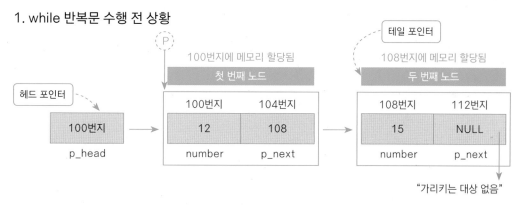

2. free(p);가 수행됨. 포인터 변수 p가 가리키는 대상이 메모리에서 해제됨

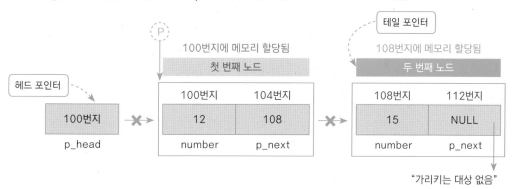

3. p = p->p_next;가 수행됨

포인터 p가 가리키던 대상 메모리가 해제되었기 때문에 108번지가 들어 있던 p_next를 사용할 수 없습니다. 이미 해제된 메모리를 사용하려니까 오류가 발생합니다.

이 문제를 해결하려면 p가 가리키는 대상 메모리를 해제하기 전에 p->p_next에 저장된 주소 값을 다른 포인터 변수로 옮겨 놓고 해제하면 됩니다.

```
NODE *p = p_head, *p_save_next;
/* 시작 노드부터 마지막 노드까지 이동하도록 반복문을 구성함 */
while(NULL != p){
    p_save_next = p->p_next;  /* p->p_next 값을 다른 포인터 변수에 보관함 */
    free(p);  /* 포인터 변수 p가 가리키는 노드를 삭제함 */
    p = p_save_next;  /* 다음 노드로 옮김 */
}   while문이 끝났다는 것은 연결 리스트의 모든 노드가 제거되었다는 뜻입니다.

p_head = p_tail = NULL;      /* 연결 리스트의 시작과 끝이 모두 없음을 명시함 */
```

{🖉} **김성엽의 프로그래밍 노트** 헤드 포인터로 연결 리스트의 전체 노드를 제거할 수 있어요!

포인터를 두 개(p, p_save_next)나 추가로 선언해서 사용하는 것이 마음에 들지 않는다면 연결 리스트 구성을 위해 사용하고 있던 헤드 포인터를 활용해도 됩니다. 위의 예시 코드에서 p의 역할을 p_head 포인터가 대신하고 p_save_next의 역할을 p가 대신하도록 만드는 것입니다.

```
NODE *p;
/* 시작 노드부터 마지막 노드까지 이동하도록 반복문을 구성함 */
while(NULL != p_head){
    p = p_head->p_next;        /* p_head->p_next 값을 포인터 변수 p에 보관함 */
    free(p_head);              /* 포인터 변수 p_head가 가리키는 노드를 삭제함 */
    p_head = p;                /* 다음 노드로 옮김 */
}
p_tail = p_head;  /* 반복문을 빠져나오면 p_head 값은 NULL이므로 p_tail 값도 NULL로 변경함 */
```

위에서 사용한 두 예시는 차이가 별로 없기 때문에 어떤 것을 사용하든 괜찮습니다. 이미 사용하고 있던 변수들을 재활용하면 코드를 좀 더 단순하게 만들 수 있습니다.

연결 리스트로 더하기 프로그램 만들기

여러 개의 숫자를 입력 받아서 합산하는 프로그램(16-5에서 작성)에 연결 리스트를 추가하여 소스 코드를 수정해 보겠습니다. 이렇게 작업하면 사용자에게 몇 개의 숫자를 사용할 것인지 묻지 않고 바로 사용자가 입력한 숫자들을 합산해서 출력할 수 있습니다.

사용자에게 숫자를 입력 받아 합산해 출력하기 · 완성 파일 18_05_01.c

```
001: #include <stdio.h>
002: #include <malloc.h>    /* malloc, free 함수를 사용하기 위해 추가함 */
003:
004: typedef struct node
005: {
006:     int number;            /* 정수 값을 저장할 변수 */
007:     struct node *p_next;   /* 다음 노드를 가리킬 포인터 */
008: } NODE;
009:
010:
011: void AddNumber(NODE **pp_head, NODE **pp_tail, int data)
012: {
013:
014:     if(NULL != *pp_head) {
015:
016:
017:         (*pp_tail)->p_next = (NODE *)malloc(sizeof(NODE)); /* 새 노드를 할당함 */
018:         *pp_tail = (*pp_tail)->p_next;   /* p_tail(*pp_tail)에 새 노드의 주소 값을 저장함 */
019:     } else {
020:         /* p_head 값이 NULL이라서 첫 노드가 추가됨. p_head 값에 직접 대입함 */
021:         *pp_head = (NODE *)malloc(sizeof(NODE)); /* 새 노드를 할당함 */
022:         *pp_tail = *pp_head;  /* 새 노드의 주소 값을 p_tail(*pp_tail)에 저장함 */
023:     }
024:     (*pp_tail)->number = data;       /* 새 노드의 number에 data 값을 저장함 */
025:     (*pp_tail)->p_next = NULL;     /* 다음 노드가 없음을 명시함 */
026: }
027:
028: void main()
029: {
030:     /* 노드의 시작과 끝을 기억할 포인터 */
031:     NODE *p_head = NULL, *p_tail = NULL, *p;
032:     int sum = 0, temp;
033:
034:     while(1) {  /* 무한 루프: 중간에 9999를 누르면 종료함 */
```

> 기존 연결 리스트에 노드가 없는 경우 이 함수로 전달된 p_head와 p_tail 값을 수정해야 하므로 AddNumber를 호출할 때 p_head, p_tail 포인터 변수의 주소 값을 넘겨줍니다. 따라서 1차원 포인터의 주소 값을 받아서 사용해야 하므로 두 개의 2차원 포인터를 사용합니다.

> AddNumber 함수를 호출할 때 전달 받은 p_head 포인터에 저장된 주소 값을 의미합니다. 이 값이 NULL이면 기존 연결 리스트에 노드가 없다는 뜻입니다.

> *pp_tail이라고 사용하면 AddNumber를 호출할 때 사용한 p_tail 포인터에 저장된 주소 값을 의미합니다. 이 값은 마지막 노드의 주소입니다.

```
035:            printf("숫자를 입력하세요 (9999를 누르면 종료) : ");
036:            scanf("%d", &temp);
037:            if(9999 == temp) break;      /* 9999를 누르면 입력을 중단함 */
038:            /* 노드의 시작과 끝을 기억하는 포인터의 주소 값과 입력된 숫자를 전달함 */
039:            AddNumber(&p_head, &p_tail, temp);
040:        }
041:
042:        p = p_head;
043:        while(NULL != p){
044:            if(p != p_head) printf(" + ");     /* 숫자와 숫자 사이에 +를 출력함 */
045:            printf(" %d ", p->number);          /* 입력한 숫자를 출력함 */
046:            sum = sum + p->number;              /* 입력한 숫자들을 합산함 */
047:            p = p->p_next;                      /* 다음 노드로 이동함 */
048:        }
049:        printf(" = %d\n", sum);      /* 합산 값을 출력함 */
050:
051:
052:        while(NULL != p_head){      /* p_head 값이 NULL이 될 때까지 반복함 */
053:            p = p_head;      /* 현재 노드를 삭제하기 위해 p 변수에 노드 주소 값을 저장함 */
054:            p_head = p_head->p_next;      /* 시작 위치를 다음 노드로 옮김 */
055:            free(p);                      /* 기억했던 주소를 사용하여 노드를 삭제함 */
056:        }
057:        p_tail = p_head;  /* 반복문을 나오면 p_head 값은 NULL. p_tail 값도 NULL로 변경함 */
058:    }
```

입력된 숫자를 출력하기 위해서 노드를 탐색할 포인터에 시작 노드의 주소 값을 대입합니다. p_head를 직접 사용하면 시작 노드의 위치를 잃어 버립니다.

사용한 모든 노드를 삭제합니다. p_head 값을 NULL로 만들 것이므로 탐색에 p_head를 그대로 사용합니다.

:: 결과 화면

```
C:\WINDOWS\system32\cmd.exe        —    □    ×
숫자를 입력하세요 (9999를 누르면 종료) : 2
숫자를 입력하세요 (9999를 누르면 종료) : 7
숫자를 입력하세요 (9999를 누르면 종료) : 5
숫자를 입력하세요 (9999를 누르면 종료) : 9999
 2 + 7 + 5 = 14
계속하려면 아무 키나 누르십시오 . . .
```

Q1 다음 코드에서 포인터 변수 p를 typedef를 사용하지 않고 선언해 보세요.

```
typedef int MY_DATA[5];
MY_DATA *p;
```

➡ `int                        ;`

Q2 다음 구조체와 typedef 선언을 하나로 합쳐서 선언해 보세요.

```
struct People
{
    char name[12];
    unsigned short int age;
    float height;
    float weight;
};
typedef struct People Person;
```

➡

```
typedef
{
    char name[12];
    unsigned short int age;
    float height;
    float weight;
}                    ;
```

Q3 8바이트 구조체 멤버 정렬 기준이 설정된 Test 구조체를 오른쪽 위 코드와 같이 사용하면 오류가 발생할 수 있습니다. 오류를 방지하려면 이 구조체를 어떻게 사용하는 것이 좋을까요?

```
struct Test
{
    char a;
    char d;
    short c;
    double b;
};
```

```
struct Test *p1 = (struct Test *)malloc(16);
```

⬇

```
struct Test *p2 = (                    )malloc(              );
```

활용

Q4 연결 리스트를 사용하여 성적 처리 프로그램 만들기

다음과 같이 동작하는 성적 처리 프로그램을 만들어 보세요. 이 프로그램은 연결 리스트의 개념을 사용하기 때문에 학생 수에 제한이 없어야 합니다.

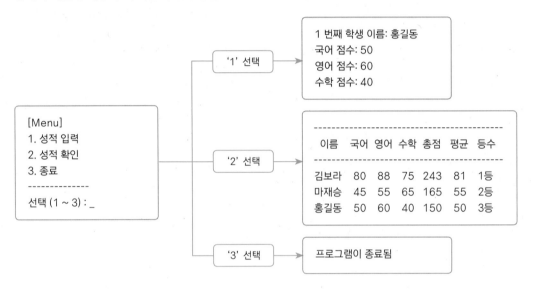

힌트 1 '1'을 선택했을 때 점수를 다 입력하면 Menu 화면으로 돌아갑니다.

힌트 2 '2'를 선택했을 때 출력이 끝나면 Menu 화면으로 돌아갑니다.

힌트 3 구조체와 연결 리스트 개념을 사용하세요.

힌트 4 정보를 입력할 때는 scanf 함수를 사용하고 정보를 출력할 때는 printf 함수를 사용하면 됩니다.

18장 풀이
567쪽

파일 입출력

여러분이 문서 작성 프로그램을 사용해서 아주 긴 문서를 작성했다고 가정해 봅시다. 그런데 이 프로그램에서 작성한 내용을 파일에 저장하는 기능이 없다면 정말 당황스럽겠죠. 프로그램마다 차이는 있지만 대부분의 프로그램은 사용자가 입력한 데이터를 계속 유지하기 위해 파일에 정보를 저장하는 기능을 제공합니다. 이 장에서는 프로그램에서 사용하던 데이터를 어떻게 파일에 저장하는지, 그리고 저장된 파일에서 데이터를 어떻게 읽어 오는지에 대해 배웁니다.

19-1 표준 입출력 라이브러리
19-2 텍스트 파일과 바이너리 파일
19-3 파일 열기와 닫기
19-4 텍스트 파일에 데이터 읽고 쓰기
19-5 바이너리 파일에 데이터 읽고 쓰기

C 언어로 만든 프로그램에서 파일의 입력과 출력을 다루는 방법은?

19-1 표준 입출력 라이브러리

표준 입출력 라이브러리란?

컴퓨터의 주기억 장치인 램(RAM, Random Access Memory)은 컴퓨터의 전원이 켜져 있을 때만 데이터를 유지할 수 있습니다. 그런데 컴퓨터를 365일 계속 켜 놓을 수는 없기 때문에 전원이 꺼져도 데이터를 유지할 수 있는 보조기억 장치(디스크, HDD, SSD)가 필요합니다. 많은 프로그램이 사용자가 입력한 데이터를 보관하기 위해 보조기억 장치에 데이터를 저장하고 있습니다. 하지만 보조기억 장치의 종류가 너무 다양하기 때문에 프로그래머가 일일이 보조기억 장치의 특성을 파악해서 프로그래밍한다는 것은 불가능합니다. 그래서 운영체제는 보조기억 장치의 종류에 상관없이 같은 함수로 데이터를 저장할 수 있도록 파일 입출력 라이브러리를 제공하고 있습니다.

그런데 파일 입출력 라이브러리도 운영체제에 따라 조금씩 차이가 있습니다. 운영체제별로 제공하는 입출력 함수는 이름뿐만 아니라 사용법도 다릅니다. 그래서 윈도우 환경에서 파일 입출력 프로그래밍을 하다가 리눅스 환경에서 작업하게 되면 파일 입출력을 다시 공부해야 할 정도로 운영체제에 따라 차이가 있습니다. 이런 문제를 해결하기 위해 C 언어는 '표준 입출력 라이브러리'(Standard I/O Library)를 제공합니다. 이 라이브러리를 사용하면 보조기억 장치에 파일 단위로 데이터를 저장하거나 읽을 수 있습니다. 그리고 많은 운영체제에서 이 라이브러리를 제공하기 때문에 호환성이 높습니다. 따라서 이 방식으로 파일 입출력을 배우게 되면 운영체제에 상관없이 같은 이름의 함수로 보조기억 장치를 사용하는 프로그램을 개발할 수 있습니다.

표준 입출력 라이브러리는 데이터의 형식에 따라 다른 함수를 제공합니다. 프로그램이 사용하는 데이터 형식은 '텍스트(문자열)'와 '바이너리(이진)'로 나누어지는데, 자신이 다루는 데이터가 텍스트 형식이면 텍스트 관련 함수를 사용해야 하고 바이너리 형식이면 바이너리 관련 함수를 사용해야 합니다. 그래서 자신이 사용할 데이터가 어떤 형식의 데이터인지 구별할 줄 알아야 합니다.

19-2 텍스트 파일과 바이너리 파일

바이너리 속성과 문자열 속성

프로그램이 사용하는 데이터 속성은 크게 두 가지로 나눌 수 있습니다. 데이터에 다른 의미를 부여하지 않고 숫자 그 자체로 보는 바이너리(Binary) 속성과 숫자를 아스키(ASCII) 값으로 변환해서 사용하는 문자열(String, Text) 속성입니다. 예를 들어 97이라는 데이터를 단순히 숫자 97이 들어 있는 1바이트 크기의 정보라고 처리하는 것이 바이너리 속성이고, 아스키 값 'a'로 처리하는 것이 문자열 속성입니다.

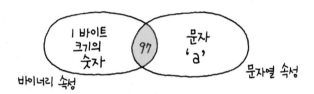

데이터를 이해하는 기준에 따라 97을 처리하는 방법이나 결과 값이 달라집니다.

결국 위의 그림처럼 데이터는 같은데 그 데이터를 이해하는 기준이 서로 다르기 때문에 이 두 속성은 처리 방법이나 처리 결과에 차이가 생깁니다.

이 차이점을 설명하기 위해 좀 더 구체적인 예를 들어 보겠습니다. 다음과 같이 배열로 선언한 크기가 8바이트인 temp 변수가 있습니다. 그리고 temp 변수에는 "abc" 문자열이 저장되어 있습니다.

```
/* 마지막 ,(쉼표) 이후의 값은 모두 NULL 문자를 의미하는 아스키 값 0으로 초기화됨 */
char temp[8] = {'a', 'b', 'c', 0, };
```

먼저 바이너리 속성   *"데이터 속성에 따라 데이터를 이해하고 사용하는 기준이 다르다."*
을 기준으로 하면
temp 변수를 8바이트 크기 데이터로 생각하고 그 데이터에는 8개의 아스키 값 97, 98, 99, 0, 0, 0, 0, 0이 들어 있다고 생각합니다. 반면에 문자열 속성은 temp 변수 크기에 별로 의미를 두지 않습니다. 그 대신 temp 변수에 저장된 값을 아스키 값으로 생각하고 temp 변수에 저장된 값에서 NULL 문자인 0(EOL, End Of Line)이 나올 때까지 찾습니다. 즉 문자열 속성을 기준으로 할 때는 temp 변수의 네 번째 요소에서 0을 찾으면 데이터 크기가 3바이트이고 데이터 내용은 "abc"라고 생각합니다.

바이너리 속성을 기준으로 하면 컴파일러는 데이터 크기를 8바이트로 인식

문자열 속성을 기준으로 하면 컴파일러는 데이터 크기를 3바이트로 인식

두 속성의 차이점 살펴보기

앞에서 설명한 것처럼 데이터 속성에 따라 사용하는 기준이 다르기 때문에 코드를 작성할 때 각 속성별로 사용하는 함수가 다를 수밖에 없습니다.

변수에 저장된 데이터의 크기를 구할 때의 차이점

예를 들어 temp 변수에 저장된 데이터의 크기를 구하는 경우에 바이너리 속성은 메모리의 크기를 구해야 변수의 크기를 구할 수 있기 때문에 sizeof 연산자를 사용합니다.

```
int data_size = sizeof(temp);    /* 변수 크기를 구함. data_size에는 값 8이 저장됨 */
```

반면에 문자열 속성은 temp 변수에 저장된 문자열의 길이를 구하면 변수의 크기를 구할 수 있기 때문에 string.h에서 제공하는 strlen 함수를 사용하여 문자열 길이를 구합니다.

```
int data_size = strlen(temp);    /* 문자열 길이를 구함. data_size에는 값 3이 저장됨 */
```

변수에 저장된 값을 다른 변수에 복사할 때의 차이점

바이너리 속성과 문자열 속성은 temp 변수에 저장된 데이터를 다른 변수에 복사할 때도 서로 다른 함수를 사용합니다.

바이너리 모드는 변수에 들어 있는 값을 그대로 복사하는 개념을 사용하기 때문에 temp 변수의 값을 dest 변수로 복사하려면 memcpy 함수를 사용합니다.

◎ 바이너리 속성은 mem으로 시작하는 함수를 사용합니다.

```
char temp[8] = {'a', 'b', 'c', 0,};
char dest[8];
memcpy(dest, temp, sizeof(temp)); /* temp에서 dest로 8바이트 크기만큼 메모리를 복사함 */
```

반면에 문자열 속성은 temp 변수에 저장되어 있는 문자열만 복사하면 되기 때문에 strcpy 함수를 사용합니다.

◎ 문자열 속성은 str로 시작하는 함수를 사용합니다.

```
char temp[8] = {'a', 'b', 'c', 0,};
char dest[8];
strcpy(dest, temp);   /* temp에서 dest로 4바이트 크기(NULL 문자 0까지 포함)만큼 복사합니다. */
```

> 문자열을 복사할 때는 temp에 NULL 문자 0이 나올 때까지 복사하므로 strcpy 함수를 호출할 때 복사할 길이를 적지 않습니다.

memcpy와 strcpy 함수를 비교해 보면 strcpy가 더 간단하고 메모리를 복사하는 양도 적습니다. 그래서 프로그램 효율이 더 좋다고 오해하는 경우가 있습니다. 하지만 memcpy는 특별한 체크나 데이터 가공 없이 메모리를 그대로 복사하는 함수이고 strcpy는 내부적으로 문자를 하나 복사할 때마다 문자열이 끝이 났는지 제대로 된 문자인지를 계속 체크하면서 복사하는 함수입니다. 따라서 memcpy 함수가 strcpy 함수보다 더 빠르게 동작할 수밖에 없습니다.

결론적으로 어떤 속성을 사용할지를 결정하면 그에 맞는 함수를 사용해서 프로그래밍해야 원하는 결과를 얻을 수 있습니다. 그리고 어떤 속성을 사용하든지 데이터 자체가 변경되는 것이 아니라 데이터를 해석하는 개념이 달라지기 때문에 프로그램 개발 상황에 맞게 잘 판단해서 사용하면 됩니다.

바이너리 파일과 텍스트 파일

바이너리 속성 개념이 적용된 파일을 바이너리(Binary) 파일이라고 하며, 문자열 속성이 적용된 파일을 텍스트(Text) 파일이라고 합니다. 보통 이미지 파일, 음악 파일, 동영상 파일, 실행파일은 바이너리 파일로 구성되고 간단한 문서 파일이나 프로그램에서 사용하는 소스 파일은 텍스트 파일로 구성됩니다.

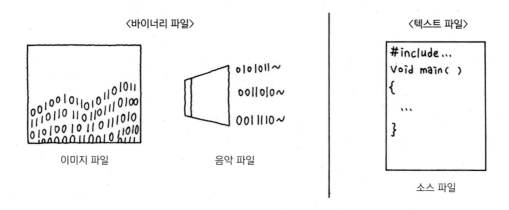

〈바이너리 파일〉

이미지 파일　　　　음악 파일

〈텍스트 파일〉

소스 파일

대부분의 프로그램이 바이너리 파일을 더 많이 사용하고 있습니다. 그 이유는 텍스트 파일보다 저장 방식이나 처리 효율이 더 좋기 때문입니다. 그런데도 텍스트 파일이 공존하는 이유는 무엇일까요? 바이너리 파일은 해당 파일을 사용할 수 있는 프로그램이 설치되어 있어야 제대로 사용할 수 있기 때문입니다. 예를 들어 이미지 파일이 있는데 이미지를 볼 수 있는 프로그램이 컴퓨터에 설치되어 있지 않다면 어떤 이미지인지 파일에 저장된 0과 1로 되어 있는 숫자만 보고는 알 수 없습니다. 만약 이미지를 볼 수 있는 프로그램이 설치되어 있어도 새로 받은 이미지 파일의 형식이 기존 프로그램과 맞지 않는다면 해당 형식에 맞는 프로그램을 추가로 설치해야 합니다.

하지만 소스 파일과 같이 텍스트로 되어 있는 파일은 아스키라는 표준으로 파일이 이루어져 있기 때문에 시스템에 특별한 프로그램이 설치되어 있지 않아도 텍스트 파일에 적힌 문자열을 확인할 수 있습니다.

19-3 파일 열기와 닫기

파일 입출력 함수의 도우미! FILE 구조체

이제 본격적으로 표준 입출력 라이브러리를 사용하여 파일에 데이터를 저장하거나 읽는 방법에 대해 설명하겠습니다.

표준 입출력 라이브러리는 'FILE 구조체'로 포인터 변수를 선언하고 파일 입출력 함수를 호출할 때마다 이 변수를 넘겨주도록 만들어져 있습니다. FILE 구조체는 사용하려는 디스크 (DISK)상의 파일이 어떤 상태로 사용 중인지에 대한 정보를 담고 있으며, 파일을 좀 더 편하게 사용할 수 있도록 도와줍니다.

```
FILE *p_file;
/* 파일 열기 생략함 */
fseek(p_file, 0, SEEK_SET);
```

😊 FILE 구조체의 기본형은 'FILE *변수 이름' 형태입니다. 이렇게 'FILE 구조체로 선언한 포인터 변수'를 줄여서 '파일 포인터'라고 부르겠습니다.

위와 같은 방법으로 fseek 함수를 호출하면, 프로그램에서 파일을 사용하며 기억해야 할 내부 상태 값을 p_file 파일 포인터에 저장합니다. 즉 프로그래머가 파일 처리에 관련된 내부 정보를 몰라도 파일 포인터만 넘겨주면 파일 입출력 함수가 알아서 처리하도록 만들어져 있습니다.

😊 fseek 함수에 대한 자세한 내용은 522쪽에서 설명합니다.

{✎} **김성엽의 프로그래밍 노트**　**FILE 구조체의 내부는 어떤 모습인가요?**

FILE 구조체는 stdio.h 파일에 오른쪽과 같이 선언되어 있습니다. 사실 FILE 구조체를 사용하지 않더라도 C 언어의 표준 입출력 라이브러리에서 제공하는 파일 입출력 함수들을 사용하면 구조체의 요소들을 직접 관리할 수 있습니다. 하지만 FILE 구조체를 사용하는 표준 입출력 함수가 주기억 장치 (램)에 비해 속도가 느린 보조기억 장치(하드디스크)의 단점을 보완하기 때문에 초보 프로그래머들이 사용하기에 좋습니다. 그리고 이런 기술은 표준 입출력 함수의 내부에서 이루어지는 것이라서 이 함수들이 사용하는 FILE 구조체의 요소들을 모두 이해할 필요는 없습니다.

```
struct _iobuf {
    char *_ptr;
    int  _cnt;
    char *_base;
    int  _flag;
    int  _file;
    int  _charbuf;
    int  _bufsiz;
    char *_tmpfname;
};
typedef struct _iobuf FILE;
```

파일 열기: fopen 함수

파일 열기를 할 때는 사용할 '파일 이름'과 '파일을 어떤 형식으로 사용할 것인지'를 먼저 결정하고 fopen 함수를 사용하면 됩니다. fopen 함수는 이 두 가지 정보를 문자열 형식의 매개변수로 받아서 처리합니다.

> 함수 원형: FILE *fopen(const char *filename, const char *mode);
> 함수 사용 형식: fopen(*사용할 파일 이름, 파일 사용 형식*)

파일을 성공적으로 열면 FILE * 형식의 메모리 주소 값을 반환합니다. 만약 파일이 존재하지 않거나 파일 형식을 잘못 사용해서 파일 열기에 실패하면 NULL 값을 반환합니다.

```
FILE *p_file = fopen("tipssoft.dat", "r");
if(NULL != p_file){
    /* 파일 열기에 성공한 경우 */
} else {
    /* 파일 열기에 실패한 경우 */
}
```

프로그램 작업 경로에 해당 파일이 있는 경우에 읽기 모드(r)로 tipssoft.dat 파일을 엽니다.

fopen 함수에 사용할 파일 이름은 문자열로 지정해야 하며 시스템은 프로그램의 작업 경로 (Working Directory, 파일이 실행된 경로)에서 해당 파일을 찾게 됩니다. 예를 들어 c:\temp 경로에서 exam.exe 파일을 실행했다면 exam 프로그램의 작업 경로는 c:\temp입니다. 그리고 이 작업 경로에서 fopen 함수에 사용한 tipssoft.dat 파일을 찾게 됩니다. 즉 c:\temp\tipssoft.dat 경로에서 파일을 찾습니다.

그런데 만약 사용할 파일이 현재 작업 경로에 없다면 파일 이름을 표기할 때 경로까지 같이 표기해 주면 됩니다. 현재 작업 경로가 c:\temp인데 자신이 사용할 tips.dat 파일이 c:\tipssoft 경로에 있다면 "c:\\tipssoft\\tips.dat"라고 표기하면 됩니다.

> ☺ 문자열에 \를 사용하면 다음에 오는 문자를 제어 문자로 사용하겠다는 뜻입니다. 따라서 \를 디렉터리 의미로 사용하려면 \를 연속해서 두 번 적어야 합니다.

```
FILE *p_file = fopen("c:\\tipssoft\\tips.dat", "r");
if(NULL != p_file){
    /* 파일 열기에 성공한 경우 */
} else {
    /* 파일 열기에 실패한 경우 */
}
```

프로그램 작업 경로에 해당 파일이 없는 경우에 절대 경로를 사용하여 읽기 모드로 tips.dat 파일을 엽니다.

파일 사용 형식 알아보기

파일 사용 형식이란 파일을 어떻게 사용할 것인지 지정하는 형식을 말합니다. 즉 '파일 읽기'를 할 것인지, '파일 쓰기'를 할 것인지를 정하는 것이죠. 파일 사용 형식은 fopen 함수의 두 번째 매개변수인 문자열 형식으로 지정합니다.

> **⚠ 알아두면 좋아요!** **파일 입출력은 반드시 정해진 형식을 지켜야 합니다.**
>
> 파일을 어떤 형식으로 사용할 것인지를 결정하는 작업은 표준 입출력 라이브러리가 정한 형식을 따라야 합니다. 따라서 정해 놓은 규칙을 지키지 않거나 자신이 사용할 파일에 다른 프로그램이 제한을 걸어 놓았다면 파일 열기에 실패할 수 있습니다. 예를 들어 A 프로그램이 tips.dat 파일에 쓰기 금지 모드를 설정해 놓았는데 B 프로그램이 tips.dat 파일을 쓰기 모드로 열려고 시도하면 파일 열기에 실패한다는 뜻입니다.

먼저 파일이 다루는 속성에 따라 기본적으로 나누어지는 형식을 살펴보겠습니다. 이 두 가지 형식은 단독으로 쓸 수는 없고 앞으로 배우게 될 다른 형식들과 함께 써야 합니다.

형식	설명
t	텍스트 속성으로 파일을 사용하겠다는 뜻입니다. 만약 이 형식으로 바이너리 파일을 열면 파일 열기는 성공하겠지만 파일 입출력 함수를 사용하면 오류가 발생합니다. 그 이유는 바이너리 파일은 파일의 실제 크기를 사용하고 텍스트 파일은 EOF(파일의 끝, End Of File)라는 아스키 값을 사용해서 파일의 끝을 구별하기 때문입니다. 그래서 바이너리 파일을 텍스트 속성으로 열면 파일의 끝을 찾는 데 문제가 생깁니다.
b	바이너리 속성의 파일을 사용한다는 뜻입니다. 이 형식이 기본값이기 때문에 형식을 지정할 때 t 또는 b를 포함하고 있지 않다면 기본적으로 이 형식을 사용한다고 보면 됩니다.

파일 내용 읽기 모드 "r"

이 형식을 사용하면 파일의 내용을 읽기(Read) 위한 목적으로 파일을 엽니다. 이 형식을 지정하여 fopen 함수를 사용했는데 파일이 없으면 파일 열기에 실패하고 NULL 값을 반환합니다. 바이너리 파일을 여는 경우에 다음과 같이 "rb"를 사용합니다.

```
FILE *p_file = fopen("tips.dat", "rb");   /* "rb" 대신 "r"만 사용해도 됨 */
```

텍스트 파일을 열 때는 다음과 같이 "rt"를 사용합니다.

```
FILE *p_file = fopen("tips.txt", "rt");
```

파일에 데이터 쓰기 모드 "w"

이 형식을 사용하면 파일에 데이터를 쓰기(Write) 위한 목적으로 파일을 엽니다. 만약 fopen 함수에 명시한 파일이 작업 경로에 없다면 그 이름으로 파일을 만든 후에 파일을 열기 때문에 "w" 형식을 사용하면 파일 열기에 실패하지 않습니다. 하지만 같은 이름을 가진 파일이 이미 존재하는 경우에는 파일을 열면서 그 파일이 가지고 있던 내용을 모두 지우고 시작하기 때문에 주의해야 합니다.

바이너리 파일을 여는 경우에 다음과 같이 "wb"를 사용합니다.

```
FILE *p_file = fopen("tips.dat", "wb");    /* "wb" 대신 "w"만 사용해도 됨 */
```

텍스트 파일을 열 때는 다음과 같이 "wt"를 사용합니다.

```
FILE *p_file = fopen("tips.txt", "wt");
```

그런데 쓰기 모드 형식을 제대로 사용해도 디스크(Disk)에 용량이 부족해서 파일을 만들 수 없거나, CD와 같이 읽기 전용 디스크에 쓰기 모드로 사용하면 파일 열기에 실패합니다.

파일에 데이터 이어 쓰기 모드 "a"

이 형식을 사용하면 파일에 데이터를 확장(Append, 이어 쓰기)하기 위한 목적으로 파일을 엽니다. 만약 fopen 함수에 명시한 파일이 작업 경로에 없다면 그 이름으로 파일을 만든 후에 파일을 열기 때문에 "a" 형식을 사용하면 파일 열기에 실패하지 않습니다. 하지만 "w" 속성과 달리 기존에 파일이 존재하더라도 파일 내용을 지우지 않고 기존 파일 내용에 이어 쓰기를 합니다.

바이너리 파일을 여는 경우에 다음과 같이 "ab"를 사용합니다.

```
FILE *p_file = fopen("tips.dat", "ab");    /* "ab" 대신 "a"만 사용해도 됨 */
```

텍스트 파일을 열 때는 다음과 같이 "at"를 사용합니다.

```
FILE *p_file = fopen("tips.txt", "at");
```

이 형식도 디스크에 용량이 부족하거나 읽기 전용 디스크에 사용하면 파일 읽기에 실패합니다.

파일 사용 형식에서 읽기와 쓰기를 같이 사용하기

읽기 강조 "r+"

읽기와 쓰기를 같이 사용할 때 '읽기'를 더 강조하는 형식입니다. 이 형식으로 파일을 여는 경우 기존 파일이 없으면 파일을 새로 만들지 않고 파일 읽기에 실패합니다. 기존 파일이 있는 경우에는 해당 파일의 내용을 지우지는 않지만 기존 데이터의 위치로 이동해서 해당 위치의 내용을 덮어쓸 수 있습니다. 이 형식을 바이너리 파일에 사용하는 경우에 "r+", "rb+" 또는 "r+b"라고 쓰며, 텍스트 파일에 사용하는 경우에는 "rt+" 또는 "r+t"라고 씁니다.

쓰기 강조 "w+"

읽기와 쓰기를 같이 사용할 때 '쓰기'를 더 강조하는 형식입니다. 이 형식으로 파일을 여는 경우 기존 파일이 없으면 파일을 새로 만들고, 파일이 이미 존재하면 기존 파일의 내용을 모두 지우고 시작합니다. 이 형식을 바이너리 파일에 사용하는 경우에 "w+", "wb+" 또는 "w+b"라고 쓸 수 있으며 텍스트 파일에 사용하는 경우에는 "wt+" 또는 "w+t"라고 씁니다.

읽기와 이어 쓰기를 같이 사용하기 "a+"

읽기 모드와 이어 쓰기 모드를 같이 사용해야 하는 경우에 사용하며 '확장'을 더 강조하는 형식입니다. 확장을 더 강조한다는 뜻은 이 형식으로 파일을 여는 경우에 기존 파일이 없으면 파일을 새로 만들고 파일이 존재하면 파일의 내용을 지우지 않고 기존 내용에 이어서 시작한다는 뜻입니다. 하지만 "r+"와 달리 기존 데이터 위치로 이동할 수 있고 읽기도 가능하지만 쓰기를 사용하면 현재 위치와 상관없이 파일의 끝에 내용이 추가됩니다. 이 형식을 바이너리 파일에 사용하는 경우에 "a+", "ab+" 또는 "a+b"라고 쓸 수 있으며 텍스트 파일에 사용하는 경우에는 "at+" 또는 "a+t"라고 씁니다.

☺ "r+" 모드처럼 기존 데이터 위치로 이동하거나 읽는 것은 가능합니다.

읽기와 쓰기를 같이 사용하려면 "r+"나 "w+"와 같이 적어야 하는데 "rw"라고 적기도 합니다. 하지만 "rw"는 표준이 아니기 때문에 컴파일러에 따라 "r+"나 "w+"로 자동 변환하거나 fopen 함수의 실행이 실패합니다. 따라서 가능하면 위에 나열한 형식 중 하나를 선택해서 사용하기 바랍니다.

19-1 아래 소스 코드의 빈칸에는 '파일 사용 형식'이 들어갑니다. 다음 상황에 적합한 파일 사용 형식은 무엇일까요?

```
FILE *p_file = fopen("tips.txt",              );
```

1. 텍스트 파일에 데이터를 이어 쓰기 위해 여는 경우입니다. 이 형식을 사용하면 fopen 함수에 명시한 파일이 작업 경로에 없더라도 그 이름으로 파일을 만듭니다.

2. 바이너리 파일에 읽기와 쓰기를 같이 사용할 때 '읽기'를 더 강조하는 경우입니다. 이 형식으로 파일을 열 때 기존 파일이 없으면 파일을 새로 만들지 않고 파일 읽기에 실패합니다.

정답 1. "at" 2. "r+" 또는 "rb+"

파일 닫기: fclose 함수

이렇게 fopen 함수를 사용하여 파일을 열어서 사용하다가 사용이 끝나면 fclose 함수를 사용하여 파일을 닫아야 합니다. 만약 파일을 열어 놓고 파일을 닫지 않으면 파일의 내용이 지워지거나 파일을 사용할 수 없는 상태가 될 수 있으니 주의하세요.

그리고 파일을 열지 않은 상태에서 파일 닫기를 시도하거나 이미 닫은 FILE * 주소(파일 포인터 주소)로 파일 닫기를 다시 시도하면 프로그램 실행에 오류가 발생할 수 있으니 이 또한 주의하기 바랍니다.

```
FILE *p_file = fopen("tipssoft.dat", "r+b");   /* 읽기+쓰기 모드로 바이너리 파일을 오픈함 */
if(NULL != p_file){   /* 파일 열기에 성공한 경우 */
    fclose(p_file);   /* 파일을 닫음 */
} else {
    /* 파일 열기에 실패한 경우 */
}
```

19-4 텍스트 파일에 데이터 읽고 쓰기

텍스트 파일에 문자열 저장하기: fprintf 함수(1)

텍스트 파일에 데이터를 읽고 쓰는 개념은 콘솔에서 문자열을 입력 또는 출력하는 개념과 비슷하기 때문에 매우 쉽습니다. 모니터 화면에 문자 또는 숫자를 출력하고 싶으면 printf 함수를 사용합니다. 파일 입출력 함수에는 printf 함수와 모든 기능이 비슷하고 이름까지 비슷한 fprintf 함수가 있습니다.

fprintf 함수는 첫 매개변수에 파일 포인터를 받아서 출력할 문자열을 파일에 저장합니다. 예를 들어 화면에 "abc" 문자열을 출력하고 싶으면 printf("abc");라고 사용하지만 파일에 "abc" 문자열을 저장하고 싶다면 fprintf(파일 포인터, "abc");라고 사용합니다.

```
함수 원형: int fprintf(FILE *stream, const char *format [, argument ]...);
함수 사용 형식: fprintf(파일 포인터, 파일에 입력할 문자열 형식, 출력할 값들, ...)
```

다음은 파일 포인터가 가리키는 파일에 "Hello" 문자열을 출력하고 줄을 바꾸는 코드입니다.

```
fprintf(p_file, "Hello\n");  /* 파일에 "Hello" 문자열을 쓰고 줄 바꿈을 함 */
```

fprintf 함수를 사용해서 파일에 문자열을 출력하는 예제를 하나 만들어 보겠습니다. 다음은 tipssoft.txt 파일에 "Hello" 문자열을 저장하는 예제입니다. 그리고 fopen 함수에서 파일 사용 형식에 "w"가 있을 경우에 첫 번째 매개변수로 넘겨 준 파일(tipssoft.txt)이 없으면 파일을 만들어서 사용하고 파일이 존재하면 덮어쓰기를 합니다.

ⓒ 파일에 문자열을 출력한다는 것은 문자열을 저장한다는 뜻과 같습니다.

ⓒ fprintf 함수의 f는 file을 의미합니다.

코딩해 보세요! **fprintf 함수를 사용하여 파일에 "Hello" 문자열 저장하기** · 완성 파일 19_04_01.c

```
001:  #include <stdio.h>
002:
003:  void main()
004:  {
```

```
005:        FILE *p_file = fopen("tipssoft.txt", "wt");   /* 쓰기 모드로 텍스트 파일을 오픈함 */
006:        if(NULL != p_file){                      /* 파일 열기에 성공한 경우 */
007:            fprintf(p_file, "Hello\n");          /* 파일에 "Hello" 문자열을 쓰고 줄 바꿈을 함 */
008:            fclose(p_file);                      /* 파일을 닫음 */
009:        }
010: }
```

:: 결과 화면

tipssoft.txt 파일에 "Hello" 문자열
이 저장됩니다.

바이너리 형태를 문자열 형태로 저장하기: fprintf 함수(2)

int형 변수에 들어 있는 값은 바이너리 데이터이기 때문에 텍스트 파일에 저장하려면 문자열
형식으로 변환해서 저장해야 합니다. fprintf 함수는 printf 함수와 마찬가지로 변수 값을 문
자열로 출력할 수 있습니다. 따라서 표준 입출력 함수에서 제공하는 %d, %f 같은 형식 지정
키워드를 사용해 파일에 문자열 형태로 저장합니다.

다음처럼 코드를 작성하면 별도의 변환 작업 없이 data 변수의 값을 파일에 저장할 수 있습니다.

```
short int data = 0x0412;
fprintf(p_file, "%x\n" , data);   /* 파일에 "412"라고 저장하고 줄 바꿈을 함 */
```

fprintf 함수는 호출될 때마다 자신이 파일에 저장한 문자열의 개수만큼 파일 포인터를 이동
시킵니다. 즉 파일의 현재 사용 상태를 가리키는 정보 중에서 '파일 내부 데이터를 읽거나 쓰
기 시작하는 위치'가 문자열의 개수만큼 이동한다는 뜻입니다.

따라서 연속적으로 fprintf 함수를 호출하면 문자열이 차례대로 각 파일에 저장됩니다.

```
short int data = 0x0412;
fprintf(p_file, "Hello\n");      /* 파일에 "Hello" 문자열을 쓰고 줄 바꿈을 함 */
fprintf(p_file, "%x\n", data);   /* 파일에 "412" 문자열을 저장하고 줄 바꿈을 함 */
```

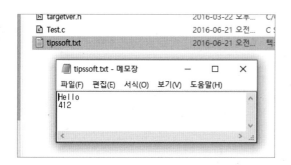

tipssoft.txt 파일에 "Hello" 문자열이 저장되고, 숫자 0x412는 "412" 문자열로 저장됩니다.

텍스트 파일에서 문자열 읽기: fscanf 함수

텍스트 파일에서 문자열을 얻으려면 fscanf 함수를 사용하면 됩니다. 이 함수는 키보드로 문자 또는 숫자를 입력 받는 scanf 함수와 비슷하지만 첫 번째 매개변수에 어떤 파일에서 입력 값을 가져올 것인지를 명시하는 점이 다릅니다.

```
함수 원형: int fscanf(FILE *stream, const char *format [, argument ]...);
함수 사용 형식: fscanf(파일 포인터, 파일에서 데이터를 입력 받을 형식, 입력 받을 변수 목록);
```

오른쪽은 파일에 저장된 문자열을 읽어 10진 정수 값으로 변환하여 data 변수에 대입하는 코드입니다.

```
int data;
fscanf (p_file , "%d", &data);
```

파일에 저장된 문자열을 fscanf 함수로 읽어 오는 예제에 사용하기 위해 오른쪽 이미지처럼 tipssoft.txt 파일을 만들어 봅시다. 이 파일은 예제 소스 파일과 같은 경로에 있어야 프로그램이 정상적으로 수행되기 때문에 파일 생성 경로에 주의해야 합니다.

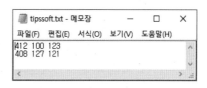

tipssoft.txt 파일에서 첫 줄에 있는 3개의 숫자 값을 int형 변수에 3개 저장하고 싶다면 다음과 같이 코드를 구성하면 됩니다.

| 코딩해 보세요! | fscanf 함수로 문자열 형식의 정수 값 읽어 오기 | • 완성 파일 19_04_02.c |

```
001:   #include <stdio.h>
002:
003:   void main()
```

```
004: {
005:     int num1, num2, num3;
006:     FILE *p_file = fopen("tipssoft.txt", "rt");   /* 읽기 모드로 텍스트 파일을 오픈함 */
007:     if(NULL != p_file){ /* 파일 열기에 성공한 경우 */
008:         /* num1에 412, num2에 100, num3에 123 값을 저장함 */
009:         fscanf(p_file, "%d %d %d", &num1, &num2, &num3);
010:         /* 파일에서 읽은 값을 화면에 출력함 */
011:         printf("%d %d %d\n", num1, num2, num3);
012:         fclose(p_file); /* 파일을 닫음 */
013:     }
014: }
```

:: 결과 화면

```
C:\WINDOWS\system32\...    —    □    ×
412 100 123
계속하려면 아무 키나 누르십시오 . . .
```

이제 위 예제를 tipssoft.txt 파일에 있는 모든 숫자를 다 출력하도록 수정해 보겠습니다.

코딩해 보세요! **fscanf 함수로 문자열 형식의 정수 값 모두 읽어 오기**   · 완성 파일 19_04_03.c

```
001: #include <stdio.h>
002:
003: void main()
004: {
005:     int num;
006:     FILE *p_file = fopen("tipssoft.txt", "rt");   /* 읽기 모드로 텍스트 파일을 오픈함 */
007:     if(NULL != p_file){ /* 파일 열기에 성공한 경우 */
008:         while(EOF != fscanf(p_file, "%d", &num)) {
009:             /* 파일에서 읽은 숫자 값을 화면에 출력함 */
010:             printf("%d\n", num);
011:         }
012:         fclose(p_file); /* 파일을 닫음 */
013:     }
014: }
```

> 텍스트 파일의 끝은 EOF(End Of File) 문자로 구별하는데 fscanf 함수가 EOF 문자를 만나면 EOF 값을 반환합니다. 따라서 EOF를 반환할 때까지 반복하면서 숫자 값을 읽어 옵니다.

:: 결과 화면

```
C:\WINDOWS\system32\c...    —    □    ×
412
100
123
408
127
121
계속하려면 아무 키나 누르십시오 . . .
```

fscanf 함수로 문자열을 읽을 때 주의 사항

fscanf 함수는 기본적으로 공백(Space) 문자를 만나면 다음 입력이 시작된 것으로 처리합니다.

예를 들어 오른쪽과 같은 문자열이 tips. txt 파일에 들어 있다고 가정하겠습니다. fscanf 함수를 사용했을 때 우리가 예상하는 결과는 위 그림 그대로 한 줄씩 출력되는 것이겠죠. 하지만 공백으로 입력을 구별하는 fscanf 함수의 특성 때문에 예상과 다른 결과를 보게 됩니다. 다음 코드를 따라서 작성해 봅시다.

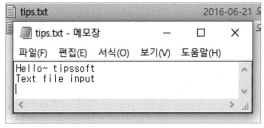

```
tips.txt                              2016-06-21 오
  tips.txt - 메모장           —    □    ×
파일(F)  편집(E)  서식(O)  보기(V)  도움말(H)
Hello~ tipssoft
Text file input
|
```

tipssoft.txt 파일에 저장된 문자열에 공백이 포함되어 있습니다.

코딩해 보세요! **fscanf 함수로 문자열을 줄 단위로 모두 읽어 오기**　　· 완성 파일 19_04_04.c

```c
001: #include <stdio.h>
002:
003: void main()
004: {
005:     char temp[64]; /* 파일에서 문자열을 입력 받을 배열 변수 */
006:     FILE *p_file = fopen("tips.txt", "rt");   /* 읽기 모드로 텍스트 파일 오픈함 */
007:     if(NULL != p_file){ /* 파일 열기에 성공한 경우 */
008:         while(EOF != fscanf(p_file, "%s", temp)) {
009:             /* 파일에서 읽은 문자열을 화면에 출력함 */
010:             printf("%s\n", temp);
011:         }
012:         fclose(p_file); /* 파일을 닫음 */
013:     }
014: }
```

> temp는 &temp[0]과 같습니다.

텍스트 파일에서 한 줄 단위로 문자열 읽기: fgets 함수

fscanf 함수는 문자열 사이에 공백이 있기 때문에 한 줄 단위로 입력 받지 못하고 단어 단위로 파일에서 읽어옵니다. 따라서 텍스트 파일에서 한 줄 단위로 문자열을 처리하고 싶은 경우에는 fgets 함수를 사용합니다. 이 함수는 gets 함수와 비슷하며 함수의 세 번째 매개변수에 어떤 파일에서 입력 값을 가져올 것인지 파일 포인터를 표기하면 됩니다.

```
함수 원형: char *fgets(char *string, int n, FILE *stream);
함수 사용 형식: fgets(파일에서 읽은 문자열을 저장할 메모리의 주소,  첫 번째 매개변수로 사용한 메모리의 크기,  파일 포인터);
```

오른쪽은 텍스트 파일에서 문자열 한 줄을 읽어와서 temp 배열에 저장하는 코드입니다.

```
char temp[64];
fgets(temp, sizeof(temp), p_file);
```

fgets 함수를 사용하여 tips.txt 파일을 읽으면 어떻게 되는지 확인하기 위해 19_04_04.c 예제를 다음과 같이 수정했습니다.

코딩해 보세요! fgets 함수로 문자열을 줄 단위로 모두 읽어 오기 · 완성 파일 19_04_05.c

```
001:  #include <stdio.h>
002:
003:  void main()
004:  {
005:      char temp[64]; /* 파일에서 문자열을 입력 받을 배열 변수 */
006:      FILE *p_file = fopen("tips.txt", "rt"); /* 읽기 모드로 텍스트 파일을 오픈함 */
007:      if(NULL != p_file) { /* 파일 열기에 성공한 경우 */
```

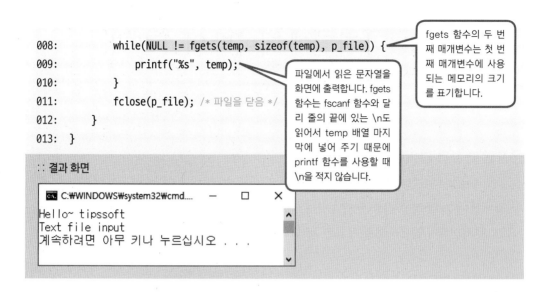

```
008:        while(NULL != fgets(temp, sizeof(temp), p_file)) {
009:            printf("%s", temp);
010:        }
011:        fclose(p_file); /* 파일을 닫음 */
012:    }
013: }
```

fgets 함수의 두 번째 매개변수는 첫 번째 매개변수에 사용되는 메모리의 크기를 표기합니다.

파일에서 읽은 문자열을 화면에 출력합니다. fgets 함수는 fscanf 함수와 달리 줄의 끝에 있는 \n도 읽어서 temp 배열 마지막에 넣어 주기 때문에 printf 함수를 사용할 때 \n을 적지 않습니다.

∷ 결과 화면

```
Hello~ tipssoft
Text file input
계속하려면 아무 키나 누르십시오 . . .
```

출력 결과를 비교해 보면 알 수 있듯이 fscanf 함수는 줄 바꿈뿐만 아니라 공백 문자 입력도 구별합니다. 하지만 fgets 함수는 입력의 구분을 줄 바꿈으로만 판단하기 때문에 파일에 저장된 문자열을 한 줄 단위로 읽어 옵니다.

그 외에도 fscanf 함수는 EOF 문자를 만나면 EOF를 반환하지만 fgets 함수는 EOF 문자를 만나면 NULL을 반환합니다. 그리고 fscanf 함수는 읽은 문자열에서 \n을 제외하는데 fgets 함수는 \n을 문자열에 포함한다는 것이 다릅니다.

19-5 바이너리 파일에 데이터 읽고 쓰기

문자열 속성과 바이너리 속성의 차이점

문자열 속성은 문자열에 포함된 NULL 문자 0을 찾아서 데이터 크기를 체크하기 때문에 문자열 길이를 추가로 적을 필요가 없습니다. 예를 들어 "abc" 문자열이 있으면 a, b, c 다음에 NULL 문자인 0이 있으므로 문자열을 체크하여 데이터 크기가 3이라는 것을 알 수 있습니다.

하지만 바이너리 속성은 데이터를 그냥 숫자로만 판단하기 때문에 표준 입출력 함수 *"바이너리 속성은 크기를 반드시 적어야 한다."*

가 데이터를 분석해서 길이나 크기를 알아낼 수 없습니다. 따라서 바이너리 속성으로 데이터를 읽거나 쓰려면 반드시 프로그래머가 직접 크기를 적어주어야 합니다. 이런 특성은 바이너리 속성을 사용하는 바이너리 파일에서도 마찬가지로 적용됩니다. 따라서 바이너리와 관련된 파일 입출력 함수는 대부분 데이터 크기를 적도록 되어 있습니다.

바이너리 파일에 데이터 저장하기: fwrite 함수

fwrite 함수는 다음과 같은 형식으로 호출해서 데이터를 저장합니다.

```
함수 원형: size_t fwrite(const void *buffer, size_t size, size_t count, FILE *stream);
사용 형식: fwrite(저장할 데이터의 시작 주소, 저장할 데이터의 기준 단위 크기, 반복 횟수, 파일 포인터);
```

예를 들어 int형 변수 data에 저장되어 있는 16진수 값을 파일에 저장하고 싶다면 다음과 같이 코드를 구성하면 됩니다.

```
int data = 0x00000412;
/* data 변수가 할당된 메모리를 4바이트 크기만큼 1회만 p_file 포인터가 가리키는 파일에 저장함 */
fwrite(&data, sizeof(int), 1, p_file);
```

이렇게 fwrite를 사용하면 p_file 파일 포인터가 가리키는 바이너리 파일에 data 변수의 값이 4바이트 크기로 복사됩니다.

fwrite 함수는 저장할 데이터의 시작 주소부터 데이터의 기준 단위 크기로 반복 횟수만큼 파일에 데이터를 쓰게 됩니다. 따라서 실제로 파일에 저장되는 크기는 '기준 단위 크기×반복 횟수'입니다. 따라서 앞의 예시에서 4바이트가 저장된 이유는 fwrite 함수를 호출할 때 사용한 두 번째와 세 번째 매개변수를 곱한 크기만큼 데이터가 저장되기 때문입니다. 즉 데이터가 sizeof(int)×1 크기로 저장됩니다.

fwrite 함수를 사용해서 바이너리 파일에 int형으로 만든 변수의 값을 저장하는 예제를 만들어 보겠습니다. 다음은 jin.dat 파일을 바이너리 속성으로 열어서 data 변수에 0x00000412 값을 저장하는 예제입니다.

코딩해 보세요! fwrite 함수로 바이너리 파일에 int형 변수 값 저장하기 · 완성 파일 19_05_01.c

```
001:  #include <stdio.h>
002:
003:  void main()
004:  {
005:      int data = 0x00000412;
006:      FILE *p_file = fopen("jin.dat", "wb"); /* 쓰기 모드로 바이너리 파일을 오픈함 */
007:      if(NULL != p_file) { /* 파일 열기에 성공한 경우 */
008:          fwrite(&data, sizeof(int), 1, p_file);
009:          fclose(p_file);  /* 파일을 닫음 */
010:      }
011:  }
```

> data의 시작 주소부터 4바이트 크기만큼 한 번만 p_file 파일 포인터가 가리키는 파일에 저장합니다.

위의 예제를 실행했을 때 소스 파일이 있는 경로에 jin.dat 파일이 없다면 파일이 새로 만들어지고, jin.dat 파일이 있다면 내용이 전부 지워진 채로 열릴 것입니다. 하지만 이 파일이 바이너리 파일이기 때문에 0x0412 값이 제대로 저장되었는지 확인하기 어렵습니다.

> 😊 곧 배우게 될 fread 함수를 사용하면 여러분이 작성한 프로그램으로 값이 제대로 저장되었는지 확인할 수 있습니다.

fwrite 함수의 세 번째 매개변수 '반복 횟수'의 용도
fwrite 함수를 사용하여 int형 배열의 내용을 파일에 저장하고 싶다면 다음과 같이 사용합니다.

```
int data[5] = {0, 1, 2, 3, 4};
/* data 배열의 시작 주소부터 4바이트 단위로 5회 반복해서 파일에 저장함 */
fwrite(data, sizeof(int), 5, p_file);
```

😊 위 코드에서 data는 &data[0]의 줄임 표현입니다. 즉 data 배열의 시작 주소를 의미합니다.

앞의 예제에서 배열로 선언한 data 변수는 int 크기의 변수 5개를 의미합니다. 따라서 fwrite 함수를 사용할 때 두 번째 매개변수에는 int형 크기를 적고, 세 번째 매개변수에는 5번 반복을 의미하는 값 5를 적었습니다. 하지만 fwrite 함수를 사용해서 배열을 저장한다고 해서 저장할 크기를 반드시 '단위 크기'와 '반복 횟수'로 나누어야 하는 것은 아닙니다. 다음과 같이 사용하는 경우가 더 많습니다.

```
fwrite(data, sizeof(int) * 5, 1, p_file);
```
단위 크기   반복 횟수

단위 크기를 sizeof(int), 반복 횟수를 5라고 적은 경우는 배열 요소에 의미를 더 부여한 것이고, 단위 크기를 sizeof(int)×5, 반복 횟수를 1이라고 적은 것은 20바이트 메모리라는 것을 더 강조하는 형태입니다.

그렇지 않고 배열의 크기를 사용해서 다음과 같이 적기도 합니다. sizeof(data)를 사용하면 data 배열의 크기를 의미하기 때문에 20으로 번역됩니다.

```
fwrite(data, sizeof(data), 1, p_file);
```
단위 크기   반복 횟수

{✎} 김성엽의 프로그래밍 노트 **fwrite 함수의 작업이 실패할 때도 있어요!**

fwrite 함수는 반드시 작업에 성공하는 함수가 아닙니다. 디스크 용량이나 파일 속성(쓰기 제한) 때문에 실패할 수 있습니다. 따라서 fwrite 함수의 반환값을 체크해서 파일에 데이터를 제대로 저장했는지 확인해야 합니다. fwrite 함수가 작업에 성공하면 실제로 반복한 횟수를 반환하기 때문에 이 값을 체크하여 오류를 처리하는 것이 좋습니다.

반복 횟수

```
if( 5 == fwrite(&data, sizeof(int), 5 , p_file)) {
    /* 쓰기에 성공한 경우 수행할 명령문 */
}
```

---

fwrite 함수를 사용해서
데이터를 저장하면 파일
포인터가 가리키는 정보

"파일에 데이터를 저장하면 파일 내부의 파일 쓰기 위치가
데이터를 저장한 크기만큼 이동한다."

중에서 '파일 내부 데이터를 읽거나 쓰기 시작하는 위치'가 데이터를 저장한(단위 크기×횟수)
크기만큼 자동으로 증가합니다. 따라서 파일에 데이터를 저장한 만큼 이동하는 함수를 추가
로 사용할 필요가 없습니다. 즉 현재 열어 놓은 파일의 내부 위치를 이동시키는 작업을 하지
않고 나열식으로 fwrite 함수를 사용하더라도 같은 위   ⓒ 파일 포인터는 파일의 현재 사용 상태를
치에 계속 데이터를 덮어쓰지 않고 순차적으로 저장됩   나타내는 메모리의 주소를 가지고 있습니다.
니다.

예를 들어 다음 예제처럼 나열식으로 fwrite 함수를 사용하면 바이너리 파일에는 4바이트 크
기로 100 값이 저장되고 그다음 위치에 20바이트만큼 0, 1, 2, 3, 4 값이 저장됩니다.

코딩해 보세요!　fwrite 함수로 바이너리 파일에 순차적으로 값 저장하기　• 완성 파일 19_05_02.c

```
001:   #include <stdio.h>
002:
003:   void main()
004:   {
005:       int data = 100, data_list[5] = {0, 1, 2, 3, 4};
006:       FILE *p_file = fopen("tipssoft.dat", "wb");  /* 쓰기 모드로 바이너리 파일을 오픈함 */
007:       if(NULL != p_file) {  /* 파일 열기에 성공한 경우 */
008:           fwrite(&data, sizeof(int), 1, p_file);
009:           fwrite(data_list, sizeof(int), 5, p_file);
010:           fclose(p_file);  /* 파일을 닫음 */
011:       }
012:   }
```

다음 그림에서 초록색 화살표가 파일 안에서 쓰기 작업을 할 위치를 표시한 것인데, fwrite 함
수가 호출될 때마다 이 위치가 자동으로 이동해서 파일 안에 데이터를 쓴다는 뜻입니다.

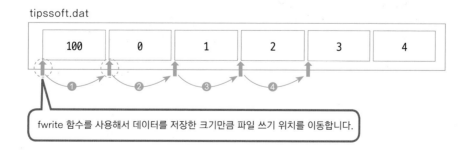

바이너리 파일에서 데이터 읽기: fread 함수

바이너리 파일에서 데이터를 읽을 때에는 fread 함수를 사용하여 다음처럼 호출합니다.

> 함수 원형: size_t fread(void *buffer, size_t size, size_t count, FILE *stream);
> 사용 형식: **fread**(*읽은 데이터를 저장할 주소, 저장할 데이터의 기준 단위 크기, 반복 횟수, 파일 포인터*);

예를 들어 파일에 저장되어 있는 데이터를 읽어서 int형 변수 data에 저장하고 싶다면 다음과 같이 코드를 구성하면 됩니다.

```
int data;
/* p_file이 가리키는 파일에서 4바이트 크기만큼 1회만 데이터를 읽어 와서 data 변수에 저장함 */
fread(&data, sizeof(int), 1, p_file);
```

이렇게 fread 함수를 사용하면 p_file 파일 포인터가 가리키는 바이너리 파일에서 4바이트 크기로 데이터를 읽어서 data 변수에 저장합니다.

fread 함수를 다시 한 번 정리해 보면 파일에서 기준 단위 크기로 반복 횟수만큼 데이터를 읽어 와서 '데이터를 저장할 주소'에 읽은 데이터를 저장합니다. 따라서 실제로 파일에서 읽은 데이터의 크기는 '단위 크기×반복 횟수'입니다. 위의 예시에서 4바이트를 파일에서 읽은 이유는 fread 함수를 호출할 때 사용한 두 번째 매개변수와 세 번째 매개변수를 곱한 크기만큼 읽어 오기 때문입니다. 즉 sizeof(int)×1 크기만큼 읽습니다.

fread 함수를 사용해 바이너리 파일의 첫 4바이트를 읽어 와서 int형으로 만든 변수에 값을 저장하는 예제를 만들어 보겠습니다. 다음은 jin.dat 파일에 있는 첫 4바이트 데이터를 읽어 와서 data 변수에 저장하는 예제입니다. 이 예제에서 jin.dat 파일을 제대로 읽기 위해서는 소스 파일이 저장된 경로에 jin.dat 파일을 복사해야 합니다.

> **코딩해 보세요!** **fread 함수로 바이너리 파일의 첫 4바이트 값 읽어 오기**   • 완성 파일 19_05_03.c

```
001:  #include <stdio.h>
002:
003:  void main()
004:  {
005:      int data;
006:      FILE *p_file = fopen("jin.dat", "rb");  /* 읽기 모드로 바이너리 파일을 오픈함 */
```

```
007:        if(NULL != p_file) {   /* 파일 열기에 성공한 경우 */
008:            fread(&data, sizeof(int), 1, p_file);
009:            fclose(p_file);   /* 파일을 닫음 */
010:            printf("file data : %d(0x%04x)\n", data, data);   /* 파일에서 읽은 값을 출력함 */
011:        }
012:    }
```

> 읽기 모드(r)로 파일을 열면 파일의 처음 위치부터 데이터를 읽을 수 있습니다. 파일의 첫 4바이트(int)만큼 읽어와서 data의 시작 주소에 넣습니다.

:: 결과 화면

```
C:\WINDOWS\system32\cmd.exe          —   □   ×
file data : 1042(0x0412)
계속하려면 아무 키나 누르십시오 . . .
```

fread 함수를 호출하면 실제로 데이터를 읽어 온 크기만큼 '파일 내부 데이터를 읽거나 쓰기 시작하는 위치'가 증가합니다. 그다음 fread 함수를 호출하면 증가한 위치에서부터 파일 읽기를 시작합니다. 따라서 fread 함수도 특별한 위치 지정 없이 파일에서 데이터를 순차적으로 읽어 올 수 있습니다.

fread 함수의 세 번째 매개변수 '반복 횟수'의 용도

fread 함수를 사용하여 파일에서 20바이트의 데이터를 읽어 와서 int형 배열에 저장하고 싶다면 다음과 같이 코드를 구성하면 됩니다.

```
int data[5];
/* 파일에서 4바이트 단위로 5회 반복해서 데이터를 읽어와 data 배열에 저장함 */
fread(data, sizeof(int), 5, p_file);
```

배열로 선언한 data 변수는 int 크기의 변수 5개를 의미합니다. 따라서 fread 함수를 사용할 때 두 번째 매개변수에는 int형의 크기를, 세 번째 매개변수에는 5회 반복을 의미하는 값 5를 적었습니다. 하지만 fread 함수가 배열을 사용한다고 해서 읽어 올 전체 데이터 크기를 반드시 '단위 크기'와 '반복 횟수'로 나누어야 하는 것은 아닙니다. 사실 다음과 같이 사용하는 경우가 더 많습니다.

```
fread(data, sizeof(int) * 5, 1, p_file);
```

단위 크기를 sizeof(int)로 적은 경우는 배열 요소에 의미를 더 부여한 것이고, 앞 예제처럼 sizeof(int) * 5라고 적은 것은 전체 데이터 크기가 20바이트 메모리라는 것을 더 강조하는 형태입니다.

아니면 배열의 크기를 사용해서 다음과 같이 적기도 합니다. sizeof(data)라고 사용하면 data 배열의 크기를 의미하기 때문에 값 20으로 번역됩니다.

```
fread(data, sizeof(data), 1, p_file);
```

---

fread 함수의 작업도 실패할 수 있어요!

fread 함수도 반드시 작업에 성공하는 함수가 아닙니다. 디스크 섹터에 문제가 발생하여 파일 읽기에 실패하거나 실제 파일에 있는 데이터보다 더 많이 읽으라고 명령하면 작업에 실패할 수 있습니다. 예를 들어 실제 파일에는 데이터가 10바이트밖에 없는데 fread 함수를 사용할 때 20바이트를 읽으라고 설정하면 읽기 작업에 실패합니다. 따라서 fread 함수의 반환값을 체크해 파일에서 데이터를 제대로 읽어 왔는지 확인하는 게 좋습니다. 다음과 같이 fread 함수는 작업에 성공하면 실제로 반복한 횟수만큼 반환하기 때문에 이 값을 확인하여 오류를 처리합니다.

반복 횟수

```
if( 5 == fread (&data, sizeof(int), 5 , p_file)) {
    /* 읽기 성공 */
}
```

파일 내부의 작업 위치 탐색하고 확인하기: fseek, ftell 함수

파일에 저장된 데이터를 꼭 순차적으로 읽을 필요는 없습니다. 필요에 따라 fseek 함수를 사용하여 원하는 위치로 건너뛰거나, 읽은 위치로 돌아가서 읽었던 데이터를 다시 읽을 수도 있습니다. fseek 함수는 다음과 같은 형식으로 호출합니다.

```
함수 원형: int fseek(FILE *stream, long offset, int origin);
함수 사용 형식: fseek(파일 포인터, 이동 거리, 기준 위치);
```

이 함수는 파일의 데이터를 읽을 기준 위치로 SEEK_SET(파일의 시작), SEEK_END(파일의 끝),

SEEK_CUR(현재 위치)를 사용할 수 있고 지정한 기준 위치로부터 사용자가 지정한 '이동 거리'만큼 이동합니다. 이동 거리는 양수 또는 음수로 지정할 수 있으며 양수를 명시하면 지정한 기준 위치에서 뒤로 이동하며 음수를 명시하면 앞으로 이동합니다. 그리고 실제로 이동한 위치는 파일 포인터에 저장됩니다. fseek 함수를 사용하는 예시 코드는 다음과 같습니다.

```
fseek(p_file, 0, SEEK_SET);    /* 파일의 시작 위치로 이동함 */
```

↓

```
fseek(p_file, 32, SEEK_CUR);    /* 현재 위치에서 32바이트만큼 뒤로 이동함 */
```

이렇게 이동한 위치를 값으로 확인하고 싶으면 ftell 함수를 사용하면 됩니다. ftell 함수가 반환하는 값은 시작 위치를 0으로 계산한 값이기 때문에 파일의 끝으로 이동한 후에 ftell 함수를 사용하면 파일의 전체 크기를 알아낼 수도 있습니다.

> 함수 원형: long ftell(FILE *stream);
> 함수 사용 형식: 현재 열려 있는 파일 내에서 데이터를 읽거나 저장할 위치 = ftell(*파일 포인터*);

코딩해 보세요! fseek 함수와 ftell 함수로 바이너리 파일 크기 알아내기 • 완성 파일 19_05_04.c

```c
001: #include <stdio.h>
002:
003: void main()
004: {
005:     int file_size = 0;
006:     FILE *p_file = fopen("tipssoft.dat", "rb");    /* 읽기 모드로 바이너리 파일을 오픈함 */
007:     if(NULL != p_file) {                            /* 파일 열기에 성공한 경우 */
008:         fseek(p_file, 0, SEEK_END);                 /* 파일의 끝으로 이동함 */
009:         file_size = ftell(p_file);                  /* 현재 파일 위치로 파일의 크기를 구함 */
010:         printf("파일 크기: %d\n", file_size);
011:         fclose(p_file);    /* 파일을 닫음 */
012:     }
013: }
```

:: 결과 화면

```
C:\WINDOWS\system32\cmd.exe        —    □    ✕
파일 크기 : 6126
계속하려면 아무 키나 누르십시오 . . .
```

Q1 fopen에서 사용하는 파일 열기 속성 중에 다음을 만족하는 속성을 적으세요.

> 텍스트 파일을 읽고 쓸 수 있다. fopen 함수에 적은 파일이 없는 경우에는 실패한다.

Q2 fscanf 함수는 파일의 끝을 만나면 어떤 값을 반환할까요?

Q3 텍스트 파일에서 문자열을 읽을 때 fgets 함수를 사용하는 것과 fscanf 함수를 사용하는 것의 다른 점을 적으세요.

Q4 fread 함수가 성공적으로 작업을 완료했는지 확인하는 방법을 설명하세요.

활용

Q5 **성적 처리 프로그램을 파일 입출력 형태로 변경하기**

프로그램이 사용하던 데이터를 파일에 저장하는 기능이 없다면 사용자가 입력했던 데이터가 프로그램을 종료할 때 모두 사라지게 됩니다. 그래서 프로그램이 다시 실행되었을 때는 기존 데이터가 하나도 없기 때문에 사용할 데이터를 다시 입력해야 하는 불편함이 있습니다.

18장에서 만든 '성적 처리 프로그램'에 파일 입출력 코드를 추가하여 프로그램을 종료했다가 다시 실행해도 이전에 입력한 성적 데이터가 그대로 유지될 수 있도록 코드를 구현해 보세요.

힌트 성적 데이터를 파일에 저장할 때는 텍스트 형식으로 해도 되고 바이너리 형식으로 해도 됩니다.

19장 풀이
567쪽

함수 포인터

앞에서 우리는 포인터를 배웠습니다. 정확하게 이야기하면 데이터를 가리키는 포인터에 대해 배운 것입니다. 변수 이름 대신 변수 주소를 사용하는 작은 변화가 프로그램의 구조를 얼마나 유연하게 만들 수 있는지 포인터를 공부하면서 알게 되었을 것입니다.

그런데 C 언어 문법에서 변수 외에도 이름을 사용하는 문법이 하나 더 있습니다. 바로 함수입니다. 이 장에서는 함수도 그냥 함수 이름을 호출해서 사용하면 되는 것이라고 생각하는 분들에게 신선한 충격이 될 만한 내용을 소개하겠습니다.

20-1 함수 포인터
20-2 함수 그룹
20-3 콜백 함수

20-1 함수 포인터

프로세스 메모리 영역에 저장되는 명령

C 언어로 작성한 소스 코드가 컴파일러에 의해 기계어로 번역되면 실행 파일이 됩니다. 이 실행 파일은 CPU가 처리할 수 있는 '기계어 명령문' 단위로 이루어집니다. 그리고 해당 프로그램이 실행되어 프로세스 형태로 메모리에 저장되면 프로그램의 명령문들은 코드 세그먼트(CS, Code Segment)에 옮겨집니다.

프로세스 구성

	문자열 상수 목록	동적 메모리 할당 (Heap)
... 기계어 명령문	전역 변수 (0으로 초기화)	지역 변수 (Stack) ...
	static 전역 변수 (초기화 안 됨)	
코드 세그먼트	데이터 세그먼트	스택 세그먼트

결국 이 말은 명령문들도 메모리에 저장되어 있기 때문에 각 명령문마다 주소를 갖는다는 뜻입니다. 메모리의 주소 값을 알고 있다면 당연히 포인터를 사용할 수 있겠죠? 포인터 개념을 사용하면 특정 명령문이 저장된 메모리의 주소로 바로 이동해서 그 명령문을 실행할 수 있습니다. 하지만 제멋대로 메모리의 위치를 이동하면서 명령문을 실행하면 C 언어의 스택 프레임이 엉망이 되기 때문에 스택 프레임이 유지될 수 있도록 함수 단위로만 이동해야 합니다.

ⓒ 스택 프레임이란 스택을 함수 단위로 구역을 나눠서 사용할 수 있도록 C 언어에서 제공하는 스택 관리 방식입니다.

우리가 지금까지 배운 포인터는 데이터 세그먼트 또는 스택 세그먼트에 있는 변수의 주소나 메모리 주소를 저장해서 사용하는 데이터 포인터에 대한 이야기였습니다. 지금부터는 코드 세그먼트에 있는 명령문의 주소를 저장해서 포인터로 사용하는 방법에 대해 설명하겠습니다.

함수 포인터란?

함수 포인터(Function Pointer)란 특정 함수를 구성하는 시작 명령의 위치를 가리키는 포인터입니다. 함수 포인터를 사용하면 해당하는 함수를 호출하여 실행할 수 있습니다. 함수 포인터에 대해 설명하기 위해 오른쪽과 같이 두 개의 매개변수로 값을 받아서 이 값을 합산한 뒤 반환하는 Sum 함수를 만들었습니다.

```
int Sum(int a, int b)
{
    int result = 0;
    result = a + b;
    return result;
}
```

이 함수를 호출해서 사용하는 코드는 다음과 같습니다.

```
int result = Sum(2, 3);   /* result에는 2 + 3의 결과 값 5가 저장됨 */
```

지금까지 배운 일반적인 함수는 이렇게 호출해서 사용하는 것이 일반적이죠. 앞에서도 살펴보았듯이 함수는 여러 개의 명령문으로 구성됩니다. 위의 예시에서도 Sum 함수는 3개의 명령문으로 구성되어 있습니다. 그래서 Sum 함수 안에서 첫 번째 문장에 해당하는 int result = 0;이 저장된 메모리 위치의 주소가 Sum 함수의 시작 주소가 됩니다.

하지만 명령문 자체는 얼마든지 중복될 수 있기 때문에 명령문을 기준으로 주소 값을 얻는 것은 어렵습니다. 이 말을 좀 더 쉽게 풀어 보면 Sum 함수에 사용한 int result = 0; 코드는 다른 함수인 Sub 함수에서도 int result = 0;이라고 사용할 수 있기 때문에, 이 코드를 함수 구별 기준으로 삼는 것은 적합하지 않다는 뜻입니다. 그래서 함수의 첫 번째 명령문을 기준으로 주소 값을 얻지 않고, 함수의 이름 앞에 &를 적으면 함수에 포함되는 첫 번째 명령문의 주소 값을 얻을 수 있습니다.

```
&Sum;    /* Sum 함수의 첫 번째 명령문 주소를 의미함. &를 적지 않아도 같게 처리됨 */
```

함수의 주소 값으로 함수 실행하기

이제 이 주소 값을 저장할 수 있는 포인터를 선언해야 합니다. 데이터를 가리키는 포인터가 자신이 가리킬 대상의 크기를 명시하듯이 함수 포인터는 함수 원형(Function Prototype)을 사용해서 포인터를 선언합니다. 예를 들어 Sum 함수의 원형은 int Sum(int, int);이기 때문에 다음과 같이 선언할 수 있습니다.

ⓒ 함수 포인터가 함수 원형을 사용하는 이유는 함수 원형을 알아야 함수를 호출할 때 스택 프레임을 구성할 수 있기 때문입니다.

```
int (*p)(int, int);     /* Sum 함수를 가리킬 수 있는 함수 포인터를 선언함 */
p = &Sum;               /* Sum 함수의 주소를 p에 저장함 */
```

이렇게 함수 포인터를 선언하여 자신이 호출할 함수의 주소를 저장했다면 다음과 같이 함수를 호출할 수 있습니다.

함수 포인터로 Sum 함수 호출

```
int result = (*p)(2, 3);    /* int result = Sum(2, 3);과 같으므로 result에는 5가 저장됨 */
```

1분 퀴즈 **20-1** 다음은 두 개의 매개변수로 값을 받아서 이 값을 합산한 뒤 반환하는 Sum 함수입니다. Sum 함수를 가리키는 함수 포인터를 제대로 선언하지 않은 것은 몇 번일까요?

```
int Sum(int a, int b)
{
    int result = 0;
    result = a + b;
    return result;
}
```

①	②	③
int (*p)(int, int);	int (*p)(int, int);	int (*p)(int, int);
p = &result;	p = Sum;	p = ∑

① 남장

20-2 함수 그룹

원형이 같은 함수들을 묶기

함수의 포인터를 사용하는 가장 단순한 이유는 같은 형식의 함수를 그룹으로 묶을 수 있기 때문입니다. 여기에서 같은 형식이란 같은 수의 매개변수와 자료형 그리고 같은 형태의 반환값을 갖는 함수들을 말합니다. 다음과 같이 사칙 연산을 하는 4개의 함수가 있다고 가정하겠습니다.

덧셈	뺄셈	곱셈	나눗셈

```int Sum(int a, int b)```
```{```
```   return a + b;```
```}```
	```int Sub(int a, int b)```
	```{```
	``` return a - b;```
	```}```
		```int Mul(int a, int b)```
		```{```
		``` return a * b;```
		```}```
			```int Div(int a, int b)```
			```{```
			``` return a / b;```
			```}```

위 4개의 함수를 사용하여 숫자 8과 2를 연산한 결과 값을 얻으려면 다음과 같이 코드를 구성할 것입니다.

```
int result1, result2, result3, result4;
result1 = Sum(8, 2);   /* result1에는 값 10이 저장됨 */
result2 = Sub(8, 2);   /* result2에는 값 6이 저장됨 */
result3 = Mul(8, 2);   /* result3에는 값 16이 저장됨 */
result4 = Div(8, 2);   /* result4에는 값 4가 저장됨 */
```

일반적으로 함수를 호출할 때는 이름을 사용하기 때문에 위 코드처럼 나열식으로 작성할 수밖에 없습니다. 그런데 이 함수들을 잘 살펴보면 함수 이름만 다를 뿐 함수의 원형은 모두 같습니다. 그래서 다음처럼 함수의 포인터를 선언하면 이 함수들의 주소 값을 저장해서 사용할 수 있습니다.

Sum, Sub, Mul, Div 함수 원형은 모두 같습니다.

같은 형태의 자료형을 묶을 때는 배열을 사용하죠? 이 작업에서는 같은 함수 원형을 갖는 4개의 함수를 사용하기 때문에 배열을 사용하여 다음과 같이 선언할 수 있습니다. 그리고 각 함수의 주소 값으로 초기화했습니다.

```
int (*p[4])(int, int) = {&Sum, &Sub, &Mul, &Div};
```

위 코드를 메모리 그림으로 보면 다음과 같습니다.

이렇게 함수 포인터를 배열 형식으로 묶으면 이 함수들을 연속해서 호출할 때 다음과 같이 반복문을 사용하여 코드를 단순화시킬 수 있습니다. 다음 예제는 함수 포인터를 배열로 선언해서 8과 2를 더하고 빼고 곱하고 나누는 작업을 반복문으로 처리하고 있습니다.

```
int (*p[4])(int, int) = {&Sum, &Sub, &Mul, &Div};
int result[4], i;    /* 함수를 호출하면 반환되는 결과 값 4개를 저장할 배열을 선언함 */
for(i = 0; i < 4; i++) result[i] = (*p[i])(8, 2);
```

> Sum, Sub, Mul, Div 순으로 호출되어 10, 6, 16, 4 값이 result 배열에 차례대로 저장됩니다.

> ! **알아두면 좋아요!** **복잡한 선언은 typedef 문법으로 코드를 단순화시켜 사용하세요!**
>
> 위의 코드가 어려운 분들은 typedef 문법으로 코드를 단순화시켜서 사용하는 것도 좋습니다. 실제로 이렇게 많이 사용합니다.
>
> ```
> typedef int (*OP_TYPE)(int, int);    /* OP_TYPE라는 새로운 자료형을 정의함 */
> OP_TYPE p[4] = {&Sum, &Sub, &Mul, &Div};
> ```

함수 포인터는 눈으로 익히기 힘든 문법입니다. 그러니 지금까지 배운 내용을 직접 따라 입력하면서 익혀 보세요.

```
001:  #include <stdio.h>
002:  int Sum(int a, int b) /* 덧셈 */
003:  {
004:      return a + b;
005:  }
006:  int Sub(int a, int b) /* 뺄셈 */
007:  {
008:      return a - b;
009:  }
010:  int Mul(int a, int b) /* 곱셈 */
011:  {
012:      return a * b;
013:  }
014:  int Div(int a, int b) /* 나눗셈 */
015:  {
016:      return a / b;
017:  }
018:
019:  void main()
020:  {
021:      int(*p[4])(int, int) = {&Sum, &Sub, &Mul, &Div}, i;
022:      char op_table[4] = {'+', '-', '*', '/'};
023:      /* Sum, Sub, Mul, Div 순으로 호출함 */
024:      for(i = 0; i < 4; i++) printf("%d %c %d = %d\n", 8, op_table[i], 2, (*p[i])(8, 2));
025:  }
```

> 함수 포인터를 배열로 선언하고 함수 원형이 int func(int, int);로 같은 네 함수의 주소 값을 저장합니다.

:: 결과 화면

```
C:\WINDOWS\system32\cmd.exe        —    □    ×
8 + 2 = 10
8 - 2 = 6
8 * 2 = 16
8 / 2 = 4
계속하려면 아무 키나 누르십시오 . . .
```

20-3 콜백 함수

라이브러리를 만드는 라이브러리 프로그래머

함수 포인터를 열심히 배워도 도대체 어디에 쓰는지 알지 못한다면 배우는 의미가 없겠지요. 지금부터는 함수 포인터가 실제 프로그램에서 어떻게 사용되는지 예시를 들어 차근차근 설명하겠습니다. 조금 어려울 수 있지만 잘 따라오기 바랍니다.

모든 프로그래머가 완제품 형식의 프로그램을 만들지는 않습니다. 예를 들어 음성 데이터를 압축하거나 영상 데이터를 변환하는 작업들은 특별한 지식이 필요하기 때문에 쉽게 구현할 수 없습니다. 그래서 이런 기능을 쉽게 사용할 수 있도록 함수로 만들어서 판매하는 프로그래머들도 있습니다.

이들 프로그래머는 자신의 코드가 노출되면 안 되기 때문에 해당 코드를 컴파일해서 라이브러리(library, *.lib) 형식의 파일로 제공합니다. 그리고 라이브러리 안에 있는 함수들이 어떤 형태로 선언된 함수인지 알아야 코드를 자세히 볼 수 없는 사용자들도 사용할 수 있기 때문에 함수의 원형들을 헤더(header, *.h) 파일에 적어서 함께 제공합니다.

예를 들어 두 개의 정수 값을 넘겨받아서 합산하는 Sum 함수를 라이브러리 형태로 제공한다고 생각해 봅시다. 그러면 라이브러리 사용자에게는 파일 내부를 볼 수 없는 라이브러리 파일 sum.lib와 라이브러리 파일을 설명하는 헤더 파일 sum.h를 모두 제공해야 합니다.

© #pragma 전처리기를 사용하면 컴파일러의 여러 가지 설정 값을 수정할 수 있습니다. 다음과 같이 사용하면 sum.lib 파일을 이 프로그램에서 사용하겠다는 뜻입니다.

라이브러리 프로그래머가 만든 헤더 파일과 라이브러리 파일		라이브러리 사용자가 사용하는 형태
sum.h	sum.lib	

```
/* Sum 함수의 원형 */
int Sum(int a, int b);
```

```
/* 두 값을 합산하는 함수 */
int Sum(int a, int b)
{
    return a + b;
}
```

```
#include "sum.h"
#pragma comment(lib, "sum.lib")

void main()
{
    int result = Sum(2, 3);
}
```

라이브러리 프로그래머의 고민

라이브러리에 포함된 Sum 함수를 사용하던 사용자(일반 프로그래머)가 Sum 함수에 전달되는 두 숫자 값이 음수인 경우에 양수로 변환해서 합산하는 함수도 추가로 만들어 달라고 요청했다고 합시다. 그러면 라이브러리 프로그래머는 SumABS라는 새로운 함수를 추가한 후 다시 라이브러리 파일로 만들어서 사용자에게 제공해야 합니다.

라이브러리 프로그래머가 만든 헤더 파일과 라이브러리 파일		라이브러리 사용자가 사용하는 형태

sum.h

```
/* Sum의 원형 */
int Sum(int a, int b);
/* SumABS의 원형 */
int SumABS(int a, int b);
```

sum.lib

```
/* 두 값을 합산하는 함수 */
int Sum(int a, int b)
{
    return a + b;
}
/* 두 절댓값을 합산하는 함수 */
int SumABS(int a, int b)
{
    /* 음수이면 -1을 곱해서
       양수로 만듦 */
    if(a < 0) a = a * (-1);
    if(b < 0) b = b * (-1);

    return a + b;
}
```

```
#include "sum.h"
#pragma comment(lib, "sum.lib")

void main()
{
    int result1, result2;
    /* result1에는 -1이 저장됨 */
    result1 = Sum(2, -3);
    /* result2에는 5가 저장됨 */
    result2 = SumABS(2, -3);
}
```

하지만 라이브러리 사용자가 첫 번째 매개변수 값만 음수이면 양수로 변환하는 기능이나 두 번째 매개변수 값만 음수이면 양수로 변환하는 기능을 또 추가해 달라고 요청하면 어떻게 해야 할까요? 아마 라이브러리 프로그래머는 점점 함수가 늘어나서 관리하기 힘들어질 것입니다. 이것은 단순히 함수가 늘어나는 문제를 떠나서 라이브러리가 사용자의 요구에 점점 종속되는 결과를 가져옵니다.

그래서 라이브러리에 포함된 함수는 본래의 기능을 유지하고 사용자가 원하는 경우에 스스로 함수의 기능을 일부 수정할 수 있도록 제공하는 것이 더 좋습니다. 하지만 그렇다고 해서 라이브러리 소스 코드 전체를 줄 수는 없겠죠. 그러면 라이브러리 사용자는 어떻게 소스 코드 없이 라이브러리를 수정해서 사용할 수 있을까요?

함수의 매개변수로 함수 포인터 사용하기

앞의 예시에서 SumABS 함수에는 a 값과 b 값을 수정하는 작업이 추가되어 있습니다. 조건문으로 처리된 두 코드가 비슷하기 때문에 라이브러리 소스 코드에서 다음과 같이 함수로 만들어서 처리할 수도 있습니다.

```c
void MyAbsolute(int *p)
{
    if(*p < 0) *p = (*p) * (-1);
}

int SumABS(int a, int b)
{
    MyAbsolute(&a);    /* if(a < 0) a = a * (-1);과 같음 */
    MyAbsolute(&b);    /* if(b < 0) b = b *(-1);과 같음 */

    return a + b;
}
```

만약 라이브러리 사용자가 MyAbsolute 같은 기능의 함수를 만들어서 기존 라이브러리에 있는 SumABS 함수를 호출할 때 함께 사용하고 싶다면 어떻게 해야 할까요? 기존 라이브러리에는 라이브러리 사용자가 새로 만들고자 하는 MyAbsolute라는 이름의 함수는 당연히 없기 때문에 함수 이름으로는 호출할 수 없습니다.

우리가 지금까지 배운 함수 포인터를 활용하면 함수 이름이 없어도 함수를 호출할 수 있습니다. 예를 들어 MyAbsolute 함수는 함수의 원형이 void MyAbsolute(int *);이기 때문에 라이브러리 소스 코드에서 다음과 같이 포인터를 사용하면 이 함수의 주소를 받아서 사용할 수 있습니다.

```c
void (*p)(int *);
```

따라서 SumABS 함수는 함수 포인터를 사용하여 다음과 같이 변경할 수 있습니다.

```c
int SumABS(int a, int b, void (*fp_abs)(int *))
{
    (*fp_abs)(&a);    /* MyAbsolute(&a)와 같음 */
    (*fp_abs)(&b);    /* MyAbsolute(&b)와 같음 */

    return a + b;
}
```

ⓒ 매개변수에서 'fp_abs'라고 사용할 때 fp는 함수 포인터(Function Pointer)의 약어입니다. 프로그래밍할 때 변수 이름에 변수의 특징을 드러내 주면 다른 사람이 코드를 이해하기가 훨씬 수월합니다.

라이브러리 프로그래머가 함수 포인터를 사용해 SumABS 함수를 구성하면 사용자가 원하는 MyAbsolute 함수가 없더라도 정상적으로 컴파일이 완료됩니다. 그리고 라이브러리 사용자가 MyAbsolute 함수를 만들어서 자신이 사용하고 싶은 시점에 다음과 같이 SumABS 함수를 사용할 수도 있습니다.

```
SumABS(5, -1, &MyAbsolute);   /* SumABS 함수에서 MyAbsolute 함수를 호출한 것과 같음 */
```

SumABS 함수를 이렇게 구성하면 MyAbsolute를 사용하고 싶을 때는 위의 예시처럼 &MyAbsolute를 세 번째 매개변수로 전달하면 됩니다.
SumABS 함수에서 굳이 MyAbsolute 함수를 사용하지 않는 경우도 있겠죠? 그럴 때는 다음 처럼 SumABS 함수의 세 번째 매개변수에 NULL을 입력합니다.

```
SumABS(5, -1, NULL);   /* SumABS 함수에서 MyAbsolute 함수를 사용하지 않는 경우 */
```

그런데 아직 소스 코드에는 SumABS 함수의 세 번째 매개변수로 NULL이 넘어오는 상황을 처리하지 않았습니다. 따라서 NULL이 발생하는 상황을 처리할 수 있도록 다음과 같이 수정해야 합니다.

```
int SumABS(int a, int b, void (*fp_abs)(int *))
{
    if(fp_abs != NULL) (*fp_abs)(&a);
    if(fp_abs != NULL) (*fp_abs)(&b);

    return a + b;
}
```

조건문을 통해 fp_abs에 저장된 주소가 NULL인지 먼저 확인한 후 (*fp_abs)(&a) 또는 (*fp_abs)(&b)라고 사용해서 매개변수로 전달되는 함수를 호출합니다. 그러면 SumABS 함수를 사용할 때 MyAbsolute 함수를 호출할 것인지 선택할 수 있게 됩니다.
이렇게 소스 코드를 수정하고 나면, Sum 함수는 SumABS 함수의 세 번째 매개변수에 NULL을 전달해서 사용하는 것과 같습니다. 따라서 함수의 이름을 Sum으로 통일하고 기능을 합칠 수 있습니다. 그리고 a 변수 값과 b 변수 값에 적용되는 기준이 다를 수도 있기 때문에 함수 포인터를 a, b 변수마다 다르게 사용할 수 있도록 설정하겠습니다. 즉 다음과 같이 함수 포인터를 하나 더 추가해서 pa와 pb로 변경하겠다는 뜻입니다.

라이브러리 프로그래머	
sum.h	sum.lib

/* Sum 함수의 원형 */
int Sum(int a, int b,
    void (*pa)(int *),
    void (*pb)(int *));
	/* 두 값을 합산하는 함수 */
	int Sum(int a, int b, void (*pa)(int *), void (*pb)(int *))
	{
	    if(NULL != pa) (*pa)(&a);
	    if(NULL != pb) (*pb)(&b);
	
	    return a + b;
	}

pa 또는 pb에 함수의 주소 값이 할당되어 있으면 해당 함수를 호출합니다.

위의 예시는 함수 포인터가 추가되어 조금 어렵게 보이지만 코드를 이렇게 구성하면 이 함수를 사용하는 사용자가 함수의 기능을 자유롭게 확장할 수 있습니다. 예를 들어 Sum 함수를 사용하는 사용자가 함수의 기능은 변경하지 않고 데이터 합산만 하고 싶다면 다음과 같이 사용하면 됩니다.

```
#include "sum.h"
#pragma comment(lib, "sum.lib")

void main()
{
    int result = Sum(-3, -2, NULL, NULL);  /* result에 값 -5가 저장됨 */
}
```

이렇게 사용하면 Sum 함수의 세 번째, 네 번째 매개변수의 함수 포인터에 NULL 값이 대입되어 Sum 함수의 if문은 둘 다 처리되지 않습니다. 따라서 -3과 -2는 양수로 변환되지 않고 a + b 결과 값 -5를 반환합니다.

함수의 매개변수로 함수의 주소를 전달하여 호출하기

만약 라이브러리 사용자가 Sum 함수의 첫 번째 매개변수에만 음수가 전달되는 경우에 양수로 바꿔서 더하고 싶다면 다음과 같이 함수를 사용하면 됩니다.

```
#include "sum.h"
#pragma comment(lib, "sum.lib")

/* 정수 변수 값의 주소를 넘겨주면 해당 값이 음수이면 양수로 변환하는 함수 */
void MyAbsolute(int *p)
{
    /* 전달된 주소에 있는 값이 음수이면 -1을 곱해서 양수로 만듦 */
    if(*p < 0) *p = (*p) * (-1);
}


void main()
{
    int result = Sum(-3, -2, MyAbsolute, NULL);  /* result에 값 1이 저장됨 */
}
```

> 이 함수를 Sum 함수가 사용할 수 있도록 함수의 원형을 void (*)(int *) 형식으로 맞춰야 합니다.

초보 프로그래머는 함수 포인터를 이해하기 어려울 수 있으니 위 예제의 실행 순서와 의미를 단계별로 설명하겠습니다.

① main 함수에서 Sum 함수를 호출합니다. Sum 함수의 세 번째 매개변수에 MyAbsolute 함수의 주소 값이 넘어가서 Sum 함수의 함수 포인터 pa에 저장됩니다.

```
Sum(-3, -2, MyAbsolute, NULL);          int Sum(int a, int b, void (*pa)(int *), void (*pb)(int *))
                                        {
                                            if(NULL!= pa) (*pa)(&a);
                                            if(NULL!= pb) (*pb)(&b);

                                            return a + b;
                                        }
```

② Sum 함수의 pa 변수가 NULL이 아니기 때문에 if(NULL != pa) (*pa)(&a); 문장이 수행됩니다.

③ Sum 함수의 pa 변수가 MyAbsolute 함수의 주소 값을 가지고 있기 때문에 (*pa)(&a);는 MyAbsolute(&a);라고 사용한 것과 같습니다. 따라서 Sum 함수의 매개변수 a의 주소 값이 MyAbsolute 함수의 포인터 변수 p에 저장됩니다.

④ MyAbsolute 함수의 포인터 변수 p는 변수 a의 주소 값을 저장하고 있습니다. 포인터 변수 p가 가리키는 값은 음수인 -3이라서 if(*p < 0) * p = (*p) * (-1); 조건문이 실행됩니다. 따라서 -3에 -1이 곱해져서 양수로 변환된 결과 값 3이 Sum 함수의 변수 a에 저장됩니다.

⑤ 함수의 포인터 pb에는 NULL 값이 저장되어 있기 때문에 if(NULL != pb) (*pb)(&b); 조건문은 실행되지 않습니다.

⑥ Sum 함수의 변수 a 값이 -3에서 3으로 변경되었기 때문에 3 + (-2)가 수행되어 1이 반환됩니다.

결과적으로 라이브러리 안에 있는 Sum 함수는 수정되지 않았지만, 함수 포인터를 사용해서 MyAbsolute 함수를 호출했기 때문에 다음과 같이 사용한 것과 같습니다.

```
int Sum(int a, int b)
{
    MyAbsolute(&a);     /* if(NULL != pa) (*pa)(&a); */
    return a + b;
}
```

함수의 암시적 호출: 콜백

이렇게 함수 포인터를 사용하면 Sum 함수는 a, b 변수에 대한 어떤 요구 조건이 생겨도 다 처리할 수 있습니다. 라이브러리에 포함된 Sum 함수에 새로운 기능이 필요하더라도 사용자가 라이브러리 프로그래머에게 기능을 추가해 달라는 요구를 하지 않아도 되는 것입니다. 왜냐하면 자신이 직접 MyAbsolute 함수를 만들어서 이 함수의 주소 값을 Sum 함수에 매개변수로 전달하면 되기 때문이죠.

하지만 위에서 설명한 구조는 초보 프로그래머들에게 어려울 수밖에 없습니다. sum.lib를 사용하는 사용자 입장에서는 당연히 Sum 함수 내부의 소스 코드를 볼 수 없습니다. 그렇기 때문에 라이브러리를 사용하는 프로그래머의 소스 코드에는 MyAbsolute 함수가 구현만 되어 있지 실제로 언제, 어떻게 호출되는지 알 수 없습니다. 즉 Sum 함수가 적절한 시점에 매개변수로 전달된 MyAbsolute 함수를 호출해서 결과 값을 만들어 준다고 예상만 할 뿐입니다.

이런 식으로 자신이 사용할 함수가 명시적으로 호출되지 않고 함수 포인터에 의해서 호출되는 방식을 암시적 호출, 즉 '콜백'(Callback)이라고 합니다. 그리고 이때 암시적으로 호출되는 MyAbsolute 함수를 '콜백 함수'라고 합니다.

ⓒ 암시적 호출이란 구체적으로 함수를 명시하지는 않지만 주어진 상황을 통해 판단해서 함수를 사용(호출)하는 방식입니다.

C 언어로 프로그래밍에 처음 입문한 여러분들이 지금 당장 만들 수 있는 프로그램에서 함수 포인터나 콜백 함수를 사용할 일은 없을 수도 있습니다. 따라서 당장 공부를 하지 않아도 괜찮다고 생각할 수도 있겠죠. 하지만 하나의 프로그래밍 언어를 배운다는 것은 그 언어를 통해 실제로 유용한 프로그램을 만들 수 있는 기반을 닦는 것입니다. 즉 배운다는 것은 사용한다는

것을 전제로 두게 되죠. C 언어로 만들 수 있는 여러 분야의 프로그램 중 윈도우 응용 프로그램을 개발할 때 콜백 함수를 사용하는 경우가 종종 있습니다. 특히 윈도우 운영체제에서 모니터에 어떤 화면이 출력되는 프로그램을 개발한다면 반드시 콜백을 사용해야 합니다. 그런데 콜백이나 함수 포인터의 개념을 제대로 익히지 않은 채 윈도우 응용 프로그램 개발을 시작하는 경우도 많습니다. 이렇게 무작정 시작하면 함수를 어떻게 호출하는 것이 효과적인지, 어떻게 코드를 구성해야 문제없이 잘 동작하는지 이해하지 못한 상태로 사용하다가 버그에 시달리게 됩니다.

당장 이 장의 내용 전부를 이해하지는 못하더라도 괜찮습니다. 이후에 윈도우 응용 프로그램을 개발할 때, 이 책에서 콜백이나 함수 포인터에 대한 내용을 본 것을 기억하는 것만으로도 큰 도움이 될 것입니다.

{✎} **김성엽의 프로그래밍 노트** **콜백 함수는 미래를 준비하는 함수입니다.**

라이브러리 프로그래머들은 자신의 라이브러리를 사용할 많은 사용자들을 위해 다양한 조건을 미리 예측해야 합니다. 그런데 예측을 많이 한다고 다 좋은 것은 아닙니다. 왜냐하면 예측한 내용을 모두 함수에 반영하다 보면 조건문이 많아져서 해당 함수는 비효율적인 함수가 될 수밖에 없기 때문이죠.

그래서 정말 필요한 기능만 함수에 구현하고 나머지 예상되는 조건은 함수 포인터를 사용하여 이 함수를 사용할 사용자들에게 도움을 요청하는 것이 바로 콜백 구조입니다. 콜백 구조가 어렵다고 할지라도 함수를 사용하는 프로그래머가 이 함수에 추가적으로 필요한 기능을 스스로 추가해서 사용할 수 있도록 콜백 구조를 만들어 놓는 것이 좋습니다. 즉 예측할 수 없는 여러 가지 조건을 미리 조건문으로 처리하는 것은 현실적으로 어렵지만 콜백 구조를 사용하면 이후에 어떤 문제가 생기든 콜백 함수를 사용해서 대처할 수 있습니다. 이것이 운영체제가 콜백 구조를 많이 사용하는 이유입니다. 운영체제는 한번 만들면 10년 이상 사용하게 되는데 운영체제를 만드는 시점에 10년 뒤 추가될 기술을 예측한다는 것은 불가능에 가깝기 때문입니다.

Q1 다음 설명을 모두 만족하는 함수 포인터 변수를 선언하세요.

(1) 함수의 매개변수가 3개이며 매개변수의 자료형은 순서대로 char *, int, double이다.

(2) 함수의 반환형은 void이다.

(3) 함수의 주소 값을 저장하는 포인터 변수의 이름은 fp이다.

Q2 다음은 main 함수에서 함수 포인터로 Sum 함수를 호출하는 예제입니다. 오류가 발생하지 않도록 빈칸에 코드를 작성해 보세요.

```
int Sum(int a, int b)
{
    return a + b;
}
void main ()
{
    int                    =                    ;
    int result = (*fp)(2, 3);
}
```

Q3 **Q2** 에서 사용한 Sum 함수는 매개변수로 전달된 a, b 변수 값을 단순하게 더합니다. 그런데 a 값에 대한 처리 조건(예를 들어 a 변수 값이 음수이면 양수로 변환해서 더함)이 미래에 추가될 수 있다고 합시다. 하지만 Sum 함수는 지금 만들면 다시는 변경할 수 없습니다. 미래에 발생할 이 문제를 해결할 수 있도록 함수 포인터를 사용하여 Sum 함수를 변경해 보세요.

```
int Sum(              1,              2,              3)
{
    if(         4)              5;
    return a + b;
}
```

20장 풀이
567쪽

주니어 프로그래머 딱지 떼는 일곱 가지 팁!

현장
밀착
취재!

프로그래머의 프로그래밍 스타일은 매우 다양합니다. C 언어는 이런 다양성을 존중하여 만들어졌기 때문에 똑같은 기능도 다양한 형식의 문법을 사용해 만들 수 있습니다. 따라서 '어떤 문법이 더 좋다'는 개념이 아닌 자신의 스타일에 맞는 문법을 사용하면 됩니다. 하지만 이 말이 자신의 스타일에 맞는 문법만 알면 된다는 뜻은 아닙니다. 왜냐하면 다른 프로그래머가 작성한 소스 코드를 보고 참고하거나 변경 작업을 해야 하는 경우도 많으니까요. 따라서 자기 스타일에 맞지 않는 문법이라고 해도 그 문법의 의미나 어떤 경우에 사용하는지 정도는 알아두는 것이 좋습니다.

둘째 마당에서 배운 내용보다 좀 더 심화된 내용과 실무에서 보다 많이 다루게 될 내용을 공부하고, 한 단계 더 발전한 프로그래머로 거듭나세요!

Tip 1 공용체를 적재적소에 활용하면 메모리를 절약할 수 있다

Tip 2 비트 단위 연산이 복잡하다면? 구조체와 공용체를 쓰자

Tip 3 #define과 typedef를 헷갈리지 말자

Tip 4 열거형: 상수를 좀 더 효과적으로 치환하는 방법

Tip 5 조건부 컴파일: 자기가 만든 코드를 테스트하는 것이 프로그래머의 기본이다

Tip 6 포인터와 증감 연산자를 잘 써야 명령문이 간단해진다

Tip 7 개발 도구의 도움말 웹 페이지를 활용하자

공용체를 적재적소에 활용하면 메모리를 절약할 수 있다

구조체 문법과 비슷한 공용체

사용자 정의 자료형을 만드는 구조체와 문법 구조가 비슷한 공용체(union) 문법이 있습니다. 구조체에서 struct 키워드를 적는 위치에 공용체는 union이라고 적습니다. 그 외 공용체의 문법은 구조체의 문법과 거의 비슷합니다. 다음은 공용체 문법과 typedef를 사용해서 Convert Data라는 새로운 자료형을 만든 예제입니다.

```
typedef union ConvertData
{
    char c_data;          /* 1바이트 */
    short int s_data;     /* 2바이트 */
    int i_data;           /* 4바이트 */
} CD;
```

공용체도 구조체와 마찬가지로 새로운 자료형을 만들거나 그 자료형으로 변수를 선언하려면 항상 union 키워드를 적어주어야 합니다. 위 예제에서는 typedef 문법을 함께 사용해서 CD 라는 자료형을 추가로 만들었습니다. 따라서 다음과 같이 CD를 사용하면 union 키워드를 사용하지 않고도 간단하게 변수를 선언할 수 있습니다.

```
CD temp;        /* union ConvertData temp;와 같음 */
```

공용체의 요소들은 할당된 메모리를 공유한다

그런데 이렇게 구조체 문법과 비슷한 공용체 문법이 있는 이유는 무엇일까요? 두 개념은 무엇이 다른 걸까요? 구조체로 만든 자료형의 크기는 구조체를 구성하는 요소들의 크기를 모두 더한 것과 같습니다. 하지만 공용체로 만든 자료형의 크기는 공용체를 구성하는 요소들 중에서 가장 큰 크기와 같습니다. 따라서 이전에 선언한 ConvertData 공용체는 i_data 요소가 4바이트로 가장 크기 때문에 CD로 선언한 temp 변수의 크기는 4바이트가 됩니다. 그러면 위의 공용체 내부에 선언한 나머지 요소 c_data와 s_data는 메모리를 할당 받지 않았으니 사용할 수 없는 걸까요?

아닙니다. 공용체라는 이름이 말해 주듯이 공용체를 구성하는 각 요소들은 서로 같은 메모리를 공유하는 형태로 되어 있습니다. 즉 ConvertData 공용체의 i_data 요소는 4바이트 전체를 사용하고, s_data 요소는 4바이트에서 첫 2바이트를 사용하며, c_data 요소는 처음 1바이트만을 사용하는 개념입니다. 그래서 다음과 같이 제일 큰 i_data 요소에 값을 대입하면 s_data와 c_data에도 영향을 미칩니다.

```
temp.i_data = 0x12345678;
```

▶ 리틀 엔디언 방식으로 바이트 정렬된다고 가정하겠습니다.

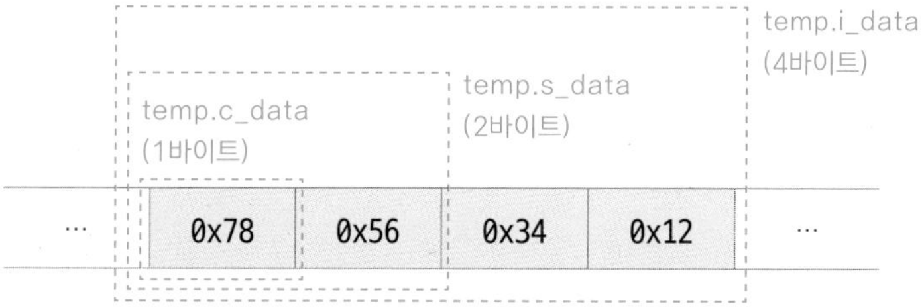

공용체는 각 요소들이 같은 메모리를 공유하기 때문에 위의 그림에서처럼 temp.i_data에 값을 대입했을 때 temp.s_data에는 0x5678, temp.c_data에는 0x78을 대입한 것과 같은 효과가 있습니다. 그래서 이런 공용체의 기능을 잘 이용하면 4바이트 크기를 갖는 정수 값에서 2바이트나 1바이트의 값을 추출할 수 있습니다. 예를 들어 4바이트 크기의 값을 입력 받아 앞에서 2바이트 크기만 사용하고 싶다면 다음과 같이 temp.i_data로 값을 입력 받고 temp.s_data로 사용하면 되는 것이죠.

```
CD temp;
short int s;
temp.i_data = 0x12345678;    /* 4바이트 공간에 정수 값을 대입함 */
s = temp.s_data;             /* 변수 s에 0x5678이 저장됨 */
```

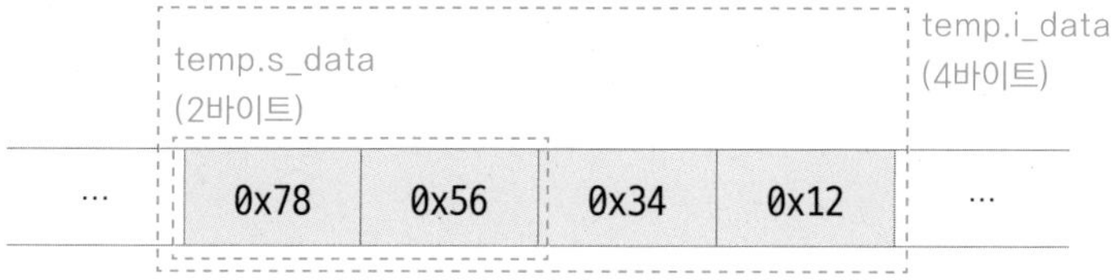

공용체는 메모리 절약의 끝판왕

사실 공용체는 메모리를 절약하는 용도로 더 많이 사용합니다. 메모리를 절약한다는 것이 어떤 뜻인지 예를 들어서 설명해 보겠습니다. 아래에 MyData라는 구조체를 선언했습니다. 구조체의 요소 중 type 요소의 값이 0이면 i_data 변수에 정수 값을 저장하고, type 요소의 값이 1이면 f_data에 실수 값을 저장한다고 가정하겠습니다. 그리고 i_data와 f_data가 동시에 사용되는 경우는 없다고 가정합시다.

```
struct MyData
{
    char type;
    int i_data;      /* type 요소 값이 0이면 사용함 */
    float f_data;    /* type 요소 값이 1이면 사용함 */
};
```

MyData 구조체로 변수를 선언하면 type 요소의 값이 무엇인지에 따라 i_data 또는 f_data 중에 하나만 사용되기 때문에 항상 4바이트를 낭비하게 됩니다. 왜냐하면 type 요소의 값이 0이면 f_data가 선언된 메모리는 사용되지 않을 것이고, type 요소의 값이 1이면 i_data가 선언된 메모리가 사용되지 않기 때문이죠.

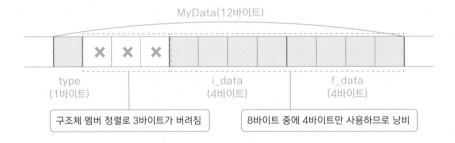

위 상황처럼 구조체의 각 요소가 함께 사용되지 않고 서로 반대되는 경우에만 사용될 때, 두 요소가 메모리를 공유한다면 공간을 낭비하지 않을 것입니다. 따라서 다음과 같이 공용체 문법을 사용해서 새로운 자료형을 만들고, 그 자료형으로 MyData 구조체에 요소를 추가하면 위에서 발생한 메모리 낭비 문제를 해결할 수 있습니다.

```
union SharedType    /* i_data와 f_data가 4바이트 메모리를 공유하는 공용체 자료형을 정의함 */
{
    int i_data;       /* 정수 값을 저장할 변수 */
    float f_data;     /* 실수 값을 저장할 변수 */
};
struct MyData
{
    char type;
    union SharedType data;
};
void main ()
{
    struct MyData a, b;
    a.type = 0;   /* a 구조체의 type 요소에 0을 저장함 */
    a.data.i_data = 100;
    b.type = 1;   /* b 구조체의 type 요소에 1을 저장함 */
    b.data.f_data = 3.14f;
}
```

type 요소의 값이 0일 때는 data.i_data 요소를 사용해서 정수를 저장하고, type 요소의 값
이 1일 때는 data.f_data 요소를 사용해서 실수를 저장하면 됩니다. 이렇게 하면 앞에서 구
조체를 사용했던 것과 같은 기능을 하겠죠. 그리고 SharedType 자료형이 공용체이기 때문
에 i_data와 f_data 변수가 메모리를 서로 공유하여 4바이트를 낭비하지 않을 수 있습니다.
결과적으로 동시에 사용하지 않는다는 조건만 만족한다면 몇 개의 변수를 사용하든지 상관
없이 공용체로 해당 변수들을 묶어서 메모리를 절약할 수 있습니다.

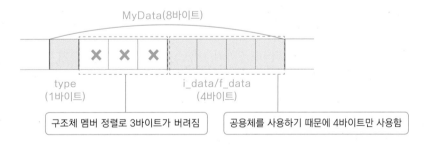

비트 단위 연산이 복잡하다면?
구조체와 공용체를 쓰자

구조체 문법으로 비트 단위 분리하기

변수에 입력된 정보를 비트 단위로 값을 확인하거나 변경하고 싶은 경우에는 10-2에서 설명한 것처럼 비트 연산자를 사용하면 됩니다. 하지만 초보 프로그래머가 사용하기에는 비트 연산자의 개념이 어려울 수도 있습니다. 그래서 C 언어는 구조체 문법에서 비트 단위로 데이터를 사용하는 기능을 추가로 제공하고 있습니다. 아래와 같이 구조체를 선언하면 새로운 자료형 BitType이 1바이트 크기로 만들어집니다.

```
struct BitType   /* 비트 단위 정보를 다룰 수 있도록 구조체를 선언함 */
{
    unsigned char bit_0 : 1;
    unsigned char bit_1 : 1;
    unsigned char bit_2 : 1;
    unsigned char bit_3 : 1;
    unsigned char bit_4 : 1;      ─ 1바이트 크기
    unsigned char bit_5 : 1;
    unsigned char bit_6 : 1;
    unsigned char bit_7 : 1;
};                                ─ 최상위 비트
```

각 요소(bit_0~bit_7)의 오른쪽에 ': 1'이라고 적은 것은 비트 크기를 의미합니다. 예를 들어 unsigned char bit_0 : 1;이라고 적으면 bit_0은 1비트 값을 사용한다는 뜻입니다. 따라서 BitType 구조체는 bit_0부터 bit_7까지 1비트 값을 총 8개 정의했기 때문에 크기가 1바이트(8비트)가 됩니다.

다음과 같이 BitType으로 data 변수를 선언하면 data 변수는 1바이트 크기로 메모리가 할당됩니다. 그리고 구조체의 요소에 비트 값을 대입하면 data 변수에는 값 0x05가 저장됩니다. 따라서 비트 연산자를 사용하는 것보다는 좀 더 편하게 비트 값을 사용할 수 있습니다.

```
struct BitType data;

data.bit_0 = 1;
data.bit_1 = 0;
data.bit_2 = 1;
data.bit_3 = 0;
data.bit_4 = 0;
data.bit_5 = 0;
data.bit_6 = 0;
data.bit_7 = 0;
```

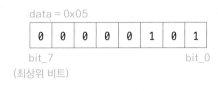

data = 0x05

0	0	0	0	0	1	0	1

bit_7   bit_0
(최상위 비트)

구조체 비트 분리 기능을 사용한 변수는 다른 일반 변수와 값을 주고받기 어렵다

data 변수에 입력된 값을 다음처럼 unsigned char형으로 선언한 temp 변수에 대입하려고 하면 오류가 발생합니다.

```
unsigned char temp;
temp = data;    /* 오류 발생: data는 BitType 구조체로 만든 변수임 */
```

temp도 1바이트이고 data 변수도 1바이트이기 때문에 data 값을 temp에 대입하면 문제가 없을 것이라 생각할 수도 있지만 구조체 변수는 data. bit_0과 같이 .(요소 지정) 연산자와 요소(bit_0)를 함께 사용해야만 대입 연산을 할 수 있습니다.

ⓒ 예외적으로 같은 구조체로 선언한 변수 간에는 변수 이름만으로도 복사가 됩니다.

그리고 위의 예제는 형 변환을 사용해도 오류를 해결할 수 없습니다. 왜냐하면 이 문제는 단순히 데이터 크기의 차이가 원인이 아니라 구조체의 비트 분리 문법을 사용해서 데이터 형식이 달라져버려서 발생한 것이기 때문입니다. 예를 들어 int 형과 float형의 경우에 데이터 크기는 같지만 데이터를 구성하는 형식이 다르기 때문에 float 값을 int에 대입하면 값이 제대로 대입되지 않는 것과 비슷한 상황이라고 생각하면 됩니다.

```
unsigned char temp;
temp = (unsigned char)data;    /* 오류 발생: 데이터 형식이 달라서 형 변환에 실패함 */
```

따라서 다음과 같이 메모리를 강제로 복사하는 memcpy 함수를 사용해 문제를 해결할 수 있습니다.

```
unsigned char temp;
/* data 변수의 시작 주소에서 temp 변수의 시작 주소로 1바이트 크기만큼 메모리를 복사함 */
memcpy(&temp, &data, 1);
```

하지만 고작 1바이트 메모리를 복사하겠다고 memcpy 함수를 사용하는 것은 성공하고도 뭔가 개운치 않습니다. 그러면 이 문제를 해결하기 위한 또 다른 방법은 없을까요?

공용체를 사용해서 좀 더 편하게 비트 단위 분리하기

Tip1에서 배운 공용체 문법을 사용하면 메모리를 강제로 복사하지 않고 이 문제를 해결할 수 있습니다. 다음과 같이 공용체를 선언하면 BitData 자료형의 크기는 1바이트가 되고 bit_data 요소와 byte_data 요소는 1바이트 크기의 메모리를 공유하게 됩니다.

```
union BitData        /* 1바이트 크기의 자료형 */
{
    struct BitType bit_data;    /* 1바이트 */
    unsigned char byte_data;    /* 1바이트 */
};
```

따라서 다음과 같이 BitData 자료형으로 temp 변수를 선언하고 temp 변수의 byte_data 요소에 값 0x63을 대입하면, 메모리를 공유하는 temp 변수의 bit_data 요소에도 비트 단위로 값을 대입한 것과 같습니다.

```
union BitData temp;
temp.byte_data = 0x63;
```

byte_data / bit_data

0	1	1	0	0	0	1	1

bit_7   bit_0

부분적으로 소스 코드를 설명해서 이해가 잘 안 될 수도 있으니 위에서 설명한 내용을 하나의 예제로 만들어서 보여드리겠습니다.

> **코딩해 보세요!**   **구조체의 비트 분리 기능을 사용하여 변수의 비트 값 출력하기** · 완성 파일 A2_02_01.c

```
001:  #include <stdio.h>
002:
003:  struct BitType        /* 구조체를 비트 단위의 정보를 다룰 수 있도록 선언함 */
004:  {
```

```
005:        unsigned char bit_0 : 1;
006:        unsigned char bit_1 : 1;
007:        unsigned char bit_2 : 1;
008:        unsigned char bit_3 : 1;
009:        unsigned char bit_4 : 1;
010:        unsigned char bit_5 : 1;
011:        unsigned char bit_6 : 1;
012:        unsigned char bit_7 : 1;    /* 최상위 비트 */
013:    };
014:
015: union BitData      /* 1바이트 크기의 자료형 */
016: {
017:        struct BitType bit_data;
018:        unsigned char byte_data;
019:    };
020:
021: void main()
022: {
023:        union BitData temp;
024:        temp.byte_data = 0x63;
025:
026:        printf("byte_data : %x\n", temp.byte_data);
027:        printf("bit_data : %d%d%d%d %d%d%d%d\n", temp.bit_data.bit_7,
028:            temp.bit_data.bit_6, temp.bit_data.bit_5, temp.bit_data.bit_4, temp.bit_data.bit_3,
029:            temp.bit_data.bit_2, temp.bit_data.bit_1, temp.bit_data.bit_0);
030: }
```

:: 결과 화면

```
C:\WINDOWS\system32\cmd.exe                  —    □    ×
byte_data : 63
bit_data : 0110 0011
계속하려면 아무 키나 누르십시오 . . .
```

위의 소스 코드는 byte_data에 값을 넣고 bit_data로 비트 값을 확인하는 예제입니다. 이 예
제를 반대로 구성하면 bit_data에 비트 값을 넣고 byte_data로 확인하는 것도 가능합니다.
비트 연산자를 사용하는 것과 비교했을 때 구조체의 비트 분리 기능이 더 쉽게 느껴지나요?
사실 사용법은 조금 더 쉬워졌지만 연산 능력은 비트 연산자가 더 좋습니다. 따라서 개인적으
로는 비트 연산자를 사용하는 것을 더 추천합니다.

#define과 typedef를 헷갈리지 말자

전처리기인 #define 문법과 사용자 정의 자료형을 만드는 typedef 문법은 다음처럼 A를 B로 치환하는 형식을 가지고 있습니다.

typedef를 사용하면 unsigned short int * 자료형을 PSI 자료형으로 새롭게 정의할 수 있습니다. 그리고 #define 문법을 사용하고 소스 코드에 PSI라고 쓰면 컴파일할 때 PSI가 unsigned short int *로 치환됩니다. 따라서 다음과 같이 사용하면 두 문법은 아주 비슷해 보입니다.

```
typedef unsigned short int *PSI;
PSI p_temp;        /* unsigned short int *p_temp;와 같음 */
```

```
#define PSI unsigned short int *
PSI p_test;        /* unsigned short int *p_test;와 같음 */
```

#define을 사용해 자료형을 치환하면 문제가 생긴다

단순하게 사용했을 때는 두 문법이 비슷하게 보이지만 내용을 조금만 더 추가해 보면 두 문법이 다르다는 것을 알 수 있습니다. 위에 사용한 코드에서 변수를 하나 더 선언해 보겠습니다.

```
typedef unsigned short int *PSI;
PSI p_temp, p1; /* unsigned short int *p_temp, unsigned short int *p1;을 의미함 */
```

```
#define PSI unsigned short int *
PSI p_test, p2; /* unsigned short int *p_test, unsigned short int p2;를 의미함 */
```

이제는 두 예시가 같지 않습니다. typedef 문법을 사용하면 자료형을 새로 만든 것이기 때문에 PSI가 unsigned short int *를 의미합니다. 따라서 PSI p_temp, p1;이라고 사용하면 unsigned short int *p_temp, *p1;을 의미합니다. 즉 p_temp, p1 변수 모두 unsigned short int * 형식의 포인터로 선언됩니다.

하지만 #define을 사용하면 p_test만 unsigned short int *로 바뀝니다. 따라서 PSI p_test, p2;라고 사용하면 unsigned short int *p_test, p2;를 의미합니다. 즉 p_test는 unsigned short int * 형식의 포인터로 선언되지만 p2는 unsigned short int형 일반 변수로 선언됩니다. 자료형을 치환하기 위해 #define을 사용하는 것은 편법일 뿐입니다. 따라서 자료형을 치환할 때는 원칙을 지켜서 typedef 문법을 사용할 것을 권합니다.

typedef 문법으로 상수 치환은 불가능하다.

반대의 경우도 마찬가지입니다. 두 문법이 비슷하다고 typedef 문법을 자료형 치환이 아닌 단순 치환 형태로 사용하면 안 됩니다. 예를 들어 typedef 문법으로 다음처럼 상수를 치환하면 오류가 발생합니다.

```
typedef 100 MAX_COUNT;    /* 오류 발생: 상수는 자료형이 아님 */
```

typedef 문법은 typedef 키워드를 제거했을 때 변수를 선언하는 형식을 유지해야 합니다. 만약 위의 예제에서 typedef를 제거한다면 100 MAX_COUNT만 남게 되는데 이것은 올바른 형식이 아닙니다. 100은 상수이지 자료형이 아니기 때문입니다.

C 언어는 확장성이 좋고 표현법이 다양해서 사용자가 원하는 형태로 자유롭게 프로그래밍할 수 있는 언어지만, 문법의 기본 형식은 반드시 지켜서 사용해야 한다는 것을 기억하세요!

열거형: 상수를 좀 더 효과적으로 치환하는 방법

프로그램을 개발하다 보면 다음처럼 상수를 연속적으로 치환해야 하는 경우가 있습니다.

```
#define BLACK    0
#define WHITE    1
#define RED      2
#define GREEN    3
#define BLUE     4
#define YELLOW   5
```

이렇게 나열해서 적으면 당연히 불편하겠죠? 그래서 상수를 연속적으로 치환하는 경우에는 열거형(enum) 상수를 사용해서 선언합니다.

```
enum MY_COLOLR { BLACK, WHITE, RED, GREEN, BLUE, YELLOW };
                   0      1     2     3      4      5
```

이렇게 선언하면 맨 처음 정의한 6개의 #define문과 같은 형태입니다. 이렇게 열거형 상수를 사용하면서 상수 값을 따로 적지 않으면 처음 위치에 있는 BLACK 값이 0으로 치환되고 그 뒤에 있는 치환문(WHITE, RED, …)들은 차례대로 1씩 증가합니다.

만약 다음과 같이 상수를 직접 적으면 BLACK 값은 3으로 치환되고 그 뒤에 있는 치환문은 차례대로 1씩 증가하여 WHITE는 4, RED는 5, GREEN은 6, BLUE는 7, YELLOW는 8의 값을 가집니다.

```
enum MY_COLOLR { BLACK = 3, WHITE, RED, GREEN, BLUE, YELLOW };
                    3         4     5     6      7      8
```

만약 다음과 같이 여러 곳에 상수를 적으면 어떻게 될까요?

```
enum MY_COLOLR { BLACK = 3, WHITE, RED, GREEN = 0, BLUE, YELLOW };
                      3        4     5       0         1      2
```

BLACK은 3, WHITE는 4, RED는 5가 되고 GREEN에 다시 0을 적었으니 BLUE는 1, YELLOW는 2가 됩니다.

이렇게 선언한 열거형 상수는 #define을 선언한 것과 같은 형태로 사용할 수 있습니다.

```
int my_data = GREEN;    /* my_data에 0을 대입함 */
```

조건부 컴파일: 자기가 만든 코드를 테스트하는 것이 프로그래머의 기본이다

프로그램을 만들다 보면 소스 파일의 여러 곳에 자신의 코드를 체크하기 위한 테스트 코드를 추가하게 됩니다.

예를 들어 프로그램에서 사용하는 데이터 값이 255를 절대 넘지 않는 값인 경우에 해당 값이 255보다 큰지 매번 체크하는 것은 의미 없는 작업입니다. 하지만 프로그램 개발 중에 누군가의 실수로 255보다 큰 값을 대입해서 시스템이 잘못 동작한다면 어디서 그런 값이 들어오는지 체크해야 실수한 사람에게 알려 줄 수 있습니다. 즉 논리적으로는 이 작업을 할 필요가 없지만 업무 처리상 필요하다는 뜻이지요. 이후 테스트가 완료되거나 또 다른 테스트를 하기 위해 기존의 테스트 코드를 지우기도 합니다.

그런데 테스트 코드를 다 지웠는데 해결했다고 생각한 문제가 다시 발생하면 지웠던 테스트 코드를 다시 추가해야 합니다. 이런 작업이 반복된다면 엄청난 스트레스겠죠.

위에서 이야기한 내용을 코드로 표현해 보면 다음과 같습니다.

```
int ProcessData(int data)
{
    int result;
    if(data < 256)                    ┐
        result = data * 100;          │─ 혹시 모를 예외를 확인하기 위한 테스트 코드
    else                              │
        printf("Error!!\n");          ┘
    return result;
}
```

실제로 data 변수가 가지고 있는 값은 항상 256 미만이지만 혹시 모를 상황을 체크하기 위해 위와 같이 조건문을 사용해서 오류를 체크하는 코드를 추가한 것입니다. 256 이상의 값이 입력되면 'Error!!'라는 문장을 출력합니다.

개발이 완료되고 검증이 끝났다고 판단되면 테스트 코드를 제거하고 다음과 같이 코드를 단순화할 것입니다. 발생하지 않을 상황을 계속 조건문으로 비교하며 체크하는 것은 의미 없는 작업이기 때문입니다.

```
int ProcessData(int data)
{
    int result;
    result = data * 100;
    return result;
}
```

그런데 이런 테스트 코드를 한 곳에만 사용한 것이 아니고 소스 코드 전체에 여기저기 사용했다고 생각해 봅시다. 그러면 이렇게 코드를 정리하는 것도 귀찮은 작업이 될 수밖에 없습니다. 게다가 검증이 다 끝났다고 생각했는데 버그가 또 생기면 이미 정리해 놓은 코드에 다시 테스트 코드(조건문)를 추가하고 문제가 해결되면 다시 정리해야 하는 불편함이 반복될 것입니다.

전처리기를 사용해서 조건에 따라 필요한 문장만 골라 컴파일하기

안타깝게도 이런 반복 작업은 프로그래머들이 실제로 자주 겪는 문제입니다. 그래서 C 언어는 주어진 조건에 따라 컴파일할 수 있도록 다양한 전처리기를 제공합니다.

#ifdef 전처리기와 #endif 전처리기

지금까지 살펴본 예제를 #ifdef 전처리기와 #endif 전처리기를 사용해서 다음과 같이 재구성할 수 있습니다. 왼쪽과 오른쪽 코드는 컴파일된 결과가 같습니다.

◉ 여기에서 ifdef는 if define의 줄임 표현이고 endif는 end of ifdef의 줄임 표현입니다.

```
int ProcessData(int data)
{
    int result;
    if(data < 256)
        result = data * 100;
    else
        printf("Error!!\n");
    return result;
}
```

```
#define MY_DEBUG
int ProcessData(int data)
{
    int result;
#ifdef MY_DEBUG
    if(data < 256)
#endif
        result = data * 100;
#ifdef MY_DEBUG
    else
        printf("Error!!\n");
#endif
    return result;
}
```

이 구간은 MY_DEBUG가 #define문으로 선언되어 있어야 컴파일됩니다.

이 구간은 MY_DEBUG가 #define문으로 선언되어 있어야 컴파일됩니다.

#ifdef 전처리기와 #endif 전처리기로 묶인 구간은 MY_DEBUG 치환문의 존재 여부에 따라 컴파일될 수도 있고 컴파일되지 않을 수도 있습니다. 조건에 따라 컴파일 여부를 결정하는 것이죠. 다음처럼 #define 전처리기를 삭제해서 MY_DEBUG를 치환하는 문법을 사용하지 않으면, #ifdef와 #endif로 묶인 구간은 모두 무효화되고 컴파일되지 않습니다.

```
int ProcessData(int data)
{
    int result;
    result = data * 100;
    return result;
}
```

```
int ProcessData(int data)
{
    int result;
#ifdef MY_DEBUG
    if(data < 256)
#endif
    result = data * 100;
#ifdef MY_DEBUG
    else
        printf("Error!!\n");
#endif
    return result;
}
```

이 구간은 MY_DEBUG가 #define문으로 선언되어 있어야 컴파일됩니다.

이 구간은 MY_DEBUG가 #define문으로 선언되어 있어야 컴파일됩니다.

결론적으로 소스 코드에서 #define MY_DEBUG 치환문만 제거하면 소스에 있는 모든 #ifdef MY_DEBUG ~ #endif가 주석으로 처리되는 효과가 생겨서 테스트 코드를 관리하기가 편해집니다. 따라서 테스트 코드가 필요 없으면 #define MY_DEBUG 치환문을 제거하면 되고 프로그래밍을 하다가 다시 테스트 코드가 필요하게 되면 #define MY_DEBUG 치환문을 추가하여 테스트 코드를 사용하면 됩니다. 이렇게 테스트 코드를 관리하는 방법을 '조건부 컴파일'이라고 부릅니다. 조건부 컴파일을 사용하면 테스트 코드를 관리하기가 훨씬 편해집니다.

> ❗ **알아두면 좋아요! 조건부 컴파일의 경우에 #define 전처리기에 상수 값을 적을 필요가 없어요.**
>
> #define MY_DEBUG는 어떤 값을 치환한다는 의미보다는 컴파일러에 치환문을 등록한다는 의미가 있습니다. 따라서 굳이 상수 값을 적을 필요가 없습니다. 즉 #define 전처리기의 사용 형식을 지켜서 #define MY_DEBUG 1로 적어도 되지만 굳이 의미 없는 1을 적을 필요가 없다는 뜻입니다.

#ifdef와 반대인 #ifndef 전처리기

#ifdef와 반대되는 의미로 #ifndef가 제공되는데 이 전처리기는 if not define을 의미합니다. 다음 예시에서는 MY_DEBUG가 #define되지 않았기 때문에 #ifndef MY_DEBUG에서 #endif까지 컴파일에 포함됩니다.

```
#ifndef MY_DEBUG  /* if not define의 뜻 */

/* 사용하고 싶은 코드. (생략) */

#endif
```

헤더 파일 중복 참조를 막는 방법

지금까지 이야기한 조건부 컴파일 전처리기들은 실무에서 헤더 파일을 선언할 때 더 많이 사용합니다. 어떤 경우에 이 전처리기를 사용하는지 설명하기 위해 문제가 될 수 있는 상황을 먼저 보여드리겠습니다. 오른쪽과 같이 test.h 헤더 파일이 있습니다. 그리고 test.h 파일에는 MyData라는 구조체가 선언되어 있습니다.

```
test.h
struct MyData
{
    int a;
    int b;
};
```

만약 소스 파일에서 이 헤더 파일을 사용하기 위해 #include를 하다가 실수로 두 번 #include 하면 오류가 발생합니다.

```
#include "test.h"
#include "test.h"  /* 오류 발생: MyData 구조체가 중복해서 정의됨 */
```

이런 실수를 하지 않으면 된다고 생각할 수도 있겠죠. 하지만 실제로 프로그램을 만들다 보면 헤더 파일에서 다른 헤더 파일을 #include하는 경우가 많아서 의도치 않게 이런 상황이 자주 발생합니다.

조건부 컴파일을 사용하면 헤더 파일의 중복 참조에 따른 오류를 막을 수 있다

이렇게 #include를 중복 사용해서 발생하는 오류는 #ifndef ~ #endif문을 사용하여 해결할 수 있습니다.

```
                               test.h
#ifndef _TEST_H_   /* _TEST_H_가 정의되어 있지 않다면 이후 코드를 컴파일함 */
#define _TEST_H_   /* _TEST_H_를 정의함 */


struct MyData
{
    int a;
    int b;
};


#endif
```

위와 같이 헤더 파일을 구성하면 test.h 헤더 파일이 처음 #include될 때는 _TEST_H_가 정의되어 있지 않아서 #ifndef를 처리합니다. 그리고 #define _TEST_H_ 코드를 수행해서 _TEST_H_가 정의됩니다. 따라서 test.h 헤더 파일이 다시 #include되더라도 _TEST_H_가 이미 정의되어 있기 때문에 #ifndef에서 #endif까지 컴파일에서 제외됩니다.

```
#include "test.h"   /* 헤더 파일을 처음 포함하므로 오류가 발생하지 않음. _TEST_H_가 정의됨 */
#include "test.h"   /* _TEST_H_가 이미 정의되어 있으므로 컴파일되지 않음 */
```

이렇게 조건부 컴파일을 사용하면 헤더 파일이 몇 번 중복되어 #include되더라도 문제가 발생하지 않습니다.

포인터와 증감 연산자를 잘 써야 명령문이 간단해진다

포인터를 사용하다 보면 비슷하게 생긴 명령문이 완전히 다르게 동작해서 오류가 발생하는 경우가 많습니다. 그중에서도 포인터와 증감 연산자를 함께 사용하면 연산자 우선순위와 증감 연산자의 전위·후위 연산 특성 때문에 실수를 많이 할 수밖에 없습니다. 하지만 포인터와 증감 연산자를 잘 활용하면 명령문을 간단한 형태로 만들 수 있기 때문에 실무에 있는 프로그래머들이 즐겨 사용합니다. 따라서 지금부터 배울 표현들을 정확하게 알아 두는 것이 좋습니다.

*p++와 *++p의 의미

*p++는 자신이 가리키는 주소에 저장된 값을 사용한 후 자신의 주소를 증가시킨다는 의미이고 *++p는 자신의 주소를 증가시킨 후에 그 주소에 가서 값을 사용한다는 뜻입니다. 무엇이 다른지 다음 예제를 통해 살펴봅시다.

```
char data[5] = {'a', 'b', 'c', 'd', 'e'};
char *p1 = data, *p2 = data, data1, data2;
data1 = *p1++;
data2 = *++p2;
```

> *p1이 먼저 처리되어 data1에는 'a' 값이 저장됩니다. 저장 후에 p1++가 처리되어 주소가 증가하면 p1은 'b'의 위치로 이동하지만 data1에는 영향이 없습니다.

> p2의 주소가 먼저 증가되어 p2는 'b'의 위치로 이동합니다. 이동 후에 *p2가 처리되어 data2에는 'b' 값이 저장됩니다.

작업 후에 포인터 변수 p1과 p2는 둘 다 data 배열의 두 번째 요소 주소를 가리킵니다. 하지만 작업 순서 때문에 data1에는 값 'a'가, data2에는 값 'b'가 저장됩니다.

*++p와 ++*p는 서로 다른 의미

*++p는 p가 가지고 있는 주소를 증가   *"*++p와 ++*p는 결과는 같지만 과정이 다르다."*
시킨 후 그 주소에 저장된 값을 사용한
다는 뜻이었죠. ++*p는 p가 가지고 있는 주소에 저장된 값을 1만큼 증가시키겠다는 뜻입니다. 따라서 *++p는 p의 주소가 변경되고 ++*p는 p가 가리키는 대상의 값이 변경됩니다.

```
char data[5] = {'a', 'b', 'c', 'd', 'e'};
char *p1 = data, *p2 = data, data1, data2;
```

앞의 코드를 그림으로 나타내면 다음과 같습니다.

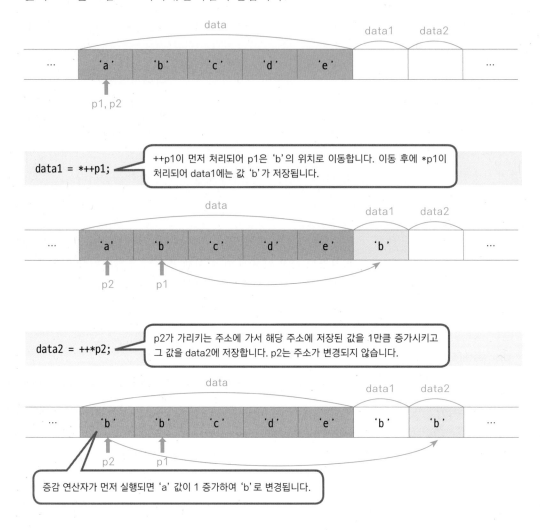

결과적으로 data1, data2에는 값 'b'가 똑같이 들어갔지만 처리 과정에 차이가 많이 납니다.

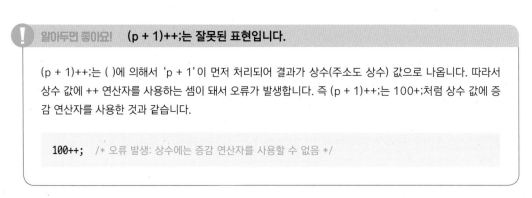

알아두면 좋아요! (p + 1)++;는 잘못된 표현입니다.

(p + 1)++;는 ( )에 의해서 'p + 1'이 먼저 처리되어 결과가 상수(주소도 상수) 값으로 나옵니다. 따라서 상수 값에 ++ 연산자를 사용하는 셈이 돼서 오류가 발생합니다. 즉 (p + 1)++;는 100+;처럼 상수 값에 증감 연산자를 사용한 것과 같습니다.

```
100++;    /* 오류 발생: 상수에는 증감 연산자를 사용할 수 없음 */
```

개발 도구의 도움말 웹 페이지를 활용하자

12장에서 이야기했듯이 문자열을 복사하는 함수, 문자열 길이를 얻는 함수를 프로그래머가 일일이 만들어 사용할 필요는 없습니다. C 언어에서 제공하는 strcpy, strlen 같은 런타임 함수를 사용하면 됩니다. 그런데 이렇게 제공되는 함수를 모두 외우거나 미리 공부할 필요는 없습니다. 왜냐하면 C 언어 개발 도구의 도움말로 해당 함수에 대한 설명을 모두 볼 수 있기 때문입니다.

비주얼 스튜디오의 경우에 Ctrl + F1 키를 누르거나 [도움말 → 도움말 보기] 항목을 선택하면 도움말 창이 웹 페이지로 열립니다. 이 페이지에서 자신이 궁금한 내용이나 함수를 검색하면 해당 함수에 대한 도움말이 나옵니다.

도움말 웹 페이지에서 strcpy 함수를 검색한 화면

이 페이지를 보면 알겠지만 함수 설명, 매개변수 설명 그리고 함수를 사용하는 예제까지 모두 제공됩니다. 따라서 사용하려는 함수의 이름이나 형태만 미리 파악해 두고 필요할 때 도움말을 실행하여 그 내용을 확인하고 사용하면 됩니다. 물론 공부를 하는 입장에서는 직접 함수를 만들어 사용해 보는 것도 괜찮지만, 정해진 시간 안에 완벽하고 빠르게 작업을 끝내려면 런타임 함수를 활용하는 것이 좋습니다.

첫째 마당 • C 언어 살펴보기

01 • 프로그램과 C 언어　　31쪽

Q1 컴파일러(Compiler)　Q2 이식성
Q3 목적 파일　Q4 중괄호 { }
Q5 주석문　Q6 예약어

02 • C 언어로 만드는 첫 번째 프로그램　45쪽

Q1 전처리기　Q2 main　Q3 void
Q4

```
#include <stdio.h>
void main(void)
{
    printf("홍길동");
}
```

03 • 자료형　　64쪽

Q1 바이트(Byte)　Q2 아스키(ASCII)
Q3 1　Q4 자료형　Q5 signed
Q6 signed short int
Q7 char(signed char, unsigned char)
Q8 signed long int　Q9 8
Q10 가수, 지수

04 • 상수와 변수　　83쪽

Q1 상수　Q2 150　Q3 10　Q4 0xC
Q5 특수 문자　Q6 5　Q7 변수
Q8 2　Q9 0x57

05 • 함수　　104쪽

Q1 매개변수　Q2 O, X, X, O
Q3 호출자(Caller), 피호출자(Callee)
Q4 int　Q5 void　Q6 return

06 • C 언어의 표준 출력 함수　　139쪽

Q1 라이브러리　Q2 include
Q3 define　Q4 표준
Q5 putc 또는 putchar　Q6 e
Q7 023　Q8 003.140　Q9 r

07 • 연산자　　150쪽

Q1 result: 1　Q2 result: 0　Q3 result: 1
Q4 result: 7, data: 6　Q5 result: 1, data: 5
Q6 result: 0, data: 5　Q7 result: 0, data: 0
Q8 result: 0, data: 5　Q9 result: 0, data: 0

08 • 조건문　　177쪽

Q1 result < 0
Q2 (result < 0), result * (-1), result;
　　또는 (result >= 0), result, result * (-1);
Q3 10

09 • 반복문　　202쪽

Q1
```
m(5) - n(0)
m(6) - n(0)
m(6) - n(1)
```

Q2 1. <= 9 2. 1; 3. i++; 또는 i = i + 1;
4. step++; 또는 step = step + 1;

10 · 시프트 연산자와 비트 연산자　　　225쪽

Q1　& 0x01

Q2　& ~(0x01 << bit_num)

Q3　A + ~B + 1

11 · 지역 변수와 전역 변수　　　238쪽

Q1　지역, 전역

Q2　result : 0

Q3　0, 1, 2, 3, 4,

둘째 마당 · C 언어 완성하기

12 · 배열과 문자열　　　287~288쪽

Q1　3, 1

Q2　(i += 2는 i = i + 2로 대체할 수 있으며 result 변수의 자료형은 char, short, int 모두 가능합니다.)

```c
#include <stdio.h>
void main()
{
    short data[9] = {4, 6, 9, 8, 7, 2, 5, 1, 3};
    short result = 0, i;
    for (i = 0; i < 9; i+= 2) {
        result = result + data[i];
    }
    printf("data 배열의 짝수 번째 요소에 저장된 값의 합은 %d입니다.\n", result);
}
```

Q3　(i++는 i = i + 1 또는 ++i로 대체할 수 있으며 max 변수의 자료형은 char, short, int 모두 가능합니다.)

```c
#include <stdio.h>
void main()
{
    short data[9] = {4, 6, 9, 8, 7, 2, 5, 1, 3};
    short max = 0, i;
    for (i = 0; i < 9; i++) {
        if (max < data[i]) max = data[i];
    }
    printf("data 배열에 저장된 가장 큰 값은 %d입니다.\n", max);
}
```

```
#include <stdio.h>
void main()
{
    char data[3][4] = {{0, 0, 0, 0}, {0, 0, 0, 0}, {0, 0, 0, 0}};
    data[5 / 4][5 % 4] = 1;      /* 검은 돌: data[1][1] = 1;이라고 사용해도 맞음 */
    data[11 / 4][11 % 4] = 2;   /* 흰 돌: data[2][3] = 2;라고 사용해도 맞음 */
}
```

활용

Q5   저자의 온라인 커뮤니티에서 정답도 확인하고, 내 소스 코드도 올리면 코드 리뷰를 받을 수 있어요.

▶ cafe.naver.com/tipscommunity

13 · 포인터　　　　　　　　　　　　　　　　　　　　　　　　　　332~333쪽

Q1   ② (32비트 운영체제에서는 메모리 주소를 32비트 크기로 관리하기 때문에 주소를 안정적으로 저장하기
위해 4바이트 크기로 포인터 변수를 사용해야 합니다.)

Q2

```
int data = 0x12345678;
short *p = (short *)&data;
*p = 0x0412;
```

Q3   1. *p = 5; 2. &tips

Q4   204번지

Q5   2 (결과 값이 번지가 아니기 때문에 2번지라고 적으면 틀립니다. 2개라고 적는 것은 가능합니다.)

활용

Q6   저자의 온라인 커뮤니티에 소스 코드를 올리고 코드 리뷰를 받으세요!

▶ cafe.naver.com/tipscommunity

14 · 표준 입력 함수　　　　　　　　　　　　　　　　　　　　　366~367쪽

Q1

```
#include <stdio.h>
void main()
{
```

```
    int a, b, c;
    double average;
    printf("input first value : ");
    scanf("%d", &a);
    printf("input second value : ");
    scanf("%d", &b);
    printf("input third value : ");
    scanf("%d", &c);
    average = (a + b + c) / 3.0;
    printf("(%d + %d + %d) / 3 = %f\n", a, b, c, average);
}
```

Q2

```
#include <stdio.h>
#include <string.h>

void main()
{
    char first_string[32], second_string[32];
    int length;

    printf("input first string : ");
    fgets(first_string, 32, stdin);
    printf("input second string : ");
    fgets(second_string, 32, stdin);

    /* fgets 함수는 문자열 끝에 Enter를 의미하는 ' \n'이 포함되어 있기 때문에 ' \n'을 제거해야 함 */
    length = strlen(first_string);
    if(length > 0) first_string[length - 1] = 0;   /* ' \n' 제거 */
    strcat(first_string, second_string);
    printf("%s\n", first_string);
}
```

```
#include <stdio.h>

void main()
{
    char name[32], blood_group;
    double weight, height;
    int heart_rate;

    printf("User Data : ");
    scanf("%s %lf %lf %c %d", name, &weight, &height, &blood_group, &heart_rate);
    printf("이름: %s, 몸무게: %.1fkg, 키: %.1fcm, 혈액형: %c형, 심박수: %d회\n",
            name, weight, height, blood_group, heart_rate);
}
```

활용

Q4 저자의 온라인 커뮤니티에 소스 코드를 올리고 코드 리뷰를 받으세요!

▶ cafe.naver.com/tipscommunity

15 · 배열과 포인터   383쪽

Q1 12바이트(요소가 3개인 배열을 만드는데 그 요소의 형식이 char *형임)

Q2 O, O, X

Q3

❸은 괄호를 사용하지 않아서 *(p[2]) = 8;의 의미가 되었기 때문에 *(*(p + 2)) = 8;과 같이 동작합니다. 바깥쪽 포인터를 배열 표기법으로 바꾸면 (*(p + 2))[0] = 8;과 같습니다. 전체를 배열 표기법으로 바꿔 보면 p[2][0]=8; 이 됩니다. 즉 아래의 4가지 표현이 전부 같은 표현입니다.

```
*(p[2]), *(*(p + 2)), (*(p + 2))[0], p[2][0]
```

16 · 메모리 할당   420~421쪽

Q1 지역 변수는 정적 메모리 할당을 사용합니다. 정적 메모리 할당은 스택 영역에서 이루어지고 스택 영역의 크기는 기본적으로 1Mbyte입니다. 그런데 data 변수가 2Mbytes 크기의 메모리를 할당하려고 했기 때문에 오류가 발생합니다.

Q2 *p, short *, 16 또는 *p, short *, sizeof(short) * 8

Q3 void * **Q4** Stack(스택), Heap(힙) **Q5** X, X, X

활용

Q6 저자의 온라인 커뮤니티에 소스 코드를 올리고 코드 리뷰를 받으세요!

▶ cafe.naver.com/tipscommunity

---

17 • 다차원 포인터   453~454쪽

Q1 4바이트 **Q2** short **, sizeof(short *) * 100

Q3 1. char ** 2. sizeof(char *) * 2 3. char * 4. sizeof(char) * 3 5. *(p + i)

Q4 malloc.h, int **q, &p

활용

Q5 저자의 온라인 커뮤니티에 소스 코드를 올리고 코드 리뷰를 받으세요!

▶ cafe.naver.com/tipscommunity

---

18 • 구조체와 연결 리스트   495~496쪽

Q1 (*p)[5] **Q2** struct People, Person **Q3** struct Test *, sizeof(struct Test)

활용

Q4 저자의 온라인 커뮤니티에 소스 코드를 올리고 코드 리뷰를 받으세요!

▶ cafe.naver.com/tipscommunity

---

19 • 파일 입출력   524쪽

Q1 "r+t" **Q2** EOF(End Of File)

Q3 fgets 함수는 파일에서 문자열을 한 줄씩 읽고 fscanf 함수는 문자열에 공백이 있으면 공백 단위로 읽고 공백이 없는 경우에는 한 줄씩 읽습니다. fgets 함수는 파일의 끝을 만나면 NULL 값을 반환하고 fscanf 함수는 파일의 끝을 만나면 EOF 값을 반환합니다. fscanf 함수는 문자열 끝에 \n을 제거하지만 fgets 함수는 \n을 제거하지 않습니다.

Q4 fread 함수의 세 번째 매개변수에 사용한 값과 fread 함수가 반환하는 값이 같다면 작업에 성공한 것이고 다르다면 파일 읽기에 실패한 것입니다.

활용

Q5 저자의 온라인 커뮤니티에 소스 코드를 올리고 코드 리뷰를 받으세요!

▶ cafe.naver.com/tipscommunity

---

20 • 함수 포인터   540쪽

Q1 void (*fp)(char *, int, double); **Q2** (*fp)(int, int), Sum

Q3 1. int a 2. int b 3. void (*pa)(int *) 4. NULL != pa 5. (*pa)(&a)

〈한글〉

ㄱ, ㄴ, ㄷ

간접 주소 지정 방식	299
개발 도구 도움말	561
공용체	542
관계 연산자	143
구조체 struct	462
구조체 멤버 정렬	477
기계어	295
노드	484
논리 연산자	145
다차원 포인터	423
단일 서술문	24
대입 연산자	141
데이터 세그먼트	386
동적 메모리 할당	407
디버깅	98, 412

ㄹ, ㅁ

라벨 서술문	26
라이브러리 파일	107
레지스터	296, 392
리눅스	119, 290
매개변수	92
메모리 주소 지정 방식	292
메모리 할당	386
명령 프롬프트	100
목적파일	28
문자열 속성	499
문자열의 끝	267
문자열형 상수	70
문자형 상수	69

ㅂ

바이너리 속성	499
바이너리 파일	502
반복 서술문	25
반복문	152, 179
반환값	89
배열	253
배열 초기화	257
배열 시작 주소	373
버그	98
번지 지정 연산자(*)	307
베이스 포인터	390
변수	22, 72
변수이름	72
복합 서술문	24
부동소수점	61
부호 비트	48
분기 서술문	26
블록	394
비트	47
비트 분리 기능	547
비트 연산자	211
빌드	28

ㅅ

사용자 정의 자료형	262
산술 연산자	141
상수	22, 66
생산성	20
서술 형식	24
세그먼트	385
소스 파일	28
수식 서술문	25

숫자형 상수	66	정적 메모리 할당	387
스택 세그먼트	386	제어문	152
스택 포인터	391	제어 코드	135
스택 프레임	402	조건 서술문	25
스택	390	조건 수식 연산자	164
시프트 연산자	207	조건문	23, 153
실행 인자	100	주석문	26
쓰기 강조 w+	507	주소 연산	323
		중첩 반복문	195
		증감 연산자	142
		지역 변수	227
		직접 주소 지정 방식	292

ㅇ

아스키코드	51
어셈블리	295
여러 개의 포인터	441
연결 리스트	484
연산자 우선순위	148
열거형	552
예약어	27
요소 지정 연산자(.)	465
운영체제	119, 290
이식성	20
인스트럭션 포인터	398
인코딩	51
인프라	20
읽기 강조 r+	507
읽기와 이어 쓰기 같이 사용하기 a+	507
입력 버퍼	336

ㅊ, ㅋ, ㅌ

초기화	75
카멜 표기법	74
캐럿	123
컴파일러	17
코드 세그먼트	386
콘솔 응용 프로그램	37
콜백 함수	538
테일 포인터	489
텍스트 파일	502

ㅈ

자료 구조	390
자료형	54
작업 경로	504
전역 변수	230
전처리기	42, 114

ㅍ, ㅎ

파일 내용 읽기 모드 r	505
파일 데이터 쓰기 모드 w	506
파일 데이터 이어 쓰기 모드 a	506
포인터	303
포인터 배열	379
표기법	73
표준 라이브러리	119
표준 입력 버퍼	336

표준 입력 함수	335
표준 입출력 라이브러리	498
표준 출력 함수	119
프로그램	17
프로세스	385
할당하다	54
함수	85
함수 그룹	529
함수 원형	101
함수의 포인터	527
헝가리언 표기법	74
헤더 파일	111
헤드 포인터	485
확장성	20
힙	407

〈영문〉

a~c

add 명령	393
AND 연산	211
assembly	295
atoi 함수	354
binary 형식	505
Base Pointer	390
Bias	62
break	173, 198
callee	90
caller	90
char	55
Code Segment	386
const	237, 320
continue 제어문	200

C 언어	19

d~f

Data Segment	386
Data Structure	390
default	174
do ~ while 반복문	186
double	63
Dynamic Memory Allocation	407
enum	552
EOL	267
extern	233
fclose	508
fgets 함수	343, 514
FILE 구조체	503
float	61
fopen 함수	504
fp(function pointer)	527
fprintf 함수	509
fread 함수	520
free 함수	409
fscanf 함수	511
fseek 함수	522
ftell 함수	522
Function Pointer	527
Function Prototype	101
fwrite 함수	516

g~o

getchar 함수	338
gets 함수	342
Head Pointer	485
Heap	407

if ~ else ~ 조건문	159
if 조건문	153
Instruction Pointer	398
int	55
Linked-list	484
main 함수	42, 86, 99
malloc 함수	407
Memory Allocation	386
Node	484
NOT 연산	211
NULL	266, 329, 345
OR 연산	211

p~r

Pointer	303
POP	391
printf	42, 124
Process	385
PUSH	391
putc	121
putchar	121
puts	123
Ram	47
ret 명령	403
rewind 함수	337

s

scanf	356
SDL(Security Development Lifecycle)	39
SEEK_CUR	523
SEEK_END	522
SEEK_SET	522
Segment	385

size_t 자료형	408
sizeof 연산자	415
Stack	390
Stack Frame	402
Stack Pointer	391
Stack Segment	386
Standard Input Function	335
static	235
Static Memory Allocation	387
stdin	336
strcat 함수	269
strcpy 함수	269
strlen 함수	269
sub 명령	393
switch	172

t~z

text 형식	505
Tail Pointer	489
typedef 문법	456
union	542
void	42
void *형 포인터	328
while 반복문	184
Working Directory	504
XOR 연산	211

⟨기호 및 숫자⟩

#define	117
#endif 전처리기	555
#ifdef 전처리기	555
#ifndef 전처리기	557
#pragma	533
%c	124
%d	124
%f	124
%s	124
*argv[ ]	100
\b	135
\n	135
\r	135
\t	135
-> 연산자	468
16진수	67
1바이트 정렬	478
1차원 포인터	425
2바이트 정렬	478
2차원 배열	272
2차원 포인터	427
32비트 운영체제	292
64비트 운영체제	292
4바이트 정렬	478
8바이트 정렬	479
8진수	67

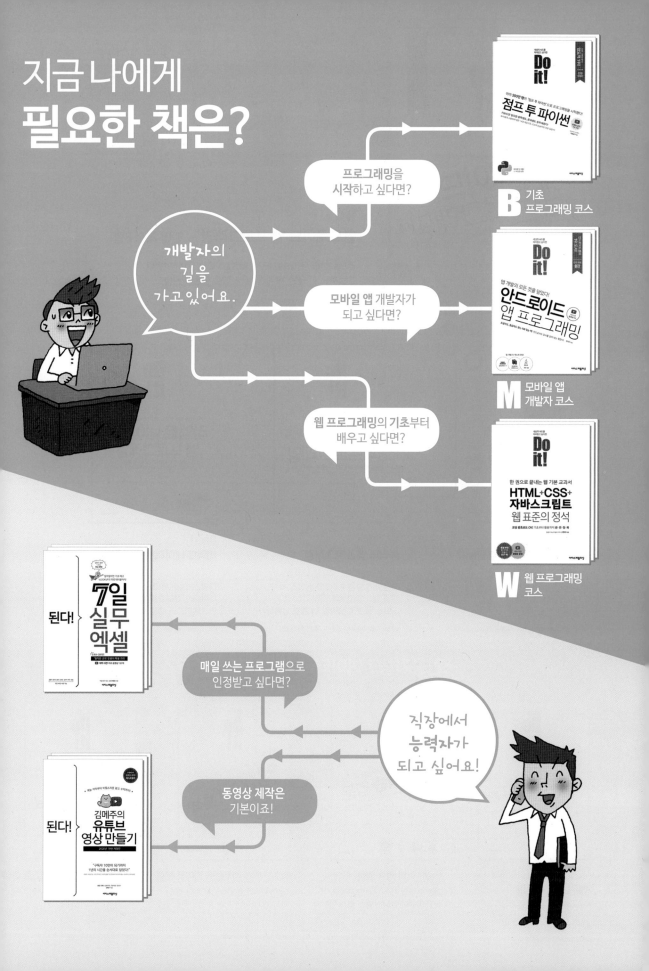

Basic Programming Course

B 기초
프로그래밍 코스

Do it!
점프 투 파이썬 — 전면 개정판

하루 한 시간이면 당신도 프로그램을 만들 수 있다!
초보자의 마음을 가장 잘 이해하고, 프로그래밍의 재미를 알려주는 책

난이도 ● 박응용 지음 | 18,800원

Do it!
C 언어 입문

실무 20년, 현업 프로그래머가
초보자를 위해 엮었다!

난이도 ● 김성엽 지음 | 25,000원

Do it!
자바 프로그래밍 입문

개발 10년, 강의 10년! 명강사의
기초 튼튼 코딩 밥상!

난이도 ● 박은종 지음 | 25,000원

Do it!
자료구조와 함께 배우는
알고리즘 입문 — C 언어 편

263개의 도해와 114개의 예제로
자료구조와 알고리즘을 쉽게 배운다!

난이도 ●● 시바타 보요 지음 | 22,000원

Do it!
자료구조와 함께 배우는
알고리즘 입문 — JAVA 편

220개의 도해와 88개의 예제로
꼼꼼한 코드 설명과 그림으로 이해하기 쉽다!

난이도 ●● 시바타 보요 지음 | 22,000원

Do it!
자료구조와 함께 배우는
알고리즘 입문 — 파이썬 편

213개의 그림과 136개의 실전 예제로
빠르고 쉽게 배운다!

난이도 ●● 시바타 보요 지음 | 22,000원

Do it!
파이썬 생활 프로그래밍

뼛속까지 문과생인 지리학 박사가 집필한
파이썬 생활 프로그래밍 책!

난이도 ●●● 김창현 지음 | 20,000원

● 문과생과 비전문가도 보는 책   ●●● / ●●●● 해당 분야의 이해가 조금 필요한 책